GRIECHISCHE LITERATURGESCHICHTE

JAKOB SITZLER

GRIECHISCHE LITERATURGESCHICHTE

DIE NATIONALE KLASSISCHE LITERATUR
VON DER ÄLTESTEN ZEIT
BIS ZUM TODE VON
ALEXANDER DES GROSSEN

MAGNUS VERLAG

Ungekürzte Neuauflage der im Jahre 1890 erschienenen Erstauflage

Herstellung: SVS, Stuttgart
Schutzumschlag-Gestaltung: Aab-Design, Stuttgart
Satz: Typobauer Filmsatz GmbH, Scharnhausen
Druck und Bindung: Franz Spiegel Buch GmbH, Ulm

Inhaltsverzeichnis

IV. Abschnitt: Dramatische Dichtung

V. Abschnitt: Die Prosa

Einleitung

Griechenland gehört seiner *geographischen Lage* nach den südlichen Ländern an; es teilt mit diesen die Heiterkeit des Himmels und die Leichtigkeit des Lebens. Aber nicht alle Teile des Landes sind vom Klima gleich begünstigt; es gibt auch eisbedeckte Berge, und allgemein bekannt sind die Nebel Böotiens. Im Innern wechselt ergiebiges Weideland mit fruchtbarem Ackerboden, während die reichgegliederte Küste mit den naheliegenden Inseln von selbst zur Seefahrt einlädt. Und hierfür ist Griechenland ganz besonders günstig gelegen; denn in der Mitte zwischen Europa, Asien und Afrika sich ausbreitend, ist es so eigentlich dazu berufen, den Verkehr zwischen diesen Ländern und Erdteilen zu vermitteln. Infolge dieser Handelsbeziehungen fand auch die Bildung und Kultur jener Völker in Griechenland Eingang, wo sie vielfach anregend und befruchtend wirkte.
Wie das Land, so sind auch die *Bewohner* von der Natur reichlich bedacht worden; sie sind in gleicher Weise mit Vorzügen des Körpers und Geistes ausgestattet; ganz besonders aber ist es der Sinn für alles Schöne, der jeden Griechen auszeichnet. Der Natur ihres Landes entsprechend sind die Griechen in eine Reihe von einzelnen Völkerschaften geteilt, die, durch Gebirge gegeneinander abgegrenzt, ihr eigenes Staatswesen für sich haben. Diesem Umstande verdanken sie ihren stark ausgeprägten Sinn für Freiheit und Unabhängigkeit ebensowohl, als die Mannigfaltigkeit und Verschiedenheit ihrer Anschauungen und Bestrebungen. Aber bei allen Gegensätzen im einzelnen fühlten sich die Griechen doch im ganzen als eine zusammengehörige Nation. Das gemeinsame Band, das sie umschlang, war die gleiche Religion und die gleiche Sprache. Denn wenn auch die Sprache in viele Dialekte zerfiel, von denen der ionische, dorische, äolische und attische für die Literatur besonders wichtig wurden, so müssen wir sie doch nach ihrer ganzen Bildung und Flexion als eine einheitliche ansehen, gerade wie unsere Muttersprache trotz aller Verschiedenheit der Dialekte. Besonders aber waren es die großen Nationalfeste, die das Gefühl der Zusammengehörigkeit immer von neuem belebten und kräftigten; denn zu ihnen strömten die Griechen von allen Orten und Gegenden zahlreich zusammen, um in friedlichem und freundlichem Verkehr miteinander die schöne Feier zu begehen.

So ist das Land beschaffen, in welchem sich die griechische Literatur entwickelte, so das Volk, das der Träger derselben ist. Und diese *Literatur* gehört nach Form und Inhalt zu den wichtigsten und bedeutendsten der Welt. Alle Gattungen der poetischen und prosaischen Darstellungen finden in derselben ihre Vertreter, und zwar Vertreter von einer solchen Vollendung, daß man die Gesetze der betreffenden Literaturgattung von ihnen ableitete; ja auch heute noch greift man, wenn man Muster für irgendeine Gattung der Poesie oder Prosa anführen will, mit Vorliebe zu den klassischen Werken der Griechen. Was Wunder, daß eine so gewaltige Literatur auch die Literaturen anderer Völker in hohem Grade beeinflußte? Die ganze römische Literatur, wenigstens während ihrer Blütezeit, beruht auf der griechischen, und somit auch diejenige aller der Völker, die von Rom aus Gesittung und Bildung erhielten. Die Zeit des Humanismus, der Neubelebung der klassischen Studien, wird in erster Linie durch das Studium der griechischen Literatur charakterisiert. Wer aber wüßte nicht, welchen Einfluß die griechische Literatur in neuerer Zeit auf Lessing, Goethe und Schiller ausgeübt hat? Die griechische Literatur ist einem unversiegbaren Quell zu vergleichen, dessen erfrischende und belebende Kraft jeder fühlt, der aus demselben schöpft.

Diese Bedeutung verdankt die griechische Literatur ihren Vorzügen hinsichtlich der Form und des Inhalts, die man in dem Worte *Schönheit* zusammenfassen kann. Die Sprache ist wohllautend, die Darstellungsweise angemessen und der Ausdruck plastisch und anschaulich. Der Sinn für das rechte Maß, der den Griechen in hohem Maße eigen ist, tritt in Inhalt und Form überall in gleicher Weise hervor. Besonders groß zeigen sich die griechischen Schriftsteller in der Gestaltung des Stoffes, den sie meist dem Mythus oder dem Bereiche des Selbsterlebten und Selbstempfundenen, seltener der Geschichte entnehmen. Hier hat der individuelle Geist freien Spielraum, und die Mannigfaltigkeit und der Reichtum, in dem er sich äußert, setzt uns mit Recht in Erstaunen. Dabei sind die Griechen die wahrsten Vertreter des Idealismus, der über ihre ganze Poesie wie erheiternder und erhebender Sonnenschein ausgegossen liegt. Überall ist es ein tief sittlich-religiöser Gehalt, den die Werke ihrer Literatur bergen. Diese hauptsächlich hervortretenden Eigenschaften sichern der griechischen Literatur einen bleibenden Wert; sie verleihen ihr jenen eigentümlichen Reiz, der die Leser immer und immer wieder entzückt.

Die griechische Literaturgeschichte umfaßt einen sehr langen Zeitraum; sie reicht von der ältesten Zeit Griechenlands bis herab zur Eroberung Konstantinopels durch die Türken im J. 1453 n. Chr. *Die erste Periode ist die Zeit der nationalen klassischen Literatur von den ältesten Zeiten bis zum Tode Alexanders des Großen, also bis zum Jahr 324 v. Chr.* Diese Periode umfaßt zunächst die mythische Zeit, die Zeit der Vorbereitung; dann folgt die Blütezeit der epischen und lyrischen Poesie, deren Sitz besonders Kleinasien war und die man daher auch die asiatische Zeit nennt. Im Gegensatz dazu heißt die nächste Zeit die attische, weil in dieser Athen der Mittelpunkt des geistigen Lebens der Nation war. Hier bildete sich das Drama aus, und hier erreichten auch Geschichtsschreibung, Philosophie und Beredsamkeit ihren Höhepunkt.

Die zweite Periode umfaßt die ganze folgende Zeit vom Tode Alexanders bis zur Eroberung Konstantinopels, also vom Jahre 324 v. Chr. bis 1453 n. Chr. Man kann diese Periode im Gegensatz zur ersten die Zeit des Nachlebens der griechischen Literatur nennen; während derselben machen sich viele fremde Einflüsse geltend. Sie läßt sich wieder in drei Abschnitte zerlegen. Zuerst haben wir *die alexandrinische Zeit von dem Tode Alexanders des Großen bis zur Eroberung Korinths durch die Römer, also von 324 bis 146 v. Chr.* Alexandria ist an Stelle Athens getreten, und hier entwickelt sich eine rege wissenschaftliche Tätigkeit, welche die Literaturwerke der vorhergehenden Periode zum Gegenstand hat. Wissenschaft und Kritik ist der Stempel dieser Zeit. Daneben versuchen sich manche Gelehrte auch in der Dichtkunst, doch überwiegt die Reproduktion das selbständige Schaffen. Als dieser Periode eigentümlich ist die bukolische Poesie zu erwähnen.

Der zweite Abschnitt dieser Periode umfaßt die römische Zeit von der Eroberung Korinths bis zur Gründung Konstantinopels, also von 146 v. Chr. bis 330 n. Chr. Während dieser Zeit ist Rom der Sitz und Mittelpunkt der gelehrten Bildung. Die selbständigen wissenschaftlichen Studien, wie sie in der alexandrinischen Zeit betrieben wurden, werden fortgesetzt. Daneben wendet man sich besonders der Geschichtschreibung, der Philosophie und Rhetorik zu. Jedoch legt man dabei das Hauptgewicht auf die Form; es ist die Zeit der Sophistik.

Der dritte Abschnitt erstreckt sich von der Gründung Konstantinopels bis zur Eroberung dieser Stadt durch die Türken, also von 330 bis 1453 n. Chr. Man nennt diesen Abschnitt die byzantinische Zeit; denn die Bildung hat in Konstantinopel oder Byzanz ihren Wohnsitz genommen. Christliche Elemente dringen in die griechische Literatur ein und beleben besonders die Rhetorik; auch die Geschichtsschreibung und der Roman werden gepflegt. Die Beschäftigung mit der früheren Zeit zeigt sich besonders an den zahlreichen Sammelwerken verschiedener Art, die in dieser Zeit entstehen. Von den Arten der Poesie erlebt nur das mythographische Epos noch eine kurze Nachblüte; die Fachwissenschaften werden mit Vorliebe betrieben und gefördert.

Erste Periode

Die nationale klassische Literatur von der ältesten Zeit bis zum Tode Alexanders des Großen

I. Abschnitt
Anfänge der griechischen Poesie

1. Kapitel
Religiöse Dichtung

1. Die Griechen sind Indogermanen. Diese hatten schon, bevor sie sich in einzelne Stämme teilten, eine gewisse Stufe der Kulturentwicklung erreicht. Sie kannten ein geordnetes Familienleben und die Anfänge des Staatslebens; sie trieben Viehzucht, und auch der Ackerbau war ihnen nicht fremd. Gleichen Schritt mit dieser Entwicklung hielt auch die Ausbildung der Religion und Gottesverehrung. Vornehmlich war es der Gott des strahlenden Himmels, Dyâus bei den Indern, *Ζεύς* bei den Griechen, Juppiter bei den Römern und Zio bei den Germanen genannt, dessen Verehrung sie eifrig pflegten. Die Gebete an ihn, wie an die andern Gottheiten, nahmen vermutlich bald poetische Form an, und so entstand der *Hymnos*. Welche poetische Form diese Hymnen hatten, läßt sich nicht feststellen; wohl aber zeigt ein Vergleich der griechischen mit den vedischen, daß die Sprache einfach und der Inhalt ein Gebet war. Man rief den Gott unter Nennung aller seiner Attribute an, pries seine Macht und Hoheit und schloß mit der Bitte um Gewährung irgend eines Wunsches. An dieser ursprünglichen Form des Hymnos hielt man, wie dies ja in religiösen Dingen Sitte ist, bis in späte Zeiten herab gewissenhaft fest.

2. Dies war die religiöse Dichtung, welche die Griechen bei ihrer Einwanderung in Griechenland mit sich brachten. Hier wurde dieselbe weitergebildet. Als ältester Sitz derselben wird von der griechischen Überlieferung Pierien genannt, jene auf der Grenze zwischen Thessalien und Thrakien liegende Landschaft, wo der Musendienst besonders heimisch war, zumeist in den Städten Leibethra und Pimpleia am Fuße des Olympos. Von hier verbreitete sich dieser Kult nach Süden, nach Böotien, wo der Parnassos und Helikon Sitz desselben wurden, und nach Attika. An der Spitze dieser Priestersänger steht *Orpheus*, der Sohn des thrakischen Königs Öagros und der Muse Kalliope; auch Apollon wird als sein Vater angegeben. Seine Heimat ist Leibethra. Die ältere Sage kennt ihn nur als Sänger, dessen Zitherspiel und Gesang so wunderbar schön waren, daß nicht nur die Menschen,

sondern auch die Tiere, ja sogar die leblose Natur ihm lauschten. Bekannt ist sein Gang in die Unterwelt, von wo er seine gestorbene Gemahlin Eurydike wieder zurückholen wollte. Durch den Zauber seines Gesanges gerührt, gestattete ihm Hades dieses; allein da er, uneingedenk der Mahnung des Gottes, zu frühe nach seiner Gattin zurückschaute, so verschwand dieselbe wieder, und er mußte ohne sie auf die Oberwelt zurückkehren. Die spätere Sage läßt ihn als Priester und Zauberer den Argonautenzug mitmachen. Seinen Tod soll er durch thrakische Weiber gefunden haben, die ihn haßten, weil er nach dem Tode seiner Gemahlin seine Liebe dem schönen Kalais schenkte. Sie schnitten ihm das Haupt ab und warfen es samt der Leier ins Meer, dessen Wellen Haupt und Leier nach Lesbos trugen. Hier wurden sie bestattet, und aus ihrem Grabe erblühte der lesbische Gesang. Dem Orpheus schrieb man alte Hymnen zu, darunter einen Hymnos auf Eros, die im Besitze der Familie der Lykomiden in Athen waren. Pausanias weist denselben in seiner Beschreibung Griechenlands die zweite Stelle nach den homerischen Hymnen an; die Sprache sei schmuckloser, der Ton aber religiöser. Dagegen stammen diejenigen Gedichte, die wir noch unter dem Namen des Orpheus haben, die Argonautika, Lithika und Hymnen, erst aus dem 3. oder 4. Jahrhundert n. Chr., wo die orphischen Mysterien von neuem auflebten. Ja, Orpheus selbst ist keine historische, sondern eine symbolische Persönlichkeit, welche die Macht des Gesanges darstellt.

3. Ebensowenig Anspruch auf historische Existenz hat der Schüler des Orpheus *Musäos*, der Sohn des Antiphemos und der Helene oder Selene. Er gilt gewöhnlich als Eleusinier, wird aber auch Thraker genannt. Sein Name ist eng mit dem Demeterkult und den Mysterien in Eleusis verbunden. Von den ihm zugeschriebenen Weiheliedern und Hymnen erkennt Pausanias nur den Demeterhymnos, der im Besitze der Lykomiden in Athen war, als echt an. Öfter wird Musäos als Orakelpriester genannt. Seine Orakel fälschte Onomakritos, der infolgedessen von Hipparchos, dem Sohne des Peisistratos, aus Athen verbannt wurde.

4. Als Sohn des Musäos bezeichnet die Sage den *Eumolpos*, der nach einer anderen Überlieferung der Sohn des Poseidon und der Chione, der Tochter des Boreas, ist. Dieser lebte in Eleusis und stellte sich in einem Krieg gegen die Athener unter Erechtheus an die Spitze der Eleusinier. Die Überlieferung kennt ihn als den eigentlichen Stifter der eleusinischen Mysterien, an denen von jetzt an auch die Athener teilnahmen. Er ist der Ahnherr der Eumolpiden, des berühmten attischen Priestergeschlechtes, das dem eleusinischen Kult vorstand. Auch Weihelieder und Hymnen soll er verfaßt haben. Weinbau und Baumzucht

werden als seine Erfindungen genannt. Jedoch scheint auch dieser Name nur den Wert einer mythischen Personifikation zu haben.

5. Den genannten Sängern zunächst steht *Thamyris* oder *Thamyras*, ebenfalls ein Thraker. Von ihm singt schon Homer, daß er sich mit den Musen in einen Wettstreit eingelassen habe, aber besiegt von ihnen der Augen und der Kunst beraubt worden sei. Daraus ersieht man, daß er ursprünglich nichts anderes als die Personifikation der den Musen feindlichen Mächte war. Allein bald stellte man ihn mit Orpheus zusammen und hielt ihn auch für einen der alten Priestersänger. Ja, die delphische Lokalsage machte ihn zu einem Sohn des Philammon und ließ ihn in einem zu Delphi zu Ehren des Apollon veranstalteten musischen Wettkampf den Sieg davontragen. Doch hat Thamyris mit dem Kulte des Apollon ebensowenig zu tun, wie Orpheus und die andern Thraker.

6. Festere historische Gestalt hat der Athener *Pamphos*, den man wegen seiner Beziehungen zum Demeterkulte wohl am besten hier anreiht. Er gilt für älter als Homer, und ihm werden die ältesten Hymnen der Athener zugeschrieben; dieselben sollen sich ebenfalls im Besitze der Lykomiden befunden haben. Doch scheint es, als ob eben alle älteren Hymnen der Athener auf ihn zurückgeführt worden seien; wenigstens darf man als sicher annehmen, daß der ihm zugeschriebene Eroshymnos aus späterer Zeit stammt und ebenso derjenige, in welchem er des Linos als Ötolinos gedenkt; denn Linos steht in keiner Beziehung zu Athen.

7. Ebenso wie die Musen und Demeter, hatte auch Apollon seine Sänger und Dichter; er war ja der Gott der Musik. Ihm zu Ehren stimmte die Festgemeinde rings um den Altar unter Zither-, später auch Flötenbegleitung und Tanz den *Päan* an. Dieser wird schon bei Homer erwähnt. Als die Griechen die Chryseis ihrem Vater wieder zurückgegeben hatten, opferten sie auf der Insel Chryse eine Hekatombe und sangen einen Päan, um den Gott Apollon wieder zu versöhnen; ebenso erschallt nach der Tötung des Hektors ein Päan im Lager der Griechen zu Ehren des Gottes. Damit sind die beiden Seiten des Päan charakterisiert; er ist ein Bittgesang an Apollon um Hilfe und Rettung in der Not oder ein Danklied an denselben für geleisteten Beistand. Beides ergibt sich aus dem Ursprung und der Benennung desselben. Als nämlich Apollon bei Delphi mit dem Drachen Python kämpfte und ihn erschlug, riefen ihm die umstehenden Landbewohner *ἰὴ Παιάν*, *ἰὴ Παιάν* zu. Dieser Zuruf wurde als Refrain in die Apollonlieder aufgenommen, und daher erhielten diese den Namen Päane.

8. Aber nicht nur in Päanen von der ganzen Gemeinde wurde Apollon gefeiert; es traten auch Einzelsänger auf, welche in wallendem Festge-

wande zur Zither, später auch zur Flöte und Leier Lieder zu Ehren des Gottes vortrugen. Diese Lieder heißen *νόμοι* und werden je nach dem begleitenden Instrumente *κιθαρῳδικοί* (*λυρικοί*) und *αὐεῳδικοί* genannt. Sie unterscheiden sich durch größere Einfachheit und Feierlichkeit von den Päanen. Die *νόμοι* stehen in enger Beziehung zu dem Dienste des pythischen Apollon; allein sie sind nicht auf den Apollonkultus beschränkt; auch andere Gottheiten werden in ihnen angerufen.

9. Unter den Stätten, wo Apollon verehrt wurde, sind Delphi und Delos besonders berühmt. Es ist daher natürlich, daß hier auch die Sänger des Gottes auftraten. In Delphi soll *Chrysothemis* von Kreta zuerst in Kitharödentracht einen Nomos auf den pythischen Apollon vorgetragen haben. Als sein Nachfolger wird von der Überlieferung *Philammon* aus Delphi bezeichnet, der außer Apollon auch Leto und Artemis in seinen Nomen feierte. Öfter heißt er *ὁ ἀρχαῖος*; trotzdem scheinen diese beiden Sänger nur mythische Persönlichkeiten zu sein, alte Repräsentanten der späteren Kitharöden.

10. Als historische Persönlichkeit darf man dagegen den *Olen* betrachten, einen Lykier oder Hyperboreer, der von seiner Heimat nach Delos hinüberzog und sich in den Dienst des Gottes stellte. Herodot kennt ihn als Dichter alter Hymnen, die in daktylischen Hexametern abgefaßt waren; unter diesen erwähnt er besonders einen Hymnos auf zwei hyperboreische Jungfrauen, Arge und Opis, die in Begleitung des Apollon und der Artemis nach Delos gekommen sein sollen. Ob diese Dichtungen echt waren, muß dahingestellt bleiben; ein altertümliches Gepräge trugen sie jedenfalls; sonst hätte sie Pausanias nicht für die ältesten unter allen Hymnen erklärt. Außerdem wird Olen von der delischen Tempelsage als Erfinder des Hexameters bezeichnet. Da auch die delphische Priesterin Böo dies zugibt, so kann man annehmen, daß Olens Anspruch auf diese Erfindung begründeter war, als der Phemonoes, einer delphischen Priesterin, der die heimatliche Sage dieselbe Erfindung zuschreibt. Wahrscheinlich ist dieser Vers von Delos nach Delphi eingewandert.

11. Zur religiösen Dichtung gehört auch die *Orakelpoesie*, die ja eng mit dem Kult des Apollon zusammenhängt. Schon in alter Zeit bedienten sich die Orakelpriester in ihren Sprüchen poetischer Form. Nachdem in der religiösen Dichtung der Hexameter sich eingebürgert hatte, wählte man diesen auch für die Orakelpoesie; er wurde die fast allgemein übliche Form dieser Weissagungen. Auch der ionische Dialekt wurde mit dem Metrum herübergenommen. Unter den Stätten, wo diese Poesie gepflegt wurde, nimmt Delphi die erste Stelle ein; doch findet man sie auch an andern Orakelplätzen des Apollon. Außerdem

gab es wohl eine große Anzahl von Leuten, die als Weissager und Seher auf eigene Faust das Land durchzogen. Unter diesen verdient besonders *Bakis* Erwähnung. Sammlungen seiner Sprüche waren in Griechenland im Umlauf und werden von den Schriftstellern öfter genannt. Übrigens scheint auch der Name Bakis nur eine Personifikation eines gottbegeisterten Sehers zu sein und keiner historischen Persönlichkeit anzugehören.

2. Kapitel
Volksdichtung

1. Das religiöse Lied darf man mit Recht als den Anfang der poetischen Tätigkeit betrachten; in ihm gibt der Mensch den Gefühlen, die ihn der Gottheit gegenüber beseelen, feierlichen Ausdruck. Allein bald dehnt sich die Poesie auch auf das übrige Leben aus. Zunächst sind es wichtige Vorgänge im menschlichen Leben, wie Hochzeit und Tod, oder besonders geartete Beschäftigungen, wie die Weinlese, die in dem Menschen das Bedürfnis wachrufen, seine Stimmung in Liedern und Gesängen an den Tag zu legen. War dies einmal geschehen, so wurden allmählich auch andere Vorgänge und Beschäftigungen in den Kreis dieser Poesie aufgenommen, und zuletzt begleitete die *Volksdichtung* das ganze menschliche Leben von der Wiege bis zum Grabe mit allen seinen mannigfaltigen Äußerungen und Beschäftigungen. So war es auch bei den Griechen. Schon bei Homer werden einige Arten des Volksliedes erwähnt; von andern haben wir allerdings erst aus späterer Zeit Nachricht.

2. Das Kind wurde sofort bei seiner Geburt mit freudigen Gesängen begrüßt. Diese Lieder nannte man *οὔπιγγοι*; sie waren der Artemis geweiht. Allerdings ist auch nicht ausgeschlossen, daß die *οὔπιγγοι* Bittgesänge an Artemis um Beistand bei der Geburt waren. Das kleine Kind schläferte die Mutter oder Amme durch Absingen von *Wiegenliedern* ein, die *καταβαυκαλήσεις* oder *βαυκαλήματα* heißen. War das Kind größer, so begleitete es seine *Spiele* mit Gesang, wie die Knaben das Blindekuh-Spiel (*χαλκῆ μυῖα*), die Mädchen ihre Reigenspiele. Wollte die Sonne sich hinter den Wolken verbergen, so riefen die Kinder ihr *ἔξεχ᾽ ὦ φίλ᾽ ἥλιε* ebenso, wie jetzt bei uns: »Sonne, Sonne daher!« Auch sogen. *Bettellieder* hatte man. Auf Rhodos zogen im Frühjahr die Knaben mit einer Schwalbe, der Botin des Frühlings, vor den Häusern umher unter Absingung des sogen. *Schwalbenliedes* (*χελιδόνισμα*). Die wiedergekehrte Schwalbe bittet um Speise und Trank; wenn nichts gegeben wird, drohen die Knaben, die dieselbe tragen, in scherzhafter

Weise, die Türe auszuheben und die Frau zu entführen; erhalten sie aber etwas, so wünschen sie Glück. Denselben Zweck haben die Lieder, die den Namen εἰρεσιώνη tragen. An den beiden Erntefesten im Oktober und Mai, Pyanepsia und Thargelia genannt, zogen Knaben mit einem mit Früchten geschmückten Oliven- oder Lorbeerzweig von Haus zu Haus, um Gaben zu betteln. Eine solche εἰρεσιώνη ist unter den Epigrammen des Homer erhalten. An Stelle des Olivenzweiges oder der Schwalbe konnte auch eine Krähe treten. Dann haben wir das *Krähenlied* (κορώνισμα), das an andern Orten zu dem gleichen Zwecke gesungen wurde. Ein solches hat der Iambograph *Phönix* aus *Kolophon* in Choliamben abgefaßt.

3. Gehen wir vom Knabenalter zum reiferen Alter über, so treten uns zunächst diejenigen Gesänge entgegen, die das heitere gesellige Zusammensein verherrlichen. Dazu darf man an erster Stelle die Trinklieder (παροίνια) rechnen. Eine besondere Art dieser sind die σκολιά. Beim Gelage erhob sich irgendeiner der Teilnehmer mit einer Leier und einem Myrtenzweig, seltener einem Lorbeerzweig und sang irgend ein Liedchen, das ihm geeignet zu sein schien; der Inhalt war gewöhnlich eine allgemeine Lebensregel, seltener ein patriotischer Stoff, wie in dem Skolion des Kallistratos auf die Tyrannenmörder Harmodios und Aristogeiton. War er zu Ende, so übergab er einem andern der Gesellschaft Leier und Myrte, und dieser folgte seinem Beispiel. Von dieser Aufeinanderfolge der Singenden, die ganz willkürlich war und sich nicht um die Reihenfolge, welche die Gäste am Tische einnahmen, kümmerte, soll dieses Lied den Namen σκολιόν (schief, schräg) erhalten haben. Bei Homer finden wir noch keine Trinklieder erwähnt; aber *Terpander* hat dieselben bereits kunstmäßig ausgebildet; offenbar hat er sie unter dem Volke vorgefunden. Hierher gehören auch die Lieder, die man beim *Tanze* sang, besonders beim Waffentanz (πυρρίχη). Bei den Festen der Spartaner herrschte, wie berichtet wird, folgende Sitte. Es bildeten sich drei Chöre, ein Chor der Greise, ein zweiter der Männer und ein dritter der Knaben. Der erste sang: »Wir waren einstens wehrhafte Männer«; darauf antwortete der zweite: »Wir aber sind es noch, wenn du willst, versuch's«; die Knaben entgegneten: »Wir aber werden noch viel tapfrer sein.« Der Gesang ist durch Lessings Nachdichtung bekannt.

4. Einen wichtigen Abschnitt im Leben des jungen Mannes bildet die *Hochzeit*, deren Feier von den ältesten Zeiten her von Gesang begleitet war. Eine Schilderung finden wir schon bei Homer und in der Ἀσπίς, die dem Hesiod beigelegt wird. Die Braut wird abends vom Bräutigam in dem Hause ihrer Eltern abgeholt und auf einem Wagen unter Fackelbegleitung und Gesang durch die Stadt hin zum Hause des Bräutigams

geleitet. Der Refrain dieses Gesanges lautete: *ὑμὴν ὦ ὑμέναιε*, und davon erhielt das Lied den Namen *ὑμέναιος*. Hymenäos heißt der Hochzeitsgott. Im Hause des Bräutigams findet das Hochzeitsmahl statt, bei dem wieder Musik und Gesang nicht fehlen durften. Sobald sich der Bräutigam mit der Braut in das Hochzeitsgemach zurückzog, stimmte man das *ἐπιϑαλάμιον* an, und ebenso wurde das junge Paar am nächsten Morgen mit einem Liede geweckt, das den Namen *διεγερτικόν* trägt. Wir sehen also, wie innig Lied und Gesang mit dieser Feier verknüpft ist.

5. Im Gegensatz zu der oft ausgelassenen Freude des Hochzeitsliedes steht die ernste Trauer der *Totenklage* (*ϑρῆνος*). Auch diese ist schon bei Homer gelegentlich der Bestattung des Patroklos, Hektor und Achilleus erwähnt. Einer der Leidtragenden stimmt an der Bahre das Klagelied an, die andern fallen mit Wehrufen ein, besonders die Frauen. Bei der Leiche des Achilleus sind es die Musen selbst, welche die Klage anstimmen; die Wehrufe aber fallen den Nereiden zu. Von der Klage um Hektor hören wir, daß sie von einem Sänger angestimmt wurde, während Andromache und die andern Frauen dazu stöhnten. Später treten an Stelle der Verwandten auch öfter bezahlte Klageweiber (*καρῖναι*), wie auch das Klagelied *μοῦσα καρικὴ* oder *μέλος καρικόν* heißt.

6. Im ganzen kann man sagen, daß jede Beschäftigung und jeder Beruf bei den Griechen auch seine Lieder und Gesänge hatte. Von den Liebenden erscheint uns dies als selbstverständlich, da ja alle Völker *Liebeslieder* haben. Bei den Griechen waren besonders die *ἐρωτικά* der Lokrer berühmt. Homer läßt Kirke und Kalypso am Webstuhl singen; ein solches *Weberlied* hieß später *ᾠδὴ ἔλινος*. In gleicher Weise begleitete man auch das *Spinnen* mit Gesang. Die Zeit des *Wasserschöpfens* am Brunnen verkürzte man sich mit der *ᾠδὴ ἱμαῖος* oder *ἱμαλίς*, ebenso die Zeit im Bade mit der *ᾠδὴ βαλανέων*. *Bäcker*, *Ruderer* und *Hirten* hatten ihre Lieder. Einen phrygischen Ursprung soll das *Schnitterlied* (*λιτυέρσης*) haben, so genannt nach dem Sohne des Midas Lityerses, der die Fremden zum Schneiden des Getreides eingeladen, ihnen dann aber die Köpfe abgehauen haben soll. Beim *Binden der Garben* wurde der Demeter zu Ehren ein Lied angestimmt, das den Namen *οὖλος* oder *ἴουλος* führte. Es hatte seinen Namen von dem Refrain *πλεῖστον οὖλον ἵει, ἴουλον ἵει* »viele Garben spende, Garben spende«. Denselben Namen trug auch ein Lied, das die Frauen beim *Wollekrempeln* und *Wollarbeiten* überhaupt sangen. Auch die Taglöhner zogen unter Gesang auf das Feld zu ihrer Arbeit hinaus. Die *ἐπιμύλιος ᾠδή* war für die *Müller* bestimmt. Ein Beispiel von einem solchen aus Lesbos haben wir noch; es lautet: »mahle, Mühle, mahle, denn auch Pittakos mahlte, des großen Mytilene Beherrscher.«

7. Einen besondern Anlaß zu Freude und Gesang bot die *Weinlese*; an diese schloßen sich die *Kelterlieder* (*μέλη ἐπιλήνια*) und das *Linoslied* an. Homer erwähnt das letztere bei Schilderung der Weinlese, bei der es von einem Knaben zur Zither gesungen wurde. Bei Hesiod ist Linos ein Sohn der Urania, ein Zitherspieler, in jeder Kunst erfahren, den alle Sänger und Zitherspieler bei festlichen Gelagen und Reigentänzen in Klageliedern feiern. Aus dem noch erhaltenen Linoslied erfahren wir, daß Linos ein Liebling der Götter gewesen sei, der von ihnen die Gabe helltönenden Gesanges erhalten habe, aber Apollon habe ihn im Zorn getötet, weshalb ihn die Musen beklagen. Als Veranlassung zur Tötung wird erzählt, daß er sich mit dem Gotte in einen Wettstreit eingelassen habe. Doch gab es auch noch andere Sagen von ihm, wie z.B. eine argivische, nach der er der Sohn des Apollon und der argivischen Königstochter Psamathe war. Diese setzte ihn bei seiner Geburt aus, aber er wurde von einem Hirten gefunden und auferzogen. Als er dann später von Hunden zerrissen wurde, gestand Psamathe ihrem Vater die Sache; dieser verurteilte sie zum Tode. Darüber erzürnt, schickte Apollon eine Pest, der hauptsächlich die Kinder zum Opfer fielen. Um diese Plage abzuwenden, feierten die Argiver auf Befehl des Orakels jährlich zur Zeit der Hundstage das Lämmerfest (*ἀρνηίς*), auch das Fest der Hundetötung genannt (*κυνοφόντις*), bei dem sie Lämmer opferten und Hunde erschlugen, während die Frauen den Linos beklagten. Später machte man den Linos zu einem Dichter und brachte ihn mit den thrakisch-pierischen Sängern Orpheus und Musäos in Verbindung. Unter anderem führte man die Erfindung des Hexameters auf ihn zurück. Auch Lieder kannte man von ihm, die natürlich nur Fälschungen sind.

Das Linoslied hat seinen Namen von dem Refrain *αἴλινε, αἴλινε*; es wird danach auch Älinos genannt. Dieser Ausruf ist semitischen Ursprungs, gleich ai lenu »wehe uns«. Daraus ersieht man, daß dieses Lied aus dem Orient in Griechenland eingewandert ist; auch die Stätten der Hauptverehrung des Linos, Theben, Argos und Euböa, führen darauf; denn diese stehen mit Asien in besonders innigem Verkehr. In diesem Klageliede repräsentiert Linos die grünende und blühende Natur, die unter den sengenden Strahlen der Hundstagssonne dahinwelkt und abstirbt. Ähnliche Klagen finden wir in verschiedenen Ländern. Schon die Griechen stellten mit dem Linos den ägyptischen *Maneros* zusammen, den Erfinder des Ackerbaues, der auch in der Blüte seiner Jahre dahingerafft wurde. Die Mariandyner in Bithynien klagen um *Bormos*, einen jungen Jäger, der im Sommer auf der Jagd umkam. Bei den Tegeaten in Argos vertritt *Skephros* die Stelle des Linos. Dieser, ein Sohn des Tegeates, wird beim Einzug des Apollon und der Artemis von seinem Bruder Leimon getötet, und da infolgedessen Mißwachs im Lande entsteht, so ordnet das delphische Orakel auf Befragen eine jährliche Totenklage für Skephros an. Die Spartaner haben ihren *Hyakinthos*, der von Apollon beim Spiele durch einen Diskos getötet wurde. In Kypros ist die Trauer um den schönen *Adonis* heimisch, den Geliebten der Aphrodite, der auf der Jagd von einem Eber getötet wird. Der Name ist ebenfalls semitisch und bedeutet »Herr«. Von Kypros hat sich der Kult desselben auch nach Griechenland ausgebreitet, wo er großen Anklang fand. Besonders zur Zeit der Ptolemäer wurden in Alexandria die Adonisfeste (*τὰ Ἀδώνια*) mit großer Pracht zwei Tage lang gefeiert. Adonislieder haben wir noch von *Theokrit* und *Bion*. Alle diese Lieder sind ursprünglich Klagen um das Absterben des Lebens in der Natur, wie der Linosgesang. Allein mit der Zeit ging bei dem letzteren die Beziehung auf die Natur verloren; er galt als Klagelied im allgemeinen. Sappho nennt ihn *Οἰτόλινος*, und *αἴλινος* schloß ganz allgemein den Begriff der Klage und Trauer in sich.

8. Es erhebt sich nun die Frage, welcher Art die *Form des Volksliedes* war. Leider sind wir hierüber auf Vermutungen angewiesen. Als feststehend kann man annehmen, daß die Sprache schlicht und volkstümlich war; der Dialekt entsprach der Gegend, wo das Lied entstanden war und gesungen wurde; die Verse waren dem Inhalte dieser Liedchen entsprechend kurz, oft paarweise oder zu dreien und vieren gegliedert; die Strophen wohl in der Regel durch den Refrain geschieden. Die schwierigste Frage ist die nach dem Versmaße. Nach den erhaltenen Proben scheint es, daß man besonders den anapästischen Rhythmus gern anwandte, Tripodie und Tetrapodie, Prosodiacus und Parömiacus. Daneben finden sich auch Iamben und Trochäen, außerdem logaödische Verse. Einige Lieder haben die Form des Distichons. Diese Lieder wurden entweder von einem oder mehreren gesungen. Waren es mehrere, so konnten einer oder einige die Strophe singen, während die andern als Chor mit dem Refrain einfielen; sie konnten sich aber auch in zwei oder mehrere Chöre gruppieren, und so im Gegen- und Wechselgesang das Lied vortragen. Es gab aber auch solche Lieder, die gleichmäßig von allen gesungen wurden.

9. Zur Volksdichtung darf man noch die *Rätsel* rechnen, die *αἰνίγματα* und *γρῖφοι* heißen. Diese bildeten eine beliebte Unterhaltung der Griechen, besonders bei den Symposien. Hesiod läßt in seinem Gedicht *Die Hochzeit des Keyx* die Teilnehmer am Festmahle sich gegenseitig Rätsel aufgeben. In der *Melampodie* schildet er den Rätselwettkampf zwischen Mopsos und Kalchas, zwei berühmten Weissagern. Kalchas stellt die Frage, wie viele Feigen auf einem am Wege stehenden Feigenbaum hängen, und da Mopsos ihm die richtige Zahl sofort angibt,

stirbt er aus Ärger darüber. Ein Beispiel eines solchen Wettkampfes ist uns noch in dem Gedichte *Ὁμήρου καὶ Ἡσιόδου ἀγών* erhalten, der in Chalkis auf Euböa stattgefunden haben soll. Daraus erkennen wir, daß es nicht immer wirkliche Rätsel und spitzfindige Fragen über schwierige Themata waren, die man sich aufgab; oft sagte man auch einen Vers oder allgemeinen Gedanken, und der Gegner hatte einen passenden Vers oder Gedanken darauf zu erwidern. Diese Art des Wettkampfes liebten die Rhapsoden, die dafür manchen Spott von seiten der Komiker zu erleiden hatten. Besonders verdient um die Rätseldichtung machten sich *Kleobulos* von Lindos und seine Tochter *Kleobuline*. Aber bereits in den ältesten Dichtungen, schon bei Homer und Hesiod, läßt sich der Einfluß der Rätseldichtung erkennen; denn ihr verdanken manche der symbolischen Bezeichnungen, die bei diesen Dichtern vorkommen, ihre Existenz.

3. Kapitel

Spruchdichtung und Tierfabel

1. Die *Sprichwörter*, griechisch *παροιμίαι* oder *τὰ λεγόμενα*, sind Eigentum des ganzen Volkes; denn in ihnen legt das Volk die Summe der Weisheit und Erfahrungen nieder, die es im Laufe der Zeit gemacht hat. Die Form derselben ist kurz und treffend, oft metrisch. Wie das Aufgeben von Rätseln, so bildete auch die Anführung von Sprichwörtern die Unterhaltung beim Mahle. Von ihrer Verwendung im täglichen Leben und im Verkehr der Leute finden die Sprichwörter auch den Weg in die Literatur, die sie ihrer treffenden Form und ihres treffenden Inhalts wegen liebt. Schon bei Homer hat das Sprichwort vielfache Verwendung; ganz besonders reich an solchen Aussprüchen ist aber Hesiod und die gnomische Poesie. Allerdings findet sich zuweilen auch der umgekehrte Fall, daß sich nämlich ein besonders bezeichnendes Wort eines Dichters oder Schriftstellers im Volke verbreitet und den Wert eines Sprichwortes erlangt. Später veranstaltete man Sammlungen der Sprichwörter, die uns zum Teil noch erhalten sind. Wenn man die Stufe der geistigen Ausbildung eines Volkes, wie dies zuweilen geschieht, nach der Zahl und dem Wert seiner Sprichwörter bemessen darf, so muß man dem griechischen Volk eine hohe Stelle anweisen; denn es gibt wohl kaum eine Lage des menschlichen Lebens, für die die Griechen nicht irgend einen bezeichnenden und bemerkenswerten Spruch hätten.

2. Mit dem Sprichwort steht die *Tierfabel*, *αἶνος*, *μῦθος*, *λόγος* und *ἀπόλογος* genannt, in inniger Verbindung; denn nicht selten kommt es vor,

daß das Sprichwort gerade eine Wahrheit enthält, die aus einer Tierfabel abgeleitet ist. Die Tierfabel hat denselben Zweck wie das Sprichwort; sie gibt eine allgemeine Lehre oder Wahrheit, die auf der Erfahrung beruht. Aber während sich das Sprichwort darauf beschränkt, die Lehre in knapper, bündiger Form auszusprechen, gibt die Tierfabel eine kurze Erzählung des Vorfalles, der jenem allgemeinen Satze zugrunde liegt. Die Griechen erhielten die Tierfabel, wie es scheint, aus Vorderasien, wahrscheinlich aus Phrygien; sie gehörte jedenfalls einer frühen Zeit an, wo die Menschen noch mehr mit den Tieren in Berührung kamen, sie in ihrem Tun und Treiben aufmerksam beobachteten und die Vorgänge bei denselben im Spiegel menschlicher Verhältnisse betrachteten. Sehr häufig hat die Tierfabel einen satirischen Beigeschmack. In der griechischen Literatur kommt sie zum ersten Mal bei Hesiod vor, der die Fabel vom Habicht und der Nachtigall erzählt, um die Richter zu warnen, den Grundsatz: »Macht geht vor Recht« anzuwenden. Dann findet sie sich bei Archilochos, den Iambographen und den Komikern, seltener in den übrigen Literaturgattungen. Der eigentliche Vater der griechischen Tierfabel ist *Aesop*. So ziemlich alle Fabeln werden auf diesen berühmten Namen zurückgeführt und äsopische genannt.

II. Abschnitt
Epische Dichtung

4. Kapitel
Anfänge der epischen Poesie

Außer religiösen Dichtungen und Volksliedern hatten die Griechen auch schon frühzeitig *Heldenlieder*. Man darf dies schon daraus schließen, weil es die Sitte aller Völker, die eine Geschichte haben, ist, besonders wichtige Taten und scharf hervortretende Persönlichkeiten in der Erinnerung festzuhalten und in Liedern zu feiern. Und was für eine reiche Geschichte haben die Hellenen! Jeder Stamm hat seine besonderen Kämpfe und Helden, die er im Laufe der Zeit immer mehr ausschmückt und idealisiert. Andere Unternehmungen sind mehreren Stämmen oder auch der ganzen Nation gemeinsam. Alle diese Kriege und Züge mit ihren hervorragenden Führern und Helden pflanzen sich von Mund zu Mund, von Geschlecht zu Geschlecht fort. Die

Sage und der Mythus bemächtigen sich ihrer und stellen sie in immer schöneren und glänzenderen Farben dar, wozu der Wetteifer der einzelnen Stämme unter einander nicht wenig beiträgt. Dies sind die Stoffe, die das Heldenlied wählt, die *κλέα ἀνδρῶν* der Griechen. Diese Lieder sind im Volke enstanden und leben im Volke weiter; sie sind Eigentum der ganzen Nation. Aber mit der Zeit treten einzelne Männer auf, die sich ein besonderes Geschäft daraus machen, solche Gesänge zu sammeln und bei passender Gelegenheit vorzutragen. Damit gehen Umbildungen und Erweiterungen der alten Lieder Hand in Hand; Form und Vortrag werden kunstgemäßer, und auch der Kreis der Lieder wird durch Hinzudichtung neuer erweitert.

In diesem Zustande treffen wir das Heldenlied in der Odyssee. Die Ilias kennt noch keine Sänger; als Achilleus sich erzürnt vom Kampfe zurückzieht, verkürzt er sich die Zeit damit, daß er die Taten der Helden der Vorzeit besang. Anders ist es aber in der Odyssee. Hier finden wir bereits einen Sängerstand ausgebildet. Im Hause des Odysseus bei den Freiern singt Phemios, im Palaste des Alkinoos Demodokos, und Agamemnon läßt seine Gemahlin unter dem Schutze eines Sängers zurück, als er nach Troja fährt. Phemios rühmt von sich, daß er alles aus sich selbst gelernt habe; andere benutzten offenbar den Unterricht älterer Sänger. Die Sänger stehen im Dienste des Apollon und der Musen; sie werden von der Gottheit zum Gesange begeistert. Sie besingen zur Zither die Taten der Götter und der Menschen, wobei sie besonders darauf achten, gerade die neuesten Lieder den Zuhörern vorzutragen, da diese sich des größten Beifalls erfreuen. Phemios wählt die trauervolle Heimkehr von Troja, die Pallas Athene über die Griechen verhängte, als Thema eines Liedes, und Demodokos singt nicht nur von dem Streit des Odysseus und Achilleus oder von dem hölzernen Pferde, sondern auch von der Liebe des Ares und der Aphrodite. Die Sänger nehmen nach der Odyssee eine sehr geehrte Stellung im Volke ein; sie sind immer in der Umgebung des Königs und der Fürsten, deren Mahlzeiten sie mit ihrem Gesang verschönern; denn der Gesang ist die Würze des Mahles.

Alle diese Lieder waren Einzellieder; sie behandelten eine längere oder kürzere Episode aus einem größeren Ganzen, wie die oben angeführten Themata aus dem troischen Sagenkreis. Ähnlich war auch das Lied von der kalydonischen Jagd, das in der Ilias erwähnt wird. Etwas breiter angelegt scheint der Gesang von Herakles und der Argonautenfahrt gewesen zu sein; jedoch können wir aus den kurzen Anspielungen Homers nicht darüber urteilen. Auch hinsichtlich der Form sind wir fast nur auf Vermutungen angewiesen. Das Versmaß der alten Heldenlieder, wie sie im Volke lebten und gesungen wurden, war wohl dasselbe, wie das der Volkslieder. Sobald aber besondere Sänger sich dieser Stoffe bemächtigten und sie glänzender ausstatteten, werden diese vermutlich auch bald zu dem daktylischen Hexameter gegriffen haben, der in der religiösen Dichtung schon im Gebrauche war. Die Sprache war einfach, die Handlung rasch fortschreitend. Öfter mögen Personen sprechend eingeführt worden sein. Wie wir aus Ilias und Odyssee noch schließen können, spielten die Epitheta eine Hauptrolle; jede Person wurde durch solche ihrem Charakter und Auftreten entsprechend ausgezeichnet. Epitheton und Namen verbanden sich zu einem untrennbaren Ganzen und lebten so im Gesange weiter. Daraus erklären sich viele Verbindungen, die in unserm Homer vorkommen, wie der schnellfüßige Achilleus und ähnliche. Auch andere homerische Eigentümlichkeiten gehen auf die Gewohnheit dieser Lieder zurück, so z. B. die feststehende Sitte, dieselbe Sache immer mit denselben Worten zu schildern, aus der sich eine ganze Reihe stehender Verse herausgebildet hat, die gerade so, wie die Epitheta und andere Formeln, Gemeingut des Epos geworden sind. Nimmt man dazu noch die dem Versmaß entsprechende Weiterbildung der Sprache, so sieht man, wie reich der poetische Apparat war, den diese vorhomerische Zeit ausbildete und den Homer vorfand. Aber es fehlte den Dichtungen an künstlerischer Gestaltung des Stoffes; Homers Verdienst ist es, zuerst eine größere Reihe von Sagen zu einem Ganzen vereinigt und einheitlich gruppiert zu haben.

5. Kapitel

Homers Leben und Werke

1. Über *Homer* wußten die Griechen selbst nichts Sicheres. Von Apollon als Vater und Kalliope als Mutter darf man billigerweise absehen. Eine andere Sage nennt seine Mutter Kritheis; wenn sie aber den Flußgott Meles als seinen Vater bezeichnet, so will sie damit nur andeuten, daß der Dichter am Meles-Flusse geboren wurde. Daher wird er auch *Melesigenes* genannt. Ebensowenig steht der Ort fest, wo derselbe geboren wurde. Bekanntlich stritten sich sieben Städte um die Ehre, ihn als Bürger betrachten zu dürfen:

ἑπτὰ πόλεις διερίζουσιν περὶ ῥίζαν Ὁμήρου
Σμύρνα, Ῥόδος, Κολοφῶν, Σαλαμίν, Χίος, Ἄργος, Ἀθῆνη.
(Sieben Städte behaupten, Homer sei ihnen entsprossen:
Smyrna, Rhodos, Kolophon, Salamin, Chios, Argos, Athene.)

Mit Salamin ist die Stadt auf der Insel Kypros gemeint, statt Chios wird auch Ios angegeben, und Variationen des Epigramms nennen noch Ithaka, Pylos und Kyme. Unter diesen Orten haben Smyrna, Chios und Ios die begründetsten Ansprüche; denn der ganze Charakter der homerischen Gedichte zeigt, daß sie in Kleinasien entstanden sind; Homer selbst wird *Mäonide*, d.h. Lydier, genannt. Außerdem erzählt die Überlieferung, daß auf Chios ein Geschlecht *Ὁμηρίδαι* gewesen sei, das sich von Homer ableitete und die Pflege des epischen Liedes zu seiner Aufgabe machte, und ein Hymnos spricht von dem *blinden Sänger auf Chios*, unter dem man sich Homer dachte. Noch weniger einig ist man hinsichtlich der Lebenszeit unseres Dichters. Der früheste Ansatz weist ihn der Zeit unmittelbar vor der dorischen Wanderung zu, der späteste läßt ihn 500 Jahre nach dem troischen Krieg leben. In dem großen Zeitraum zwischen diesen beiden Ansätzen bewegen sich die anderen Überlieferungen. Am wahrscheinlichsten erscheint die Mitteilung Herodots, Homer habe 400 Jahre vor seiner Zeit gelebt; man kann ihn also in das 9. Jahrh. v.Chr. setzen.

2. Über die *Lebensschicksale* des Dichters erzählten sich die Alten verschiedene Fabeln. Phemios, der in Smyrna eine Schule hatte, soll ihn unterrichtet haben; nach des Phemios Tode sei er sein Nachfolger geworden und habe infolge seiner Kunst allgemeine Bewunderung erregt. Von Mentes eingeladen, habe er mit diesem große Reisen gemacht; dabei habe er sich auch längere Zeit bei Mentor in Ithaka aufgehalten. Wieder nach Smyrna zurückgekehrt, sei er erblindet, und bald habe ihn Armut genötigt, wieder zu reisen. Nach mancherlei Schicksalen sei er nach Chios gekommen, wo er eine vielbesuchte Schule eröffnet habe. Auf Ios, wohin er von Chios aus reiste, sei er gestorben, angeblich weil er ein Rätsel, das man ihm aufgab, nicht lösen konnte. Sein Grab wurde auf dieser Insel gezeigt. Auch soll er sich mit Hesiod in einen Wettstreit im Gesange eingelassen haben, aber von diesem besiegt worden sein.

Alle diese Nachrichten entbehren der historischen Glaubwürdigkeit; gegen die Annahme, als ob Homer blind gewesen sei, sprechen die Gedichte selbst, obwohl dies auch von Thukydides, der sich durch den Hymnos des blinden Sängers auf Chios täuschen ließ, geglaubt und von andern mit dem Namen Homeros selbst in Beziehung gebracht wurde; *Ὅμηρος* soll nämlich *»blind«* bedeuten. Andere deuteten den Namen als *»Geisel«* und erzählten, Homer sei in einem Krieg zwischen den Smyrnäern und Kolophoniern als Geisel gegeben worden. Auch in neuerer Zeit hat der Name Homeros verschiedene Deutungen erfahren. Man faßte ihn als Appellativum und führte ihn auf *ὁμοῦ* und die Wurzel *ἀρ* zurück; Homer ist dann der *Zusammenfüger* der Einzellieder zu einem großen Gedichte. Andere meinen, der Name Homeros sei von den Homeriden auf Chios erdichtet, die ursprünglich *ὅμηροι* (Gesellen) geheißen, sich aber später nach dem erdichteten Ahnherrn *Ὁμηρίδαι* genannt hätten. Alle diese Deutungen gehen von der Absicht aus, Homer sei eine mythische Persönlichkeit, wie Orpheus und andere alte Sänger. Demgegenüber müssen wir an der historischen Persönlichkeit desselben festhalten; der Dichter Homeros hat wirklich bei den Griechen gelebt, und nichts berechtigt uns, daran zu zweifeln.

3. Dem Homer werden viele Gedichte zugeschrieben, besonders *Ilias, Odyssee, Hymnen, Batrachomyomachie, Margites, Epigramme* und einzelne *Epen des Kyklos*. Doch muß man wohl beachten, wie dies geschieht. Allgemein oder doch fast allgemein gilt Homer als Verfasser der Ilias und Odyssee, seltener des Margites, der Batrachomyomachie und einzelner Hymnen, nur vereinzelt werden ihm andere Gedichte zugeschrieben. Die neuere Kritik läßt ihm nur Ilias und Odyssee, während sie ihm alle anderen Gedichte abspricht. Doch behaupten manche, auch diese beiden Epen könnten nicht von ein und demselben Dichter herrühren; die Verschiedenheit derselben sei zu groß. Diese Ansicht hatte schon unter den alten Grammatikern ihre Vertreter, die man *οἱ χωρίζοντες* (die Trennenden) nannte, weil sie Ilias und Odyssee trennten und für jedes Epos einen besonderen Homer als Verfasser annahmen. Der bedeutendste griechische Grammatiker Aristarchos sprach sich aber entschieden gegen diese Annahme aus. Auf eine endgültige Lösung der Frage wird man verzichten müssen; daher wird man am besten tun, bei der Überlieferung stehen zu bleiben, daß Ilias und Odyssee trotz aller Verschiedenheit die Werke eines Dichters sind, den die Griechen Homer nannten.

6. Kapitel

Ilias und Odyssee

1. Ilias und Odyssee sind die köstlichsten Perlen der griechischen Literatur, um die alle Völker die Griechen beneiden. Der Stoff, den sie behandeln, gehört dem troischen Sagenkreise an, der jenen gewaltigen Zug der achäischen Helden gegen Troja in mythischer Weise ausschmückt. Aber nicht der ganze trojanische Krieg mit Auszug und Heimkehr der Helden wird von dem Dichter in diesen beiden Epen behandelt; nur ein kleiner Abschnitt aus jener großen Sagenreihe bildet das Thema eines jeden der beiden Gedichte. Trotzdem hat es der Dichter verstanden, uns auch mit den übrigen Teilen jenes Krieges im großen und ganzen bekannt zu machen; diese bilden sozusagen den

skizzierten Hintergrund, auf dem sich die genau ausgeführten Einzelgemälde klar und scharf abheben. Und gerade dies spricht für die hohe Begabung unseres Dichters; denn eben darin zeigt sich das Genie, daß es aus einem reichgegliederten, ausgiebigen Stoffe mit sicherem Griff gerade den Zeitpunkt zu wählen weiß, von dem aus nicht nur eine rasche Weiterentwicklung möglich, sondern auch ein orientierender Blick auf das Vorausliegende und Nachfolgende gestattet ist.

Die *Ilias* besingt den Zorn des Peliden Achilleus mit seinen verderblichen Folgen für das Heer der Achäer. Der Vorfall ereignete sich im neunten Jahre des trojanischen Krieges. Die Veranlassung zu diesem war die Entführung der Helena, der Gemahlin des Menelaos, durch den troischen Königssohn Paris. Alle Fürsten Griechenlands zogen mit ihren Schiffen und Mannen nach Troja, trieben die Trojaner in die Stadt zurück und schloßen sie samt ihren Bundesgenossen ein. Während der langdauernden Belagerung machten einzelne Heerführer Beutezüge in die Nachbarschaft; bei einem solchen wurde auch die Tochter des Apollonpriesters Chryseis erbeutet und dem Agamemnon zugeteilt.

Die Handlung unserer Ilias beginnt damit, daß sie erzählt, wie der Vater Chryseis ins Lager der Griechen kommt, um seine Tochter loszukaufen; aber Agamemnon weist ihn mit Drohungen ab. Daher wendet er sich mit einem Gebet um Rache an Apollon, und dieser schickt eine Pest ins Lager der Griechen. Neun Tage hat diese schon gewütet, da erklärt der Seher Kalchas auf Befragen des Achilleus in der Volksversammlung, der Gott könne nur besänftigt werden, wenn Agamemnon die Chryseis zurückgebe. Agamemnon fährt erzürnt den Seher an, und als Achilleus dem Kalchas beisteht, kommt es zwischen beiden Königen zu einem heftigen Wortwechsel, in dessen Verlauf Agamemnon sich zwar zur Zurückgabe der Chryseis bereit erklärt, aber dem Achilleus droht, er werde ihm, um sich schadlos zu halten, seine Sklavin Briseis nehmen, was er nachher auch wirklich ausführt. Daraufhin zieht sich Achilleus grollend vom Heere zurück. Während die Griechen die Chryseis wieder ihrem Vater zuführen und Apollon mit Opfern versöhnen, erhält Thetis, die Mutter des Achilleus, von Zeus, an den sie sich auf Bitten ihres Sohnes gewandt hatte, das Versprechen, er werde den Trojanern so lange den Sieg über die Griechen gewähren, bis diese dem Achilleus Genugtuung geleistet hätten. Damit ist der Angelpunkt, um den sich die ganze Handlung dreht, gegeben.

Mit dem 2. Buch schreitet Zeus zur Erfüllung seines Versprechens. Da Agamemnon den Kampf nicht von selbst beginnen würde, schickt er ihm einen Traum, der ihn mit Siegeshoffnungen erfüllt. Agamemnon gibt in einer Volksversammlung den Befehl zur Rüstung, und bald darauf rücken die Scharen der Griechen zur Schlacht aus. Ihnen ziehen die Troer und Bundesgenossen entgegen. Kaum hat Menelaos den Paris erblickt, so stürzt er auf ihn los. Dieser weicht zwar im ersten Augenblick vor dem grimmigen Gegner zurück, gleich darauf aber entschließt er sich auf Zureden des Hektor zu einem Zweikampf mit demselben. So kämpfen zunächst die beiden Urheber des Krieges. Nach dem zuvor abgeschlossenen Vertrage sollten die Griechen, wenn Menelaos falle, von Troja abziehen; werde dagegen Paris besiegt, so sollten die Trojaner die Helena und ihre Schätze herausgeben und den Griechen eine Kriegsentschädigung bezahlen. Das Glück entschied für Menelaos. Wäre nun der Vertrag gehalten worden, so hätte damit der Krieg gegen die Bestimmung des Schicksals sein Ende gefunden. Daher veranlaßt Athene den Pandaros, seinen Pfeil auf Menelaos abzuschießen; die Verwundung desselben gibt die Veranlassung zum allgemeinen Kampf. Diomedes zeichnet sich vor allen aus; er tötet den Pandaros, besiegt den Äneias, verwundet dessen Mutter Aphrodite, als sie ihrem Sohne zu Hilfe eilt; ja, er verletzt sogar unter dem Beistand der Athene den Ares. Die Trojaner weichen entsetzt zurück. Da fordert Helenos den Hektor auf, die Schlacht wieder herzustellen und dann in die Stadt zurückzukehren, um eine Prozession in den Tempel der Athene um Hilfe und Sieg zu veranlassen. Unterdessen treffen sich Diomedes und Glaukos auf dem Schlachtfelde; sie erkennen einander als alte Gastfreunde und wechseln die Waffen; Glaukos gibt seine goldenen gegen die ehernen des Diomedes. Nachdem Hektor in der Stadt seiner Mutter Hekabe die Veranstaltung der Prozession aufgetragen, muntert er den Paris zur Rückkehr in die Schlacht auf. Dann will er seine Gemahlin Andromache besuchen; als er aber in sein Haus kommt, hört er, daß dieselbe mit ihrem kleinen Sohne zur Stadtmauer gegangen sei. Er trifft sie am skäischen Tore und nimmt rührenden Abschied von ihr. Unterdessen findet sich auch Paris ein, und beide eilen hinaus aufs Schlachtfeld. Hier haben inzwischen die Trojaner nur mit Mühe den Griechen standgehalten. Auf den Rat des Helenos macht Hektor dem allgemeinen Kampfe dadurch ein Ende, daß er den Griechen einen Zweikampf vorschlägt. Ajas nimmt denselben an. Mit Einbruch der Dunkelheit trennen sich die Kämpfenden, ohne daß sich der Sieg dem einen oder andern zugeneigt hätte. Die Griechen und Trojaner vereinbaren zur Bestattung der Toten einen Waffenstillstand; außerdem befestigen die Griechen ihr Lager.

So war der erste Schlachttag zu Ende; aus dem Verlaufe desselben ersah Zeus, daß er persönlich in den Kampf eingreifen müsse, wenn er sein Versprechen erfüllen wolle. Daher ruft er am Anfang des zweiten

Schlachttages die Götter zusammen und verbietet ihnen aufs entschiedenste, am Kampfe sich zu beteiligen; er selbst fährt nach dem Ida, um von hier aus die Schlacht zu leiten. Durch Donner und Blitz schreckt er die Griechen zurück. Zwar raffen sich diese noch einmal auf und dringen siegreich vor; Teukros vollführt Heldentaten; aber nach Verwundung desselben durch Hektor ist die Schlacht zugunsten der Troer entschieden. Hera und Athene, die den Griechen helfen wollen, werden von Zeus zurückgetrieben; dieser selbst kehrt in den Olymp zurück. Die Trojaner sind durch den glücklichen Erfolg so ermutigt, daß sie auf dem Schlachtfelde übernachten; bei den Griechen dagegen herrscht Niedergeschlagenheit. Ja, Agamemnon macht sogar den Vorschlag zu fliehen, aber Diomedes und Nestor verhindern dies. Auf den Rat des letzteren beschließt man, eine Gesandtschaft an Achilleus zu schicken, um ihn wieder zu versöhnen und zur Teilnahme am Kampfe zu bewegen. Phönix, Aias und Odysseus gehen ab; sie versprechen dem Achilleus die Zurückgabe der Briseis, viele Geschenke und jede Genugtuung; aber dieser bleibt trotz alledem unversöhnlich; in seiner Aufregung droht er sogar, am nächsten Tage nach Hause zu fahren. Das Mißlingen der Gesandtschaft entmutigt die Griechen sehr; trotzdem entschließt man sich auf Zureden des Diomedes dazu, am nächsten Morgen den Kampf von neuem aufzunehmen. In der Nacht stellt man Wachen am Befestigungsgraben aus, und Diomedes und Odysseus gehen als Spione in das feindliche Lager. Unterwegs begegnen sie dem troischen Spion Dolon und töten ihn. Auf seine Weisung hin gelingt es den beiden Helden, den Thrakerkönig Rhesos, der eben mit seinen Kriegern den Trojanern zu Hilfe gekommen war, nebst vielen seiner Begleiter zu töten. Mit seinen Rossen kommen sie wieder glücklich im Lager der Griechen an.

Der nächste Morgen eröffnet den dritten Schlachttag, der den Griechen noch mehr Unglück bringen sollte. Anfangs zwar sind sie dank der Tapferkeit Agamemnons siegreich; aber bald wird dieser verwundet, und ebenso Diomedes, Odysseus und Machaon. Die Griechen weichen vor der Übermacht der Trojaner zurück. Als Machaon von Nestor aus der Schlacht ins Lager geführt wird, wird er von Achilleus erblickt, der von seinem Schiffe aus dem Kampfe zuschaute; soviel hatte doch die Gesandtschaft vermocht. Voll der freudigen Hoffnung, er werde jetzt die Griechen in äußerster Not zu seinen Füßen bittflehend liegen sehen, sendet er den Patroklos ab, um zu erfahren, ob der Verwundete, den er nicht genau erkannt hatte, wirklich der Arzt Machaon sei. Patroklos tut dies. Ehe er sich wieder entfernt, macht ihn Nestor mit dem Stand der Schlacht bekannt und bittet ihn, entweder den Achilleus umzustimmen oder doch wenigstens selbst zu Hilfe zu

kommen. Er verspricht dies und geht eilig ab; aber unterwegs trifft er den Eurypylos, der ebenfalls verwundet ist. Von diesem läßt er sich überreden, mit ihm in sein Zelt zu gehen und ihn zu heilen.
Unterdessen stürmt Hektor an der Spitze der Trojaner immer weiter vor; mit einem Steinwurf sprengt er das Tor des griechischen Lagers, und jetzt geht es weiter auf die Schiffe der Griechen zu, die man verbrennen will. Ein heftiger Kampf erhebt sich, in dem sich Aias und Idomeneus, von Poseidon ermutigt, auszeichnen. In dieser Not und Bedrängnis, in der Agamemnon seinen Vorschlag zur Flucht wiederholt, kommt Hera den Griechen zu Hilfe. Sie schläfert den Zeus auf dem Ida durch eine List ein, und so kann Poseidon den Griechen offen beistehen. Aias betäubt den Hektor durch einen Steinwurf, und die Trojaner wenden sich zur Flucht. Da erwacht Zeus wieder. Sofort durchschaut er die List der Hera und schickt sie unter Drohungen in den Olymp zurück; auch Poseidon muß auf Zeus' Befehl das Schlachtfeld verlassen. Apollon heilt den Hektor, und dieser dringt an der Spitze seines Heeres von neuem zur Vernichtung der griechischen Flotte vor.
Jetzt kehrt Patroklos, der unterdessen den Eurypylos gepflegt, zu Achilleus zurück. Dieser gestattet ihm auf seine Bitten, in seiner Rüstung mit den Myrmidonen den Griechen Hilfe zu bringen, jedoch nur bis die Trojaner von den Schiffen zurückgedrängt seien; dann solle er wieder heimziehen. Schon steckt Hektor das Schiff des Protesilaos in Brand, da erscheint Patroklos in der Rüstung des Achilleus mit den Seinigen. Die Trojaner fliehen, und die Griechen löschen das Feuer des Schiffes. Aber uneingedenk der Weisung des Achilleus läßt sich Patroklos in der Hitze des Gefechtes auch noch zur Verfolgung hinreißen. Er gelangt bis zur Stadtmauer; aber hier wird er mit Hilfe des Apollon von Euphorbos und Hektor getötet; die herrliche Rüstung wird eine Beute des Hektor. Um des Patroklos Leichnam entsteht ein heftiger Kampf; die Griechen müssen wieder weichen. Da sendet Menelaos den Antilochos ab, um dem Achilleus den Tod seines Freundes und die Niederlage der Griechen zu melden; er selbst und Meriones tragen den Leichnam zurück, während Aias die Feinde abwehrt.
Als Achilleus die Nachricht von dem Tode des Patroklos erhält, bricht er in laute Klagen aus; seine Mutter und die Nereiden kommen aus dem Meere, um ihn zu trösten. Doch er wünscht nur Rache an Hektor, und besteht auch dann noch auf dieser, als er hört, daß er selbst kurze Zeit nach Hektor sterben müsse. Auf seine Bitten verspricht Thetis, ihm bis zum nächsten Morgen eine neue Rüstung von Hephästos zu besorgen; sofort begibt er sich zu diesem, während sie die Nereiden nach Hause schickt.

Unterdessen dauert der Kampf um des Patroklos Leiche fort. Als sich Hektor eben derselben bemächtigen will, erscheint auf die Aufforderung der Hera hin Achilleus am Graben und jagt durch sein Schreien die Feinde zur Stadt zurück. Der Leichnam wird in das Zelt des Achilleus gebracht und die ganze Nacht von den Griechen beweint. Die Trojaner übernachten gegen den Rat des Polydamas vor der Stadt, um am nächsten Morgen die Schlacht wieder zu beginnen.

Damit ist die Wendung in der Stimmung des Achilleus eingetreten. Als kurz zuvor die Griechen mit flehentlichen Bitten und reichen Geschenken zu ihm kamen, wies er sie unbarmherzig ab; sein ganzes Herz war nur von dem Gefühle des Schmerzes über die ihm angetane Beleidigung und von dem Wunsche nach Rache an dem Beleidiger erfüllt. Ja, die Gesandtschaft entflammte diese Leidenschaft noch mehr. Als er die Griechen am folgenden Tag vor den Trojanern fliehen sah, rief er in seiner egoistischen Schadenfreude triumphierend aus: »Jetzt werden sie bald demütig zu meinen Füßen liegen.« Aber gerade der Tag, an dem er die höchste Befriedigung seines Ehrgeizes und volle Genugtuung für die ihm widerfahrene Beleidigung zu erleben hofft, wird für ihn der jammervollste. Vom höchsten Gipfel der Freude stürzt er in den tiefsten Abgrund des Leids; denn sein Freund, den er in der äußersten Not auf seine Bitten den Griechen zu Hilfe schickt, findet seinen Tod durch die Hand Hektors. Was alle Geschenke und Bitten nicht erreichen konnten, das bewirkt der Tod seines Freundes. Der neue größere Schmerz verdrängt den alten kleineren. Der Wunsch, sich an den Griechen und Agamemnon wegen der Beleidigung zu rächen, weicht dem glühenden Verlangen, an Hektor wegen der Ermordung des Patroklos Rache zu nehmen, und dieses neue Gefühl beherrscht ihn jetzt so voll und ganz, wie kurz vorher noch das alte; alles andere verschwindet vor und neben demselben.

Sobald ihm Thetis am nächsten Morgen die neue Rüstung überbracht hat, söhnt er sich in öffentlicher Versammlung mit Agamemnon aus und verlangt sofort den Beginn des Kampfes. Nur mit Mühe wartet er, bis das Heer gefrühstückt hat. Während dieser Zeit erhält er die Briseis zurück und empfängt die Geschenke, die ihm Agamemnon versprochen. Da er sich weigert, Speise und Trank zu sich zu nehmen, bevor er seinen Freund gerächt, so stärkt ihn Athene zur Schlacht, zu der er jetzt mutig auszieht, trotzdem ihm das eine seiner Pferde den Tod prophezeit. Auch Zeus gestattet den Göttern wieder, nach Belieben am Kampfe teilzunehmen. Unter Donner und Erdbeben begeben sie sich auf das Schlachtfeld, lassen sich aber auf den Rat des Poseidon abseits davon nieder. Achilleus besiegt den Äneias, den Poseidon rettet. Auch Hektor weicht auf Zureden des Apollon vor dem Grimmigen zurück und greift ihn erst an, als er seinen Bruder Polydoros getötet; aber Apollon hüllt den Hektor in eine Nebelwolke und schützt ihn so vor Achilleus. Die Trojaner fliehen teils zur Stadt, teils zum Flusse Skamandros. Die letzteren verfolgt Achilleus. In seinem Kampfeseifer springt er in den Fluß und tötet viele; aber auf die Beschwerde des Flußgotts verläßt er dessen Bett wieder, jedoch nur auf kurze Zeit. Da wendet sich der Fluß erzürnt mit seinen Wassern gegen ihn; auch der Simoeis kommt dem Skamander zu Hilfe. Als aber Achilleus im größten Gedränge ist, schickt Hera den Hephästos, der mit seinem Feuer die Flüsse zurückdrängt und zum Frieden zwingt. In dem Kampfe der Götter, der sich jetzt entspinnt, siegen diejenigen, die auf Seite der Griechen stehen. Alle Götter außer Apollon begeben sich in den Olymp zurück. Dieser täuscht in der Gestalt des Agenor den Achilleus und lockt ihn von der Stadt hinweg. Fast alle Troer sind schon in Sicherheit, als Achilleus den Betrug merkt; nur Hektor ist noch außerhalb der Stadt. Wütend stürzt sich Achilleus auf diesen; es kommt zu einem Zweikampf, und Achilleus tötet mit Athenes Hilfe den Hektor. Den Leichnam bindet er an den Wagen und schleift ihn unter dem Wehklagen der Trojaner durch die Ebene zum Lager hin. Nachts erscheint ihm der Schatten des Patroklos und bittet um seine Bestattung. Diese findet am nächsten Tage statt; zu Ehren des Patroklos werden glänzende Festspiele gefeiert. Um den Grabhügel desselben schleift Achilleus mehrere Tage lang den Leichnam des Hektor; aber die Götter haben mit dem tapferen Vaterlandsverteidiger Mitleid. Unter der Führung des Hermes löst Priamos den Leichnam seines Sohnes bei Achilleus aus und bestattet ihn glänzend in Troja. Aus den Klagen an seiner Bahre entnehmen wir, daß mit Hektor auch Troja gefallen ist.

2. Man sieht, in welch engen Rahmen der Dichter sein reiches Gemälde gefaßt hat; die ganze Ilias umfaßt nur einen Zeitraum von 51 Tagen. Noch weniger Zeit nimmt die Handlung der *Odyssee* in Anspruch; sie ist auf 40 Tage beschränkt. Das Thema derselben ist die Heimkehr des Odysseus von seiner Abfahrt von Troja bis zu der Zeit, wo er die Herrschaft über Ithaka wieder ergreift. Auch hier verfährt der Dichter nicht chronologisch, sondern weiß mit richtigem Kunstverständnis den günstigen Augenblick für den Beginn der Handlung zu wählen. Er versetzt uns sofort nach einer kurzen Einleitung mitten in die Ereignisse hinein. Neun Jahre der Irrfahrt des Odysseus sind schon vorüber; sieben Jahre hält ihn bereits Kalypso auf der Insel Ogygia gegen seinen Willen zurück, da versammeln sich während der Abwesenheit des Poseidon, der dem Odysseus zürnt, weil er seinen Sohn Polyphemos geblendet, die Götter im Palaste des Zeus und beschließen auf Athenes Anregung seine Rückkehr. Hermes soll der Kalypso

befehlen, den Odysseus in seine Heimat zu entlassen, und Athene soll den Telemachos, den Sohn des Odysseus, auffordern, auf Kunde nach seinem Vater auszuziehen.

Aus künstlerischen Gründen wird die Ausführung des zweiten Beschlusses zuerst erzählt. Athene begibt sich in der Gestalt des Taphierfürsten Mentes nach Ithaka in den Palast des Odysseus. So hat der Dichter Gelegenheit, das Treiben der Freier zu schildern, die sich seit längerer Zeit täglich im Hause des Odysseus versammeln; denn da man allgemein nicht mehr an die Rückkehr des Odysseus glaubt, so strebt jeder Edle auf Ithaka und in der Umgebung danach, die Hand der Gemahlin desselben, Penelope, und damit die Herrschaft für sich zu gewinnen. Athene fordert den Telemachos auf, die übermütigen Freier aus seinem Hause zu weisen und dann in Pylos bei Nestor und in Sparta bei Menelaos sich nach seinem Vater zu erkundigen. Am nächsten Morgen beruft Telemachos eine Volksversammlung, um der Aufforderung der Athene nachzukommen; aber die Freier weigern sich sowohl, aus seinem Hause zu bleiben, als auch ihm ein Schiff zu seiner Reise zur Verfügung zu stellen. Allein durch Athenes Beistand erhält er von Noemon, einem Freunde seines Vaters, ein Fahrzeug; Athene begleitet ihn in der Gestalt des Ithakesiers Mentor auf seiner Fahrt. In Pylos wird Telemachos gastfreundlich von Nestor empfangen und bewirtet. Da dieser aber selbst keine sichere Kunde von Odysseus hat, so weist er denselben an Menelaos nach Sparta, der zuletzt von allen Griechen, die vor Troja gekämpft, nach langer Irrfahrt nach Hause zurückgekehrt war. Des Nestor Sohn Peisistratos begleitet denselben dorthin. Auch Menelaos und Helena, die gerade eine Hochzeit feiern, nehmen den Telemachos und Peisistratos freundlich auf. Menelaos erzählt ihnen, daß er unterwegs von Proteus erfahren habe, Odysseus werde von der Nymphe Kalypso auf einer Insel fern von seiner Heimat wider Willen zurückgehalten. Dann lädt er die Gastfreunde ein, länger bei ihm zu bleiben. Unterdessen erfahren die Freier, daß Telemachos abgefahren ist. Antinoos beschließt, mit anderen Freiern ihm nachzufahren, um ihm unterwegs aufzulauern und ihn zu töten. Als Penelope von diesem Vorhaben der Freier hört, ist sie bestürzt, aber Athene tröstet sie.

So ist der eine Beschluß der Götter ausgeführt; jetzt folgt die Erzählung des zweiten. Dabei verfährt der Dichter so, daß er die Götterversammlung wieder vorführt und den Beschluß zur Absendung des Hermes an Kalypso wiederholt. Nur mit Widerwillen gehorcht Kalypso dem Befehle der Götter, den Odysseus zu entlassen. Dieser zimmert sich ein einfaches Fahrzeug und fährt, von Kalypso mit dem Nötigen versehen, ab. Schon ist er in der Nähe der Insel der Phäaken, da

erblickt ihn Poseidon, der von seiner Reise zurückkehrt. Er erregt einen Sturm und zerschmettert das schwache Fahrzeug des Odysseus. Aber Leukothea, eine Meergöttin, erbarmt sich des Schiffbrüchigen, und mit ihrer Hilfe erreicht er glücklich das Land der Phäaken, wo er in einem nahen Walde die Nacht zubringt. In dieser Not nimmt sich Athene des Helden an. Im Traume ermahnt sie Nausikaa, die Tochter des Königs der Phäaken, sie solle am nächsten Morgen mit ihren Mägden am Flusse waschen. Hier trifft diese den Odysseus; sie reicht ihm Kleider und Speise und nimmt ihn bis zum Haine der Athene vor der Stadt mit sich; denn jungfräuliche Scheu vor den Phäaken hindert sie, den Fremdling mit in den Palast ihres Vaters zu nehmen. Von Athene, welche die Gestalt eines Wasser holenden Mädchens angenommen, geleitet, gelangt Odysseus in den Königspalast, der von einem wundervollen Garten umgeben ist. Die Königin Arete und der König Alkinoos versprechen ihm, ihn in seine Heimat Ithaka bringen zu lassen. Dann finden ihm zu Ehren Festspiele und glänzende Gelage statt, die durch die Kunst des Sängers Demodokos verschönt werden. Das Lied von dem Falle Trojas rührt den Odysseus zu Tränen, und als Alkinoos dies bemerkt, fragt er den Gastfreund nach Namen, Heimat und Schicksale. So schafft sich der Dichter eine Gelegenheit, das Vorausliegende in Form einer Episode nachzuholen; er legt die Erzählung desselben dem Odysseus selbst in den Mund, wodurch dieselbe mehr Reiz erhält.
Nach Nennung seines Namens und seiner Heimat berichtet Odysseus von seinen Irrfahrten. Nach seiner Abfahrt von Troja kommt er zunächst zu den Kikonen in Thrakien, mit denen er sich in einen für ihn ungünstigen Kampf einläßt. Dann geht die Fahrt weiter bis zum Vorgebirge Malea. Hier ergreift ihn der Nordwind und treibt ihn in alle jene Wunder- und Märchenländer, von deren Zauber und Pracht sich das griechische Volk zu erzählen wußte. Diese Märchen sind nicht von der Phantasie des Dichters erfunden, sondern sie lebten im Volke; fast alle kehren bei andern Völkern in mehr oder weniger veränderter Gestalt wieder. Den Anfang in dieser Welt der Phantasie machen die Lotophagen, die sich von Pflanzenkost nähren, deren Zauberkraft der Dichter anschaulich schildert. Dann folgen die Kyklopen, wilde einäugige Riesen, die mit ihren Herden in Höhlen wohnen. Ihr Repräsentant ist Polyphemos, der Sohn des Poseidon. Sechs Gefährten des Odysseus frißt dieser, dann wird er von den Griechen geblendet. Anderer Art ist die schwimmende Insel, auf der der Windgott Äolos mit seiner Familie lebt. Dieser meint es gut mit den Griechen, und gibt dem Odysseus alle widrigen Winde, in einen Schlauch eingesperrt, mit. In der Nähe seiner Heimat schläft dieser ein, da öffnen die Gefährten in ihrem

Unverstande den Schlauch, und sie werden wieder unter Jammern und Klagen auf die hohe See getrieben. Die menschenfressenden, riesenhaften Lästrygonen vernichten elf Schiffe des Odysseus; nur mit einem gelingt es diesem, zur Zauberin Kirke zu entkommen. Diese verwandelt seine Gefährten in Schweine, und will auch ihm das Gleiche tun; als sie ihn aber erkennt, nimmt sie ihn freundlich auf und entzaubert auch seine Gefährten wieder. Sie trägt dem Odysseus auf, durch das Nebelland der Kimmerier in die Unterwelt hinabzusteigen, um den Schatten des Sehers Teiresias über seine weiteren Schicksale zu befragen. Hier trifft Odysseus mit seiner Mutter Antikleia zusammen, die ihm von Ithaka erzählt; ebenso mit einzelnen Helden, die vor Troja mitgekämpft hatten, ferner mit Heldenmüttern und Helden der Vorzeit. Aus der Unterwelt kehrt er wieder zu Kirke zurück. Von ihr belehrt, besteht er glücklich die Gefahr, die ihm von den Sirenen, von der Skylla und Charybdis droht, und gelangt auf die Insel des Helios. Trotz seiner Warnung vergreifen sich seine Gefährten an den Rindern des Sonnengottes; dafür überfällt sie bei der Weiterfahrt ein fürchterlicher Sturm. Das Schiff wird zertrümmert, und alle finden in den Wellen den Tod; nur Odysseus allein kann sich auf die Insel der Kalypso retten, wo er sieben Jahre gegen seinen Willen bleiben muß.

So haben wir Kenntnis von allen Irrfahrten des Helden; denn seine Fahrt von Ogygia, der Insel der Kalypso, bis zu den Phäaken hat der Dichter schon früher erzählt. Die Phäaken beschenken den vielgeprüften Wanderer reichlich und führen ihn nach Ithaka. Aber von den Strapazen der letzten Tage ermüdet, schläft er unterwegs ein. Daher legen sie ihn vorsichtig mit allen seinen Schätzen auf dem Gestade nieder und kehren wieder nach Hause zurück. So hat der Dichter den Odysseus der Verpflichtung überhoben, auch seinerseits die Phäaken einzuladen und gastfreundlich zu bewirten, wodurch die weitere Entwicklung der Handlung unmöglich geworden wäre; denn Odysseus hätte sich in diesem Falle als der heimgekehrte König allgemein zu erkennen geben müssen, und die Bestrafung der Freier wäre unmöglich gewesen. Als Odysseus aus seinem Schlafe an Ithakas Küste erwacht, erkennt er sein Vaterland nicht; aber Athene zeigt ihm dasselbe. Mit ihrer Hilfe birgt er seine Schätze in einer nahen Grotte, und dann berät er sich mit ihr über die Ermordung der Freier. Die Göttin verwandelt ihn in einen alten Bettler und schickt ihn auf das Gehöfte des Sauhirten Eumäos, der seinem Herrn auch in dessen Abwesenheit treu geblieben war; sie selbst eilt nach Sparta, um den Telemachos zurückzurufen. Von Eumäos erfährt Odysseus die Zustände auf Ithaka und das Treiben der Freier in seinem Hause. Ebenda trifft er auch seinen Sohn Telemachos, der auf Befehl der Athene zurückgekehrt und mit ihrer Hilfe glücklich dem Hinterhalte der Freier entgangen war. Telemachos schickt den Eumäos in die Stadt, um der Penelope seine glückliche Rückkehr mitzuteilen, und damit hat der Dichter Gelegenheit zur Erkennungsszene zwischen Odysseus und seinem Sohne geschaffen. Beide beschließen in gemeinsamer Beratung die Ermordung der Freier. Unterdessen kommt Eumäos wieder zurück; er erzählt, daß die Freier aus dem Hinterhalte wieder heimgekehrt; wenigstens können Odysseus und Telemachos dies aus seinen Worten entnehmen. Die Freier entwerfen einen neuen Plan zur Tötung des Telemachos, und so steht jetzt Mordplan gegen Mordplan; wer den seinen zuerst ausführt, ist Sieger.

Am nächsten Morgen geht Telemachos in die Stadt zurück; auf dem Markte holt er seinen Gastfreund, den Seher Theoklymenos, den er aus Pylos als Flüchtling mit sich genommen und mit Peiräos in die Stadt vorausgeschickt hatte, ab und führt ihn in sein Haus, wo er ihn bewirtet. Beim Mahle erzählt Telemachos seiner Mutter, was er von Odysseus in Sparta gehört; Theoklymenos aber teilt mit, daß er aus einem Vogelzeichen entnommen habe, daß Odysseus schon auf Ithaka sei. Doch Penelope ist ungläubig. Unterdessen macht sich auch Odysseus in Bettlergestalt mit Eumäos auf den Weg zur Stadt. Melanthios, der Ziegenhirte, der auf die Seite der Freier getreten war, begegnet ihnen; er verspottet den Eumäos und mißhandelt den Odysseus, dem vor seinem Palaste die Freude zuteil wird, daß ihn sein Hund Argos noch kennt. Im Palaste wird Odysseus von den Freiern trotz der Warnungen des Telemachos übel behandelt; ja, Antinoos bewirft ihn sogar mit einem Schemel. Auch Penelope bemerkt die Mißhandlung des Fremdlings und läßt ihn zu einer Unterredung einladen; Odysseus verspricht, am Abend zu kommen. Einen Wettkampf mit dem Bettler Iros besteht Odysseus siegreich. Da erscheint, von Athene aufgefordert, Penelope vor den Freiern im Saale; sie beklagt sich über die Mißhandlung des Fremdlings und das ungeziemende Benehmen der Freier; aber diese suchen sie durch reiche Geschenke zu versöhnen. Dann wenden sie sich zu Spiel und Tanz, wobei ihnen Odysseus leuchtet. Eine neue Verhöhnung des Odysseus gibt dem Telemachos Veranlassung, die Aufforderung an die Freier zu richten, sie möchten sich nach Hause zur Ruhe begeben. Als dies geschehen, entfernt Odysseus mit Telemachos die Waffen aus dem Saale.

In der Unterredung mit Penelope versucht Odysseus, diese auf die baldige Heimkehr ihres Gemahls vorzubereiten. Seine Worte rühren die Königin so sehr, daß sie ihm durch Eurykleia ein Fußbad geben läßt. Dabei erkennt diese alte Dienerin ihren Herrn an einer Narbe am Fuße, behält aber, von Odysseus gemahnt, das Geheimnis für sich. Da

sich Penelope trotz der Worte des Odysseus und ungeachtet eines glückverheißenden Traumes nicht von der bevorstehenden Rückkehr ihres Gatten zu überzeugen vermag, so beschließt sie, der Werbung der Freier am nächsten Tag durch einen Wettkampf ein Ende zu machen; der Sieger solle sie als Frau heimführen. In der folgenden Nacht beobachtet Odysseus das Treiben der Mägde im Hause. Gegen Morgen vernimmt er die jammernden Klagen seiner Gemahlin über die ihr bevorstehende Hochzeit; er wendet sich um Hilfe an Zeus und erhält günstige Vorzeichen. In der Frühe richten die Mägde den Saal her. Eumäos und Melanthios kommen mit Schlachttieren; ebenso der Rinderhirte Philötios, der den Odysseus freundlich anredet.
Bald darauf finden sich auch die Freier ein. Während des Mahles wird Odysseus von ihnen aufs neue beschimpft, und Theoklymenos, der ihnen ihr bevorstehendes Unglück prophezeit, aus dem Hause gejagt. Nun bringt Penelope den Bogen des Odysseus und verkündet den Freiern, sie wolle denjenigen von ihnen heiraten, der mit demselben durch zwölf Äxte hindurchschösse. Alle versuchen es, keiner aber ist imstande, den Bogen zu spannen. Unterdessen hat sich Odysseus dem Eumäos und Philötios zu erkennen gegeben und die Türen des Saales verschließen lassen. Trotz der Einsprache der Freier erhält er den Bogen; mit Leichtigkeit tut er den verlangten Meisterschuß und richtet dann den Bogen auf die Freier selbst. Alle außer dem Sänger Phemios und dem Herold Medon finden durch denselben Bogen den Tod, mit dem sie eben noch das Ziel ihrer Wünsche, das höchste Glück zu erringen hofften. Die treulosen Mägde werden im Hofe gehängt, Melanthios zuvor schon in der Waffenkammer, wo er den Freiern Waffen holen wollte. Dann wird der Saal gesäubert und mit Schwefel ausgeräuchert; Musik und Reigentanz sollen die Vorübergehenden über die Vorgänge täuschen. Nachdem Odysseus seine wahre Gestalt von der Göttin Athene wieder erhalten, gibt er sich der Penelope zu erkennen; doch nur schwer überzeugt diese sich, daß der Fremdling Odysseus sei; erst das Geheimnis der von Odysseus selbst gezimmerten Bettstatt gibt den Ausschlag.
Dieser vom Dichter sorgfältig geschilderte Vorgang zeigt, welch scharfes Auge derselbe für psychologische Erscheinungen hatte. Wie schwer mußte es der Penelope fallen, sich plötzlich von dem Gedanken zu trennen, in den sie sich die vielen Jahre über förmlich eingelebt hatte, der sozusagen einen Teil ihres Wesens ausmachte? Am folgenden Morgen geht Odysseus mit Telemachos zu seinem greisen Vater Laertes, der schon seit langer Zeit nicht mehr in die Stadt kam, sondern auf seinem Landgute sich um seinen Sohn Odysseus härmte. Die Seelen der getöteten Freier geleitet Hermes in die Unterwelt, wo Agamemnon

von ihnen zu seiner Freude das Geschehene erfährt. In der Stadt aber erregt Eupeithes, der Vater des ermordeten Antinoos, einen Aufruhr gegen Odysseus, der jedoch mit Hilfe der Athene bald unterdrückt wird. Wie wir aus der Weissagung des Teiresias in der Unterwelt ersehen, herrscht Odysseus glücklich in Ithaka, bis er hochbetagt eines sanften Todes stirbt.

3. Diese Übersicht über Ilias und Odyssee ist kaum imstande, einen Begriff von dem *Reichtum des Inhalts und der Kunst der Darstellung* zu geben. Welche Fülle des Stoffes hat der Dichter in diesen Epen verarbeitet, und wie einheitlich hat er alles um eine Haupthandlung zu gruppieren gewußt! Jedes Gedicht stellt ein einziges organisches Ganzes dar, von sicherer Künstlerhand entworfen und ausgeführt. Daraus erkennen wir aber auch, daß wir es hier nicht mit einer Volksdichtung im gewöhnlichen Sinne zu tun haben; in der Poesie des Homer vereinigt sich Natur und Kunst aufs schönste zu einem unlöslichen Bunde. Was wir oben als charakteristische Eigentümlichkeiten des Heldenliedes anführten, das hat Homer alles mit demselben gemein; auch der Stoff ist nicht erfunden, sondern den Sagen des Volkes entlehnt; aber alles hat des Dichters Meisterhand weitergebildet und vervollkommnet. Der *Hexameter* kommt hier in künstlerischer Ausbildung vor, und die *Sprache* scheint gerade für dieses Metrum geschaffen zu sein; der ionische Dialekt, der zugrundeliegt, ist bei seiner Vorliebe für Vokale der Kontraktion abhold; Doppelformen stehen in größter Menge zur Verfügung, unter denen man je nach dem metrischen Bedürfnis wählen kann; die zahlreichen Epitheta und Formeln tragen ganz das Gepräge des Verses, für den sie geschaffen wurden. Der Ausdruck zeichnet sich durch große Natürlichkeit und plastische Anschaulichkeit aus; unsere Phantasie wird aufs lebhafteste angeregt und beschäftigt; sie sieht alles gleichsam in Wirklichkeit vorsichgehen. Ein besonderes Mittel der Belebung sind die zahlreich eingestreuten Vergleiche und Gleichnisse, die bald kürzer, bald weiter ausgeführt sind; sie treten in der Regel an besonders wichtigen und entscheidenden Stellen des Gedichtes ein, um die Handlung und die Hauptträger derselben recht anschaulich vor Augen zu stellen.

Der Sprache und dem Metrum entsprechend schreitet auch die *Handlung* in epischer Ruhe und Breite dahin; jedoch soll damit nicht gesagt sein, daß das Tempo überall das gleiche ist; in manchen Partien ist der Gang der Handlung rascher, in anderen langsamer, immer dem Inhalt angemessen. Öfter kommt es vor, daß Abschnitte der Handlung parallel nebeneinander herlaufen, ohne daß der Dichter immer Veranlassung nimmt, besonders darauf hinzuweisen. Noch häufiger fügt der Dichter eine Handlung in eine andere ein, um so in künstlerischer

Weise eine Pause oder Lücke auszufüllen. Nachdem z.B. im 1. Buch der Ilias erzählt ist, daß Odysseus mit Chryseis und dem Opfer zur Insel Chryse abgefahren, geht er zur Schilderung der Vorgänge im Lager über, zum Bericht über das Reinigungsopfer, über die Wegführung der Briseis und die Unterredung des Achilleus mit seiner Mutter. Dadurch ist die Zeit der Fahrt ausgefüllt, und jetzt erst gelangt Odysseus auf der Insel an, wo er seinen Auftrag ausführt.

In der ganzen Darstellung beobachtet der Dichter die größte *Objektivität*; er tritt völlig hinter seinen Stoff zurück und läßt nur diesen wirken. Nur zweimal macht er eine Ausnahme; in der Odyssee redet er den Eumäos, in der Ilias den Patroklos an, um dadurch seine Teilnahme für diese Personen zu bekunden. Sonst zeigt er jeder Person, jeder Sache, jedem Vorgang gegenüber die gleiche Behandlung; das Nebensächliche schildert er mit derselben Liebe und Ausführlichkeit, wie das Wichtige; die Vorbereitung und den Hergang beim Mahle erfahren wir ebenso genau, wie bei irgendeiner wichtigen Waffentat. Der homerische Mensch fühlt sich mit allem, was ihn umgibt, mag es belebt oder unbelebt sein, in innigem Wechselverkehr; alles, was er hat und tut, ist ihm wichtig und wert, und gerade diese Naivität ist es, die den homerischen Gedichten umso größeren Reiz verleiht, als unsere Zeit ganz anders fühlt und denkt. Eine ganz besondere Kunst zeigt der Dichter bei Beschreibungen; hier legt er immer einen Vorgang, eine Handlung zu Grunde. Wo er die glänzende Waffenrüstung des Achilleus schildern will, führt er uns in die Werkstätte des Hephästos und läßt sie unter unseren Augen Stück für Stück entstehen.

Ilias und Odysee sind von einem *dramatischen Element* durchzogen, das ebensosehr zur Belebung der Darstellung, als zur *Charakterisierung* von Personen und Zuständen beiträgt; denn in der Rede offenbart sich das Wesen einer Person am getreuesten, und in derselben kommen auch die Sitten und Verhältnisse der Zeit am klarsten zur Anschauung. Alle Charaktere, die bei Homer vorkommen, und es sind deren nicht wenige, haben Leben und ein eigenartiges Gepräge, das sie scharf von allen andern unterscheidet. Im Mittelpunkt stehen Achilleus und Odysseus, der erstere das Ideal der Tapferkeit, der letztere das der Klugheit und List.

4. Aber zwischen Ilias und Odyssee kann man trotz aller Ähnlichkeit auch manche *Verschiedenheiten* wahrnehmen. Man weist darauf hin, daß die Komposition der Odyssee fester und einheitlicher sei, als die der Ilias, daß die Ilias Bekanntschaft mit der kleinasiatischen Küste, die Odyssee mit der Westseite Griechenlands und dem Peloponnes voraussetze, daß die Sprache der Ilias mehr Altertümliches habe, als die der Odyssee, daß endlich hinsichtlich der Zahl und der Beschaffen-

heit der Gleichnisse und Vergleichungen große Verschiedenheit zwischen den beiden Dichtungen herrsche. Die Ilias zählt 140 Vergleiche und 203 Gleichnisse, von denen 46 vollständig ausgeführt sind; die Odyssee nur 70 Vergleiche und 37 Gleichnisse, darunter etwa 7 ausgeführte.

Wichtiger als diese durch die Verschiedenartigkeit des Inhalts bedingten Unterschiede sind die Abweichungen in Bezug auf *Religion* und *soziale Zustände.* Man sagt, die Gottesbegriffe der Ilias seien noch roher und weniger entwickelt, als die der Odyssee. Die Götter sind dort noch menschenähnlicher, sie leben in Streit und Hader miteinander und sind auch anderen menschlichen Leidenschaften zugänglich. Dagegen sind sie in der Odyssee ethischer geworden, der Abstand zwischen Göttern und Menschen ist größer. Die Götter beaufsichtigen das Leben der Menschen, um die Guten zu belohnen, die Bösen zu bestrafen. In sozialer Hinsicht macht man darauf aufmerksam, daß in der Odyssee das Königtum nicht mehr dieselbe unumschränkte Macht und dasselbe Ansehen habe, wie in der Ilias; der Adel steht selbständiger neben dem König. Handel und Verkehr haben sich weiter ausgebildet; die Zivilisation hat sich überhaupt gehoben. Das Leben ist behaglicher, und die Sänger stehen in hohen Ehren. Doch darf man nicht vergessen, daß das Thema der Ilias ganz anderer Art ist, als das der Odyssee; dort wird das Leben im Kriege, hier werden die Zustände des Friedens geschildert. Was Wunder, daß beide voneinander abweichen?

5. Der *Einfluß*, den Ilias und Odyssee in Griechenland ausübten, war sehr groß. Das Epos blieb völlig in den von Homer betretenen Bahnen; er war in Metrum, Sprache und Darstellung bis in späte Zeiten herab das Vorbild, das alle nachahmten. Überhaupt ist es ein charakteristisches Merkmal der griechischen Literatur, daß das Versmaß und der Dialekt, den der Schöpfer einer Literaturgattung anwandte, auch von allen Nachfolgern festgehalten wird. Doch nicht bloß die Epiker bildeten sich nach Homer, sondern auch die Lyriker und Tragiker. Wie gar vieles erinnert bei ihnen in Sprache und Darstellung an Homer! Daher hieß auch Homer geradezu *ὁ ποιητής* und Ovid sagt, daß aus ihm, wie aus einem unversiegbaren Quell, alle Dichter schöpfen. Ja, auch aus den Schriften der Prosaiker, der Historiker und Philosophen, ersieht man, welch solgfältiges Studium sie dem bedeutendsten aller Dichter gewidmet haben. Dem Beispiel der Griechen folgten die Römer; und wie es im Altertum war, so ist es auch in der neueren Zeit. Lessing, Goethe und Schiller stehen unter dem anregenden und belebenden Einfluß dieses großen Dichterheroen und verdanken ihm neben Shakespeare am meisten. Auch die Kunst schloß sich an Homer an; es ge-

nügt, hier auf den Zeus des Pheidias hinzuweisen, zu dem homerische Verse die Anregung gegeben. Endlich macht sich Homers Einfluß im ganzen Leben der Griechen, im religiösen sowohl als politischen, geltend, und Platon hat Recht, wenn er sagt, Homer hat ganz Hellas gebildet. Die homerischen Gedichte waren das Lehrbuch der griechischen Jugend; an Festen wurden sie öffentlich vor dem Volke vorgetragen; sie waren das Eigentum aller. Herodot sagt, Homer und Hesiod haben den Griechen ihre Götter geschaffen, und soviel ist unzweifelhaft richtig, daß diese beiden Dichter erst den Gestalten der Götter und den unter dem Volke über dieselben umlaufenden Sagen feste Form und festes Gepräge gegeben haben. Redner und Staatsmänner berufen sich, wo sie können, auf Homer; ja, manche Streitigkeiten der einzelnen Städte und Stämme untereinander wurden durch Anführung und geschickte Verwendung homerischer Verse geschlichtet. Man sieht, es gab kein Gebiet, auf dem sich nicht der Einfluß Homers geltend gemacht hätte.

7. Kapitel

Überlieferung und Kritik der homerischen Gedichte bei den Griechen

1. Wie schon gesagt, nahmen die Griechen an, daß *ein* Dichter Ilias und Odyssee geschaffen habe; davon wichen die sogenannten Chorizonten insofern ab, als sie zwei Dichter annahmen, je einen für Ilias und Odyssee. Aber dieser Dichter schrieb seine Gedichte nicht nieder; denn zur Zeit, wo Ilias und Odyssee entstanden, kannte man die Schreibkunst entweder überhaupt noch nicht, oder machte doch nur einen beschränkten Gebrauch von derselben. Die homerischen Gedichte pflanzten sich mündlich fort; der jüngere Dichter lernte sie von dem älteren. Und dazu war jene Zeit vortrefflich geeignet. In allen Städten waren Könige und vornehme Familien, die ihr Geschlecht auf jene alten Helden zurückführten und sich in jenen geehrt und verherrlicht fühlten. Diese nahmen die *Sänger* (*ἀοιδοί*) freundlich bei sich auf und lauschten gespannt ihren Liedern; die Sänger aber strengten sich an, gerade das Schönste und Neueste zum Vortrag zu bringen.

2. Doch bald traten an Stelle der Könige die Adelsgeschlechter und dann das Volk. Jetzt boten die zahlreichen Feste, die von den Städten, Stämmen und der ganzen Nation gefeiert wurden, den Sängern willkommenen Anlaß, vor den versammelten Festgenossen ihre Lieder hören zu lassen, unter denen Ilias und Odyssee die erste Stelle einnahmen. Diese Sänger, die von Land zu Land, von Stadt zu Stadt zogen, hießen *Rhapsoden*, von *ῥάψαι ᾠδήν* (vortragen, singen). Sie unter-

schieden sich von den früheren Sängern dadurch, daß sie nicht selbständig dichteten, sondern ihre Aufgabe darin erkannten, die Schätze der früheren Zeit aufzubewahren und fortzupflanzen, wobei natürlich Umdichtungen und Erweiterungen kleineren Umfangs nicht ausgeschlossen waren. Ihre Bildung erhielten die Rhapsoden in besonderen Schulen; so soll z. B. auf der Insel Chios eine Sängerschule gewesen sein, deren Mitglieder sich nach Homer, dessen Gesang sie pflegten, *Ὁμηρίδαι* nannten. Beim öffentlichen Auftreten trugen sie ein weites Festgewand und hielten einen Lorbeerstab in der Hand. Der Vortrag war rezitierend, eine Art Deklamation. Sie begannen gewöhnlich mit Anrufung des Gottes, zu dessen Ehren das Fest gefeiert wurde und in dessen Schutz sie sich stellten; dann gingen sie erst zu ihrem eigentlichen Thema über, das bald länger, bald kürzer war, aber immer den Schein eines abgeschlossenen Ganzen erweckte, indem Anfang und Schluß hinzugefügt war. Wettkämpfe im Vortrag (*μουσικοὶ ἀγῶνες*) hielten den Eifer und das Streben nach Vervollkommnung unter den Rhapsoden wach. Doch mit der Zeit wurde ihre Kunst immer handwerksmäßiger, und in demselben Grade verloren sie auch an Achtung und Ansehen. Schon Platon spricht geringschätzig von ihnen.

3. Die erste Vorschrift über den Vortrag der homerischen Gedichte durch die Rhapsoden läßt die Überlieferung von *Solon* ausgehen. Dieser bestimmte nämlich, daß derselbe *ἐξ ὑποβολῆς* stattfinden solle. Über die Bedeutung dieses Ausdruckes ist man sich nicht ganz klar. Nach der hinzugefügten Erklärung bezieht er sich auf die Reihenfolge der Vorträge; der folgende Rhapsode sollte da weiter fortfahren, wo der vorhergehende stehen geblieben war. In diesem Falle steuerte Solon durch seine Bestimmung der Sitte der Rhapsoden, daß sie ohne Rücksicht auf den Zusammenhang nur solche Abschnitte vortrugen, die am besten gefielen und in denen sie sich am meisten hervortaten. Doch wird *ἐξ ὑποβολῆς* vielleicht richtiger so gefaßt, daß dem Vortrage ein geschriebenes Exemplar zugrundegelegt wurde, um die Rhapsoden zu kontrollieren und an willkürlichen Änderungen zu hindern.

4. Nach einer Überlieferung, deren frühester Gewährsmann Cicero ist, hat *der Tyrann Peisistratos* die einzeln verbreiteten Teile der homerischen Gedichte sammeln und durch eine wissenschaftliche Kommission von vier Männern, an deren Spitze Onomakritos stand, zu einem einheitlichen Ganzen verbinden lassen. Allein diese Nachricht unterliegt hinsichtlich ihrer Glaubwürdigkeit gerechten Bedenken, und nicht sicherer verbürgt ist die Mitteilung, daß Peisistratos' Sohn Hipparch die Rhapsoden angewiesen habe, die homerischen Gedichte *ἐξ ὑπολήψεως ἐφεξῆς*, d. h. der Reihe nach, indem sie einander ablösten, vorzutragen. Möglich, daß diese letztere Nachricht mit der über Solon iden-

tisch ist. Geschriebene Exemplare teils der ganzen homerischen Gedichte, teils einzelner Teile derselben dürfen wir sicher schon vor der Zeit des Peisistratos in den Händen der Rhapsoden voraussetzen.

5. Sobald in Athen, sei es von Solon, sei es von Peisistratos, der sein Geschlecht auf Nestor zurückführte, der Vortrag der homerischen Gedichte an den Panathenäen angeordnet war, verschaffte man sich auch ein Exemplar derselben, um es diesem Vortrage zugrundezulegen. Auf dieses *attische Exemplar* geht, wie es scheint, der uns vorliegende Text der Ilias und Odyssee zurück. In der folgenden Zeit entstanden viele Ausgaben des Dichters (*διορθώσεις*), die teils im Besitze von Städten waren (*αἱ ἀπὸ τῶν πόλεων*), teils einzelnen angehörten; unter den letzteren ist die von Aristoteles für Alexander den Großen besorgte Ausgabe am bekanntesten; sie trägt den Namen *ἡ ἐκ τοῦ νάρθηκος*. Bei der Herausgabe nahmen die Herausgeber oft Änderungen vor oder fügten Interpolationen und Erweiterungen ein (*διασκευάζειν*). In diese Zeit, vielleicht aber auch erst in die alexandrinische, fällt die Einteilung der Ilias und Odyssee in je 24 Bücher; früher bezeichnete man einzelne Abschnitte nach dem Inhalt, z. B. *Διομήδους ἀριστεῖα*; *Δολώνεια*, *Ἕκτορος λύτρα*, *Ἀλκίνου ἀπόλογοι*.

6. Die eigentlich wissenschaftliche und kritische Beschäftigung mit Homer beginnt in der alexandrinischen Zeit und wird besonders durch die drei Namen *Zenodotos von Ephesos*, *Aristophanes von Byzanz* und *Aristarchos von Samothrake* repräsentiert. Zenodot war unter Ptolemäos Philadelphos (283–246) Bibliothekar in Alexandria, Aristophanes war sein Schüler und Nachfolger im Amte, und diesen löste Aristarch ab, der bedeutendste Kritiker der Alexandriner, zwischen 210 und 140 v. Chr. Die Tätigkeit dieser Kritiker bezog sich ebensowohl auf die Feststellung des Textes, als auf die Erklärung dunkler Worte und Redensarten. Um auf kritisch und exegetisch schwierige Stellen hinzuweisen,bedienten sie sich gewisser Zeichen (*σημεῖα*), die sie in den Text setzten. Zenodot wandte nur den Obelos (—) an, durch den er Verse für unecht erklärte (*ἀθετεῖν*). Aristophanes gebrauchte außerdem die Diple (>), um auf Ungewöhnliches und Auffallendes aufmerksam zu machen, dann den Asteriskos (⋇), um Schwierigkeiten anzudeuten, und das Antisigma (⨀), wo er Umstellung der Verse für nötig hielt. Aristarch gebrauchte den Asteriskos zur Bezeichnung wiederholter Verse und fügte noch die Diple *περιεστιγμένη* (>:) hinzu, mit der er solche Stellen anmerkte, an denen verschiedene Lesarten vorlagen.

7. Die Besprechung der auf diese Weise bezeichneten Stellen erfolgte anfangs in mündlichen Vorträgen, später aber wurde dieselbe schriftlich gegeben. Die bedeutendste Schrift auf diesem Gebiete ist die des *Grammatikers Didymos*, der zur Zeit des Augustus lebte, *περὶ τῆς Ἀρι-*

σταρχείου διορθώσεως, eine Sammlung aller Varianten der älteren Ausgaben mit besonderer Berücksichtigung des Aristarch. Die Kommentare nannte man *ὑπομνήματα*. Außerdem gab es Einzelwerke über Sprache und Realien des Homer. Diese ganze Literatur ist nur in Bruchstücken auf uns gekommen, die in den *Scholien* oder Erklärungen zu Homer enthalten sind. Die wichtigsten sind die *Scholia Veneta*, die *Villoison* im J. 1788 aufgefunden und veröffentlicht hat. Während diese mehr die Kritik berücksichtigen, beschäftigt sich eine zweite Scholiensammlung, der die *Scholia Victoriana* oder *Townleiana* zugrundeliegen, mehr mit der Sacherklärung. Außerdem besitzen wir einen ausführlichen Kommentar zu Ilias und Odyssee, den *Eustathios*, Erzbischof in Thessalonike, in der zweiten Hälfte des 12. Jahrh. verfaßte. Aber auch die gelehrte Arbeit der Alexandriner war nicht imstande, die Vulgata (*αἱ κοιναί* oder *δημώδεις ἐκδόσεις*) zu verdrängen; diese pflanzte sich weiter, und so kommt es, daß auch die von jenen Gelehrten verworfenen Verse uns erhalten sind. Die erste gedruckte Ausgabe des Homer erschien im J. 1488 zu Florenz; sie wurde von *Demetrios Chalkondylas* besorgt.

8. Kapitel
Die homerische Frage

1. Der Glaube, daß die homerischen Gedichte das Werk Homers seien, bestand viele Jahrhunderte hindurch. *Casaubonus* und *Perizonius*, *Bentley*, der französische Abbé *d'Aubignac* und der italienische Philosoph *Vico* waren die ersten, die dies in Zweifel zogen, ohne jedoch näher auf die Frage einzugehen. Dies tat erst *Robert Wood* in seiner im J. 1769 erschienenen Abhandlung: an essay on the original genius and writings of Homer. Nach ihm ist Homer ein reiner Natursänger ohne irgendwelche künstlerische oder wissenschaftliche Bildung, der umherzog und seine Lieder sang, um sich seinen Unterhalt zu verdienen; aber er ist ein Dichtergenie, wie Ilias und Odyssee beweisen. Er konnte so wenig wie seine Zeitgenossen lesen und schreiben; seine Gedichte pflanzten sich also bloß durch das Gedächtnis fort. Diese Schrift, auch ins Deutsche übersetzt, fand in Deutschland großen Anklang und spornte zur Weiterforschung an, die durch die Auffindung der *Scholia Veneta* durch *Villoison* im J. 1788 wesentliche Förderung erhielt.
2. Auf diese Vorläufer folgte *Friedrich August Wolf*. Er veröffentlichte seine Prolegomena ad Homerum sive de operum Homericorum prisca et genuina forma variisque mutationibus et probabili ratione emen-

dandi im J. *1795*. Dieses Buch war epochemachend; von seinem Erscheinen an datiert man die homerische Frage. Die Gründe dafür liegen teils in dem allgemeinen Charakter jener Zeit, die für Volksdichtung geradezu schwärmte, teils in der Art und Weise, wie Fr. A. Wolf diese Untersuchung führte, nämlich mit großer Gelehrsamkeit, scharfer Logik und in einer glänzenden äußeren Form. Von den Scholia Veneta ausgehend, beschäftigt er sich zunächst mit der schon von Wood behandelten Frage nach dem Alter der Schrift bei den Griechen. Er kann den Gebrauch derselben für Homers Zeit und die nächstfolgenden Jahrhunderte nicht anerkennen; erst mit Beginn des 6. Jahrh. wird die Anwendung der Schrift allgemein. In einer Zeit aber, wo man nicht schreibt und liest, kann es auch keine Gedichte von der Länge und Ausdehnung der Ilias und Odyssee geben, sondern nur kurze Lieder, die man in ihrer gesamten Komposition übersehen und auffassen kann. Solche waren auch die homerischen Gedichte, Produkte der Rhapsoden, welche die Mythen und Sagen in Einzelliedern ohne einheitlichen Plan und Rücksicht aufeinander besangen; daher kommen auch die Widersprüche und Verschiedenheiten in Form und Inhalt. Erst lange Zeit später ließ Peisistratos die Einzellieder und Rhapsodien der Ilias und Odyssee sammeln, zu einem künstlerischen Ganzen überarbeiten und schriftlich aufzeichnen - eine Überarbeitung, deren Spuren man jetzt noch in unserem Texte wahrnehmen kann, in dem sich genug Widersprüche, Füllstücke und Unebenheiten jeder Art finden. Die homerischen Gedichte, die wir haben, sind also nicht das Werk *eines* Dichters, sondern vieler aus verschiedenen Zeiten, und der Name Homer kommt nicht *einem* bestimmten Dichter zu, sondern ist die Bezeichnung all der Sänger des ionischen Stammes, die an dem gemeinsamen Werke mitgearbeitet haben.

3. Diese Untersuchungen Wolfs übten, besonders in Deutschland, einen großen Einfluß aus. Die meisten bedeutenden Männer traten auf seine Seite, und nur wenige widersprachen ihm, unter denen *Schiller* und der Übersetzer des Homer J. H. *Voß* waren. Diesen schloß sich bald auch *Goethe* an, der anfangs Wolf beigestimmt hatte. Aber Wolf selbst konnte sich nicht dazu entschließen, diese Studien fortzusetzen und zu einem sichern Abschluß zu führen, und auch sonst fand sich lange Zeit hindurch niemand, der sich dieser Aufgabe unterzogen hätte. Erst *G. Hermann* wandte sich im J. 1832 wieder diesen Untersuchungen zu, jedoch insofern von Wolf abweichend, als er für Ilias und Odyssee je einen ursprünglichen Kern annahm, an den sich später vielfache Zutaten und Erweiterungen ansetzten. Von jetzt an wurden diese Homer-Forschungen recht lebhaft betrieben, und sie haben auch in unserer Zeit noch nicht aufgehört; allein ein allgemein anerkanntes

endgültiges Resultat haben sie noch nicht gebracht; ja, es ist zweifelhaft, ob in dieser vielerörterten Frage je eine Einigung erzielt werden wird.

4. Für die Ilias sind *Lachmanns Betrachtungen über Homers Ilias*, in den Jahren 1837 und 1841 erschienen, epochemachend; an sie schließt sich die ganze spätere Kritik, sei es zustimmend und erweiternd, oder widersprechend und berichtigend, an. Lachmann hatte es unternommen, das Nibelungenlied in seine ursprünglichen Bestandteile aufzulösen; dasselbe versuchte er jetzt auch mit der Ilias. Wie Wolf, ist auch er der Ansicht, daß die alten epischen Dichter nur Einzellieder sangen und daß aus diesen unsere Ilias erwachsen sei. Daher betrachtet er es als seine Aufgabe, den Umfang dieser Einzellieder in unserer Ilias nachzuweisen, wobei er sich auf die Widersprüche und Verschiedenheiten in Form und Inhalt stützt, die er in unserem Gedicht wahrnahm. In den Gesängen 1–22 unterscheidet er 16 Einzellieder, von denen jedes ein Ganzes für sich ausmacht und ohne Rücksicht auf die andern gedichtet wurde. Die zwei letzten Bücher (23 u. 24) sind späteren Ursprungs. Diese Einzellieder wurden mündlich fortgepflanzt und dabei vielfach verändert und erweitert; ihre letzte Überarbeitung erfuhren sie zur Zeit des Peisistratos, wo sie von der oben erwähnten wissenschaftlichen Kommission zu einem Ganzen vereinigt wurden und ihre jetzige Gestalt erhielten.

5. Den Vertretern der Liedertheorie gerade entgegengesetzt sind diejenigen Gelehrten, welche an der völligen Einheit der Ilias festhalten. Unter diesen ist *Nitzsch* der beachtenswerteste. Sie weisen mit Recht darauf hin, daß die mündliche Fortpflanzung die Annahme der Existenz eines umfangreicheren Gedichtes nicht ausschließe; das Gedächtnis reiche für dessen Festhalten und treue Überlieferung vollständig aus, wie Beispiele anderer Nationen und späterer Zeit klar dartun. Überdies geht die Schrift in ein viel höheres Altertum zurück, als Wolf und Wood annahmen. Wenn so die Möglichkeit des Vorhandenseins eines größeren Gedichtes auch schon in jenen alten Zeiten erwiesen ist, so wird sie durch eine Betrachtung der anderweitigen Umstände vollends zur Gewißheit. Wie wenig beglaubigt die Überlieferung über die Tätigkeit des Peisistratos und seiner Kommission ist, haben wir oben gesehen. Herodot, Thukydides und Aristoteles wissen nichts davon, und Dichtungen, die lange vor Peisistratos enstanden sind, setzen den Homer voraus, wie die sogen. kyklischen Epen, die bis zum Beginn der Ilias reichen, die in der Ilias besungenen Ereignisse auslassen und dann wieder am Schluß der Ilias einsetzen. Hinsichtlich der Anlage und der Komposition aber darf man an das Urteil des Aristoteles erinnern, der gerade die Einheit der homerischen Gedichte den andern

Epen gegenüber lobend hervorhob. Was die von manchen Kritikern darin gerügten Widersprüche und Verschiedenheiten anbelangt, so muß man unter denselben wohl unterscheiden. Manche davon sind Kleinigkeiten, die füglich nicht in Betracht kommen können, wie z.B. wenn Pylämenes *E 576* getötet wird, aber *N 658* klagend neben der Leiche seines Sohnes hergeht. Andere sind auf Rechnung des religiösen Glaubens und der poetischen Ausdrucksweise zu setzen, wie z.B. wenn Kalchas *A* 96 von Apollon sagt, er werde über die Griechen noch mehr Leid verhängen, oder wenn *A* 194 Athene, von Hera geschickt, dem Achilleus erscheint oder *A* 474 Apollon die Griechen erhört, während doch *A* 423 erzählt wird, daß die Götter nicht im Himmel, sondern bei den Äthiopen seien. Wieder andere sind aus der Vortragsweise der Rhapsoden entsprungen, die an bestimmten Stellen abschlossen und aufhörten, um dann wieder neu anzuheben, wie z.B. am Schlusse von *A*, verglichen mit dem Anfang von *B*. Aber neben diesen leichten und unbedeutenden Widersprüchen kommen auch schwerwiegende und ernstere vor, oft noch durch sprachliche Verschiedenheiten unterstützt. So wird es am zweiten Schlachttage zweimal Mittag *Λ* 86 und *Π* 777. *Λ* 608 flg. schickt Achilleus den Patroklos ab, damit er sich nach dem Verwundeten auf Nestors Wagen erkundige; als ihn Nestor zum Sitzen einlädt, erklärt er, eiligst wieder zu Achilleus zurückeilen und ihm Nachricht bringen zu müssen, wobei er auf den jähzornigen Charakter desselben hinweist. Aber unterwegs begegnet er dem verwundeten Eurypylos, den er auf seine Bitten in sein Zelt begleitet und verbindet, und bei dem er dann lange Zeit bleibt, ohne seines Auftrages zu gedenken; als er zu Achilleus zurückkommt, spricht er kein Wort davon. Ähnliches findet sich auch an einigen anderen Stellen. Die Verteidiger der Einheit suchen alle diese Anstöße durch ihre Erklärungen zu beseitigen, und eben in diesem Streben, das ja nicht zum Ziele führen kann, liegt ihre Schwäche. Indes erkennt Nitzsch auch Zusätze von fremder Hand und kleine Interpolationen in der Ilias an.

6. Natürlich fehlt es auch nicht an solchen Gelehrten, die eine vermittelnde Stellung zwischen den Vertretern der Liedertheorie und den Verteidigern der Einheit einnehmen. Zu diesen gehört *Grote* und *Bergk*. Alle diese stimmen darin überein, daß sie ein vollständiges Gedicht von geringerem Umfang, einen ursprünglichen Kern annehmen, der sich durch spätere Zusätze zu seinem jetzigen Umfang erweitert habe. Im einzelnen gehen aber hier die Ansichten sehr weit auseinander. Manche, wie *Grote*, nehmen zwei ursprüngliche Gedichte an, aus denen unsere Ilias entstanden sei, eine Achilleis und eine eigentliche Ilias, von denen die letztere die Bücher II–VII umfaßt. Allein diese Ilias kann kein selbständiges Ganzes gewesen sein, und auch die Achil-

leis genügt den Anforderungen, die man an die Komposition eines einheitlichen Gedichtes stellen darf, nicht. In Bezug auf die Ilias werden diejenigen der Wahrheit am nächsten kommen, die darin *eine* einheitliche Dichtung erkennen, die mit der Zeit mannigfache Zusätze und Erweiterungen erfahren hat. Über die Ausdehnung dieser scheint eine Einigung allerdings schwierig, wenn nicht unmöglich; denn dabei spielt das subjektive Gefühl eine große Rolle. Doch hat man für die Ausscheidung mancher Partien in den Widersprüchen und Verschiedenheiten einen festen Anhaltspunkt, wie in betreff des Schiffskatalogs und der Aufzählung der troischen Streitkräfte im zweiten Buch und in betreff der Kämpfe des dritten Schlachttages. Von dem zehnten Buch, der sogen. Doloneia, erzählen schon die Alten, daß es ursprünglich nicht zur Ilias gehört habe. Auch die spätere Überarbeitung und Veränderung mancher Partien, wie z. B. des zweiten Buches, kann man nicht in Abrede stellen.

7. Mit der *Odyssee* beschäftigte sich die Kritik viel weniger, als mit der Ilias; denn die geschlossenere, kunstvollere Anlage dieses Gedichtes schloß die Liedertheorie von vornherein aus. *Wolf* selbst zweifelte nicht an der Einheit der Odyssee. Erst in neuerer Zeit suchte *A. Kirchhoff* in seiner im J. 1859 veröffentlichten Schrift: *die homerische Odyssee und ihre Entstehung* nachzuweisen, daß auch die Odyssee aus verschiedenen Teilen zusammengesetzt sei. Seine Ansicht gehört der vermittelnden Richtung an. Als ältesten Teil der Dichtung betrachtet er die Götterversammlung im ersten Buch, die Ankunft des Odysseus bei den Phäaken (5. Buch), den Aufenthalt bei denselben (B. 7, 9 u. 11) und endlich die Heimkehr nach Ithaka (B. 13). Dieser alte Nostos ist nicht aus älteren Volksliedern überarbeitet, sondern eine selbständige Dichtung, die zur Zeit der epischen Kunstpoesie entstand; leider sind manche Teile davon verloren oder liegen nur in späterer Überarbeitung vor. An diesen ältesten Teil fügte ein späterer Dichter noch vor Anfang der Olympiadenrechnung eine zweite Schicht, welche die Bücher 13–23 umfaßt und die Rache des Odysseus erzählt. Dabei benutzte er ältere Lieder, ohne daß wir jedoch jetzt noch imstande wären, dieselben genau zu umgrenzen. Diese Dichtung hat nur einen geringen poetischen Wert; noch unbedeutender ist aber die Leistung eines dritten Dichters, der zwischen 660 und 580 das Ganze überarbeitete und die Telemachie (B. 1–4) und den jüngeren Nostos (B. 10 u. 12) hinzudichtete, ebenfalls mit Benutzung älterer Lieder. Schließlich gab die Kommission des Peisistratos der Odyssee die Form, die sie jetzt noch hat. Diese Ausführungen Kirchhoffs fanden mannigfachen Widerspruch. Gewöhnlich nimmt man jetzt an, daß die ursprüngliche Odyssee später durch die Telemachie erweitert worden sei; außerdem hat

sie, besonders in der Nekyia und im zweiten Teil, vielfache Veränderungen und Zusätze erfahren. Allein vielleicht braucht man nicht einmal so weit zu gehen; die Telemachie kann schon von Anfang an in den Plan der Odyssee aufgenommen worden sein; in diesem Falle genügt die Annahme größerer oder kleinerer Interpolationen und Überarbeitungen, um die vorkommenden Störungen der Komposition zu erklären. Nach der Überlieferung der Alten schloß die ursprüngliche Odyssee mit Ψ 296.

9. Kapitel

Die übrigen homerischen Gedichte

1. Außer Ilias und Odyssee führte man die *Batrachomyomachia* auf Homer zurück, die auch unter dem Titel Myobatrachomachia oder Myomachia oder Batrachomachia angeführt wird. Das Gedicht besteht aus 303 Versen, von denen jedoch viele spätere Zusätze sind.

Nach Anrufung der helikonischen Musen erzählt der Dichter, wie eine Maus an ein Wasser kommt, um ihren Durst zu stillen. Hier trifft sie mit einem Frosch zusammen, dem König Physignathos, der sie nach ihrem Geschlecht fragt. Da die Maus in ihrer Antwort die Lebensart der Mäuse mit einem Seitenblick auf die der Frösche preist, so lädt sie Physignathos ein, seinen Rücken zu besteigen und mit ihm über den Teich in seine Behausung zu kommen, um das Leben der Frösche besser kennenzulernen. Als sie auf dem Wasser sind, erscheint eine Wasserschlange. Vor Schrecken taucht der Frosch unter, und die Maus ertrinkt, nachdem sie jenem die Rache seitens der Mäuse in Aussicht gestellt. Den Tod des Psicharpax - dies ist der Name der Maus - sah Leichopinax, eine andere Maus, die am Ufer saß, mit an. Sofort meldet sie ihn den Mäusen, die, von Troxartes, dem Vater des Psicharpax, dazu aufgefordert, sich zum Kampfe mit den Fröschen rüsten. Der Herold Embasichytros überbringt diesen die Kriegserklärung, und jetzt rüsten sich auch die Frösche. Unterdessen versammelt Zeus die Götter, und diese beschließen auf den Antrag der Athene, sich nicht persönlich am Kampfe zu beteiligen, sondern nur von ferne demselben zuzusehen. Dann gibt Zeus' Donner das Zeichen zum Beginn des Kampfes. Lange wogt die Schlacht unentschieden hin und her; endlich neigt sich der Sieg den Mäusen zu, unter denen sich der jugendliche Meridarpax am meisten auszeichnet; dieser droht, die Frösche vollständig zu vernichten. Aber Zeus hat mit diesen Mitleid; da sein Donner und Blitz die Mäuse nicht zurückschreckt, so schickt er die Krebse den Fröschen zu Hilfe, welche die Mäuse in die Flucht schlagen. So endet der eintägige Kampf.

Die Übersicht über den Inhalt dieses Gedichtes zeigt, daß der Charakter desselben ein parodischer ist; es soll darin die herkömmliche Art des Heldenepos lächerlich gemacht werden, wie die Einleitung, die Veranlassung des Kampfes, die Rüstung, die Schilderung der Schlacht und die Einmischung der Götter klar dartun. Recht komisch wirkt die Anwendung der hochtrabenden epischen Formeln und Wendungen bei einem so geringfügigen kleinlichen Stoffe, sowie die zum Teil recht gelungene Namensgebung. Offenbar ist auch das Wiedererscheinen verwundeter oder getöteter Helden in der Schlacht eine Verspottung der Epiker, die sich aus Unachtsamkeit derartige Versehen zuschulden kommen ließen. Allein es fehlt dem Gedicht an poetischer Erfindung und Darstellung; die Handlung ist dürftig, und die Personen sind ohne Leben, und so ist der poetische Wert desselben gering. Jedenfalls ist Homer nicht der Verfasser desselben. Einige alte Schriftsteller weisen es einem Dichter *Pigres aus Halikarnassos* zu, einem Bruder der Königin Artemisia, die sich bei Salamis auszeichnete. Allein dies scheint eine Verwechslung mit dem Margites zu sein. Wahrscheinlich ist das Gedicht erst in der alexandrinischen Zeit entstanden und gegen die Versuche, das Heldenepos wieder neu zu beleben, gerichtet. Der Einfluß, den dasselbe ausübte, war groß; nach seinem Muster entstanden in Griechenland ähnliche Parodien, wie die *Geranomachia* (der Kranichskrieg), die *Arachnomachia* (der Spinnenkrieg) u.a. In der byzantinischen Zeit war die Batrachomyomachia besonders beliebt. In unserer Literatur geht Georg Rollenhagens Froschmäuseler oder der Frösche und Mäuse wunderbare Hofhaltung (16. Jahrh.) darauf zurück.

2. Zur Gattung der komischen Dichtkunst gehört auch der *Margites*, aber in anderer Weise, als die Batrachomyomachia. Es war keine Parodie und auch kein Spottgedicht auf eine bestimmte Persönlichkeit. Obwohl das Gedicht bis auf 6 Verse verloren ist, erkennt man doch, daß die scherzhafte Schilderung der Torheit und Albernheit an und für sich das Thema desselben bildete. Margites ist, wie schon sein Name zeigt, die leibhaftige Personifikation jeder Dummheit. »Vieles wußte er«, sagt der Dichter, »aber alles verkehrt.« Er kann zwar nur bis auf fünf zählen, unternimmt es aber doch, die Zahl der Meereswogen zu berechnen; überhaupt führt das Ungeschick, mit dem er überall in jeder Lage und Sache zu Werke geht, zu den ergötzlichsten Szenen. Der Schauplatz des Gedichtes scheint Kolophon gewesen zu sein. Die Form desselben war die epische, jedoch so, daß unter die daktylischen Hexameter iambische Trimeter gemischt waren, freilich nicht in regelmäßiger Folge, sondern bald in längeren, bald in kürzeren Zwischenräumen, wie es dem Dichter gut schien. Der Margites stand bei den

Griechen in großem Rufe; der Name wurde sprichwörtlich zur Bezeichnung eines recht dummen und einfältigen Menschen. Unter denen, die das Gedicht dem Homer zuweisen, befinden sich auch Platon und Aristoteles; der letztere leitet daraus die Komödie in derselben Weise ab, wie aus der Ilias und Odyssee die Tragödie. Nach anderen war der oben erwähnte *Pigres* der Verfasser desselben; jedoch scheint man auf diesen Dichter nur wegen der aus Hexametern und Trimetern bestehenden Form des Gedichtes verfallen zu sein; denn man wußte, daß er in die Ilias Pentameter eingeschoben habe. Der Margites fällt in eine viel frühere Zeit. Da er schon dem Archilochos bekannt ist, so wird man annehmen dürfen, daß er in der Übergangszeit vom Epos zum Iambos entstanden ist.

3. Unter den Nachlaß des Homer rechnet man auch eine Sammlung von 34 *Hymnen*, unter denen sich 5 größere und 29 kleinere befinden. Den Namen Hymnen führt diese Sammlung mit Unrecht; denn die darin enthaltenen Gedichte tragen nicht den Hymnen-Charakter und dienen auch nicht gottesdienstlichen Zwecken; vielmehr sind es Prooimia, d.h. Gedichte, die als Einleitung zum Votrage epischer Lieder dienten. Es war nämlich Sitte der Rhapsoden, ehe sie ihre Lieder vortrugen, zuerst eine Gottheit um Beistand anzurufen. Bei den Festen war dies gewöhnlich diejenige Gottheit, der zu Ehren das betreffende Fest gefeiert wurde; bei andern Anläßen bestimmte die Rücksicht auf die Örtlichkeit, auf das vorzutragende Gedicht oder auf persönliche Neigungen und Verhältnisse die Wahl der Gottheit. Sehr oft hat man Zeus angerufen. *Der erste Hymnos* unserer Sammlung ist an den *delischen Apollon* gerichtet, dessen Geburt durch Leto auf der ringsumströmten Insel Delos vom Dichter besungen wird. *Der zweite* wendet sich an den *pythischen Apollon*; er erzählt, wie Apollon den Drachen Python tötete, das pythische Orakel stiftete und Kreter von Knossos zu Priestern desselben einsetzte. *Der dritte Hymnos* stellt dar, wie sich der neugeborene *Hermes* seine Anerkennung als mächtiger Gott im Olymp erwirbt; er stiehlt dem Apollon, um eine Probe seiner Kraft und List zu geben, seine 50 Kühe, besänftigt ihn aber wieder dadurch, daß er ihm die von ihm erfundene Kitharis überläßt. *Der vierte* besingt die Liebe des Äneias und der *Aphrodite. Der fünfte* verherrlicht die Entführung der Persephone durch Hades, das vergebliche Suchen der *Demeter* nach ihrer Tochter, den Dienst derselben im Hause des attischen Königs Keleos, wo sie die Magd Jambe wieder erheitert, und endlich die Versöhnung der zürnenden Göttin durch das Erscheinen ihrer Tochter. *Die kleinen Hymnen* sind an Aphrodite, Dionysos, Ares, Artemis, Athene, Hera, Demeter, die Göttermutter Rheia, Herakles, Asklepios, die Dioskuren, Hermes, Pan, Hephästos, Apollon, Posei-

don, Zeus, Hestia, die Musen, Helios und Selene gerichtet. Häufig weist der Schluß der Gedichte auf ihren Zweck hin, indem er den Übergang zur folgenden Rhapsodie enthält: »ich werde eines andern Liedes gedenken, zu einem andern Liede übergehen«. Indes halten manche Gelehrte - wohl mit Unrecht - die größeren Hymnen nicht für Proömien, sondern für selbständige Gesänge, die den Vortrag der Rhapsoden selbst ausmachten. Nur der 8. u. 22. Hymnos scheinen einem anderen Zwecke zu dienen; der erstere preist nach Art der orphischen Hymnen durch Aneinanderreihung vieler Attribute den Ares, der letztere erfleht von Poseidon Hilfe für die zur See Fahrenden. Wann unsere Sammlung entstand, ist nicht zu bestimmen; zuerst wird sie von Philodemos, einem Zeitgenossen Ciceros, erwähnt. Homer hat mit derselben nichts zu tun; überhaupt stammen diese Gedichte nicht von *einem* Verfasser. Es sind Erzeugnisse verschiedener Dichter aus verschiedenen Zeiten. Am ältesten ist der erste Hymnos auf den delischen Apollon, den Thukydides dem Homer zuschreibt, wohl wegen der letzten Verse, wo sich der Dichter den blinden Sänger von Delos nennt. Von diesem hat vielleicht die ganze Sammlung den Namen *homerische* Hymnen erhalten. Der jüngste ist der auf Pan (19), der in die alexandrinische Zeit fällt. Die andern liegen in der Mitte.

4. Zum Schluß sind noch *17 Epigramme* zu erwähnen, die den Namen Homers tragen; jedoch paßt die Bezeichnung Epigramme, d.h. Aufschriften, nur auf zwei Gedichte der Sammlung; das eine dieser ist eine Aufschrift auf dem Grabe des phrygischen Königs Midas und hat die Form des *κύκλος*, d.h. die Verse können auch in umgekehrter Reihenfolge von unten nach oben gelesen werden, und dieser Form wegen wird es öfter genannt. Als Belohnung für die Verfertigung dieser Grabaufschrift erhielt Homer eine silberne Schale, die er, mit einer Aufschrift versehen, dem Apollon in Delphi weihte. Diese Aufschrift bildet das andere Epigramm. Ferner befinden sich in der Sammlung zwei Bettellieder, darunter die Eiresione. In dem andern, *κάμινος ἢ κεραμεῖς* überschrieben, wünscht der Dichter den Töpfern, wenn sie ihn für seinen Gesang gut bezahlen, alles Glück beim Brand ihrer Ware; andernfalls sollen die bösen Dämonen ihnen alle Gefäße verderben. Eines der Gedichte hat die Form eines Rätsels; die andern sind teils Gnomen oder allgemeine Lehrsprüche, teils beziehen sie sich auf Lebensschicksale des Dichters. Besonders zu erwähnen ist sein Abschied von Smyrna. Die Gedichte sind alle in Hexametern abgefaßt; nur am Schluße der Eiresione finden sich zwei iambische Trimeter. Über Dichter und Abfaßungszeit läßt sich nichts Sicheres sagen.

10. Kapitel

Der epische Kyklos

1. Wie mit der Ilias und Odyssee die epische Dichtkunst der Griechen nicht begann, so endete sie auch nicht mit derselben. Auf Homer folgte eine große Reihe von Dichtern, die aus der reichen griechischen Sagengeschichte eine Fülle von Stoffen zu epischen Darstellungen schöpften. Alle diese schlossen sich nicht nur in der äußeren Technik, sondern auch in der Anlage und Darstellungsweise ihrer Gedichte mehr oder weniger enge an ihr großes Vorbild an; sie nahmen fortwährend die sorgfältigste Rücksicht auf dasselbe. Keiner von ihnen wagte es, einen schon von Homer behandelten Stoff zum Thema eines Gedichtes zu wählen, obwohl sie es unter sich nicht vermieden, auch einmal gleiche Stoffe zu besingen. Alle von Homer gemachten Andeutungen benutzten sie in ihren Werken aufs genaueste. Es war besonders der troische Sagenkreis, mit dem sie sich beschäftigten, um auch das der Ilias und Odyssee Vorausgehende und Nachfolgende zur Darstellung zu bringen; nächst diesem wandten sie ihre Aufmerksamkeit besonders dem thebanischen Sagenkreise zu; andere Stoffe dagegen wurden von ihnen nur vereinzelt und selten behandelt. An poetischem Wert waren diese Gedichte untereinander sehr verschieden, keines reichte an die Kunst Homers hinan. Aristoteles tadelt an ihnen den Mangel an Einheit; außerdem ließ die Charakteristik zu wünschen übrig, und statt der homerischen Objektivität scheint die Subjektivität der Dichter stark hervorgetreten zu sein. Darauf bezieht sich wohl Horaz: nec sic incipies, ut scriptor cyclicus olim: »fortunam Priami cantabo et nobile bellum.« Dazu paßt der Eingang der kleinen Ilias: »Ilios besinge ich und das rossereiche Dardanien«. Trotzdem waren diese Gedichte von großer Bedeutung; sie lieferten den Tragikern die Stoffe und dienten der griechischen Kunst zu einer Reihe von Vorwürfen verschiedener Art.

Mit der Zeit machte sich das Bedürfnis geltend, diese Epen zu sammeln und zu ordnen. Dabei verfuhr man so, daß man die auf den thebanischen und troischen Sagenkreis bezüglichen chronologisch zusammenstellte und sie dadurch scheinbar zu einem fortlaufenden Ganzen vereinigte, daß man am Anfang und Ende der einzelnen Gedichte kleine Änderungen des Anschlusses wegen vornahm. So schrieb man z. B. am Ende der Ilias: *ὣς οἵγ' ἀμφίεπον τάφον Ἕκτοσος ἦλθε δ' Ἀμαζών κτλ.* statt *Ἕκτοσος ἱπποδάμοιο*. Die so miteinander verbundenen Gedichte, die den ganzen Kreis der einschlägigen, in Epen behandelten Sagen umfaßte, nannte man *ἐπικὸς κύκλος*; das einzelne Epos hieß kyklisches und die Dichter Kykliker. Wann die Herstellung des *ἐπικὸς κύκλος* stattfand, wissen wir nicht. Didymos, ein Grammatiker zur Zeit des Augustus, erwähnt zuerst die kyklische Odyssee und Ilias. Der Kyklos begann mit der Theogonie des Hesiod und endigte mit der Telegonie des Eugammon von Kyrene, er umfaßte also den Sagenkreis von der Vermählung des Uranos und der Gäa bis zum Tode des Odysseus; auch Ilias und Odyssee gehörten zum Kyklos. Später wurden aus diesem Kyklos epischer Gedichte prosaische Auszüge angefertigt, welche die in denselben behandelten Sagen kurz zusammenstellten und wohl in erster Linie Schulzwecken dienten. Einen solchen verfaßte Proklos, nicht der Neuplatoniker des 5. Jahrh. n. Chr., sondern wahrscheinlich Eutychios Proklos von Sicca in Numidien, der Lehrer des Kaisers Marcus Aurelius. Derselbe führte den Titel *χοηστομάϑεια γοαμματική* und wurde im 9. Jahrh. n. Chr. von Photios, dem Patriarchen von Konstantinopel, in dessen *Bibliotheke* exzerpiert. Außerdem sind mehrere Bruchstücke der Chrestomathie des Proklos erhalten. Diese, in Verbindung mit dem Auszug des Photios, ermöglichen uns eine ziemlich genaue Übersicht über denjenigen Teil des Kyklos, der die Sagen des troischen Mythenkreises umfaßte.

2. Die Reihe dieser Epen eröffneten die *Kypria.* Woher diese Benennung stammt, ist ungewiß; manche beziehen sie darauf, daß in dem Gedichte die kyprische Göttin Aphrodite eine Hauptrolle gespielt habe; andere glauben mit größerem Rechte, daß der Name daher komme, weil das Gedicht auf Kypern entstanden und der Verfasser dort geboren sei. Wer aber dieser Verfasser sei, ist ebensowenig ausgemacht. Vielfach wird das Epos dem Homer zugeschrieben; dies stellten aber Herodot und Aristoteles in Abrede. Andere nennen *Stasinos* oder *Hegesias von Kypern* als Verfasser. Beide Ansichten vereinigte man in der Weise, daß man erzählte, Homer habe dieses Gedicht seiner Tochter, die er an einen Kyprier verheiratet habe, als Mitgift mitgegeben. Die Kyprien bestanden aus 11 Büchern und enthielten die Vorgeschichte der Ilias.

Zeus empfand Mitleid mit der Erde, die schwer unter der Übervölkerung zu leiden hatte, und beriet sich mit der Themis, welche Abhilfe man schaffen könne. Das beste schien ihnen die Erregung eines großen Krieges, des trojanischen Krieges. Zu diesem Zwecke wurde Thetis mit Peleus verheiratet. Bei der Hochzeit warf Eris den goldenen Apfel mit der Aufschrift: »der Schönsten« unter die Götter. In dem Wettstreite, der daraufhin zwischen Hera, Athene und Aphrodite entstand, erkannte Alexandros (Paris) der Aphrodite den Preis der Schönheit zu, die ihm dafür die schönste Frau versprach. Mit Aphrodites Hilfe entführte Alexandros, von Äneias begleitet, Helena, die Gemahlin des Königs Menelaos von Sparta, während dieser nach Kreta fuhr.

In Troja fand die glänzende Hochzeit des Alexandros und der Helena statt. Während dieser Zeit unternahmen Helenas Brüder Kastor und Polydeukes einen Raubzug gegen Idas und Lynkeus; dabei wurde Kastor von Idas getötet, während Idas selbst und Lynkeus durch die Hand des Polydeukes fielen. Zeus gewährte den beiden Brüdern Kastor und Polydeukes abwechselnd Tag für Tag die Unsterblichkeit. Unterdessen kehrte Menelaos, von Iris von der Flucht der Helena benachrichtigt, nach Sparta zurück. Sofort beriet er sich mit seinem Bruder Agamemnon und Nestor; dann sammelten sie die Helden Griechenlands zu einem Rachezug gegen Troja. Odysseus stellte sich wahnsinnig, um den Zug nicht mitmachen zu müssen; doch sollte es ihm nichts nützen; denn auf den Rat des Palamedes legte man ihm, als er auf dem Felde pflügte, den jungen Telemachos in die Furche; er wich ihm aus und verriet sich so. In Aulis kamen die Helden zusammen, und hier weissagte ihnen Kalchas aus einem Vorzeichen die Dauer des Krieges. Dann fuhren sie nach Teuthrania an der kleinasiatischen Küste. Telephos, der König dieses Landes, eilte herbei, um die Griechen an der Plünderung zu hindern; er tötete den Thersander, den Sohn des Polyneikes, wurde aber selbst von Achilleus verwundet. Auf der Weiterfahrt wurden die Griechen von einem Sturm überfallen. Achilleus wurde auf die Insel Skyros verschlagen, wo er Deidameia, die Tochter des Lykomedes, heiratete. Nach dem Orakel konnte Telephos nur von Achilleus geheilt werden; daher suchte er diesen auf, und Achilleus war bereit dazu, wenn Telephos die Griechen nach Ilios führe. Jetzt sammelte sich das Heer zum zweitenmal in Aulis. Aber während des Aufenthalts hier tötete Agamemnon auf der Jagd eine Hindin und rühmte sich, selbst die Artemis zu übertreffen. Aus Zorn darüber hielt die Göttin die Flotte der Griechen durch Stürme zurück. Um sie zu versöhnen, wollte Agamemnon auf den Rat des Kalchas seine eigene Tochter Iphigenie opfern; allein die Göttin entrückte sie nach Tauris und legte an ihrer statt eine Hirschkuh auf den Altar. Hierauf fuhren die Griechen nach Tenedos. Hier wurde Philoktetes von einer Schlange gebissen, und da die Wunde einen üblen Geruch verbreitete, auf der Insel Lemnos ausgesetzt. Achilleus, der später herbeigerufen worden war, geriet mit Agamemnon in Streit. Bei der Ankunft in Troja wurde Protesilaos von Hektor, der die Griechen an der Landung zu hindern suchte, getötet. Aber Achilleus erlegte den Kyknos, den Sohn Poseidons, und trieb die Trojaner zurück. Die Unterhandlungen, welche die Griechen mit den Trojanern wegen der Herausgabe der Helena und ihrer Schätze anknüpften, zerschlugen sich, und so wurde die Belagerung der Stadt begonnen. Der Wunsch des Achilleus, Helena zu sehen, wurde von Aphrodite und Thetis erfüllt. Bald zeigten die Griechen

Lust zur Heimkehr, aber Achilleus hielt sie zurück. Er erbeutete die Rinder des Äneias, eroberte Lyrnesos, Pedasos und andere Städte und tötete den Troilos. Lykaon wurde von Patroklos nach Lemnos verkauft. Aus der Beute erhielt Achilleus die Briseis, Agamemnon die Chryseis. Dann wurde der Tod des Palamedes erzählt. Da Zeus den Trojanern Erleichterung schaffen wollte, so beschloß er, den Achilleus vom Kampfe fernzuhalten. Den Schluß des Gedichtes bildete die Aufzählung der Bundesgenossen der Trojaner.

3. An die Kyprien schloß sich unsere *Ilias* an, und auf diese folgte die *Äthiopis*, so genannt, weil Memnon mit seinen Äthiopiern eine Hauptrolle in dem Gedichte spielt. Als Verfasser wird *Arktinos von Milet* erwähnt, der am Anfang der Olympiaden gelebt haben soll. Er wird ein Schüler Homers genannt und zeichnet sich vor den übrigen Kyklikern durch seine poetische Begabung aus. Sein Epos zerfiel in 5 Bücher und schloß sich in der Anlage enge an die Ilias an.

Nach dem Tod und Begräbnis des Hektor kam die Amazone Penthesileia, die Tochter des Ares, den Troern zu Hilfe; aber sie fand durch die Hand des Achilleus ihren Tod. Auch Thersites wurde von Achilleus erschlagen, weil er ihm höhnend Liebe zur Penthesileia vorwarf, offenbar deshalb, weil die Griechen auf Vermittlung des Achilleus den Troern die Bestattung der Amazonenkönigin gestatteten. Der Tod des Thersites rief Uneinigkeit im Lager der Griechen hervor. Achilleus fuhr nach Lesbos hinüber, opferte dem Apollon, der Artemis und Leto und wurde dann durch Odysseus von dem Morde gereinigt. Unterdessen war Memnon, der Sohn des Eos, der König der Äthiopier, in einer von Hephästos gefertigten Rüstung den Troern zu Hilfe gekommen. Thetis teilte ihrem Sohne mit, daß ihn das Todesgeschick sofort nach Memnon ereilen werde. Dann kam es zur Schlacht. Memnon tötete den Antilochos, wurde aber zur Rache dafür von Achilleus erschlagen. Auf Bitten der Eos machte Zeus ihren Sohn unsterblich. Mit dem Fall Memnons war das Schicksal der Schlacht entschieden; die Troer eilten in wilder Flucht in die Stadt zurück. Auch dem Achilleus gelang es, mit ihnen hinein zu kommen; aber dann fiel er durch die Hand des Paris und Apollon. Um seinen Leichnam erhob sich ein fürchterlicher Kampf; endlich trug ihn Aias zu den Schiffen zurück, während Odysseus die nachdringenden Feinde abwehrte. Nach der Schlacht fand die Bestattung des Antilochos statt. Der Leichnam des Achilleus wurde zur Schau gestellt, wobei Thetis mit den Nereiden und Musen die Totenklage anstimmte. Vom Scheiterhaufen hinweg trug Thetis ihren Sohn nach der Insel Leuke an der Donaumündung, wo er als Heros verehrt wurde. Die Griechen errichteten ihm einen Grabhügel und feierten ihm zu Ehren Leichenspiele, bei denen die Rüstung des Achilleus als Preis ausgesetzt war. Um diese stritten sich Odysseus und Aias; Odysseus trug den Sieg davon und Aias tötete sich selbst. Achilleus bildete also, wie man sieht, den Mittelpunkt des Epos; Antilochos steht zu ihm in demselben Verhältnis, wie in der Ilias Patroklos. Der Tod und die Bestattung des Achilleus erinnert an den Tod und die Bestattung des Patroklos und zum Teil des Hektor in der Ilias. Ein Hauptverdienst des Arktinos besteht darin, daß er die Amazonen und Äthiopier in die griechische Literatur und Kunst einführte.

4. Von demselben *Arktinos* rührte noch ein anderes Gedicht her, *Ἰλίου πέσσις* überschrieben, das in 2 Büchern den weiteren Verlauf des Krieges und die Eroberung Trojas erzählte. Denselben Stoff behandelte auch die *kleine Ilias* (*Ἰλιὰς μικσά*), die ihren Namen mit Bezug auf die Ilias Homers erhielt, in 4 Büchern. Als Verfasser wird häufig *Lesches* oder *Lescheos aus Pyrrha auf Lesbos* genannt, der um 650 v. Chr. gelebt haben soll. Da aber Hellanikos von Lesbos nicht seinen Landsmann Lesches, sondern den *Spartaner Kinäthon* als Verfasser anführt, so darf man annehmen, daß des Lesches' Ansprüche auf die *Ἰλιὰς μικσά* jedenfalls gering gewesen sind. Vielleicht ist Lesches gar kein Eigennahme, sondern nur ein Appellativum, abgeleitet von *λέσχη*, mit der Bedeutung: »Sänger des Marktes oder der Markthalle«. Die Nachricht, er habe einen Wettstreit mit Arktinos gehabt, in dem er gesiegt, ist darauf zurückzuführen, daß beide Dichter denselben Stoff besangen und Lesches' Gedicht das des Arktinos in den Hintergrund drängte. Nichtsdestoweniger fehlte es der *kleinen Ilias* an poetischer Einheit; sie enthielt eine große Reihe einzelner Szenen und Gemälde, die durch ihre Mannigfaltigkeit und Lebendigkeit reizten. Daher schöpften auch die Tragiker gerne aus derselben. In der Kyklos wurde keines der beiden Gedichte vollständig aufgenommen, wenigstens nach dem Auszuge des Proklos, wie er uns bei Photios vorliegt, sondern man wählte aus beiden Gedichten die interessantesten und ausführlichsten Partien und stellte diese nebeneinander.

An die Äthiopis schloß sich zunächst die *Ἰλιὰς μικσά* an. Nach dem Selbstmord des Aias gelingt es dem Odysseus, den troischen Seher Helenos gefangen zu nehmen, auf dessen Weissagung hin Diomedes und Odysseus den Philoktetes von Lemnos holen. Dieser wird nach seiner Ankunft von Machaon geheilt und tötet dann im Zweikampf den Paris, den die Troer feierlich bestatten. Deiphobos, der Bruder des Paris, heiratet die Helena. Hierauf holt Odysseus den Neoptolemos, den Sohn des Achilleus, von Skyros und übergibt ihm die Rüstung seines Vaters. Den Troern kommt Eurypylos, der Sohn des Telephos, zu Hilfe. In dem Kampfe, der sich zwischen beiden erhebt, bleibt Neoptolemos Sieger. Während der jetzt folgenden Einschließung der

Troer in ihre Stadt erbaut Epeios auf den Rat der Athene das hölzerne Pferd. Unterdessen schleicht sich Odysseus verkleidet in die Stadt und berät sich mit Helena über die Eroberung. In Gemeinschaft mit Diomedes stiehlt er das Palladion, d.h. das Bild der Göttin Pallas Athene, an dessen Besitz das Glück Trojas geknüpft ist. Dann steigen die tapfersten Griechen in das hölzerne Pferd; die andern verbrennen die Zelte und fahren ab nach Tenedos. Die Trojaner bilden sich ein, endlich von den Schrecken der Belagerung befreit zu sein. Sie reißen ein Stück der Stadtmauer nieder und bringen das Pferd in die Stadt. Hierauf feiern sie ein Siegesfest.

An dieser Stelle setzt die *Ἰλίου πέσσις* ein. Sie erzählt, daß die Trojaner bezüglich des hölzernen Pferdes Argwohn hegten. Die einen meinten, man solle es in das Meer werfen, die andern, man solle es verbrennen, wieder andere, man solle es der Athene weihen, und diese letzte Ansicht drang durch. Während man sich noch der Freude über den Sieg hingab, erschienen zwei Schlangen, die den Laokoon, der für die Vernichtung des Rosses eingetreten war, samt einem seiner Söhne töteten. Daraufhin verließen Äneias und seine Begleiter traurig die Stadt, um sich auf den Ida zurückzuziehen; offenbar ahnten sie das kommende Verderben. Sinon, ein Grieche, der sich durch List den Eingang in die Stadt verschafft hat, gibt den Griechen ein Zeichen. Diese kehren wieder von Tenedos zurück und erobern im Bunde mit den aus dem hölzernen Pferde Gestiegenen Troja. Neoptolemos tötet den Priamos am Altar des Zeus; Menelaos erschlägt den Deiphobos und führt Helena zu den Schiffen zurück. Aias, des Oileus' Sohn, schleppt Kassandra, die das Bild der Athene umfaßt hält, hinweg; aus Zorn über diese Gottlosigkeit wollen ihn die Griechen steinigen, aber er flüchtet sich an den Altar der Athene und entgeht so der ihm drohenden Gefahr. Dann zünden die Griechen die Stadt an. Polyxena wird am Grabhügel des Achilleus geopfert. Odysseus tötet den Astyanax, den kleinen Sohn des Hektor. Neoptolemos erhält Andromache als Ehrengeschenk. Nach der Verteilung der Beute segeln die Griechen ab, aber Athene ersinnt ihnen Verderben auf dem Meere.

5. Auf die *Ἰλίου πέσσις* folgte, den Übergang von der Ilias zur Odyssee bildend, ein Gedicht, das *Νόστος* (Rückkehr) betitelt war. Solcher Nosten scheint es mehrere gegeben zu haben. Unser Epos hatte 5 Bücher und wurde dem *Hagias* oder Hegias aus *Trözene* zugeschrieben; Eustathios sagt, ein Kolophonier habe dasselbe verfaßt, ohne jedoch einen Namen zu nennen.

Das Gedicht berichtet, Athene habe zwischen Agamemnon und Menelaos Streit wegen der Abfahrt erregt. Der erstere blieb zurück, um den Zorn der Göttin zu besänftigen, aber Menelaos, Diomedes und Nestor segelten ab. Die beiden letzten kamen glücklich nach Hause, Menelaos aber erlitt Schiffbruch; nur mit fünf Schiffen gelangte er nach Ägypten. Kalchas, Leonteus und Polypötes marschierten mit den Ihrigen nach Kolophon, wo sie den Teiresias, der dort verstorben war, bestatteten. Als Agamemnon im Begriff war abzusegeln, erschien ihm der Geist des Achilleus, um ihn daran zu hindern, indem er ihm das Kommende vorhersagte. Vergebens; bei dem Vorgebirge Kaphareus im Süden Euböas überfiel sie ein Sturm, in welchem der Lokrer Aias zur Strafe für seinen Frevel ums Leben kam. Neoptolemos wählte auf den Rat der Thetis den Landweg zur Heimreise. In Maroneia in Thrakien traf er den Odysseus; auf der Weiterreise starb Phönix, der Erzieher seines Vaters, und wurde von ihm bestattet; endlich kam er zu seinem Großvater Peleus. Agamemnon wurde von Ägisthos und Klytämnestra (oder Klytämestra) ermordet, aber von Orestes und Pylades gerächt. Endlich kehrte auch Menelaos wieder nach Hause zurück.

6. An die Nosten reihte sich die *Odyssee*, und auf diese folgte die *Telegonie* in 2 Büchern, von *Eugammon aus Kyrene*, der um 568 lebte. Das Gedicht war weder dem Inhalt, noch der poetischen Darstellung nach bedeutend; der Dichter soll auch die Werke anderer stark benutzt haben, wie die Thesprotis des Musäos.

Das Epos beginnt mit der Bestattung der Freier. Dann fährt Odysseus nach Elis, um nach seinen Herden zu sehen. Dabei wird er von Polyxenos gastfreundlich aufgenommen, der ihm beim Weggang einen Mischkrug schenkt, auf dem die Geschichte des Trophonios, Agamedes und Augeias abgebildet ist. Nach Ithaka zurückgekehrt, verrichtet er die von Teiresias ihm aufgetragenen Opfer. Hierauf begibt er sich in das Land der Thesproten, wo er die Königin Kallidike heiratet. In dem Krieg, den die Thesproten mit den Brygen zu führen haben, übernimmt Odysseus den Oberbefehl; aber er wird von Ares besiegt. Athene kommt ihm zu Hilfe und tritt dem Ares entgegen, aber Apollon trennt die beiden kämpfenden Götter. Nach dem Tode der Kallidike übernimmt Polypötes, des Odysseus Sohn, die Herrschaft; Odysseus selbst kehrt wieder nach Ithaka zurück. Zu dieser Zeit landet Telegonos, der Sohn des Odysseus und der Kirke, der ausgezogen war, seinen Vater zu suchen, auf Ithaka und beginnt es zu verwüsten. Odysseus kommt den Seinen zu Hilfe, aber er wird von seinem Sohn, der ihn nicht kennt, erschlagen. Als dieser seinen Irrtum einsieht, bringt er den Leichnam seines Vaters nebst Telemachos und Penelope zu seiner Mutter. Diese macht dieselben unsterblich, und Telegonos heiratet die Penelope, Telemachos aber die Kirke.

7. Damit ist der trojanische Kyklos erschöpft; über die Gedichte, welche die thebanischen Mythen behandeln, haben wir keine so genaue

Kenntnis, da uns kein Auszug aus denselben erhalten ist. Hierher gehört zunächst eine *Οἰδιπόδεια*, die dem *Spartaner Kinäthon*, der um 770 gelebt haben soll, zugeschrieben wird. Wie schon der Name angibt, war in diesem Epos die Geschichte des Ödipus behandelt. Das berühmteste Gedicht dieses Sagenkreises ist die *Thebais*, öfter die kyklische genannt. Sie galt für ein Werk Homers selbst und stammt jedenfalls aus alter Zeit, wenn auch der Name des hochbegabten Dichters verlorenging. Dieses Epos, das 7000 oder nach der andern Tradition 9500 Verse umfaßte, behandelte im wesentlichen den Zug der Sieben gegen Theben; es führte auch den Titel *Ἀμφιάσεω ἐξελασία*. An die Thebais reihen sich die *Epigonoi*, ebenfalls aus 7000 Versen bestehend. Sie besangen den Zug der Epigonen. Nach Alkmäon, dem Sohne des Amphiaraos, mag dieses Epos auch *Ἀλκμαιωνίς* genannt worden sein. An poetischem Werte stand es der Thebais nach.

8. Zum Schluß sind noch einige Epen älterer Zeit zu nennen, die dem troischen und thebanischen Kreise fernstehen und deshalb Zweifel darüber aufkommen lassen, ob sie dem Kyklos angehörten. Es ist eine *Τιτανομαχία*, die bald namenlos erwähnt, bald dem *Arktinos von Milet* oder dem *Eumelos von Korinth*, der um 760 v. Chr. lebte, beigelegt wird. Schon der Titel zeigt, daß dieses Gedicht den Kampf des Zeus mit den Titanen besang. Ein anderes Gedicht hieß *Δαναΐς* oder *Δαναΐδες*, das in 6500 Versen das Schicksal der Danaiden behandelte. In der *Minyas*, die *Prodikos aus Phokäa* verfaßt haben soll, war ein Besuch im Hades geschildert, bei dem auch Charon vorkam. Über den eigentlichen Inhalt weiß man nichts Sicheres; manche halten das Epos für eine Verherrlichung des Sieges des Herakles über die Minyer, infolgedessen Orchomenos erobert wurde. Dieses Epos soll nach der Heimat des Dichters auch den Namen *Φωκαΐς* gehabt haben. Die *Phokais* wird übrigens einem *Thestorides aus Phokäa* zugeschrieben. Endlich gehört die *Οἰχαλίας ἅλωσις* hierher, weche die Eroberung Öchalias und die Wegführung der Iole, der Zochter des Königs Eurytos, erzählte. Als Dichter wird *Kreophylos von Samos* genannt; andere nennen Homer, der es dem Kreophylos gegeben habe. Das Gedicht führt auch den Titel *Ἡράκλεια*.

11. Kapitel

Hesiod

1. Zwischen Homer und Hesiod, zwischen der homerischen und hesiodischen Poesie ist ein großer Unterschied. Zwar die äußere Form, Versmaß und Sprache, zeigt große Ähnlichkeit bei beiden Dichtern, wenn auch Hesiod manches Eigentümliche hat, was meistenteils auf

seine Heimat zurückzuführen ist. Allein hinsichtlich des Inhalts ihrer Epen und des Zweckes, den sie bei der Abfassung derselben verfolgten, gehen beide Dichter weit auseinander. Alexander der Große soll gesagt haben, Homer habe für Könige, Hesiod für Bauern gedichtet, und wenn der Gegensatz auch zu scharf ausgesprochen ist, so liegt darin doch, richtig gefaßt, viel Wahres. Die Personen der homerischen Gedichte sind Helden und Könige, Hesiod beschäftigt sich mit dem Bauernstand und den Handwerkern. In den Epen beider Dichter ist die Rede von Göttern; aber während uns Homer diese handelnd vorführt, teils wie sie im Verkehr miteinander auftreten, teils wie sie fördernd oder hemmend in die Geschicke der Menschen eingreifen, stellt Hesiod die verschiedenen Sagen und Ansichten über dieselben zusammen, wobei er den trockenen Bericht nur selten durch Handlungen oder Schilderungen, die er einstreut, belebt. Das dramatische Element fehlt bei Hesiod fast ganz. Homer erzählt die ruhmvollen Taten und die abenteuerlichen Irrfahrten seiner Helden und Könige; die Erzählung selbst ist sein Zweck; Hesiod dagegen gibt Unterweisungen über Religion, Moral und Führung des praktischen Lebens; sein Zweck ist Belehrung. Insofern stellt er sich in bewußten Gegensatz zu Homer; den Phantasieschöpfungen dieses Dichters gegenüber will er die Wahrheit sagen. Hesiod wendet sich also vornehmlich an Leute aus dem Volke, an die arbeitende und erwerbende Klasse, während Homers Dichtung Reiche und Vornehme im Auge hat. Und diese Richtung der hesiodischen Poesie hängt enge mit der Heimat derselben zusammen. Der heitere Himmel Ioniens und das leichte Leben in diesem Landstriche spiegelt sich in der Poesie Homers wieder. Böotiens Himmel dagegen ist trübe und nebelig; der Boden ernährt die Bewohner, aber er will bebaut und bearbeitet sein, und dieses Klima im Verein mit der harten Lebensart der Böoter ist es, die der hesiodischen Dichtung ihren düsteren und ernsten Charakter aufdrückt. Eine solche Bevölkerung ist Lehren und Vorschriften über Ackerbau, Viehzucht und Schiffahrt, Unterweisungen über die Genealogien der Götter und Helden besonders zugänglich, und dem Hesiod, welcher derselben angehörte, lagen gerade diese Gegenstände sehr nahe. Natürlich bleibt diese belehrende Tendenz, die sich durch das Ganze zieht, auch nicht ohne Einfluß auf Ton und Stil der Dichtungen. Die Subjektivität des Dichters tritt bedeutend mehr in den Vordergrund, und die behagliche epische Breite macht der bündigen Form der Belehrung Platz, die häufig an das Sprichwort erinnert.

2. Trotz dieser Verschiedenheit in Inhalt, Form und Zweck wurde die hesiodische Poesie durch die homerische wachgerufen. Dies deutet die Überlieferung in der Weise an, daß sie Hesiods Vater aus dem äoli-

schen Kyme in Kleinasien nach dem Dorfe Askra am Fuße des Helikon in Böotien übersiedeln läßt. Hier lebte er als Landwirt, und sein Sohn Hesiod unterstützte ihn in seinen Arbeiten. Nach dem Tode des Vaters, der Dios geheißen haben soll, entstand zwischen den beiden Söhnen Hesiod und Perses ein Streit wegen der Erbteilung; es kam zum Prozeß, und Perses trug durch Bestechung der Richter den Sieg über Hesiod davon. Doch bald hatte er, arbeitscheu und genußsüchtig wie er war, sein Vermögen durchgebracht, und jetzt drohte er seinem Bruder mit einem neuen Rechtsstreit. Hesiod, den die Musen, als er einst am Helikon weidete, zum Dichter geweiht hatten, richtete die ἔσγα καὶ ἡμέσαι an denselben, um ihn von seinem Vorhaben abzubringen und für Fleiß und Sparsamkeit zu gewinnen. Auch sonst fand Hesiod Zeit, neben der Landwirtschaft sich der Dichtkunst zu widmen. Er erzählt, wenn anders die Verse von ihm sind, daß er einst in Chalkis auf Euböa bei den Leichenspielen des Königs Amphidamas als Sänger aufgetreten sei und einen Dreifuß gewonnen habe, den er den helikonischen Musen weihte. Es scheint, daß Hesiod wegen der Feindschaft mit seinem Bruder und zugleich vielleicht auch aus Furcht vor den Vornehmen, die er in den *Werken und Tagen* scharf angegriffen hatte, Askra verließ. Wir finden ihn später in Önoe bei Naupaktos. Hier wurde er von den Söhnen seines Gastfreundes in dem Hain des nemeischen Zeus erschlagen und ins Meer geworfen; aber Delphine trugen seinen Leichnam wieder ans Land, wo er bestattet wurde. Später wurde seine Leiche auf Befehl des Orakels nach Orchomenos gebracht. Auf diese zwei Gräber ist die schon von Pindar in einem Epigramm erwähnte Sage zurückzuführen, Hesiod habe zweimal gelebt und sei zweimal gestorben.

Über die *Lebenszeit* Hesiods sind verschiedene Überlieferungen vorhanden. Herodot setzt ihn, wie den Homer, 400 Jahre vor seine Zeit. Daß Homer und Hesiod Zeitgenossen gewesen, nimmt auch das Gedicht Ὁμήρου καὶ Ἡσιόδου ἀγών an, das den Hesiod in Chalkis über Homer siegen läßt. Überhaupt lag es nahe und hatte etwas Verlockendes, die beiden großen Epiker auch zeitlich nebeneinander sich zu denken und sogar in Wettbewerbung miteinander treten zu lassen. Aber schon die Alexandriner schlossen aus einer Vergleichung der Werke Hesiods und Homers, daß der erstere später als der letztere gelebt haben muß; und daß sie Recht haben, geht aus dem Inhalt und der Sprache der hesiodischen Gedichte hervor.

3. Unter den Gedichten Hesiods sind zuerst die *Werke und Tage* (ἔργα καὶ ἡμέραι) zu nennen, die unter allen hesiodischen am berühmtesten waren und von den Priestern der helikonischen Musen, die eine alte Bleihandschrift derselben besaßen, allein als echt anerkannt wurden.

So wie das Gedicht jetzt vorliegt, beginnt es mit der Aufforderung an die Musen, Zeus' Macht zu verherrlichen, ein Stück, das schon die Alten für unecht hielten. Dann kommt der Dichter auf die Eris zu sprechen; er unterscheidet eine böse Eris, die Kampf und Streit erregt, und eine gute, welche die Menschen zu förderndem Wetteifer untereinander anspornt. Auf diese letztere weist er seinen Bruder Perses hin, der schon einmal einen Prozeß gegen ihn durch Bestechung der Richter gewonnen hat und ihm jetzt, wo er sein Vermögen durchgebracht, mit einem zweiten droht. Der Dichter erzählt ausführlich die Sage von der Pandora, durch die alles Unglück in die Welt gekommen sei, und reiht daran eine Schilderung der Menschenalter, fünf an der Zahl, das folgende immer entarteter als das vorhergehende, nämlich das goldene, silberne, eherne, heroische und eiserne, zu dem er selbst gehört. Die Fabel vom Habicht und der Nachtigall, die in dem Satz gipfelt: »Gewalt geht vor Recht«, leitet zum nächsten Abschnitt über, der in eindringlichen Worten dem Perses die stete Übung der Gerechtigkeit empfiehlt. Damit ist der allgemeine Teil des Gedichtes (1–382) zu Ende; der spezielle (383–828) beginnt mit der Darlegung der *ἔσγα*, d. h. der Arbeiten des Landmannes. Da ist die Rede von Aussaat und Ernte; es wird über die landwirtschaftlichen Geräte und deren Herstellung ausführlich gesprochen; des Winters Kälte wird uns ebenso lebhaft vor Augen gestellt wie die Hitze des Sommers, und wir hören, wie der Landmann beiden begegnet; auch die Weinbereitung ist nicht vergessen. Zum leichtern Umsatz seiner Produkte bedarf der Landmann der Schiffahrt, und so spricht der Dichter auch darüber; wir erfahren, wie und wann diese Beschäftigung betrieben werden soll. Daran schließen sich Ratschläge über Verheiratung, über Verkehr mit den Nachbarn und über die Ehrfurcht gegen die Götter. Mit V. 765 beginnen die *ἡμέραι*, d. h. eine Aufzählung der glücklichen und unglücklichen Monatstage, auf die man bei seinen Arbeiten Rücksicht nehmen muß. Dieser letzte Teil scheint zwar nicht ursprünglich, aber doch schon frühzeitig mit dem Gedichte vereinigt worden zu sein.

In den *Werken und Tagen* finden sich viele teils größere, teils kleinere Interpolationen; diese sind besonders in den allgemein belehrenden Teilen häufig, und nicht selten sind die Sentenzen und Sprichwörter nach Stichwörtern geordnet. Die *ἔργα καὶ ἡμέραι* wurden durch wandernde Sänger in Griechenland bekannt gemacht und errangen rasch ein großes Ansehen. Hesiodische Gnomen gehen in andere Dichtungen über. Die Erga werden, wie Homers Epen, Schulbuch. Hesiod galt als Vorbild für die didaktische Poesie. Gelehrte beschäftigten sich mit seiner Erklärung, und andere Dichter ahmten ihn nach, wie Virgil in den Georgica.

4. Nicht so einstimmig wie die *Werke und Tage*, legte man dem Hesiod die *Theogonie* bei. Die Priester des Helikon sprachen ihm dieselbe ab, und manche neuere Gelehrten folgten ihnen darin mit Rücksicht auf die Verschiedenheit, die hinsichtlich des Inhalts und der Sprache zwischen Theogonie und Erga besteht. Dem steht aber gegenüber, daß, von den helikonischen Priestern abgesehen, das ganze Altertum für Hesiod als Verfasser der Theogonie eintritt; auch ist der Unterschied zwischen den beiden Dichtungen nicht so groß, daß er nicht aus der Verschiedenheit der Stoffe, der Quellen und der Abfassungszeit erklärt werden könnte.

Die *Theogonie*, 1022 Verse umfassend, behandelt mehr, als ihr Name sagt; sie gibt nicht nur eine Geschichte der Entstehung und Geburt der Götter, sondern schildert überhaupt die Erschaffung der Welt. Der Dichter stellt die Sagen und Ansichten, die darüber im Volke lebten oder in alten Hymnen niedergelegt waren, so, wie er sie fand, zusammen, ohne sie deuten oder ergründen zu wollen; denn philosophische Spekulation liegt ihm fern. So wie das Gedicht jetzt vorliegt, beginnt es mit einem Proömium, das Vers 1-115 umfaßt und sich in verschiedene Partien sondert. Vers 1-34 ist ein Hymnos an die Musen des Helikon, die den Hesiod zum Dichter weihten; die folgenden Verse (36-52) sind an die olympischen Musen gerichtet, die im Palaste des Zeus die Götter und Menschengeschlechter in ihren Liedern verherrlichen. Daran reihen sich die Verse 53-80, welche die Geburt der pierischen Musen, ihren Einzug in den Olymp und ihre Namen angeben. Ein sehr schönes Stück ist Vers 81-103, ein Preis der Musen und der Poesie, die eine Gabe derselben ist. Die Verse 105-115 endlich leiten auf das Gedicht selbst über, indem der Dichter die Musen anfleht, ihm bei seinem Gesange gnädig beizustehen.

Der erste Teil desselben, Vers 116-452, ist die Kosmogonie. Im Anfang war das Chaos, dann die Erde, Tartaros und der Eros. Aus dem Chaos entstand der Erebos und die Nacht. Aus der Verbindung des Erebos und der Nacht entsprang der Äther und der Tag. Die Erde erzeugte aus sich den Himmel, die Berge und das Meer; dann verband sie sich mit dem Himmel, und so wurden Okeanos, die Titanen und Kronos, die Kyklopen und die Hekatoncheiren geboren, die Zeus in der Tiefe der Erde verbarg. Aus Zorn darüber überredete diese ihren Sohn Kronos, an seinem Vater Rache zu nehmen. Aus dem Blute des verstümmelten Uranos erwuchsen die Erinyen, die Giganten, die melischen Musen, und seine Verstümmelung gab auch zur Geburt der Aphrodite Veranlassung. Dann wird das Geschlecht der Nacht, des Meeres, des Okeanos und der Titanen aufgezählt.

Der zweite Teil (453-1018) ist die eigentliche Theogonie. Kronos ist der Herrscher der Welt, aber er wird von seinem Sohn Zeus gestürzt, der in gewaltigen Kämpfen die Herrschaft der Kroniden, an deren Spitze er steht, begründet. Zunächst bezwingt er die Japetiden, unter denen besonders Prometheus hervortritt, dessen Schicksal ausführlich erzählt wird. Dann erhebt sich ein zehnjähriger Kampf mit den gewaltigen Titanen, die er nur mit Hilfe der Hekatoncheiren besiegt und in den Tartaros verbannt. Dasselbe Schicksal erleidet auch Typhoeus, der sich zuletzt in einen Kampf mit Zeus einläßt. Damit ist der Sieg des Zeus und der Kroniden endgültig entschieden; es findet jetzt die Verteilung der Herrschaft der Welt unter die einzelnen Götter statt. Daran reiht sich eine Aufzählung der Götter und ihrer Kinder. Dann folgt ein Abschnitt, in dem die Göttinnen, die sich zu sterblichen Männern gesellten, nebst ihren Kindern verzeichnet werden. Den Schluß des Gedichtes bilden vier Verse, in denen die Musen aufgefordert werden, das Geschlecht der Frauen zu besingen.

Wie im Proömium, so finden sich auch im Gedichte selbst verschiedene Bestandteile, Ursprüngliches und Späteres, nebeneinander; so ist z.B. der Hymnos an Hekate (Vers 411–452) aus späterer Zeit. Die meisten Erweiterungen und Umgestaltungen verdankt man ohne Zweifel den Rhapsoden, die sich mit dem Vortrag und der Überlieferung des Gedichtes beschäftigten. Unrichtig ist es aber, wenn man in unserem Gedicht ein Produkt der peisistrateischen Zeit erkennen will, sei es nun, daß es in dieser Zeit ähnlich wie die homerischen Gedichte gesammelt, oder damals erst gedichtet und der Täuschung wegen mit dem berühmten Namen Hesiods versehen worden sei; denn Hesiods Theogonie wird schon früher erwähnt. Da man an einigen Stellen strophische Gliederung wahrzunehmen glaubte, so versuchte man das ganze Gedicht in drei- oder fünfzeilige Strophen zu gliedern, jedoch ohne Erfolg; an den nicht genealogischen, erzählenden Partien scheitern diese Versuche vollständig.

Auf die Bedeutung von Hesiods Theogonie weist Herodot hin, wenn er sagt, Homer und Hesiod hätten den Griechen ihre Götter geschaffen, und in der Tat war dieselbe für die Griechen maßgebend. Aus ihr lernte die Jugend in der Schule die Göttersagen kennen; die Dichter, hauptsächlich Lyriker, bezogen sich auf sie; besonders aber beschäftigte Hesiod sozusagen als ältester Naturphilosoph, der über das Universum gesprochen, die späteren Philosophen, die seine Lehren teils anerkannten, teils bekämpften. Platon schätzte ihn hoch, die Stoiker schrieben Abhandlungen über ihn, und Epikur soll durch ihn zum Studium der Philosophie angeregt worden sein. Dagegen erklärte Xenophanes, Homer und Hesiod hätten den Göttern alles angedichtet, was bei den Menschen für unanständig und schimpflich gelte, ein

Vorwurf, der jedoch nicht die Dichter selbst trifft, sondern nur ihre Stoffe, die sie aus der Volkssage genommen haben.

5. Noch ein drittes Gedicht wird unter dem Namen Hesiods überliefert, *der Schild des Herakles* (*ἀσπίς*), 480 Verse. Die ersten 56 Verse, *ἤ οἵη* beginnend, gehören den Eöen Hesiods an und sind wahrscheinlich erst später von einem Rhapsoden als Proömium mit dem Gedichte verbunden worden. Sie berichten die Geburt des Herakles. Dann leitet der Vers: »der auch den Kyknos tötete« rasch und unvermittelt auf das Thema des Gedichtes, den Kampf des Herakles mit Kyknos, über. Dieser findet im Hain des pagasäischen Apollon in Thessalien statt; Herakles ist von Iolaos begleitet, während Kyknos von seinem Vater Ares unterstützt wird. Beim Anblick des Gegners rüstet sich Herakles zum Kampfe, und so findet der Dichter Gelegenheit, den Schild des Helden ausführlich in den Versen 139–320 zu schildern. Dabei lehnt er sich ganz an die homerische Beschreibung des Schildes des Achilleus an, ohne jedoch sein großes Vorbild zu erreichen oder auch nur zu erkennen, worin die Kunst desselben besteht; denn sonst hätte er sich nicht mit der Aufzählung der Bildwerke und deren Erklärung begnügt, sondern hätte auch Leben und Handlung in die Episode gebracht. Ebenso unselbständig ist der Dichter in der Schilderung des Kampfes zwischen den beiden Helden; auch hier ahmt er den Homer nach und sucht besonders durch eine übergroße Fülle von Gleichnissen den Glanz seines Gedichtes zu erhöhen. Kyknos wird von Herakles getötet, und auch Ares selbst, der seinen Sohn rächen will, wird von dem Helden mit Hilfe der Athene am Schenkel verwundet. Der gefallene Kyknos wird vom Könige Keyx von Trachis bestattet. Es ist überliefert, daß die Aspis von Stesichoros dem Hesiod zugeschrieben worden sei; allein Aristophanes von Byzanz und andere Grammatiker sprachen sie diesem Dichter ab, und zwar mit Recht; denn diese Dichtung trägt nicht den hesiodischen, sondern homerischen Charakter, in Sprache sowohl, als in der ganzen Art der Darstellung. Von Bedeutung für die Literatur ist dieses Gedicht insofern, als es das Vorbild für kleinere epische Erzählungen war, wie sie bei den Lyrikern und später bei den Alexandrinern wieder vorkommen.

6. Außer diesen drei erhaltenen Gedichten wird noch eine große Anzahl anderer, von denen nur Bruchstücke übrig sind, auf Hesiod zurückgeführt; mit welchem Rechte, können wir jetzt nicht mehr bei allen beurteilen. Manche davon werden auch andern Dichtern beigelegt. Sie tragen alle den hesiodischen Charakter, indem sie Genealogien enthalten oder didaktische Gedichte sind; einige sind kürzere epische Erzählungen nach der Art des Schildes des Herakles. Unter diesen sind zuerst der *Katalog der Frauen* und die *Eöen* zu nennen. Der *Katalog*

der Frauen bestand aus 3 Büchern; er reihte sich in den Ausgaben der Alten an die Theogonie an, deren vier letzte Verse auf ihn überleiten, und besang, von den Müttern ausgehend, die Geschlechter und Genealogien der Helden. Denselben Inhalt haben die *Eöen*, so genannt, weil jeder neue Abschnitt mit den Worten *ἤ οἵη* begann. Eine Probe davon geben, wie schon gesagt, die 56 ersten Verse der Aspis. Die Eöen hatten 2 Bücher, und da sie gewöhnlich mit dem Katalog verbunden wurden, so belief sich das ganze genealogische Werk auf 5 Bücher. Während man den Katalog allgemein dem Hesiod zuschrieb, wurde die Echtheit der Eöen angezweifelt, und sie scheinen wirklich von einem andern Verfasser zu sein, da manche Sagen in den beiden Gedichten verschieden behandelt sind. Da in den Eöen Kyrene erwähnt wird, das erst im Jahre 632 oder 624 von den Griechen besiedelt wurde, so glauben manche Gelehrte, daß das Gedicht nach dieser Zeit abgefaßt sei. Beide Gedichte, die Eöen und der Katalog, wurden ihres Inhalts wegen von den Spätern viel benutzt, so von den Lyrikern, Dramatikern und besonders auch von den Logographen.

7. Von geringerer Bedeutung sind die andern Gedichte. Die *Melampodia*, 3 Bücher umfassend, besingt die Geschicke der Seher Melampus, Amphilochos, Mopsos, Teiresias und Kalchas. Der *Ägimios*, 2 Bücher, behandelt den Kampf des dorischen Königs Ägimios mit den Lapithen, der durch Herakles zu Ende gebracht wurde. Neben Hesiod wird auch der Milesier Kerkops als Verfasser des Gedichtes genannt. Kürzer war *die Hochzeit des Keyx*, des Königs von Trachis, an der sich auch Herakles ungeladen beteiligt. Diese beiden Gedichte, der Ägimios und die Hochzeit des Keyx, gehören dem Sagenkreis des Herakles an, dem auch die Aspis entnommen ist. Belehrenden Charakter hatten die *ὑποθῆκαι Χείρωνος* (die Lehren des Cheiron), die *μεγάλα ἔργα*, und eine *Astronomia*, die letztere aus attischer oder vielleicht gar erst alexandrinischer Zeit. Die *μεγάλα ἔργα* behandelten eingehend den Landbau, während die Lehren des Cheiron Lebensregeln enthalten, die der Kentaur Cheiron seinem Zögling Achilleus gibt. Darin spricht der Dichter die Mahnung aus, man solle mit dem Unterricht der Kinder nicht vor dem siebenten Jahre beginnen. Nach dem Grammatiker Aristophanes von Byzanz ist das Gedicht nicht von Hesiod.

12. Kapitel

Dichter der hesiodischen Richtung

Wie an Homer, so schlossen sich auch an Hesiod eine ganze Reihe von Dichtern an. Von diesen rührten offenbar die unter Hesiods Namen überlieferten Gedichte her, die wir im vorigen Kapitel als unecht erkannten, also alle außer den Erga, der Theogonie und dem Katalog. Gerade wie bei Homer, so wurden auch hier diese Dichtungen dem berühmtesten Vertreter der Richtung zugeschrieben, sei es nun, um ihnen mehr Ansehen zu geben, sei es aus Bequemlichkeit, oder weil man den Verfasser nicht kannte. Wenn man die an Homer sich anlehnenden Epiker unter dem Namen Kykliker zusammenfaßt, so kann man die Hesiods Richtung einschlagenden Dichter *genealogische* nennen; denn alle beschäftigen sich mit der Darstellung der Stammessagen und Mythen, aber nicht in freier, selbständiger Bearbeitung, wie Homer und die Ionier, sondern sie begnügen sich damit, die bei ihren Mitbürgern in Umlauf befindlichen Sagen aufzuzeichnen; die Dichter gehören dem Mutterlande an. Ihre Bedeutung beruht darin, daß sie die Anfänge der Geschichtschreibung repräsentieren; auf sie folgen die Logographen. Unter diesen Epen sind zunächst die *Ναυπάκτια ἔπη*, auch *Ναυπακτικά* genannt, anzuführen. Dieses Gedicht empfing, wie die Kyprien, seinen Namen von seinem Entstehungsort Naupaktos. Als Verfasser wird *Karkinos von Naupaktos* angegeben; daneben allerdings auch Hesiod selbst, und besonders Kerkops von Milet. Das Gedicht besingt die Heldenfrauen der Vergangenheit mit ihren Nachkommen, ist also dem Katalog und den Eöen ähnlich. Besonders ausführlich scheint darin die Argonautenfahrt behandelt gewesen zu sein. Eine *Chronik*, vielleicht von Orchomenos, soll *Chersias von Orchomenos* geschrieben haben, der zur Zeit Perianders lebte. Bekannter ist *Eumelos von Korinth*, aus dem Geschlechte der Bakchiaden, der um 760 v. Chr. gelebt haben soll. Schon oben sahen wir, daß die *Titanomachie* ihm zugeschrieben wurde, und in der Lyrik werden wir ihm wieder als Verfasser eines *Prozessionsliedes* (*προσόδιον*) begegnen, das er im Auftrage des messenischen Königs Phintas dichtete, als die Messenier zum erstenmale zu dem Apollonfest nach Delos zogen. Nur dieses Lied galt für echt; außerdem werden ihm noch die *Κορινθιακά*, eine Darstellung der korinthischen Sagen, und die *Εὐρωπία*, die Geschichte der Europe und ihres Geschlechtes, beigelegt. Die argolischen Sagen sind in der *Φορωνίς* behandelt, einem Epos, das seinen Namen von Phoroneus, dem ersten Menschen, dem Gründer von Argos, hat; der Verfasser ist unbekannt. In Sparta schrieb *Kinäthon*, den wir schon oben als Verfasser der *Ödipodie* kennenlernten, genealogische Gedichte. Sein Thema bildeten die *dorischen Stammessagen*.

Auch Attika fehlte es nicht an Dichtern, die seine Sagen darstellten; erwähnt wird eine *Ἀτϑίς des Hegesinos*; außerdem gab es eine *Theseis*, deren Verfasser aber unbekannt ist. In der gleichen Weise gab es gewiß noch viele Epen, aber sie ebensowohl wie die Namen ihrer Dichter sind verschollen; immerhin genügt das Vorhandene, um uns zu zeigen, wie reichlich damals der Strom epischer Poesie floß.

13. Kapitel

Epische Dichter der späteren Zeit

1. Die Zeiten Homers und Hesiods bilden die Blütezeit der epischen Poesie; auch in der nächstfolgenden Zeit weißt das Epos noch alles Interesse auf sich zu vereinigen; allein bald trat hierin eine Änderung ein. Mit Beginn des siebenten Jahrhunderts hörte nicht nur die Alleinherrschaft, sondern auch die Vorherrschaft des Epos auf; man wandte sich der Lyrik zu, die infolge der veränderten politischen und sozialen Zustände rasch zur Blüte gekommen war. Trotzdem gab es noch eine ziemlich große Anzahl von Dichtern, die sich aus persönlicher Neigung oder Begabung dazu entschlossen, auch das weniger fruchtbare Feld der epischen Poesie anzubauen. Manche dieser Dichter haben wir oben unter den Kyklikern oder Genealogikern bereits kennengelernt; einige andere müssen wir hier noch aufzählen.

Den Genealogikern nahe steht *Asios von Samos*, dessen Zeit nicht genau zu bestimmen ist, der aber nach Archilochos gelebt zu haben scheint, also etwa um 650 v. Chr. Er schrieb ein *genealogisches Epos*, in dem er die Sagen vieler Stämme, besonders der Böoter und Samier, behandelte. Ob er außerdem noch ein episches Gedicht über die Sitten der Samier verfaßt hat, muß dahingestellt bleiben, da die Verse, die man darauf zurückführen will, auch der Genealogie entnommen sein können. Dagegen dichtete er auch Elegien, von denen noch 4 Verse erhalten sind, ein Spott auf einen alten lahmen Schmarotzer, der ungeladen zu einer Hochzeit kam.

2. Bedeutender ist *Peisandros aus Kameiros* auf Rhodos, der um 650 v. Chr. lebte. Dieser wählte als Stoff seines Gedichtes die Sagen von Herakles, von denen zwar schon einzelne episch behandelt waren, wie in der Aspis, dem Ägimios und der Hochzeit des Keyx, die aber als Ganzes bis jetzt noch nicht zur Darstellung gekommen waren. Das Epos führte den Titel *Ἡράκλεια* und bestand aus 2 oder richtiger aus 12 Büchern. Wir haben nur wenige Fragmente von demselben; wie hoch es aber die Alten schätzten, ersieht man daraus, daß sie den Peisandros mit Homer und Hesiod zusammenstellten und in den Kanon der

Epiker aufnahmen, der Homer, Hesiod, Peisandros, Panyassis und Antimachos enthielt. Peisandros war es auch, der den Herakles mit Löwenhaut und Keule statt mit der alten Hoplitenrüstung ausstattete, worin ihm Dichter und Künstler folgten; denn die andere Überlieferung, nach der Stesichoros diese Ausrüstung des Helden einführte, verdient weniger Glauben. Auch die Zwölfzahl der Arbeiten des Herakles scheint auf unsern Dichter zurückzugehen. Übrigens ist Peisandros bereits ein gelehrter Dichter, dessen Poesie von der früheren volksmäßigen wesentlich verschieden ist.

3. Denselben Stoff behandelte *Panyassis*, der Sohn des Polyarchos, *aus Halikarnassos*, wofür andere unrichtig Samos nennen, der um 490 v. Chr. lebte. Er war der Oheim oder Vetter des Geschichtsschreibers Herodot, um dessen Erziehung er sich sehr verdient machte. Mit Herodot war er auch politisch tätig und strebte seine Vaterstadt von der Tyrannenherrschaft zu befreien; allein weniger glücklich als Herodot, wurde er von dem Tyrannen Lygdamis, einem Verwandten der berühmten Königin Artemisia von Karien, ergriffen und getötet. Sein Epos führte ebenfalls den Titel *Herakleia* und zählte 14 Bücher mit 9000 Versen. Die erhaltenen Fragmente sind gering an Zahl, zeugen aber von der Schönheit und dem Wohlklang des Versmaßes und der Sprache. Die Alten stellten ihn, ähnlich wie den Peisandros, mit Homer und Hesiod zusammen und berichten, er habe die epische Poesie wieder zu Ansehen gebracht. In dem Gedicht war, wie es scheint, viel Gelehrsamkeit niedergelegt; auch entlegene Sagen hatte der Dichter für seine Zwecke gesammelt, wie z. B. die von dem Aufenthalt des Helden bei der Omphale. Die *ἅλωσις Οἰχαλίας* hat er in seinem Epos vielfach benutzt, wenn man der Überlieferung trauen darf. Weniger Erfolg hatte der Dichter mit seinen *Ionika*, die in Distichen abgefaßt waren und 7000 Verse zählten. Diese umfaßten die Geschichte der ionischen Kolonien von ihrer Gründung durch die Kodriden Neleus und Androklos an. Das Distichon hatte in ähnlicher Weise schon vor ihm Xenophanes von Kolophon in seiner *Gründung von Kolophon* und *Elea* gebraucht.

4. Ganz anderer Art ist der Stoff, den sich *Chörilos von Samos*, ein jüngerer Zeitgenosse Herodots, der um das Jahr 400 starb, als Thema für sein Epos wählte. Wohl angeregt durch das Vorbild des Tragikers Phrynichos, der in seinen Phönissen, und des Äschylos, der in seinen Persern die hellenischen Freiheitskämpfe verherrlichte, und an Herodots Geschichtswerk sich anlehnend, besang er die Perserkriege in einem Epos, das den Titel *Perseis* oder *Persika* führte. Das Gedicht, von dem nur wenige Verse erhalten sind, fand seinen Inhalts wegen bei den Athenern großen Beifall; ja, man faßte den Volksbeschluß,

dasselbe neben den Gedichten Homers öffentlich vorlesen zu lassen, wohl an den Panathenäen. Hinsichtlich der Sprache wird dem Dichter zum Vorwurf gemacht, daß er entlegene und dunkle Gleichnisse angewandt habe. Die Einleitung ist uns noch erhalten; der Dichter preist darin diejenigen glücklich, die zur Zeit sangen, als »die Aue noch unberührt war; jetzt dagegen sei alles verteilt; daher bleibe er im Laufe zurück hinter den Früheren, und es sei trotz allen Umherspähens unmöglich, einen neuen Wagen fahren zu lassen.« Dann wendet er sich an die Muse mit der Bitte um einen neuen Stoff, »nämlich wie von Asias Land der gewaltige Krieg nach Europa zog«. Schon aus dieser Probe sieht man, daß der Stil etwas Gekünsteltes an sich hatte. Der große Ruhm, den sich Chörilos durch dieses Gedicht verschaffte, veranlaßte den Spartaner Lysander, ihn als seinen Sänger in sein Gefolge aufzunehmen. Später lebte der Dichter am Hofe des Königs Archelaos von Makedonien. Außerdem wird noch ein anderes Gedicht, *Λαμιακά*, erwähnt; es bleibt aber zweifelhaft, ob man dafür *Σαμιακά* schreiben und das Gedicht unserem Chörilos beilegen darf, oder ob es dem Chörilos von Jasos in Karien angehört, der Alexander den Großen auf seinen Zügen als Sänger begleitete, aber mit seinen Gedichten wenig Erfolg hatte.

5. Besondere Beachtung verdient *Antimachos von Kolophon*, dessen Blütezeit in die letzten Jahre des peloponnesischen Krieges fällt. Mit Unrecht wird er für einen Schüler des Panyassis gehalten; dagegen ist es glaublich, daß er in Athen den Sophisten Stesimbrotos, der sich mit der Erklärung Homers beschäftigte, gehört hat. Antimachos ist nicht nur Dichter, sondern auch Grammatiker; er hat eine Ausgabe der homerischen Gedichte veranstaltet. Als Dichter fand er bei seinen Zeitgenossen keinen großen Anklang; bei einem Wettkampfe auf Samos an den Lysandreia - so hatten nämlich die Samier dem Lysander zu Ehren ihr altes Herafest umgetauft - unterlag er dem Nikeratos aus Herakleia. Dagegen wird erzählt, daß der junge Platon ihn wegen der Niederlage getröstet habe. Dieser wußte überhaupt den Dichter zu schätzen. Als Antimachos einst in Athen seine Thebais vorlas, sollen sich alle Zuhörer außer Platon entfernt haben; da soll der Dichter den berühmten Ausspruch getan haben: »Platon wiegt mir alle andern auf.« Später schickte Platon den Herakleides aus dem Pontos nach Kolophon, wo Antimachos gestorben war, um die Gedichte desselben zu sammeln. Unter diesen ist zuerst eine *Thebais* zu nennen, ein episches Gedicht von großem Umfang; daß es 24 Bücher gehabt habe, wie man gewöhnlich annimmt, ist nicht sicher; die vorhandenen Zitate reichen nur bis zum 5. Buche. Den Inhalt bildete der Zug der Sieben gegen Theben; ob auch die Epigonen miteingeschlossen waren, bleibt

zweifelhaft. Die erhaltenen Fragmente sind gering. Das Epos des Antimachos war ein Werk der Gelehrsamkeit nach Form und Inhalt. Nach dem Urteil alter Kunsthistoriker fehlte es ihm an Anmut; ebenso ließ die Disposition zu wünschen übrig; dagegen findet die Kraft und der Ernst desselben Anerkennung. Auch an einer gewissen Weitschweifigkeit scheint es gelitten zu haben. Die Sprache zeigte manche altertümlichen Formen und Ausdrücke; selbst Dorismen waren daruntergemischt. So kam es, daß es für die große Masse der Leute schwer verständlich war; der Dichter bestimmte sein Werk für einen engen Kreis von Gelehrten. Insofern ist unser Dichter der Vorläufer des alexandrinischen Epos, das ebenfalls nach Form und Inhalt das Produkt gelehrter Studien war. Daher schätzten die Alexandriner den Antimachos sehr hoch; sie wiesen ihm den nächsten Platz nach Homer an; nur Kallimachos war anderer Ansicht. Der römische Dichter Statius, der gleichfalls eine Thebais schrieb, scheint den Antimachos wenig benutzt zu haben. Dagegen war der Kaiser Hadrian, der ihn an die Stelle Homers setzen wollte, ein warmer Verehrer desselben. Und wie für das Epos die Thebais in den Augen der Alexandriner mustergültig war, so war es für die Elegie die *Lyde*, ein elegisches Gedicht des Antimachos, auf das wir bei der Darstellung der Elegie näher eingehen werden.

6. Außer diesen Dichtern ist noch *Aristeas* von der Insel *Prokonnesos* in der Propontis wegen der Stoffe, die er in seinem Epos behandelte, zu erwähnen. Wann dieser Dichter lebte, läßt sich nicht genau festsetzen; Herodot sagt, er habe 240 Jahre vor seiner Zeit gedichtet, also etwa um 680 v. Chr.; eine andere Überlieferung setzt ihn in das Jahr 584, wofür aber wahrscheinlich 548 zu lesen ist; jedenfalls ist er älter als Herodot. Er betitelt sein Epos *Ἀριμάσπεια* nach den Arimaspen, einem fabelhaften einäugigen Volke im Norden. Das Gedicht hatte 3 Bücher und enthielt die märchenhafte Schilderung der nordischen Wunderländer. Von Apollon getrieben, reiste Aristeas zu den Issedonen, die ihm erzählten, daß nördlich von ihnen die Arimaspen wohnen, nördlich von diesen die goldhütenden Greife, die in Streit mit den Arimaspen leben, und nördlich von diesen bis zum Meere die Hyperboreer. Den Stoff zu seinem Gedichte nahm Aristeas teils aus Reiseberichten, teils aus fabelhaften Erzählungen, die über die nordischen Gegenden in Umlauf waren; manches mag er auch selbst erfunden und ausgeschmückt haben. Das Epos fand allgemein Anklang und trug wesentlich zur Einführung jener nordischen Völker und Sagen in die griechische Literatur bei. Wenn Aristeas sagt, er habe seine Reisen »von Apollon getrieben« unternommen, so muß man sich daran erinnern, daß das Land der Hyperboreer und überhaupt der Norden der Lieblingsaufenthalt des Apollon ist. Den Aristeas dachte man sich un-

ter ganz besonderm Schutze dieses Gottes; seine Seele konnte nach Belieben den Körper verlassen und wiederholt traf es sich, daß er nach dem Tode an dem oder jenem Orte wieder auflebte, eine Sage, die jedenfalls auf die Lehre der Pythagoreer von der Seelenwanderung zurückgeht. Man legte diesem Dichter auch eine in Prosa geschriebene *Theogonie* bei; aber diese Nachricht scheint auf späterer Erfindung zu beruhen.

7. Aristeas leitet uns zu dem *theologisch-mystischen Epos* über. Dieses hatte vorzüglich in Athen seinen Sitz und wurde besonders von der Zeit der Peisistratiden an eifrig gepflegt. Es stand im Dienste der Mysterien, d.h. jener Geheimkulte, die den Menschen für das Leben nach dem Tode vorbereiteten. Die Dichter dieser religiösen Genossenschaften legten ihre Produkte dem *Epimenides* und den alten Priestersängern *Orpheus* und *Musäos*, die sie Theologen nannten, bei, um ihnen dadurch ein größeres Ansehen zu sichern. *Epimenides* ist der bekannte Priester von Kreta, den Solon nach Athen rief, um die Stadt von der kylonischen Blutschuld zu reinigen. Man kannte von ihm eine *Theogonie* nach Art der hesiodischen, *Sühnsprüche* (*καϑαρμοί*) und *Orakel*; ferner eine *Argonautika* und einige andere Schriften, über die nichts Näheres bekannt ist. Die *τελχινιακὴ ἱστορία*, so genannt von den Telchinen, Seedämonen, welche die ältesten Bewohner von Rhodos und Erfinder der Metallarbeiten waren, werden auch dem *Telekleides* beigelegt, über den nichts Weiteres überliefert ist.

8. Unter den *attischen Geheimkulten* ist der eleusinische und orphische am bekanntesten. Die Gottheiten des ersteren sind Demeter und Persephone, die des letzteren der unterirdische Dionysos-Zagreus; doch wurde durch gegenseitige Einwirkung Dionysos in die eleusinischen und Demeter mit ihrer Tochter in die orphischen Mysterien aufgenommen. Die letztern gewannen bald eine große Ausdehnung in Griechenland, und besonders waren es die Pythagoreer, die dieser Lehre zugetan waren. Wie wir schon oben sahen, ist der Name des *Musäos* aufs engste mit den eleusinischen Mysterien verbunden, und daher schrieb man ihm alle in diesem Kreise entstehenden Gedichte zu. Außer den dort angeführten Weiheliedern, Hymnen und Orakeln wird eine *Theogonie* genannt, dann Sühnelieder (*καϑαρμοί*) und *Heilmittel gegen Krankheiten* (*ἀκέσεις νόσων*), ferner ein *Lehrgedicht an seinen Sohn Eumolpos* (*Εὐμολπία*) und ein Epos *περὶ Θεσπρωτῶν*, das große Ähnlichkeit mit der Telegonie des Eugammon von Kyrene hatte. Dieselbe Stelle, die Musäos in den eleusinischen Mysterien einnahm, hatte *Orpheus* in den orphischen inne. Über die ihm zugeschriebenen Hymnen und Epen haben wir oben gesprochen. Unter den Dichtern, die seinen Namen für ihre eigenen Erzeugnisse in Anspruch nahmen,

ist *Onomakritos von Athen* der bedeutendste, derselbe, den wir als Fälscher der Orakel des Musäos und als Vorstand der von Peisistratos mit der Sammlung der homerischen Gedichte angeblich beauftragten Kommission kennengelernt haben. Auf diesen geht auch die *orphische Theogonie* zurück, die weit verbreitet und von den Philosophen hochgeschätzt war, und ebenso die *Weihelieder* (*τελεταί*).

9. In diesen Kreis der religiösen Dichter gehört auch der Hyperboreer *Abaris*, ein Diener des Apollon. Seine Lebenszeit ist unsicher; die Griechen setzten ihn in das Jahr 768 oder 696, auch 568. Auf einem Pfeil, dem Wahrzeichen seines Gottes, durchflog er die Welt, Krankheiten heilend und die Zukunft verkündend; auch bedurfte er keiner Nahrung zum Leben. Er soll die *skythischen Orakel*, *die Hochzeit des Flußes Hebros*, *Sühnelieder*, *eine prosaische Theogonie* und ein Epos: *die Ankunft Apollons bei den Hyperboreern* verfaßt haben. Was an diesem Dichter Wahrheit, was Sage ist, läßt sich nicht mehr entscheiden; die Ausschmückung seiner Taten fällt besonders den Neuplatonikern zu. Jedenfalls ist nicht nur die prosaische Theogonie spätere Erfindung.

14. Kapitel

Das philosophische Epos

1. Auf den ersten Blick wird es auffallend erscheinen, daß die Griechen sogar ihre philosophischen Lehren und Systeme dem Rhythmus des Hexameters anpaßten und sich dafür nicht lieber der Prosa bedienten; allein eine genauere Betrachtung wird das Auffallende der Erscheinung mindern. Die griechische Philosophie hat sich aus der Kosmogonie und Theogonie entwickelt; Hesiod ist, wie wir oben sahen, der Vorläufer der Naturphilosophen. Was hat es da Wunderbares, wenn sie ihrer ursprünglichen Form getreu blieb! Aber noch etwas kommt hinzu. Die älteren Philosophen hätten nicht einmal, wenn sie gewollt hätten, in Prosa schreiben können, da damals noch keine ausgebildete Prosa vorhanden war. Daher hatten sie Recht, wenn sie ihre Gedanken lieber in das bequeme und reichgeschmückte Gewand der Poesie kleiden wollten, als in die drückende und ärmliche Jacke der Prosa. Und damit erreichten sie noch einen weitern Vorteil; die poetische Einkleidung war der Verbreitung ihrer Werke und Gedanken sehr förderlich. Jedermann hörte gerne Poesie, und in allen Versammlungen und Festlichkeiten wurden poetische Werke von den Verfassern oder Rhapsoden vorgetragen. So verbreitete auch Xenophanes, der älteste der philosopischen Epiker, seine Werke. Nachdem aber dieser die poetische Form gewählt, ahmten die folgenden Philosophen sein Beispiel nach, wie es ja Regel in der griechischen Literatur ist.

2. *Xenophanes* war aus Kolophon in Kleinasien. Er ist um 580 v. Chr. geboren und wurde sehr alt. Er selbst sagt in einem seiner Gedichte, daß er seit seinem 25. Jahre 67 Jahre in Griechenland umherziehe. Demnach war er, als er dieses schrieb, 92 Jahre alt. Nach einem Bericht ist er über 100 Jahre alt geworden. Mit 25 Jahren mußte er seine Vaterstadt verlassen, sei es nun wegen politischer Unruhen oder wegen der Eroberung der Stadt durch die Perser. Er hielt sich besonders in Sizilien in den Städten Zankle, dem spätern Messana, und Katana auf. Als Elea um 540 v. Chr. gegründet wurde, siedelte er sich hier an, wo er bis zu seinem Tode lebte.

Xenophanes ist der Stifter der *eleatischen* Philosophie, die ihren Namen von der Stadt Elea hat. Er legte seine Lehre in einem *philosophischen Epos* nieder, das nach Spätern *περὶ φύσιος* betitelt war; von demselben sind nur wenige Bruchstücke übrig. Der Grund der Welt, das Urwesen, ist nach ihm das Eine, das ewig und unveränderlich ist und mit den endlichen Dingen nicht verglichen werden kann. Dieses Eine nennt er Gottheit, den in der Welt waltenden göttlichen Geist. Gottheit und Welt, die Einheit und die Vielheit, das Ewige, Unveränderliche und das Gewordene, Veränderliche können dieser Auffassung nach nebeneinander bestehen, ohne sich gegenseitig auszuschließen. Besonders scharf wendet er sich gegen den Anthropomorphismus der Götter. »Wenn Pferde oder Ochsen malen könnten«, sagt er, »würden sie ohne Zweifel die Götter als Pferde oder Ochsen darstellen, und ebenso denkt sich jedes andere Wesen die Gottheit nach seinem Ebenbild.« Nach Xenophanes ist die Gottheit ganz Auge, ganz Verstand und ganz Ohr; sie durchdringt und beherrscht mühelos alles, und so ist unser Philosoph der Begründer des Pantheismus. Athenäos lobt die Verse des Xenophanes, während sie Cicero weniger gut nennt, und es ist wohl einzusehen, daß der Philosoph bei der Neuheit des Stoffes öfter mit dem Ausdruck gerungen haben mag; denn man darf nicht vergessen, daß er der erste war, der ein solches Thema behandelte. Sein Gedicht scheint bald in Vergessenheit geraten zu sein, da Parmenides und die jüngeren Eleaten ihn zurückdrängten.

Außer dem Lehrgedicht hat Xenophanes *Elegien* geschrieben, auf die wir bei Betrachtung der elegischen Dichtung eingehen werden. Hier haben wir nur noch seine *Silloi*, auch *Parodien* und *Jamben* genannt, zu erwähnen. Diese Titel stammen aus späterer Zeit und wurden einem Gedichte beigelegt, in welchem Xenophanes Philosophen und Dichter hauptsächlich wegen ihrer Ansichten über die Götter verspottete. Die Bezeichnung Sillen wählten die Grammatiker offenbar wegen der Ähnlichkeit, die das Gedicht des Xenophanes mit den bekannten Sillen des Phliusiers Timon hatte, der im 3. Jahrh. v. Chr. lebte und unsern Philosophen so hoch schätzte, daß er ihm das zweite und dritte Buch seiner Sillen in den Mund legte. Das Gedicht des Xenophanes war in Hexametern abgefaßt, wir haben aber nur wenige Fragmente von demselben. In einem derselben greift er den Homer und Hesiod an, weil diese alles, was bei den Menschen für unanständig und schimpflich gilt, den Göttern zugeschrieben haben. Wegen dieser Angriffe wurde er bei Timon *Ὁμηραπάτης ἐπικόπτης* genannt, d. h. ein Mann, der den bei Homer begangenen Betrug aufdeckt und tadelt. Übrigens glauben manche Gelehrte, die gegen Homer und Hesiod gerichteten Angriffe seien in dem Lehrgedichte gestanden, und bezeichnen es trotz der Überlieferung als einen Irrtum, daß Xenophanes Sillen geschrieben habe.

3. Die Lehre des Xenophanes bildete *Parmenides aus Elea*, sein Schüler, weiter aus. Sein Leben fällt in das 5. Jahrh. v. Chr. Er stammte aus einer angesehenen, reichen Familie. Außer Xenophanes soll er auch pythagoreische Philosophen gehört haben. Ihnen verdankt er vielleicht die Reinheit seines Lebens, die so groß war, daß die Bezeichnung *parmenideisches Leben* geradeso sprichwörtlich gebraucht wurde, wie *pythagoreisches Leben*. Nach dem Zeugnis des Platon besuchte er die Panathenäen in Athen, wo er, ein schon älterer Mann, mit dem jungen Sokrates zusammentraf, auf den er wegen seiner Bildung und Gelehrsamkeit den größten Eindruck machte. Seine Mitbürger aber hatten ein solches Zutrauen zu ihm, daß sie ihn mit der Abfassung der Staatsgesetze beauftragten.

Wie sein Lehrer Xenophanes, so legte auch er seine Philosophie in einem *epischen Gedichte* nieder, von dem noch zahlreiche Bruchstücke vorhanden sind. Der Begründer der eleatischen Philosophie hatte die Einheit als weltbildende Kraft, als Gottheit, gefaßt; und so blieb auch für die Vielheit neben der Einheit noch Raum genug. Parmenides ging aber weiter; er entfernte die Gottheit aus seinem System und dehnte den Begriff des Einen auf alles, was es gibt, aus. Den Gegensatz des Einen und des Vielen führte er auf den Gegensatz des Seienden und Nichtseienden zurück; das Eine ist das Seiende, das Viele das Nichtseiende; nur das Seiende ist, das Nichtseiende ist nicht. Der erste Teil des Gedichtes nun handelt von dem Seienden, dem reinen ewigen Sein, dessen Eigenschaften dargelegt werden. Es ist ungeworden und unvergänglich, ganz und einartig, unwandelbar und ohne Begrenzung, unteilbar und zeitlos gegenwärtig, vollkommen und überall sich selbst gleich. Sein und Denken ist ein und dasselbe, und die allein wahre untrügliche Erkenntnis ist das auf das Sein gerichtete Denken. Diesen ersten Teil schließt der Verfasser damit, daß er sagt, der Wahrheit Rede und Gedanken sei jetzt geschlossen und es sei von nun an nur sterbliche Meinung zu vernehmen. Damit ist der zweite Teil des Gedichtes eingeleitet; er handelt im Gegensatz zum Sein von dem Nichtseienden, d. h. von der Sinnenwelt mit der Vielheit und Mannigfaltigkeit ihrer Erscheinungen; denn trotz seiner Lehre konnte er sich doch dem Eindruck dieser nach ihm nicht wirklichen Dinge nicht entziehen, sondern beschäftigte sich eingehend mit der Erklärung derselben. Bemerkenswert ist die Einleitung des parmenideischen Gedichtes. Der Philosoph schildert hier, wie er auf einem rossebespannten Wagen von den Töchtern des Helios zu den Toren des Lichts und der Finsternis geleitet wird, die von der Dike bewacht werden. Durch diese hindurch gelangt er zur Göttin, die ihn wegen dieser Reise belobt und ihm zuerst die Wahrheit, dann der Sterblichen Meinung, die Trug und Täuschung ist, verkündet. Die Göttin, zu welcher der Dichter fährt, ist natürlich die himmlische ewige Wahrheit, zu welcher der Weg des Lichts und die Göttinnen des Lichts den Menschen hinleiten. Aber nicht das ganze Gedicht scheint ein solcher poetischer Schwung durchzogen zu haben; wenigstens wird überliefert, daß die Sprache prosaisch und der Versbau weniger gut gewesen sei. Platon, Aristoteles und Theophrastos studierten des Parmenides Werke, später aber gerieten dieselben in Vergessenheit.

4. Der dritte dieser philosophischen Dichter ist *Empedokles von Akragas* auf Sizilien, der Schüler des Parmenides. Er war um 490 v. Chr. geboren und gehörte einer reichen und vornehmen Familie an. Sein Großvater, der ebenfalls Empedokles hieß, hatte im J. 496 v. Chr. in Olympia mit dem Viergespann den Sieg davongetragen, und sein Vater Meton war einer der einflußreichsten Männer von Akragas. Empedokles hörte außer Parmenides noch den Anaxagoras von Klazomenä in Kleinasien, und in Thurii, wohin er kurze Zeit nach dessen Gründung im J. 445 reiste, scheint er auch mit Pythagoreern in Berührung gekommen zu sein. Seine naturwissenschaftlichen und ärztlichen Kenntnisse verdankt er vermutlich den beiden berühmten sizilischen Ärzten Akron und Pausanias. Außerdem war er durch eine ganz hervorragende Gabe der Rede ausgezeichnet, und daher kam es, daß er später für den Erfinder der Rhetorik galt. An der Politik seiner Vaterstadt nahm er regen Anteil, und die Herstellung der Demokratie nach der glorreichen Tyrannis des Theron und den vergeblichen Bemühungen des Thrasydäos hatte man an erster Stelle ihm und seinem Vater zu verdanken. Ja, sogar die Herrschaft wurde dem Empedokles von dem dankbaren Volke angeboten, allein er schlug sie großmütig aus. Trotzdem war er, wie es scheint, später gezwungen, Akragas zu verlassen; er ging nach dem Peloponnes, wo er, 60 Jahre alt, etwa um 430 v. Chr. starb. Über seinen Tod verbreiteten sich wunderbare Erzählun-

gen; die bekannteste darunter ist die, daß er in den Ätna gesprungen sei, um den Schein zu erregen, als wäre er, wie ein Gott, in den Himmel entrückt worden; allein der Betrug sei dadurch an den Tag gekommen, daß bald darauf bei einem Ausbruch des Vulkans auch eine der eisernen Sandalen des Empedokles mit ausgeworfen worden sei.

Die Bedeutung des Empedokles war sehr groß. Der Philosoph verdankte dieselbe nicht nur der Macht seiner Rede und seinen naturwissenschaftlichen und ärztlichen Kenntnissen, die nach der Sitte jener Zeit zu dem Beruf eines Wahrsagers und Priesters gehörten, sondern auch seinem Charakter und der ganzen Art seines Auftretens. Es lag entschieden etwas Theatralisches in seiner Natur; er wollte überall Aufsehen und Bewunderung erregen, er wollte etwas Besonderes für sich haben, wie er sich denn auch wirklich für etwas Besonderes, für etwas Besseres als seine Mitmenschen hielt. Wenn er öffentlich erschien, zeigte er königliche Pracht; er war mit Purpur gekleidet, mit goldener Kette geschmückt und von Dienern umgeben. Er gab sich für einen Gott aus und schrieb sich die Macht zu, Wind und Regen, Krankheit und Alter, ja sogar dem Tode gebieten zu können. Viele derartige Sagen waren von ihm in Umlauf. Seine Heimat Akragas schützte er gegen schädliche Winde, die Stadt Selinus befreite er von der Pest, und einmal brachte er eine Scheintote wieder ins Leben zurück. Danach wird man es begreiflich finden, daß dem seltenen Mann überall die größte Achtung und Verehrung entgegengebracht wurde. Er selbst erzählt, daß er bei seinem Einzug in die Städte sofort von einer großen Schar Hilfesuchender umringt werde, die teils Orakel, teils Heilmittel gegen Krankheit von ihm begehrten.

Unter den Gedichten des Empedokles ist zuerst das *Lehrgedicht über die Natur* (*περὶ φύσιος* oder *τὰ φυσικὰ*) zu nennen. Es umfaßte 2000 Verse, die in 3 Bücher eingeteilt waren, eine Einteilung, die jedenfalls aus späterer Zeit stammt. In diesem Gedichte, von dem ziemlich viele Fragmente erhalten sind, hatte Empedokles seine Ansicht über die Natur und die Welt niedergelegt; es war seinem Freunde Pausanias gewidmet. Empedokles nahm vier Urstoffe an, die vier Elemente Feuer, Luft, Erde und Wasser oder, wie er sie mythisch nannte, Zeus, Hera, Aidoneus und Nestis, die unvergänglich sind, nicht auseinander entstanden und auch nicht ineinander übergehend. Diese waren ursprünglich im göttlichen Sphäros, d. h. in der kugelgestalteten vollkommenen Urwelt, friedlich beisammen, von der Liebe und Freundschaft (*φιλία*, *φιλότης*) zusammengehalten. Da gelang es dem Haß und Streit (*νεῖκος*), in das Innere des Sphäros zu dringen und die friedliche Verbindung zu stören. Die Elemente trennten und verbanden sich in ganz verschiedener Weise, und durch diese Entmischung und Mischung (*διάλλαξις* und *μῖξις*) entstand die Welt. Dies scheint etwa der Inhalt des ersten Buches gewesen zu sein; das zweite handelte wohl von der Natur und dem Menschen, das dritte von den Göttern. Es ist nicht unwahrscheinlich, daß er hier auch von der Seelenwanderung (*μετεμψύχωσις*) sprach. Nach ihm muß ein göttliches Wesen, wenn es sich in der Sinne Verblendung mit einem Verbrechen oder Blut befleckt, 30 000 Jahre, vom Himmel verbannt, in Menschen und andern lebenden Wesen, ja selbst in Pflanzen, zu seiner Reinigung wohnen. Auch er selbst sei in dieser Lage; wegen eines Mordes aus dem Himmel verstoßen, sei er bereits Strauch, Fisch, Vogel, Knabe und Mädchen gewesen. Nach der Zeit der Läuterung dürften aber die göttlichen Wesen wieder in den Himmel zurück.

Sehr bekannt war auch ein anderes Gedicht des Empedokles, ebenfalls in epischem Versmaß, die *Sühne- und Reinigungslieder* (*καθαρμοί*), 3000 Verse in 3 Büchern, falls man der letzteren Angabe trauen darf. Diese ließ er von dem Rhapsoden Kleomenes in der Festversammlung zu Olympia vortragen. Endlich sind noch seine Iatrika, 600 Verse, zu erwähnen, die Mittel gegen Krankheiten enthielten. Außer diesen Epen werden noch manche poetische und prosaische Werke dem Empedokles zugeschrieben, jedoch mit Unrecht. Hierher gehören die *Tragödien*, die von einem jüngeren Empedokles sind, und die *Politika*, die untergeschoben sind; ferner der *Zug des Xerxes* und ein *Proömion auf Apollon*, die seine Schwester oder Tochter beide verbrannt haben soll, das letztere unabsichtlich, das erstere, weil es unvollendet war. Außerdem sind noch einige *Epigramme* auf Akron und Pausanias unter des Philosophen Namen überliefert.

Empedokles ist der bedeutendste unter den philosophischen Dichtern. Er hat sich am Studium des Homer gebildet und ist besonders glücklich im Gebrauche der Metaphern und Attribute. Der Versbau ist gewandt und die Anwendung der Cäsuren künstlich, wie überhaupt eine gewisse Künstlichkeit das ganze Gedicht charakterisiert. Aristoteles, der den medizinischen Werken des Empedokles jeden poetischen Wert abspricht, schätzt die dichterische Bedeutung des Mannes sehr hoch. Überhaupt fanden die Schriften des philosophischen Dichters weite Verbreitung. Die Philosophen beschäftigten sich bis in späte Zeiten herab eingehend mit ihm. Der römische Dichter-Philosoph Lucretius erklärt ihn für das Größte, was Sizilien hervorgebracht habe, und eifert ihm in seinem Gedichte nach. Ja, sogar die Araber kannten Übersetzungen seiner Werke und zählten ihn zu den fünf Säulen der Philosophie.

III. Abschnitt
Lyrische Dichtung

15. Kapitel
Entstehung und Einteilung der Lyrik

Die Keime der lyrischen Poesie, religiöse Dichtung und Volksdichtung lagen von Alters her im Volke, aber nicht sie, sondern die epische Poesie entwickelte sich zuerst. Dies lag in den politischen und sozialen Verhältnissen, sowie in der Natur des Menschen. Die Griechen hatten eine große Vergangenheit; die grlorreichen Taten und die gewaltigen Unternehmungen der frühesten Zeiten lebten im Gedächtnis und in der Sage des Volkes von Geschlecht zu Geschlecht weiter, immer glänzender ausgeschmückt und verherrlicht. Dies waren naturgemäß die Stoffe, welche die Dichter jener Zeit für ihre Dichtungen wählten; denn wenn sie davon sangen, so waren sie der Anerkennung und des Beifalls der Zuhörer sicher, da diese noch ganz in der ruhmreichen Vergangenheit lebten und sich der Taten und Helden jener Zeiten freuten. Ganz besonders gilt dies von den Fürsten und den vornehmen Geschlechtern; diese führten ihre Stammbäume auf jene alten Helden, von denen die Lieder sangen, zurück, und so fühlten sie sich in jenen auch selbst gepriesen und geehrt. Was Wunder, daß sie den epischen Gesang auf jede Weise hegten und pflegten, indem sie die Dichter aufnahmen und für Verbreitung ihrer Lieder Sorge trugen? Das Volk aber befand sich noch in vollständiger Abhängigkeit von den Fürsten und Vornehmen und kannte noch keine besonderen Interessen, die von denen jener verschieden waren.

Aber allmählich trat ein mächtiger Umschwung in den politischen und sozialen Verhältnissen der Staaten ein. Die Gründung der Kolonien und der dadurch bedingte Aufschwung in Handel und Verkehr brachte neues Leben, neue Tätigkeit in die Städte. Der Wohlstand nahm zu, der Einzelne lernte seinen Wert und seine Bedeutung kennen, und so wuchs sein Selbstgefühl und sein Streben nach Freiheit und Selbständigkeit. Die adeligen Geschlechter stürzten das Königtum, aber auch sie selbst mußten bald vor dem kräftig aufstrebenden Bürgertum weichen, das die Demokratie an die Stelle der Monarchie und Oligarchie setzte. So lockerte sich nach und nach der feste Zusammenhang mit der Vergangenheit mehr und mehr. Die Gegenwart nahm das Interesse der Leute voll und ganz in Anspruch, und ihr Geist wurde durch die Ereignisse und Anforderungen ihrer Zeit so vollauf beschäftigt, daß ihm keine Muße blieb, sich wie früher in die Vergangenheit zu versenken. An die Stelle der alten Helden mit ihren ruhmvollen Kämpfen und Taten trat die eigene Persönlichkeit mit ihren vielfachen Sorgen und Bestrebungen, mit all ihren mannigfaltigen Freuden und Leiden. Natürlich mußte sich auch die Poesie derselben Änderung unterziehen. Die frühere objektive Dichtung, welche die Vorzeit besang, machte einer neuen Gattung Platz, der subjektiven Poesie, die sich mit der Gegenwart beschäftigte. Die Epik wich der Lyrik, deren Thema der Mensch in seinem ganzen Tun und Lassen, mit all seinem Denken, Fühlen und Wollen ist. Jetzt kamen die Keime, die in dem religiösen Liede und im Volksgesang lagen, zur schönsten Entwicklung und herrlichsten Blüte.

Die lyrische Poesie der Griechen zerfällt in drei Gattungen, in *Elegie*, *Jambos* und *Melos*. Diese Einteilung beruht zwar zunächst auf der Verschiedenheit der äußeren Form, allein auch hier entspricht die äußere Form fast durchweg dem Inhalt.

16. Kapitel

Die elegische Dichtung der älteren Zeit

1. Die *Elegie* schließt sich eng an die epische Dichtung an. Sie hat von derselben den daktylischen Hexameter entlehnt, und auch der Pentameter gehört demselben Metrum an, insofern er aus der Verbindung zweier daktylischen Penthemimeres besteht. Wer diesen Vers zuerst gebraucht hat, wann und wie man ihn anfangs gebraucht hat, wissen wir nicht; wir kennen ihn nur in der Verbindung mit dem daktylischen Hexameter, im Distichon, dem ältesten Versmaß der lyrischen Poesie, das in dieser Vereinigung gleichsam den Übergang von der objektiven Welt zum subjektiven Gefühl veranschaulicht. Jedoch findet sich bei den Griechen, wenigstens der älteren Zeit, das bei den Römern so streng beobachtete Gesetz noch nicht, daß jedes Distichon auch einen vollständigen Gedankenabschluß enthalten soll; bei ihnen greift der Gedanke öfters in das folgende Distichon hinüber. Und wie das Versmaß, so erinnert auch die Sprache noch ganz an das Epos; sogar viele epische Formeln und Verbindungen sind von der Elegie herübergenommen worden. Allein daneben ist die Elegie bemüht, sich mehr als das Epos der Sprache ihrer Zeit anzupassen; daher verzichtet sie auf veraltete Formen, wie *αο*, *άων*, *οιο* u. s. w., und nimmt selbst vereinzelt Formen und Wörter aus der Volkssprache auf. Im Ganzen kann man sagen, daß die Elegie diejenige lyrische Dichtungsgattung ist, die unmittelbar aus der epischen Poesie erwachsen ist.

Bei diesem engen Verhältnis der Elegie zur Epik ist es nur natürlich, daß auch die elegische Dichtung mit dem Namen ἔπη bezeichnet wurde. Erst später nach der Zeit des Simonides im 5. Jahrh. kamen die Bezeichnungen auf, die wir jetzt noch gebrauchen, nämlich ἐλεγεία (sc. ποίησις) für *Elegie* oder *elegisches Gedicht* und ἐλεγεῖον (sc. μέτρον) für *elegisches Versmaß* oder *Distichon*; doch später bedeutete ἐλεγεῖον auch *Epigramm*, selbst wenn dieses nicht in Distichen abgefaßt war, und *Elegie*. In jener Zeit nämlich, wo bereits die literarhistorische Forschung begann, machte sich das Bedürfnis geltend, statt der allgemeinen Benennung ἔπη, mit der man Epos und elegische Dichtung bezeichnete, für jede Gattung einen besonderen Namen zu haben. Daher beschränkte man die Bezeichnung ἔπη auf die epische Poesie; daß man aber für die elegische Dichtung die Namen ἐλεγεία und ἐλεγεῖον wählte, das hing mit der damaligen Beschaffenheit dieser Literaturgattung zusammen. Das Distichon wurde vornehmlich für Klage und Trauer verwandt. Nun gehen aber die Adjektiva ἐλεγεία und ἐλεγεῖον auf das Substantiv ἔλεγος zurück. Sehen wir von den verunglückten Ableitungen dieses Wortes von ἒ λέγε oder ἔλεος ab, so werden wir auf das armenische hingewiesen, wo elêgn *Rohr*, *Flöte* und jelarakan *trauervoll* bedeuten. Danach hat man unter ἔλεγος ursprünglich eine *Flötenweise* zu verstehen, später aber bezeichnet es allgemein *Klage*, *Trauer*. In der Bedeutung *Elegie* wird das Wort erst in der alexandrinischen Zeit gebraucht. Dieser Begriff der *Klage* und *Trauer* ist es nun, dem die Elegie ihren Namen zu verdanken hat. Da aber diese Dichtungsgattung verhältnismäßig erst spät diesen Namen erhielt, so ist es klar, daß man daraus für die Entstehung und ursprüngliche Beschaffenheit derselben keinen Schluß ziehen kann.

Trotzdem sind an diese Bezeichnung viele Folgerungen geknüpft worden. Man nahm an, die Elegie sei von Anfang an klagend gewesen, obwohl die erhaltenen Gedichte keineswegs für diese Annahme sprechen. Hatte man aber einmal eine klagende Elegie, so waren auch andere Arten derselben nicht schwer aufzufinden. An die *threnetische* reihte man die *politische*, die *erotische*, die *gnomische*, die *sympotische* u. s. w. Allein mit Unrecht; die Elegie ist nur eine einzige; sie drückt die mannigfaltigen Stimmungen und Gefühle der menschlichen Seele aus, und danach ist eben auch ihr Inhalt verschieden. Ebensowenig treffen die Beziehungen zu, die man zwischen der Elegie und dem Flötenspiel finden wollte. Man stellte die Ansicht auf, das Distichon habe schon vor den elegischen Dichtern in der Flötenmusik bestanden, wo es als Klageweise benutzt worden sei. Dabei weist man auf die Flötenreform des *Olympos* hin, jenes Phrygiers, der am Ende des 8. Jahrh. v. Chr. dem Flötenspiel in Griechenland durch seine genialen Neuerungen zu

Ehren und Ansehen verholfen hat. Die elegischen Dichter hätten nun nichts weiter getan, als daß sie dieser schon vorher vorhandenen distichischen Flötenweise einen bestimmten Text zugrundegelegt und Worte geliehen hätten. Allein von einer solchen Flötenweise ist nichts bekannt, und ebensowenig von einem nach ihr gedichteten Texte; die Elegie hat sich naturgemäß aus dem Epos entwickelt, wie schon ihre alte Benennung ἔπη klar zeigt. Aber immerhin hat die Elegie auf das neu aufgekommene Flötenspiel Rücksicht genommen. Der Gesang der Elegien wurde nämlich von der Flöte begleitet, die, wie es scheint, schnell in die Männermahle und frohen Gelage Zutritt erhalten hatte, wo auch die Elegie eine freundliche Stätte fand. Dort scheint daneben auch schon frühzeitig die Deklamation der Elegie aufgekommen zu sein, die besonders für die lehrhafte Art derselben angemessen erschien.

2. Der älteste Elegiendichter der Griechen, von dem wir Kunde haben, ist *Kallinos aus Ephesos*. Über sein Leben hören wir nur wenig; auch seine Zeit läßt sich nicht genau bestimmen. In seinen Gedichten war die Rede von dem Krieg der Stadt Ephesos gegen Magnesia; jedoch scheint die endliche Eroberung und Zerstörung dieser Stadt durch die Ephesier nicht erwähnt gewesen zu sein. Einen festeren Anhaltspunkt bietet der Einfall der Kimmerier und Trerer in Kleinasien, die um 663 oder 653 am Ende der Regierung des lydischen Königs Gyges und zu Anfang der Regierung seines Nachfolgers Ardys Sardes einnahmen und dann sengend und brennend weiter nach Westen gegen die griechischen Städte der kleinasiatischen Küste zogen. Auch davon hat Kallinos in seinen Elegien gesprochen, und wenn man annimmt, daß der Dichter damals schon bejahrt gewesen, so läßt sich diese Tatsache wohl mit der Nachricht vereinigen, daß Kallinos etwas älter als Archilochos gewesen sei. Wir haben noch 21 Verse als Fragment von einem Gedichte, in dem Kallinos seine Mitbürger auffordert, jetzt, wo der Kampf im ganzen Lande entbrannt sei, nicht müßig die Hände in den Schoß zu legen, als ob Friede wäre, sondern sich auch zu beteiligen; er wendet sich an das Ehrgefühl der Ephesier, denen er das Los des Feigen und des Tapfern klar vor Augen stellt. Diese Verse beziehen sich wahrscheinlich auf den Kampf der ionischen Städte gegen Gyges, den König der Lyder, der auch die kleinasiatische Küste zu unterwerfen suchte und Smyrna und Kolophon wirklich einnahm.

3. Einen ähnlichen Zweck verfolgte *Tyrtäos* mit seinen Elegien. Er war der Sohn des Archembrotos und lebte zur Zeit des zweiten messenischen Krieges, der nach der wahrscheinlichsten Berechnung von 645–628 v. Chr. währte. In diesem Kriege kamen die Spartaner in große Not. Der Messenierheld Aristomenes schlug sie wiederholt in offenem

Feld, und zu Hause unter den Bürgern herrschte Zwietracht und Streit infolge der Niederlagen; denn diejenigen Spartaner, deren Güter in Messenien lagen, konnten dieselben wegen des Krieges nicht bebauen und waren so ohne Einkünfte; daher waren sie unzufrieden und verlangten eine neue Landverteilung. In dieser Bedrängnis von Innen und Außen wandten sich die Lakedämonier, wie es ihre Sitte war, um Hilfe an das Orakel, das ihnen auftrug, sie sollten sich von den Athenern einen Führer erbitten. Aber diese - so wird erzählt - hätten ihnen unter Spott den Tyrtäos, einen lahmen Schulmeister aus Aphidna, gesandt, der jedoch durch seine Lieder die Einigkeit unter den Spartanern wieder hergestellt, die Verzagten ermutigt und zum Siege geführt habe.

Diese Angaben über Heimat und Stand des Tyrtäos rühren offenbar von den Athenern her, die den Ruhm, diesen berühmten Elegiker zum Landsmann zu haben, sich aneignen wollten. Der Zusatz, der Dichter sei ein lahmer Schulmeister gewesen, ist ein Spott der attischen Komödie. Nach einer andern Nachricht ist der Dichter ein Milesier, was wahrscheinlich ist, wenn man bedenkt, daß die Elegie damals an der kleinasiatischen Küste in Blüte stand, aber kaum noch im Mutterland Wurzel geschlagen hatte. Wenn Tyrtäos auch Lakonier genannt wird, so kommt dies daher, weil er in Sparta das Bürgerrecht erhalten hat. In seinen Gedichten tritt er ganz als Spartaner auf. Da aber auch die Athener einen Anhaltspunkt für ihre Ansprüche auf Tyrtäos gehabt haben müssen, so ist wohl die Annahme gerechtfertigt, daß Attika für ihn die Übergangsstation von Milet nach Sparta bildete.

Sobald Tyrtäos nach Sparta gekommen war, rechtfertigte er glänzend die Hoffnungen, welche die Lakedämonier in ihrer schwierigen Lage auf ihn gesetzt hatten. Die inneren Unruhen beseitigte er durch sein Gedicht *εὐνομία*, von dem noch einige Fragmente erhalten sind. In diesen weist er darauf hin, daß Zeus selbst es gewesen sei, der den Herakliden das Land gegeben habe; die Gesetze und Einrichtungen desselben seien von Apollon ausgegangen, der den Spartanern immer beistehe; auch den ersten messenischen Krieg hätten sie nach langen Kämpfen unter ihrem König Theopompos glücklich beendet und Land und Leute sich untertan gemacht. Die Heiligkeit der von den Göttern selbst getroffenen Einrichtungen sollte die Bürger von jeder Änderung abschrecken, und der Hinweis auf die glückliche Beendigung früherer schwerer Kämpfe zur Ausdauer und Geduld mahnen.

Wie Tyrtäos im Innern Ruhe und Eintracht herstellte, so suchte er auch im Felde den Mut und die Tapferkeit der Spartaner von neuem zu wecken und zu beleben. Dazu dienten zunächst seine *ὑποθῆκαι*, d. h. Ermahnungen zur Tapferkeit. Von diesen sind uns drei, wie es scheint vollständige, Elegien erhalten. Die erste fordert zu mutigem Kampf für das Vaterland auf, indem sie dem ruhmvollen Heldentod das schimpfliche und traurige Los des Mannes entgegenstellt, der, von den Feinden aus seinem Vaterland vertrieben, bettelnd mit den Seinen in der Fremde umherirren muß. Darum sollen sie im Kampfe standhalten. Die jungen Männer sollen die alten nicht verlassen; denn es sei eine Schande, wenn ein älterer Mann vor einem jüngeren getötet auf dem Schlachtfelde liege. Das zweite Gedicht erinnert die Spartaner daran, daß sie von dem unbesieglichen Herakles abstammen; daher müssen sie Mut in der Schlacht zeigen; sie dürfen nicht fliehen, denn Wunden im Rücken sind schimpflich; in festgeschlossener Phalanx müssen sie den Kampf mit den Feinden aufnehmen, unterstützt von den Leichtbewaffneten. Die dritte Elegie führt aus, daß keine Tüchtigkeit sich mit der Tüchtigkeit im Kriege messen könne; nur diese bringt dem ganzen Staat und allen Bürgern Nutzen; daher ist der Tapfere, wenn er rühmlich im Kampfe für das Vaterland fällt, geehrt samt Kind und Kindeskindern; geehrt aber auch, wenn er siegreich vom Kriege heimkehrt; daher soll jeder streben, der tapferste zu sein.

Während die Elegien nur für den Gesang eines einzelnen, zunächst des Dichters selbst bestimmt waren, wurden die *ἐμβατήρια* von dem ganzen Heere gesungen. Wie der Name schon sagt, sind dies Marschlieder; auch die metrische Form zeigt das Marschtempo, indem sie teils in katalektischen anapästischen Dimetern, teils in katalektischen anapästischen Tetrametern abgefaßt sind. Der Dialekt ist der lakonische. Uns sind nur zwei Fragmente aufbewahrt, die in derselben Weise, wie die Elegien, zu Mut und Tapferkeit ermuntern. Sie wurden von den Soldaten auf dem Marsche und in der Schlacht gesungen.

Die Dichtungen der Tyrtäos füllten ursprünglich 5 Bücher. Der Dichter genoß bei den Spartanern großes Ansehen und hohe Verehrung; denn er hatte sie zu Schlacht und Sieg geführt. Seine *ὑποθῆκαι* und *ἐμβατήρια* lebten auch nach seinem Tode im Heere weiter. Unter dem Gesang der *ἐμβατήρια* fand der Marsch statt, und im Lager versammelte man sich abends nach dem Mahle, wenn der Päan verklungen war, vor dem Zelte des Feldherrn, wo von einzelnen Lakedämoniern Elegien des Tyrtäos gesungen wurden; wer sie am besten sang, wurde nach der Sitte der Spartaner mit einer doppelten Portion geehrt. Auch außerhalb Spartas fanden diese Lieder Anklang, besonders in Athen und Kreta.

4. *Mimnermos von Kolophon* oder *Smyrna* hat bei Solon den Namen *Λιγαρτάδης*, der wohl mit dem sonst überlieferten *Λιγυρτιάδης* identisch ist; man wird darin eher ein Patronymikon zu erkennen haben, als ein ehrendes Attribut in der Bedeutung *hellstimmiger Sänger*. Seine

Blüte wird in das Jahr 632 v. Chr. gesetzt. Er war, wie Tyrtäos, Flötenspieler und Dichter zu gleicher Zeit, und auch seine Dichtkunst beschäftigt sich zum Teil wenigstens mit Krieg. Der lydische König Sadyattes (624–610 oder 617–612) bekriegte Milet und griff Smyrna an. Seinem Nachfolger Alyattes (609–561 oder 612–563) gelang es, die letztere Stadt zu erobern, und auch Kolophon konnte ihm nicht widerstehen. In die Zeit dieser Kämpfe fällt offenbar die Entstehung jener Elegie, in welcher er die Kämpfe der Symrnäer gegen Gyges und die Lyder besang. Im Proömium dieses Gedichtes unterschied er zwei Arten von Musen, die älteren, die Töchter des Uranos, und die jüngeren, die Töchter des Zeus. Von dieser Elegie ist uns ein Fragment erhalten, das einen smyrnäischen Helden im Kampf mit den Lydern schildert. Bei dieser Gelegenheit scheint der Dichter auch über die Gründung kleinasiatischer Kolonien, wie Kolophon und Smyrna, gesprochen zu haben. Man kann vermuten, daß er mit dieser Elegie seine Mitbürger zu tapferem Kampfe gegen die Feinde ermutigen wollte.

Doch liegt die Bedeutung des Mimnermos auf einem ganz andern Gebiet, nämlich auf dem der Liebe und Klage. Man erzählt, daß er sich in eine Flötenspielerin namens Nanno verliebt habe, und diese Liebe war die Quelle seiner schönsten und besten Lieder. Diese Geliebte lieh auch der Sammlung der Gedichte des Mimnermos, die zwei Bücher umfaßte, ihren Namen. Leider sind uns von derselben nur wenige Fragmente aufbewahrt. Das immer wiederkehrende Thema derselben spricht gleich das erste Fragment aus, wo der Dichter fragt, was das Leben ohne Liebe wäre oder welche Freude es ohne sie gäbe. Überall fordert er zum Genusse des Lebens und der Jugend auf. Schnell, wie die Blumen des Frühlings, vergeht die Jugend, und dann kommt das häßliche Alter heran, das alle Freude nimmt. Niemand will mehr etwas von dem Greise wissen; der Gedanke an das Greisenalter treibt dem Dichter den Angstschweiß hervor; der Tod erscheint ihm wünschenswerter und weniger schrecklich, als das Leben eines Greises mit all seinen Sorgen und Leiden. Hierin zeigt sich Mimnermos vollständig als Kind seiner Zeit und Heimat; denn allmählich hielt asiatische Genußsucht auch in die Städte der Ionier ihren Einzug und setzte Weichlichkeit an die Stelle der früheren Tapferkeit. Daneben verwertet der Dichter die Sagengeschichte in großem Umfange, um seinen Gedichten auch diesen Reiz zu verleihen; besonders willkommen ist ihm dabei Tithonos als abschreckendes Bild des Alters und überhaupt alle die Gestalten, die durch Liebe und Schmerz zu leiden hatten.

Mimnermos war als der erste erotische Dichter hochgeschätzt; besonders die Alexandriner lasen ihn häufig und ahmten ihn nach. Ja, sogar die Sitte, die Gedichtsammlungen nach dem Namen der Geliebten zu nennen, ging auf seine Nachfolger über. Der *Nanno* des *Mimnermos* entspricht die *Lyde* des Antimachos und die *Leontion* des *Hermesianax*. Horaz stellt unsern Dichter über Kallimachos, das Haupt der Alexandriner.

5. Mit Mimnermos scheint *Solon, der Sohn des Exekestides, der berühmte Gesetzgeber Athens*, in freundschaftlichen Beziehungen gestanden zu haben. Wenigstens deutet eines seiner Gedichte darauf. Als Mimnermos den Wunsch ausgesprochen hatte, er möge ohne Krankheit und Schmerzen im Alter von 60 Jahren sterben, antwortete ihm Solon, wenn er ihm folge, so werde er dies ausstreichen und dafür 80 Jahre schreiben. Es ist nicht unmöglich, daß der junge Solon die Bekanntschaft des schon bejahrten Mimnermos auf jenen Reisen machte, die er als Kaufmann zur Vermehrung seines Vermögens unternahm. Dies ist um so wahrscheinlicher, als Solon nach der Überlieferung sich schon frühzeitig der Dichtkunst widmete, wenn auch nur zur Unterhaltung in seinen Mußestunden. Von den Gedichten aus dieser Zeit sind uns noch einige Fragmente erhalten, die nach Art des Mimnermos von Liebe und Genuß singen. Auch ein anderes Gedicht, welches das menschliche Leben von der Geburt bis zum Tode von je sieben zu sieben Jahren charakterisiert, gehört wohl hierher.

Wie die Poesie die Jugend des Solon verschönerte, so begleitete sie ihn auch auf seinen weiteren Lebenswegen. Er sagt selbst von sich, er werde alt, indem er immer vieles lerne. Aber in demselben Verhältnis, wie sein Leben ernster und seine Tätigkeit einflußreicher wurde, wurde auch seine Dichtung inhaltreicher und bedeutender. Es war wahrscheinlich im J. 598 v. Chr., als er zum ersten Mal entscheidend in die Politik seiner Vaterstadt eingriff. Da die Kämpfe Athens mit Megara um den Besitz von Salamis immer unglücklich für die Athener waren, so stellten diese den Krieg ein und verboten bei Todesstrafe, einen Antrag auf Erneuerung desselben einzubringen. Eine solche Schmach konnte der Patriotismus des Solon nicht ertragen. Wahnsinn erheuchelnd, trat er als Herold, wie er in seinem Gedichte selbst sagt, auf dem Markte auf und sang seine Elegie *Salamis*, die 100 Verse zählte. Er stellt sich, als ob er gerade von der Insel Salamis käme. Nach den noch vorhandenen Fragmenten dieses Gedichtes wandte er sich besonders an das Ehrgefühl der Athener. »Wenn wir Salamis nicht nehmen«, ruft er, »so möchte ich lieber ein Pholegandrier oder Sikinite (Bewohner kleiner, unbedeutender Inseln) als ein Athener sein; denn bald wird es unter den Leuten heißen: »das ist ein Athener, einer von den Salamis-Ausreißern«. Und als er ihnen dann selbst zuruft: »Auf nach Salamis!«, da besteigen alle begeistert die Schiffe und erobern

unter Solons Führung die Insel, die sie zur Sicherung ihres Hafens und ihrer Schiffahrt nicht entbehren konnten.
So war Solon in den Vordergrund der athenischen Geschichte getreten. In der Folgezeit berief er den Kreter Epimenides, den wir schon oben kennengelernt haben, um die durch die kylonische Blutschuld befleckte und von einer Pest heimgesuchte Stadt zu entsühnen. Nachdem dies geschehen, verschaffte er durch den sogenannten ersten heiligen Krieg Athen Ansehen in Griechenland. Dann wandte er seine Aufmerksamkeit der dauernden Ordnung der inneren Verhältnisse seiner Vaterstadt zu. Hier lagen drei Parteien miteinander in Streit, die Diakrier oder Hyperakrier, die Pediäer und die Paraler, und während diese um die Herrschaft des Landes miteinander rangen, spitzten sich unter dem Volke die Gegensätze zwischen Reich und Arm immer schärfer und drohender zu. Die Verschuldung nahm immer mehr überhand. Viele schmachteten in der Schuldhaft, andere taten ihren Gläubigern Sklavendienste, und wieder andere hatten sich durch Flucht der Knechtschaft entzogen. Infolge dieser Verhältnisse drohten dem Staat die größten Gefahren. Diese schildert Solon in einer noch erhaltenen Elegie, die vermutlich den Namen *'Αϑηναίων πολιτεία* hatte. Er weist darauf hin, daß nach der Bestimmung des Schicksals und der Götter Athen nie untergehe; denn Pallas Athene schütze es; aber die Habsucht und Ungerechtigkeit vieler Bürger und der Volksführer habe den Staat dem Bürgerkriege nahe gebracht. Viele Arme sind in die Fremde verkauft, andere befinden sich zu Hause in harter Knechtschaft; keiner ist in seinem Hause vor Unglück sicher. So weit hat es die *δυσνομία*, die schlechte Gesetzgebung, gebracht; nur die *εὐνομία*, die gute Gesetzgebung, deren segensreiche Wirkung der Dichter in begeisterten Worten preist, kann in dieser Not Abhilfe schaffen. Auch dieses Gedicht erinnert unwillkürlich an die *εὐνομία* des Tyrtäos, geradeso wie die Elegie Salamis an die Kriegselegien dieses Dichters.
Und wirklich entschlossen sich die Athener dazu, eine Neuordnung ihres Staates auf dem Wege der Gesetzgebung vorzunehmen. Solon, der im J. 594 zum ersten Archon gewählt wurde, wurde mit dieser Aufgabe betraut, und 10 Jahre nahm dieses schwierige Geschäft in Anspruch. Auch von dieser Seite seiner Tätigkeit legen einige Fragmente seiner Gedichte noch Zeugnis ab. Dem Volke, sagt er, wie den Mächtigen und Reichen habe er soviel Einfluß verliehen, als ihnen gebühre; beide habe er in einen festen Schild gehüllt, sodaß ihnen voneinander nichts Ungerechtes widerfahren könne; und weiter meint er, das Volk ließe sich am leichtesten regieren, wenn es weder zuviel, noch zuwenig Freiheiten habe.
Nachdem Solon seine Gesetze gegeben, ließ er die Athener schwören,

daß sie dieselben 10 (oder nach andern 100) Jahre unverändert behalten wollten. Dann begab er sich auf Reisen. Er besuchte Ägypten, wo er in innigen Verkehr mit den Priestern des Landes trat. Von diesen soll er die Geschichte der untergegangenen Insel Atlantis erfahren haben, die er in einem epischen Gedichte zu besingen sich vorgenommen habe; jedoch scheint es, als ob diese Nachricht auf einer Erfindung Platons, der sie allein überliefert, beruhe. Auf dieser Reise kam Solon auch nach Kypros zu dem König Philokypros oder Kypranor. Diesem gab er den Rat, seine Stadt, die auf einer Anhöhe lag und Äpeia hieß, in die unten liegende Ebene zu verlegen. Die neugebaute Stadt soll dem Solon zu Ehren den Namen Soloi erhalten haben. Die Verse, die der Dichter bei seinem Abschied an den König richtete, sind noch erhalten. Er wünscht ihm darin eine lange Regierung, sich selbst eine glückliche Heimkehr und der neuen Ansiedlung Ehre und Ruhm. Wann Solon von dieser Reise wieder nach Hause zurückkehrte, wissen wir nicht. Jedenfalls aber war er in Athen, als Peisistratos, sein Verwandter, mit dem Gedanken umging, sich der Tyrannis zu bemächtigen. Solon warnte seine Mitbürger vor ihm. In einem noch erhaltenen Fragment ruft er ihnen zu, wie aus der Wolke Schnee und Hagel komme, wie der Donner aus dem Blitze entstehe, wie das Meer von den Winden aufgeregt werde, so drohe der Stadt von mächtigen Männern Knechtung; habe man einmal jemand groß und stark gemacht, so könne man ihn nicht mehr zurückhalten, wenn er den letzten Schritt wagen wolle. Mit Panzer und Schild ging er in die Versammlung, wo er den Athenern zurief, er sei weiser als diejenigen von ihnen, welche die Nachstellungen des Peisistratos nicht merkten, und mutiger als diejenigen, welche die Absichten desselben zwar merkten, aber aus Furcht schwiegen. Als man ihm daraufhin Wahnsinn vorwarf, so antwortete er, die Wahrheit seiner Worte werde in Kürze an den Tag kommen. Und als dann wirklich Peisistratos Tyrann geworden, und die Athener über ihr Unglück klagten, machte er sie in einer Elegie darauf aufmerksam, daß sie mit Unrecht die Schuld an ihrer Knechtung auf die Götter schöben; sie selbst hätten diese herbeigeführt; einzeln nämlich sei jeder schlau, wie ein Fuchs; wenn sie aber alle beisammen seien, da sei ihr Verstand schwach; denn sie hörten nur auf die Worte, sähen aber nicht auf die Taten der Leute.
Übrigens benahm sich Peisistratos dem Solon gegenüber rücksichtsvoll. Solon blieb in der Stadt, und in dieser Zeit mögen manche seiner Gedichte entstanden sein, in denen er die Erfahrungen seines reichen Lebens niederlegte. Hierher gehört auch die Elegie *ὑποϑῆκαι εἰς ἑαυτόν*, die in 76 Versen anschaulich das Jagen und Rennen der Menschen nach Reichtum schildert, wodurch viele ins Unglück geraten. Hochbe-

jahrt starb Solon, 80 Jahre alt, im J. 559. Seine Asche wurde über die Insel Salamis verstreut, und so erhielt er auch den Beinamen Salaminios.

Solons Elegien beliefen sich auf 5000 Verse. Außerdem verfaßte er trochäische und iambische Gedichte und ein lyrisches Skolion in daktylisch-trochäischem Rhythmus, eine Warnung vor falschen Freunden, das man übrigens in neuester Zeit demselben abgesprochen hat. Als Dichter ist Solon zunächst durch seine Vielseitigkeit ausgezeichnet; sodann tritt bei ihm das lehrhafte Element ganz bedeutend in den Vordergrund. Dies hängt mit der Art und Weise zusammen, wie er seine Gedichte zu seinen Zwecken verwendet. Aber überall bleibt er seinem Grundsatze getreu: *μηδὲν ἄγαν*; nirgends überschreitet er das richtige Maß. Seine ganze Poesie zeugt von tief religiöser Sittlichkeit, von echter Humanität und großer Menschen- und Weltkenntnis. Er ist der erste Athener, der uns in der Literaturgeschichte entgegentritt, und seine Landsleute sind mit Recht stolz auf ihn. Seine Gedichte waren in Athen sehr bekannt und verbreitet und fanden allseitige Anerkennung. Besonders Platon schätzte ihn als Dichter sehr hoch.

6. An Solon schließt sich *Phokylides von Milet* insofern an, als bei ihm das Lehrhafte ganz in den Vordergrund tritt. Seine Blüte fällt in das Jahr 540 v. Chr. Über sein Leben wissen wir nichts. Seine Poesie scheint fast ausschließlich Spruchdichtung in Distichen und daktylischen Hexametern gewesen zu sein. Jedoch sind keine Sprüche in distichischer Form auf uns gekommen; denn das eine Distichon, das wir von ihm kennen, ist ein Epigramm. Er hat die Sitte, seine kurzen, meist nur aus zwei oder drei Versen bestehenden Sprüche mit den Worten zu beginnen: *καὶ τόδε Φωκυλίδεω* (auch das ist von Phokylides), womit er sein Eigentumsrecht allen etwaigen fremden Eingriffen gegenüber entschieden wahrt.

Von seinen Sittensprüchen und Lebensregeln sind nur wenige erhalten. In einem Fragment spricht er über die Weiber; er unterscheidet vier Arten derselben, die er ihrer Abstammung nach auf Hund, Biene, Schwein und Pferd zurückführt, wonach er ihren Charakter bestimmt. Den Preis trägt nach ihm die von der Biene abstammende Frau davon, die er deshalb seinem Freunde zur Ehe wünscht. Das Gedicht erinnert an ein größeres Gedicht des Simonides von Amorgos über denselben Gegenstand, ohne daß man indes an eine Nachahmung zu denken braucht; beide Dichter fanden diesen Gedanken im Volke und bearbeiteten ihn, jeder in seiner Weise. Das Gebiet, auf dem sich die Poesie des Phokylides bewegt, erstreckt sich auf fast alle Lebensverhältnisse, und überall zeigt sich der Dichter als ein kluger und erfahrener Mann. Seine praktischen Lehren, die man ihrer Kürze wegen auch *κεφάλαια* nannte, fanden bei den Griechen großen Anklang und trugen dem Verfasser den ehrenden Beinamen *ὁ σοφώτατος ἀνδρῶν* (der weiseste unter den Männern) ein.

Der große Ruf, den Phokylides als gnomischer Dichter genoß, bestimmte später einen unbekannten Dichter, sein Werk mit dem Namen des berühmten Milesiers zu schmücken, um ihm dadurch eine freundlichere Aufnahme und einen größeren Leserkreis zu sichern. Dieses pseudonyme Gedicht ist ein kurzer Abriß der Sittenlehre in 230 Hexametern, ohne poetischen Wert. In der byzantinischen Zeit wurde es als Schulbuch benutzt, und daher rühren vielfache Einschaltungen und Erweiterungen; eine Reihe von Versen ist auch in die sibyllinischen Orakel übergegangen. Die in diesem Gedichte enthaltenen Lehren gehen größtenteils auf Vorschriften des alten Testaments zurück. Der Verfasser ist ein alexandrinischer Jude, der den Zweck verfolgt, das jüdische Sittengesetz den Griechen mundgerecht zu machen. Daher vermeidet er einerseits alles, was bei den Griechen Anstoß erregen mußte, anderseits paßt er seine Lehren der griechischen Moral und Sitte möglichst enge an. Das Gedicht ist wahrscheinlich in der Zeit von der Mitte des 2. Jahrh. v. Chr. bis zur Mitte des 1. Jahrh. n. Chr. entstanden.

7. Zu den Elegikern gehört auch der Philosoph *Xenophanes aus Kolophon*, den wir oben als Epiker kennengelernt haben. Er dichtete die *Gründung seiner Vaterstadt* (*κτίσις Κολοφῶνος*) und die *Gründung der Kolonie Elea* (*ἀποικισμὸς εἰς Ἐλέαν*), seiner späteren Heimat. Diese beiden Gedichte umfaßten, wenn man der Überlieferung glauben darf, 2000 Verse. Von der *Gründung Kolophons* ist ein Fragment erhalten, das von dem Luxus spricht, den die Kolophonier von den Lydern gelernt haben. Da dieses Stück distichische Form hat, so darf man diese auch für das ganze Gedicht und ebenso für die *Gründung Eleas* annehmen. Daher wäre es denkbar, daß die Zahl *2000 Verse* die Summe aller distichischen Verse des Xenophanes angäbe. Dagegen wird die Annahme, als ob die Abfassung dieser beiden Gründungen durch unseren Dichter auf späterer Erfindung beruhe, durch nichts gerechtfertigt. Von den übrigen elegischen Gedichten des Xenophanes sind noch mehrere Bruchstücke und zwei vollständige Elegien vorhanden. Sie passen zu dem, was wir sonst von dem Manne wissen. In der einen schildert er ein Gastmahl, ermahnt aber, nicht von den alten Mythen zu sprechen, die doch keinen Wert hätten, sondern über Tugend und die Götter sich zu unterhalten. Die andere wendet sich gegen die Ehrenbezeugungen, die man den olympischen Siegern erwies; aber diese seien der Ehre nicht so würdig, wie er; denn Körperkraft und Gewandtheit könnten an Bedeutung nicht an seine Weisheit heran-

reichen. In einem Fragmente verspottet er den Pythagoras wegen seiner Lehre von der Seelenwanderung.

8. Eine größere Sammlung elegischer Gedichte hat sich unter dem Namen des *Theognis* erhalten. Dieser Dichter stammte aus Megara in Attika und lebte im 6. Jh. v. Chr.; seine Blüte wird etwa in das J. 544 gesetzt. Er gehörte einem altadeligen Geschlechte an und nahm an dem politischen Leben seiner Vaterstadt regen Anteil. Nach der Vertreibung des Tyrannen Theagenes, die etwa in das J. 590 v. Chr. fällt, ergriffen die Aristokraten wieder die Regierung, die sie anfangs auch mit Mäßigung führten. Aber bald begannen die Bedrückungen des Volkes von neuem, und dazu kam noch die Überschuldung desselben. Einzelne Adelige warfen sich zu Volksführern auf und schürten die Zwietracht zwischen Adel und Volk immer mehr. Man gab das Gesetz, daß die Gläubiger den Schuldnern die bezahlten Zinsen wieder zurückerstatten müßten, und vielfach kam es zu Räubereien und Gewalttaten. Jetzt griffen die Vornehmen zu den Waffen, um ihr Recht zu wahren; aber das Kriegsglück war dem Volke günstig, und so trat die Demokratie an Stelle der Aristokratie. Allein die Demagogen mißbrauchten ihre Gewalt; die Adeligen wurden auf jede Weise bedrückt, und viele verließen teils freiwillig, teils unfreiwillig ihre Vaterstadt. Unter diesen scheint auch Theognis gewesen zu sein; denn es ist nicht unwahrscheinlich, daß sein Aufenthalt in Euböa, Sparta und in dem sizilischen Megara, wo er das Bürgerrecht erhielt, gerade in diese Zeit fällt. Doch bald finden wir ihn wieder zu Hause, wo er das Haupt einer Verschwörung zum Sturze der Demokratie ist. Zwar vereitelten Streitigkeiten, die unter dem Adel selbst ausbrachen, den Zweck dieser Verschwörung; aber eine zweite Verschwörung war von besserem Erfolge begleitet; die Demokraten unterlagen, und die Herrschaft des Adels wurde wieder hergestellt. Dieser Umschwung zu Gunsten der Aristokraten hatte sich im J. 500 v. Chr. bereits vollzogen, aber Theognis erlebte ihn nicht mehr; der Tod raffte ihn vorher hinweg.

Was die Gedichte des Theognis anlangt, so wird ihm eine Elegie *εἰς τοὺς σωθέντας τῶν Συρακσίων ἐν τῇ πολιορκία* zugeschrieben. Doch liegt hier wohl eine Verwechslung mit dem Tragiker Theognis von Athen vor, der, wie es scheint, in einer Elegie das Unglück der Athener bei der Belagerung von Syrakus beklagte; daher soll es wohl heißen: *εἰς τοὺς σωθέντας ἐν τῇ πολιορκία τῶν Συρακουσῶν*.

An zweiter Stelle werden *γνώμας δἰ ἐλεγείας*, d. h. Sprüche in distichischer Form, genannt, deren Zahl auf 2800 Verse angegeben wird. Diese Gnomen werden genauer bestimmt als *πρὸς Κὺρνον πὸν αὐτοῦ ἐρώμενον γνωμολογία* und *ἕτεραι ὑποθῆκαι παραινετικαί*, also als eine Spruchsammlung an Kyrnos, der hier der Geliebte des Dichters heißt, und als andere Sprüche lehrhaften und ermahnenden Inhalts. Jedoch läßt sich nicht entscheiden, ob damit zwei getrennte Gnomensammlungen gemeint sind; die Worte können auch von der jetzt noch unter Theognis' Namen vorhandenen Sammlung, in der Gnomen an Kyrnos und andere Sprüche enthalten sind, verstanden werden. Demnach steht nur fest, daß unser Dichter *γνῶμας δἰ ἐλεγείας* verfaßt hat.

Die uns erhaltene Sammlung umfaßt 1389 Verse. Sie zerfällt in zwei Abschnitte, von denen der erste 1230, der zweite 159 Verse enthält. Sie rührt nicht von dem Dichter selbst her; denn es finden sich darin auch Verse anderer Dichter, wie des Tyrtäos, Solon u. s. w. Auch das Anordnungsprinzip, soweit man es jetzt noch wahrnehmen kann, spricht dafür. Sprüche gleichen Inhalts werden in der Regel zusammengestellt, manchmal auch solche, die im Gegensatz zueinander stehen oder ein Urteil übereinander abgeben. Sehr häufig aber ist die Reihenfolge eine rein äußerliche, die sich auf die Gleichheit eines oder mehrerer Wörter in den einzelnen Gedichten gründet. Diese Stichwörter dürfen natürlich nicht ganz allgemein und bedeutungslos sein, sondern müssen in irgendeiner Weise in die Augen fallen. An einigen Stellen liegt sogar alphabetische Anordnung zugrunde, insofern Sprüche, die mit demselben Buchstaben beginnen, nebeneinander gestellt sind. Manche Sprüche wiederholen sich in unserer Sammlung, zum Teil in etwas anderer Form, besonders in der zweiten Hälfte des ersten Abschnittes. Daraus wollte man schließen, daß unsere Sammlung mindestens aus zwei ursprünglichen Sammlungen entstanden sei. Doch läßt sich diese Erscheinung auch daraus erklären, daß Theognis lange Zeit ein Schulbuch war und so dem Unterricht dienstbar gemacht wurde.

Die Frage nach der Entstehung unserer Sammlung wird gewöhnlich dahin beantwortete, daß wir hier eine Art Anthologie aus den griechischen Elegikern haben; die Hauptmasse der darin enthaltenen Gedichte habe Theognis dem Sammler geliefert, und daher sei auch die ganze Sammlung nach diesem benannt worden. Doch wäre es auch nicht undenkbar, daß Theognis durch seinen Gebrauch in der Schule allmählich infolge von Auslassungen, Zusätzen und Umgestaltungen die jetzige Gestalt erhalten hätte. In letzterem Falle kann man einen bestimmten Zeitpunkt für die Entstehung unserer Sammlung nicht angeben; sie ist das Produkt einer langen Zeit, lag aber im 5. Jahrh. n. Chr. zur Zeit des Stobäos abgeschlossen vor. Im ersten Falle nimmt man an, daß eine solche Anthologie in der alexandrinischen Zeit oder kurz zuvor zusammengestellt worden sei. Dabei läßt sich nicht entscheiden, ob der Verfasser bei der Veranstaltung seiner Sammlung Schulzwecke im Auge hatte oder nur den Gnomen-Schatz der griechischen Elegie zu jedermanns Gebrauch kurz und bequem zusammenstellen wollte. Soviel aber steht fest, daß unsere Sammlung frühe schon ein Schulbuch war, das große Verbreitung fand und sich lange Zeit erhielt; es wurde noch in der byzantinischen Zeit fleißig benutzt.

Bei dieser Sachlage ist es überaus schwierig zu entscheiden, welche Gedichte unserer Sammlung dem Theognis, welche anderen Dichtern angehören. Den zweiten Abschnitt von V. 1231–1389 wird man unbedenklich dem megarischen Dichter absprechen dürfen. Die meisten dieser Gedichte sind erotischer Art und beziehen sich auf Knabenliebe; viele haben den Charakter von Parodien; auch Verse des Solon kommen darin vor. Die Sammlung wird, wie es scheint, nicht vor Suidas (im 10. Jahrh.) erwähnt; allein ihre Entstehung fällt, nach dem Charakter der Gedichte zu schließen, etwa in dieselbe Zeit, wie die der ersten Abteilung, also in die alexandrinische Zeit oder kurz vorher.

Im ersten Teil V. 1–1230 sind ohne Zweifel viele Verse des Theognis enthalten. Auch fehlen uns nicht alle Zeichen zur Erkennung derselben. Zunächst bildet der Name *Κὺρνος* ein Hauptmerkmal der theognideischen Verse. Dieser Kyrnos gilt für einen jungen vornehmen Megarenser; er soll der Liebling des Dichters gewesen sein. An ihn richtet Theognis seine Gedichte, die aber nicht speziell für Kyrnos, sondern überhaupt für den jüngern megarischen Adel bestimmt waren. Polypaides, einen Namen, den man in einigen anderen Versen unserer Sammlung trifft, hält man für das Patronymikon des Kyrnos, der demnach der Sohn des Polypaos war. Jedoch darf man nicht übersehen, daß Polypaides, das sich neunmal in unserer Sammlung findet, nie unmittelbar mit *Κὺρνος* verbunden ist, so daß die Zusammengehörigkeit beider Namen überhaupt zweifelhaft bleiben muß. Außer dem Namen Kyrnos gibt die Erwähnung der damaligen Ereignisse und Vorgänge in Megara, wie wir sie oben kennenlernten, ein Merkmal für die Echtheit der Verse ab. In den Zeiten so leidenschaftlicher Parteikämpfe spielen besonders die Namen, mit denen die Parteien einander bezeichnen, eine Hauptrolle. So spricht auch Theognis von der Volkspartei nur als von den *κακοί* und *δειλοί* (den Schlechten), während die Aristokraten die *ἀγαθοὶ* und *ἐσθλοί* (die Guten) sind. Natürlich finden sich daneben diese Adjektive auch in ihrer gewöhnlichen Bedeutung. Endlich werden manche Verse durch die Übereinstimmung mit solchen, deren Echtheit die genannten Kriterien dartun, als theognideisch erwiesen.

Der Dichter will dem Kyrnos dieselben Lehren übermitteln, die er einstens in seiner Jugend aus dem Munde der Aristokraten gelernt hat. Er warnt ihn, auf schimpfliche und ungerechte Weise nach Ehre und Reichtum zu streben. Den Umgang mit den Leuten aus dem Volke untersagt er ihm, dagegen fordert er ihn auf, immer zu den Vornehmen zu halten; »denn von den *Edlen* wirst du Edles lernen; wenn du aber mit den *Schlechten* verkehrst, wirst du auch den Verstand verlieren, den du jetzt besitzest.« Dann wendet er sich der Schilderung der Lage des Staates zu. »Unsere Stadt geht schwanger, und ich befürchte, sie werde einen Mann gebären, der unsern bösen Übermut in Schranken halten wird; denn die Bürger sind zwar noch vernünftig, aber die Führer haben sich völlig der Schlechtigkeit zugewandt.« Parteikämpfe, Bürgerkriege und Tyrannen stehen in Aussicht. Der Dichter klagt, daß die Stadt zwar noch dieselbe sei, aber die Leute seien anders geworden; denn früher hätten diese weder Recht, noch Gesetz verstanden, sondern seien scheu, wie Hirsche, fern von der Stadt geblieben. Die *Schlechten* hält er für treulos und undankbar. »Schlechten Gutes erweisen, heißt soviel, als den Samen in die Flut des grauen Meeres streuen; denn wer ins Meer sät, wird keine hohe Saat ernten, und wer einem *Schlechten* Gutes erweist, wird nichts Gutes dafür empfangen.« Daher soll man mit *Schlechten* keine Freundschaft schließen, sondern sie wie einen schlechten Hafen meiden. Ebenso ist Theognis gegen jede Heirat, die zwischen *Guten* und *Schlechten* geschlossen wird, auch wenn sie den Zweck hat, den *Guten* durch das Geld des *Schlechten* von der Armut, dem größten Übel, zu befreien. Bei Widdern, Eseln und Pferden, meint er, sieht man auf edle Rasse; aber der *Edle* scheut sich nicht, auch eine *Schlechte* zu heiraten, wenn sie nur viel Geld hat. Von seinen Reisen sagt er: »ich kam einst auch in das sikelische Land, ich kam in die rebengeschmückten Gefilde Euböas und nach Sparta, der herrlichen Stadt des schilftragenden Eurotas; überall nahm man mich bei meiner Ankunft herzlich auf; aber keine Freude empfand ich darüber im Herzen; denn es gibt eben nichts Lieberes, als die Heimat.« Er empfindet es hart, daß diejenigen, die früher *Gute* waren, jetzt *Schlechte* und die *Schlechten Gute* sind. Wer könnte es über sich bringen mitanzusehen, wie die *Guten* mißachtet, die *Schlechten* aber geehrt werden? Daher ruft er: »den völkerfressenden Tyrannen stürze, wie du willst; das nehmen die Götter keinem übel.«

Was den Charakter und die Beschaffenheit unserer Sammlung anlangt, so tritt das moralische und belehrende Element darin entschieden in den Vordergrund; es sind größtenteils Lehren und Vorschriften, wie man sich in der Welt und im Leben benehmen soll. So versteht man es auch, wenn ein alter Schriftsteller sagt, Theognis habe nur über die Tugend und Schlechtigkeit der Menschen gehandelt, und seine Poesie sei eine Schrift über die Menschen, wie wenn einer, der sich auf Pferde verstehe, über die Reitkunst schreibe. Allein ganz zutreffend ist das Urteil nicht. Man begegnet auch jetzt noch manchen Spuren, die auf die persönlichen Schicksale und Erlebnisse des Dichters hinweisen, und ursprünglich waren diese persönlichen Züge jedenfalls viel zahlreicher und hervorstechender; sie mußten aber den ethischen Partien weichen, was jeder natürlich finden wird, der die Entstehungsweise unserer Sammlung berücksichtigt. Noch jetzt kann man aber den Verlauf der Ereignisse in Megara im großen und ganzen wahrnehmen, das Zurückdrängen der Aristokraten, die Schlacht und Niederlage derselben, die Reisen des Dichters, die Verschwörung der Aristokraten und den Verrat, den Anschlag zum Sturze des Tyrannen und zur Wiederherstellung der Aristokratie. Besonders klar tritt die Persönlichkeit des Theognis hervor; er ist ein Aristokrat mit Leib und Seele, der mit aller Entschiedenheit für die Interessen seines Standes eintritt; und dieser einseitig aristokratische Standpunkt macht sich auch in den Versen geltend, in denen er seine sittlichen Anschauungen und seine klugen Lebensregeln niederlegt; es ist die Sittenlehre eines Aristokraten, die wir in den Dichtungen des Theognis kennenlernen. Die Gedichte waren bald größeren, bald kleineren Umfangs; in unserer Sammlung sind vielfach Kürzungen eingetreten, aber es liegt kein Grund vor, in Abrede zu stellen, daß auch Theognis Sprüche in einzelnen Distichen abgefaßt hat. In der Sprache des Dichters zeigen sich einzelne Dorismen, die er seinem heimischen Dialekt entnommen hat. Im ganzen ist dieselbe schlicht und einfach, oft prosaisch; jedoch fehlt es auch an einzelnen poetischen Schönheiten und Bildern nicht. Ähnlicher Art sind die unechten Verse der theognideischen Sammlung. Man hat den Versuch gemacht, manche von diesen bestimmten Verfassern zuzuweisen, wie dem Kallinos, Tyrtäos, Solon, Mimnermos, Euenos u. a., je nach dem Inhalt und dem Charakter der Darstellung; auch läßt sich nicht bezweifeln, daß noch echte Verse des Theognis darunter sein mögen; aber für fast alle diese Zuweisungen fehlt es an genügenden Beweisen. In einem der Gedichte (V. 237 fg.) wendet sich der Dichter an seinen Liebling, Kyrnos mit Namen, den er in seinen Gedichten verherrlicht hat. Er hat ihm Flügel verliehen, mit denen er über Land und Meer schweben wird; bei allen Festen und Gelagen wird er zugegen sein; unter Flötenschall wird er von jungen Männern besungen werden; und auch nach dem Tode wird sein Ruhm nicht erlöschen, sondern sein Name wird immer im Liede in Hellas leben, solange Erde und Sonne bestehen. Das hohe Selbstgefühl, das der Dichter hier an den Tag legt, erinnert an manche horazische Oden. Eine vollständige Elegie bilden die Vv. 467 flg., die an einen gewissen Simonides gerichtet sind und wahrscheinlich von *Euenos* herrühren. Der Dichter fordert darin auf, beim Gelage keinen Zwang walten zu lassen; denn jeder Zwang sei unangenehm; zugleich warnt er davor, den Wein im Übermaß zu genießen, da sonst die Freuden und Genüsse des Mahles gestört würden. Auch die schönen Verse 667 flg. sind an einen Simonides, vielleicht ebendenselben, gerichtet; hier werden die Vorgänge im Staat mit denen auf einem Schiffe verglichen, das vom Sturme bedrängt wird; die Schiffsleute haben den tüchtigen Steuermann, der allein das Schiff noch retten konnte, abgesetzt, die auf dem Schiffe befindlichen Güter geraubt und unter sich verteilt; unter ihrer Leitung droht dem Schiffe der Untergang. Die Vv. 757 flg. bitten den Zeus, die andern Götter und Apollon um Schutz der Stadt gegen die Meder; ähnlich ist der Inhalt der Vv. 775 flg., in denen auch Alkathoos, der Sohn des Pelops, der Gründer Megaras, genannt wird. Die Meder hält man für die Perser, die unter Harpagos die ionischen Städte angriffen und unterwarfen, eine Auffassung, die auf der Voraussetzung beruht, daß unsere Verse von Theognis herrühren; sieht man jedoch davon ab, so können sie sich auch auf andere kriegerische Unternehmungen der Perser gegen die Griechen beziehen. Sehr rührend ist die Klage, die in den Vv. 1197 flg. ausgesprochen wird. Der Dichter hört den hellen Ruf des Frühlingsvogels, der zur Bestellung der Felder mahnt; aber dieser weckt nur Schmerzen in seinem Herzen, da andere seine schön blühenden Äcker besitzen und ihm die Maultiere nicht mehr den gebogenen Pflug ziehen; die Schuld an diesem Unglück schreibt er der Schiffahrt zu. Daß übrigens in dieser Sammlung auch schon Gedichte der späteren Zeit enthalten sind, tun Sprache, Dialekt und Versmaß untrüglich dar.

17. Kapitel

Die elegische Dichtung der attischen Zeit

1. In der folgenden Periode, der sog. attischen Zeit, wurde zwar die Elegie auch noch von vielen Dichtern gepflegt, allein sie hatte bereits viel von ihrer ursprünglichen Bedeutung eingebüßt. Die alten Dichter hatten sich mit der Elegie an das ganze Volk gewandt, um ihm Mut einzuflößen oder ihm Belehrung und Aufklärung zuteil werden zu lassen. Aber schon mit Theognis war dies anders geworden; die Elegie war jetzt nicht mehr für das ganze Volk, sondern nur noch für einen Teil desselben, für die Aristokraten bestimmt, und in dieser Richtung entwickelte sie sich weiter. Von einigen Ausnahmefällen abgesehen, sind es nur noch bestimmte Kreise, die der Elegiendichter bei der Abfassung seiner Gedichte im Auge hat; ja, nicht selten kommt es vor, daß jede bestimmte Adresse ganz fehlt und man diese Dichtungsart eben nur ihrer Bequemlichkeit wegen wählt, um darin philosophische

Betrachtungen oder geographische und historische Notizen niederzulegen. Die Stoffe der Elegie während dieser Zeit bilden Klagen um Verstorbene, Liebe und Wein, Betrachtungen über Moral und Politik, historische und geographische Merkwürdigkeiten. Auch die Form ändert sich gegen früher; der attische Dialekt dringt in die Elegie ein, und die attische Korreption wird zur Regel; ebenso zeigt sich im Sprachschatz der Einfluß der attischen Zeit. Bei der geringen Bedeutung, welche die Elegie in dieser Zeit hatte, ist es begreiflich, daß manche Dichter dieselbe nur nebenbei behandelten.

2. Zu den Elegikern dieser Zeit gehört der berühmte Meliker und Epigrammatiker *Simonides von Keos*, der nach der Schlacht bei Marathon eine Elegie auf die Gefallenen dichtete, mit der er den Äschylos, der sich in einen Wettkampf mit ihm einließ, besiegte; von der Elegie ist noch ein Distichon übrig, in dem der Dichter hervorhebt, daß die Athener allein diese herrliche Tat vollführt haben. Auch von einer andern Elegie auf die Schlacht bei Platää sind noch einige Verse erhalten, in denen die Verdienste der Korinthier unter Berufung auf das Zeugnis des Sonnengottes gepriesen werden. Wahrscheinlich hat Simonides ebenso den Sieg bei Salamis in einer Elegie gefeiert. Eine vollständige Elegie spricht, anknüpfend an die Worte des Homer: »wie Blätter und Blüten, so ist der Menschen Geschlecht«, über die Kürze des menschlichen Lebens, mit der Aufforderung, dasselbe zu genießen und es nicht mit eitlen Hoffnungen und Sorgen hinzubringen. Diese schreiben andere - weniger wahrscheinlich - dem Simonides von Amorgos zu.

3. Zahlreicher sind die Überreste des *Ion von Chios*, eines vielseitigen Schriftstellers, über den wir unten bei der Betrachtung der Tragödie, worin seine Hauptstärke liegt, genauer sprechen werden. Seine Elegien waren, nach den erhaltenen Proben zu schließen, wortreich und gekünstelt, nicht immer leicht verständlich. In denselben hatte er auch seine Geliebte Chrysilla, die Tochter des Korinthiers Teleos, erwähnt. Eine der erhaltenen Elegien feiert den Dionysos, den Gott des Weines. Die Szene einer andern wird, wie es scheint, nach Sparta in das Haus des Königs aus dem Geschlechte des Prokles, vermutlich des ihm befreundeten Archidamos, verlegt; auch ist es nicht unwahrscheinlich, daß dieselbe bei einem Aufenthalt des Dichters in dieser Stadt entstanden ist. Sie schildert ein fröhliches Gelage, bei dem dem Zeus, dem Herakles und der Alkmene, dem Prokles und den Perseiden gespendet wird. In einer dritten Elegie wird die elfsaitige Leier gefeiert.

4. Bekannt als Elegiendichter ist auch der *Athener Dionysios*. Er war Staatsmann und befand sich unter den Bürgern, die im J. 444 den Auftrag erhielten, eine Kolonie nach Thurii zu führen. Da er den Athe-

nern in einer Rede empfahl, Kupfermünzen einzuführen, so erhielt er den Beinamen *ὁ χαλκοῦς* (der Kupferne). Seine Elegien, von denen nur weniges erhalten ist, scheinen alle den Wein und die Freuden des Gelages verherrlicht zu haben. Eine Elegie spricht von dem Kottabos, einem aus Sizilien stammenden, beim Gelage sehr beliebten Spiele der Griechen, das auf verschiedene Weise ausgeführt wurde; das Wesentliche desselben bestand darin, daß man Wein, *λάταξ* oder *λαταγή* genannt, aus einem Becher nach einem bestimmten Ziele schleuderte. Die sichere Ausführung des Wurfes galt als günstiges Zeichen. In einem andern Fragment wird der Freund des Dichters, der attische Redner Phäax, gepriesen. Dabei bedient sich der Dichter Bilder, die von der Schiffahrt entliehen sind; mit dem Ruderwerk der Zunge, sagt er, wollen wir den Freund zu großem Lobe geleiten. Ebenso ist in einem weiteren Fragment von dem Ruderwerk des Dionysos, den Matrosen des Gelages und den Ruderern der Becher die Rede. Schon daraus ersieht man, wie bilderreich die Sprache des Dionysos Chalkus ist. Da diese Bilder oft etwas weit hergeholt sind, so erscheint seine Sprache gesucht und gekünstelt und nicht selten dunkel und schwer verständlich. Schon Aristoteles tadelt den Ausdruck *κραυγὴν Καλλιόπης* (das Geschrei der Kalliope) für Dichtkunst. Dazu kommt noch, daß Dionysios zu wenig Abwechslung in den Bildern bietet und immer wieder dieselben anwendet. Auch in der äußeren Form führt er eine Änderung ein; er stellt nämlich in manchen Gedichten den Pentameter vor den Hexameter, so daß die Gedichte mit dem Pentameter beginnen, was vorher schon die Priester in Delphi in manchen Orakeln getan hatten.

5. Noch ein anderer athenischer Staatsmann dichtete damals Elegien, nämlich *Kritias*, der Sohn des Kalläschros. Dieser galt als Schüler des Gorgias und Sokrates. In der Politik gehörte er der oligarchischen Partei an und war, wie überhaupt die athenischen Oligarchen dieser Zeit, ein begeisterter Bewunderer und Verehrer der Lakedämonier. Er wurde unter die Zahl der Dreißig gewählt und machte sich in dieser Stellung besonders durch seine Anklage gegen Theramenes, dessen Hinrichtung er durchsetzte, bekannt. Im J. 403 fiel er im Kampf gegen Thrasybulos im Peiräeus.

Kritias war ein geistreicher Mann und ein vielseitiger Schriftsteller. In Prosa behandelte er philosophische und politische Themata; als Dichter verfaßte er Tragödien und Gedichte in epischem und elegischem Versmaß. Seine Elegien waren zum Teil an Freunde gerichtet; so haben wir noch Bruchstücke einer Elegie an Alkibiades, worin er diesen daran erinnert, daß er den Antrag zu seiner Zurückberufung aus der Verbannung gestellt habe. In diese Elegie fügte er einen iambischen

Trimeter ein, was er damit entschuldigt, daß der Name Alkibiades nicht im Distichon unterzubringen war. Andere Elegien beschäftigten sich mit Politik; sie trugen den Titel *πολιτεῖαι* und wurden von Spätern zum Unterschied von den prosaischen *πολιτεῖαι* desselben Verfassers *πολιτεῖαι ἔμμετροι* genannt. Von diesen scheinen zwei Stücke erhalten zu sein; im ersten werden die Erfindungen der einzelnen Städte aufgezählt, im zweiten dagegen wird die Mäßigkeit der Spartaner im Trinken gerühmt.

Auch von seinen epischen Gedichten haben wir noch eine Probe; es ist ein begeistertes Lob auf den Dichter Anakreon, dessen Ruhm nie altern und schwinden werde, so lange es noch Zechgelage und Reigentänze gebe. Man hat vermutet, daß diese Verse aus einem größeren epischen Gedicht entnommen seien, das den Titel *βίοι* führte und die Lebensbeschreibungen berühmter Dichter enthielt; in diesem Gedichte war auch von Homer und Archilochos die Rede. Die Sprache des Kritias ist schlicht und einfach, der Prosa sich nähernd; nur in dem epischen Fragment zeigt sich ein stärkerer poetischer Anflug, der kühnere Wendungen und Bilder nicht verschmäht.

6. Anderer Art ist die Elegie des *Euenos von Paros*, dessen Blüte um 460 v. Chr. anzusetzen ist, wenn man der Überlieferung glauben darf. Er war einer der jüngeren Sophisten und starb, wie man aus Platons Phädon schließt, kurze Zeit nach Sokrates. Die alten Grammatiker nahmen – wir wissen nicht warum – zwei parische Dichter mit Namen Euenos an, und neuere Gelehrte folgten ihnen darin, hauptsächlich deshalb, weil der V. 472 der theognideischen Sammlung, in die ihrer Meinung nach nur ältere Elegiker aufgenommen wurden, von Aristoteles und Plutarchos einem Dichter Euenos zugeschrieben wird. Allein wenn Platon und Aristoteles, die öfter von einem Dichter Euenos sprechen, zwei Dichter dieses Namens gekannt hätten, so hätten sie dieselben sicherlich durch irgendwelche näheren Bestimmungen deutlich voneinander unterschieden. Daher wird man gut daran tun, jenen älteren Euenos den Grammatikern zu überlassen, die übrigens selbst eingestehen, daß sie nichts von ihm wissen, und für unsere Zeit nur *einen* Dichter Euenos anzunehmen; später traten noch mehrere Dichter dieses Namens auf.

Von den Gedichten unseres Euenos sind nur wenige Fragmente erhalten, alle moralischen Inhalts, weshalb der Dichter auch den Beinamen *σοφός* erhielt. Eine Elegie führt den Gedanken aus, daß viele die Sitte hätten, in allem ohne Ausnahme zu widersprechen; diesen gegenüber genüge das alte Wort: »dir mag es so scheinen, mir scheint es so«; die Vernünftigen dagegen ließen sich schnell und leicht belehren und überzeugen. In einer andern Elegie warnt er vor Unmäßigkeit im Trinken.

Die übrigen Bruchstücke enthalten kurze Sentenzen, darunter auch die: »jeder Zwang ist unangenehm«, die aus der in der theognideischen Sammlung V. 467 flg. enthaltenen Elegie entnommen ist; daher ist es wahrscheinlich, daß diese Elegie von Euenos herrührt, wofür auch Sprache und Metrum zeugen. Da in dieser Elegie ein gewisser Simonides angeredet wird, so darf man vielleicht auch die andere in der theognideischen Sammlung V. 667 flg. enthalene und an einen Simonides gerichtete Elegie unserm Dichter geben. Neben dem Distichon hat Euenos auch den daktylischen Hexameter benutzt, um seine Lehren darin niederzulegen; zwei Verse sind noch vorhanden. Die Sprache des Euenos ist einfach und leicht verständlich.

7. Den ersten Rang unter den Elegikern dieser Zeit, wenigstens was den Einfluß auf die nachfolgenden Dichter anlangt, nimmt *Antimachos von Kolophon* ein, den wir oben als Epiker kennengelernt haben. In Erinnerung an die Nanno des Mimnermos nannte er seine Elegie *Lyde*; denn seine Geliebte war eine Lyderin, der er in ihr Vaterland folgte und die er nach der Überlieferung heiratete. Als diese bald darauf starb, suchte der Dichter Trost für den Verlust in der Mythologie. Er stellte alle Beispiele unglücklicher Liebe, die er finden konnte, zusammen, und so entstand seine Elegie Lyde. Sie umfaßte sicher 2, wahrscheinlich 3 Bücher, aber die Überreste sind gering. Man erkennt daraus, daß sie die Geschichte des Ödipus, das Schicksal der Medeia samt der Argonautenfahrt und die Geschichte des Bellerophon behandelte.

Was wir oben von dem Epos des Antimachos gesagt haben, das gilt auch von seiner Elegie; sie ist das Werk eines Gelehrten, für Gelehrte bestimmt, nach Form und Inhalt. Aber gerade diese Beschaffenheit, die dem poetischen Wert des Buches entschieden Abbruch tut, lenkte die Aufmerksamkeit der Alexandriner auf dasselbe. Diese betrachteten die Lyde des Antimachos als mustergültig für die Elegie und ahmten sie überall nach. Hermesianax schrieb nach dem Muster derselben seine *Leontion* und Agatharchides fertigte einen Auszug aus der Lyde. Den großen Ruhm derselben besingt Asklepiades in einem Epigramm folgendermaßen: »Eine Lyderin bin ich nach Abstammung und Namen, aber dem Antimachos verdanke ich es, daß ich berühmter bin, als alle aus dem Geschlechte des Kodros. Denn gibt es einen, der mich nicht singt, der die Lyde nicht liest, das gemeinsame Werk der Musen und des Antimachos?«

8. Kurze Erwähnung verdient auch der größte Gelehrte des Altertums, *Aristoteles*. Die wenigen Verse, die von ihm erhalten sind, sind einer Elegie an Eudemos entnommen und enthalten ein Lob auf Sokrates oder Platon: Eudemos habe einen Altar errichtet einem Manne,

den Schlechte nicht einmal loben dürften und der allein oder doch zuerst unter den Sterblichen durch sein Leben sowohl, als seine Lehre klar gezeigt habe, daß sittlich gut und glücklich bei den Menschen untrennbar verbunden sei.

9. Zum Schluß ist noch der *Kyniker Krates von Theben* zu nennen, der um 328 v. Chr. lebte. Er war der Schüler des Diogenes oder des Achäers Bryson, wie andere überliefern. Man erzählte von ihm, er habe seine Güter und Besitzungen verkauft und das Geld einem Bankier gegeben mit der Weisung, wenn seine Söhne Philosophen würden, so solle er das Geld dem Volke geben; denn dann brauchten es seine Söhne nicht; andernfalls aber seinen Söhnen. Weil er ungescheut in alle Türen eintrat, so gab man ihm den Namen *θυρεπανοίκτης* (Türöffner), womit man nach der Ansicht der einen einen Mann bezeichnete, der überall gerne gesehen war, nach der Ansicht der andern einen, der sich überall aufdrängte und alle belehren wollte.

Krates benutzte die Poesie zur Verbreitung der kynischen Lehren und Grundsätze; dabei wendet er öfter die Parodie an und läßt es auch an Spott und Hohn, der mitunter recht derb ausfällt, nicht fehlen. Die Alten scheinen seine Verse unter dem Namen *παίγνια* (Scherzgedichte) zusammengefaßt zu haben. Dieselben verraten eine anerkennenswerte Gewandtheit in der Handhabung der poetischen Form und nicht geringes Geschick in der Wahl des Ausdrucks und in der Darstellung überhaupt. Eine Elegie, von der wir noch Bruchstücke haben, lehnt sich an Solon an; der Dichter betet darin zu den Musen, sie mögen ihm stets Nahrung geben und ihn seinen Freunden nützlich sein lassen; Geld und Gut verlange er nicht, sondern Gerechtigkeit und Tugend; wenn er diese erlange, so wolle er dem Hermes und den heiligen Musen nicht mit verschwenderischem Aufwand, sondern mit frommem Herzen danken. Eine zweite ist ein Hymnos auf *εὐτέλεια* (die Einfachheit), die er den Liebling weiser Männer und die Tochter löblicher Zucht nennt, die alle ehren, die Recht und Gerechtigkeit üben.

Außerdem schrieb er epische und iambische Gedichte, in denen er teils persönliche Verhältnisse behandelte, teils an andern Kritik übte, besonders an Philosophen, wie dem Megarenser Stilpon. Ein Fragment, das allerdings manche dem Krates absprechen und dem Stoiker Chrysippos beilegen, wendet sich gegen die von einigen dem Chörilos von Samos zugeschriebene Grabinschrift des Sardanapal, in der der Lebensgenuß den sterblichen Menschen als das beste empfohlen wird, da man nur das, was dieser einem gewähre, als sein wirkliches Eigentum betrachten könne. Diesem rohen Materialismus gegenüber betont Krates mit Nachdruck die Dauer und Unvergänglichkeit des geistigen Besitzes, der allein Wert habe.

18. Kapitel

Das Epigramm

1. Je mehr die Elegie zurückging, desto mehr blühte das *Epigramm* auf, das man nicht mit Unrecht die Miniaturelegie nannte. Epigramm bedeutet seiner Ableitung nach Aufschrift, der Gebrauch hat aber dieses Wort auf die poetisch abgefaßten Aufschriften beschränkt. Die Form derselben war in der ältesten Zeit der epische Hexameter, den man auch später noch manchmal zu diesem Zwecke verwandte. Als aber das Distichon aufgekommen war, griffen die Epigrammendichter gerne zu diesem Metrum, das sich wegen seiner in sich abgeschlossenen und abgerundeten Form vorzüglich für diese kurzen, nur aus wenigen Versen bestehenden Gedichtchen eignete. So wurde das Distichon das für Epigramme beliebteste Versmaß. Daneben findet sich zuweilen auch der Trochäos und Jambos. Andere Metra, wie der aus vier Hebungen bestehende Kurzvers oder lyrische Rhythmen, sind äußerst selten. Der Dialekt der Epigramme ist naturgemäß derjenige der Person, welche die Aufschrift setzt, bei einem Ionier also ionisch, bei einem Attiker attisch und bei einem Dorier dorisch; und wenn diese Person das Epigramm nicht selbst dichtet, sondern einen Dichter damit beauftragt, so muß sich dieser hinsichtlich des Dialekts nach dem Auftraggeber richten. Selbstverständlich ist es, daß die homerische Sprache, die ja die Dichtersprache überhaupt ist, auch im Epigramm Zutritt hat.
2. Als Erfinder des Epigramms wird *Homer* von den Griechen bezeichnet, da man in der Ilias VII, 89 flg. die Verse findet: »dies ist das Grabmal eines vor Alters verstorbenen Mannes, eines Helden, den einst der strahlende Hektor tötete«, Verse, die ganz die Form eines Epigramms haben. Jedenfalls ist soviel sicher, daß das Epigramm schon sehr alt ist. Den Inhalt desselben bildet das weite Gebiet all der Gegenstände, die sich zur Aufschrift eignen. Unter ihnen treten besonders diejenigen Epigramme hervor, die als *Aufschriften auf Grabdenkmälern und Weihegeschenke* dienen (ἐπιϑύμβια und ἀναϑηματικά). Solche finden sich schon unter den Epigrammen, die unter dem Namen Homers gehen. Auch von *Archilochos* wird eine Grabschrift auf Megatimos und Aristophon, die hohen Säulen von Naxos, angeführt; ebenso soll dieser Dichter eine Weiheinschrift auf den Schleier gefertigt haben, den Alkibie bei ihrer Hochzeit der Hera weihte. Von *Arion* wird erzählt, er habe den in Tänaron aufgestellten Delphin mit einer auf sein Unglück bezüglichen Inschrift versehen. *Sappho* soll eine Grabinschrift und zwei Weihegedichte geschrieben haben, *Erinna* dichtete nach der Überlieferung eine Weiheinschrift auf die vortrefflich gelungene Statue der Agatharchis und zwei Epigramme auf den Tod ihrer

im schönsten Jugendalter verschiedenen Freundin Baukis. Ferner schrieb der Arkadier *Echembrotos* eine Inschrift auf einen ehernen Dreifuß, den er anläßlich eines Sieges in Theben dem Herakles weihte. Sechzehn Epigramme sind unter dem Namen des *Anakreon* überliefert, von denen drei Grabinschriften, die übrigen aber Weihegedichte sind. Jedoch ist zu bemerken, daß die Echtheit all dieser Epigramme der älteren Dichter nichts weniger als feststeht.

3. Einen höheren Aufschwung nahm die Epigrammendichtung im Bereich der Weihe- und Grabinschriften erst mit *Simonides von Keos*, dem unübertroffenen Meister in dieser Dichtgattung, der seinen Ruhm dem günstigen Zusammentreffen verschiedener äußerer und innerer Umstände verdankt. Sein Leben fiel in die große Zeit der hellenischen Freiheitskämpfe, in der sich Herz und Sinn der Griechen gewaltig hob, vor allem in Athen, der Vorkämpferin für die Freiheit, wo sich Simonides aufhielt. Die Städte und Staaten wünschten die Gräber ihrer in diesen glorreichen Schlachten gefallenen Mitbürger und Angehörigen mit Inschriften zu schmücken, die den Glanz ihrer Taten für ewige Zeiten verkündeten, und hinter den Städten und Staaten blieben die Privatleute mit den Gräbern ihrer Verwandten und Freunde nicht zurück. Zu gleicher Zeit wurden damals aus der reichen Beute viele Weihegeschenke von Gemeinden und einzelnen in die Tempel der Götter gestiftet, die ebenfalls alle mit entsprechenden Inschriften versehen werden mußten. Diese konnten schon mit Rücksicht auf den Ort, wo sie angebracht wurden, nur kurz sein, mußten aber gleichwohl alles enthalten, was zum Verständnis nötig war, also vor allem den Namen des Widmers und die Veranlassung der Widmung. Die Nennung des gewidmeten Gegenstandes konnte unterbleiben, wenn dieser selbst sprechend eingeführt wurde, was bei den Griechen häufig geschah. Manchmal wurde am Schlusse noch ein Wunsch oder eine allgemeine Sentenz, die mit der Widmung im Zusammenhang stand, beigefügt. Der Charakter solcher Inschriften verlangte eine natürliche, einfache Sprache, die klar und verständlich war. Hierbei war es bei der großen Zahl der Epigramme und der auffallenden Ähnlichkeit ihrer Motive gewiß keine leichte Aufgabe, jeden einzelnen Fall eigenartig für sich zu behandeln und der gemeinsamen Idee immer wieder einen neuen, von den andern Fällen verschiedenen Ausdruck zu verleihen. Dazu brauchte man einen geistreichen und in hohem Grade formgewandten Mann, und ein solcher war eben Simonides von Keos. Seine Epigramme zeigen die größte Abwechslung und Mannigfaltigkeit in der Erfindung, sowie die ungesuchteste Einfachheit und Natürlichkeit in der Ausführung. Überall weiß der Dichter in Wort und Gedanken das richtige Maß zu halten; ja, er versteht es, sich der Individualität

des Widmenden anzupassen und derselben bei Abfassung des Epigramms Rechnung zu tragen, so daß man gleichsam die Person selbst sprechen hört.

Unter diesen Umständen ist es kein Wunder, daß die Tätigkeit des Simonides von den Regierungen und den Privatleuten vielfach in Anspruch genommen wurde. Seine zahlreichen Epigramme begleiten die damaligen politischen Ereignisse Griechenlands. Er verherrlicht die Siege der Athener über die Böoter und Chalkidier und feiert ihre glorreiche Waffentat bei Marathon: »Als Vorkämpfer der Griechen vernichteten die Athener bei Marathon die Macht der goldgewappneten Meder«. Dann folgen die Kämpfe bei den Thermopylen; den gefallenen Peloponnesiern widmete er die Inschrift: »Mit 300 Myriaden kämpften einst hier 4000 aus dem Peloponnes«. Besonders berühmt ist die Inschrift, die er den Spartanern setzte: »Wanderer, kommst du nach Sparta, so melde dorten, du habest uns hier liegen gesehen, wie das Gesetz es gebot«, Worte, die in ihrer schlichten Einfachheit so großartig und ergreifend wirken, daß man diesem Epigramm die Palme unter allen simonideischen Epigrammen zuerkannte. Nach der Schlacht bei Salamis nahmen die Korinthier die Dienste des Simonides in Anspruch, um ihre Taten ins rechte Licht zu setzen. Die Gräber der bei Plataä gefallenen Athener, Lakedämonier und Tegeaten waren von Simonides mit Gedenkversen geschmückt, und auf den Altar des Zeus Eleutherios, der nach der Besiegung der Perser zum Andenken an die gerettete Freiheit daselbst errichtet wurde, dichtete er: »Die Griechen, welche siegreich im Kampf des Ares mit kühnem Mut die Perser einst vertrieben, haben dem freien Griechenland gemeinsam diesen Altar des Befreiers Zeus errichtet«. Auch die Megarenser setzten ihren in den Perserkriegen gefallenen Mitbürgern in Megara ein Denkmal, zu dem Simonides die Aufschrift lieferte.

Wie die Staaten, so ließen sich auch *Privatleute* von Simonides Inschriften auf Gräber und Weihegeschenke fertigen. Es genügt, wenn wir unter der großen Zahl dieser einige, die zu den besten gehören, herausheben. Den Tod der Archedike, der Tochter des athenischen Tyrannen Hippias, die an Äantides, den Tyrannen von Lampsakos, verheiratet war, besingt Simonides in folgenden Versen: »Archedike, die Tochter des Hippias, der zu seiner Zeit der erste Mann in Griechenland war, birgt dieses Grab; ihr Vater, ihr Gemahl, ihre Brüder und Söhne waren Tyrannen, aber ihr Herz war von Hochmut und Stolz frei«. Ein Chier Kleisthenes kam auf einer Fahrt im Schwarzen Meere um, und der Dichter klagt um ihn: »Deinen Leichnam deckt ein Grab im fremden Lande, Kleisthenes; denn der Tod ereilte dich auf einer Fahrt im Schwarzen Meere; süße, fröhliche Heimkehr war dir nicht beschieden, und du kamst nicht zurück zum ringsumströmten Chios«. Sehr berühmt war ein Epigramm des Simonides auf den thessalischen Hund Lykas; es lautet: »Wahrlich, ich glaube, das Wild hat auch jetzt nach deinem Tode noch Angst vor deinen weißen Gebeinen in diesem Grabhügel, Jägerin Lykas; denn deine Tüchtigkeit kennen der große Pelion, der weithin sichtbare Ossa und die einsam ragenden Spitzen des Kithäron«. Unter den Weiheinschriften will ich nur eine erwähnen, die sich auf einer Lanze befand: »So ruhe, lange Lanze, an die große Säule gelehnt, dem allkündenden Zeus geweiht; denn bereits ist die eherne Spitze alt, und du selbst bist ermüdet vom häufigen Schwingen in wilder Schlacht«. Auch des Sieges, den er selbst im J. 476 mit einem kyklischen Chor in Athen davon trug, gedenkt der Dichter in einem Epigramm, das mit den Worten schließt: »dem Simonides aber wurde der Ruhm zuteil, dem achtzigjährigen Sohne des Leoprepes«.

Es ist natürlich, daß ein so gefeierter Epigrammendichter wie Simonides viele Nachahmer auf diesem Gebiete fand. Manche von diesen scheuten sich auch nicht, ihren Produkten den Namen des berühmten Meisters beizulegen, weil sie ihnen so eine größere Verbreitung sicherten. Dazu kam noch, daß später beim Sammeln der Epigramme manches namenlos überlieferte Gedicht dem Simonides als dem bekanntesten Vertreter dieser Gattung zugeschrieben wurde. Daher darf man sich nicht wundern, daß in unserer Sammlung der simonideischen Epigramme Echtes und Unechtes ohne Unterschied nebeneinander steht, ohne daß die Sonderung immer leicht oder möglich wäre. Trotzdem ist eine nicht gerade kleine Zahl von Epigrammen jetzt als unecht erkannt, darunter auch diejenigen auf die Schlacht am Eurymedon. Allein man muß sich hüten, den größeren oder kleineren poetischen Wert dieser Gedichte zum Kriterium der Echtheit oder Unechtheit zu machen; denn das liegt auf der Hand, daß unter den vielen Gedichten dieser Art, die Simonides fertigte, auch manches weniger bedeutende oder minderwertige gewesen sein wird.

4. Nachdem Simonides so rühmlich die Bahn gebrochen, versuchten sich immer mehr Dichter auf dem Gebiet der Grab- und Weiheinschriften. *Äschylos* dichtete ein Epigramm auf Helden, die in der Nähe des Ossa im Kampfe für ihr Vaterland fielen; »aber lebendig ist der Toten Ruhm«. Auch für sein eigenes Grab verfertigte der berühmte Tragiker zum voraus schon eine Aufschrift, in der er Gela als Ort desselben angibt und von seiner Tapferkeit in der Schlacht bei Marathon spricht, ohne seine Verdienste in der Poesie zu erwähnen. Auf die im sizilischen Feldzug gefallenen Athener dichtete *Euripides* ein Epigramm, dessen Anfang lautet: »Diese Männer haben achtmal die Syrakusier besiegt, als die Götter beide gleich behandelten«. Der Tod des Euripi-

des wurde von einem gewissen *Thukydides*, der wohl kaum der berühmte Historiker ist, betrauert. Der Philosoph *Platon* dichtete ein Epigramm auf den Tod des Dion von Syrakus, der im J. 353 von dem Athener Kallippos und dessen Mitverschworenen ermordet wurde; es lautet: »Der Hekabe und den ilischen Frauen bestimmten die Mören schon bei ihrer Geburt Tränen; dir aber, Dion, schnitten die Götter, als du das Siegesopfer für herrliche Taten dargebracht, die weitreichenden Hoffnungen ab. Du liegst im weiten Vaterland, geehrt von den Bürgern, Dion, der mein Herz in Liebe entflammte«. Aber unter dem Namen des Platon sind auch viele Epigramme überliefert, die nachweislich nicht von dem großen Philosophen sind. Manche davon mögen dem Komiker Platon angehören; andere werden von der Überlieferung einem jüngeren Platon beigelegt. Den Tod des Platon beklagte in einem kurzen Epigramm sein Verwandter und Schüler *Speusippos*. Auch von dem großen *Aristoteles* kennen wir ein Epigramm, das sich auf der Bildsäule des Hermeias in Delphi befand, den der Perserkönig hinterlistig hatte töten lassen. Dagegen rührt der sog. *Peplos*, d.h. eine Sammlung von Epigrammen auf den Tod alter Helden, besonders aus dem trojanischen Krieg, nicht von unserm Aristoteles her, sondern ist ein Produkt der alexandrinischen Zeit, vielleicht von einem jüngern Aristoteles verfaßt, vielleicht auch dem berühmten Aristoteles fälschlich zugeschrieben, um den Epigrammen mehr Ansehen zu verschaffen. Dazu kommt noch eine große Zahl *namenloser Epigramme*, die teils bei alten Schriftstellern, teils als Inschriften erhalten sind, die ältesten unter den erstern aus dem 7., unter den letztern aus dem 6. Jh. v. Chr.

5. Abgesehen von Grab- und Weiheinschriften wurde das Epigramm in unserer Zeit nur wenig gebraucht. Von *Hipparchos* wird erzählt, daß er an den Straßen in Athen und in den Demen Hermessäulen gesetzt habe, die auf der linken Seite den Namen des Gebiets, des Stadtteils, die Wegrichtung usw. trugen, auf der rechten aber irgendeinen Spruch, den die Vorübergehenden lesen und beherzigen sollten; dieser war eingeleitet mit den Worten: *μωῆμα τόδ' Ἱππάρχου* (dies ein Andenken an Hipparchos). Solcher Sprüche sind uns noch zwei erhalten, nämlich »wandle frommen Sinnes« und »täusche keinen Freund«. Diese Sitte wurde später auch von andern nachgeahmt; so hat man in Athen am Erechtheion eine Hermessäule gefunden mit der Inschrift: »Dies ein Andenken an *Phronton*; möge ich geradewegs in den Hades gehen, bevor ich Gold annehme wegen gottloser Sache«. Schließlich verdient auch noch die Sitte der *Künstler* Erwähnung, auf ihre Werke Epigramme zu setzen, die über Künstler und Kunstwerk Aufschluß geben. Diese zeugen oft von großem Selbstgefühl. So erklärte der be-

rühmte Maler *Parrhasios*, der Sohn des Euenos von Ephesos, der um 400 v. Chr. lebte, in einer Aufschrift, die er auf viele seiner Werke setzte, er sei der erste Meister in seiner Kunst unter den Hellenen. In einem andern Epigramm sagt er, er habe den Höhepunkt der Kunst erreicht, der nicht überstiegen werden könne, wenn er auch bei den Menschen auf Tadel stoße, eine Ruhmredigkeit, wegen der ihn sein Nebenbuhler, der Maler *Zeuxis* von Herakleia, ebenfalls in einem Epigramme tadelt. Übrigens wurden nicht alle Inschriften auf Kunstwerken von den Meistern selbst angebracht; manche wurden erst später darauf gesetzt.

6. Die Epigramme, welche wir bisher betrachtet haben, sind alle derart, daß sie wirkliche Aufschriften auf Gegenstände bildeten. Allein schon frühzeitig verwandten die Griechen das Epigramm auch *freier, indem sie von einem Gegenstand, auf den sie dasselbe setzen wollten, absahen.* Sie hielten sich dabei nur an den allgemeinen Begriff des Epigramms, nach dem dieses die Aufmerksamkeit auf irgendeine Person oder Sache lenkt und diese dann befriedigt. In diesem Sinne beschäftigt es sich mit Personen teils lobend, teils tadelnd. So finden wir das Epigramm zuerst bei *Archilochos* der Hetäre Pasiphile gegenüber gebraucht; allein dieses Epigramm scheint späterer Zeit anzugehören. Sicher sind dagegen die Epigramme des *Demodokos von Leros*, einer kleinen sporadischen Insel. Eines davon lautet: »Auch das ist von Demodokos: die Milesier sind zwar keine Toren, allein sie handeln wie Toren«, offenbar ein Spott auf den Zeitgenossen Phokylides von Milet, wie schon der Anfang zeigt, der dem Phokylides nachgebildet ist. *Phokylides* erwiderte mit einem Spottgedicht auf die Lerier: »Auch das ist von Phokylides: die Lerier sind schlecht, nicht der eine, der andere aber nicht, sondern alle außer Prokles, aber auch Prokles ist ein Lerier«. Ähnlich scheint das Verhältnis zwischen *Timokreon von Rhodos* und *Simonides von Keos* gewesen zu sein. Timokreon war wegen seiner bösen Zunge und seiner Schmähsucht, unter der besonders Themistokles zu leiden hatte, sehr berüchtigt. Auch mit Simonides scheint er aus irgendeinem Grunde in Feindschaft geraten zu sein; da dichtete dieser auf ihn, gerade als ob er schon gestorben wäre, das Epigramm: »Nachdem ich viel gegessen, viel getrunken und viel die Menschen geschmäht, liege ich hier, Timokreon aus Rhodos.« Dafür rächte sich Timokreon durch den Spottvers: »Das Geschwätz des Keers drang wider Wunsch zu mir.«

7. Aber nicht bloß als Waffe gegen persönliche Feinde gebrauchte man das Epigramm, sondern auch zum Ausdruck anderer Gesinnungen; besonders war es *Liebe* und *Freundschaft*, die man darin niederlegte. So soll *Sophokles* ein Epigramm an Herodot gerichtet haben, das an-

fing: »Ein Lied dichtete Sophokles im Alter von 55 Jahren für Herodot«; aber vielleicht war dieses Lied eine kurze Elegie, wie manche vermuten. Sehr schöne Epigramme der Liebe und Freundschaft haben wir unter dem Namen des *Platon*. An seinen Schüler Agathon richtet er die Verse: »Als ich den Agathon küßte, trat meine Seele auf meine Lippen; denn die arme kam herauf, um ins Jenseits zu gehen.« Seinen Liebling Aster redet er an: »Die Sterne betrachtest du, mein Stern; o daß ich der Himmel wäre, um mit vielen Augen auf dich zu schauen.« Den Aristophanes feiert er mit den Worten: »Die Chariten suchten einen unvergänglichen Tempel, da fanden sie die Seele des Aristophanes.« An ein Mädchen wenden sich die Verse: »Mit dem Apfel werfe ich dich; wenn du mich liebst, nimm ihn und teile deine Jugend mit mir; denkst du aber anders, was Gott verhüte, so nimm ihn auch und sieh daran, wie kurz die Jugendzeit ist.« Berühmt war auch das Epigramm auf Alexis, der jetzt, seit der Dichter sagte, er sei schön, allgemein bewundert wird. Diese Gedichte stammen jedenfalls aus der Jugendzeit des Platon; aber es liegt kein Grund vor, ihm dieselben abzusprechen. Platon hat damit das Gebiet betreten, das später von den Epigrammendichtern so reichlich angebaut wurde.

8. Außer den echten Epigrammen finden sich in der platonischen Sammlung, wie schon gesagt, auch viele zweifellos unechte, darunter zwei Epigramme auf die Gräber der im J. 490 von den Persern gefangen hinweggeführten Eretrier, die in Asien in der Gegend von Ekbatana angesiedelt wurden. Es ist klar, daß diese nicht für die wirklichen Gräber bestimmt waren, sondern nur den Inhalt und die Form wirklicher Grabinschriften nachahmten. Ebenso ist es mit den drei weiteren Epigrammen, die auf den Tod eines Schiffbrüchigen gedichtet sind, und ähnlich verhält es sich mit anderen. Die Epigramme nun, denen nicht ein wirkliches, sondern nur ein angenommenes oder erdichtetes Ereignis zugrunde liegt, faßt man unter dem Namen *epideiktische* zusammen. Der Dichter ersann willkürlich eine Veranlassung, machte dementsprechend seine Verse, wobei er häufig nicht damit zufrieden war, dem Gedanken *einen* poetischen Ausdruck zu geben, sondern denselben bald nach dieser, bald nach jener Seite hin wendete und so immer wieder in anderer Weise zur Darstellung brachte. Dieses mehr oder weniger geistreiche Spiel mit Gedanken und Worten war in der Zeit der Alexandriner und später außerordentlich beliebt; aber man hat nicht mit Unrecht angenommen, daß die Anfänge desselben auch schon in unsere Periode zurückreichen. Wenn also auch diese epideiktischen Epigramme nicht von Platon selbst stammen, so können sie doch noch der attischen Zeit, wenn auch dem Ende derselben, angehören.

9. Zum Schluß wollen wir noch von der *Rätseldichtung* sprechen, die ja manche Ähnlichkeit mit dem Epigramme hat. Der Mann, der dieselbe zuerst kunstmäßig bearbeitet hat, scheint *Kleobulos von Lindos* auf Rhodos gewesen zu sein, einer der sieben Weisen, der um 590 v. Chr. lebte. Er soll Lieder und Rätsel gedichtet haben. Von seinen Rätseln ist uns eines auf das Jahr in hexametrischer Form erhalten; es lautet: »Ein Vater hat zwölf Söhne; jeder von diesen hat zweimal dreißig Töchter von verschiedenem Aussehen; die einen sind weiß, die andern schwarz, und trotzdem sie unsterblich sind, sterben sie doch alle.« Die Tochter des Kleobulos hieß *Eumetis*; sie wurde aber gewöhnlich nach ihrem Vater Kleobuline genannt. Ihre Rätsel hatten distichische Form, wenigstens soweit wir urteilen können; die Überlieferung weiß auch, daß sie Epen und hexametrische Gedichte machte. Von ihren Rätseln ist das auf den Schröpfkopf am bekanntesten: »Ich sah einen Mann einem andern mit Feuer Erz anschmieden, so fest, daß er sie zu Blutsverwandten machte.« Auch *Simonides* dichtete rätselartige Epigramme in hexametrischem und distichischem Versmaß; zwei davon sind noch erhalten, aber so dunkel, daß ihre Deutung schon den Alten große Mühe verursachte, ohne zu einem sicheren Resultat zu führen. Bei der großen Beliebtheit, deren sich die Rätsel bei den Griechen zu erfreuen hatten, ist es natürlich, daß es noch viele Dichter derselben gab. Auch begnügte man sich nicht mit der hexametrischen und distichischen Form, sondern griff auch zum Jambos. Das bekannteste Rätsel im iambischen Trimeter ist folgendes: »Es gibt ein Rätsel, daß ein Mann und doch kein Mann einen Vogel und doch keinen Vogel auf einem Holz und doch keinem Holz sitzen sah und doch nicht sah und ihn mit einem Stein und doch keinem Stein warf und doch nicht warf.« Die Lösung lautet: ein Eunuch warf nach einer Fledermaus, die auf einem Doldenstengel saß, mit einem Bimsstein, ohne sie zu treffen. Als Verfasser dieses Rätsel wird ein gewisser *Panarkes* genannt. Die Rätsel waren besonders in der Komödie beliebt.

19. Kapitel

Die iambische Dichtung

1. Die Dichtungen, die wir bisher kennenlernten, sind alle im gleichen Rhythmengeschlecht (*γένος ἴσον*) verfaßt, d. h. die Versfüße sind so geschaffen, daß Hebungen und Senkungen denselben metrischen Wert haben. Mit der *iambischen Dichtung* wird ein neues Rhythmengeschlecht in die griechische Literatur eingeführt, das *γένος διπλάσιον*, bei dem die Hebung des Versfußes die doppelte Geltung der Senkung

hat. Zu diesem Rhythmengeschlecht gehören Trochäos und Jambos. Beide unterscheiden sich von dem Daktylos, dessen Charakter würdevoll und erhaben, ruhig und feierlich ist, durch eine größere Beweglichkeit und Lebendigkeit; die Griechen erkennen ihnen feurige Kraft und zum Tanz einladende Raschheit zu. Der Trochäos hat seinen Namen von *τρέχειν* (laufen); da er aber auch als Tanzrhythmus gebraucht wurde, hieß er auch *χορεῖος*. Der Jambos dagegen macht als aufsteigender Versfuß den Eindruck des kräftigen, unaufhörlichen Vorwärtsdrängens und Einstürmens; dazu paßt die von vielen angenommene Ableitung von *ἰάπτειν* (werfen, treffen). Wenn aber mehrere Jamben auf einander folgen, so nähert sich der Charakter des Verses der gewöhnlichen Rede, und so ist der Jambos auch das Metrum der Umgangssprache. Durch Verbindung von Metren des gleichen und doppelten Rhythmengeschlechts war jetzt eine größere Mannigfaltigkeit und Abwechslung in der metrischen Form der Gedichte ermöglicht, und auch der Inhalt gestaltete sich freier und reicher.

2. Die Griechen führen den Namen *Jambos* und überhaupt die iambische Dichtung auf Jambe zurück, eine Dienerin des eleusinischen Königs Keleos, die zuerst wieder durch ihre Scherze der Demeter ein Lächeln abgewonnen haben soll, als diese, voll Kummer und Schmerz ihre geraubte Tochter auf der ganzen Erde suchend, auch nach Attika kam. Nach dieser Jambe habe man die Sitte, bei den Demeterfesten mit Spott und Hohn einander zu bewerfen, *ἰαμβίζειν* genannt. Wenn nun auch Jambe nichts weiter als eine symbolische Persönlichkeit ist, welche die bei den Demeterfesten bestehende Gewohnheit des Scherzens und Spottens darstellen soll, so ist doch aus dieser Erzählung soviel klar, daß die Alten den Jambos und die iambische Poesie mit den Demeterfesten in Beziehung gebracht haben; in diesen liegen nach ihnen die Anfänge jener Dichtgattung. Und diese Annahme erhält noch dadurch Bestätigung, daß wir sehen, wie gerade auf Paros, der eigentlichen Geburtsstätte der iambischen Poesie, der Demeterdienst besonders hochgehalten wurde. Hier scheint Enipo an die Stelle der Jambe getreten zu sein; denn Archilochos nennt sich einen Sohn der Sklavin Enipo, was schwerlich etwas anderes bedeuten soll, als daß er eben in seiner Poesie an die Spott- und Scherzreden der Demeterfeste angeknüpft habe. Von der wirklichen Mutter des Dichters ist nicht die Rede.

3. Den iambischen Rhythmus soll *Olympos* als Flötenweise verwandt haben, derselbe Musiker, dem man auch, wie wir oben sahen, distichische Flötenweisen beilegte. Man nimmt an, daß er denselben bei den Kybelefesten in Phrygien kennengelernt habe, von wo er sich nach Griechenland verbreitet und im Dionysos- und Demeterkult Aufnahme

gefunden habe. Daher rühre auch der Name, der nicht griechisch, sondern phrygisch sei. Ein solcher Zusammenhang des Kultes der Kybele mit dem des Dionysos und der Demeter in uralter Zeit ist wohl möglich; allein ob der Name von dorther übernommen ist, muß zweifelhaft bleiben, da Jambos auch von dem griechischen *ἰάπτειν*, wie wir oben sagten, abgeleitet werden kann. In der Poesie findet sich der Vers zuerst in dem auf *Homer* zurückgeführten Margites; aber als der eigentliche Begründer und Vater der iambischen Poesie gilt allgemein der Dichter *Archilochos*. Diesem gebührt das Verdienst, die neue Dichtgattung nach jeder Seite hin ausgebildet und vervollkommnet zu haben. Dieselbe stimmt darin mit der Elegie überein, daß sie ebenfalls subjektiv ist und die menschlichen Gefühle zum Ausdruck bringt; allein wie ihre Entstehung schon zeigt, ist sie viel leidenschaftlicher und persönlicher; selbst die heftigsten Ausbrüche des Hasses und der Feindschaft sind ihr nicht fremd. Insofern tritt in ihr die augenblickliche Stimmung viel schärfer zutage, als in der Elegie; sie gehört noch mehr der Gegenwart an und tut wieder einen Schritt weiter der eigentlichen Lyrik zu. Dem Inhalte entspricht die Sprache; es ist der Dialekt des Volkes, dem der Dichter angehört; jedoch sind auch hier, besonders in trochäischen Versen, epische Wörter und Formen nicht ganz ausgeschlossen.

4. *Archilochos von Paros* gilt den Alten als Zeitgenosse des Königs Gyges von Lydien, der von 689–653 oder von 698–663 v. Chr. regierte. Er war etwas jünger als der Elegiker Kallinos. Die Familie, aus der er stammte, war vornehm und angesehen. Seinen Großvater Tellis hatte der berühmte Maler Polygnot in der Lesche zu Delphi zugleich mit der Kleoböa gemalt, die den Demeterkult von Paros nach Thasos gebracht haben soll. Sein Vater Telesikles erhielt im J. 720 oder 708 v. Chr. von den Pariern infolge eines Orakelspruchs den Auftrag, eine Kolonie nach Thasos zu führen, kehrte aber, nachdem er diesen Auftrag ausgeführt, wie es scheint, wieder in seine Heimat zurück. Außerdem hören wir, daß der Mann seiner Schwester mit andern Bürgern bei einem Schiffbruch sein Leben verloren habe. Dieses traurige Ereignis besang der Dichter in einer Elegie, von der noch mehrere Verse erhalten sind. Er richtet dieselbe an einen gewissen Perikles und meint, infolge des tränenreichen Leids sei alle Freude von den Bürgern und der Stadt gewichen, da man so treffliche Männer im Meere verloren; der Verlust sei unersetzlich, aber für solche Fälle hätten die Götter den Menschen nur *ein* Linderungsmittel gegeben, nämlich geduldiges Ertragen; darum solle man sich stark zeigen und weibische Klage von sich weisen. Er fordert dazu auf, die trauervollen Geschenke des Herrschers Poseidon, d. h. den Schmerz über den Schiffbruch, zu verbergen. Leichter,

meint er, wäre das Unglück zu ertragen, wenn man das Haupt und den lieblichen Körper in festlichen Gewändern verbrennen könnte; »aber mit Weinen werde ich ebensowenig etwas gut machen, als ich es schlimmer mache, wenn ich mich dem Vergnügen und Genuß hingebe.«

Von Paros begab sich Archilochos nach Thasos, wie es scheint, weil er sein Vermögen verloren hatte und die Hoffnung hegte, hier wieder zu Hab und Gut kommen zu können. Die Kolonisten dieser Insel waren mit den Thrakern der gegenüberliegenden Küste in ständige Kriege verwickelt, da sie ihnen die goldreichen Küstenstriche entreißen wollten, und auch Archilochos beteiligte sich daran. Bei einem Kampfe mit den Saiern mußte er fliehen und konnte nur unter Zurücklassung seines Schildes sein Leben retten. Allein er wußte sich in folgenden Distichen über den Verlust zu trösten: »Mit meinem Schilde prahlt ein Saier, mit der untadeligen Waffe, die ich gegen meinen Willen beim Gebüsch zurücklassen mußte; doch entrann ich selbst dem Tode; mag der Schild auch dahin sein, ich werde mir wieder einen kaufen, der nicht schlechter ist.« Ähnliches erzählt der Dichter Alkäos von Lesbos von sich, und auch von Horaz haben wir bekanntlich das gleiche Selbstbekenntnis; allein die Spartaner sollen die Sache ernster gefaßt haben; denn als Archilochos in ihre Stadt kam, haben sie ihn, wie man erzählt, ausgewiesen, weil er in seinen Gedichten sage, es sei besser, den Schild zu verlieren, als das Leben. Indes sah sich Archilochos in den Erwartungen, die er auf Thasos gesetzt hatte, völlig getäuscht. Daher klagt er in einem trochäischen Tetrameter, daß der Jammer von ganz Hellas auf Thasos zusammengekommen sei, und in iambischen Trimetern vergleicht er die Insel mit einem Eselsrücken, bedeckt mit wildem Wald; denn »die Gegend ist nicht schön, nicht lieblich und nicht anmutig, wie die an der Strömung des Siris.«

Nachdem der Dichter Thasos verlassen, kehrte er wieder in seine Vaterstadt Paros zurück, und in diese Zeit fällt nach der gewöhnlichen Annahme seine Verlobung mit Neobule, der Tochter des Lykambes; jedoch steht diese Zeitbestimmung keineswegs fest; jenes Ereignis kann auch in die Zeit vor der Auswanderung des Dichters nach Thasos fallen. Auf diese Liebe beziehen sich vielleicht die Verse, die in den Epoden des Archilochos vorkamen: »Verschmachtende Sehnsucht verzehrt mich« und »unglücklich, leblos schmachte ich in Sehnsucht, durch Göttermacht von herben Qualen bis aufs Gebein durchdrungen.« In einem trochäischen Tetrameter wünscht er: »O, daß ich die Hand der Neobule berühren dürfte«, und in den iambischen Trimetern schildert er sie, wie sie einen Myrtenzweig und blühende Rosen in der Hand hält, während ihr Haar Schultern und Rücken beschattet; ihr Haar und ihr Busen duften von Wohlgerüchen, so daß sich sogar ein Greis in sie verlieben würde. Aber Lykambes löste - es ist unbekannt aus welchem Grunde - die Verlobung wieder auf; dafür verfolgte ihn Archilochos mit den schärfsten und giftigsten Pfeilen seines Hohns und Spottes. »Vieles«, sagt er, »weiß der Fuchs, aber der Igel nur eines, doch hat dieses Wert«; und dieses eine besteht, wie ein trochäischer Tetrameter uns zeigt, darin, daß er imstande ist, der ihm Böses zufügt, schrecklich zu vergelten. Er hält dem Lykambes in den Fabeln vom Fuchs und Adler und vom Affen und Fuchs seine Handlungsweise vor. »O Zeus, Vater Zeus«, ruft der vom Adler beleidigte Fuchs, »du herrschest im Himmel und führst die Aufsicht über die Taten der Menschen, über die frevelhaften und gerechten; du kümmerst dich auch um den Übermut und das Recht der Tiere.« An Lykambes richtet der Dichter die Worte: »Vater Lykambes, was hast du da ersonnen? Wer hat dir den Sinn betört? Früher warst du verständig, aber jetzt wirst du zum großen Gelächter für die Bürger«; denn »den heiligen Eid hast du gebrochen, das Salz und den Tisch.« Noch schärfer wendet er sich gegen seine frühere Braut und wohl auch deren Schwester; es gibt keinen noch so niedrigen und gemeinen Vorwurf, den er ihnen nicht ins Gesicht geschleudert hätte; sie erscheinen als der Ausbund jeder Schlechtigkeit und Häßlichkeit. Man erzählt, Lykambes und seine Töchter hätten sich die maßlosen Angriffe vonseiten des Archilochos so zu Herzen genommen, daß sie ihrem Leben durch Erhängen ein Ende gemacht hätten. Allein dies ist eine später erfundene Sage, die nur den Zweck hat, die Wirkung der Poesie des Archilochos uns lebhaft zu vergegenwärtigen. Aus dem Vers, den die Alten zur Bestätigung dieser Sage aus Archilochos selbst anführen, geht vielmehr hervor, daß die Familie des Lykambes den Spott des Dichters über sich ergehen ließ, so unangenehm ihr derselbe auch sein mochte.

Aber Archilochos blieb nicht in Paros; er trat als Söldner in fremde Dienste. »Und ein Söldner werde ich heißen, wie ein Karier«, so singt er. In einem Distichon rühmt er von sich, daß er ein Diener des Herrschers Enyalios sei, aber auch der Musen lieblich Geschenk verstehe. »Im Speere«, so ruft er, »finde ich gebackenes Brot, im Speere ismarischen Wein, auf den Speer stütze ich mich beim Trinken.« Wie es scheint, hat er auf Euböa gekämpft, wohl in jenem lange dauernden Krieg zwischen den Eretriern und Chalkidiern um das lelantische Feld, in dem fast alle griechischen Staaten Partei ergriffen. Wenigstens spricht er in einer Elegie von den Abanten, den alten Bewohnern Euböas, die im Kampfe nicht Pfeil und Schleuder gebrauchen, sondern sofort zum Schwerte greifen; »denn dieses Kampfes sind jene kundig, die tapfern Herren Euböas.« Im Kampfe hat Archilochos auch sein

Leben verloren; er wurde von einem Naxier Kalondas, der den Beinamen Korax hatte, getötet. Als dieser dann später in irgendeiner Angelegenheit sich an das delphische Orakel wandte, wies ihn der Gott aus seinem Tempel, weil er den Priester der Musen erschlagen habe, und auf seine Entschuldigung, er habe dies ja in der Schlacht getan, trug er ihm auf, nach Tänaron zu gehen und den Dichter durch Spenden zu versöhnen. Bei welcher Gelegenheit Archilochos in der Schlacht seinen Tod fand, steht nicht fest. Möglich ist, daß dies bei den Kämpfen auf Euböa geschah. Andere denken an einen Krieg zwischen den Pariern und Naxiern; in diesem Fall muß man annehmen, daß Archilochos von seiner Kriegsfahrt als Landsknecht wieder nach Hause zurückgekehrt ist. Aus der Art seines Todes kann man wohl schließen, daß er nicht gerade alt geworden ist.

Die *Poesie* des Archilochos ist ein getreues Abbild seines Lebens. Dieses war an Erlebnissen und Erfahrungen, besonders trauriger Natur, so reich, wie selten eines, und so ist denn auch seine Dichtkunst durch Vielseitigkeit und Mannigfaltigkeit des Inhalts ausgezeichnet. Göttliches und Menschliches, Krieg und Frieden, Haß und Liebe, Freud und Leid, alles ist darin vertreten. Aber so verschieden auch die Erzeugnisse der archilochischen Muse ihrem Inhalte nach sein mögen, so hat doch die gewaltige Persönlichkeit des Mannes, die schärfer als bei irgendeinem früheren Dichter hervortritt, allen einen gemeinsamen Stempel aufgedrückt; alle atmen die stolze Gesinnung und das hohe Selbstgefühl des Dichters. Dies zeigt sich am klarsten in den Versen, die er gegen seine Feinde schleudert. Die Satire des Archilochos ist nicht allgemein, gegen die Fehler und Laster der Menschen überhaupt gerichtet, sondern rein persönlich. Wer ihm zu nahe tritt, wer ihn beleidigt, über den gießt er die ganze Schale seines Zornes aus. Er vergleicht sich mit der Cikade, die, angefaßt, durch größere Anstrengung der Stimme sich ihres Feindes zu erwehren sucht. Und welcher Art sind seine Angriffe! Er kennt dabei keine Scheu, keine Rücksicht; nichts ist ihm zu niedrig und gemein, wenn er sich gereizt an seinen Gegnern rächen will, und deren hatte ein so leidenschaftlicher Mann gewiß viele. Wenn man auch nicht leugnen kann, daß die Maßlosigkeit in der Befriedigung der Leidenschaft, wie überhaupt jede Maßlosigkeit, der Poesie des Archilochos Eintrag tut, so darf man doch nicht vergessen, daß dieselbe eben in dem ganzen Charakter des Mannes begründet ist und notwendig mit zu seinem Wesen gehört; auch wird sie durch den idealen Hauch, der durch seine Poesie weht, und durch die wahre Empfindung, die uns überall entgegentritt, bedeutend gemildert. Gar nicht selten sind die Stellen, wo sich der Dichter uns ganz anders zeigt. Er hält es nicht für edel, Tote zu schmähen. Seinem

Herzen ruft er zu, im Siege nicht offen zu frohlocken und besiegt nicht zu Hause zu klagen, über das Glück sich nicht allzusehr zu freuen und über das Unglück sich nicht allzusehr zu betrüben, sondern zu bedenken, welches der Gang im Leben der Menschen sei. In einem andern Gedichte führt er einen Zimmermann von Thasos, mit Namen Charon, ein, dem er die Mahnung in den Mund legt, wenn man zufrieden und glücklich sein wolle, so dürfe man sich nicht mit Reicheren vergleichen: »Ich kümmere mich um die Schätze des goldreichen Gyges nicht und habe auch noch keinen Neid gefühlt; auch staune ich die Werke der Götter nicht an und trage kein Verlangen nach großer Herrschermacht; denn alles dies liegt meinen Augen fern.« Zu diesem Edelmut und dieser Ergebung gesellt sich noch ein frommer Sinn, wenn er uns zuruft: »Den Göttern stelle alles anheim; denn sie können die Unglücklichen erhöhen und die Glücklichen stürzen.« Ähnlich war auch der Inhalt seiner Hymnen: »Seitdem Zeus, der Vater der Olympier, das Licht der leuchtenden Sonne verborgen und aus Mittag Nacht gemacht, gibt es nichts, das man nicht erwarten, das man abschwören oder über das man sich wundern dürfte, nicht einmal wenn die Tiere des Meeres mit denen des Waldes ihre Wohnsitze wechseln würden«, so läßt der Dichter den Lykambes in betreff seiner Tochter sprechen.
Der Vielseitigkeit des Inhalts entspricht auch die Vielseitigkeit der Form. Archilochos hat sich in vielen *Dichtgattungen* versucht. Er dichtete *Elegien*, *iambische Trimeter* und *trochäische Tetrameter*. Auch drei *Epigramme* sind unter seinem Namen überliefert. Er sagt, er stimme zur Flöte den lesbischen *Päan* an und verstehe auch, das schöne Lied des Herrschers Dionysos zu singen, den *Dithyrambos*, wenn er vom Weine berauscht sei. Besonders berühmt waren seine *Epoden*. Außerdem werden ihm *Jobakchen* zugeschrieben, eine Art religiöser Lieder auf Bakchos und Demeter. Jedoch wissen wir über diese nichts Näheres, da nur der Vers: »der hehren Demeter und ihrer Tochter Fest ehrend« auf uns gekommen ist; ja, es scheint, als ob schon die Alten an der Echtheit dieser Lieder gezweifelt hätten. Dagegen war ein *Hymnos* des Archilochos auf Herakles Kallinikos (den Siegesheld) allgemein bekannt. Er verherrlichte in drei Strophen den Sieg des Herakles und Jolaos über Augeias. Der Refrain bestand in den Worten *τήελλα καλλίνικε*, wobei *τήνελλα* den Klang der Zither oder Flöte nachahmte. Wir hören, daß die Sieger in Olympia von ihren Freunden mit diesem Hymnos begrüßt wurden.

Diese vielen Dichtgattungen verlangten einen vielfachen metrischen und rhythmischen Ausdruck, und so wurde Archilochos auch auf dem Gebiet der *Metrik und Rhythmik* ein Schöpfer, dessen geniale Leistungen für die folgenden Zeiten bahnbrechend waren. Daktylos, Jambos und Trochäos handhabt er mit der gleichen Meisterschaft; aber am folgenreichsten war die Verbindung der Metren des gleichen und doppelten Rhythmengeschlechts zu Strophen, die er zuerst anwandte. Dabei verfährt er so, daß jedes Element für sich einen selbständigen Vers mit Verspause, also mit Hiatus und syllaba anceps am Schluß, bildet. Diese Metra nannte man asynarteta oder episyntheta. Gewöhnlich verbindet Archilochos zwei, seltener drei Glieder zu einem Ganzen, und da diese Glieder so beschaffen sind, daß meistens ein kürzeres auf ein längeres folgt, so gab man den Gedichten, in denen diese Metra vorkamen, den Namen Epoden; *ἐπῳδός* hieß nämlich der kürzere Vers, der auf einen längeren folgte. Nur selten ging dieser als *προῳδός* dem längeren Vers voraus. Die bei Archilochos vorkommenden metrischen Verbindungen der Art sind folgende: daktylischer Hexameter mit iambischem Dimeter, daktylischer Tetrameter mit einer trochäischen Tripodie, dem sog. versus ithyphallicus, Parömiakos (bzw. katalektischer daktylischer Trimeter mit Anakrusis) mit Ithyphallikos, iambischer Trimeter mit daktylischer Penthemimeres und iambischer Dimeter mit iambischem Trimeter, ferner als dreiteilige Strophen: daktylischer Tetrameter mit Ithyphallikos und katalektischer iambischer Trimeter, iambischer Trimeter mit daktylischer Penthemimeres und iambischem Dimeter. Alle diese Verbindungen wurden von späteren Dichtern nachgeahmt, und unter diesen ist besonders Horaz bekannt, der ebenfalls ein Buch Epoden geschrieben. Aus diesen Nachahmungen läßt sich auch ersehen, daß die Zahl dieser Strophen bei Archilochos größer gewesen ist, als die Fragmente zeigen.

Dieselbe Kunst, wie die metrische Form, verrät auch die *Sprache* der Gedichte. Archilochos bedient sich als Ionier des ionischen Dialekts. Mit dem größten Dichter der Ionier, mit Homer, ist er sehr vertraut, wie manche Ausdrücke und Wendungen in seinen Gedichten zeigen; auch kommt es bei ihm öfter vor, daß er Personen sprechend einführt. Der Charakter seiner Sprache ist volkstümlich, an das gewöhnliche Leben sich anlehnend; diesem verdankt er viele Wörter und Bilder; ja, er schreckt dabei auch vor Derbem und Obszönem nicht zurück, wenn es seinem Zwecke entspricht. Überhaupt ist die Nacktheit des Ausdrucks ein Hauptkennzeichen der leidenschaftlichen Poesie des Archilochos. Mit Vorliebe benutzt der Dichter die Tierfabel zur Einkleidung seiner Gedanken, ein Verfahren, das ebenfalls der Sitte des Volkes eigen ist. Dabei ist die Sprache des Archilochos im Ganzen edel, immer lebendig und angemessen. Wie kaum irgendein anderer Dichter, versteht er es, jedem Gedanken den entsprechenden sprachlichen Ausdruck zu verleihen. Überall zeigt er eine Leichtigkeit und Gewandtheit der Diktion, eine Beherrschung aller sprachlichen Mittel, die Bewunderung erregt. Für den Vortrag der Jamben erfand er eine eigene Form, die sog. Parakataloge, die darin bestand, daß die einen Teile des Gedichtes mit Instrumentalbegleitung rezitiert, die andern gesungen wurden. Das Instrument, das man dabei gebrauchte, hieß Klepsiambos.

Es ist natürlich, daß ein Dichter von der *Bedeutung* des Archilochos im größten Ansehen stand. Man stellte ihn allgemein mit Homer zusammen; eine noch vorhandene Doppelbüste zeigt auf der einen Seite den Kopf Homers, auf der andern den des Archilochos. Dio Chrysostomos sagt: »Es hat zu allen Zeiten nur zwei Dichter gegeben, mit denen man keinen der übrigen vergleichen kann, Homer und Archilochos.« Wie die Gedichte Homers, so wurden auch die des Archilochos von Rhapsoden öffentlich vorgetragen, wogegen der Philosoph Herakleitos vergeblich eiferte. Der Name wurde geradezu sprichwörtlich für einen schlimmen Spötter gebraucht. Viele späteren Dichter ahmen ihm nach, besonders die Komiker, unter denen Kratinos ein Stück *Ἀρχίλοχοι* schrieb und ebenso Alexis einen Archilochos. Auch für die lateinischen Dichter war er ein Vorbild, besonders für Horaz. Einen reichen Stoff boten die Gedichte des Archilochos für gelehrte Forscher; Aristoteles, Herakleides Pontikos und die Alexandriner beschäftigten sich, wie wir wissen, mit ihm. Sehr bezeichnend ist es, daß die späteren Griechen auch von einem Orakel zu erzählen wußten, in welchem dem Vater des Dichters Telesikles schon vor der Geburt des Sohnes dessen großer Dichterruhm prophezeit wurde. Auf Paros wurde Archilochos nach seinem Tode als Heros verehrt, und Quintilian weist ihm wegen seiner lebendigen Sprache, wegen der Gewalt, Kürze und des Schwungs seiner Gedanken, sowie wegen seiner Lebensfrische und Lebenskraft die erste Stelle unter den Jambendichtern an; ja, manche waren, wie er uns mitteilt, der Ansicht, wenn Archilochos überhaupt einem Dichter nachstehe, so komme dies nur daher, weil seine Stoffe geringer seien, nicht aber weil es ihm an Talent und Begabung gefehlt habe.

5. Ein jüngerer Zeitgenosse des Archilochos ist *Simonides von Amorgos*. Die Überlieferung setzt ihn 490 Jahre nach dem trojanischen Krieg, also in das J. 693 v. Chr. Sein Name wird auch Semonides geschrieben. Er stammte aus einer angesehenen Familie auf Samos; als sein Vater wird Krines genannt. Von Samos führte er eine Kolonie nach der kleinen Insel Amorgos, wo er drei Städte Minoa, Ägialos und Arkesine gründete. Er selbst nahm seinen Wohnsitz in Minoa. Von dieser Tat erhielt er den Beinamen der Amorginer zum Unterschied von dem Keier Simonides; andere nennen ihn nach seiner Vaterstadt den Samier. Doch unterschied man beide auch durch den Zusatz *ὁ ἰαμβογράφος* und *ὁ μελικός* (der Jambendichter und der Lyriker).

Simonides schrieb nach der Überlieferung eine *Elegie* oder *elegische Verse* in 2 Büchern, *Jamben* ebenfalls 2 Bücher und eine *Archöologie der Samier.* Die Zuweisung von Elegien an unsern Dichter beruht vielleicht auf einer Verwechslung mit dem Meliker Simonides; möglich ist jedoch auch, daß die samische Archäologie in Distichen abgefaßt war, wie *Xenophanes' Gründung von Kolophon und von Elea.* Über die noch erhaltene Elegie des Keiers Simonides, die manche dem Amorginer zuweisen, haben wir oben gesprochen.

Von den *Dichtungen* des Simonides sind nur einige Fragmente der Jamben auf uns gekommen, darunter zwei größere Stücke. Das erste davon, 24 Verse umfassend, weist darauf hin, daß Zeus alles lenkt und leitet, wie er will, während die Menschen bei keiner Sache wissen, wie sie ausgehen wird; aber alle beseelt die Hoffnung, zu Glück und Reichtum zu gelangen; allein vorher kommt Alter und Tod über sie; tausenderlei Schicksalsfälle, unverhoffter Kummer und Schmerzen warten der Sterblichen. »Wenn sie mir folgen würden«, schließt der Dichter, »so würden wir das Unglück nicht so sehr lieben und uns nicht in bösen Leiden abhärmen.« Diese Verse richtet Simonides, wie es scheint, an seinen Sohn; das andere Fragment dagegen, 118 Verse lang, ist eine Satire auf die Frauen. Der Dichter unterscheidet zehn Arten derselben; die unreinliche stammt vom Schwein, die hinterlistige vom Fuchs, die sich um alles kümmernde und nie schweigende vom Hund, die träge von der Erde; »die vom Meere abstammende aber zeigt zwiefachen Charakter; an einem Tage lacht sie und ist heiter, und wenn sie ein Freund im Hause sieht, wird er sie loben: ›es gibt keine Frau auf der ganzen Welt, die besser und schöner wäre als diese‹; an einem andern Tage dagegen ist sie unerträglich; man kann sie weder ansehen, noch ihr nahen, sondern ganz unnahbar wütet sie, gerade wie eine Hündin um ihre Jungen; gegen alle ist sie unfreundlich und Freund und Feind gleich widerwärtig; wie das Meer oftmals unbeweglich steht, gefahrlos, eine große Freude für die Seeleute, im Sommer, oftmals aber auch wütet, von dumpfbrüllenden Wogen erregt, so ist ein sogeartetes Weib; denn das Meer zeigt bald den, bald jenen Charakter.« Die sechste, die nichts tun mag, sondern nur essen und genießen will, stammt vom Esel, die unliebenswürdige von dem Wiesel, die stolze vom Pferde, die häßliche vom Affen. »Wer aber die von der Biene abstammende hat, ist glücklich; denn ihr allein haftet kein Makel an, sondern unter ihr blüht und wächst das Haus; lieb altert sie mit dem lieben Gatten, dem sie schöne, herrliche Kinder gebiert; ausgezeichnet ist sie unter allen Frauen, und göttliche Anmut umstrahlt sie; auch sitzt sie nicht gern unter den Frauen, die nur von Liebesabenteuern sprechen.« Dieses Gedicht zeigt große Ähnlichkeit mit dem oben

erwähnten des Phokylides; wie jenes, geht auch dieses auf volkstümliche Elemente zurück, aber der Dichter hat diese weiter ausgeführt. Die übrigen Fragmente sind nur kurz, zum Teil ihres sprichwörtlichen Inhalts wegen aufbewahrt.
Simonides war ganz anderer Art als sein Vorgänger Archilochos. Hier merkt man nichts von jener aufbrausenden Heftigkeit, von der maß- und rücksichtslosen Leidenschaft, mit der jeder Gegner angegriffen wurde. Zwar soll auch Simonides einen persönlichen Gegner, den Orodökides, gehabt haben; allein wie wenig bedeutend und hervorragend diese persönliche Satire gewesen, geht schon daraus hervor, daß nichts von derselben erhalten ist. Unser Dichter war den Verhältnissen, in denen er lebte, angemessen ein friedlicher Charakter, der das Leben und Treiben der Welt scharf beobachtete und die Summe seiner Wahrnehmungen und Erfahrungen nicht ohne die Würze von Spott und Hohn in seinen Versen niederlegte. Seine Satire ist allgemein, die Fehler und Torheiten ganzer Klassen geißelnd, in der Absicht, dieselben zu bessern und zu bekehren; das lehrhafte und moralische Element in seinen Gedichten tritt scharf hervor; aber seine Ansichten von der Welt sind düster und trübe. Er berührt sich vielfach mit Hesiod, wie Archilochos mit Homer, ein Umstand, der für die ganze Poesie und Richtung der beiden Jambiker charakteristisch ist. Seine Darstellung verrät denselben volkstümlichen Ton wie die des Archilochos; auch bedient er sich, wie dieser, häufig der Tierfabel. Die Verse sind untadelig gebaut, der Dialekt ionisch, die Sprache schlicht und leichtverständlich, ohne Anstoß dahinfließend. Da er bedeutend hinter Archilochos zurücksteht, so kann man es verstehen, daß ihn manche für älter als jenen hielten.
6. Auch der berühmte athenische Gesetzgeber *Solon* schrieb außer elegischen Dichtungen iambische Trimeter und trochäische Tetrameter, in denen er sich und seine Politik gegen die unvernünftigen oder böswilligen Angriffe von Freund und Feind verteidigte. Einige von diesen Versen sind noch erhalten; der Dialekt ist der attische, Versbau und Sprache sind leicht und gewandt. Sie zeigen dieselbe Anlehnung an die volkstümliche Ausdrucksweise, wie bei Archilochos und Simonides.
7. Bedeutender auf dem Gebiete der Jambendichtung ist *Hipponax von Ephesos*, der um 540 v. Chr. lebte. Sein Vater hieß Pythes und seine Mutter Protis, beide keiner vornehmen Familie angehörend. Aus seiner Vaterstadt wurde er von den Tyrannen Athenagoras und Komas vertrieben, vermutlich weil er sich unzufrieden mit ihrer Herrschaft gezeigt hatte. Er schlug dann seinen Wohnsitz in Klazomenä auf, wo er aber dem Anscheine nach auch nicht lange in Frieden lebte. Hipponax

war klein, mager und außerordentlich häßlich. Diesen Umstand benutzten die Bildhauer Bupalos und Athenis von Chios, um sich an dem Dichter, der sie, wie es scheint, in seinen Versen mitgenommen hatte, zu rächen; sie fertigten eine Statue desselben, die seine Mißgestalt und Häßlichkeit vielleicht noch in übertriebener Weise zum Ausdruck brachte. Dies reizte den Zorn des Dichters aufs äußerste; all sein Gift und seine Galle goß er über die beiden Bildhauer aus, so daß an denselben, wie man zu sagen pflegt, kein gutes Haar mehr blieb. Die Wirkung dieser Schmähverse schildert man in derselben Weise, wie bei Archilochos; man erzählt, die beiden Künstler hätten sich, um der Schmach zu entgehen, das Leben genommen. Aber dieser spätern Sage gegenüber weiß Plinius bestimmt, daß Bupalos und Athenis auch nach dieser Beschimpfung durch Hipponax noch ihre Kunst betrieben. Daß der Dichter Klazomenä wieder verlassen, wird nicht berichtet; er scheint also hier gestorben zu sein.

Unter den *Gedichten* des Hipponax sind zunächst die *Jamben* zu nennen, die in 2 Bücher geteilt gewesen zu sein scheinen; wenigstens werden weitere Bücher nicht zitiert. Von diesen ist eine größere Anzahl Fragmente erhalten. Wie wir hören, verschonte der Dichter nicht einmal seine eigenen Eltern mit seinem Spotte. Über seine nicht gerade glänzenden Verhältnisse spricht er öfter: »Hermes, lieber Hermes«, ruft er, »Sohn der Maia, Kyllenier, ich flehe zu dir, denn ich friere sehr. Gib dem Hipponax einen Mantel und ein Hemdchen und Sandalen und Winterschuhe und sechzig Goldstücke.« In einem andern Fragment sagt er: »Zu mir ist Plutos – er ist wirklich sehr blind – nie ins Haus gekommen und hat gesagt: ›Hipponax, ich gebe dir dreißig Minen und noch viele dazu; denn es geht dir schlecht‹.« In einem andern Gedichte klagt er: »Ich werde mein schmerzerfülltes Herz dem Unglück überlassen, wenn du mir nicht schnell einen Scheffel Gerste schickst, damit ich mir einen Mischtrank bereite und ihn als Heilmittel gegen das Unglück trinke.« Auch von seinen Schmähversen auf Bupalos und Athenis haben sich mehrere erhalten. Er nennt den Bupalos eine steinerne Säule wegen seiner Torheit. »Nehmt mein Kleid«, ruft er, »ich will dem Bupalos das Auge ausschlagen; denn ich bin mit beiden Händen geschickt und treffe mein Ziel beim Boxen.« Am wirksamsten ist die Schilderung desselben als Sündenbock (*φαρμακός*). Dazu wählte man in der Regel Verbrecher oder wenn man keine solchen hatte, die häßlichsten und unnützesten Menschen der Stadt. Diesen gab man getrocknete Feigen, Brot und Käse in die Hand und führte sie unter Schlägen mit Feigenruten und Würfen mit Meerzwiebeln an einen bestimmten Ort, wo sie siebenmal auf eine gewisse Körperstelle geschlagen und dann als Sühnopfer für die Stadt getötet wurden. Alle diese Gebräuche läßt Hipponax auch an Bupalos vollziehen und stellt ihn so als den schlechtesten und verbrecherischsten Menschen der Stadt dar. Aber auch andere Leute mußten die Schärfe der hipponakteischen Satire fühlen. Von den Frauen sagt er, es gebe nur zwei Tage, an an denen sie einem Freude bereiten, am Hochzeits- und am Todestage. Den Maler Mimnes verspottet er, weil er auf einen Dreiruderer eine Schlange so malte, daß sie den Kopf dem Steuermann zuwendet, gerade als ob sie ihn beißen wolle.

Wie man aus dieser kurzen Übersicht über den Inhalt der Jamben des Hipponax sieht, hat dieser Dichter manche Berührungspunkte mit Archilochos. Keinen derselben hat das Schicksal im Leben günstig gebettet, und hinsichtlich der Schärfe und Rücksichtslosigkeit der persönlichen Satire gibt keiner dem andern etwas nach. Daneben hat er auch mit Simonides manches gemein, wie die Allgemeinheit seiner Satire, z. B. auf die Frauen, und die Einflechtung von Sprüchen und Sentenzen. Allein von beiden ist er wesentlich verschieden; es fehlt ihm der sittliche, moralische Zug des Simonides ebenso wie der ideale Schwung des Archilochos. Hipponax ist ein realistischer Dichter, der das wirkliche Leben in allen Einzelheiten oft mit erschreckender Wahrheit und Treue zur Darstellung bringt; und dabei stellt er sich nicht auf den höheren Standpunkt der Vornehmen und Gebildeten, sondern er ist der Mann des Volkes, der in seinem Denken, Fühlen und Wollen den unteren Klassen der Gesellschaft angehört. Dazu mag sein körperliches Mißgeschick nicht wenig beigetragen haben. Diese Stellungnahme ergibt sich am klarsten aus seiner Sprache. Archilochos, Simonides und Solon schlugen, wie wir gesehen haben, einen gewissen volkstümlichen Ton an, aber trotzdem bewahrte ihre Sprache immer einen edlen, vornehmen Charakter, wie er einem Manne in höherer Lebensstellung eigen ist; die Sprache und die Ausdrucksweise des Hipponax dagegen ist die des gemeinen Mannes; dies zeigt der Wortschatz und die Wortbildung, die beide an die Gasse erinnern; und derselben Art ist auch meistens der Humor, der da und dort in den Gedichten zutage tritt. Von Versmaßen finden wir bei Hipponax den iambischen Trimeter und den trochäischen Tetrameter; am häufigsten aber verwandte er den sog. Choliambos oder Skazon, den er zuerst in die griechische Literatur einführte. Dies ist ein iambischer Trimeter, dessen letzter Fuß statt eines Jambos oder Dibrachys einen Spondeios oder Trochäos enthält; dadurch wurde der regelmäßige Gang desselben unterbrochen; es schien, als ob der Vers hinke, und so nannte man ihn Hinkiambos, nach Hipponax auch hipponakteischen Vers. In ähnlicher Weise schloß der Dichter auch den brachykatalektischen iambischen Tetrameter mit einem Spondeios oder Trochäos; dieser hatte

dann den Namen Trimeter Episkazon. Auch der katalektische iambische Tetrameter kommt bei unserm Dichter zuerst vor.
Außer den Jamben schrieb Hipponax noch *Parodien*, und er soll der Erfinder dieser Dichtgattung gewesen sein. Uns sind noch vier Verse auf einen Schlemmer erhalten; sie lauten: »Nenne mir, Muse, den Eurymedontiades, die Meercharybde, den Mann mit dem Messer im Magen, der nicht nach Gebühr ißt, damit er, der Schlechte, eines schlechten Todes sterbe nach dem Ratschluß des Volkes an der Brandung des ewigwogenden Meeres.« Daran läßt sich der Charakter der Parodie des Hipponax erkennen; er überträgt das feierliche Versmaß und den hochklingenden Stil des Epos auf unbedeutende, kleinliche Gegenstände, um so durch den Kontrast zwischen Inhalt und Form eine lächerliche Wirkung hervorzubringen. Dieser Art ist auch die dem Homer zugeschriebene Batrachomyomachie, die aber, wie wir sahen, einer spätern Zeit angehört.
Hipponax verdankt seinen *Ruhm* als Dichter hauptsächlich der Einführung des Choliambos in die Poesie. Auch seine Sprache zog wegen ihrer mannigfachen Besonderheiten und Eigentümlichkeiten viele an, so besonders die Grammatiker. Hermippos von Smyrna schrieb eine Abhandlung über ihn. Die Epigrammatiker nennen ihn Wespe und raten den Wanderern, an seinem Grabe, auf dem Dornen und wilder Birnbaum wachsen, leise vorbeizugehen, damit sie ihn nicht wecken, da er auch im Tode noch mit Worten verletzen könne. Theokrit aber sagt, nur die Schlechten müßten sich vor ihm fürchten, die Guten aber könnten ihm ohne Furcht nahen.
8. Mit Hipponax zusammen wird häufig der Dichter *Ananios* genannt, von dem wir nichts Näheres wissen. Er scheint ein etwas jüngerer Zeitgenosse des Hipponax gewesen zu sein; wenigstens sind einige Alten im Zweifel, ob sie diesem oder jenem die Erfindung des Choliambos zuschreiben sollen. Dieselbe Unsicherheit herrscht in Bezug auf die Gedichte, was offenbar daher rührt, daß Hipponax und Ananios in einem Bande vereinigt waren. Wir besitzen fünf Fragmente von ihm, teils in Trimetern, teils in Choliamben, teils in trochäischen Tetrametern abgefaßt. In den Choliamben wendet er sich gegen den Teier Pythermos, der erklärt hatte, nichts habe Wert außer Gold. »Wenn jemand«, so sagt der Dichter, »viel Gold in ein Gemach einschlösse und ein paar Feigen und zwei oder drei Menschen, dann könnte er erkennen, wie sehr die Feigen das Gold an Wert übertreffen.« Ananios gilt als derjenige, der zuerst die iambi ischiorrhogici einführte, d. h. die lendenlahmen, bei denen fünfter und sechster Fuß aus Spondeen bestehen; allein diese finden sich auch schon bei Hipponax. Der Bau der Verse ist gewandt, der Dialekt ionisch, und die Sprache, soweit man

dies aus den wenigen Fragmenten beurteilen kann, einfach und edel, der Prosa sich nähernd.

9. Mit Ananios schließt die Blüte der Jambendichtung ab; die Komödie, die in der nächsten Zeit in den Vordergrund tritt, drängt dieselbe zurück. Immerhin fehlt es aber auch jetzt an einzelnen Vertretern dieser Gattung nicht. Im 5. Jh. wird *Diphilos*, der Verfasser einer Theseis in epischem Versmaße, auch als Choliambendichter genannt; jedoch sind nur zwei Verse von ihm erhalten. Aus dem 4. Jh. ist *Skythinos aus Teos* zu nennen, der die Lehre des Philosophen Herakleitos metrisch behandelte, wovon noch ein Fragment, in trochäischen Tetrametern abgefaßt, erhalten ist. Von ihm rührt auch eine *ἱστορίη* und vermutlich die Schrift *περὶ φύσιος* in ionischem Dialekte her. Schließlich sind auch von *Äschrion von Mytilene*, einem Freund des Aristoteles, der Alexander den Großen auf seinen Zügen begleitete, einige *Choliamben* erhalten, die gekünstelte und unpassende Ausdrücke zeigen, wie wenn er den Neumond das schöne Sigma des Himmels nennt. Derselbe soll auch *Epen* gedichtet haben, und ein Vers von seinen in epischen Hexametern geschriebenen *Ephemerides* (Tagebüchern) ist noch vorhanden. Mit Unrecht identifiziert man aber, wie es scheint, den Mytilenäer mit dem *Samier*, von dem noch ein trochäischer Tetrameter übrig ist, und ein Epigramm, in dem er seine Landsmännin, die Hetäre Philänis, gegen den Vorwurf der Unsittlichkeit in Schutz nimmt; diesen habe der Athener Polykrates in böswilliger Weise gegen sie verbreitet.

20. Kapitel

Die melische Dichtung. Entwicklung der Musik

1. Die Bezeichnung *melische Dichtung* geht auf das Substantiv *μέλος* zurück, das Lied bedeutet, also die Vereinigung von Vers und Musik in sich schließt. Wir könnten sie die eigentliche lyrische Poesie oder die lyrische Poesie im engern Sinne nennen. Zu ihr bildet die elegische und iambische Dichtung sozusagen die Einleitung und Vorbereitung. Die Elegie machte den ersten Schritt von der objektiven Welt des Homer und der Epiker zur Darstellung der Gefühle und Empfindungen des menschlichen Herzens; schon einen stärkeren und volleren Ton schlug die subjektive Poesie im Jambos an, der deshalb auch dem gleichen Rhythmengeschlecht das doppelte hinzufügte und auch beide miteinander mischte; auch bedienten sich schon beide Dichtgattungen in größerem Umfange, als es beim Epos der Fall gewesen war, der Mitwirkung der Musik. Allein um die ganze Menschenseele in all

ihren Einzelheiten und Eigentümlichkeiten zum vollen Ausdruck gelangen zu lassen, bedurfte es noch einer größeren Mannigfaltigkeit der Rhythmen, einer stärkeren und wirkungsvolleren Beiziehung der Musik, und auch die Orchestik, die harmonischen Bewegungen des Körpers zur Veranschaulichung des Inhalts, durften nicht fehlen.

2. Schon oben, wo wir von der Elegie und dem Jambos sprachen, erwähnten wir den Namen des genialen phrygischen Flötenspielers *Olympos*, der ein Zeitgenosse des Königs Midas von Phrygien (738–695 v. Chr.) war. Dieser Mann muß nach der Überlieferung als Begründer der griechischen Musik angesehen werden; denn er ist es, der die musikalischen Instrumente vervollkommnete und so einen Aufschwung dieser Kunst ermöglichte. Die Flöte, die Olympos vorfand, hatte vier Schallöffnungen, umfaßte also nur vier Töne, von denen der höchste und tiefste im Verhältnis der Quart zueinander standen. Diese mangelhafte Beschaffenheit des Instrumentes beseitigte Olympos dadurch, daß er ein zweites Flötenrohr mit drei weiteren Tönen hinzufügte; so entstand die Doppelflöte mit sieben Tönen, vier höheren auf dem linken und drei tieferen auf dem rechten Rohre. Mit diesen sieben Tönen, die eine fortlaufende Reihe ohne die Oktave bildeten, war es möglich, eine wirkliche Melodie durchzuführen, und so wurde Olympos der Begründer der *Instrumentalmusik*.

Was nun die *Neuerungen* des Olympos auf dem Gebiete der Musik anlangt, so hören wir zunächst, daß er neben den Rhythmen des *γένος ἴσον* und *διπλάσιον* auch die des *γένος ἡμιόλιον* gebraucht habe, also die Päone, bei denen Hebung und Senkung sich wie 2 : 3 verhalten; die gebräuchlichste Form derselben ist die Creticus (– ᴗ –). Damit ist ein Reichtum von rhythmischen Formen geschaffen, der es jeder lyrischen Stimmung ermöglicht, den ihr angemessenen Ausdruck zu finden. Wie die Zahl der Rhythmengeschlechter, so erhielt auch die Zahl der *Tongeschlechter* durch Olympos einen Zuwachs. Bisher waren, wenn man der Überlieferung glauben darf, zwei Tongeschlechter in Geltung, das diatonische und chromatische; Olympos fügte das enharmonische hinzu. Die Verschiedenheit dieser Tongeschlechter beruht auf den Intervallen, die zwischen den einzelnen Tönen eintreten. Das einfachste und deshalb am häufigsten gebrauchte Tongeschlecht ist das diatonische; nimmt man eine ältere Flöte mit vier Schallöffnungen oder ein Saiteninstrument mit vier Saiten, das sog. Tetrachord, so betragen die Intervalle bei dem diatonischen Tongeschlecht je zwei ganze Töne und einen halben Ton, bei dem chromatischen anderthalb Töne und zweimal je einen halben Ton und bei dem enharmonischen der spätern Zeit zwei Töne und zweimal je einen Viertelston. So war aber das enharmonische Tongeschlecht des Olympos noch nicht beschaffen, sondern die enharmonische Flöte dieses Musikers umfaßte sechs Töne, indem von den sieben Tönen des diatonischen Tongeschlechts der dritte ausgelassen war. Wie nun die in diesen Tongeschlechtern vorgeschriebenen Intervalle verwandt werden, ob z. B. im diatonischen Tongeschlecht der halbe Ton an die erste, zweite oder dritte Stelle gesetzt wird, das bestimmen die *Tonarten* (*ἁρμονίαι*), die auch über die Höhe und Tiefe der Tonleiter entscheiden. Olympos gilt für den Erfinder der phrygischen und lydischen Tonart, die er nach Griechenland, speziell nach dem Peloponnes und Sparta brachte. Hier fand er die dorische Tonart vor, die er dann ebenfalls der siebentönigen Flöte anpaßte; insofern ist er auch der Begründer der dorischen Tonart. Von diesen Tonarten ist die dorische die tiefste, die lydische die höchste, während die phrygische in der Mitte zwischen beiden steht. Die dorische Tonart hat nach dem Zeugnis der Alten einen ernsten und strengen, einfachen und ruhigen, mannhaften und würdevollen Charakter; die lydische dagegen eignete sich hauptsächlich zu Klageliedern, war aber maßvoll und empfahl sich so auch zur Erziehung der Jugend, während die phrygische aufregend und begeisternd wirkte und deshalb besonders in den Götterkulten verwandt wurde.

Diese Erfindungen in der Rhythmik und Musik verwertete Olympos in seinen *Tondichtungen*, den *νόμοι αὐλητικοί*, einfachen und feierlichen Melodien, die bei religiösen Festen zu Ehren der Götter auf der Flöte vorgetragen wurden. Namen solcher *νόμοι* des Olympos sind uns noch erhalten. Der *νόμος πολυκέφαλος* und das *ἐπικήδειον ἐπὶ τῷ Πύθωνι* sind auf Apollon gedichtet, jener in phrygischer, dieser in lydischer Tonart. Auf Athene bezieht sich der *νόμος ὄρθιος*. Die *νόμοι* zu Ehren der Göttermutter Kybele führen den Namen *μητρῷα*. Auch Ares war in einem Nomos verherrlicht; ob dies aber der *ἁρμάτειος νόμος* war, muß dahingestellt bleiben. Diese Nomoi des Olympos erhielten sich lange im Gebrauch; noch Platon und Aristoteles sprechen mit großer Anerkennung von denselben. Zu ihrer Verbreitung und Erhaltung trug jedenfalls auch die große Zahl der Schüler, die Olympos um sich versammelte, wesentlich bei; ja, manche Kompositionen, die dem Meister zugeschrieben wurden, mögen von diesen herrühren. Die bedeutendsten unterdiesen sind *Krates*, dem auch der *νόμος πολυκέφαλος* zugeschrieben wurde, und *Hierax von Argos*, dessen Melodien eine große Weichheit und Wärme der Empfindung nachgerühmt wurde.

3. Ein etwas jüngerer Zeitgenosse des Olympos ist *Terpandros aus Antissa* aus Lesbos. Er war Zitherspieler. Man erzählt, daß er infolge eines Mordes habe fliehen müssen und dann als Rhapsode in Griechenland umhergezogen sei. Auf Befehl des Orakels von Delphi riefen ihn die Spartaner in ihre Stadt, damit er die Unruhen, die in Sparta

nach Beendigung des ersten messenischen Krieges im J. 710 v. Chr. ausgebrochen waren, beschwichtige. Er vollzog seinen Auftrag aufs beste, wobei ihm seine Kunst bei den Spartanern sehr zustatten kam. Auf diese Beruhigung der Bürgerschaft scheinen sich zwei noch erhaltene Hexameter zu beziehen, in denen er von Sparta sagt, »wo die Lanze der jungen Männer blüht und der helltönende Gesang und das breitstraßige Recht, das schöne Taten fördert.« Im Einklang mit der musikalischen Tätigkeit des Terpander in Sparta steht auch die Einführung kitharodischer Wettkämpfe an den Karneen, dem lakonischen Apollonfeste. Diese wurden im J. 676 v. Chr. das erste Mal veranstaltet, und dabei wurde dem schon bejahrten Terpander der Preis zuerkannt. Nicht lange nach diesem Siege scheint der Musiker gestorben zu sein. Die Nachricht, daß er viermal hintereinander an den Pythien gesiegt habe, ist unrichtig; denn die pythischen Spiel wurden erst im J. 586 v. Chr. zum ersten Male gefeiert. Der Sage nach ist er an einer Feige erstickt.

Terpander wurde, wie man annehmen darf, durch den Vorgang seines etwas älteren Zeitgenossen Olympos veranlaßt, dieselben *Verbesserungen*, die jener an der Flöte vorgenommen hatte, an der Zither vorzunehmen. Die bisher gebrauchte Kitharis, Tetrachord genannt, hatte vier Saiten, die dieselben Töne hatten wie die viertönige Flöte. Terpander fügte noch drei Saiten hinzu, und so machte er aus dem Tetrachord ein Heptachord. Daher rühmt er in zwei Hexametern, die noch vorhanden sind, von sich: »den viertönigen Gesang haben wir verschmäht; zu siebentöniger Laute werden wir dir neue Lieder erschallen lassen.« Aber der Lesbier verbesserte die Erfindung des Phrygiers; er ließ den dritthöchsten Ton weg und fügte dafür die Oktave bei, so daß das neue Instrument eine volle Oktave umfaßte, allerdings mit Weglassung eines Tones. Indes darf man nicht verschweigen, daß Terpander nach andern Nachrichten das Heptachord in der lydischen Pektis bereits vorfand. Dann bestand sein Verdienst eben in der Verbesserung desselben. Das verbesserte Instrument hieß *κιθάρα*, auch *Ἀσιάς* nach der lydischen Stadt Asia. Es eignete sich für musikalische Kompositionen besser als das Instrument des Olympos, und da die Griechen die Zither überhaupt der Flöte vorzogen, so wurde Olympos durch Terpander in den Hintergrund gedrängt. Von Terpander datiert die erste spartanische Musikepoche (*ἡ πρώτη κατάστασις τῶν περὶ μουσικήν*). Aber die Zither ist zum Unterschied von der Flöte mehr ein begleitendes Instrument; so war sie schon vor der Zeit des Terpander von den Sängern und Rhapsoden gebraucht worden, und auch der lesbische Musiker wich von diesem Gebrauche nicht ab. Wenn wir daher den Olympos als den Begründer der Instrumentalmusik hingestellt haben, so müssen wir in Terpander den Begründer der *Vokalmusik* sehen. Ob er jedoch auch schon eine Notenschrift gebrauchte, was an und für sich wahrscheinlich erscheint, muß dahingestellt bleiben; soweit wir urteilen können, sind die Pythagoreer die Erfinder derselben. Die Verbindung von Kitharspiel und Gesang nennt man *κιϑαρῳδία*, und die zu diesem Zweck komponierten Melodien, die also aus Worten und Tönen bestehen, *νόμοι κιϑαρῳδικοί*. Daneben wurde die Kithara, wenngleich seltener, auch zur Instrumentalmusik, wie die Flöte, gebraucht; dieses Zitherspiel heißt *κιϑάριος* und die Melodien desselben *νόμοι κιϑαριστικοί*, den *νόμοι αὐλητικοί* entsprechend. Der erste, der als *κιϑαριστής*, d.h. als Zitherspieler ohne Gesang, auftrat, soll *Aristonikos aus Argos*, ein Zeitgenosse des Archilochos, gewesen sein.

Wie Olympos die phrygische und lydische *Tonart* aus seiner Heimat mit nach Griechenland brachte, so Terpander die äolische von der Insel Lesbos, die der äolische Stamm bewohnte. Diese erfreute sich großer Beliebtheit und nahm bald die erste Stelle in der Kitharodik ein. Sie ist, dem Charakter der Äolier entsprechend, edel und heiter, zugleich aber auch stolz und übermütig. Daher eignet sie sich auch für Trinkgelage, Erotik und heitern Lebensgenuß. Unbekannt ist uns dagegen das Wesen der böotischen Tonart, die Terpander auch gebraucht haben soll. Außerdem paßte er die dorische Tonart seinem Instrumente an, wie dies schon Olympos bei dem seinen getan hatte. Diesen Tonarten wurde später noch die ionische beigefügt, vermutlich von dem Musiker *Polymnestos aus Kolophon*, die als hart, herb und schlaff geschildert wird. So hatte jeder der drei griechischen Stämme seine besondere Tonart, die Dorier, Äolier und Ionier; dazu kam noch die phrygische und lydische. Ordnet man sie der Reihe nach von der tiefsten zur höchsten, so erhält man die dorische, ionische, phrygische, äolische und lydische. An diese fünf Haupttonarten schlossen sich wieder je fünf höhere und tiefere Nebentonarten an, die ersteren hyperdorisch, hyperionisch, hyperphrygisch, hyperäolisch und hyperlydisch, die letzteren hypodorisch, hypoionisch, hypophrygisch, hypoäolisch und hypolydisch genannt. Die hyperdorische führte auch den Namen mixolydische Tonart. Eine Abart der dorischen war die lokrische Tonart, und in demselben Verhältnis scheint die böotische zur äolischen gestanden zu haben. Natürlich bildeten sich diese fünfzehn, bzw. siebzehn Tonarten nur allmählich im Laufe der Zeit aus und waren zu Terpanders Lebzeiten noch nicht alle vorhanden.

Terpander setzte, wie wir hören, *Homer in Musik*. Diese Nachricht läßt sich kaum anders auffassen, als daß Terpander kleinere homerische Hymnen komponierte und bei Festen als Einleitung zu den großen rhapsodischen Vorträgen sang. Denselben Zweck hatten die *Proömien*, die er selbst dichtete und komponierte, offenbar in der Art der homerischen Hymnen. Die Haupttätigkeit des Terpander aber war die Ausbildung des *Nomos*. Dieser hatte bis auf die Zeit Terpanders vier Teile, *ἀρχά*, *κατατροπά*, *ὀμφαλός* und *σφραγίς*. Terpander fügte drei weitere Teile hinzu, so daß der kitharödische Nomos von jetzt an sieben Teile umfaßte, nämlich *ἀρχά*, *μεταρχᾶ κατατροπά*, *μετακατατροπά*, *ὀμφαλός*, *σφραγίς* und *ἐπίλογος*. Die beiden ersten Teile bildeten die Einleitung, die zwei folgenden den Übergang zum Thema. Der Hauptteil hieß *ὀμφαλός*; der Inhalt desselben wird in der Regel der Mythologie entnommen gewesen sein und eine Tat oder einen Vorgang besungen haben, der die Größe und Macht des zu feiernden Gottes zur Anschauung brachte. Insofern war im Omphalos immer ein episches Element enthalten. Der nächste Teil, die *σφραγίς*, faßte, wie es scheint, den Grundgedanken des Nomos kurz zusammen, während der Epilogos den Schluß bildete.

Von Terpander werden *acht Nomen* aufgeführt, von denen zwei nach der Tonart benannt sind, *νόμος Αἰόλιος* und *Βοιώτιος*, zwei nach dem Rhythmus, *νόμος ὄρθιος* und *τροχαῖος*, zwei nach der Tonlage *νόμος ὀξύς* und *τετραοίδιος* und zwei nach seinem Namen und dem seines Schülers, *νόμος Τερπάνδρειος* und *Καπίων*. Der *νόμος ὄρθιος* war auf Apollon gedichtet. Der Anfang desselben, ein Hexameter, ist noch vorhanden: »Von dem ferntreffenden Herrscher soll mein Herz singen«. Der Hauptrhythmus des Gedichts war aber offenbar der *ῥυθμὸς ὄρθιος*, gedehnte Jamben, aus drei vierzeitigen Längen bestehend, von denen die erste die Senkung, die zweite folgenden die Hebung darstellen. Liegt dagegen der Iktus auf den zwei ersten vierzeitigen Längen, während die dritte die Senkung darstellt, so hat man die *τροχαῖοι σημαντοί*, das Versmaß, in dem der *νόμος τροχαῖος* abgefaßt war. Auch von diesem Rhythmus sind einige Verse erhalten, und da diese an Zeus gerichtet sind, so nimmt man an, daß der *νόμος τροχαῖος* zu Ehren des Zeus gedichtet war. Die erhaltenen Verse lauten: »Zeus, Anfang von allem, Führer von allem, Zeus, dir bringe ich diesen Anfang des Liedes.« In eben diesem Fragment kommen neben den *τροχαῖοι σημαντοί* auch noch *σπονδεῖοι διπλοῖ* oder *μείζους* vor, die aus zwei vierzeitigen Längen bestehen, von denen die erste den Iktus hat. Außerdem werden noch zwei Bruchstücke, eines auf Apollon und die Musen und das andere auf die Dioskuren, dem Terpander zugewiesen, die ebenfalls in diesen gedehnten, feierlichen Rhythmen abgefaßt sind. Das Maß aber, welches unser Dichter am häufigsten angewandt hat, scheint der daktylische Hexameter gewesen zu sein. Auch die Sprache ist durchweg episch, aber durch Anwendung des dorischen *α* und einiger dorischer

Formen erhält sie einen dorischen Anstrich. Beim Vortrag der Nomen ließ Terpander, der selbst Kitharöde war, einen Flötenspieler mitwirken, um die Rhythmen mehr zur Geltung zu bringen.

Wie Olympos, so sammelte auch Terpander Schüler um sich, und seine Schule stand lange Zeit in Griechenland in Ehren, besonders in Sparta, wo es bei der Feier der Karneen Sitte war, immer zuerst die Nachkommen und Schüler des Terpander zum kitharödischen Wettkampf aufzurufen und erst nach diesen die andern Kitharöden. Daher entstand das Sprichwort *μετὰ Λέσβιον ᾠδόν* (nach dem lesbischen Sänger). Diese Schule betrachtete es als ihre Aufgabe, die Nomendichtung nach der Art des Terpander zu erhalten und zu pflegen. Der bekannteste unter den Nachfolgern des Terpander ist dessen Lieblingsschüler *Kapion*, dem auch die Vervollkommnung der Kithara, der sog. Asias, zugeschrieben wurde. Terpanders Schule bestand bis herab auf *Phrynis von Lesbos*, den Schüler des Aristokleides, der zur Zeit der Perserkriege lebte. Dieser vermehrte die Zahl der Saiten der Kithara auf neun, denen sein Schüler *Timotheos* noch zwei hinzufügte. Die alten feierlichen Rhythmen des Nomos vertauschte er mit freieren und bewegteren Maßen und näherte so den Nomos dem Dithyrambos. Damit ist der terpandrische Nomos beseitigt.

Außer Nomen hat Terpander auch *Trinklieder* (*σκολιά*), wie man sagt, nach dem Beispiel der Lyder gedichtet; auch diese scheint er nach Sparta verpflanzt zu haben, wo sie weiter ausgebildet wurden.

4. Von Terpander kommen wir zu *Thaletas*, von dem Begründer der ersten spartanischen Katastasis zu dem der zweiten. Thaletas oder Thales stammt aus Gortyn in Kreta; andere lassen ihn in Elyros oder Knossos geboren sein. Was wir von seinen Lebensschicksalen hören, zeigt große Ähnlichkeit mit dem, was von Terpander überliefert ist. Auch er soll Rhapsode gewesen und von den Spartanern infolge eines Orakelspruches in ihre Stadt gerufen worden sein, um eine verheerende Seuche von dem Lande abzuwenden und die Eintracht unter den Bürgern wieder herzustellen. Wie Terpanders Name mit dem Feste der Karneen verbunden ist, so wird dem Thaletas die Einführung der Gymnopädien, welche die Griechen in das J. 669 oder 665 v. Chr. setzen, zugeschrieben, was offenbar nichts anderes heißen will, als daß jener Musiker und Dichter um die angegebene Zeit eine Umgestaltung dieses Festes vornahm. Die Gymnopädien, das Fest der nackten Knaben, war speziell spartanisch; es war eine Art Turnfest, das im Hochsommer vier Tage lang gefeiert und an dem auf dem Marktplatz in Sparta vor den Bildsäulen des Apollon und der Artemis gymnastische und orchestische Spiele unter Gesang und Musik aufgeführt wurden. Aber die religiöse Bedeutung trat mit der Zeit zurück; es wurden

nicht nur Götter, wie Apollon, Artemis und Dionysos, verherrlicht, sondern auch der Staat und die Taten der Spartaner, wie der Kampf um Thyrea im J. 544 v. Chr. oder bei Thermopylä. Thaletas scheint bis zu seinem Tode in Sparta gewirkt zu haben.

Terpander hatte den kitharödischen Nomos, das religiöse Einzellied, ausgebildet; das Verdienst des Thaletas und der Dichter der zweiten Katastasis ist es, das *Chorlied* mit seinen bewegteren Rhythmen, seiner reicheren Instrumentierung und seiner orchestischen Begleitung in die Literatur eingeführt zu haben. Die Anregung dazu brachte Thaletas aus seiner Heimat Kreta mit, wo der Kult des Apollon, auf den der Päan angestimmt wurde, besonders in Ehren stand. Daneben bestand dort auch noch aus alter Zeit der Dienst des Zeus, bei dem lärmende Musik, einfacher Tanz und Waffentanz vorkamen, und daher entlehnte Thaletas jene Tanzlieder, die er für die spartanischen Gymnopädien dichtete, die *Hyporcheme* und *Pyrrhiche*. Über die Pyrrhiche haben wir schon früher gesprochen; der kretische Dichter und Musiker bildete sie aber künstlerischer und mannigfaltiger aus, so daß sie von Sparta aus bald in ganz Griechenland zu Ansehen kamen. Die Hyporcheme, die im Dienste des Apollon standen, waren mimische Aufführungen, bei denen der Chor durch Tanz und rhythmische Bewegungen den Inhalt des Liedes, das er sang, zur sinnlichen Darstellung brachte. Die Rhythmen dieser Tanzlieder waren erregt und lebhaft, während der Charakter der Päane mehr ernst und gemessen war. Thaletas verwandte alle drei Rhythmengeschlechter, bald mehr, bald weniger gemischt, wie es gerade der Ton des Liedes jedesmal verlangte. Besonders von den Cretici und überhaupt der ganzen Klasse der Phäone machte er einen ausgiebigen Gebrauch, und wenn Olympos diese Rhythmen auch schon in seinen auletischen Nomen benutzt hatte, so ist doch Thaletas der erste, der sie in der Poesie in Anwendung brachte. Auch die Musik, besonders die Flöte, scheint er mehr als Terpander beigezogen zu haben, wie dies schon in der Natur chorischer Aufführungen lag. Von den Dichtungen des Thaletas ist nichts erhalten.

5. Unter den Schülern des Thaletas sind *Xenodamos* von der Insel *Kythera* und *Xenokritos aus Locri Epizephyrii* in Unteritalien zu nennen. Der erstere, der auch Päane nach der Art seines Meisters gefertigt haben mag, widmete sich besonders der Ausbildung und Vervollkommnung der *Hyporcheme*, die durch ihn zu großer Blüte gelangten. Größere Selbständigkeit zeigt der jüngere *Xenokritos*, den die Überlieferung von Geburt an blind sein läßt. Aus seiner Heimat brachte er die lokrische Tonart mit, die er künstlerisch ausbildete und in Kompositionen verwandte. Auch hinsichtlich des Inhalts entfernte er sich von seinen Vorgängern; denn während jene Götter, besonders den Apol-

lon, zum Mittelpunkt ihrer Lieder machten, behandelte dieser mit Vorliebe die Sage der Heroen. Da diese von einem Chor unter lebhafter Musik mit mimischen Tanzbewegungen aufgeführt wurden, so begreift man wohl, daß sie manchen als *Dithyramben* erschienen; aber gerade der ausgelassene, lärmende Charakter dieser fehlte den Dichtungen des Xenokritos, die mehr ernst und feierlich waren. Auch von diesen beiden Dichtern ist uns nichts erhalten.

6. Zwischen Terpander und Thaletas, zwischen der ersten und zweiten Katastasis steht *Klonas von Tegea* in Arkadien. Wenn er auch ein Thebaner genannt wird, so kommt dies daher, daß er wohl einen Teil seines Lebens in dieser das Flötenspiel liebenden Stadt zubrachte. Durch die kitharödischen Nomen des Terpander angeregt, legte Klonas auch den Flötenweisen, wie sie von Olympos und seiner Schule vorgetragen wurden, Texte unter und schuf so aus den auletischen die *aulödischen Nomen;* denn *Ardalos von Trözen*, dem ebenfalls diese Erfindung zugeschrieben wird, ist nur eine mythische Persönlichkeit. Die Einrichtung und Anordnung derselben übernahm er, wie es scheint, ganz von Terpander. Von ihm werden zwei Nomen, der *νόμος ἀπόϑετος* und *Σχοινίων*, erwähnt, über die wir aber nicht näher unterrichtet sind. Außerdem soll er *Prosodien* gedichtet haben, eine Art Hymnen, die man unter Flötenbegleitung und Tanz anstimmte, wenn man sich in feierlichem Zuge dem Tempel oder Altare eines Gottes näherte. Man kann sie also als Prozessionslieder bezeichnen. Da diese offenbar von einem Chor gesungen wurden, so schließt sich Klonas damit ebenso an Thaletas an, wie mit den Nomen an Terpander. Wenn er endlich ein Dichter in epischem und elegischem Versmaß genannt wird, so sind damit eben die Metra gemeint, deren er sich in seinen Gedichten bedient hat. Fragmente haben wir von ihm nicht.

7. An Klonas reihen sich einige andere Dichter an, die zur zweiten Katastasis gerechnet werden, zunächst *Polymnestos aus Kolophon*; da er in Sparta lebte, so wird er häufig auch dorisch Polymnastos genannt. Seine Zeit bestimmt sich dadurch, daß er den Spartanern ein Gedicht, wahrscheinlich eine Elegie, auf Thaletas, ohne Zweifel unmittelbar nach dessen Tode, schrieb. Wie Klonas dichtete er *Prosodien* und aulödische Nomen, darunter *νόμοι ὄρϑιοι*. Alles Weitere über ihn ist zweifelhaft. Wahrscheinlich fügte er die ionische Tonart den schon früher vorhandenen bei. Die von den Komikern verspotteten *Πολυμνήστεια*, eine Art ausgelassener Liebeslieder, rühren nicht von unserm Polymnestos her. Die Gedichte des Polymnestos waren in Griechenland bekannt und verbreitet; Alkman und Pindar erwähnen denselben; aber uns ist nichts von ihm erhalten.

8. Hierher gehört auch *Sakadas von Argos*, der als Flötenspieler einen

großen Namen in Griechenland hatte. Er dichtete *aulödische Nomen*, allein er verwandte dabei reichere Kunstmittel als seine Vorgänger. Besonders berühmt war sein *νόμος τριμερής* oder *τριμελής*, der in drei Tonarten gesetzt war, der erste Teil in der dorischen, der zweite in der phrygischen und der dritte in der lydischen. Dieser Übergang aus einer Tonart in eine andere und von einem Tongeschlecht in ein anderes, von den Griechen *μεταβολή* genannt, fand später vielfache Verwendung bei den Musikern und Dichtern; jedoch war er in der ersten Zeit nicht innerhalb derselben Strophe gestattet. Außerdem zeigt sich auch darin ein Fortschritt, daß Sakadas diesen Nomos entgegen der früheren Sitte für einen Chor komponierte. Aber unser Musiker verfaßte auch *auletische Nomen*, mit denen er in den drei ersten Pythiaden (586, 582 und 578 v. Chr.) den Sieg davontrug. Infolgedessen wurde seine Bildsäule auf dem Helikon aufgestellt. Der Nomos, den er in Delphi spielte, war der *νόμος Πύθιος*, der den Kampf des Apollon mit dem Drachen zum Gegenstand hatte. Endlich hören wir, daß er eine *Ἰλίου πέρσις* (eine Zerstörung Trojas) gedichtet habe. Doch ist diese Nachricht wahrscheinlich verschrieben; sollte sie aber richtig sein, so hätten wir darin den ersten Versuch zu den großen episch-lyrischen Darstellungen zu erkennen, wie sie nachher Xanthos und Stesichoros verfaßten. Die Kompositionen des Sakadas erhielten sich lange Zeit in Griechenland; noch bei der Wiederherstellung Messeniens durch Epaminondas wurden sie gespielt. Pindar machte ein Gedicht auf ihn, und noch in später Zeit zeigte man in Argos sein Grab.

9. Ein Zeitgenosse und wohl auch Schüler des Sakadas war *Echembrotos von Arkadien*. Bei den ersten pythischen Spielen im J. 586 trat er gleichzeitig mit Sakadas auf und erhielt den Preis im aulödischen Nomos; aber die Aulodik fand in Delphi so wenig Anklang, daß sie schon in der zweiten Pythiade aus dem Festprogramm beseitigt wurde. Zu Ehren des Sieges stiftete *Echembrotos* einen ehernen Dreifuß als Weihegeschenk in den Tempel des Herakles in Theben, dessen Aufschrift noch erhalten ist. Er bezeichnet sich darin selbst als Sänger von Liedern und Flötenweisen (*ἔλεγοι*).

10. Damit haben wir die Entwicklung der Rhythmik, der Musik und der Orchestik in Kürze kennengelernt; zugleich haben wir gesehen, wie sich nach und nach einzelne Arten des Melos ausbildeten. Man kann die melische Dichtung der Griechen in zwei große Klassen teilen, in die *monodische* und die chorische Lyrik, je nachdem sie von einem einzelnen oder einem Chor vorgetragen wurde. Der Unterschied zwischen beiden Gattungen zeigt sich schon in der Form; die monodische Lyrik liebt kurze Strophen, in der Regel von vier Versen, während die chorische Dichtung umfangreichere metrische Gebilde verlangt, die

gewöhnlich den Bewegungen des Chors entsprechend in Strophe, Antistrophe und Epodos zerfallen. Hinsichtlich der Sprache hält sich die monodische Lyrik an den Volksdialekt, die Chorlyrik aber trägt durchaus einen dorischen Charakter, mit epischen und dialektischen Elementen versetzt; bisweilen besteht der dorische Anstrich allerdings in kaum mehr als dem Gebrauch des dorischen *α*. Auch dem Inhalt nach ist die Chorlyrik von der monodischen verschieden; diese gibt den Gefühlen und Stimmungen des einzelnen Ausdruck, während jene im Dienste des Staates und der Religion steht. Was endlich die Dichter der beiden Gattungen anlangt, so ist die Chorlyrik fast ausschließlich Eigentum des dorischen Stammes, die monodische Melik dagegen wird von den Äoliern und Ioniern gepflegt. Als die besten lyrischen Dichter bezeichneten die Alexandriner folgende neun: *Alkman*, *Alkäos*, *Sappho*, *Stesichoros*, *Ibykos*, *Anakreon*, *Simonides*, *Pindaros* und *Bakchylides*; diese bildeten den Kanon der griechischen Lyriker. Alkäos, Sappho und Anakreon sind Vertreter der monodischen Lyrik, während die übrigen die Chorlyrik ausbildeten.

21. Kapitel

Die monodische Lyrik

1. Die Heimat der monodischen Lyrik ist die Insel Lesbos, deren reicher Gesang, wie die Griechen erzählen, aus dem Grabe, welches das Haupt und die Leier des Orpheus birgt, erblühte. Von hier stammte der berühmte Musiker und Sänger Terpandros, und hier in der Stadt Mytilene wurde auch *Alkäos* als Sohn einer altadeligen Familie geboren. Seiner Abkunft entsprechend stellte er sich in den Kämpfen, die in seiner Vaterstadt am Ende des 7. und Anfang des 6. Jh. zwischen Adel und Volk stattfanden, ganz auf die Seite des Adels. Melanchros, der sich zum Tyrannen aufgeworfen hatte, wurde von ihm und seinen beiden Brüdern, Kikis und Antimenides, im Bunde mit dem weisen Pittakos und andern Gleichgesinnten im J. 612 getötet. Allein Myrsilos wußte sich als neuen Tyrannen an dessen Stelle zu setzen. Auch diesen verfolgte Alkäos mit glühendem Hasse, und bei seinem Tode brach er in den Freudenruf aus: »Jetzt muß man sich berauschen und mit Macht trinken, da Myrsilos tot ist.« An dem Kriege, der damals zwischen Lesbos und Athen um den Besitz von Sigeion geführt wurde, nahm Alkäos regen Anteil; doch fiel derselbe unglücklich für die Lesbier aus; sie wurden geschlagen, und unser Dichter gesteht in einem Gedicht an seinen Freund Melanippos, daß er geflohen sei und seinen Schild, den die Athener im Athenetempel zu Sigeion aufhingen, weggeworfen habe, ein Geständnis, das vor ihm schon Archilochos gemacht hatte und nach ihm Horaz wiederholte.

Es ist möglich, daß dieses Unglück im Krieg den Sieg des Volkes und die Vertreibung des Adels zur Folge hatte. Jedenfalls treffen wir in der Folgezeit den Dichter und seinen Bruder fern von der Heimat, den Alkäos in Ägypten, den Antimenides in Babylon, wo er dem Nebukadnezar als Söldner diente. Dabei war der letztere, wie Alkäos in einem Gedichte erzählt, so glücklich, einen feindlichen Riesen zu erlegen, wofür er ein Prachtschwert mit elfenbeinernem, goldgeschmücktem Griffe als Belohnung erhielt. Später aber sammelte sich die Adelspartei wieder und suchte unter Führung des Alkäos und Antimenides in ihre Heimat zurückzukehren. In dieser Not ernannte das Volk im J. 590 den Pittakos, der im J. 606 den athenischen Feldherrn Phrynon im Zweikampf erschlagen und so den Krieg zu Gunsten seiner Vaterstadt entschieden hatte, zum Äsymneten, d.h. zum obersten Beamten und Schiedsrichter, damit er wieder Ruhe im Staate herstelle, und dieses gelang ihm wirklich. Auch Alkäos brachte, wie es scheint, den Rest seines Lebens in Mytilene zu, nachdem ihm Pittakos, der ihn in seine Gewalt bekommen, großmütig all die Schmähungen, die er gegen ihn als Tyrannen ausgesprochen, mit den Worten verziehen hatte: »Verzeihen ist besser als Strafe.«

Die *Gedichte* des Alkäos füllten mindestens 10 Bücher. Unter diesen erwähnen wir zuerst die *Hymnen.* Wir haben noch Überreste von dem Hymnos auf Apollon, in dem die Reise des Gottes zu den Hyperboreern, sein einjähriger Aufenthalt daselbst und sein Zug nach Delphi geschildert wird, dann von dem Hymnus auf Hermes, den Horaz Od. 1, 10 nachahmte, endlich von den Hymnen auf Athene und Hephästos. In diesen trat das mythologische Element stark hervor. Es scheint, daß sie eine Art Proömien waren, ähnlich wie die homerischen Hymnen dazu bestimmt, als Einleitung zu den Vorträgen der Rhapsoden zu dienen.

Viel bedeutender sind die *στασιωτικά*, die Kriegs- und Revolutionslieder. Zu diesen gehört das Lied auf den Tod des Tyrannen Myrsilos, das Horaz Od. 1, 37: nunc est bibendum, nunc pede libero pulsanda tellus etc. vor Augen hatte. Auch die schöne Vergleichung des durch Parteikampf gefährdeten Staates mit einem mit den Wogen ringenden Schiffe, die wir bei Horaz 1, 14 lesen, stammt aus Alkäos. Ein anderes Gedicht gibt eine anschauliche und lebhafte Schilderung seiner Waffenkammer, deren Wände von Helmen, Beinschienen, Panzern, Schilden, Schwertern und allem Kriegszeug glänzen. Dem Alkäos gehört auch der berühmte Ausspruch an: *Kriegsleute sind die Wehr der Stadt.* In diesen Gedichten spiegelte sich das ganze unruhige und vielbewegte Leben des Dichters wieder: die Unruhen in seiner Vaterstadt, die Kämpfe gegen die Gewalthaber und die Leiden der Verbannung.

Die Stasiotika wurden in der Regel in dem frohen Kreise der Freunde und Parteigenossen des Dichters beim Weine vorgetragen oder gesungen. Daher ist eine strenge Sonderung dieser von den eigentlichen *Trinkliedern*, den συμποτικά oder σκολιά im engeren Sinne, unmöglich. Diese brachten dem lesbischen Dichter nicht weniger Ruhm ein als die Stasiotika. Einige davon sind durch die Nachbildungen des Horaz allgemein bekannt, so Od. 1,9: vides, ut alta stet nive candidum etc., und 1, 18: nullum, Vare, sacra vite prius severis arborem etc. In allen tritt uns die innige Freude entgegen, die der Dichter im Genuß des Weines und im heitern Zusammensein mit seinesgleichen empfindet, und um Gründe und Veranlassungen, sich diesen Freuden hinzugeben, ist er wahrlich nicht verlegen. Die erschlaffende Hitze des Sommers mahnt ebenso dazu, sich mit Wein zu erfrischen, wie die erstarrende Kälte des Winters verlangt, daß man sich mit Wein erwärme. Das Nahen des Frühlings begrüßt man am besten mit dem vollen Becher. Der Wein verscheucht Sorge und Ungemach, er verschönt aber auch Freude und Glück. Kurz, es gibt keine Lage im Leben des Menschen, die nach dem Dichter nicht zum Weingenuß einlädt. Auch die sprichwörtlichen Redensarten: *Wein und Wahrheit* und *der Wein ist der Spiegel der Menschen* rühren von Alkäos her.

Endlich sind noch die *Liebeslieder* des Alkäos zu erwähnen. Diese sind zum großen Teil an schöne Knaben gerichtet, unter denen Lykos am bekanntesten ist; aber auch an Gedichten an Mädchen fehlt es bei ihm nicht. Eines der letzteren bildete die Vorlage für Horaz III, 12: miserarum est neque amori etc. In einem andern wandte er sich an seine berühmte Landsmännin, »die veilchenlockige, hehre, süßlächelnde Sappho«, und wenn man dem Aristoteles glauben darf, so machte er ihr ein Liebesgeständnis: »ich möchte dir gerne etwas sagen, aber die Scheu hält mich ab.« Aber unwillig antwortete ihm die Dichterin: »trügest du nach Edlem und Schönem Verlangen und wollte deine Zunge nicht etwas Schlechtes sprechen, würde keine Schamröte dein Antlitz bedecken, sondern du sprächest es aus, wie es recht ist.«

Die wenigen Fragmente, die von den Gedichten des Alkäos übrig sind, genügen nicht, um uns ein anschauliches Bild von dem *Charakter* derselben zu geben; aber trotzdem reichen sie hin, um uns ahnen zu lassen, daß die Poesie des Alkäos, etwa von den Hymnen abgesehen, das getreue Abbild der ganzen Persönlichkeit des Dichters war. Wie bei allen Äoliern, so waren auch bei ihm persönlicher Mut und Tapferkeit, glühende Leidenschaftlichkeit und ein ausgesprochener Hang zu den Freuden und Genüssen des Lebens die hervorstechendsten Charakterzüge. Dazu war er ein Aristokrat vom reinsten Wasser, der alle anders Denkenden mit der ganzen Heftigkeit seiner leidenschaftlichen

Natur verfolgte, selbst wenn er ihnen früher nahestand, wie z. B. dem edlen Pittakos. Allein da diese Angriffe der Ausfluß seiner politischen Überzeugung waren, so nahm niemand und konnte auch niemand daran Anstoß nehmen. Seine Sprache ist, wie Dionysios von Halikarnass sagt, erhaben, kurz, anmutig, kräftig und ausdrucksvoll; seine Figuren sind klar und deutlich; nur meint er, daß der Dialekt dem Verständnis etwas Abbruch tue. Wegen des vollen Tons, der in seinen Liedern erklingt, erkennt ihm Horaz ein goldenes Plektrum zu, was Quintilian vollständig billigt mit dem Zusatz, Alkäos eigne sich mehr für Ernstes und Großes, als für Tändelndes und Scherzhaftes. Und dem sprachlichen Ausdruck entsprechen auch durchweg die Metra, unter denen die alkäische und sapphische Strophe und die Asklepiadeen besonders zu nennen sind.

Die *Bedeutung* des Alkäos war infolge dieser Vorzüge seiner Gedichte sehr groß. Seine Vaterstadt Mytilene schmückte ihre Münzen mit seinem Bilde. In Athen wurden seine Lieder noch zur Zeit des Aristophanes trotz ihres äolischen Dialekts bei Gelagen gerne gesungen. Auch die Gelehrten beschäftigten sich vielfach mit ihm; der Philosoph Dikäarchos, der um das Ende des 4. Jh. v. Chr. lebte, schrieb über ihn, und die Alexandriner Aristophanes und Aristarchos gaben ihn heraus. Ganz besonders in Gunst stand er bei Horaz, der viele seiner Gedichte nachahmte. Auch ist es nur sein und der Sappho Verdienst, daß spätere Dichter, besonders Theokrit, noch den äolischen Dialekt anwandten.

2. Etwas jünger als Alkäos ist *Sappho*, im äolischen Dialekt Psappha genannt. Sie stammt aus Eresos auf Lesbos. Ihr Vater hieß Skamandronymos und ihre Mutter Kleis. Ob sie verheiratet war und eine Tochter Kleis hatte, muß dahingestellt bleiben, da es nicht feststeht, daß sie in dem Gedicht, in dem sie von der schönen, goldnen Blumen vergleichbaren Kleis spricht, die sie nicht für ganz Lydien hergäbe, von sich selbst redet. Daß Kerkylas aus Andros ihr Mann war, ist ein böswilliger Witz der Komödie, die sie auch sonst in der schmählichsten Weise verleumdete. Aus derselben Quelle stammt die Sage, daß sie sich in den schönen Phaon verliebt, und als sie von ihm verschmäht worden sei, sich vom leukadischen Felsen ins Meer gestürzt habe. Gegen diese und noch schlimmere Verleumdungen genügt es, auf die Art und Weise hinzuweisen, wie sich ihr Landsmann und Zeitgenosse Alkäos, wie wir oben sahen, ihr näherte.

Sappho stammt aus einer vornehmen Familie. Sie hatte drei Brüder *Larichos*, *Charaxos* und *Eurygios*. Der erstere wurde zum Mundschenk im Prytaneion in Mytilene gewählt. Von Charaxos hören wir, daß er die Hetäre Doricha, die auch den Namen Rhodopis führte, von ihrem Herrn Xanthos loskaufte und längere Zeit mit ihr in Naukratis in Ägypten lebte, wofür er sich herben Tadel vonseiten seiner Schwester zuzog. Sappho selbst scheint später in Mytilene gelebt zu haben. Als der Adel von hier vertrieben wurde, begab sie sich nach Sizilien, wo sie sich längere Zeit aufhielt. Später kehrte sie wieder in ihr Vaterland zurück, wo sie auch starb und beerdigt wurde.

Die *Poesie* der Sappho hing mit ihrer Stellung und Wirksamkeit in Lesbos aufs engste zusammen. Hier war die Frau nicht, wie in den ionischen Staaten, vom öffentlichen Leben abgeschlossen und nur auf die Familie und das Hauswesen beschränkt, sondern sie genoß große Freiheit, und in erster Linie war es Literatur und Kunst, mit der sie sich gerne beschäftigte. Um sich aber die hierzu nötigen Kenntnisse und Fertigkeiten zu erwerben, sammelten sich nach der herrschenden Sitte die jungen Mädchen um eine Frau, die wegen ihrer musikalischen und poetischen Leistungen bekannt war. So war es auch bei Sappho; sie hatte einen großen Kreis von Schülerinnen um sich, von denen uns Gyrinno, Atthis, Anaktoria, Mnasidika, Erinna u.a. genannt werden. Zu diesen stand sie, wie ein alter Schriftsteller sagt, in demselben Verhältnis, wie Sokrates zu Alkibiades, Phädros und Charmides. Aber natürlich gab es außer der Schule der Sappho noch andere solche Schulen auf Lesbos, und man wird sich gewiß nicht wundern, wenn man hört, daß Sappho mit den Leiterinnen derselben nicht immer auf dem besten Fuße stand. Derselbe Gewährsmann, den wir eben anführten, fährt weiter fort: »und was dem Sokrates die Sophisten Prodikos, Gorgias, Thrasymachos und Protagoras sind, das sind der Sappho die Gorgo und die Andromeda.« Zu diesen beiden können wir noch Hero und Timas hinzufügen. Da jede dieser Lehrerinnen die vornehmsten, begabtesten und schönsten Mädchen haben wollte, so war viel Veranlassung zu gegenseitiger Eifersucht geboten, zumal wenn gar ein Mädchen von einer Lehrerin zu einer andern überging. In einem noch erhaltenen Gedichte wendet sich Sappho, von leidenschaftlicher Liebe entbrannt, an Aphrodite, damit ihr diese, wie früher, so auch jetzt, das geliebte Mädchen zuführe. Sie stellt den Mädchen vor, daß Reichtum ohne Bildung nicht unschädlich sei, und einer Ungebildeten ruft sie zu, man werde ihrer, wenn sie gestorben, nicht gedenken, da sie keinen Anteil an den Rosen Pieriens habe; vergessen werde sie auch im Hades nur zu unbekannten Schatten hinschweben. An ein anderes Mädchen richtet sie die Frage: »Hast du mich vergessen oder liebst du sonst jemand mehr als mich?« Als aber Atthis das *Musenheim*, wie Sappho ihr Haus nannte, verließ und zur Nebenbuhlerin Andromeda ging, da klagte sie: »Die Liebe erschüttert wieder mein Herz, wie der Sturmwind, der die Eichen des Berges

peitscht«. Die Andromeda selbst aber nennt sie eine Bäuerin, die nicht verstehe, das Kleid bis zu den Knöcheln hinabwallen zu lassen.
Ein ganz besonderer Anlaß zu poetischem Schaffen bot sich der Dichterin bei der Verheiratung der Mädchen, die ihrer Schule angehörten. Sie schilderte dem Bräutigam die Schönheit derselben in den glühendsten Farben und dichtete selbst die *Hochzeitslieder*, Epithalamia genannt. Die Braut vergleicht sie mit einem Apfel, der sich oben am Aste, ganz zu alleroberst rötet; die Leute, welche die Äpfel brachen, haben ihn vergessen, nein, nicht vergessen, sondern sie konnten ihn nicht erreichen. In einem andern Gedichte, das Catull 51 nachahmte, preist sie den Bräutigam glücklich, welcher der Braut gegenüber sitzen, ihre liebliche Stimme und ihr süßes Lachen hören darf, während sie von den heftigsten Liebesschmerzen sich gequält fühlt. Den Zimmerleuten ruft sie zu, sie sollten die Türe und das Haus höher machen; »denn der Bräutigam kommt, gleich dem Ares, viel größer als ein großer Mann, hervorragend, wie ein lesbischer Sänger unter fremden.« Ein Epithalamion kennen wir durch die Nachbildung bei Catull 62 noch ziemlich genau. Es ist ein Wettgesang zwischen Jünglingen und Jungfrauen, der am Abend bei der festlichen Heimführung der Braut in das Haus des Bräutigams angestimmt wurde. Die Jungfrauen klagen über den grausamen Abend, der ihnen für immer die liebe Gespielin entführt, während die Jünglinge den willkommenen Abend preisen, der ihrem Freund die ersehnte Erfüllung seiner Wünsche bringt.
Außer erotischen Liedern werden der Sappho auch *Hymnen* zugeschrieben. Die Spur eines solchen hat sich in den Fragmenten erhalten; er gehört zu den sog. *ὕμνοι κλητικοί*, deren Eigentümlichkeit darin bestand, daß man die Gottheit unter Aufzählung all der Lieblingsorte, an denen sie weilen konnte, herbeirief. Auch das Gedicht, in dem Sappho die Aphrodite zu ihrem Beistand herbeirief, ist einem Hymnos dieser Art ähnlich. Dagegen stammen die drei der Sappho zugeschriebenen *Epigramme* nicht von dieser Dichterin, wie schon der dorische Dialekt zeigt. *Elegien* und *Jamben* sind der Sappho, soweit wir urteilen können, abzusprechen.
Die *Gedichte* der Sappho waren nach den Metren in 9 Bücher geteilt, doch so, daß die Epithalamien ein Buch für sich bildeten. Das erste Buch umfaßte die Gedichte in der sapphischen Strophe, die ihren Namen von Sappho erhielt, wenn es auch zweifelhaft bleiben muß, ob sie oder Alkäos dieselbe zuerst gebrauchte. In den übrigen Büchern finden sich Asklepiadeen, Glykoneen, Ionici a minore u. a. In der Musik führte Sappho zuerst die mixolydische Tonart ein, die sich besonders für Trauer und Klage eignete. Das von ihr am häufigsten gebrauchte Versmaß, die sapphische Strophe zeigt zwar nicht die Kraft

der alkäischen, übertrifft aber diese an Weichheit und Anmut. Und dasselbe gilt auch von der Sprache. Besonders glücklich ist Sappho in den Vergleichungen und Schilderungen der Natur. »Die Sterne rings um den schönen Mond verbergen ihr leuchtendes Antlitz, wann dieser voll im Silberglanz erscheint« oder »ringsum rieselt Kühlung durch die Quittenzweige und von den schaukelnden Blättern fließt Schlummer herab.« Von den Tauben sagt sie, es erstarre ihnen das Herz und sie lassen schlaff die Flügel hängen, und die Nachtigall nennt sie die lieblich singende Botin des Frühlings. Aber die Glut der Empfindung, das Feuer der Leidenschaft tritt bei ihr ebenso stark hervor wie bei ihrem berühmten Landsmann. Auch ihre Poesie ist das treue Abbild ihres ganzen Wesens und Lebens, all der mannigfaltigen Stimmungen und Gefühle ihres Herzens, und wenn der Kreis der von ihr behandelten Stoffe enger ist als bei Alkäos, so darf man nicht vergessen, daß sie ein Weib und jener ein Mann war, dem ein viel weiterer Wirkungskreis offenstand. Im ganzen können wir sagen, daß Schönheit und Anmut die charakteristischen Merkmale ihrer Gedichte nach Form und Inhalt waren.

Sappho war im ganzen Altertum *hochberühmt*, und das kann nicht Wunder nehmen; denn sie übertraf nicht nur alle Dichterinnen bei weitem, sondern stand auch keinem Dichter nach. Wie Homer der *ποιητής*, so war sie die *ποιήτρια*; man nannte sie geradezu zehnte Muse und pierische Biene. Ihre Landsleute prägten ihr Bildnis, gerade wie das des Alkäos, auf ihre Münzen. Ihre Gedichte waren überall verbreitet. Solon soll erklärt haben, er wolle vor seinem Tode noch das Gedicht der Sappho, in dem vom Tode die Rede sei, auswendig lernen. Wie mit Alkäos, so beschäftigten sich die Gelehrten auch mit ihr; ihr Landsmann Kallias erklärte ihre Gedichte und die des Alkäos. Auch bei den Römern hatte sie sich eines großen Ansehens zu erfreuen; Catull und Horaz nahmen sie zum Vorbild. Und noch in neuerer Zeit hat Grillparzer eine Sappho geschrieben. So bewahrheitet sich vollständig ihr stolzes Wort: »mancher wird, glaube ich, auch später noch meiner gedenken«, wenn sie es auch nicht in diesem Sinne gesprochen hat.

3. Unter die Schülerinnen der Sappho rechnet man gewöhnlich die *Erinna*, doch nicht mit voller Sicherheit, da sie nach anderer Überlieferung erst um 352 v. Chr. lebte. Als ihre Heimat wird Lesbos, Rhodos, Tenos und Telos genannt. Unter diesen Orten hat der letztere, eine kleine Insel bei Rhodos, die begründetsten Ansprüche. Von ihren Lebensschicksalen hören wir nur, daß sie frühzeitig im Alter von 19 Jahren gestorben sei. Sie soll ein Gedicht von 300 Hexametern verfaßt haben, dem der Name *Spindel* (*ἠλακάτη*) gegeben wurde, angeblich

deshalb, weil es von Erinna heimlich beim Weben ohne Vorwissen ihrer Mutter gedichtet wurde. Über den Inhalt dieses Gedichtes sind wir nicht unterrichtet; denn es sind von demselben nur drei unbedeutende Fragmente erhalten, von denen das eine sprichwörtlich wurde: »neidisch bist du, Hades«. Vielleicht hatte es Ähnlichkeit mit dem 28. Idyll des Theokrit, das denselben Namen trägt. Das Gedicht wurde von den Alten sehr gelobt; ja, manche stellten es den homerischen Gedichten gleich. Außerdem sind unter dem Namen der Erinna drei *Epigramme* erhalten; das dritte jedoch scheint als epideiktisches Epigramm einer spätern Zeit anzugehören.

4. Von seiner Heimat Lesbos wanderte das monodische Lied in die andern Teile Griechenlands; aber eine eigentliche Pflanzstätte fand es nur bei den Ioniern, wo es *Anakreon* dem ionischen Charakter entsprechend umgestaltete und weiter ausbildete. Dieser war auf der Insel Teos als Sohn des Skythinos und der Eetie geboren. Der Zug des Harpagos gegen Ionien um 545 veranlaßte die Teier, ihre Vaterstadt zu verlassen und sich in Abdera in Thrakien anzusiedeln, und auch Anakreon scheint sich ihnen angeschlossen zu haben. Er beteiligte sich an den Kämpfen, die zwischen den Einwohnern und Einwanderern wegen der neuen Gründung entstanden; wenigstens erzählt er, daß er auf der Flucht am Rande eines Baches seinen Schild weggeworfen habe, ein Unglück, das, wie wir sahen, auch dem Alkäos und Archilochos zustieß. Später finden wir ihn bei Polykrates auf Samos, der sich ihn nach der Überlieferung von seinem Vater als Lehrer ausbat, und wenn wir dieser Überlieferung auch die Glaubwürdigkeit absprechen, so zeigt sie uns doch, wie freundschaftlich das Verhältnis zwischen dem Dichter und dem Tyrannen war. Nach der Ermordung des Polykrates im J. 522 schickte Hipparchos, der Bruder des Tyrannen Hippias von Athen, einen Fünfzigruderer nach Samos, um den Dichter nach Athen zu holen. Hier verkehrte er, von Hipparchos und Hippias abgesehen, besonders mit Xanthippos, dem Vater des Perikles, und mit Kritias, dem Großvater jenes Kritias, der einer der Dreißig war. Außerdem lernte er am Hofe der athenischen Tyrannen den berühmten Simonides von Keos und den Dithyrambendichter Lasos von Hermione kennen. Als Hipparchos im J. 514 der Verschwörung zum Opfer gefallen und Hippias im J. 510 aus Athen vertrieben war, verließ auch Anakreon die Stadt, ohne daß wir genau angeben könnten, wohin er sich wandte, ob zu den Aleuaden nach Thessalien, wie man aus einem dem Anakreon zugeschriebenen Epigramm auf Echekratidas schließt, oder zurück in seine Vaterstadt Teos. Wenn die Nachricht, daß er beim Aufstand des Histiäos um 495 sich von Teos nach Abdera begab, richtig ist und nicht etwa auf einer Verwechslung mit dem Zuge des Harpagos

beruht, so darf man annehmen, daß er auch sein Leben in Abdera beschloß, im Alter von 85 Jahren; der Sage nach erstickte er an einer getrockneten Weinbeere.

Die *Gedichte* des Anakreon waren in 5 Bücher eingeteilt, vermutlich nach dem Versmaß, wie die der Sappho. Viele derselben waren *erotischen Inhalts*, und manche glichen den *ὕμνοι κλητικοί*, wie wir sie bei Sappho kennenlernten; so das zweite, in dem Dionysos angefleht wird, den Kleobulos dazu zu bestimmen, die Liebe des Dichters zu erwidern. Außer diesem Kleobulos lernt man aus den erhaltenen Fragmenten noch den Smerdies, Leukaspis, Simalos und Megistes kennen; dazu muß man noch den Bathyllos fügen, den die Überlieferung vor allen andern als Liebling des Dichters nennt. Aber auch schöne Mädchen sind es, die er in seinen Liedern feiert. Eine spröde Schöne vergleicht er in einem Gedichte, das Horaz nachahmte, mit einem Füllen, das auf der Wiese weidet und muntere Sprünge macht, weil ihm ein tüchtiger Lenker fehle; »aber wisse«, fährt er fort, »daß ich dir geschickt das Gebiß anlegen und dich mit den Zügeln um das Ziel der Rennbahn leiten könnte.« In einem andern Lied klagt er, daß eine Lesbierin, zu der er in Liebe entbrannt sei, wegen seines weißen Haares nichts von ihm wissen wolle, sondern nach einem andern gaffe. Natürlich ließen es sich manche Alten nicht entgehen, an diese Verse den Roman zu knüpfen, daß Anakreon um die Liebe der Sappho – diese ist nach ihnen die Lesbierin – geworben habe, aber von ihr abgewiesen worden sei. Im allgemeinen schildert der Dichter diese Seite seiner poetischen Tätigkeit treffend in folgenden Versen, wenn sie überhaupt von ihm sind: »den zarten Eros im buntblumigen Kopfschmuck zu besingen ist meine Sorge, ihn, den Beherrscher der Götter, den Bezwinger der Menschen.«

Ebenso begeistert, wie den Eros, verherrlicht Anakreon auch den *Dionysos*, den Spender des Weines, und alles, was den Genuß des Weines verschönert, wie Kränze, Gesang und Spiele. »Bringe Wasser«, ruft er, »bringe Wein, Knabe, bringe uns Blumenkränze, bringe sie, damit ich jetzt mit Eros ringe.« In seinen Becher läßt er zehn Teile Wasser und fünf Teile Wein gießen, damit er trunken ohne Roheit schwärme. Beim Gelage mag er keinen Lärm und kein Geschrei nach Skythenart, sondern nur Gesänge schöner Lieder. Gerne spielt er das sizilische Kottabos-Spiel. Überhaupt ist der Dichter ein Feind alles Rohen und Lärmenden und liebt nur die Stillen und Ruhigen; es liegt in seinem Charakter, immer und überall das rechte Maß einzuhalten, und so kann er von sich sagen: »ich liebe und liebe nicht, ich schwärme und schwärme nicht.«

Mit besonderem Nachdruck weist Anakreon in seinen Gedichten auf

sein *Alter* und sein *weißes oder graues Haar* hin, die ihn jedoch am Genuß der Liebe und des Weines nicht hindern. Schon oben sahen wir, wie die von ihm geliebte Lesbierin vor seinen weißen Haaren zurückschreckt. In einem andern Gedichte sagt er, daß Eros mit seinen goldglänzenden Flügeln an ihm vorbeifliege, wenn er seinen grauen Bart sehe. Ein schönlockiges, goldgewandiges Mädchen fleht er an, es möge ihn, den Greis, erhören. Der Gedanke an das nahe Grab erfüllt ihn mit Entsetzen; »denn der Hades ist ein schrecklicher Ort, und hart ist der Weg dahin; es gibt ja von dort keine Rückkehr.« Aber trotzdem hält ihn diese Todesfurcht nicht von dem Wunsche ab: »möchte ich doch sterben, denn es gibt keine andere Erlösung aus diesen Leiden.«
Außer den Trink- und Liebesliedern werden dem Anakreon noch *Jamben*, *Elegien* und *Epigramme* zugeschrieben. Unter den Jamben haben wir wohl Spottgedichte jeder Art nach der Weise des Archilochos und Simonides von Amorgos zu verstehen, mögen dieselben in Jamben, Trochäen oder in epodischer Form abgefaßt gewesen sein. Eines davon in choriambisch-iambischem Rhythmus ist noch großenteils erhalten, nämlich das auf Artemon, der sich in die Eurypyle, die Geliebte Anakreons, verliebte. Unter den Elegien empfiehlt die eine, die noch erhalten, beim Gelage lieblichen Gesang und heitere Fröhlichkeit. An Epigrammen werden sechzehn dem Anakreon zugeschrieben, nicht alle mit Recht; zwei sind epideiktisch.
Vergleicht man *Anakreons Dichtung* mit der des Alkäos oder der Sappho, so wird einem der Unterschied zwischen Äoliern und Ioniern sofort klar. Von der tiefen Empfindung, von der glühenden Leidenschaft jener ist hier kaum eine Spur. Der Ionier ist ruhiger und läßt sich nicht leicht aus dem Gleichgewicht seiner Gefühle bringen. Seine ganze Poesie macht nicht sowohl den Eindruck des wirklich Empfundenen, als vielmehr den des Gedachten und künstlich Gemachten. Der Dichter spricht die Gefühle und Empfindungen aus, welche die Gesellschaft, in der er sich bewegt, der Hof, an dem er sich befindet, teilt. Zwar bedient auch er sich bisweilen kräftiger Ausdrücke und lebhafter Bilder, wenn er z. B. sagt: »Eros hat mich, wie ein Schmied, mit gewaltigem Beile getroffen und im winterlichen Gießbach gebadet« oder »der Poseidons-Monat ist gekommen, wo die Wolken von Regen schwer hängen und wildes Gestürme laut heulend rast in den Lüften« oder »wie ein säugendes Hirschkalb, das im Walde, von der gehörnten Mutter verlassen, erschrickt«; allein im ganzen ist seine Poesie leicht und anmutig; ganz ungesucht und natürlich fügt sich ein Wort zum andern, fast wie in der gewöhnlichen Rede. Dazu kommt der weiche ionische Dialekt, der keine Schwierigkeiten darbot, eine große Mannigfaltigkeit und Abwechslung der Rhythmen, unter denen die Logaöden, wie

bei allen Lyrikern, die breiteste Stelle einnahmen, besonders die Glykoneen und Pherekrateen, dann auch die Choriamben, außerdem noch die Ionici a minore mit und ohne Anaklasis, endlich eine überraschende Vielseitigkeit der musikalischen Komposition, in der die dorische, lydische und phrygische Tonart vertreten war und unter den Instrumenten besonders die Flöte, die zwanzigsaitige Magadis, die siebensaitige Pektis und vor allem das Barbiton, das eigentliche Instrument der äolischen Lyrik.

Diese Eigenschaften machten die Poesie des Anakreon überall und immer *beliebt*. Er selbst sagt von sich: »mich lieben die Knaben meiner Worte wegen; denn lieblich singe ich und lieblich weiß ich zu sprechen.« Auch später noch waren die Lieder des Anakreon in aller Munde; besonders in Athen fehlten sie in keinem geselligen Kreise. Viele dichteten selbst in der Weise des teischen Sängers, und auch Horaz widmete ihm besondere Aufmerksamkeit. Gelehrte beschäftigten sich mit Untersuchungen über sein Leben und mit dem Texte seiner Gedichte. Sein Bild wurde auf die Münzen seiner Vaterstadt geprägt und auch sonst öfter zur Darstellung gebracht. Besonders charakteristisch ist das Standbild, das die Athener von ihm auf der Akropolis neben dem des Xanthippos aufstellten; hier wird Anakreon, der Sänger des Weins und der Liebe, ganz in der auch jetzt noch üblichen Weise als Greis dargestellt, der auch im Alter noch jugendlich-frisch dem Becher und der Schönheit huldigt.

5. Die Beliebtheit, deren sich Anakreons Lieder zu erfreuen hatten, die Leichtigkeit des Inhalts und die einschmeichelnde Form, in die sie gekleidet waren, reizten manchen sich ebenfalls in solchen leichten Liedchen zu versuchen, und so waren allmählich mit der Zeit viele solcher Gedichte in Umlauf, die man wegen ihrer Ähnlichkeit mit denen Anakreons *Anakreontea* nannte. Auch auf uns ist eine Sammlung solcher mit 59 Nummern gekommen, welche die Überschrift: *Ἀνακρέοντος Τηίου συμποσιακά* trägt. Darin wird die Macht der Liebe und des Weines in den mannigfaltigsten Wendungen und Bildern vorgeführt, bald mehr, bald weniger gelungen; manche davon sind an schöne Knaben, besonders an Bathyllos, andere an reizende Mädchen gerichtet; auch die grauen Haare und das Alter des jugendfrischen, heitern Dichters spielen darin eine große Rolle, und ebensowenig ist der Frühling mit seinen Rosen, die geschwätzige Schwalbe und die Taube, die Briefbotin des Anakreon, vergessen - kurz, alle Motive der Trink- und Liebeslieder des teischen Dichters kehren hier in stets anderer Gestaltung immer und immer wieder.

Diese Sammlung wurde lange Zeit für echt gehalten und begeisterte noch im vorigen Jahrhundert die sog. deutschen Anakreontiker zu ihren Oden und Liedern. Jetzt weiß man, daß dieselbe mit Anakreon nichts zu tun hat, sondern erst in der Zeit zwischen dem 9. und 11. Jh. entstanden ist. Man kann in derselben noch, von ein paar eingeschalteten Gedichten abgesehen, drei Bestandteile unterscheiden, nämlich die Gedichte 1–20, 21–32 und 33–59. Die erste Gruppe, welche die besten Gedichte der ganzen Sammlung umfaßt, ist metrisch geordnet; sie enthält Hemiamben, d.h. katalektische iambische Dimeter, Ionici mit Anaklasis und ein logaödisches Gedicht. Diese Gedichte sind einer Sammlung aus der Zeit der ersten römischen Kaiser entnommen. Derselben Zeit gehört auch die zweite Gruppe der anakreontischen Gedichte an, welche dieselbe metrische Anordnung aufweist; sie unterscheidet sich aber von der ersten dadurch, daß hier weder Anakreon, noch Bathyllos genannt wird, daß die Auffassung des Eros eine andere ist und daß endlich öfter Eroten erwähnt werden, von denen die erste Gruppe nichts weiß. Die Lieder dieser beiden Gruppen sind in ionischem Dialekt geschrieben, nicht so die des dritten Teiles, der auch der metrischen Anordnung entbehrt. Man nimmt hier vielmehr eine Anordnung nach dem Inhalt wahr, die auch in der ersten und zweiten Gruppe neben dem Metrum nicht unberücksichtigt geblieben ist. Die meisten Gedichte, ebenfalls Hemiamben und Ionici, stammen aus späterer Zeit, ja, in dem in die erste Gruppe eingeschalteten 4. Gedicht findet man am Schlusse sogar den politischen Vers der Byzantiner. Daraus erklärt es sich, daß metrische und selbst sprachliche Fehler in den Gedichten des dritten Teiles vorkommen. Die Anakreonteen sind im Deutschen öfter nachgebildet worden; ich nenne hier nur aus neuester Zeit *die Lieder des Anakreon von L. Weissel.* Das schöne Gedichtchen *die Cikade* ist durch Goethes Übertragung allgemein bekannt.

22. Kapitel

Die chorische Lyrik der älteren Zeit

1. Wie der äolische und ionische Stamm das monodische Lied, so bildete der dorische die Chorlyrik aus. Der Hauptsitz derselben war in der ersten Zeit Sparta, das überhaupt vor dem Aufschwung Athens der geistige Mittelpunkt Griechenlands war. Als ältester Dichter auf diesem Gebiet wird *Eumelos von Korinth* genannt, über dessen *Prosodion* auf den delischen Apollon wir schon oben gesprochen haben. Dasselbe war im dorischen Dialekt abgefaßt, wobei natürlich epische Wörter und Wendungen nicht ausgeschlossen waren. Zwei Verse sind noch erhalten, aus denen man ersieht, daß das Versmaß der daktylische Hexameter war.

2. Viel bedeutender war *Alkman*, den man als den eigentlichen Schöpfer der Chorlyrik bezeichnen kann. Seine Blütezeit fällt etwa in die Mitte des 7. Jh. v. Chr. Wie er selbst in einem Gedicht sagt, stammt er vom hohen Sardes, und wirklich finden sich in seiner Poesie manche Hinweise auf Lydien und Kleinasien. Als Name seines Vaters wird bald Damas, bald Titaros angegeben. Über die Art und Weise, wie er nach Sparta kam, liegen zwei Überlieferungen vor, die eine, daß er ebenso wie früher Terpander und Thaletas zur Zeit der Not von den Spartanern herbeigerufen worden sei, die andere, daß er Sklave des Spartaners Agesidas gewesen sei. Im letztern Fall war er wohl als Kriegsgefangener in das Haus seines Herrn gekommen, und die Nachricht, er sei aus Messoa in der Nähe Spartas, ist vermutlich darauf zurückzuführen, daß Agesidas hier ansässig war. Jedenfalls war Alkman zu der Zeit, wo er in Sparta als Dichter auftrat, ein freier Mann, der aller Wahrscheinlichkeit nach auch das spartanische Bürgerrecht genoß. Er erreichte ein hohes Alter; denn in einem seiner Gedichte klagt er den Jungfrauen gegenüber, daß seine Glieder ihn nicht mehr tragen können, und wünscht, ein Eisvogel-Männchen zu sein, das getrosten Herzens mit dem Weibchen über der Wellen Schaum dahinfliege, der buntschillernde Vogel des Frühlings. Sein Grab war bei Sebrion in der Nähe Spartas noch in später Zeit sichtbar.

Von Alkman lagen den Alexandrinern 6 Bücher Gedichte vor, in denen *Hymnen*, *Parthenien*, *Hyporcheme*, *Päane*, *Hymenäen* und *Erotika* enthalten waren. Unter den *Hymnen* waren die auf den lykäischen Zeus und auf die Dioskuren am berühmtesten, die für Jungfrauenchöre bestimmt waren; außerdem haben wir Fragmente von Hymnen auf Hera, Apollon, Artemis und Aphrodite. Den größten Ruhm aber erwarb sich der Dichter durch seine *Parthenien*, die von Jungfrauenchören an den Festen der Götter, besonders der Artemis, unter Aufführung von Tänzen gesungen wurden. Das Wesen derselben kann man aus einem größeren Fragment, das auf einem im J. 1855 in Ägypten gefundenen Papyrus erhalten ist, erkennen. Das Gedicht behandelt die Teilnahme der Dioskuren am Kampfe des Herakles gegen die Hippokoontiden. Sobald der Dichter die Erzählung beendet, schließt er den ersten, sozusagen offiziellen Teil, der sich auf die Festfeier bezieht, mit dem Satz: »es gibt eine Vergeltung der Götter« ab und fügt einen speziellen Teil hinzu, in dem er von sich und den Jungfrauen spricht, die den Chor bilden. Die Chorführerin Agido vergleicht er mit der Sonne; sie leuchtet hervor, wie ein edler Renner unter den Tieren auf der Weide. Ihr zunächst kommt Agesichora, deren Silberantlitz goldene Locken umrahmen. Beide werden die Jungfrauen zum Siege führen. In ähnlicher Weise waren auch die andern Stoffe durchgeführt, unter denen sich, wie die Fragmente zeigen, auch eine

Begegnung des Odysseus mit der Nausikaa befand. Der Chormeister steht mit seinen Schülerinnen in innigstem Verkehr; bald redet er sie, bald sie ihn an; an andern Stellen läßt er die Mädchen sich miteinander unterreden. Dabei verfährt er überall mit großer Freimütigkeit; er spendet Lob und Tadel, wie er es für notwendig hält, neckt und scherzt, wobei er sich ebensowenig wie andere schont, und gerade in dieser Hervorkehrung des subjektiven Elements liegt die Neuerung Alkmans, die von jetzt an für die Parthenien Regel bleibt. Allein keinem der folgenden Dichter ist die Verbindung der Darstellung des Mythos mit der Äußerung der persönlichen Gefühle ebenso gut gelungen; Alkman übertrifft sie alle an Natürlichkeit, Anmut und Frische des Gefühls.

Über die *andern Dichtgattungen* des Alkman sind wir nur ungenügend unterrichtet. In einem Fragmente sagt er, bei den Männermahlen inmitten der Schmausenden gezieme es sich, den Päan anzustimmen. Aber auch an den Gymnopädien wurden von Knaben- und Männerchören Päane gesungen. Auch von Liebe sprechen einige noch erhaltene Bruchstücke. »Wieder senkt sich mir«, ruft der Dichter, »die süße Liebe durch die Gewalt der Kypris ins Herz und erwärmt es«, und an einer andern Stelle: »nicht Aphrodite ist es, sondern der tolle Eros, der wie ein Knabe scherzt, hinschwebend über die Blumen des Cypergrases, die du nicht anrühren sollst.«

Die *Stoffe* zu seinen Gedichten nimmt Alkman, wie jeder Chordichter, aus der Sagen- und Mythengeschichte, und dabei lehnt er sich an Homer, Hesiod und die Kykliker an; auch die spartanische Lokalsage scheint er mit Vorliebe beigezogen zu haben, wie er sich denn überall als echter Spartaner zeigt. Aber in der Behandlung der Sage ist ein großer Unterschied zwischen dem Epiker und Lyriker; während jener allen Einzelheiten der Sage das gleiche Interesse entgegenbringt, greift dieser nur diejenigen Teile heraus, die besonders auf das Gefühl wirken, und stellt so auch bei diesen gegebenen Stoffen das subjektive Element in den Vordergrund. Wie stark dieses gerade in den Dichtungen des Alkman hervortritt, haben wir oben gesehen. Daneben verdient der lebhafte Sinn unseres Dichters für die Natur besonders erwähnt zu werden. Überall, wo es angeht, zieht er dieselbe zur Ausschmückung oder Vergleichung herbei. Er erwähnt den Meertang am dumpftosenden Gestade, spricht von Kränzen von Goldranke und Cypergras und vergleicht ein Halsband mit den Blättern des schlanken Goldregens; die Sonne und die Pleiaden vermißt man ebensowenig wie die Jahreszeiten; man trifft bei ihm den stolzen Renner, den buntschillernden Eisvogel, ja sogar die Reblaus, die Verwüsterin des Weinstocks; die Hühner ducken sich ängstlich beim Herannahen des Habichts, er kennt die Weisen aller Vögel und hat die Melodie eines

Liedes dem Rebhuhn abgelauscht. Geradezu vortrefflich ist seine Schilderung der Nacht: »es schlafen die Gipfel der Berge und die Schluchten, die Felsenriffe und Klüfte, die Pflanzen und die Tiere, welche die schwarze Erde nährt, das Wild des Waldes und der Bienen Brut und die Ungeheuer in der Tiefe des purpurfarbnen Meeres; es schlafen die Scharen der langbeschwingten Vögel.« Unwillkürlich denkt man dabei an Goethes Gedicht: Über allen Wipfeln ist Ruh' usw.

Der *Dialekt* des Alkman ist der lakonische jener Zeit, und Pausanias wundert sich darüber, daß die Rauheit und Härte desselben der Anmut und Lieblichkeit der alkmanschen Poesie keinen Abbruch getan habe. Diesen Dialekt hat der Dichter vielfach mit epischen Elementen versetzt. Hierzu kann man auch den Gebrauch der ausschmückenden Epitheta und die Anwendung der Bilder und Vergleichungen rechnen, die sich ganz innerhalb des Rahmens der homerischen Poesie bewegen. Im ganzen ist die Sprache Alkmans einfach, natürlich und anmutig. Die naive Ausdrucksweise, der kecke, heitere Humor und die häufige Anwendung der Koseformen und Verkleinerungsworte erinnern wiederholt an die Art und Weise des Volksliedes, dem Alkman vieles zu verdanken scheint.

Die *Rhythmen* des Alkman sind sehr mannigfaltig und zahlreich; man findet bei ihm daktylische Verse, Cretici, Ionici a minore, Trochäen und Jamben; außerdem gebraucht er Anapäste und Logaöden. Diese verband er bald zu größeren, bald zu kleineren Strophen je nach Bedürfnis. In dem oben erwähnten Parthenion besteht die Strophe aus 14 Versen, die in drei Gruppen zerfallen. Vv. 1–4 entsprechen den Vv. 5–8; 9–14 dagegen stehen für sich allein. Man sieht, daß auch Alkman schon Gedichte mit Strophen, Antistrophen und Epoden komponierte, eine Neuerung, die man in der Regel erst dem Stesichoros, der sie weiterbildete, zuschreibt und die später in der Chorlyrik fast allgemein zur Anwendung kommt. Daneben mag aber bei Alkman die monostrophische Komposition, bei der sich eine Strophe das ganze Gedicht hindurch wiederholt, überwogen haben. Ja, in einem Gedicht sollen die letzten sieben Strophen anders komponiert gewesen sein als die sieben ersten. Unter den Tonarten gebrauchte unser Dichter die dorische, und von Instrumenten finden wir bei ihm die Flöte und die Zither.

Alkman genoß als Dichter im Altertum einen großen *Ruhm*, wie schon daraus hervorgeht, daß ihn die Alexandriner in den Kanon der großen Lyriker aufnahmen. Seine Gedichte waren nicht nur in Sparta, sondern auch in den andern Teilen Griechenlands, besonders in Athen, bekannt und beliebt trotz des lakonischen Dialekts, der anderseits wieder die Gelehrten zur Beschäftigung mit ihm einlud; Aristarch z. B. gab seine Gedichte heraus. Auch später studierten ihn die Dichter noch, besonders die Bukoliker.

3. Etwas jünger als Alkman ist *Stesichoros*, der in Sizilien die Chorlyrik ausbildete. Er war in Himera geboren, wohin seine Eltern von Matauros, einer lokrischen Kolonie bei Rhegium in Unteritalien, übergesiedelt waren; außerdem bringen die Alten seine Familie mit der des Hesiod in verwandtschaftliche Beziehung. Sein Vater hieß wahrscheinlich Euphorbos, wird aber auch Euphemos, Eukleides und Hyetes genannt. Der Dichter selbst führte ursprünglich den Namen Tisias, der später wegen seiner Tüchtigkeit im Aufstellen der Chöre in Stesichoros umgewandelt worden sein soll. Nach der Angabe alter Chronographen lebte er von 632–556 v. Chr.; nach einer andern Überlieferung wurde er 85 Jahre alt. Von seinem Leben ist nichts Sicheres überliefert. Bekannt ist die Erzählung, daß er blind geworden sei, weil er die Helena in einem Gedichte, offenbar der Iliupersis, geschmäht habe; als er aber dann in einem andern Gedichte, der Palinodia, diese Schmähung wieder gutgemacht habe, habe ihm die Göttin wieder das Augenlicht geschenkt. Außerdem erfährt man, daß er seine Mitbürger durch Erzählung der Fabel vom Pferd und dem Hirsch vor dem Tyrannen Phalaris von Agrigent gewarnt habe. Es scheint aber, als ob diese nicht auf ihn gehört, sondern den Tyrannen doch in ihre Stadt aufgenommen hätten. Stesichoros floh dann nach Katana, wo er auch gestorben ist und vor dem nach ihm benannten Tore begraben liegt. Nach andern wurde er von dem Räuber Hikanos erschlagen. Sein Grab war ein Achteck, das mit acht Säulen geschmückt war und acht Stufen hatte. Davon leiten manche das Sprichwort *πάντα ὀκτώ* (alle acht) ab, und danach soll der Wurf beim Würfelspiel, der acht zeigte, *συησιχόρειος ἀριϑμός* genannt worden sein.

Von Stesichoros werden 26 Bücher *Gedichte* genannt, von denen nur wenige Überreste auf uns gekommen sind. Unter diesem sondern sich zunächst diejenigen ab, die Stoffe aus der *Sagen- und Mythengeschichte* behandelten. Wir kennen noch folgende Überschriften, die uns auch einen Schluß auf den Inhalt im großen und ganzen ermöglichen. Die *ἆϑλα ἐπὶ Πελίᾳ* verherrlichten die Wettspiele, die Akastos bei der Leichenfeier seines Vaters Pelias veranstaltete. Mehrere Gedichte beschäftigten sich mit den Taten des Herakles. In der *Geryonéis* wurde erzählt, wie er die Rinder des Geryones holte. Dabei fuhr er in dem Nachen des Sonnengottes über das Meer: »Helios Hyperionides aber stieg in die goldne Schale, um über den Okeanos zu den Tiefen der heiligen dunklen Nacht zur Mutter, der ehelichen Gattin und den lieben Kindern zu fahren; er aber trat in den schattigen Lorbeerhain, der Sohn des Zeus.« Der *Kerberos* behandelte das bekannte Abenteuer des Herakles. Im *Kyknos* wurde der Kampf desselben mit Kyknos geschildert, der auch in dem Schild des Hesiod besungen ist. Nach der

Darstellung des Stesichoros wich Herakles anfangs, als Ares seinem Sohne half, zurück; sobald dieser aber allein gelassen war, besiegte und tötete er ihn. Die *Skylla* hatte vermutlich das Abenteuer des Odysseus mit diesem Meerungeheuer zum Gegenstand; nach andern war darin erzählt, wie Herakles auf seinem Zuge gegen Geryones die Skylla überwand. Die *συοθῆραι* brachten die Jagd auf den kalydonischen Eber zur Darstellung, während in der *Europeia* die Entführung der Europa durch Zeus besungen war. Die *Eriphyle* berichtete, wie Amphiaraos von seiner Gattin zur Teilnahme am Zug der Sieben gegen Theben überredet wurde, von dem er nicht mehr lebend nach Hause zurückkehren sollte, und wie dann Amphiaros' Sohn Alkmäon seine Mutter Eriphyle für den Gattenmord bestrafte. Der trojanische Krieg war in der *Iliupersis*, der *Helena* und der *Palinodia* erzählt. Die letztere begann: »nicht wahr ist diese Geschichte, und du bestiegst die schöngebordeten Schiffe nicht und gelangtest nicht zu Trojas Zinnen.« Die *Nostoi* beschäftigten sich mit der Heimfahrt der Helden aus dem trojanischen Kriege, und die *Oresteia* (2 Bücher) besang die bekannte Geschichte des Orestes. Darin war der Traum, den die Klytämnestra (oder Klytämestra) in der Nacht vor ihrer Ermordung hatte, folgendermaßen geschildert: »ihr kam es vor, als ob eine Schlange, die oben am Kamm blutig war, komme; aus dieser wurde dann des Pleisthenes' fürstlicher Sohn«, d.h. Agamemnon. Auch die Geschichte des Aktäon behandelte der Dichter in einem Gedichte, worin er erzählte, daß die Artemis dem Aktäon ein Hirschfell umgeworfen und so die Hunde getäuscht habe.

Neben mythischen Stoffen behandelte der Dichter auch Gegenstände, die wohl der *Volkssage* entnommen und alle, wie es scheint, erotischen Inhalts waren. Ein solches Lied, das, wie wir hören, die Frauen zu singen pflegten, war *Kalyke*. Ein Mädchen namens Kalyke verliebte sich in einen Jüngling, Euathlos und betete sittsam zur Aphrodite, sie möchte mit demselben verheiratet werden; allein der Jüngling verschmähte sie, und so stürzte sie sich vom leukadischen Felsen ins Meer. Die Alten weisen darauf hin, wie züchtig Stesichoros den Charakter des Mädchens darstellte, da es dem Euathlos nur als Frau angehören, andernfalls lieber sterben wollte. Ein anderes derartiges Gedicht führte den Titel *Rhadina*. Der Anfang desselben lautete: »wohlan, hellstimmige Muse, beginne das liebliche Lied von den samischen Kindern zum lieblichen Saitenspiel.« Diese samischen Kinder sind die Jungfrau Rhadina und ihr Vetter Leontichos. Die Jungfrau fuhr mit dem Westwind nach Korinth, wo sie mit einem Tyrannen verheiratet war. Mit demselben Winde fuhr auch ihr Bruder in Begleitung ihres Vetters als Führer einer heiligen Gesandtschaft nach Delphi. Von hier aus begab sich Leontichos, der in die Rhadina verliebt war, zu Wagen nach Korinth. Aber der Tyrann ließ beide töten und schickte ihre Leichen auf demselben Wagen zurück. Bald aber änderte er seinen Sinn, rief den Wagen wieder zurück und bestattete die Toten. Endlich soll er auch den schönen *Daphnis*, den Sohn oder Liebling des Hermes, der wegen Untreue sein Augenlicht verlor, in einem Liede besungen haben. Da dieser Daphnis später die Lieblingsfigur des sizilischen Hirtengesanges war, so lag es nahe, unserm Dichter auch die Erfindung der bukolischen Poesie zuzuschreiben.

Die *Stoffe*, die Stesichoros der Sagengeschichte entnahm, standen natürlich mit den Stoffen der Epiker in mehr oder weniger engem Zusammenhang. Aber Stesichoros lehnte sich nicht sowohl an Homer, als vielmehr an Hesiod und die Kykliker an. Auch seine Vorgänger auf dem Gebiete der Lyrik benutzte er; wenigstens wird uns überliefert, daß er vieles von dem Lyriker *Xanthos*, der älter als er, aber jünger als Alkman war, genommen habe, z. B. in seiner Orestie. Aber als echter Dichter hielt er sich nicht sklavisch an seine Vorbilder, sondern gestaltete überall die Sage frei nach seinem Bedürfnisse. Was ihm aus moralischen, religiösen oder poetischen Gründen nicht gefiel, das änderte er; anderes, was ihm notwendig oder passend erschien, fügte er bei, wobei er vielfach die Volkssage zu Rate gezogen haben mag. So läßt er den Astyanax eines natürlichen Todes sterben, läßt die Helena, allerdings im Anschluß an Hesiod, in Ägypten bleiben, während nur ihr Trugbild nach Troja kommt, und ist der erste Schriftsteller, der von der Auswanderung des Äneas nach Italien berichtet. Wenn aber weiter überliefert wird, daß er zuerst den Herakles mit Keule, Löwenhaut und Bogen bewaffnet habe, so ist dies kaum richtig; er schuldet diese Ausrüstung dem Peisandros von Kameiros, dem er auch sonst in der Herakles-Sage vieles verdankt. Ebenso selbständig wird Stesichoros auch in der Gestaltung der Stoffe verfahren sein, in denen er sich an die Volkssage anlehnte.

Über die *Art und Weise*, wie Stesichoros seine Stoffe bearbeitete, können wir aus den vorliegenden Bruchstücken nur unvollständig urteilen; aber glücklicherweise kommen uns dabei die Urteile der Alten zu Hilfe. So viel steht fest, daß das subjektive, das persönliche Element, das bei Alkman einen so breiten Raum einnahm, bei ihm ganz zurücktrat. In dieser Beziehung steht seine Poesie dem Epos noch viel näher. Sein Verhältnis zu demselben charakterisiert Quintilian so, daß er sagt, er vermöge mit seiner Lyra die Macht der epischen Dichtung zu tragen; und ohne Zweifel war es an erster Stelle diese stoffliche Ähnlichkeit, die dem Stesichoros die Bezeichnung *ὁμηρικώτατος* verschaffte und die Sage ins Leben rief, Homers Seele sei in ihn übergegangen.

Aber der Lyriker mußte den Mythus anders behandeln als der Epiker; die Handlung tritt mehr in den Hintergrund, während der Schwerpunkt auf den handelnden Personen selbst ruht; ihre Gefühle und Empfindungen machen den eigentlichen Inhalt des Gedichtes aus. Es sind episch-lyrische Dichtungen, die man nicht unpassend mit der modernen Ballade verglichen hat. Besonders groß war Stesichoros, wenn man der Überlieferung Glauben schenken darf, in der Kunst der Charakterisierung seiner Personen. Auch war er der erste, soweit wir beurteilen können, der die Liebesgeschichten anderer darstellte und so den Grund zu der spätern Romandichtung legte.

Der *Dialekt* des Dichters ist der epische, hier und da mit Dorismen versetzt; Sprache und Ausdruck zeigen ein episches Gepräge, wozu noch besonders der Gebrauch der Epitheta ganz in homerischer Weise vieles beiträgt. Jedoch scheint er darin manchmal zu viel getan zu haben; denn Quintilian macht ihm den Vorwurf, daß er zuweilen überladen sei. Als Versmaß gebraucht er am häufigsten Daktylen, dann Anapäste und Logaöden, Strophe, Antistrophe und Epodos hat er weiter ausgebildet und großartiger gestaltet, als dies bei Alkman der Fall gewesen war. Wie dieser komponierte er vorzüglich in der dorischen Tonart; sein Hauptinstrument ist die Zither. Im ganzen darf man ihn in Sprache und Rhythmik als den eigentlichen Schöpfer des lyrischen Stils betrachten, dem die folgenden Lyriker nacheiferten.

Die Gedichte des Stesichoros waren *weit verbreitet und sehr beliebt*, besonders in Athen. Noch in später Zeit sang man einen Päan des Dichters beim Mahle. Die Mythologen studierten seine Poesie der darin enthaltenen Sagen wegen, die Künstler benutzten sie zu Vorwürfen für ihre Schöpfungen, und auch die Dichter beschäftigten sich vielfach mit derselben, besonders die Tragiker, die dem Stesichoros ebenso wie den Epikern Stoffe entlehnten. Auch bei den alexandrinischen Dichtern stand Stesichoros wegen seiner erotischen Gedichte in großem Ansehen. Dagegen haben sich die Gelehrten weniger mit ihm beschäftigt, was wohl mit dem leichtverständlichen Dialekt und der epischen Sprache desselben in Zusammenhang stehen mag.

4. Mit Stesichoros wird gewöhnlich *Ibykos* zusammengestellt. Dieser gehörte ebenfalls Westgriechenland an; denn er stammte aus Rhegium in Unteritalien, wo sich ebenso wie in Himera Chalkidier und Dorier niedergelassen hatten. Sein Vater hieß Phytios, wird aber von andern auch Kerdas und Polyzelos genannt. Ibykos scheint schon frühe seine Vaterstadt verlassen zu haben. Zuerst reiste er in Sizilien umher, wobei er sich, wie es scheint, längere Zeit in Himera und Katana aufhielt. Später finden wir ihn in Samos, wohin ihn vielleicht, wie man vermutet hat, der Tyrann Äakes rief, damit er den jungen Polykrates erziehe.

Hier blieb er wohl bis zum Tod des Polykrates; dann mag er seine Reisen durch Griechenland wieder begonnen haben. Die Sage von seinem Tode ist durch Schillers Gedicht allgemein bekannt; in der Nähe von Korinth soll er von Räubern erschlagen worden sein, die bald darauf von Kranichen verraten und für ihre Freveltat bestraft worden seien. Diese Geschichte wird zuerst von Antipater von Sidon, der etwa 100 Jahre v. Chr. lebte, erzählt. Sie enthält die Lehre, daß kein Verbrechen verborgen und unbestraft bleibt, und wurde offenbar nur wegen der Ähnlichkeit des Namens Ibykos mit dem Vogelnamen *ἴβυκες* auf unsern Dichter übertragen.

Von Ibykos hatte man 7 Bücher *Gedichte*. Da die Alten bei manchen Gedichten, wie z. B. bei den *ἆϑλα ἐπὶ Πελὶα*, im Zweifel waren, ob sie von Stesichoros oder Ibykos seien, so wird wohl zwischen den beiden Dichtern eine große Ähnlichkeit bestanden haben. Gewöhnlich nimmt man an, daß Ibykos während seines Aufenthaltes in Rhegium und Sizilien *Mythen in episch-lyrischer Weise* ganz nach der Art des Stesichoros behandelt habe. Allein es sind uns keine Titel, wie bei Stesichoros, überliefert; nur nach dem Inhalt und den Namen, die in den noch vorhandenen Fragmenten vorkommen, kann man schließen, daß er die troischen und ätolischen Sagen, die Argonautenfahrt und die Sagen des Herakles zur Darstellung brachte. Viel größern Ruhm erwarb sich Ibykos durch seine *erotischen Dichtungen*, die vermutlich in die Zeit seines Aufenthaltes am Hofe der Tyrannen von Samos fallen, wo er mit Anakreon zusammen war. Die Gedichte, die hier entstanden, zeigten eine solche Ähnlichkeit mit der äolischen Lyrik, daß Ibykos ihretwegen gerade so mit Alkäos und Anakreon zusammengestellt wurde, wie wegen der episch-lyrischen Gedichte mit Stesichoros. Trotzdem muß es zweifelhaft bleiben, ob er je monodische Lieder dichtete. Soweit wir es beurteilen können, waren auch diese Lieder chorisch; sie verherrlichten schöne Knaben, wie den Gorgias und Euryalos, und man darf wohl annehmen, daß sie meist zu Ehren solcher Jünglinge geschrieben waren, welche Siege in öffentlichen Spielen davongetragen hatten. Demnach waren es *Enkomien* und *Epinikien* in der Art, wie sie später Pindar dichtete. Sie sangen den Preis der gefeierten Jünglinge und verschmähten es auch nicht, entsprechende Sagen und Mythen beizuziehen, wie z. B. die von Ganymedes und Tithonos.

Über *die Art und Weise*, wie Ibykos bei der Bearbeitung seiner Stoffe verfuhr, sind wir nur ungenügend unterrichtet. In den episch-lyrischen Gedichten wird er wohl dem Vorbild des Stesichoros gefolgt sein. Die Fragmente zeigen, daß er sich, wie sein Vorgänger, an die Epiker anschloß, dabei aber sich volle Freiheit und Selbständigkeit in der Gestaltung der Mythen wahrte. Ganz anderer Art waren dagegen seine erotischen Gedichte. Diese erinnern lebhaft an die Parthenien des Alkman; wie diese den persönlichen Gefühlen und Stimmungen des Dichters den Mädchen gegenüber Ausdruck verleihen, so tritt uns aus den Liedern des Ibykos die innige Beziehung, die zwischen dem Sänger und den gepriesenen Knaben besteht, klar vor Augen. Aber dieses Liebesverhältnis wird mit einer solchen Kraft des Gefühls, einer solchen Glut der Leidenschaft ausgesprochen, wie wir es sonst nur bei Äoliern, bei Alkäos und Sappho, wiederfinden: »Im Frühling«, singt der Dichter, »blühen die kydonischen Äpfel, getränkt aus den Strömungen der Flüsse, da wo der Jungfrauen unversehrter Garten ist, und die Weintrauben, die unter den schattigen Weinreben wachsen; mir aber schlummert die Liebe zu keiner Zeit, sondern, wie der thrakische Gewittersturm, tobt sie mit versengendem Rasen von der Kypris daher, schwarz, furchtlos, und hält mein Herz von Jugend auf mit Macht besetzt.« In einem andern Gedicht hießt es: »Eros blickt mich wieder unter den schwarzen Wimpern hervor schmachtend mit den Augen an und treibt mich durch allerlei Lockungen in der Kypris weites Netz. Wahrlich ich zittre bei seinem Nahen, gerade wie das sieggekrönte Kampfroß, das nur ungern im Alter mit dem schnellen Wagen in den Wettkampf geht.« Solche stürmische Gefühlsausbrüche machen ganz den Eindruck des Selbsterlebten; erwägt man aber die Veranlassung vieler dieser Gedichte, so wird man sich kaum dem Gedanken verschließen können, daß trotzdem manche auf Rechnung der Kunst und Phantasie des Dichters gesetzt werden müssen, und eben darin liegt der Unterschied zwischen den Äoliern und Ibykos; dort ist alles selbsterlebt, hier vieles erdichtet.

Der *Dialekt* des Ibykos ist derselbe wie der des Stesichoros, nämlich der epische, mit Dorismen versetzt. Aus seinem heimatlichen Dialekt scheint er das Schema Ibykeion genommen zu haben, d. h. ησι als Endung der 3. Pers. Sing. der Verba auf έω und ω. Aber seine Darstellung und Sprache zeichnet sich vor der des Stesichoros durch größere Lebendigkeit und glänzendere Farbenpracht aus. Sie ist reich an bezeichnenden Epitheta und anschaulichen Bildern, wie schon die oben angeführten Beispiele zeigen; außerdem spricht er in den erhaltenen Fragmenten von den durch die lange Nacht schimmernden Sternen, von Rosen, Myrten und Veilchen, von der Nachtigall und den Eisvögeln, kurz, überall tritt uns ein offener, für die Schönheiten der Natur empfänglicher Sinn entgegen. Hinsichtlich der Versmaße und des Strophenbaues schloß sich Ibykos an seinen Vorgänger Stesichoros an. In der Musik aber wird er als Erfinder der Sambyke, einer dreieckigen Harfe, genannt. Vielleicht war es gerade dieses Instrument, das nach ihm Ibykinon genannt wurde.

Die Gedichte des Ibykos, dem seine Landsleute ein Denkmal setzten, waren in Griechenland *verbreitet und wohlbekannt*; sie wurden noch in späterer Zeit gerne gelesen, wenn sie auch nicht so beliebt, wie die anderer Erotiker, besonders Anakreons, waren. Auch Gelehrte beschäftigten sich mit ihm. Es gab ein Sprichwort: *ἀρχαιότερος Ἰβύκου* (einfältiger als Ibykos), das man darauf bezog, daß Ibykos in seiner Heimat hätte Tyrann werden können, aber dennoch als Sänger in die Fremde gezogen sei. Von ihm rührt auch der schöne Ausspruch her: »ich fürchte, ich könnte mir unter Versündigung an den Göttern Ehre bei den Menschen erwerben« und das Wort: »es läßt sich kein Mittel auffinden, Tote wieder zu beleben.«

23. Kapitel

Simonides. Bakchylides. Timokreon

1. Ibykos steht auf der Grenzscheide zwischen der alten und neuen Lyrik. Während früher die Dichter nur den Gefühlen ihrer eigenen Brust, nur Selbsterlebtem in ihren Gedichten Ausdruck verliehen, war er der erste, der Kunst und Phantasie an die Stelle der wirklichen Empfindung setzte. Auch beschränkte er seine Wirksamkeit nicht, wie die früheren Lyriker, auf einen Ort, sondern trat vor und nach seinem längeren Aufenthalt am Hofe des Polykrates in verschiedenen Städten Griechenlands, wie es scheint, als Dichter auf. Endlich dehnte er auch den Kreis seiner Poesie weiter aus, indem er sich mit religiöser und weltlicher Lyrik befaßte. Nach diesen Seiten hin schritt die Entwicklung der Lyrik in der nächsten Zeit rasch fort, noch gefördert durch den gewaltigen Aufschwung, den Griechenland infolge der Perserkriege nahm, die den Nationalstolz mächtig hoben, das Gefühl der Zusammengehörigkeit sehr stärkten und die Führerschaft von Sparta auf Athen übergehen ließen. Jetzt wurde Athen der Mittelpunkt des geistigen Lebens der ganzen Nation, wohin Dichter, Künstler und Gelehrte von allen Seiten zusammenströmten, um sich Auszeichnungen zu erwerben. Hier wurden die Feste mit der größten Pracht gefeiert; poetische Wettkämpfe fanden an denselben statt, an denen die berühmtesten Dichter sich beteiligten und sich freuten, wenn sie in denselben als Sieger gekrönt wurden. Ähnlich war es auch an andern Orten Griechenlands. Brauchte eine Stadt oder ein Privatmann zu irgendeinem Feste ein Gedicht, so bestellte man dies bei einem Dichter, dessen Ruhm und Ansehen die treffliche Ausführung des Auftrags verbürgten. Und die Dichter übernahmen alle Aufträge, die ihnen gegeben wurden; denn sie waren auf dem ganzen Gebiete, in allen Gat-

tungen der Lyrik zu Hause, wobei sie in erster Linie durch die bis in das Einzelne genau durchgearbeitete Technik unterstützt wurden. Was sie aber sangen, das war nicht auf einen kleinen Kreis von Freunden oder auf eine Gemeinde berechnet, sondern gehörte ganz Griechenland an. Die Dichter waren jetzt *Nationaldichter;* mit den Anforderungen steigerte sich auch das Ansehen derselben. Damit hing es zusammen, daß man von jetzt an die Dichtkunst als Lebensberuf ansah, den man gerade so zu seinem Vorteil auszubeuten suchte, wie jeden andern; man ließ sich für dichterische Leistungen ebenso bezahlen, wie für Leistungen auf irgendeinem andern Gebiete, und wenn dies auch im Anfang Anstoß erregte, so gewöhnte man sich doch bald daran und betrachtete es später als ganz selbstverständlich.

2. An der Spitze dieser *universalen Lyrik* steht *Simonides*, der Sohn des Leoprepes, der von 556–466 v. Chr. lebte. Er war in Iulis auf der Insel Keos geboren. Hier wurde besonders Dionysos verehrt, und es scheint, daß auch Simonides bei den Aufführungen an den Festen desselben mitgewirkt hat. In der Nachbarstadt Karthäa bekleidete er später die Stelle eines Chorführers bei den Apollonfesten. Von hier rief ihn Hipparchos nach Athen, wo er mit Anakreon zusammentraf und sich mit Lasos von Hermione in Chorliedern maß. Nach dem Tode des Hipparchos begab sich unser Dichter nach Thessalien an den Hof der Skopaden in Krannon, die, wie Theokrit sagt, nur ihm den Ruhm ihres Hauses zu verdanken haben. Aber ein unerwartetes Ereignis raffte die Skopaden schnell dahin; die Sage erzählt, das Haus, in dem sie gerade den Wagensieg des Tyrannen feierten, sei eingestürzt und habe sie alle erschlagen; nur Simonides sei auf wunderbare Weise gerettet worden. Da er nämlich in dem zur Feier gedichteten Siegeslied außer Skopas auch noch die Dioskuren gelobt habe, so habe der Tyrann ihm nur die Hälfte des bedungenen Lohnes ausbezahlt, für die andere ihn aber an die Dioskuren gewiesen. Bald darauf sei Simonides aus dem Saale gerufen worden, da zwei Jünglinge – eben die Dioskuren – ihn zu sprechen wünschten. Als er hinausgekommen, habe er niemand gesehen, aber dieser Umstand habe ihm das Leben gerettet, da unterdessen die Decke des Saales herabgebrochen sei. An dieses sagenhafte Ereignis knüpft die Überlieferung die Erfindung der Mnemotechnik, die unserm Dichter zugeschrieben wird. Dieser habe nämlich die sehr entstellten Leichname nur deshalb wieder erkannt, weil er sich die Plätze, wo die einzelnen saßen, gemerkt hatte. Von Krannon begab sich Simonides wahrscheinlich nach Larissa an den Hof der Aleuaden, wo er mit Antilochos, dem Sohne des Echekratidas, befreundet war. Aber die Perserkriege führten ihn wieder nach Athen zurück. In dieser Zeit verkehrte er besonders mit Themistokles, aber auch der Sparta-

ner Pausanias zählte zu seinen Freunden und jedenfalls noch viele andere Männer, die damals eine bedeutende Rolle in Griechenland spielten. In Athen gewann er im J. 476 v. Chr., als er 80 Jahre alt war, mit einem kyklischen Chor an den Dionysien den Preis, wie er selbst sagt, den 56., den er in öffentlichen Wettkämpfen davontrug. Noch in demselben Jahre reiste er mit seinem Neffen Bakchylides nach Syrakus an den Hof des Tyrannen Hieron, der ihn zu sich eingeladen hatte. Er kam gerade recht, um den zwischen Hieron und Theron, dem Tyrannen von Agrigent, ausgebrochenen Streit gütlich beizulegen. Am syrakusanischen Hofe traf er mit andern berühmten Dichtern jener Zeit zusammen, so mit dem Syrakusaner Epicharmos, dem Athener Äschylos und dem Thebaner Pindar, seinem großen Nebenbuhler, mit dem er nicht gerade auf dem besten Fuße lebte; Beweise dafür finden sich jetzt noch in den Gedichten des Pindar. Simonides blieb bis zu seinem Tode in Syrakus. Hier wurde ihm auch ein Denkmal mit einer Inschrift errichtet, das aber später bei einer Belagerung der Stadt von den Feinden zerstört wurde.

Die *Tätigkeit* des Simonides war sehr vielseitig. Wie wir schon sagten, galt er für den Erfinder der *Mnemotechnik*. Auch *gelehrte Studien* scheint er getrieben zu haben; wenigstens wird die Einführung der Buchstaben *η*, *ω*, *ξ* und *ψ* ihm zugeschrieben. In der *Poesie* dichtete er *Elegien* und *Epigramme*; seine Haupttätigkeit aber gehört der *Chorlyrik* an, der religiösen sowohl als der weltlichen. Leider sind nur wenige dürftige Trümmer derselben auf uns gekommen. Wir hören, daß er auf Verlangen der Eleer einen *Hymnos* auf den olympischen Zeus dichtete; auch Poseidon wurde von ihm mit einem Hymnos verherrlicht, in dem die Argonautensage, wie es scheint, berührt war. Ähnlichkeit mit den Hymnen müssen die *Bittgesänge* (*κατευχαί*) gehabt haben; in einem derselben war erzählt, wie Menelaos mit Odysseus nach Delos kam, um die Töchter des Anios, die Önotropoi, zu holen, nämlich Öno, Spermo und Elais, welche von Dionysos die Gabe hatten, alles beliebig in Wein, Korn oder Öl zu verwandeln. Vielleicht darf man auch das Gedicht zur Besänftigung des Windes hierher rechnen. Von den *Päanen* des Dichters kennen wir nur einen dem Titel nach, nämlich den auf den pythischen Apollon. Ebenso werden von den *Dithyramben* nur zwei Titel genannt, Memnon und Europa; im ersten war die Geschichte des Memnon, im zweiten der Raub der Europa durch Zeus behandelt.

Besonders berühmt waren die *Hyporcheme* des Simonides, die vielleicht, wenn sie von Jungfrauenchören aufgeführt wurden, auch *Partheneia* hießen. Das Bestreben des Dichters ging dahin, die Worte, die Tanzbewegungen und die musikalische Begleitung einander so anzupassen, daß daraus ein einheitliches Bild von größter Anschaulichkeit entstehe. Leider können wir auch hier nicht selbst urteilen, in wie weit ihm dies gelungen ist; denn wir besitzen nur ein paar Bruchstücke, die in Bildern von den Tanzbewegungen sprechen. »Den unerreichten Renner oder die amykläische Hündin«, ruft er, »ahme im Drehen der Füße beim Wettkampf nach, den Windungen des Liedes folgend.« Ähnlich nimmt er im andern Fragment den Hund zum Vergleich, »der über die dotische blumige Aue dahinfliegt, um Tod dem geweihgeschmückten Hirsch zu bringen.« Nach diesen Bildern zu schließen, war Schnelligkeit und Beweglichkeit ein besonderes Merkmal dieser Gedichte. Einen großen Raum in der Poesie des Simonides nahmen *Epinikien* und *Enkomien* ein, die erst von unserm Dichter ihre eigentliche Ausbildung erhalten zu haben scheinen, wenn auch schon Ibykos solche verfaßt hatte. Schon von alter Zeit her standen, wie bekannt, die Sieger in öffentlichen Spielen bei den Griechen im höchsten Ansehen. Ihre Namen wurden in besondere Listen eingetragen, und sie selbst wurden von ihren Mitbürgern sehr geehrt. Mit der Zeit begnügte man sich mit diesen Auszeichnungen nicht mehr. Man errichtete den Siegern Standbilder und verherrlichte bei den Siegesfesten, die mit größter Pracht gefeiert wurden, ihre Taten in großartigen Festgedichten, welche die Dichter teils auf Bestellung gegen Bezahlung, teils aus Freundschaft mit den Siegern lieferten. Wie dieselben bei Simonides eingerichtet waren, wissen wir nicht, da keines derselben vollständig erhalten ist; wir können aber vermuten, daß die Anlage ähnlich war wie bei Pindar, bei dem in der Regel mit dem Lobe des Siegers die Darstellung eines mit demselben in irgendeinem Zusammenhang stehenden Mythus, der den Mittelpunkt des Gedichtes ausmacht, verbunden ist. Ein Enkomion lehrhaften Inhalts auf Skopas, den Sohn des Kreon, den Tyrannen in Krannon in Thessalien, kennen wir noch ziemlich vollständig aus Platons Protagoras. Der Dichter wendet sich darin gegen Pittakos, der sagte, es sei schwer, gut zu sein; er führt aus, daß dies nur eine Eigenschaft der Götter sei, die keinem Menschen zuteil werde; bei Menschen müsse man schon zufrieden sein, wenn einer freiwillig nichts Böses tue; gegen den Zwang aber kämpfen nicht einmal die Götter. Auch die Schlacht bei Artemision bildete den Inhalt eines solchen Gedichtes, in dem folgende Stelle über die bei Thermopylä Gefallenen vorgekommen zu sein scheint: »ruhmvoll ist das Schicksal der bei Thermopylä Gefallenen und herrlich ihr Los; ihr Grab ist ein Altar, die Stelle der Klage vertritt der Nachruhm, und die Trauer ist ihr Lob. Ein solches Grab wird weder Moder, noch die allvertilgende Zeit zerstören«; von den bei Artemision getöteten Athenern sagt der Dichter: »dieses Grab der Helden wählte sich den Ruhm Griechenlands zum

Hausgenossen; dies bezeugt auch Leonides, Spartas König, der große Ehre infolge seiner Tapferkeit und ewigen Ruhm hinterlassen.«
Das größte Lob scheint sich Simonides mit seinen *Klageliedern* (*θρῆνοι*) erworben zu haben, die sich durch die Wahrheit der Empfindung und die Natürlichkeit des Ausdrucks vor allen ähnlichen auszeichneten. Wir besitzen noch den Anfang des Liedes, in dem er den jähen Untergang der Skopaden beklagt: »als Mensch sage nie, was morgen geschieht, noch, wenn du einen Mann glücklich siehst, wie lange er es bleiben wird.« Auch den Tod des Antiochos von Larissa beweinte er in einem Gedichte, in dem er, wie es scheint, die Klage um den Verstorbenen der Mutter desselben, Dyseris, in den Mund legte. In einem andern Fragment führt Simonides den Gedanken aus, daß nicht einmal die Helden der Vorzeit, die Söhne der herrschenden Götter, ein müheloses, unvergängliches Leben ohne Gefahren bis zum Greisenalter führten. Wieder in einem andern Fragmente heißt es: »schwach ist der Menschen Kraft, nichts richten seine Sorgen aus, und in seinem kurzen Leben gibt es nur Mühe auf Mühe; zugleich schwebt der unentrinnbare Tod über seinem Haupte; denn diesem sind alle in gleicher Weise verfallen, die Guten und die Schlechten.« Aber auch in diese Klagelieder scheint Simonides passende Mythen verwoben zu haben, wenn anders die Klage der Danaë, die zum Schönsten gehört, was die griechische Literatur aufzuweisen hat, einem solchen Gedichte entnommen ist. Akrisios hatte seine Tochter samt ihrem Sohne Perseus in einem Kasten dem Meer übergeben; »als sie aber in dem bunten Kasten lag und der wehende Wind sie dahintrug und die wogende See, da malte sich Furcht auf ihren tränenbefeuchteten Wangen, und sie schlang den lieben Arm um Perseus und sprach: o Kind, welchen Jammer empfinde ich, während du schläfst; ruhig und ahnungslos schlummerst du in dem freudelosen, festgefügten Kasten, von finsterer Nacht und schwarzem Dunkel umgeben. Du kümmerst dich nicht um die tiefe Meereswoge, die oben über deine Locken hinweggeht, noch um das Tosen der Stürme, in das purpurne Tuch gehüllt, Antlitz an Antlitz geschmiegt. Wäre dir das Schreckliche schrecklich, dann würdest du auch dein zartes Ohr meinen Worten leihen. Doch schlafe, mein Kind; schlafen soll auch das Meer, schlafen das unendliche Elend. Und du, Vater Zeus, mögest eine Änderung herbeiführen; jedes vermessene Wort aber, das ich wider das Recht in meinem Gebete spreche, verzeihe mir!«
Um die Poesie des Simonides im allgemeinen zu *charakterisieren*, beginnt man wohl am besten mit dem Geständnis des Dichters selbst, er wolle die Sagen der Vorzeit, die durch die Länge der Zeit und die Übereinstimmung der Völker geheiligt seien, nicht ändern; und in der

Tat wird kaum eine Umdichtung einer Sage auf Simonides zurückgeführt. In der Darstellung vermißt man im ganzen die wahre Wärme der Empfindung und den kühnen Schwung der Idealität, zwei Eigenschaften, durch die Pindar ausgezeichnet ist; durch Simonides' Dichtung geht vielmehr ein stark realistischer Zug, wie er ja auch das Wort für ein Abbild der Wirklichkeit erklärt. Die Hauptstärke unseres Dichters liegt in der Detailmalerei; mit seltener Meisterschaft weiß er überall, in der Natur und im Menschenleben, immer die für die betreffende Situation bezeichnendsten Züge auszuwählen und zu einem anschaulichen, wirkungsvollen Gesamtbilde zu verbinden, in dem er alles sorgsam vermeidet, was die vollständige Harmonie stören könnte. Die Poesie ist nach ihm eine redende Malerei, wie die Malerei eine stumme Poesie, und gerade auf der farbenprächtigen Ausmalung des charakteristischen Einzelnen beruht die Kunst, in der Simonides unübertroffen dasteht, nämlich auf das Gefühl zu wirken, das Herz zu rühren und Mitleid zu erregen. Die Darstellung ist reich und mannigfaltig, überall einfach und natürlich, voll Anmut und Lieblichkeit, nicht selten durch feinen Witz und edlen Humor gewürzt.

Diese Vorzüge verdankt die Poesie des Simonides zu nicht geringem Teile dem außerordentlichen Formtalent ihres Schöpfers. *Sprache*, *Metrik* und *Musik* beherrscht er, wie kaum ein zweiter, und wendet sie mit solcher Leichtigkeit und Natürlichkeit an, daß man den Eindruck empfängt, als ob sich alles ganz von selbst so zusammengefügt habe; nirgends nimmt man eine Spur von Künstelei und Zwang wahr. Der Dialekt ist der epische mit dorischer Färbung; aber Simonides meidet alle altertümlichen und ungewöhnlichen Wörter, mit denen sonst Dichter ihre Erzeugnisse zu schmücken pflegen. An Versmaßen gebraucht er am häufigsten Logaöden, daneben auch Daktylo-Epitriten, die Pindar mit Vorliebe anwendet, dann Daktylen, Anapäste, Trochäen und Jamben. Die Strophen hatten offenbar dieselbe dreifache Gliederung wie bei den andern chorischen Dichtern. Die Instrumente, die er verwandte, waren Flöte und Zither. Am häufigsten scheint er in der dorischen Tonart komponiert zu haben; daneben gebrauchte er noch die lokrische, und auch die äolische, lydische und phrygische wird er kaum verschmäht haben.

Man sieht, daß Simonides auch in seiner Poesie das gewandte und leichte Wesen der Ionier den tiefernsten, gemessenen und schwerfälligen Doriern gegenüber nicht verleugnete. Dies zeigt sich auch sonst in seinem Leben. Er ist der gebildete Gesellschafter, der feine Weltmann, der durch sein geschmeidiges Wesen, seinen Geist und Witz sich überall zurecht findet. Man wußte sich manche treffende Antworten von ihm zu erzählen. Als Hieron ihn einst nach dem Wesen Gottes fragte, vertröstete er ihn zuerst von einem Tag auf den andern; endlich aber sagte er, je mehr er darüber nachdenke, desto dunkler komme es ihm vor. Ein anderes Mal gab er auf die Frage, wie viel Jahre er alt sei, die Antwort: »viele, aber immer noch zu wenige.« Daneben war sein Sinn auf die Wirklichkeit und das praktische Leben gerichtet. Er scheute sich nicht, sich für seine Gedichte bezahlen zu lassen, ja, er nahm es nicht einmal mit den Personen, denen er für Geld Gedichte machte, zu genau. So hielt ihn z. B. die Freundschaft mit Hipparchos nicht ab, später Harmodios und Aristogeiton in einem Epigramm zu loben, und ähnliches mag auch sonst bei ihm vorgekommen sein; jedoch haben wir keinen Beweis dafür, daß er durch Bezahlung sich habe bestimmen lassen, offen die Unwahrheit zu sagen. Die Alten nahmen ihm dies aber zum Teil sehr übel; man stellte ihn mit den Sophisten zusammen, warf ihm Geiz vor und erzählte sich zum Beweise seiner Habsucht, er habe zu Hause zwei Truhen, die eine für den Dank, die andere für das Honorar, aber nur die letztere sei immer voll, die erstere stets leer. Schon Xenophanes soll ihn *κίμβιξ* (Knicker) genannt haben, und der alexandrinische Dichter Kallimachos spricht von der *μοῦσα ἐργάτις* (der Lohnmuse) des Simonides.

Nichtsdestoweniger war Simonides sehr *berühmt*, und seine Dichtungen waren in ganz Griechenland verbreitet und hochgeschätzt; Staaten, Tyrannen und Privatleute wollten von ihm verherrlicht werden. Seine Lieder erhielten sich lange in Griechenland, besonders in Athen, das ihn gleichsam als den seinigen betrachtete. Platon schätzte den Dichter sehr hoch und stellte ihn geradezu mit Homer und Hesiod zusammen. Auch an Nachahmern fehlte es ihm nicht, unter denen besonders sein Neffe Bakchylides war, dann in späterer Zeit Horaz. Überhaupt scheint er immer ein Lieblingsdichter der Gebildeten gewesen zu sein. Auch die Gelehrten beschäftigten sich mit ihm, wie z. B. Tryphon, der über den Dialekt des Simonides schrieb, und Paläphatos, der Einleitungen zu den einzelnen Gedichten abfaßte. Simonides ist unbestritten neben Pindar der größte Lyriker der Griechen.

3. Simonides wurde, wie wir eben sagten, von seinem Neffen *Bakchylides* nachgeahmt, ohne daß es diesem jedoch gelungen wäre, seinen großen Oheim zu erreichen. Wie dieser, stammte auch er aus Iulis auf Keos. Sein Vater hieß Medon oder Meidylos. Von seinem Leben wissen wir nur, daß er mit Simonides sich am Hofe des Hieron in Syrakus aufhielt, wo er auch mit Pindar zusammentraf. Aber er konnte sich mit diesem ebensowenig wie sein Oheim vertragen; wenigstens wollen die Alten in den Gedichten des Pindar Angriffe auf Bakchylides entdeckt haben, den er einen schönen Affen genannt habe, welchem jedes angeborne Talent zur Dichtkunst fehle. Trotzdem zog Hieron nach der

Überlieferung denselben dem Pindar vor. Als aber der Tyrann gestorben war, begab sich Bakchylides, wie es scheint, in den Peloponnes, wo er wohl auch gestorben ist.

Bakchylides befaßte sich fast mit allen Arten der *Chorlyrik*; nur Trauerlieder (θρῆνοι) scheint er nicht gedichtet zu haben. Auch zwei *Epigramme* sind unter seinem Namen erhalten, das eine eine Bitte an Nike, ihm Sieg zu verleihen, Verse, die vielleicht einem elegischen Gedichte angehörten. Von den *Hymnen* des Dichters ist ein kurzes Fragment erhalten; aber wahrscheinlich war das Gedicht, welches Horaz 1, 15 nachahmte, ein Hymnos, nur daß Bakchylides die Weissagung vom Untergang Trojas der Kassandra, nicht dem Proteus, wie Horaz, in den Mund gelegt hatte. Außerdem hören wir, daß er - wohl zuerst - ὕμνοι ἀποπεμπτικοί gedichtet habe, die im Gegensatz zu den ὕμνοι κλητικοί stehen; wie diese die Götter herbeirufen, so geleiten jene sie wieder aus der Stadt nach einem andern Orte hin.

Von den *Päanen* ist ein längeres Stück, eine Schilderung der Segnungen des Friedens, erhalten: »der Friede erzeugt den Sterblichen großen Reichtum und die Blüten honigsüßer Gesänge und bewirkt, daß auf buntverzierten Altären für die Götter Schenkelstücke der Rinder und langwolligen Schafe in heller Lohe brennen, und daß die Jünglinge sich den Turnspielen, der Flötenmusik und den heitern Umzügen hingeben. In den eisernen Handhaben der Schilde weben schwärzliche Spinnen ihre Netze, und der Rost frißt die spitzigen Lanzen und doppelschneidigen Schwerter. Das Schmettern der ehernen Trompete hört man nicht, und der süße Schlaf wird nicht von den Augen verscheucht, der unser Herz erfreut. Liebliche Gelage erfüllen die Straßen, und Liebeslieder werden laut«. Sehr bezeichnend für unsern Dichter ist ein anderes Fragment, in dem er gesteht: »immer stammt des einen Weisheit vom andern; so war es früher, und so ist es jetzt noch; denn schwer ist es, Neues zu finden.«

Von seinem *Dithyramben* sind weder Titel, noch Fragmente auf uns gekommen. In den *Prosodien* singt der Dichter: »nur ein Ziel und nur einen Weg zum Glück gibt es für die Menschen, nämlich wenn man, das Herz von Kummer frei, sein Leben hinbringen kann; wer sich aber tausenderlei Sorgen im Gemüte macht und Tag und Nacht wegen der Zukunft sein Herz zerquält, der hat nutzlose Mühe.« Auch von den *Hyporchemata* haben wir zwei Bruchstücke; im einen heißt es: »der lydische Stein prüft das Gold, die allmächtige Wahrheit aber prüft Tugend und Weisheit der Menschen.« Von den *Parthenien* des Dichters erfahren wir nichts, und auch von den *Epinikien* sind nur wenige Bruchstücke vorhanden. In einem preist er denjenigen glücklich, dem die Gottheit Anteil am Schönen und ein reiches Leben mit beneidenswertem Geschick verliehen; denn kein Irdischer ist in allem glücklich. Eines dieser Siegeslieder verherrlichte den Tyrannen Hieron von Syrakus, der im J. 472 mit seinem Rosse Pherenikos in Olympia den Sieg davontrug.

Endlich dichtete Bakchylides auch *Liebes-* und *Trinklieder*, von denen uns noch einige Bruchstücke vorliegen. In den Liebesliedern machte er, wie wir hören, von dem Refrain Gebrauch, jedoch so, daß derselbe mit der Strophe in Verbindung stand und zur Vervollständigung des Sinnes erforderlich war. Ein größeres Stück aus einem Skolion lautet: »eine süße Macht erwärmt, wenn die Becher kreisen, das Herz, gerade wie die Liebe; denn die Hoffnung im Verein mit den Gaben des Dionysos entflammt den Geist und trägt die Gedanken der Menschen zur höchsten Höhe empor. Sofort stürmt der eine die Zinnen der Städte und dünkt sich Herr der ganzen Welt zu sein; von Gold und Elfenbein strahlt sein Palast, und weizenführende Schiffe bringen glänzende Frucht aus Ägypten, großen Reichtum; so schwärmt das Herz beim Trinken«. In dem andern Bruchstück singt der Dichter: »Ich besitze keine Rinderherden, kein Gold und keine Purpurdecken, aber einen frohen Sinn, die liebliche Gabe der Musen und süßen Wein in böotischen Humpen.«

Aus dieser Übersicht über die Poesie des Bakchylides ersieht man leicht, worin die Stärke des Dichters beruht. Es ist die Detailmalerei, die anschauliche Ausführung des Einzelnen, worauf er das Hauptgewicht legt, und darin ist er noch weiter als sein Vorbild Simonides, ja manchmal zu weit gegangen, indem er sich in Einzelheiten verlor. Dabei verwendet er außerordentliche Sorgfalt auf Korrektheit und Schönheit der Form. Überhaupt sieht man an ihm, wie weit es fleißiges Studium unter Leitung eines tüchtigen Meisters auch ohne besondere Begabung bringen kann; denn an poetischer Begabung, an genialer Dichterkraft fehlte es dem Bakchylides, wie ihm schon Pindar vorwarf und er auch selbst fühlte, da er unter Hinweis auf die Schwierigkeit, die es mache, Neues zu sagen, erklärt, alle Kunst und Weisheit sei angelernt. Auch in Sprache, Versmaß und Musik ist er fast ganz von Simonides abhängig; doch scheint er, besonders im Bau der Strophen, manches von seinem großen Zeitgenossen Pindar angenommen zu haben. Ganz besonders liebt er es, in seine Gedichte Sittensprüche und moralische Lehren aufzunehmen, und gerade dieses ethische Element war es, das die Griechen bis in späte Zeiten herab zu ihm hinzog; so noch den Kaiser Julian. Seine Aufnahme in den Kanon der Lyriker verdankt er der mustergültigen Form seiner Poesie, die auch die nachfolgenden Dichter und Rhetoren veranlaßte, ihn zu studieren. Der Grammatiker Didymos schrieb einen Kommentar zu seinen Epinikien.

4. Der Nachahmer des Simonides führt uns zu dem Gegner desselben, zu *Timokreon aus Ialysos* auf Rhodos, der Athlet gewesen sein soll. Über seine Feindschaft mit Simonides haben wir früher gesprochen; ebenda bemerkten wir auch, daß er ein Gegner des großen Themistokles war. Timokreon war nämlich wegen Parteinahme für die Perser aus seiner Heimat vertrieben worden. Da er nun der Gastfreund des Themistokles war, so hoffte er, durch diesen wieder zurückgeführt zu werden; allein er sah sich in seiner Hoffnung getäuscht. Seinem Zorne darüber machte er in einem Schmähgedicht auf Themistokles Luft, das noch erhalten ist; darin wirft er demselben vor, daß er ihn um einen Lumpenlohn nicht heimgeführt habe, wie er denn in allem nach Bestechung, nie nach Recht gehandelt habe; am Isthmos habe er bei einer Bewirtung in seinem Geize Fleisch vorgesetzt, das gar kein Fleisch gewesen sei; die Gäste aber hätten es unter Verwünschungen des Themistokles gegessen. Als dann Themistokles ebenfalls vertrieben war und sich zum Perserkönig geflüchtet hatte, gab er laut seiner Freude Ausdruck: »Timokreon stand also nicht allein im Bunde mit den Medern; nein, auch andere sind demnach Schurken; ich bin nicht allein ein Fuchs, auch andere sind Füchse.«

Diese Gedichte waren *Trinklieder*. In einem derselben wünscht er, der blinde Plutos hätte weder auf Erden, noch im Meere, noch im Himmel sich zeigen, sondern nur den Tartaros und Acheron bewohnen sollen; denn er stifte alles Unglück auf der Welt. In diese Trinklieder scheint er auch *Fabeln* verflochten zu haben, wie die *karische* und kyprische; nach jener, die auch Simonides gebraucht haben soll, ist ein Fischer in Verlegenheit, ob er einen Polyp im Winter fangen soll; denn wenn er ihn fängt, so kommt er vor Kälte um; fängt er ihn aber nicht, so sterben seine Kinder Hungers. Die kyprische Fabel dagegen knüpft an die Adonisfeier an, bei der die Kyprier lebende Tauben fliegen lassen, die, wenn sie auch dem einen Scheiterhaufen entrinnen, doch unvermutet in einen andern stürzen und darin umkommen. Der Sinn der Fabel ist, daß die Übeltäter, wenn auch spät, doch sicher ihre Strafe erhalten. Die Sprache und die rhythmische Form hatten diese Trinklieder, wenn das vollständig Erhaltene richtig hergestellt ist und man von ihm auf die andern schließen darf, mit der Chorlyrik gemein. Der Dichter verwendet mit Vorliebe Daktylo-Epitriten; ein Skolion war in reinen Epitriten abgefaßt und ein anderes in katalektischen ionischen Dimetern. Ob Timokreon noch andere Lieder außer Skolien dichtete, wissen wir nicht. Dichter von Komödien heißt er nur wegen des spottenden Inhalts seiner Gedichte. Diese waren so bekannt, daß Aristophanes und Platon darauf anspielen konnten.

24. Kapitel

Pindar. Die übrigen Chorlyriker

1. Einen besonders günstigen Boden fand die Lyrik in Böotien, wo sie in Pindar ihre schönste Blüte trieb. Aber schon vor Pindar begegnen wir hier zwei Dichterinnen, von denen die älteste Myrtis hieß und aus Anthedon stammte. Über ihr Leben erfahren wir nichts Genaues; sie soll Lehrerin der Korinna und des Pindar gewesen sein. Ebensowenig können wir über ihre poetischen Leistungen urteilen. Korinna tadelt sie, weil sie sich als Frau mit Pindar in Wettkampf eingelassen habe, ein Ausdruck, den man ohne Grund so deutete, als ob Myrtis nur in ihren Stoffen und ihrer Darstellungsweise mit Pindar gewetteifert habe. Hinsichtlich des Inhalts ihrer Lieder wird uns überliefert, daß sie die Liebesgeschichte des Eunostos und der Ochna behandelt habe. Diese war in ihren Vetter Eunostos verliebt; als sie aber von ihm zurückgewiesen wurde, beschloß sie, sich an ihm zu rächen. Sie beschuldigte ihn bei ihren Brüdern, als ob er ihr Gewalt angetan habe, und diese erschlugen ihn. Als sie aber daraufhin ergriffen wurden, legte Ochna, von Reue ergriffen, ein Geständnis ab. Ihre Brüder wurden mit Verbannung bestraft, sie selbst aber legte Hand an sich. Danach zu schließen, hat Myrtis ähnlich wie Korinna böotische Lokalsagen in ihren Gedichten behandelt.

2. Viel bekannter ist *Korinna*, die Tochter des Acheloodoros und der Prokratia aus Tanagra, die eine Schülerin der Myrtis gewesen sein soll. Sie hatte den Beinamen Myia (Fliege), womit vermutlich der Gegensatz zu andern Dichterinnen, die Melissai (Bienen) hießen, ausgedrückt werden soll. Sie wird als Lehrerin des Pindar genannt und überhaupt in vielfache Beziehung zu diesem Dichter gesetzt. So wird erzählt, daß sie dem jungen Pindar den Rat gegeben habe, auch Mythen in seine Gedichte zu verflechten; als dieser es aber dann im Übermaß getan habe, habe sie ihm gesagt: »man muß mit der Hand säen, nicht mit dem ganzen Sack.« Wenn wir weiter hören, daß sie selbst den Pindar, sei es nun infolge ihres Dialektes oder ihrer Schönheit, fünfmal im Wettkampf besiegt habe, so läßt sich diese Nachricht nicht wohl mit dem Tadel vereinigen, den sie gegen Myrtis, die sich in einen Wettstreit mit Pindar eingelassen hatte, aussprach. Der Name des Pindar ist offenbar fälschlich in diese sonst ganz glaubliche Nachricht von den Siegen der Korinna gekommen. Ebensowenig verdient die Überlieferung Glauben, daß Pindar seine Gegnerin aus Zorn über die Niederlage *böotisches Schwein* genannt habe.

Korinna schrieb *Epigramme*, *Nomen* und 5 Bücher *Gedichte*. Über die beiden ersteren erfahren wir nichts Näheres. Den Inhalt der meisten

Gedichte mag die böotische Lokalsage gebildet haben; wenigstens können wir dies aus den überlieferten Überschriften von Gedichten schließen, wie *Böotos*, welcher der Stammheros von Böotien war, *Kataplus*, in dem die Sage des Orion vorkam, den Korinna zu einem Tanagräer macht und die Welt von Ungeheuern befreien läßt. In diesem Gedicht war wohl auch die Sage von den Töchtern des Orion, Metioche und Menippe, behandelt, die sich dem Tode weihten, um ihr Heimatland von der Pest zu befreien. Aber Hades und Persephone ließen sie als Kometen an den Himmel aufsteigen. Zwei andere Gedichte führen die Titel: *die Sieben gegen Theben* und *Iolaos*. In den *Minyades* war die Geschichte der Töchter des Minyos, Leukippe, Arsippe und Alkathoe, erzählt, die sich anfangs dem Bakchosdienst widersetzten, dann aber von dem Gott in Raserei versetzt und schließlich von Hermes in Eule, Kauz und Uhu verwandelt wurden. Auch der *Schild* der Athene scheint der Inhalt eines Gedichtes der Korinna gewesen zu sein.

Diese Lieder waren wohl alle für Jungfrauenchöre bestimmt. In den wenigen Fragmenten, die wir noch haben, erklärt die Dichterin, sie wolle die Taten der Helden und Heldinnen der Vorzeit besingen für die weißgekleideten Bewohnerinnen von Tanagra. Ihr Dialekt ist der böotische, und sie macht dem Pindar Vorwürfe, daß er auch attische Ausdrücke aufnahm. Als Versmaß gebraucht sie besonders Logaöden, daneben auch Cretici und daktylische Hexameter. Ihr Ruhm war in ihrer Vaterstadt groß. Sie sagt selbst: »die Stadt freut sich sehr über meinen helltönenden Gesang.« Im Gymnasium in Tanagra war sie abgemalt, wie sie sich gerade das Wollband, das Zeichen des Sieges, um das Haupt windet. Außerdem hatte Silanion eine Statue von ihr gefertigt, die gleichfalls in Tanagra aufgestellt war, wo man auch das Grab der Dichterin zeigte. Aber auch außerhalb ihrer Heimat fand sie trotz ihres böotischen Dialektes Anklang. Ein Grammatiker namens Alexandros schrieb einen Kommentar zu ihren Gedichten, und selbst römische Dichter beschäftigten sich mit ihr. Manche Gelehrte wollten sie als zehnte in den Kanon der neun großen Lyriker aufgenommen wissen; jedenfalls war sie nach Sappho die größte Dichterin der Griechen.

3. Einem Landsmann der Korinna war es beschieden, die höchste Stufe der Vollkommenheit, welche die griechische Lyrik kennt, zu erreichen, *Pindar aus Kynoskephalä*, einer Vorstadt von Theben. Dieser wurde im J. 552 v. Chr. als Sohn des Daiphantos oder Pagondas und der Kleodike geboren. Aus seinen Gedichten (Pyth. V 76) hat man geschlossen, daß er dem berühmten Geschlechte der Ägeiden angehörte, das, in vielen Orten Griechenlands ansässig, überall in inniger Verbindung mit religiösen Kulten stand. Wie von der Jugend eines

jeden großen Mannes, so wußten die Griechen auch von der Pindars merkwürdige Geschichten zu erzählen, z. B. daß Bienen ihn mit Honig speisten, was man als deutlichen Hinweis auf seine große dichterische Begabung ansah. Und Theben, die Stadt, wo die Flötenmusik besonders zu Hause war, war vorzugsweise geeignet, die schlummernden Anlagen des Knaben zu wecken und auszubilden. Wir hören, daß der Flötenspieler Skopelinos, den man für seinen Stiefvater oder Vater ausgab, ihn in seiner Kunst unterrichtet habe. Daß man ihn auch mit Myrtis und Korinna in Beziehung brachte, haben wir oben gesehen. Von Theben begab sich der junge Pindar zu seiner weitern Ausbildung nach Athen, wo ihn Agathokles und Apollodoros in die Kunst der Chorlyrik einweihten, und bald war er soweit, daß ihn der letztere selbständig einen kyklischen Chor einüben lassen konnte. Ob auch der Dichter Lasos von Hermione, wie überliefert wird, sein Lehrer war, erscheint zweifelhaft. Jedenfalls aber legte dieser erste Aufenthalt in Athen den Grund zu der Vorliebe, die der Dichter sein ganzes Leben lang für diese Stadt besaß.

Nach seiner Ausbildung kehrte Pindar wieder in seine Heimat zurück und widmete sich der Dichtkunst. Soviel wir wissen, trat er zuerst im J. 502 als junger Mann von 20 Jahren mit einem Siegeslied an die Öffentlichkeit, das er auf den Wunsch des Thorax, des Herrschers von Larissa, zum Preise des jungen Hippokles, ebenfalls eines Aleuaden, der in den pythischen Spielen im Doppellauf den Sieg errungen, gedichtet hatte. Dieses Gedicht ist als 10. pythische Ode erhalten. Auch die drei nächsten Epinikien verherrlichen pythische Siege. Unterdessen waren die Perserkriege ausgebrochen, in denen Pindar als Thebaner und Aristokrat offenbar dieselbe zuwartende Haltung wie seine Mitbürger einnahm. Ja, der Geschichtschreiber Polybios macht ihm geradezu den Vorwurf, er habe die Thebaner aufgefordert, in den Reihen der Perser zu kämpfen. Mag dem sein, wie ihm wolle, nach den Schlachten bei Marathon und Salamis sah Pindar die großen Verdienste, die sich die Athener um Griechenland erworben, wohl ein und nahm auch keinen Anstand, dies öffentlich in seinen Poesien auszusprechen. In einem Dithyrambos nannte er Athen geradezu eine Stütze Griechenlands; dafür sollen ihn, so erzählt die Sage, seine Mitbürger mit einer Geldbuße belegt haben, aber die Athener hätten ihm die doppelte Summe, nämlich 10000 Drachmen, geschenkt und ihn außerdem zu ihrem Proxenos (Konsul) in Theben ernannt.

Mittlerweile hatte sich der Ruhm Pindars über ganz Griechenland verbreitet. Von allen Orten liefen Aufträge zur Anfertigung von Festgedichten bei ihm ein; Pindar war, wie Simonides, Nationaldichter Griechenlands. Diese Stellung brachte ihn mit den bedeutendsten Persön-

lichkeiten seiner Zeit und den berühmtesten Örtlichkeiten seiner Heimat in Beziehung. Auf Wunsch der Priester verfertigte er Hymnen für verschiedene Kultstätten. Unter diesen war der auf Zeus Ammon so berühmt, daß er auf Befehl des Ptolemäos Lagi, der im J. 283 als König von Ägypten starb, auf eine dreieckige Säule geschrieben und neben dem Altar des Gottes aufgestellt wurde. Auch in Delphi hatte sich der Dichter hoher Auszeichnungen zu erfreuen. Er hatte einen besonderen Stuhl von Eisen im Heiligtum, und bei jedem Opfermahle luden ihn die Priester zu Gaste, eine Ehre, die auch seine Nachkommen genossen. Unter den Herrschern und Tyrannen der damaligen Zeit gab es wohl keinen, der von Pindar nicht verherrlicht worden wäre. Auf Hieron, den Tyrannen von Syrakus, dichtete er vier Epinikien, nämlich das 2. pythische, das 1. olympische, das 3. und 1. pythische. Theron, der Herrscher von Grigent, wurde in zwei Liedern gepriesen, in dem 2. und 3. olympischen; ebenso sein Bruder Xenokrates in dem 6. pythischen und 2. isthmischen. Dem König von Kyrene Arkesilas sind die 4. und 5. pythische Ode gewidmet. Auch Alexander von Makedonien, ein Vorfahre Alexanders des Großen, wurde von ihm gefeiert. Besonders gerne ließen sich Privatleute, die Siege davongetragen hatten, von dem thebanischen Dichter verherrlichen, in erster Linie natürlich seine Freunde und Bekannten. So haben wir noch 11 Oden auf Bewohner der Insel Ägina, deren Konsul der Dichter war.
Diese vielseitige Tätigkeit als Nationaldichter führte Pindar öfter von seiner Vaterstadt hinweg an andere Orte Griechenlands. Ziemlich regelmäßig mag er den großen Nationalspielen zu Olympia, Delphi, Korinth und Nemea beigewohnt haben. Auch die Städte, wo von ihm verherrlichte Sieger wohnten, wird er wohl größtenteils besucht haben. Denn offenbar genügte es nur in den seltensten Fällen, das Festgedicht den Bestellern zuzusenden; gewöhnlich war die persönliche Anwesenheit des Dichters an Ort und Stelle erforderlich, damit er selbst die Einübung und Aufführung desselben leitete. So besuchte er Sizilien, wo er sich längere Zeit bei Hieron und Theron aufhielt. Am Hofe des erstern traf er mit Simonides und Bakchylides zusammen, mit denen er sich übrigens, wie wir oben sahen, nicht gut vertrug. Außerdem war er bei Arkesilas in Kyrene und bei Alexander in Makedonien. Seinen Freund Diagoras begleitete er nach Rhodos, um dort die Leitung des poetischen und musikalischen Teils der Siegesfeier zu übernehmen. Das Festgedicht ist das 7. olympische.
Auf einer dieser Reisen ereilte ihn der Tod fern von seiner Heimat; er soll in Argos im Theater in den Armen seines Lieblings Theoxenos sanft verschieden sein. Auch erzählte man, er habe den Gott in Delphi fragen lassen, was für den Menschen das beste sei, und dieser habe

ihm bald darauf durch Verleihung eines sanften Todes die Antwort auf seine Frage erteilt. Andere wußten, daß Persephone den Dichter abgerufen habe, damit er sie in der Unterwelt besinge, da er es auf der Oberwelt nicht getan habe. Pindar erreichte ein hohes Alter; nach einer Überlieferung wurde er 80 Jahre alt. Sein letztes Gedicht ist das 4. olympische, das er um 450 v. Chr. dichtete. Demnach mag er um 442 gestorben sein. Seine Töchter Protomache und Eumetis brachten die Urne mit seiner Asche nach Theben, wo er begraben wurde. Auch einen Sohn Daiphantos hatte er, den er selbst in die Musik eingeführt hatte, und der sein Geschlecht fortpflanzte.

Die *Gedichte* des Pindar waren in 17 Bücher eingeteilt. Nach der gewöhnlichen Reihenfolge, die wahrscheinlich auf den Alexandriner Aristophanes zurückgeht, standen an erster Stelle die Gedichte, die Göttern geweiht waren, also *Hymnen*, *Päane*, *Dithyramben* (2 Bücher) und *Prosodien* (2 Bücher); dann folgten die Gedichte, die Göttern und Menschen galten, nämlich *Parthenien* (3 Bücher) und *Hyporcheme* (2 Bücher); den Schluß bildeten die Gedichte auf Menschen, wie *Enkomien*, *Threnen* und *Epinikien* (4 Bücher). Jedoch enthielt das 3. Buch der Parthenien keine eigentlichen Parthenien, sondern vielmehr Lieder vermischten Inhalts, die man sonst nicht gut unterbringen konnte. Daneben gab es noch eine andere Anordnung der pindarischen Gedichte, die aller Wahrscheinlichkeit nach auf eine ältere Ausgabe zurückgeht. In dieser nehmen die Epinikien die erste Stelle ein, und auch die Reihenfolge der übrigen Gedichte ist verschieden. Außerdem werden in dieser zweiten Liste noch genannt *Ἐνθρονισμοί*, d. h. Lieder zu Ehren der großen Göttermutter, *Bakchika*, die den Dionysos oder Bakchos verherrlichen, *Daphnephorika* oder *Prozessionslieder* auf Apollon, *Skolia*, *δράματα τραγικά*, wohl eine Art Dithyramben, *Epigramme* und *Sprüche in Prosa*, also lauter speziellere Bezeichnungen, die in der Ausgabe des Aristophanes in die allgemeinen Gattungsnamen mit inbegriffen wurden, wie z. B. die Enthronismen in die Hymnen, die Daphnephorika in die Parthenien, die Skolien in die Enkomien. Weniger wahrscheinlich führen andere Gelehrte die zweite Liste der Gedichte auf einen Grammatiker des 3. oder 4. Jh. n. Chr. zurück, der in seinem Verzeichnis neben die alten Namen der Dichtungsarten die neuen zu seiner Zeit üblichen gesetzt habe.

Die meisten von diesen Gedichten sind bis auf wenige Bruchstücke verloren; nur die 4 Bücher *Epinikien* sind, von einigen Isthmien abgesehen, vollständig erhalten. Es sind im ganzen 44 Lieder, die nach den Orten, wo die Siege errungen wurden, in olympische, pythische, nemeische und isthmische eingeteilt wurden. Aber ursprünglich standen die nemeischen am Ende; daher sind denselben auch drei Gedichte angefügt, die gar nicht hierher gehören. Die 9. nemeische Ode verherrlicht einen Sieg, der zu Sikyon, und die 10. einen, der zu Argos davongetragen wurde; die 11. aber ist ein Loblied auf den Ratsherrn Aristagoras aus Tenedos. Auch die zweite pythische Ode besingt keinen in Delphi errungenen Sieg des Hieron, sondern, wie man gewöhnlich annimmt, einen thebanischen. Für die Anordnung der Gedichte innerhalb der Bücher war die Kampfesart maßgebend, nämlich Viergespann, Maultiergespann, Rennpferd, Pankration, Lauf und Flötenspiel; doch finden sich auch hier Ausnahmen, wie z. B. die 1. olympische Ode einen Sieg preist, den Hieron mit einem Rennpferd davontrug.

Die Epinikien haben, wie wir sehen, die Siege zum Gegenstand, die man bei den öffentlichen Spielen, besonders bei den großen Nationalfesten zu Olympia, Delphi, Korinth und Nemea davontrug. Wie hoch man solche Siege anschlug, und wie sehr die Sieger geehrt wurden, haben wir schon oben bei Simonides bemerkt. Die erste freudige Begrüßung derselben fand unmittelbar nach dem Siege auf dem Festplatze selbst statt, wo sie von Verwandten und Freunden unter dem Rufe *πήνελλα καλλίνικε* (Heil Siegesheld) zum Altar des Gottes geleitet wurden. Wenn sie dann in ihre Vaterstadt heimkehrten, zog man ihnen in feierlicher Prozession entgegen und führte sie im Triumph in den Tempel, wo sie ihren Siegeskranz ihrem Schutzgotte weihten. Am Abend versammelte man sich vor dem Hause des Siegers und brachte ihm ein Ständchen dar, oder man verherrlichte ihn im Saale in Anwesenheit der Gäste, die zum Siegesmahl geladen waren. Ja, manchmal kam es auch vor, daß die Siegesfeier am Jahrestage des Sieges oder gelegentlich eines Volks- oder Familienfestes erneuert wurde.

An Gelegenheiten zum Absingen von Festgedichten fehlte es also nicht. Diese bestellte der Sieger selbst, seine Verwandten oder Freunde bei einem Dichter, in der Regel gegen ein entsprechendes Honorar. Den Vortrag übernahm ein Chor von Freunden und Altersgenossen des Siegers; die Einübung desselben aber fiel entweder dem Dichter, oder einem Chormeister zu, der auch die Aufführung mit der siebensaitigen Leier oder Flöte begleitete; manchmal wirkten auch beide Instrumente vereinigt mit. Den Inhalt bildete das Lob des Siegers, und deshalb lag die Gefahr nahe, daß diese Gedichte einander zu ähnlich werden möchten. Aber ein Dichter, wie Pindar, wußte auch in diese Lieder große Mannigfaltigkeit und reiche Abwechslung zu bringen. Von dem Wettkampf selbst spricht er nur dann, wenn dieser etwas Außergewöhnliches bietet. Das Lob des Siegers verkündigt er maßvoll; er erwähnt den Wagenlenker, die Rosse, die Spiele, an denen er gesiegt, etwaige frühere Siege, die er davongetragen, die Vorzüge, die er besitzt, erteilt ihm Mahnungen und Lehren, wie er sie für angemessen und nötig hält; außerdem preist er seine Familie und seine Vaterstadt. Der Schwerpunkt des ganzen Gedichtes aber beruht in dem eingestreuten Mythus, welcher der Familiensage des Siegers oder dem Mythenkreis seiner Heimat angehört oder mit der Örtlichkeit, wo der Sieg gewonnen wurde, in Zusammenhang steht oder endlich wegen irgend welcher persönlicher Beziehung zu dem Sieger von dem Dichter gewählt wurde. An solchen Mythen, die teils früheren Dichtern, besonders Homer und Hesiod, entnommen sind, teils auf Lokalsagen zurückgehen, ist Pindar außerordentlich reich. In der Behandlung derselben verfährt er ebenso, wie die andern Chorlyriker; er greift nur die Punkte heraus, die seinen Zwecken dienen, und legt das Hauptgewicht auf die Partien, die auf Herz und Gemüt wirken.

Die Art und Weise, wie Pindar in der Anlage dieser Siegeslieder verfuhr, möge die 1. olympische Ode, das schönste aller Lieder, wie es ein alter Schriftsteller nannte, vergegenwärtigen. Dieses Gedicht besingt den Sieg, den Hieron im J. 472 mit seinem Rennpferd Pherenikos zu Olympia davontrug. Der Dichter preist zunächst die olympischen Spiele; denn wie das Wasser das beste ist und wie das Gold, brennendem Feuer in der Nacht gleich, vor dem stolzen Reichtum hervorglänzt, wie die Sonne das glänzendste Tagesgestirn am reinen Himmel ist, so ragen die olympischen Spiele vor den andern hervor. Dann geht er zum Lobe des Hieron über, der das Szepter des Rechts im herdereichen Sizilien verwaltet, die höchsten Zierden aller Tugenden pflückt und auch in Blüten der Poesie verherrlicht wird, wie wir Männer sie oft beim lieben Gelage singen. Daran knüpft sich die Selbstaufforderung des Dichters, die dorische Laute vom Nagel zu nehmen, wenn Pisas und des Pherenikos' Ruhm ihm ein Lied eingegeben, als er am Alpheios beim Wettrennen seinem Herrn den Sieg verschaffte, dem rosseliebenden Herrscher von Syrakus, dessen Ruhm in der männergeschmückten Pflanzstadt des Lyders Pelops hell erstrahlt.

Damit ist der Dichter beim Mythus von der Gründung Pisas durch Pelops, den Sohn des Tantalos, angelangt: »Diesen liebte«, so fährt Pindar fort, »der mächtige Erderschütterer Poseidon, seit Klotho ihn, der mit einer elfenbeinernen Schulter geschmückt war, aus dem reinen Badebecken hob. Wahrlich, viel Wunderbares gibt es, und es täuschen wohl auch mit bunten Lügen gegen die Wahrheit ausgeschmückten Sagen die Sterblichen. Denn die Anmut, die alles wirkt, was den Menschen lieblich ist, macht oft auch das Unglaubliche glaubwürdig, indem sie ihm Geltung verschafft; doch die kommenden Tage sind die kundigsten Zeugen. Aber dem Menschen geziemt es, von den Göttern nur Schönes zu sagen; denn dann ist seine Schuld geringer.

Was nun dich, Sohn des Tantalos, anlangt, so will ich, den Früheren entgegen, berichten, daß dich damals, als dein Vater die Götter auch seinerseits wieder zum ehrbarsten Mahle in das geliebte Sipylos einlud, der Dreizackberühmte, von Liebe überwältigt, raubte und auf goldenem Gespann in das hohe Haus des weitberühmten Zeus brachte. Dahin kam später auch Ganymedes zu demselben Zwecke für Zeus. Als du aber verschwunden warst, und die Leute dich trotz eifrigen Suchens der Mutter nicht brachten, da sagte sofort einer der neidischen Nachbarn heimlich, man habe dich gliedweise mit dem Messer in gewaltig am Feuer siedendes Wasser geschnitten und dein Fleisch in einer Sauce am Tisch herumgereicht und gegessen. Ich aber kann unmöglich sagen, daß einer der Seligen sich im Essen vergangen habe; davor bebe ich zurück; denn häufig trifft die Strafe die Verleumder. Wenn aber die Hüter des Olymps wirklich einen Sterblichen ehrten, so war es dieser Tantalos. Doch er konnte ja das große Glück nicht ertragen, sondern zog sich infolge seines Übermuts die gewaltige Strafe zu, daß der Vater über sein Haupt einen mächtigen Felsblock hing. Indem er nun diesen immer vom Haupte fernzuhalten sucht, genießt er keine Freude, sondern führt so ein elendes, mühseliges Leben, zu drei Qualen die vierte, weil er den himmlischen Nektar und Ambrosia, durch die sie ihn unsterblich machten, stahl und seinen Zechgenossen gab. Wenn aber ein Mensch hofft, daß sein Tun den Göttern verborgen bleibe, so irrt er. Deshalb sandten ihm die Unsterblichen seinen Sohn wieder zurück zu dem schnell dahinsterbenden Geschlecht der Menschen. Als diesem nun im blühenden Jünglingsalter der Bart das Kinn schwarz beschattete, da gedachte er, die berühmte Hippodameia von ihrem Vater zu Pisa zur Frau zu erhalten. Er ging allein in dunkler Nacht zum grauen Meer und rief den dumpftosenden Gott mit dem Dreizack, und dieser erschien sofort vor ihm. Da sprach er zu ihm: »Wohlan, Poseidon, wenn die lieblichen Gaben der Kypris dir angenehm sind, so hemme des Önomaos eherne Lanze und bringe mich auf schnellem Wagen nach Elis und verleihe mir den Sieg; denn dreizehn Freier hat er schon getötet und verzögert so die Heirat seiner Tochter. Die große Gefahr läßt keinen Schwachen zu, und wenn einem zu sterben bestimmt ist, wie sollte man da nutzlos im Dunkel ein ruhmloses Alter genießen, unteilhaftig alles Schönen? Drum will ich diesen Kampf wagen; du aber gib erwünschtes Vollbringen. So sprach er, und nicht unerfüllt blieben seine Worte. Denn der Gott gab ihm, ihn ehrend, einen goldnen Wagen und unermüdliche Flügelrosse, und er besiegte den gewaltigen Önomaos und gewann die Jungfrau als seine Gattin, und sie gebar ihm sechs tugendhafte Söhne als Fürsten. Jetzt aber erhält er herrliche Blutspenden an des Alpheios Furt, wo er beim vielbesuchten Altar sein berühmtes Grabmal hat.«

Damit ist der Mythos zu Ende, und jetzt lenkt der Dichter wieder auf Hieron über, indem er den Ruhm der in Olympia errungenen Siege preist; der Sieger genießt sein übriges Leben hindurch honigsüßes Glück, wenigstens soweit es Wettkämpfe zu verleihen vermögen; das Glück aber, das immer zugegen, gilt jedem Menschen für das höchste. So ist der Dichter wieder auf Hieron gekommen, den Kenner des Schönen und mächtigsten Herrscher seiner Zeit, dessen Bestrebungen ein Schutzgott eifrig fördert. Wenn er ihn nicht schnell verläßt, so hofft Pindar, noch einen süßeren Sieg von ihm mit dem schnellen Wagen verherrlichen zu können. »Mir«, so fährt er fort, »verleiht die Muse das wirksamste Geschoß; der eine ist nämlich in diesem, der andere in jenem groß, die größte Macht aber besitzen die Könige. Daher trachte nicht weiter! Möge es dir beschieden sein, in dieser Höhe dein Leben hinzubringen, und mir, ebensolang mit Sieggekrönten zu verkehren, überall unter den Griechen durch Weisheit ausgezeichnet.«

Diese Übersicht über den Inhalt der 1. olympischen Ode zeigt uns, daß ein pindarisches Epinikion in der Regel aus drei Teilen besteht, von denen der erste und dritte sich mit dem Sieg und der Person des Siegers beschäftigen, während der mittlere den Mythus zur Darstellung bringt. Allerdings ist diese Anlage nicht ohne Ausnahme; mehrere Gedichte entbehren auch des Mythus vollständig, wie Ol. 4. 5. 11. 12. 14., Pyth. 7., Nem. 2. Überhaupt darf man nicht der Ansicht sein, als ob Pindar nach einer Schablone, welcher Art sie auch sein möge, arbeite, sondern man muß sich immer gegenwärtig halten, daß er, wie jeder wahre Dichter, seinen Stoff jedesmal so gestaltet, wie es der vorliegende Fall gerade erfordert. Schon aus diesem Grunde erscheint die Meinung mancher Gelehrten, daß derselbe den siebenteiligen terpandrischen Nomos seinen Siegesliedern zugrunde legte, kaum glaublich, ganz abgesehen davon, daß die meisten der vorhandenen Gedichte sich nicht in dieses Schema fügen. Will man die gewöhnliche Kompositionsweise der Epinikien mit der Anlage des Nomos vergleichen, so lassen sich die drei pindarischen Teile mit der *ἀρχά*, dem *ὀμφαλός* und dem *ἐπίλογος* des Nomos zusammenstellen; außerdem könnte noch die Überleitung vom ersten Teil zum Mythus und von diesem zum letzten Teil an die *κατατροπά* und *μετακατατροπά* erinnern, nur daß in den Epinikien die Stellung dieser beiden Teile geändert wäre.

Wie jeder große Dichter, so hat auch Pindar seiner Poesie den Stempel seines Geistes aufgedrückt; sie ist das getreue Abbild seines Wesens und Charakters. Der Grundzug derselben ist eine tiefe *Religiosität* und ein großer *sittlicher Ernst*. Die Namen der Götter nennt er nur mit frommer Verehrung, und die heilige Scheu hält ihn ab, etwas zu denken oder zu sagen, was derselben unwürdig wäre. So ändert er, wie wir oben sahen, die Sage von Pelops, der nach ihm den Göttern nicht zum Mahl vorgesetzt wurde; ebenso läßt er Pyth. 3 den Apollon selbst von Delphi aus die Untreue seiner Geliebten Koronis bemerken, ohne den Raben als Boten zu erwähnen. Wo aber keine solchen Gründe zur Änderung vorliegen, da hält Pindar an der überlieferten Form der Sage fest, was ihn jedoch nicht hindert, dieselbe Sache in verschiedenen Gedichten auch einmal verschieden darzustellen, wahrscheinlich im Anschluß an die Lokalsage der betreffenden Städte.

Das Geschlecht der Menschen und der Götter ist nach ihm dasselbe; aber »während diese den ehernen Himmel zum ewigen Wohnsitz haben, gewaltig und mächtig, sind die andern nichts, nur der Traum eines Schattens.« »Gott dagegen vollführt alles nach seinem Wunsche, er, der auch den beschwingten Adler einholt und dem Delphin des Meeres zuvorkommt und schon manchen hochmütigen Menschen beugte, während er andern unvergänglichen Ruhm verlieh.« Aber nicht nur in dieser Welt, auch nach dem Tode belohnt Gott die Guten und bestraft die Bösen; »denn die Frevel auf dieser Welt richtet einer unter der Erde, der unerbittlich den Richterspruch fällt. Die Edlen haben immerfort, Tag und Nacht, ein müheloses Leben, ohne die Erde zu bearbeiten, noch das Meer der armseligen Nahrung wegen; nein, bei den geehrten Göttern genießen die Frommen ein tränenloses Dasein. Die andern dagegen erdulden schreckliche Qual. Aber diejenigen, welche dreimal hier und dort ihre Seele vollständig vom Unrecht rein erhalten konnten, wandeln des Zeus Pfad zur Burg des Kronos. Da wehen okeanische Lüfte rings um die Insel der Seligen, und goldene Blüten glänzen teils auf dem Lande an herrlichen Bäumen, teils im Wasser, aus denen sie Kränze für Arme und Haupt winden nach dem gerechten Ratschluß des Rhadamanthys.« Ähnlich schildert er in einem Fragment der Klagelieder die Freuden der Seligen. »Ihnen leuchtet drunten der Sonne Glut, während es hier oben Nacht ist, und auf blumigen Wiesen ist ihre Wohnstätte, von wohlriechenden Bäumen überschattet und goldnen Früchten bedeckt. Und die einen belustigen sich mit Pferden und körperlichen Übungen, die andern mit Spielen und wieder andere mit der Laute, und sie erfreuen sich eines reichlichen Überflusses an allem. Wohlgeruch verbreitet sich an dem lieblichen Orte, indem sie immer allerlei Weihrauch in leuchtendem Feuer auf den Altären der Götter verbrennen.« »Die Seelen der Gottlosen dagegen flattern unter dem Himmel auf der Erde umher in blutigen Schmerzen und unentrinnbaren, drückenden Leiden.« Diese Vorstellungen von Gott und dem Jenseits zeigen große Ähnlichkeit mit der Lehre der Orphiker und Pythagoreer und mit den Mysterien, und aller

Wahrscheinlichkeit nach hat sie Pindar auch daher genommen. Aus dieser religiösen und sittlichen Richtung des Charakters des Dichters erklärt es sich, daß derselbe in seine Gedichte eine große Zahl moralischer Sprüche und allgemeiner Lebensregeln einflicht, die zum Schönsten gehören, was hellenische Weisheit hervorgebracht hat. Auch wird es nicht Wunder nehmen, daß Pindar vorzugsweise der Liebling der griechischen Priester war, die ihn auf jede Weise ehrten und auszeichneten; stand ja doch seine ganze Poesie im Dienste der Religion und Moral.

Mit diesen Eigenschaften verbindet sich eine *Freimütigkeit* und *Wahrhaftigkeit*, die bei Pindar um so wohltuender berührt, je seltener sie bei Lob- und Siegesliedern zu sein pflegt; denn diese Dichtgattung lädt sozusagen von selbst dazu ein, zu schmeicheln und es mit der Wahrheit nicht so genau zu nehmen. Aber nichts derartiges findet sich bei unserm Dichter. Offen und frei spricht er auch Tyrannen und Fürsten gegenüber seine Meinung aus. Nur das Lobenswerte will er loben, den Frevler aber soll sein Tadel treffen. Im Lob weiß er Maß zu halten; sehr gerne versetzt er dasselbe mit Warnungen und Mahnungen, wie sie ihm für den betreffenden Sieger zu passen scheinen, teils direkt, teils unter der Hülle des Mythus. Dadurch wird das Lob gemildert und die Mahnung versüßt. Am nächsten lag es, die Sieger vor Stolz und Überhebung zu warnen und zur Bescheidenheit und Gerechtigkeit aufzumuntern; aber auch ganz spezielle Bitten bringt er ohne Scheu vor, wie z. B. in der großartigen 4. pythischen Ode dem Herrscher von Kyrene Arkesilaos gegenüber, er möge seinen Verwandten Damophilos, der an einem Aufstand teilgenommen und deshalb vertrieben worden war, wieder nach Hause zurückkehren lassen. Ja, in der 7. nemeischen tadelt er sogar den Homer, weil er den listigen und trügenden Odysseus dem tapfern und ehrlichen Aias vorzog. Dabei wählte der Dichter, wenn er sich auch bestimmt aussprach, doch immer die mildeste und schicklichste Form; aber trotzdem scheint es, als ob manche, wie z. B. Hieron von Syrakus, sich durch diese Offenheit verletzt gefühlt und deshalb vom Dichter zurückgezogen hätten, während die meisten den Dichter gerade wegen dieser Eigenschaft noch höher schätzten.

Diese Wahrheitsliebe und Geradheit der Gesinnung mag zum großen Teil ein Erbstück der aristokratischen Abstammung und Erziehung des Pindar sein, und aus ebendieser Quelle floß wohl auch das hohe *Selbstbewußtsein* des Dichters, das reichlich genährt und mächtig gehoben wurde durch das Gefühl, daß er ein wahrer Dichter sei, von der Natur selbst dazu geboren. Er kennt den großen Wert, den die Gedichte für die Sieger haben; »der Sieg«, sagt er, »liebt am meisten den

Gesang, den passendsten Begleiter der Kränze und Vorzüge.« Denn nur das Lied bringt dem Sieger die Unsterblichkeit. »Wer schöne Taten vollführt, aber ohne Lied in den Hades hinabgestiegen, der hat in eitlem Streben seiner Mühe nur eine kurze Freude verschafft.« Denn die großen Taten sind, der Lieder beraubt, in dichtes Dunkel gehüllt; für die rühmlichen Taten aber kennen wir nur einen Spiegel, nämlich wenn sie durch die Gunst der mit glänzendem Stirnband geschmückten Mnemosyne in herrlichen Gesängen den Lohn der Mühen finden.« Daher ist das Lied dem Sieger auch so erwünscht, wie einem schon bejahrten Vater ein Sohn, der sein Vermögen übernehmen und seinen Namen fortpflanzen kann. Wem wären aber diese Lieder besser gelungen, als dem Pindar? Darf man sich daher wundern, wenn er in dem stolzen Bewußtsein seiner poetischen Begabung und seiner großen Verdienste ausruft: »man wird von nun an nicht mehr sagen können: *böotisches Schwein*«, und wenn er sich selbst die Unsterblichkeit zuspricht? Sein Lied ist für den Sieger ein Denkmal, das »weder hereinbrechender Gewitterregen, das wilde Heer der lautdonnernden Wolke, noch der Sturm in die Tiefe des Meeres reißen wird, von jeder Art Schutt überdeckt«, ein Bild, das spätere Dichter mit Vorliebe nachahmten, wie z. B. Horaz III, 30. Auch seine Feinde mußten manches stolze und scharfe Wort von ihm hören; besonders gern stellte er sein überlegenes Dichtergenie in Gegensatz zu ihrer angelernten Kunst. Er vergleicht sich mit dem schnellen Adler, der rasch die Beute, die er erspäht, blutig in seinen Fängen hinwegträgt, während seine Gegner, wie kreischende Dohlen, in den niedern Regionen weilen müssen, Worte, welche die alten Erklärer auf Bakchylides, seinen Nebenbuhler am Hofe des Hieron, bezogen.

Die charakteristischen Merkmale der Poesie des Pindar sind das *Erhabene*, *Großartige* und *Rasche*. Horaz vergleicht dieselbe mit einem vom Berge herabstürzenden Gießbach, der, von Regengüssen geschwellt, über seine Ufer tritt und schäumend und brausend dahinströmt. Aber hinter dieser scheinbaren Ungebundenheit und Regellosigkeit verbirgt sich die größte Kunst des Dichters, der viel Zeit und Mühe auf die sorgfältige Ausarbeitung seiner Gedichte nach jeder Seite hin verwandte, wie er denn auch ein Gedicht ohne Sigma gemacht haben soll. Sein Bestreben geht dahin, seinen Gegenstand allseitig ins rechte Licht zu setzen und ein klares, anschauliches Bild desselben in unserem Geiste zu erwecken. Zu diesem Zweck versenkt er sich vollständig in denselben, und so steigt in seinem Geiste Gedanke auf Gedanke, in seiner Phantasie Bild auf Bild auf. Von diesen führt er die einen weiter aus, andere deutet er nur kurz an; manchmal reiht er auch bei der raschen Aufeinanderfolge der Gedanken und Bilder dieselben unvermittelt aneinander oder geht, ehe noch das eine beendet, zum andern über. Um dieselben scharf hervorzuheben, ihnen Pracht und Glanz zu verleihen, wendet er treffende Metaphern, bezeichnende Epitheta, kühne Wortstellungen und manchmal auch lebhafte Personifikationen abstrakter Begriffe, wie Alatheia, Chronos u.a., an. So verbindet sich bei Pindar glänzende Pracht mit schlichter Einfachheit, wortreiche Fülle mit knapper Kargheit, anschauliche Klarheit mit dunkler Kürze, und eben darin liegt der Grund, warum seine Gedichte dem Verständnis so viele Schwierigkeiten bereiten. Aber alle diese verschiedenen, zum Teil einander widersprechenden Züge, ferner den sprachlichen Ausdruck, die Musik und den Tanz hat der Meister zu einem Gesamtbilde von großartiger, geradezu überwältigender Wirkung zu gestalten verstanden.

Den *Stil* des Pindar bezeichnen die alten Kunstrichter, ganz im Einklang mit dem Charakter des Dichters, als herb und streng. Die Leichtigkeit und Anmut, die bei Simonides entzückt, fehlt demselben fast ganz; auch ist es ihm nicht verliehen, zu rühren und Mitleid zu erregen, wie jenem; selbst seine Klagelieder zeigen dieselbe Gedankentiefe und denselben idealen Schwung, wie seine übrigen Lieder. Seine Sprache macht den Eindruck des Altertümlichen. Es ist der epische Dialekt, jedoch mit mannigfachen Dorismen und Äolismen versetzt, wobei er aber, wie Simonides, veraltete Wörter und Formen meidet. Der Pracht und Schönheit der Sprache entsprechen die stolz und majestätisch dahinfließenden Rhythmen. Am meisten bevorzugt er die würdevollen, kräftigen Daktylo-Epitriten, aus denen er großartige Strophen, Antistrophen und Epoden baut. Nur wenige Gedichte sind ohne Epodos, wie Ol. 14, Pyth. 6. 12, Nem. 2. 4. 9, Isthm. 8, was man in der Regel damit erklärt, daß diese Lieder im Gehen gesungen worden seien, während die andern Stehlieder waren. Jedes Lied hat seinen besonderen metrischen Bau und seine eigene Melodie, und darin darf man mit Recht dieselbe Sitte erkennen, die auch bei den Meistersängern im Mittelalter herrschte, von denen jeder seinen eigenen Ton erfinden mußte. Nur einmal weicht Pindar von dieser Regel ab, indem er in der 3. und 4. isthmischen Ode das gleiche Versmaß anwendet, wahrscheinlich deshalb, weil sie an dieselbe Person gerichtet sind und die 4. sozusagen als Fortsetzung der 3. galt. Von Tonarten erwähnt er die dorische, äolische und lydische.

Pindar stand zu allen Zeiten in großem *Ansehen;* er galt für den größten Lyriker der Griechen. Der römische Dichter Statius nennt ihn den König der lyrischen Dichter und Quintilian weist ihm wegen der Großartigkeit seiner Gedanken und Gefühle und wegen der reichen Fülle seiner Ideen und Worte die erste Stelle unter denselben an. Besonders beliebt war er in Athen, wo seine Päane noch in späterer Zeit gerne bei Tische gesungen wurden. Auch ist bekannt, daß Alexander der Große bei der Zerstörung Thebens das Haus des Dichters verschonte. Wie hoch ihn die Griechen schätzten, geht schon daraus hervor, daß er, wie Homer, in die Schule eingeführt wurde, wozu er sich seines religiösen und ethischen Inhalts wegen besonders eignete. Eben diese Eigenschaften lenkten auch die Aufmerksamkeit der Philosophen auf ihn. Die Grammatiker veranstalteten Ausgaben seiner Werke und schrieben Kommentare zu denselben, unter ihnen Aristarch und Didymos, der die Leistungen der früheren in seinem Kommentar zusammenfaßte. Bruchstücke der Werke der Grammatiker liegen noch jetzt in den Scholien vor. Auch an Nachahmern fehlte es dem Pindar nicht, weder bei den Griechen und Römern, noch bei den Neuern, die großenteils in unverständlichem Schwulst und lächerlicher Anhäufung von Fragen und Ausrufen das Wesen der pindarischen Poesie wiederzugeben glaubten, trotzdem schon Horaz durch den Hinweis auf das Schicksal des Dädalos vor Nachahmung gewarnt hatte. Kurz, der Einfluß Pindars auf die Literatur ist ein sehr großer; sowohl in Poesie als in Prosa nimmt man Anklänge an ihn wahr.

4. Zu derselben Zeit, wie Pindar, lebte die Dichterin *Telesilla von Argos*. Diese war von vornehmer Abstammung, und man erzählt, daß Kränklichkeit sie veranlaßt habe, sich an das Orakel zu wenden, das ihr den Bescheid erteilte, sie solle sich der Dichtkunst widmen. Das größte Lob brachte ihr die heldenmütige Verteidigung ihrer Vaterstadt gegen den spartanischen König Kleomenes kurz vor den Perserkriegen. Nachdem die Argiver in offenem Felde besiegt und gefallen waren, ermutigte und bewaffnete die tapfere Frau die Knaben und Greise, Jungfrauen und Frauen, stellte sich an ihre Spitze und schlug die Feinde siegreich zurück. Diese Tat wurde später vielfach ausgeschmückt, während sie Herodot auffallenderweise gar nicht erwähnt. Ein Standbild vor dem Tempel der Aphrodite, das eine weibliche Gestalt darstellte, die sich gerade einen Helm aufsetzen will, während Schriften zu ihren Füßen liegen, hielt man für das Bild der Telesilla. Als Dichterin verfertigte sie *Hymnen* für Jungfrauen-Chöre, so z. B. auf Apollon und Artemis, worin auch die Sage von den Niobiden vorkam. Zwei Verse sind erhalten.

5. Nicht viel mehr haben wir von *Diagoras*, dem Sohn des Telekleides oder Teleklytos aus Melos, dessen Blüte in das J. 468 v. Chr. gesetzt wird. Die Sage erzählt, daß ihn der Philosoph Demokritos in seiner Jugend wegen seiner Begabung zu sich genommen und unterrichtet habe. Außerdem hören wir, daß er mit Nikodoros, dem Gesetzgeber von Mantineia, Freundschaft hatte und diesen bei seiner Gesetzgebung unterstützte. In Athen soll er die Mysterien verspottet haben und des-

halb von den Athenern zum Tode verurteilt worden sein, dem er sich aber durch die Flucht entzog. Davon erhielt er den Beinamen *ἄθεος* (Gottesleugner), unter dem er allgemein bekannt wurde. Auch den Grund, warum er zum Gottesleugner wurde, wissen die Alten genau anzugeben; ein Nebenbuhler hatte dem Dichter einen Päan gestohlen und dann den Diebstahl abgeschworen, ohne daß er dafür von den Göttern bestraft worden war. Außer *Päanen* dichtete Diagoras noch *Lob-* und *Siegeslieder*, von denen uns noch zwei Fragmente vorliegen, das eine auf den Argiver Arianthes, das andere auf den oben erwähnten Mantineer Nikodoros. Beide sind frommen Inhalts und betonen, daß der Mensch ohne Gottes Hilfe nichts ausrichten könne. Diagoras starb in Korinth, wo er sich die längste Zeit nach seiner Verbannung aus Athen aufgehalten zu haben scheint.

6. Zum Schluß ist noch der *Chalkidier Tynnichos* zu erwähnen, der nach Platon kein nennenswertes Gedicht machte außer einem *Päan*, »den man allgemein singt, so ziemlich das schönste aller Lieder, das er selbst eine Erfindung der Musen nennt.« Äschylos stellt denselben mit den altehrwürdigen Götterbildern zusammen, die trotz ihrer einfachen, ja selbst etwas rohen Form doch erhebender auf den Beschauer wirken, als die vollendeten Meisterwerke der späteren Zeit. An diesen reihen wir den *Kreter Hybrias*, dem man das stolze, selbstbewußte *Skolion* zuschrieb: »Großen Reichtum besitze ich in meinem Speer und Schwert und meinem schönen Schild, der meinen Leib deckt; diese sind mein Pflug, meine Sichel und meine Kelter, in der ich den süßen Traubenwein presse; diese verschaffen mir den Namen Herr bei der Dienerschar. Denn diese haben nicht den Mut, Speer und Schwert zu führen und den schönen Schild, der den Leib deckt, und daher werfen sie sich mir zu Füßen und verehren mich als Herrn und großen König.«

25. Kapitel

Der Dithyrambos und die Nomenpoesie

1. Der *Dithyrambos* ist eine besondere Art der chorischen Lyrik. Er war der Verehrung des Dionysos gewidmet, von dem er auch seinen Namen erhalten; denn Dithyrambos war ein Beiname dieses Gottes, den die gewöhnliche Erklärung auf die doppelte Geburt desselben von der Semele und aus der Hüfte des Zeus bezog. Dieser Mythus scheint ursprünglich auch den Inhalt dieser Dichtgattung gebildet zu haben; vermutlich dauerte es aber nicht lange, so fand der ganze Sagenkreis des Dionysos Aufnahme in dem Dithyrambos, der sich im Gefolge des

Dionysos-Kultes immer weiter verbreitete; mit diesem teilte er den leidenschaftlichen, erregten Charakter in Sprache und Rhythmen, der ihn von den Hymnen unterschied. Die erste Erwähnung des Dithyrambos in der Literatur findet sich bei *Archilochos*, der sich rühmt, er verstehe das schöne Lied des Herrschers Dionysos, den Dithyrambos, anzustimmen, vom Weine berauscht. Daraus hat man mit Recht geschlossen, daß der Dithyrambos in dieser Zeit nur von einem einzelnen vorgetragen wurde, jedoch so, daß der Chor an bestimmten Stellen einfiel, also ähnlich wie bei dem homerischen Klagelied.

2. Seine künstlerische Ausbildung erhielt der Dithyrambos durch *Arion*, den Sohn des Kykleus, aus Methymna auf Lesbos, den Freund des Tyrannen Periander von Korinth, der von 628–585 v. Chr. regierte. Einige bezeichnen ihn mit Unrecht als Schüler des Alkman. Am bekanntesten wurde er durch die Sage von seiner wunderbaren Errettung vom Tode. Man erzählt, daß er, mit den Schätzen, die er sich auf einer Kunstreise in Unteritalien und Sizilien gesammelt, reichbeladen, ein korinthisches Schiff bestiegen habe, um nach Griechenland zurückzukehren. Unterwegs hätten die Schiffer, nach seinen Schätzen lüstern, seinen Tod beschlossen; nur mit Mühe habe er von ihnen die Vergünstigung erlangt, daß er im vollen Schmuck eines Kitharöden noch ein Lied singen und sich dann selbst in das Meer stürzen dürfe. Da habe ihn ein Delphin auf seinen Rücken genommen und nach dem Vorgebirg Tänaron im Peloponnes getragen, von wo er sich eilig nach Korinth zu Periander begeben habe. Später seien auch die treulosen Schiffer angekommen, ihrer Schandtat überführt und mit dem Tode bestraft worden. Als Andenken an dieses Ereignis zeigte man am Tänaron ein Weihgeschenk, das einen auf einem Delphin reitenden Mann darstellte. Dasselbe wurde auch in Versen besungen, welche die Überlieferung dem Arion selbst beilegt, während sie in Wirklichkeit aus viel späterer Zeit stammen.

Von den Dichtungen des Arion ist nichts erhalten. Wir hören nur, daß er *Proömien* verfaßt habe, die auf 2000 Hexameter angegeben werden. Dies waren offenbar kitharödische Nomen. Die Haupttätigkeit unseres Dichters war aber der Ausbildung des *Dithyrambos* gewidmet, wohl infolge der Anregung, die Arion in seiner Heimat, wo der Dionysos-Kult besonders in Ehren stand, erhalten hatte. Die wichtigste Neuerung, die er mit demselben vornahm, bestand darin, daß er ihn von der monodischen in die chorische Lyrik einführte. Der Chor, der zur Aufführung desselben bestimmt war, hieß kyklisch, weil er sich kreisförmig um den Altar des Gottes herum aufstellte, während die übrigen Chöre ein Viereck bildeten. Wie groß die Zahl der Mitglieder desselben war, wissen wir nicht; Simonides nennt für seine Zeit 50, und es ist nicht unwahrscheinlich, daß diese Zahl, die später die regelmäßige war, auch schon bei Arion vorhanden war. Die Choreuten waren als Satyrn verkleidet, die als ständige Begleiter des Dionysos die Schicksale dieses Gottes am besten wissen mußten.

Die Aufführung bestand aus Gesang und Tanz, beide lebhaft und erregt. Der Name dieses dithyrambischen Tanzes war Tyrbasia. Die musikalische Begleitung fand bei Arion vermutlich auf der Zither, später gewöhnlich auf der Flöte oder auf beiden Instrumenten zugleich statt. Die dabei gebrauchten Tonarten waren die phrygische und hypophrygische. Natürlich durfte lebhaftes Gebärdenspiel und Mimik dabei nicht fehlen. An geeigneten Stellen schaltete Arion metrische Vorträge einzelner Satyrn ein, die mit der Aufführung in einigem Zusammenhang standen. Diese kunstvolle Vereinigung von Liedern, die unter Tanzbewegungen gesungen wurden, und von Vorträgen, die von einzelnen gesprochen wurden, ausgeführt von einem als Satyrn verkleideten Chore, erinnerte lebhaft an die spätere Tragödie, und daher bezeichnete man den Arion auch als Erfinder des *τραγικὸς τρόπος* (der tragischen Art); jedoch ist die Bedeutung dieses Ausdrucks nicht völlig sicher; denn andere verstehen darunter die Erweiterung der Stoffe des Dithyrambos durch Aufnahme der Heroensagen, wieder andere den erhabenen Inhalt und Stil, den Arion dem Dithyrambos gegeben habe.

3. Eine besondere Pflege fand der Dithyrambos in Athen, wohin ihn *Lasos von Hermione* in Argolis brachte. Dieser lebte am Hofe des Literatur und Kunst liebenden Hipparchos, und Herodot erzählt uns, daß er eine Fälschung nachgewiesen habe, die sich Onomakritos in den Weissagungen des Musäos habe zuschulden kommen lassen, worauf Onomakritos von Hipparchos aus Athen verbannt worden sei. Daß er auch als Lehrer des Pindar bezeichnet wurde, haben wir schon oben bemerkt; außerdem rechneten ihn einige unter die sieben Weisen.

Lasos dichtete *Hymnen* und *Dithyramben*. Unter den Hymnen wird uns derjenige auf die Demeter von Hermione genannt, deren Anfangsverse erhalten sind. Wenn man der Überlieferung Glauben schenken darf, war es ein Lied ohne Sigma, wie wir oben auch eines von Pindar kennenlernten. Wahrscheinlich ist diese Nachricht darauf zurückzuführen, daß er die dorische Aussprache des *σ* als sch beseitigte und dafür die als s einführte. Dieselbe Künstelei wird auch von seinen *Kentauren* berichtet, die manche für unecht erklärten. Dieses Gedicht war jedenfalls ein Dithyrambos, und mag es nun dem Lasos angehören oder nicht, immerhin kann man daraus ersehen, wie außer den Sagen von Dionysos mit der Zeit auch andere Mythen in diese Dichtgattung Eingang fanden.

Das Hauptverdienst, das sich Lasos um den Dithyrambos erwarb, bestand in der musikalischen Ausbildung und Vervollkommnung desselben, wie er ja überhaupt an erster Stelle Musiker war und auch zuerst theoretisch über Musik geschrieben haben soll. Er führte das rasche Tempo ein, verstärkte die Instrumentalbegleitung, die er vielstimmig machte, und wandte Koloraturen an. Diese Neuerungen erfreuten sich eines solchen Beifalls, daß auch die andern Gattungen der Poesie von denselben Gebrauch machten; der dithyrambische Stil beherrschte nach und nach die ganze Literatur. Außerdem scheint Lasos die agonistische Aufführung der Dithyramben in Athen veranlaßt zu haben, die vom J. 508 v. Chr. an, wo Hypodikos von Chalkis den Preis gewann, bei keinem Dionysosfest fehlen durfte. Der Preis war für den Dichter ein Dreifuß, für den Choregen, der den Chor ausgestattet, ein Stier, der dem Gott geopfert wurde. Von den Dithyramben des Dichters ist nichts erhalten. Wie bedeutend er aber war, geht daraus hervor, daß Chamäleon über ihn eine Biographie schrieb.

4. Nachdem der Dithyrambos so ausgebildet war, versuchten sich eine ganze Reihe von Dichtern mit mehr oder weniger Glück in demselben, unter diesen die größten Lyriker, wie *Simonides*, der 56 Siege mit kyklischen Chören davontrug und sich auch mit Lasos von Hermione siegreich gemessen haben soll. Auch *Pindar* dichtete Dithyramben, die nach Horaz kühn in neuen Ausdrücken und freien Rhythmen dahinströmten. Der Anfang eines solchen, der kurz nach den Perserkriegen bei der Feier der Dionysien im Frühling zu Athen vom Dichter selbst aufgeführt wurde, ist noch erhalten. »Schauet auf den Chor, ihr Olympischen, und führet ihn zu herrlicher Festesfreude, ihr Götter, die ihr den vielbesuchten, opferduftenden Mittelpunkt der Stadt und den kunstgeschmückten, berühmten Markt im heiligen Athen besuchet. Ihr habt Kränze erhalten, gebunden aus Veilchen, die im Frühling gepflückt wurden; zum Danke dafür schauet mit Wohlgefallen vom Himmel auf mich, der ich zum zweiten Mal zum Wettkampf und zum efeubekränzten Gott gekommen bin; denn ihn, den wir Sterbliche Bromios und Eriboas nennen, den Sohn des höchsten Vaters und des kadmeischen Weibes, will ich besingen. Die deutliche Botschaft der Winde versteht man wohl, wenn sie der purpurbekleideten Horen Gemach erschließen und den duftenden Frühling bringen; da breiten sich wohlriechende Gewächse und die lieblichen Blüten der Veilchen über den göttlichen Boden, und Rosen werden in die Haare geflochten, und die Stimmen der Lieder singen zu Flöten, es besingen die Chöre die stirnbandgeschmückte Semele.«

5. Neben diesen ist noch *Praxilla aus Sikyon* zu nennen, die um 450 v. Chr. lebte. Wir kennen zwei Titel ihrer *Dithyramben*, *Achilleus* und

Adonis; von dem ersten ist ein Hexameter, vom zweiten sind drei erhalten. Die letzteren enthalten die Antwort des Adonis auf die Frage, die in der Unterwelt an ihn gestellt wurde, was das Schönste sei, das er auf der Oberwelt verlassen habe. Er antwortet: »das Schönste, das ich verlassen, ist das Sonnenlicht, dann die glänzenden Sterne und die Scheibe des Mondes und auch reife Feigen, Äpfel und Birnen.« Daraus soll die sprichwörtliche Redensart: *törichter als der Adonis der Praxilla* entstanden sein. Noch berühmter als die Dithyramben waren die *Trinklieder* der Dichterin, die besonders in Athen gerne gesungen wurden. Die zwei Fragmente in asklepiadeischem Versmaß, die wir noch haben, sind lehrhaften Charakters. Sikyon besaß ein ehernes Bild der Praxilla, das ihr Landsmann Lysippos gegossen hatte.

6. Die nächste Zeit, die zweite Hälfte des 5. Jh. v. Chr., brachte in der lyrischen Poesie überhaupt und besonders im Dithyrambos vielfache *Änderungen*. Mit Simonides und Pindar hatte die Lyrik ihre höchste Blüte, aber auch gleichsam ihr Ende erreicht; denn das mächtig aufstrebende Drama, das Epik und Lyrik in sich aufnahm, erwarb sich immer ausschließlicher die Gunst des großen Publikums und zog alle besseren Kräfte an sich. So lagen teils aus Mangel an tüchtigen Dichtern, teils infolge der Geringschätzung vonseiten des Publikums manche Gebiete der lyrischen Poesie völlig brach, wie Hyporcheme, Parthenien und Prosodien, andere wurden gelegentlich und spärlich bebaut, wie Hymnen, Päane und Enkomien. Nur dem Dithyrambos und Nomos gelang es, sich nicht nur in der Gunst der Leute zu erhalten, sondern darin noch Fortschritte zu machen, allein nur infolge einschneidender Umgestaltungen, die diese Dichtgattungen dem Drama immer ähnlicher machten.

7. An der Spitze des jüngeren Dithyrambos stand *Melanippides*, der Sohn des Kriton aus Melos, der während des peloponnischen Krieges lebte. Die Überlieferung bezeichnet ihn als Enkel eines älteren Dichters Melanippides; aber mit Unrecht; denn dieser, ein Zeitgenosse Pindars, war nur Musiker. Er starb am Hofe des Königs Perdikkas von Makedonien, der von 454–413 regierte, jedenfalls nicht vor 415 v. Chr. Unter seinen Gedichten werden *Epen*, *Elegien* und *Epigramme* genannt; die letztern nahm Meleager in seine Anthologie auf. Seine Haupttätigkeit aber war dem *Dithyrambos* gewidmet. Wir kennen noch die Titel *Danaiden*, *Marsyas* und *Persephone* und haben von diesen drei Stücken auch noch je ein kurzes Fragment.

Melanippides war es, der aus den Dithyramben Strophe und Antistrophe entfernte und an ihre Stelle freie rhythmische Gebilde, Anabolä genannt, setzte. Damit stimmt überein, daß er der Musik das Übergewicht über den Inhalt verschaffte und so die selbständige Weiterentwicklung derselben anbahnte. Die alten strengen Satzungen dieser Kunst wurden verlassen; man mischte die Tonarten und Tongeschlechter, um dadurch neue überraschende Wirkungen zu erzielen, und liebte besonders die Tonmalerei. Je reicher und künstlerischer die Musik wurde, desto größer wurden die Anforderungen, welche die Aufführung des Dithyrambos an die Mitwirkenden stellte. Die gewöhnlichen Musiker und Choreuten, wie man sie bisher gehabt hatte, konnten dieser schwierigen Aufgabe nicht mehr genügen, und so bildete sich allmählich ein besonderer Stand berufsmäßiger Sänger und Musikvirtuosen aus, welche die Choregen für die Aufführungen gewinnen mußten, was bei der gegenseitigen Wettbewerbung immer größere Kosten verursachte. Besonders der erste Flötenspieler trat immer selbständiger neben dem Dichter hervor, und wenn ihn auch Melanippides durch Einführung der zehnsaitigen Kithara zurückzudrängen suchte, setzte er es doch um 400 durch, daß sein Name neben dem des Dichters auf die Inschriften gesetzt wurde. Ja, schließlich änderte sich das ursprüngliche Verhältnis so, daß der Staat den ersten Flötenspieler als Komponisten stellte, und der Dichter sich nach dessen Weissungen und Anordnungen richtete.

Natürlich trat bei dem immer stärkeren Hervordrängen der Musik der Text immer mehr zurück, so daß der Dithyrambos immer mehr Ähnlichkeit mit einem Melodrama oder einer Oper bekam, und diesem Übelstand konnte auch der Umstand nicht abhelfen, daß die Dichter die feierliche und erhabene Sprache des Nomos mit ihren wirkungsvollen Zusammensetzungen, ihren bezeichnenden Epitheta und ihren kühnen Bildern und Figuren in den ursprünglich einfacheren und schlichteren Dithyrambos einführten und so den Unterschied im Stile dieser beiden Dichtungsarten nach und nach vollständig verwischten; ja, nur zu oft diente diese glänzende, überschwengliche Hülle bei dem Mangel an Begabung und Begeisterung zum Deckmantel der Herzensleere und Gedankenarmut. Von der Sprache des Melanippides selbst hören wir, daß sie zwar elegant, aber künstlich und etwas geschraubt, an manchen Stellen auch nüchtern ohne Tiefe gewesen sei. Die Gegner der neuen Richtung, denen besonders die Komödie Stimme lieh, bezeichnen unsern Dichter als denjenigen, der zuerst begonnen habe, die Musik zu verderben, indem er sie schlaff und weichlich machte; dagegen stellt ihn Xenophon mit den anerkanntesten Meistern in ihren Fächern, mit Homer, Sophokles, Polykleitos und Zeuxis, zusammen.

8. Auf der von Melanippides betretenen Bahn schritt *Kinesias*, der Sohn des Meles aus Athen, weiter. Von seinen Dichtungen ist außer dem Titel eines Dityhrambos *Asklepios* nichts erhalten. Daß er aber

ein sehr beliebter Dichter war, läßt sich aus den vielen Verspottungen desselben schließen, die sich bei den Komikern finden; ja, Strattis dichtete eine besondere Komödie, die er nach ihm Kinesias benannte. Platon tadelt an ihm, daß er nur dem Geschmack des großen Haufens Rechnung trage, ohne auf die sittlichen und moralischen Aufgaben der Poesie zu achten. Der Redner Lysias wirft ihm Gottlosigkeit vor. Er soll klein, schmächtig und kränklich gewesen sein. Außer der Poesie widmete er sich auch der Politik und beantragte im J. 393 ein Ehrendekret für den Tyrannen Dionysios.

9. Selbständiger und für die weitere Entwicklung des Dithyrambos wichtiger ist *Philoxenos von Kythera*, der um 495 v. Chr. geboren wurde. Bei der Eroberung von Kythera durch die Lakedämonier soll er Sklave eines gewissen Agesilas geworden sein, der ihn Myrmex genannt habe; aber dieser Name stammt offenbar aus der Komödie. Nach dem Tode seines Herrn kam er in den Besitz des Melanippides, der ihn in seiner Kunst unterrichtete. Später hielt er sich am Hofe des Tyrannen Dionysios von Syrakus auf, dessen Gunst er aber bald verscherzte, wie die einen sagen, weil er sich in die Geliebte des Tyrannen Galateia verliebte, nach andern, weil er die Tragödien desselben nicht lobte. Als er dafür in die Steinbrüche gesperrt war, soll er in der schönsten Höhle derselben, die man später noch zeigte, den Kyklops gedichtet haben, durch den er sich an dem Tyrannen rächte. Andere fügen bei, Dionysios habe ihn bald wieder aus seinem Gefängnis befreit und sogar wieder um seine Meinung über seine Gedichte befragt; er habe aber geantwortet: »Lieber wieder in die Steinbrüche, als diese Tragödien anhören.« Wie damit die andere Nachricht zu vereinigen ist, daß ihm der Herrscher die Lais geschenkt habe, die Philoxenos nach Korinth gebracht habe, ist schwer zu sagen. Möglich ist es, daß Verwechslungen mit seinem Namensvetter *Philoxenos von Leukas* vorliegen, dem wohl auch das Gedicht *Δεῖπνον*, die Schilderung eines Gastmahls, angehört, das auch unserm Dichter zugeschrieben wird. Er soll in Ephesos um 380 v. Chr. gestorben sein.

Als Dichtungen des Philoxenos werden *Nomen* und *24 Dithyramben* genannt. Sein berühmtester Dithyrambos war der schon erwähnte *Kyklops* oder *Galateia*, der die Liebeswerbungen des Polyphemos um Galateia schildert, die Odysseus, um sich an dem Kyklopen zu rächen, für sich zu gewinnen weiß. Diese Dichtung wurde vielfach nachgeahmt, besonders von Theokrit in seinem 11. Idyll; Aristophanes hat sie in seinem Plutos parodiert. Andere Titel von Dithyramben des Philoxenos sind *Mysoi*, *Syros* und *Komastes*, vielleicht auch *Persai*. Er nahm die Neuerung vor, daß er in die Dithyramben Solo-Lieder oder Arien einfügte und so die Monodie, das Charakteristische des Nomos, in diese Dichtgattung übertrug. An seiner Musik wird besonders die Tonmalerei gerühmt. Sein Ruhm war sehr groß; Alexander der Große ließ sich seine Dithyramben nachsenden, die Arkadier lernten sie auswendig und führten sie an den Dionysos-Festen im Theater auf, und der Komödiendichter Antiphanes stellt ihn an die Spitze aller Dichter; denn sein Ausdruck sei treffend und neu, und seine Melodien schön aus Wechsel und Farben gemischt; ja, er nennt ihn einen Gott auf Erden, der allein das wahre Wesen der Musik verstanden habe. Diesem Lob stand aber ebensogroßer Tadel gegenüber, indem andere in ihm einen Hauptverderber der Musik erkannten; indes das Publikum entschädigte ihn reichlich, indem es seine Lieder noch zu seinen Lebzeiten auf der Straße sang.

10. Dieselbe Änderung, die Philoxenos an dem Dithyrambos vornahm, führte *Timotheos* in den Nomos ein. Dieser war der Sohn des Thersandros aus Milet, der Schüler des Kitharöden Phrynis. Die meisten Zeit seines Lebens verbrachte er in Athen, wo der Tragiker Euripides zu seinen besten Freunden zählte; dieser tröstete ihn auch über die Mißerfolge, die er anfangs mit seinen Neuerungen hatte. Auch in Sparta trat er mit seinen Nomen auf. Bekannt ist die Anekdote, daß ihm hier, als er am Demeter-Feste das Gedicht *Σεμέλης ὠδίς* (die Geburt des Dionysos) aufführen wollte, der Befehl erteilt wurde, von der von ihm erfundenen elfsaitigen Kithara die überzähligen Saiten zu entfernen und sein Instrument auf die gewöhnliche Anzahl der Saiten zu reduzieren. Später hielt er sich mit Euripides am Hofe des Königs Archelaos von Makedonien auf, und als Euripides gestorben, dichtete er ein Epigramm, das auf das Kenotaphion desselben in Athen gesetzt wurde. Er selbst starb im J. 357, mindestens 90 Jahre alt.

Timotheos war ein sehr fruchtbarer Dichter; man schreibt ihm *19 Nomen*, *36 Proömien* oder *Pronomien*, Vorspiele, die möglicherweise dem Flötenspieler Timotheos angehören, 8 *διασκευαί*, vielleicht Überarbeitungen älterer Werke, *Enkomien*, 18 Dithyramben und *21 Hymnen* zu; eine andere Überlieferung nennt 18 Bücher kitharödischer *Nomen* mit 8000 Versen. Die ersten Dichtungen des Timotheos waren Nomen in Hexametern; dann ahmte er seinen Lehrer Phrynis nach, der unter die Hexameter lyrische Maße, sog. *ἀπολελυμένοι*, mischte; endlich ging er soweit, daß er die Hexameter vollständig und sogar den Chor vom Dithyrambos in den monodischen Nomos einführte. So kamen in beiden Dichtgattungen, in Dithyrambos und Nomos, Chor und Monodie vor, und der Unterschied bestand nur noch darin, daß im ersten der Chor, im zweiten die Monodie die Hauptrolle spielte. Überhaupt war Timotheos den Neuerungen sehr zugetan; er sagt von sich selbst: »Ich singe nicht das Alte; denn das Neue ist viel besser. Jetzt herrscht der neue Zeus, während früher der alte Kronos regierte. Drum fort mit der alten Muse!« Im Nomos fanden seine Neuerungen solchen Anklang, daß die von ihm geschaffene Form die mustergültige für die folgende Zeit war; auch im Dithyrambos hatte er große Erfolge. Von seinen Dichtungen sind nur wenige Fragmente übrig. Von den überlieferten Titeln sind *Artemis*, *Persae* und *Odysseus* Nomen, *Kyklops*, *Niobe* und *rasender Aias* Dithyramben, während es bei *Laertes*, *Phineiden*, *Nauplios*, *Elpenor* und *Semeles Odis* zweifelhaft bleibt, welcher Gattung sie beizurechnen sind.

In der *Musik* geht er noch weiter als seine Vorgänger; mit besonderer Meisterschaft handhabt er die Tonmalerei. Was Wunder also, daß gerade ihn, den bedeutendsten und vielseitigsten der jüngern Dithyrambiker, die Anhänger der alten Schule aufs heftigste angriffen als den Hauptverderber der Musik? Aber andererseits erntete er auch großen Ruhm; so beschenkten ihn die Ephesier für den Nomos auf Artemis mit 1000 Goldstücken. Nach seinem Tode galt er für mustergültig. Seine Stücke wurden in Arkadien mit denen des Philoxenos und in Athen wiederholt aufgeführt und erhielten sich bis in die römische Kaiserzeit.

11. Außer den Genannten gab es noch viele Dithyrambendichter, unter ihnen *Polyeidos*, den Nebenbuhler des Timotheos, der außer Dithyramben auch *Tragödien* dichtete und sich mit der Malerei beschäftigte; außerdem *Telestes von Selinus*, von dem wir noch die Titel *Argo*, *Asklepios* und *Hymenäos* nebst einigen Fragmenten kennen. Dieser liebte besonders den Wechsel der Rhythmen und der Tonarten. Alexander der Große fand Gefallen an seinen Dichtungen und ebenso Aristaratos, der Tyrann von Sikyon, der das Grabmal des Dichters durch Nikomachos mit Malereien schmücken ließ. Endlich ist noch der Dichter *Krexos* zu nennen, der die Parakataloge, die wir bei Archilochos kennenlernten, in den Dithyrambos eingeführt haben soll.

IV. Abschnitt
Dramatische Dichtung

26. Kapitel
Allgemeines über das Drama

1. Sobald die lyrische Poesie den Höhepunkt ihrer Blüte erreicht hatte, wurde sie, geradeso wie sie selbst früher die epische Dichtkunst abgelöst hatte, von dem *Drama* aufgenommen, das nicht nur Epik und Lyrik samt Musik, Orchestik und Mimik, sondern auch andere Künste, wie Architektur und Plastik, in sich vereinigte. Das epische Element tritt in dem Dialog, das lyrische in den Chorpartien an den Tag. Hatte sich die Epik mit der Außenwelt, die Lyrik mit dem innern Leben des Menschen beschäftigt, so ist es die innige Verbindung und Verschmelzung dieser beiden bisher mehr oder weniger getrennten Welten, die den Gegenstand der dramatischen Dichtung ausmacht. Im Drama kommt das ganze menschliche Leben in allen seinen Beziehungen zum vollständigen Ausdruck, und zwar so, daß sich die Handlung wie gegenwärtig vor unsern Augen und Ohren abspielt. Um die Täuschung zu einer vollständigen zu machen und der dramatischen Aufführung zugleich Glanz und Pracht zu verleihen, müssen alle dazu geeigneten Künste das ihrige beitragen. Diese höchste, vollendetste Form der Poesie ist, soweit wir erkennen können, die eigene Erfindung der Griechen und verbreitete sich erst von diesen zu andern Völkern.

2. Der *Name* Drama kommt von *δρᾶν* (handeln); Drama heißt also *Handlung* und bezeichnet besonders die Handlung, die auf der Bühne vor sich geht. Auch in der *Religion* spielt dieses Wort eine Rolle; *τὰ δρώμενα* ist der Name für diejenigen Kultusgesänge, deren Vortrag von Zeremonien und Mimik begleitet ist. Der Kult, dem das Drama entwachsen ist, ist der des Dionysos, des jüngsten der griechischen Götter, der sich unter vielen Kämpfen und Wundern die allgemeine Anerkennung erringen mußte. Die Feste dieses Gottes vereinigten feierlichen Ernst mit der heitersten Freude und ausgelassensten Lustbarkeit in Verbindung mit jeder Art von Scherz und Spott; Maskierung und Verkleidung war dabei ganz gewöhnlich. Man sieht, welch günstigen Boden solche Feste dem Drama boten; die ernste *Tragödie*, die spöttische *Komödie* und das lustige *Satyrdrama* konnten sich in gleicher Weise auf demselben entwickeln.

3. Dramatische Dichtungen, teils mehr, teils weniger ausgebildet, fanden sich wohl an allen Orten, wo der Dienst des Dionysos in Ehren

stand. Besonders machten die *Dorier* Anspruch auf die Erfindung dieser Dichtgattung, indem sie sich darauf beriefen, daß *δρᾶν* in erster Linie ein dorisches Wort sei. Aber zu seiner vollen, wahren Blüte gelangte das Drama nur in *Athen*, wo alle Umstände zusammentrafen, die der Entwicklung desselben förderlich sein konnten. Infolge der Perserkriege war Athen die erste Stadt, der Mittelpunkt ganz Griechenlands geworden; hier war die höchste Macht und der größte Reichtum vereinigt; hier war der Sitz aller Künste und Wissenschaften; hier war der Freiheitssinn der Bürger und das Nationalbewußtsein, das Bewußtsein der Zusammengehörigkeit aller Griechen am schärfsten ausgeprägt; hier hatte die allgemeine Bildung eine bedeutende Höhe erreicht; hier war die Liebe zu Glanz und Pracht am größten. Wie also das Epos das Abbild der Heroenzeit ist, wie die Lyrik die politischen Kämpfe und Umwälzungen in den Staaten Griechenlands begleitet, so ist die dramatische Poesie die Tochter des freien, zur höchsten Macht und Bildung gelangten Athens. Sie ist ein Institut des Staates, der die Aufführungen veranlaßt, besorgt und überwacht.

4. Dramatische *Aufführungen* fanden der Entstehung des Dramas entsprechend nur an den Dionysos-Festen statt. Solcher gab es in Athen vier, nämlich die *ländlichen Dionysien* (*τὰ κατ' ἀγροὺς* oder *δήμους Διονύσια*), die im Poseidon, der etwa unserm Dezember entspricht, gefeiert wurden, die Lenäen (*τὰ Λήναιῳ* oder *τὰ ἐπὶ Ληναίῳ*), die im Gamelion, dem früheren Lenäon, der etwa mit unserm Januar zusammenfällt, begangen wurden, die *Anthesterien*, deren Feier drei Tage des Monats Anthesterion oder Februar ausfüllte, und endlich die *städtischen* oder *großen Dionysien* (*τὰ ἐν ἄστει, τὰ ἀστικὰ* oder *μεγάλα Διονύσια*), die im Monat Elaphebolion oder März stattfanden. An den Anthesterien, dem dionysischen Frühjahrsfeste, wurden keine dramatischen Aufführungen veranstaltet, wohl aber an den drei andern Festen. Die *Lenäen* waren das Kelterfest, das mit einer feierlichen Prozession und heitern Umzügen begangen wurde, bei denen auf Wagen Fahrende die Vorübergehenden verspotteten, die sog. *τὰ ἐκ τῶν ἁμαξῶν σκώμματα*. An diesem Feste fanden szenische Aufführungen beim Lenäon, dem alten Heiligtum des Gottes, statt, ursprünglich Komödien, später, wohl seit der Zeit des Perikles, auch Tragödien, nachweislich zum ersten Mal im J. 416 v. Chr., wo Agathon mit einer Tragödie siegte. Diese Spiele nahmen drei Tage, nach dem peloponnesischen Krieg fünf Tage in Anspruch, an deren jedem Tragödien und eine Komödie zur Aufführung kamen. Die Oberaufsicht hatte der Archon Basileus, und Chorege konnte nicht nur ein Athener, sondern auch ein Ausländer sein.

Während die Lenäen von den Athenern allein gefeiert wurden, waren die *städtischen Dionysien* für den ganzen Staat, also auch für die Bundesgenossen berechnet, die an diesen Tagen zahlreich nach Athen kamen. Daher stand auch der Archon Eponymos an der Spitze der Feier, deren Hauptakt ein glänzender Festzug war, in dem das alte Kultusbild des Gottes im Lenäon abgeholt und feierlich von Epheben auf den Markt zum Altar der zwölf Götter getragen wurde. Auf den Umzug folgten die lyrischen Wettkämpfe und erst auf diese die dramatischen, die, wie an den Lenäen, drei Tage, vom 11.–13. Elaphebolion, dauerten, nach dem peloponnesischen Krieg aber bis auf sechs Tage anwuchsen. Die Hauptaufführungen waren Tragödien, später aber kamen, ähnlich wie bei den Lenäen, auch Komödien hinzu, deren Aufführung für das J. 468 oder 464 v. Chr. feststeht. Jeden Tag wurden Tragödien und eine Komödie gespielt, ursprünglich in der genannten Reihenfolge, später, jedenfalls nach 415 v. Chr., wohl in umgekehrter Folge. An den städtischen Dionysien wurden neue Stücke aufgeführt; nur mit den Stücken des Äschylos machte man in der guten Zeit eine Ausnahme; später freilich, als die Zeit der Produktion vorbei war, auch mit andern. An den Lenäen spielte man sowohl alte, als neue Stücke. Dagegen griff man an den *ländlichen Dionysien*, die in den Demen Attikas unter der Leitung der Demarchen gefeiert wurden, in der Regel zu alten Stücken, Komödien sowohl als Tragödien, die von herumziehenden Schauspielerbanden wiederholt wurden. Diese Spiele hatten in der reichen Hafenstadt Peiräeus besondern Glanz. Hier stand ein stattliches Theater, das um 448 v. Chr. erbaut wurde. In diesem wurden nicht nur alte, sondern auch neue Stücke gespielt, wie ja auch Euripides hier Tragödien zur Aufführung brachte.

5. Hatte ein Dichter ein Drama geschrieben, das er öffentlich aufführen wollte, so wandte er sich mit der Bitte um Überlassung eines *Chores* an denjenigen Archon, der die Leitung der Spiele hatte, an denen die Aufführung stattfinden sollte (*χορὸν αἰτεῖν*). Wenn dieser mit dem Stücke einverstanden war, so willfahrte er dem Gesuche (*χορὸν διδόναι*), und so erhielt der Dichter einen Chor (*χορὸν λαμβάνειν*). Die Ausstattung desselben war die wichtigste der regelmäßigen Staatsleistungen (*λειτουργίαι ἐγκύκλιοι*), *γορηγία* genannt. Diese wechselte der Reihe nach unter den Phylen, von denen jede, so oft die Reihe an sie kam, aus ihrer Mitte einen *χορηγός* stellte. Nur selten vertrat der Chorege zwei Phylen. Natürlich wurden nur wohlhabende Bürger, die ein Vermögen von mindestens drei Talenten hatten, zu diesem Amte gewählt. Wurde dabei ein Reicherer zum Nachteil eines Ärmeren übergangen, so stand dem letztern das Recht des Vermögensumtausches (*ἀντίδοσις*) zu; er verlangte, daß derjenige, den er für reicher hielt, an seiner Statt die Choregie übernehme; weigerte sich dieser, indem er in

Abrede stellte, reicher als der andere zu sein, so mußte er den ihm vom Kläger angebotenen Vermögenstausch annehmen. Manche, wie z.B. Waisen, waren gesetzlich von der Choregie entbunden (ἀτελεῖς). Später, seit 406 v.Chr., teilten sich jeweils zwei Bürger in diese Leistung. Auch kam es in der spätern Zeit zuweilen vor, daß sich überhaupt kein Chorege fand; in diesem Falle mußte der Staat eintreten.

6. Die Anforderungen, die man an den *Choregen* stellte, waren sehr hoch. Er mußte zunächst aus der Zahl seiner Mitbürger den Chor sammeln, der bei Äschylos aus 12, seit Sophokles aus 15 Choreuten bestand. Die Zahl 12 erhielt man dadurch, daß man die 50, bzw. 48 Mitglieder des kyklischen Chores gleichmäßig auf die vier Stücke der tragischen Tetralogie verteilte. Der Chor der Komödie zählte 24 Choreuten. Außerdem bedurfte man Musiker, in der Regel zwei, einen Zither- und einen Flötenspieler. Manchmal kam auch noch ein Nebenchor dazu. Alle diese Choreuten hatte der Chorege während der ganzen Zeit ihrer Einübung, die der Dichter als Chorodidaskalos, unterstützt von dem musikkundigen Chorführer, Koryphäos genannt, übernahm, zu verköstigen und zu entschädigen, da sie ja während dieser Zeit nichts anderes tun konnten. Er hatte ihnen das Zimmer zur Einübung (διδασκαλεῖον) zu stellen und die Gewänder, Masken und goldenen Kränze für die Aufführung zu beschaffen. Außerdem mußte er während der Aufführung den Choreuten Erfrischungen (τραγήματα) reichen, eine Sitte, die der Chorege bisweilen auch auf die Zuschauer ausdehnte, und wenn das Spiel zu Ende war, fand auf seine Rechnung ein Festschmaus zu Ehren des Chores statt. Die Summen, welche die Choregen zur Bestreitung all dieser Bedürfnisse aufwandten, waren natürlich bei verschiedenen verschieden; sie hingen ebensowohl vom Charakter der Choregen, wie von der Art der auszustattenden Chöre ab; jedoch war übertriebene Sparsamkeit schon durch den Wettstreit der Choregen untereinander ausgeschlossen. Lysias gibt als Ausgabe für den tragischen Chor an den großen Dionysien 3000 Drachmen (etwa 2400 Mark), als Ausgabe für den komischen 1000 Drachmen an.

7. Für die Stellung der *Schauspieler* hatte der Chorege nicht zu sorgen, abgesehen von den sog. stummen Personen, den Statisten und Begleitern der Könige. In der ersten Zeit übernahm der Dichter selbst die Rolle des Schauspielers (ὑποκριτής). Später fügte Äschylos den zweiten Schauspieler hinzu, und seit dieser Zeit mußte sich der Dichter, der selbst die erste Rolle spielte, nach einer geeigneten Persönlichkeit für die zweite umsehen. Als dann vollends der dritte Schauspieler hinzukam und Sophokles wegen schwacher Stimme sich nicht am Spiel beteiligte, worin ihm die spätern Dichter folgten, so bildete sich allmählich ein eigener Stand von Schauspielern, die bald zu großem

Ansehen gelangten. Der berühmteste derselben ist Polos der Ältere. Ja, es kam in kurzem soweit, daß die Redner und alle, die öffentlich auftreten wollten, bei denselben Unterricht in der Kunst des Vortrags nahmen. Die Verteilung der Schauspieler an die Dichter besorgte der Staat, der auch die Bezahlung derselben für ihre Leistungen übernahm. Wann diese Sitte aufkam, ist ungewiß, zur Zeit des peloponnesischen Krieges besteht sie bereits. Wer an der Aufführung eines Dramas als Schauspieler mitwirken wollte, mußte sich beim Archon melden. Dieser wählte auf Grund einer Prüfung, von der nur diejenigen befreit waren, die im vorhergehenden Jahre mit ihren Stücken den ersten Preis gewonnen hatten, aus denselben die nötige Zahl aus und teilte sie durch das Los den einzelnen Dichtern zu, jedoch jedem nur drei; denn dies war die regelmäßige, zur Aufführung eines Dramas erforderliche Zahl. War ausnahmsweise ein vierter Schauspieler notwendig, so besorgte diesen wahrscheinlich der Chorege. Über die Zahl vier scheinen die Griechen überhaupt nicht hinausgegangen zu sein,

8. Schon aus dieser geringen Anzahl der bei der Aufführung mitwirkenden Schauspieler kann man die Größe und Schwierigkeit der Aufgabe derselben erkennen. Die drei Schauspieler mußten sich in alle Rollen des Dramas teilen, auch in die weiblichen; denn nur Männer durften auf der Bühne auftreten. So kam es, daß einer oft mehr als eine Rolle übernehmen mußte. Derjenige, der die Hauptrolle spielte, die Idee des Dramas also hauptsächlich zum Ausdruck brachte, hieß *Protagonistos.* Gegen ihn als den Träger der Handlung traten der *Deuteragonistes* und *Tritagonistes* zurück, von denen der erstere die Rollen vertrat, die der des Protagonistes am nächsten standen, während der Tritagonistes die kleineren Rollen, wie die der Boten, Könige usw., übernahm. Die Rollen mußten genau memoriert werden, da man noch keinen Souffleur kannte. Außerdem stellte der Vortrag in dem großen, unbedeckten Theater ganz außerordentliche Anforderungen an die Kraft und Ausdauer der Stimme, zumal wenn man die Dauer der Aufführung einer Tetralogie bedenkt. Das Publikum aber übte keine Milde und Rücksicht; selbst kleine, unbedeutende Versehen rügte es aufs strengste, und die Komödie stand ihm darin treulich zur Seite.

9. Bei den Aufführungen trugen die Schauspieler *Masken*, was mit der Entstehung des Dramas aus den Dionysos-Festen, bei denen man sich unkenntlich zu machen suchte, vollständig im Einklang steht. In der Komödie zeigten dieselben entweder Ähnlichkeit mit der dargestellten Person, oder es waren Charaktermasken, die mit der Zeit so ausgebildet wurden, daß man jede auftretende Person sofort an ihrem Kostüm erkannte und wußte, welcher Menschenklasse dieselbe zuzuzählen sei.

Ebenso hatte man in der Tragödie für bestimmte immer wiederkehrende Personen stehende Masken (*ἔνσκευα πρόσωπα*) im Gegensatz zu den *ἔκσκευα πρόσωπα*, die für einzelne Fälle besonders angefertigt wurden. Im ganzen hatte man das Bedürfnis, die Götter und Heroen, die in der Tragödie auftraten, stattlicher und größer erscheinen zu lassen als die gewöhnlichen Menschen. Daher trugen die Schauspieler, die dieselben darstellten, die *ἐμβάται*, d.h. hohe, viereckige Klötze, die unter die Füße geschnallt wurden. Die schönste Art derselben war der hohe Jagdstiefel (*κόθορνος*), den die Füsten und Herren trugen. Wurde dadurch die Gestalt höher, so mußte sie auch breiter werden. Zu diesem Zwecke wurde der Leib durch die *προγαστρίδια*, *προστερίδια* und *σωμάτια* auswattiert. Die Arme wurden durch die *χειρῖδες*, eine dem Arm angepaßte Kleidung, verlängert. Die Maske, früher von Linnen, später von Holz, bedeckte den ganzen Kopf. Daran waren Öffnungen für die Augen und den Mund nebst akustischen Vorrichtungen angebracht. Damit stand der *ὄγκος*; ein Aufsatz oberhalb der Stirn, mit einer Perücke von künstlichen Haaren in Verbindung. Außerdem trugen vornehme Personen das *σύρμα*, ein langes purpurnes Schleppgewand. Diese Ausstattung wird der Hauptsache nach auf Äschylos zurückgeführt. Für dieselbe hatte der Staat oder der Theaterpächter (*θεατρώνης*) zu sorgen.

10. Die dramatischen Aufführungen fanden in der bei den Griechen so beliebten Form von *Wettkämpfen* statt. Zur Zeit der Blüte des Dramas traten gewöhnlich drei Dichter gegeneinander auf; ganz ausnahmsweise mögen es ein oder das andere Mal nur zwei gewesen sein. In späterer Zeit, als die Spieltage vermehrt wurden, war die Zahl der Wettbewerber größer, vermutlich fünf, was für die Komödie feststeht. Die Tragiker brachten drei oder mit Hinzurechnung des Satyrdramas vier Stücke zur Aufführung, die Komiker eines. Kurze Zeit vor der Feier der städtischen Dionysien, am Asklepios-Feste, das am 8. Elaphebolion stattfand, war im Odeion der *Proagon*, an dem die tragischen Dichter im Purpurgewande in Anwesenheit des Archon und Publikums mit den Schauspielern ohne Maske und Kostüm und den Choreuten, die nur ihre Kränze trugen, eine Art Probe vornahmen. Ob ein solcher Proagon auch vor den Lenäen oder bei den Komödien abgehalten wurde, muß dahingestellt bleiben. Die Preisverteilung fand sofort nach der öffentlichen Aufführung der Stücke statt. Sie lag vereidigten *Richtern* (*κριταί*) ob, die ursprünglich der Archon bestimmte. Später wurde die Sache dahin abgeändert, daß der Rat im Beisein der Choregen in geheimer Abstimmung eine Anzahl zum Preisrichteramt geeigneter Männer wählte, deren Namen in einer von den Prytanen versiegelten Urne auf der Akropolis von den Schatzmeistern aufbewahrt

wurden. Von diesen loste der Archon für jeden Agon besonders die nötige Zahl Richter aus und vereidigte sie, wahrscheinlich vor Beginn der Aufführung, nach andern nach Beendigung derselben, was die Annahme notwendig macht, daß alle vom Rate Gewählten von ihrer Wahl verständigt und zur Anwohnung bei den Aufführungen angehalten wurden. Die Zahl der Preisrichter beläuft sich bei der Komödie auf fünf und bei der Tragödie wahrscheinlich auf ebensoviele, obgleich andere Gelehrte für diese zehn oder sieben annehmen. Bei der Abstimmung entschied Stimmenmehrheit, und die Richter waren für ihre Stimme verantwortlich. Sie hatten drei *Preise* zu verteilen, von denen aber nur der erste und zweite für ehrenvoll galt, während der dritte einer Niederlage gleich geachtet wurde. In der älteren Zeit bestand der erste Preis für einen tragischen Chor in einem Bock nebst einem Korb mit Feigen, für einen komischen in einem Krug Wein und ebenfalls einem Korb Feigen. Bald genügten aber diese einfachen Gaben nicht mehr. Allein die gewöhnliche Annahme, als ob jetzt ein Dreifuß als erster Preis gegeben worden sei, ist nicht richtig; dies geschah nur bei lyrischen und dithyrambischen Chören. Wahrscheinlich war es ein goldner Efeukranz, den der Chorege, wie es scheint, dem Dichter überließ. Außerdem erhielt der Dichter, wie auch der zweite und dritte Sieger, eine nicht unbedeutende Geldsumme als Honorar, dessen Höhe nicht nur für die verschiedenen Dichtgattungen und Preise, sondern auch in verschiedenen Zeiten verschieden war. Der Chorege oder die Phyle, die den ersten Preis gewann, pflegte zum Andenken an den Sieg ein Weihegeschenk aufzustellen. Über die Preisverteilung wurde ein Protokoll aufgenommen, in dem der Name des Archon, des Festes, des Siegers, der Mitbewerber, des Protagonistes des Siegers und die Titel der vier Stücke des Siegers verzeichnet standen. Dies sind die *Didaskalien*, auf die unsere Kenntnis der Geschichte des Dramas zurückgeht. Ergänzungen dazu boten die choregischen Weihegeschenke. Dieses Material bearbeitete zuerst *Aristoteles* in seiner Schrift περὶ διδασκαλιῶν, dann nach ihm Dikäarchos. Manches davon ist noch auf Inschriften oder in den Werken der Grammatiker erhalten.

11. In den altesten Zeiten wurde für eine dramatische Aufführung jedesmal zuerst eine *Bühne* errichtet. Der Mittelpunkt derselben war der Raum, wo der Chor seine Tänze aufführte, daher *Orchestra* genannt; hier befand sich der Altar des Gottes (ϑυμέλη). Hinter dem Chor war ein *aus Holz errichteter erhöhter Ort für den Schauspieler*, aus dem der Witz der Komödie einen Opfertisch (ἐλεός) machte, von dem aus der Schauspieler mit dem Chor verhandelt habe. Halbkreisförmig um die Orchestra herum waren *hölzerne Gerüste* (τὰ ἴκρια) terrassenförmig ansteigend aufgeschlagen, wo die Zuschauer sich auf-

stellten. In Athen stand dieses fliegende Theater anfangs auf dem Markte, später wurde es in den heiligen Bezirk des Lenäon in die Nähe einer Schwarzpappel verlegt, woher die Bezeichnung *ἡ παρ αἴγειρον θέα* für Theater rührt. Vielleicht war auch der Ort für die Aufführungen verschieden, so daß an den Lenäen im Lenäon, an den Dionysien auf dem Markte gespielt wurde.

12. Im J. 500 v. Chr., als Äschylos, Pratinas und Chörilos als Preisbewerber gegeneinander auftraten, brachen diese Brettergerüste infolge des großen Zudrangs des Publikums zusammen. Jetzt begann man in unmittelbarer Nähe des Lenäon am Südabhang der Akropolis ein steinernes *Theater* zu bauen, an einem von Natur dazu wohlgeeigneten Orte, da die sanftansteigende Felswand zum Einhauen der Sitzbänke der Zuschauer wie geschaffen war. Der Bau nahm lange Zeit in Anspruch und wurde erst zur Zeit des Lykurgos, der die athenischen Finanzen von 344–332 v. Chr. verwaltete, zu Ende geführt und mit den Statuen der drei großen Tragiker, des Äschylos, Sophokles und Euripides, ausgeschmückt. Zur Zeit des Hadrian wurde ein Umbau des Theaters vorgenommen, und diesem gehören die Überreste an, welche die Ausgrabungen der neueren Zeit zu Tage gefördert haben.

Das steinerne Dionysos-Theater war ganz in der Art der früheren Bühne eingerichtet, hatte also auch drei Teile, den Zuschauerraum (*θέατρον*), den Raum für den Chor (*ὀρχήστρα*) und den Bühnenraum (*σκηνή*). Die *Orchestra* hieß ursprünglich *κονίστρα*; darin stand die *θυμέλη*, auf der links die *ῥαβδοφόροι*, eine Art Polizei saßen. Der der Bühne zugelegene Teil der halbkreisförmigen Orchestra war durch einen Bretterboden erhöht, sodaß der auf demselben stehende Chor mit den Schauspielern auf der Bühne in Verbindung treten konnte. In den tiefergelegenen Teil der Orchestra führte eine Treppe. Der Einzug des Chores in die Orchestra fand von der rechten Seite von den Zuschauern aus statt, und zwar bei 15 Choreuten entweder in fünf Reihen zu je drei (*κατὰ ζυγά*) oder in drei Reihen zu je fünf (*κατὰ στοῖχους*). Der komische Chor bildete entweder sechs Reihen zu je vier oder vier Reihen zu je sechs. Der Chorführer oder Koryphäos nahm die Mitte der linken Reihe ein; diese stand den Zuschauern, die rechte Reihe der Bühne zunächst. Die Aufstellung des Chores in der Orchestra war also viereckig, entweder drei Mann Front und fünf Mann Tiefe oder fünf Mann Front und drei Mann Tiefe. Während des Spiels auf der Bühne traten die Choreuten in zwei einander gegenüberstehenden Reihen zur Seite. Diese Gliederung wurde in der Regel auch beim Vortrag der in Strophen und Antistrophen abgefaßten Stasima angewandt.

Der erhöhte Teil der Orchestra war mit der etwas höher gelegenen

Bühne durch einige Treppenstufen verbunden. Die Bühne hieß *σκηνή*, weil sie ursprünglich ein Zelt oder eine Hütte vorstellte. Ihre Gestalt war ein langes, schmales Rechteck, das abschließend von einer Seite der Orchestra bis zur andern reichte und überdacht war, damit die Stimme der Schauspieler sich nicht im unbedeckten Raum verliere. Die Rückwand, die in engerm Sinne *σκηνή* hieß, war von Stein erbaut, konnte aber durch Anbringung von Dekorationen und Malereien immer der Handlung entsprechend hergerichtet werden. In der Tragödie war es gewöhnlich die Façade eines zweistöckigen Palastes mit Söller, Säulenhalle und Vorplatz, die beiden letzteren mit Götterbildern geschmückt, besonders mit der Statue des Apollon Agyieus vor der Türe. Der Palast hatte drei Türen; die Haupttüre in der Mitte führte in die fürstlichen Gemächer, die Türe rechts in die Gastzimmer und die linke in die Frauengemächer oder in andere Teile des Hauses, z. B. in ein Gefängnis. In der Komödie hatte man ein athenisches Bürgerhaus oder zwei Nachbarhäuser oder ein Haus und eine Werkstätte usw. vor sich; auch hier durfte der Apollon Agyieus vor dem Hause nicht fehlen. Dagegen stellte die Bühnenwand im Satyrdrama in der Regel eine gebirgige Gegend, eine Waldschlucht u. s. w. dar. Der Raum vor der Bühnenwand, das Proskenion, wurde von den Schauspielern zum Spiel benutzt und daher auch Logeion genannt; denn wie das Leben der Alten, so wickelte sich auch die Handlung des Dramas im Freien auf den Vorplätzen vor den Häusern oder der Straße ab. Die Seitenwände, von denen dieser Raum rechts und links begrenzt wurde, hießen Paraskenia; sie waren wohl unsern Kulissenwänden ähnlich. Vor diesen standen die Periakten, d. h. dreiseitige hölzerne Prismen, die gedreht werden konnten; jede Seite stellte eine andere Szenerie dar. Die hinter den Paraskenien und der Skene gelegenen Räumlichkeiten benutzten die Schauspieler für ihre Zwecke. Gerade wie die Orchestra, so hatte auch die Bühne zwei Zugänge, einen auf der rechten und einen auf der linken Seite, und diesen Umstand gebrauchte das griechische Drama in derselben Weise, wie die drei Türen des Königspalastes, nämlich um die Zuschauer, die noch keine Theaterzettel hatten, schon im voraus einigermaßen über die auftretenden Personen aufzuklären. Der Schauspieler, der auf der Bühne stand, hatte zur Linken den Hafen und die Stadt Athen, zur Rechten das Land, und so kam man stillschweigend dahin überein, daß jeder Fremde von der rechten, jeder Einheimische von der linken Seite auf der Bühne erscheine, natürlich von der Bühne aus bezeichnet.

Kam man im Verlauf der Handlung in die Lage, den Zuschauern das Innere eines Hauses zu zeigen, so bediente man sich dazu der *Maschinen*, die man *ἐκκύκλημα* und *ἐξώστρα* nannte. Diese schoben einen Teil der Bühnenwand zur Seite und gestatteten so den Einblick in ein Zimmer oder sonst einen Raum des Hauses. Auch noch andere Maschinen erschienen, das *ἑώρημα* und den *γέρανος* für den Flug und das Schweben in der Luft, das *κεραυνοσκοπεῖον* und *βροντεῖον* für Blitz und Donner, das *ἀναπίεσμα* für Versenkungen, die *χαρώνειαι κλίμακες*, auf denen die Götter und Schatten der Unterwelt emporstiegen. Auch die metallenen Schallgefäße (*ἠχεῖα*), die man zur Verstärkung der Stimme der Schauspieler auf der Bühne aufstellte, verdienen hier Erwähnung. Im ganzen waren die Griechen in der Verwendung der Maschinen mäßig; nur Äschylos und die alte Komödie machte einen reichlicheren Gebrauch von denselben. Dasselbe Maßhalten treffen wir bei ihnen hinsichtlich der *Dekoration* (*σκηνογραφία*), um die sich Äschylos und Sophokles große Verdienste erwarben. Als tüchtige Dekorationsmaler werden *Agatharchos von Samos* und *Apollodoros*, mit dem Beinamen *ὁ σκιαγράφος*, genannt.

Um die Orchestra stiegen amphitheatralisch die *Sitzreihen für die Zuschauer* empor, die im Dionysos-Theater in Athen, wie gesagt, in Felsen gehauen waren. Es waren deren gegen 100. Durch diese führten Quergänge (*διαζώματα*). Außerdem waren dieselben durch radienförmig emporsteigende Treppen in Abteilungen (*κερκίδες*) zerlegt, in Athen 13 nach der Zahl der Phylen unter Hadrian. Die oberste Sitzreihe stelle einen bedeckten Säulengang (*περίπατος*) dar; sonst war der Raum offen, scheint aber öfter zum Schutz gegen Sonne oder Regen mit Segeltüchern überspannt worden zu sein. Der Zugang zu dem Zuschauerraum führte durch die Orchestra. Das athenische Theater faßte über 30 000 Menschen. In der Mitte der ersten Reihe, die man in Erinnerung an die *ἴκρια τὸ πρῶτον ξύλον* nannte, hatte der Priester des Dionysos Eleuthereus seinen Platz; um und hinter ihm die andern Würdenträger des Staates, wie Archonten, Strategen, Priester, wohl auch die Preisrichter; ferner Ratsherrn und mit der Proedria geehrte Bürger. Dagegen scheint es, daß die obersten Sitzreihen den Metöken und Fremden zugewiesen waren. Ob auch Frauen und Kinder Zutritt hatten, ist zweifelhaft; für die Tragödien nimmt man es vielfach an; aber getrennte Sitze für die verschiedenen Geschlechter gab es nicht. Der Eintritt ins Theater war ursprünglich für alle Bürger frei; später erhob der Theaterpächter (*ϑεατρώνης*) ein Eintrittsgeld, zwei Obolen (etwa 25 Pfennige) für den Spieltag. Diese wurde seit Perikles den Bürgern vom Staate vergütet, indem jeder als Theorikon eine Drachme erhielt, die gerade für die drei Spieltage hinreichte.

27. Kapitel

Die Anfänge der Tragödie

1. Über den *Ursprung der Tragödie* fließen die Quellen nur spärlich und unvollkommen; das Zuverläßigste darüber findet man in der Poetik des Aristoteles. Nach diesem war die Tragödie ursprünglich eine Stegreifdichtung, die von den Vorsängern der Dithyramben ausging; aber sie wurde mit der Zeit immer mehr vervollkommnet, bis sie endlich nach manchfachen Veränderungen die ihr entsprechende Gestalt gewann. Die Zahl der Schauspieler vermehrte zuerst Äschylos von einem auf zwei; infolgedessen trat der Chor zurück und der Dialog in den Vordergrund. Sophokles führte drei Schauspieler und die Dekorationsmalerei ein. Die ursprünglich nur kurzen Fabeln wurden großartiger und erhabener, und die Zahl der Episoden wurde vermehrt. Da aber die Tragödie aus dem Satyrspiel sich entwickelte, so dauerte es lange, bis die komische Sprache durch Ernst und Würde ersetzt wurde. An Stelle des trochäischen Tetrameters trat der iambische Trimeter; denn ursprünglich bediente man sich des trochäischen Tetrameters, weil die Tragödie, wie das Satyrdrama, für den Tanz bestimmt war. Als aber der Dialog sich ausbildete, kam man naturgemäß auch auf das angemessene Versmaß, nämlich auf das iambische, das natürlichste für den Dialog. Ferner wurde die Zahl der Akte und das andere in der richtigen Weise geordnet.

Aristoteles führt also die Tragödie auf den Dithyrambos zurück, der ein Hauptteil der im Frühjahr gefeierten Dionysien war. Auf diese Abstammung deutet auch der Name der Dichtgattung; denn *τραγῳδία* heißt *Gesang der Böcke*, d.h. des als Böcke oder Satyrn verkleideten Chores, und hat demnach weder mit dem Bock, der dem Dionysos geopfert wurde, noch mit demjenigen, den der Sieger bei den Spielen als Preis erhielt, irgend etwas zu tun. Aristoteles bezeichnet den Vorsänger oder Chormeister dieser Satyrn-Chöre, dessen Stelle in der früheren Zeit der Dichter selbst bekleidete, als denjenigen, dem das Verdienst, die Anregung zur Tragödie gegeben zu haben, in erster Linie zufällt, da er den Grund zur Ausbildung des Dialogs, des Schwerpunkts der Tragödie, legte. Wie wir oben sahen, schaltete schon *Arion* in den Chorgesang des Dithyrambos metrische Vorträge einzelner Satyrn ein. Diese werden in der Regel dem Chormeister zugefallen sein. Mit der Zeit trat dieser immer mehr in den Vordergrund, bis er sich schließlich völlig vom Chor loslöste und diesem als erster Schauspieler gegenübertrat. Jetzt konnte er nicht nur den Gesang des Chores an passenden Stellen durch entsprechende Erzählungen und Berichte unterbrechen, sondern unter Anwendung der Masken auch in verschiedenen Rollen auftreten und so mehr Lebendigkeit in das Spiel bringen. Auch an Gelegenheiten zu Wechselreden zwischen Chor und Schauspieler wird es nicht gefehlt haben, und so war der Dialog vorhanden, der beim Hinzutreten des zweiten und dritten Schauspielers zur Hauptsache wurde. Die ursprünglichen Improvisationen des einen Schauspielers wurden durch wohlüberdachte, künstlerisch angelegte Reden ersetzt, und an die Stelle des tanzenden Tetrameters trat der für den Dialog wie geschaffene iambische Trimeter, und dann folgte die weitere kunstgerechte Ausbildung der Tragödie.

2. Auffallend ist es, daß Aristoteles den *Thespis*, den man sonst für den Erfinder der Tragödie ausgibt, gar nicht nennt. Man sieht daraus, wie unbegründet jene Überlieferung ist. Und in der Tat ist es unwahrscheinlich, daß Thespis, der sich nach der Überlieferung ja schon mit andern Tragödiendichtern maß, die Tragödie erst erfunden haben soll. Ebensowenig berücksichtigt Aristoteles die Ansprüche anderer. Die Sikyonier machten nämlich den Athenern die Ehre der Erfindung der Tragödie streitig und wiesen zum Beweise für ihr besseres Recht auf ihre Chronik hin, in der *Epigenes* als erster Tragödiendichter verzeichnet war; Thespis aber sei erst der sechzehnte nach diesem gewesen, was wohl soviel heißen soll als sechzehn *γένη* oder Menschenalter jünger. Daß in Sikyon wirklich Tragödien aufgeführt wurden, bezeugt auch Herodot, der erzählt, daß die Sikyonier die Schicksale des Helden Adrastos in tragischen Chören feierten, bis der Tyrann Kleisthenes dieselben wieder dem Dionysos zurückgab. Auch das Sprichwort: *οὐδὲν πρὸς τὸν Διόνυσον* (das hat nichts mit Dionysos zu tun) wird von manchen auf Epigenes zurückgeführt, der demnach zuerst andere als dionysische Stoffe in seinen Tragödien behandelt hätte.

3. Doch wie es auch mit den Anfängen der Tragödie sein mag, darüber herrscht kein Zweifel, daß diese Dichtgattung erst in Athen zu ihrer wahren Entwicklung und schönsten Blüte gelangt ist. An der Spitze derselben in Attika stand der erwähnte *Thespis* aus dem Gau Ikarios, wo der Dionysos-Kult besonders in Ehren gehalten wurde. Hier führte er zuerst seine Stücke auf, in denen er selbst als Schauspieler auftrat. Die Maske, die er während des Chorgesanges leicht wechseln konnte, gestattete ihm, verschiedene Rollen zu spielen, und da außerdem noch die Unterredung mit dem Chor hinzukam, so konnte immerhin eine Fabel zu leidlicher Darstellung gebracht werden. Es wird überliefert, Thespis habe den *Prologos* und die *Rhesis* erfunden. Der letztere Ausdruck bezeichnet eine längere Rede zusammenhängenden Inhalts und kann, wenn richtig, sich nur auf die Erzählungen und Berichte beziehen, die Thespis in den Chorgesang einschaltete. Unter Prologos versteht man den Teil der Tragödie, der vor dem ersten Chor-

lied gespielt wird. Demnach hätte Thespis nach dieser - freilich wenig glaubhaften - Überlieferung dem Chorgesang eine einleitende Rede vorausgeschickt. Was man ferner über den Karren erzählt, mit dem Thespis umhergefahren sei und auf dem er seine Tragödien gespielt habe, das beruht auf einer Verwechslung mit den Umzügen (*κῶμοι*) an den Lenäen, bei denen auf einem Wagen Fahrende alle Begegnenden verspotteten (*σκώμματα ἐξ ἁμάξης*).

Solon wollte, wie erzählt wird, von den Spielen des Thespis nicht viel wissen; aber Peisistratos glaubte, daß dieselben ihm bei seinen Plänen nützlich sein könnten, und rief daher den Dichter nach Athen, der im J. 534 dort seinen ersten Sieg gewann. Er trat anfangs auf dem Markte, später im Lenäon auf. Im J. 508 wurde die Choregie eingeführt. Auch Titel von Stücken des Thespis werden überliefert, so *ἆθλα Πελίου ἤ Φόρβας*, *Ἱερεῖς Ἤϊθεοι* und *Πενθεύς*. Sind diese richtig, so ersieht man daraus, daß sich auch Thespis in seinen Tragödien nicht mehr auf den Kreis der Dionysos-Sagen beschränkte. Ob die Dichtungen des Thespis auf die spätere Zeit kamen, ist zweifelhaft. Jedenfalls sind die später unter dem Namen desselben verbreiteten Dramen Fälschungen, die von Herakleides Pontikos herrühren sollen. Der Grammatiker Chamäleon schrieb über Thespis.

4. Ein jüngerer Zeitgenosse des Thespis war *Chörilos von Athen*, der im J. 524 das erste Mal auftrat und viele Jahre für die Bühne tätig war. Im J. 500, als die hölzernen Gerüste zusammenbrachen, maß er sich mit Äschylos und Pratinas, und im J. 484 war er Gegner des Phrynichos. Anfangs scheint er seine Tragödien nach der Art des Thespis eingerichtet zu haben; als aber Pratinas das Satyrdrama in Athen eingeführt hatte, wetteiferte er mit diesem und zeichnete sich dabei sehr aus, wie man aus dem Sprichwort schließen kann: *ἡνίκα μὲν βασιλεὺς ἦν Χρισίλος ἐν σατύροις* (zu der Zeit als Chörilos König unter den Satyrn war). Auch in Frauenrollen versuchte er sich, sobald Phrynichos diese in die Tragödie eingeführt hatte, wie seine *Alope* zeigt, in der er die Geschichte dieser Geliebten des Poseidon darstellte. Nach der Überlieferung soll Chörilos in Bezug auf *Masken* und *Kostüme* Neuerungen eingeführt haben; auch um den *Chor* muß er sich irgendwie verdient gemacht haben, da Sophokles gegen ihn und Thespis eine Schrift über den Chor schrieb. Von seiner Sprache sind uns einige Proben erhalten; so nannte er die Steine Gebeine und die Flüsse Adern der Erde. Die Alten schreiben ihm 115 Dramen und 13 Siege zu, was kaum glaublich erscheint, auch wenn man sein Auftreten in den attischen Demen berücksichtigt. Von seinen Dramen ist nichts erhalten.

5. Die Tragödie des Thespis und Chörilos hatte sich offenbar schon weit von dem Ursprung dieser Dichtgattung, von den Dionysos-

Chören, entfernt. Die Stoffe waren von dem Sagenkreis des Dionysos losgelöst, und ohne Zweifel war auch die frühere Heiterkeit und Ausgelassenheit einem gewissen feierlichen Ernste gewichen. Daher mag es unter den Zuschauern manche gegeben haben, die sich durch die neue Dichtung nicht befriedigt fühlten, sondern sich nach jenen alten volkstümlichen Aufführungen zurücksehnten. Diesem Wunsche kam *Pratinas* entgegen, indem er aus Phlius im Peloponnes, seiner Vaterstadt, die dort heimischen *Satyrspiele* nach Athen brachte, wo sie freudig aufgenommen wurden. Diese hatten ihren Namen daher, weil die Choreuten in der Maske von Satyrn auftraten; ihr Charakter war scherzhaft und lustig, die Stoffe durchweg der Sagengeschichte entnommen. Die Beliebtheit dieser Stücke war in Athen so groß, daß man nicht wieder auf dieselben verzichtete; sie bildeten die heitere Zugabe zu der ernsten Tragödie, und als solche hatten sie später regelmäßig ihren Platz in der Tetralogie, indem jeder Dichter drei Tragödien und ein Satyrdrama zur Aufführung brachte. Ob Pratinas diese Neuerung noch erlebte, ist unbekannt; wir wissen nur, daß er im J. 500 mit Chörilos und Äschylos auftrat, als die Gerüste der Zuschauer zusammenbrachen. Es werden ihm 50 Tragödien und 32 Satyrspiele beigelegt; einmal soll er den Sieg davongetragen haben, doch ist die Zahl wohl verdorben. Von seinen *Dramen* ist nichts erhalten; dagegen haben wir noch ein größeres Bruchstück eines *Hyporchems*, in dem er sich mißbilligend über die neue Richtung der Musik ausspricht. Auch der Titel *Δύμαιναι ἤ Καρυάτιδες* bezieht sich wahrscheinlich auf ein lyrisches Gedicht. Die Phliasier ehrten ihn und seinen Sohn *Aristias* durch ein Denkmal.

6. Pratinas vererbte seine Kunst und seine Stücke auf seinen Sohn *Aristias*, der im J. 468 v. Chr. mit Äschylos und Polyphradmon auftrat und den zweiten Preis davontrug. Von den drei Tragödien, die er damals aufführte, kennen wir zwei Titel, *Perseus* und *Tantalos*; das Satyrdrama führte den Titel *Ringer* und war von seinem Vater verfaßt. Titel anderer Stücke von ihm sind: *Antäos*, *Atalante*, *Keres*, *Kyklops* und *Orpheus*. Auch einige Bruchstücke sind erhalten. Er und sein Vater sollen neben Äschylos die schönsten Satyrdramen geschrieben haben.

7. Der bedeutendste Tragiker der ersten Periode ist *Phrynichos*, der Sohn des Polyphradmon, aus Athen, der nach der Überlieferung im J. 512 v. Chr. seinen ersten Sieg gewann. Seine Tätigkeit erstreckte sich über viele Jahre. Wie es scheint, fand er in Sizilien seinen Tod, wohin er sich, wahrscheinlich auf eine Einladung des Tyrannen Hieron von Syrakus, begeben hatte. Unter den ihm zugeschriebenen Neuerungen ist die Einführung der *Frauenrollen* die wichtigste; denn wenn diese auch nach griechischer Sitte nur von Männern gespielt werden durf-

ten, so fand doch damit das Familienleben und die Liebe Eingang in das Drama, was für dieses von der größten Bedeutung war. Von dieser Neuerung zeugen noch die Titel *Δαναΐδες*, *Πλευρώνιαι* und *Φοίνισσαι*, in denen der Chor aus Frauen bestand, *Ἄλκηστις* und *Ἠριγόνη*, vorausgesetzt daß dieses letztere Stück echt ist, in denen eine Frau die Hauptrolle spielte. Ebenso unsicher, wie *Ἠριγόνη*, ist *Ἀνδρομέδα*. Der Inhalt der meisten dieser Stücke läßt sich aus dem Titel schließen; die *Pleuroniä* (die Frauen aus Pleuron) behandeln die Sage des Meleager. Weitere Titel, die ebenfalls für sich klar sind, sind *Aktäon*, *Antäos* oder die *Libyer*, *Tantalos* und die *Ägyptier*, die vermutlich mit den Danaiden identisch sind.

Außer Sagen brachte Phrynichos auch Ereignisse aus der Geschichte seiner Zeit auf die Bühne. So behandelte er in seiner *Μιλήτου ἅλωσις* die Eroberung und Zerstörung dieser Stadt durch die Perser, und da dies während des ionischen Aufstandes im J. 494 v. Chr. stattfand, so muß auch das Stück um diese Zeit geschrieben und aufgeführt worden sein. Herodot erzählt, daß das ganze Theater bei der Aufführung der Tragödie in Tränen ausgebrochen sei; die Athener aber hätten den Dichter zu einer Strafe von 1000 Drachmen verurteilt, weil er sie an »heimisches Leid« erinnert habe, und hätten die fernere Aufführung des Stückes verboten. Doch ließ sich unser Dichter dadurch nicht abschrecken, auch den glänzenden Sieg der Griechen über die Perser bei Salamis in den *Φοίνισσαι* (Phönizierinnen) zu behandeln. Diese Tragödie scheint auch die Titel *Δίκαιοι ἢ Σύνθωκοι* geführt zu haben, zwei Namen, mit denen der persische Staatsrat bezeichnet wurde; aber der weitere Titel *Πέρσαι* ist von der Tragödie des Äschylos, die den gleichen Gegenstand behandelt, auf das Stück des Phrynichos übertragen. Aus den Titeln schloß man, daß in der Tragödie zwei Chöre, einer aus phönizischen Palastdienerinnen, der andere aus persischen Räten bestehend, aufgetreten seien, bzw. daß sich der Chor in diese beiden Gruppen gespalten habe. Allein darüber läßt sich nicht mehr mit Sicherheit urteilen; die Doppeltitel *Φοίνισσαι ἢ Σύνθωκοι* (oder *ἢ Δίκαιοι*) können auch infolge einer späteren Aufführung des Stückes entstanden sein, indem anstatt Phönizierinnen persische Räte als Choreuten auftraten. Das wenige, was wir über die Phönissä hören, beschränkt sich darauf, daß der Dichter den Schauplatz derselben in die persische Hauptstadt verlegt und die Nachricht von der Niederlage des Xerxes schon bei Beginn der Handlung bekannt sein läßt; danach ist es wahrscheinlich, daß Klagen den größten Teil desselben gebildet haben. Phrynichos scheint diese Tragödie im J. 476 v. Chr. zur Aufführung gebracht zu haben, als Themistokles, der in derselben verherrlicht wurde, selbst Chorege war und den ersten Preis davontrug, der demnach auch dem Dichter zuteil wurde.

In den Tragödien des Phrynichos trat das *lyrische Element* noch stark hervor; ja, er beschäftigte sich auch, wie Pratinas, mit Lyrik; so wird z. B. ein *Päan* und ein *Hymnos auf Athene* von ihm genannt, von dem noch zwei Verse erhalten sind. Damit stimmt die Nachricht überein, daß er die Musik und besonders den Tanz gefördert habe. Er selbst sagt in einem Epigramm von sich, er wisse soviele Tanzweisen, als die schwarze Sturmnacht Wogen auf dem Meere errege. In einer Tragödie dichtete er für den Chor Waffentänze (*πυρίχαι*), die sich eines solchen Beifalls zu erfreuen hatten, daß er in derselben Weise, wie später Sophokles, von den Athenern zum Feldherrn gewählt worden sein soll. Wahrscheinlich beruht diese Nachricht auf einer Verwechslung mit dem Feldherrn Phrynichos. Neben dem Chor bildete er auch den *Dialog* aus, besonders in den spätern Stücken. Von Äschylos übernahm er den zweiten Schauspieler, sowie die Tetralogie, deren Erfindung ihm manche mit Unrecht zuschreiben. Wenn Phrynichos als Erfinder des *Tetrameters* genannt wird, so scheint diese Nachricht auf einem Irrtum zu beruhen. Der trochäische Tetrameter ist nach Aristoteles das ursprüngliche Versmaß der Tragödie; man könnte also nur an den iambischen Tetrameter denken, den Phrynichos zwar nicht erfunden, aber nach dieser Notiz in der Tragödie zuerst angewandt hätte. Doch ist es wahrscheinlicher, daß Trimeter statt Tetrameter zu lesen ist; dann heißt unser Dichter insofern Erfinder dieses Versmaßes, als er es bei der Erweiterung des Dialogs zum herrschenden Versmaß erhob. Die Lieder des Phrynichos waren bei den Athenern nach Inhalt und Melodie sehr beliebt und erhielten sich noch längere Zeit. Später wurden seine Stücke vergessen, und es kamen nur wenige Bruchstücke auf uns.

8. Wie Pratinas den Aristias, so hinterließ Phrynichos den *Polyphradmon* als Erben seiner Kunst. Jedoch wissen wir von demselben nur, daß er im J. 468 v. Chr. mit Äschylos und Aristias auftrat und mit seiner Tetralogie *Lykurgeia* den dritten Preis erhielt. Denselben Stoff hat später Äschylos bearbeitet.

28. Kapitel

Äschylos. Die Ausbildung der Tragödie

1. Einen mächtigen Aufschwung nahm die Tragödie durch Äschylos, der im J. 525 v. Chr. geboren wurde. Sein Vater war Euphorion und gehörte einem alten Eupatridengeschlechte im Demos Eleusis, in der Phyle Hippothoontis an. Über seine Erziehung und geistige Ausbildung erfahren wir nichts; nur können wir vermuten, daß er in die

eleusinischen Mysterien eingeweiht war. Die Sage erzählt, daß Dionysos dem jungen Äschylos, während er auf dem Felde Trauben hütete, erschienen sei und ihn aufgefordert habe, Tragödien zu dichten, was er auch sofort getan habe. Nach unserer Überlieferung trat er zum ersten Mal als 25jähriger Jüngling mit Pratinas und Chörilos im J. 500 v. Chr., als die Zuschauergerüste zusammenbrachen, öffentlich auf der Bühne auf, ohne den Sieg zu gewinnen. Als die Perserkriege ausbrachen, ergriff er als mutiger Kämpfer für die Freiheit des Vaterlandes die Waffen und zeichnete sich in der Schlacht bei Marathon aus, wo sein Bruder Kynegeiros tapfer kämpfend fiel. In dem poetischen Wettkampf, der im folgenden Jahre von den Athenern zu Ehren der bei Marathon Gefallenen veranstaltet wurde, unterlag er dem berühmten Simonides von Keos. Erst im J. 485 v. Chr. trug er seinen ersten tragischen Sieg davon. Auch im Kampf gegen Xerxes beteiligte sich unser Dichter und focht in den Schlachten bei Artemision, Salamis und Platää tapfer mit; ja, es ist nicht unwahrscheinlich, daß er auch mit Kimon nach Thrakien zog. Dagegen scheint die Nachricht, daß auch Ameinias, der bei Salamis den Preis der Tapferkeit erhielt, ein Bruder des Äschylos gewesen sei, auf einer Verwechslung oder einem Irrtum zu beruhen; jedenfalls weiß Herodot nichts davon, der den Namen des Vaters des Ameinias nicht nennt und ihn dem Gau Pallene zuweist.

In der folgenden Zeit finden wir den Dichter in Syrakus, wohin er sich offenbar auf Einladung des Tyrannen Hieron begab. Gewöhnlich nimmt man an, daß dies zur Zeit der Gründung der Stadt Ätna im J. 475 v. Chr. geschehen sei. Bei dieser Gelegenheit dichtete er die *Αἰτναῖαι* (Ätnäerinnen), in denen er die neugegründete Stadt verherrlichte und ihr Glück und Segen wünschte. Im J. 472 muß er wieder in Athen gewesen sein, da er in diesem Jahr mit der Tetralogie, zu der die *Perser* gehörten, den Sieg gewann. Nun hören wir ferner, daß er in Syrakus auf Veranlassung des Hieron die *Perser* zur Wiederaufführung gebracht habe. Diese Annahme verlangt, daß Äschylos zwischen 472 und 461, dem Todesjahr des Hieron, noch einmal in Syrakus war. Daher empfiehlt es sich vielleicht mehr anzunehmen, daß derselbe erst nach 472 nach Syrakus ging; denn die *Ätnäerinnen* brauchen nicht gerade im Jahre der Gründung der Stadt Ätna aufgeführt zu sein, sondern können auch einige Jahre nach derselben, etwa zum Jahrestag der Gründung, verfaßt sein.

Im J. 468 trat Äschylos wieder in Athen auf, unterlag aber im Wettkampf dem jugendlichen Sophokles; dagegen wurde er im folgenden Jahr, wo er seine Ödipodie, zu der die *Sieben* gehören, aufführte, mit dem ersten Preise gekrönt. Die nächsten Jahre verflossen in regem Wetteifer mit dem kühn aufstrebenden Sophokles, dessen Einfluß sich auch der ältere Dichter nicht entzog; beide förderten sich gegenseitig. Den letzten Sieg, von dem wir hören, errang Äschylos mit seiner Orestie im J. 458. Dann verließ er seine Vaterstadt und zog sich nach Gela zurück. Welche Gründe ihn dazu bewogen, war den Griechen selbst unbekannt; sie rieten hin und her, wobei sie bald die erste Reise nach Syrakus, bald die zweite nach Gela im Auge hatten. Kaum erwähnenswert sind die Ansichten, daß er infolge des Einsturzes der Zuschauergerüste im J. 500 oder infolge seiner Besiegung durch Simonides im J. 489 nach Sizilien gegangen sei. Andere erzählen, der Sieg des Sophokles über ihn im J. 468 habe ihn aus Athen vertrieben, was weder zum Charakter des Äschylos paßt, der selbst erklärte, daß er seine Tragödien der Zeit widme, die ihnen schon die gebührende Ehre verschaffen werde, noch mit dem Siege, den er gleich darauf im folgenden Jahre davontrug, vereinbar ist. Eine besser beglaubigte Nachricht führt die Entfernung des Dichters aus Athen auf den Prozeß zurück, den er wegen Verletzung der Mysterien zu bestehen hatte. Der Dichter soll nämlich in einem seiner Stücke eine unvorsichtige Äußerung über diesen Geheimdienst getan haben, über welche die Bürger in solche Aufregung gerieten, daß sie ihn getötet hätten, wenn er nicht zum Altar des Dionysos geflohen wäre. Er wurde vor dem Areopag angeklagt; aber die Erinnerung an die Verdienste, die er und sein Bruder in den Perserkriegen sich um das Vaterland erwarben, sowie die gewiß glaubwürdige Versicherung seinerseits, er habe es nicht absichtlich getan, erwirkten ihm Freisprechung; trotzdem habe er Athen verlassen. Wie das betreffende Stück betitelt war, ist unbekannt; keinesfalls waren es die Eumeniden; dagegen werden die Toxotides, Hiereiä, Sisyphos, Iphigeneia und Ödipus als diejenigen Tragödien genannt, in deren einer die Stelle sich gefunden habe. Doch dem sei, wie ihm wolle, jedenfalls trugen die damaligen politischen Zustände in Athen, wo man mit der Richtung und den Grundsätzen der alten Marathonkämpfer vollständig gebrochen hatte, wesentlich dazu bei, dem Äschylos den Aufenthalt daselbst zu verleiden, und so begab er sich im J. 457 nach Gela. In diesem Jahre muß auch der Mysterienprozeß gewesen sein, wenn er mit des Dichters Weggang in Verbindung stand.

Der Aufenthalt des Äschylos in Gela war nur von kurzer Dauer; im J. 455 ereilte ihn der Tod. Die Sage erzählt, ein Adler habe eine Schildkröte auf den kahlen Schädel des Dichters, der in der Nähe von Gela auf einem Felsen gesessen sei, herabfallen lassen. Diesen Vorgang veranschaulicht auch ein geschnittener Stein. Daraus schloß man früher, daß sich eine solche bildliche Darstellung auf dem Grabdenkmal des Äschylos als Symbol des zu den Göttern erhobenen oder durch den Tod von allen irdischen Leiden befreiten Dichters befunden habe. In neuester Zeit aber erkannte man, daß die Sage ihren Ursprung in einem Volksmärchen hat, das die Komiker auf Äschylos wegen seiner Kahlköpfigkeit übertrugen. Die Bewohner von Gela bestatteten ihn glänzend und setzten ihm ein Denkmal, auf das sie eine vom Dichter selbst verfertigte Inschrift schrieben. Außer dem Namen, der Abstammung, der Heimat und dem Orte, wo er starb, erwähnte der Dichter nur noch seine mutige Teilnahme an der Schlacht bei Marathon, ohne von seiner Dichtkunst, was sehr bezeichnend ist, auch nur ein Wort zu sagen.

2. Die *dichterische Tätigkeit* des Äschylos kann man in drei Perioden zerlegen, von denen die erste die Zeit vor seinem ersten Siege, die zweite die Zeit seiner Alleinherrschaft von 485–468 und die dritte die Zeit seines gemeinsamen Wirkens mit Sophokles umfaßt. In der ersten Zeit, aus der uns nichts erhalten ist, wird er sich wohl in den Bahnen seiner Vorgänger und der gleichzeitigen Dichter bewegt haben. Sobald er aber den Sieg über seine Nebenbuhler davongetragen, trat er als Gesetzgeber mit seinen *Neuerungen und Verbesserungen* hervor. Schon oben sahen wir, daß man die Ausstattung der Schauspieler, die Dekoration der Bühne und die Theatermaschinerie im wesentlichen auf Äschylos zurückführte. Viel wichtiger für die Ausbildung der Tragödie war aber die Einführung des *zweiten Schauspielers*; denn erst jetzt war ein wahrer Dialog und die Vorführung einer wirklichen Handlung möglich. Die Rolle des ersten Schauspielers, des Protagonistes, übernahm der Dichter selbst; als zweiten Schauspieler, Deuteragonistes, gewann er den *Kleandros*. Diesem fielen auch die Botenrollen zu, die Äschylos überall da anwandte, wo er aus irgend einem Grunde einen Vorgang nicht auf der Bühne darstellen konnte. Als sich der Dichter später nach dem Vorgang des Sophokles von der Bühne zurückzog, wird er die Rolle des Protagonistes dem Kleandros übertragen haben, während *Myniskos von Chalkis* Deuteragonist wurde. Auch des dritten Schauspielers bediente sich Äschylos, sobald Sophokles ihn in das Drama eingeführt hatte.

3. Mit dem Hervortreten des Dialogs und der Handlung scheint die Einführung der *Tetralogie* im Zusammenhang zu stehen. Diese bestand darin, daß jeder Dichter mit drei Tragödien und einem Satyrdrama in den tragischen Wettkampf eintrat. Die drei Tragödien allein ohne das Satyrspiel nannte man *Trilogie*. Wann diese Sitte aufkam, ist unbekannt; ebenso wer damit den Anfang machte. Manche führen dieselbe mit Unrecht auf Phrynichos zurück. Viel wahrscheinlicher ist es, daß sie auf Äschylos zurückgeht, von dem auch die einzige noch erhaltene Trilogie, die *Orestie*, stammt; auch noch andere Tetralogien werden von ihm angeführt, wie die *Ödipodie*, die *Lykurgie* und diejeni-

gen, zu denen *Prometheus* und die *Perser* gehörten. Die Tetralogie erhielt sich lange Zeit; später ließ man aber, wie es scheint, das Satyrdrama weg und beschränkte sich auf die Trilogie, etwa seit dem peloponnesischen Kriege. Daß man gerade die Dreizahl wählte, rührt wohl daher, daß dies die heilige und auch sonst bei Wettkämpfen übliche Zahl war; so waren z.B. in der Palästra drei Ringkämpfe zum Siege erforderlich. Der Wunsch nach diesem aus drei Teilen bestehenden Ganzen, also nach der Trilogie, mag ursprünglich durch Sagenkreise wachgerufen worden sein, die sich unmöglich in den Rahmen eines Stückes zwängen ließen, wie z.B. die *Orestie* und *Ödipodie*; die reiche Fülle der Handlung verlangte eine größere Ausdehnung der Darstellungsform. Jedes Stück der Trilogie war in sich geschlossen und vollständig; aber die drei zugleich aufgeführten Stücke standen auch miteinander in Verbindung, bald enger, bald loser, später oftmals nur rein äußerlich. Waren alle Stücke demselben Sagenkreis entnommen, so bildeten sie ein größeres organisches Ganze, in dem die Einzelstücke gleichsam wie Akte sich darstellten, wie in der noch erhaltenen *Orestie.* Aber schon bei demselben Äschylos war der Zusammenhang auch lockerer und noch viel mehr in späterer Zeit, wo man bei der Verbindung der Stücke nur auf Ähnlichkeit oder Verschiedenheit des Inhalts, auf Steigerung der Spannung oder auch rein äußerlich nur auf Abwechslung sah. Indes scheint die Tetralogie nur auf die großen Dionysien beschränkt gewesen zu sein, während an den Lenäen und kleinen Dionysien Einzeldramen zur Aufführung gelangten.

4. Je mehr der Dialog und die Handlung in den Vordergrund trat, desto mehr mußte der *Chor* mit seinen Gesängen zurücktreten. Dies zeigte sich schon äußerlich in der Verminderung der Zahl der Choreuten, die Äschylos, vermutlich in Verbindung mit der Einführung der Tetralogie, auf zwölf festsetzte. Die Bedeutung, die derselbe von jetzt an für die Tragödie hat, glaubte man kurz und treffend angeben zu können, wenn man ihn als den *idealisierten Zuschauer* bezeichnete. Doch eine solche kurze, alles zusammenfassende Definition läßt sich schon deshalb vom Chore nicht geben, weil derselbe von den verschiedenen Tragikern verschieden verwandt wurde. Äschylos, welcher der ersten Zeit der Tragödie noch nahe steht, läßt ihn in manchen Stücken noch tätigen Anteil an der Handlung nehmen, wie in den Hiketiden und Eumeniden. Überall zeigt sich aber das innigste Verhältnis zwischen dem Chor einerseits, der Handlung und den handelnden Personen anderseits. Er begleitet dieselben mit größter Aufmerksamkeit und hingebender Teilnahme und gibt den mannigfaltigen Eindrücken und Gefühlen, die dadurch in seiner Brust wachgerufen werden, lauten Ausdruck, bald in freudigen, bald in schmerzlichen, bald in trösten-

den, bald in warnenden, bald in lobenden, bald in tadelnden Worten. Insofern ist der Chor gleichsam der Dolmetscher der Gefühle der Zuschauer; aber er ist auch das Organ des Dichters. Denn da er über den Parteien steht und nie seine Ruhe und Besonnenheit verliert, so macht ihn Äschylos auch zum Verkündiger seiner eigenen Gedanken und Empfindungen; er vertritt den irren Ansichten und wandelbaren Meinungen der Menschen gegenüber die sittlichen Wahrheiten und ewigen Ideen, deren Hüter und Vollstrecker die Gottheit ist, auf die er die Menschen hinweist.

5. Diese Verbesserungen gaben der Tragödie die Gestalt, die sie im wesentlichen in der Folgezeit beibehielt, und insofern hat man dem Äschylos nicht mit Unrecht den Ehrentitel *Vater der Tragödie* verliehen. Die Tragödie besteht jetzt aus den *Dialogpartien*, auf denen die Handlung beruht, und aus den *Chorpartien* (*τὰ χορικά*). Sie beginnt in der Regel mit dem *Prologos*, der dem ersten Chorlied vorausgeht; bei Äschylos fehlt derselbe manchmal, unter den erhaltenen Tragödien in den *Hiketiden* und *Persern*. Das Chorlied, das auf den Prologos folgt, heißt *Parodos*, weil es gewöhnlich während und unmittelbar nach dem Einzug des Chores in die Orchestra gesungen wurde, meistens vom Chor allein, manchmal abwechselnd mit den Schauspielern, wie im *Prometheus*. Verläßt der Chor während des Stückes die Orchestra, so heißt sein Wiedereinzug und das damit verbundene Lied *Epiparodos*. An die Parodos schließt sich das *Epeisodion*, der Auftritt der Schauspieler. Solcher Epeisodia gibt es bei Äschylos drei, und diese Zahl bleibt auch in der folgenden Zeit Regel, wenn auch Sophokles, Euripides und andere Dichter gelegentlich darüber hinausgehen. Aus den drei Epeisodien, dem Prologos und Schluß bilden sich später die fünf Akte des Dramas heraus, und gerade wie diese Akte oder Aufzüge in Szenen oder Auftritte zerfallen, so haben auch die alten Epeisodien Unterabteilungen, die durch das Auftreten neuer Personen bestimmt werden, seltener bei Äschylos, häufiger bei Sophokles und Euripides. Den Schluß der Epeisodia bilden die *Stasima*, deren es also ebenfalls drei gibt. Diese sind dem Namen nach Stehlieder, die gesungen wurden, wenn der Chor seinen gewohnten Standort auf der Orchestra eingenommen hatte. Die Bühne war während des Vortrags derselben von Schauspielern verlassen. Auf das letzte Stasimon folgt der Schlußteil des Dramas, *Exodos* genannt; im engeren Sinne bezeichnet dieses Wort das Lied, mit dem der Chor das Stück schloß und die Orchestra verließ. In diesen letzten Teil der Tragödie ist gewöhnlich ein *Klagelied* (*ϑρῆνος*) eingelegt, das den besonderen Namen *κομμός* führt, eine Bezeichnung, die mit dem Verbum *κόπτεσϑαι* zusammenhängt, insofern sich heftiger Schmerz durch Schlagen der Brust äußert. In den *Persern*

und den *Sieben* füllt dieser Kommos die ganze Exodos. Doch kann er auch je nach Umständen in andern Teilen der Tragödie eintreten. Der Kommos wurde abwechslungsweise zwischen Schauspielern und Abteilungen des Chors oder auch einzelnen Choreuten gesungen; nur in den *Sieben* scheint er, wenigstens nach der ursprünglichen Fassung, nur von Choreuten angestimmt worden zu sein. Solche *Wechselgesänge* heißen *μέλη ἀμοιβαῖα* und können in manchfacher Weise vorkommen, nämlich zwischen Schauspieler und Chor, bzw. Koryphäos, zwischen Koryphäos und Chor, zwischen zwei Halbchören. Auch die Schauspieler haben ihre besondern Lieder, die *Bühnenlieder* (*τὰ ἀπὸ σκηνῆς*), die etwa unsern Arien entsprechen. Diese werden besonders in der folgenden Zeit ausgebildet und vielfach verwandt, als Einzelgesänge (*μονῳδίαι*) und als Duette. Bei Äschylos findet sich nur im *Prometheus* ein Beispiel einer Monodie. Dagegen sind auch schon bei ihm an passenden Stellen der Epeisodien kürzere Chorlieder eingefügt. Schließlich ist noch zu erwähnen, daß es Sitte des griechischen Dramas ist, alle neu auftretenden Personen durch den Chor oder die Schauspieler in entsprechender Weise ankündigen und den Zuschauern vorstellen zu lassen. Diese Ankündigungen in Verbindung mit den schon erwähnten Masken ersetzten den Griechen die Theaterzettel.

6. Der Dialog und die chorischen Partien sind hinsichtlich der Sprache scharf voneinander geschieden. Die *Chorlieder* stehen mit der dorischen Chorlyrik in engem Zusammenhang; sie tragen alle ein dorisches Gepräge, das hauptsächlich in dem Gebrauch des langen *α* statt *η* zu Tage tritt, stets in den Endungen, weniger regelmäßig in den Stammsilben. Dadurch wird nicht nur die Schönheit und der Wohllaut derselben erhöht, sondern ihnen auch eine Würde und Feierlichkeit verliehen, die sie über das Alltägliche und Gewöhnliche erhebt. Aber die Hauptbestandteile derselben liefert der attische Dialekt, der im *Dialog* herrscht, das sog. Altattische, das aber bei Äschylos altertümlicher klingt, als bei Euripides. Daneben kommen auch im Dialog dorische Formen vor, z. B. das häufige *νίν*. Viel stärker ist darin das Epische vertreten, z. B. in Formen wie *μέσσος*, *μοῦνος*, *ξεῖνος*, *σέθεν* und in der Anastrophe, wie *δωμάτων ἄπο*. Besonders ist dies in den Botenberichten der Fall, in denen auch das Augment fehlen kann, und in anapästischen Versen. Übrigens nimmt das Epische bei Äschylos einen breitern Raum ein, als bei seinen Nachfolgern.

7. Ähnlich ist der Unterschied hinsichtlich des *Metrums*. Wie wir schon sahen, kleidete der Schauspieler ursprünglich seine Worte in *trochäische Tetrameter*; doch je mehr der Dialog hervortrat, desto mehr mußte der Tetrameter dem iambischen Trimeter weichen. In den *Persern* des Äschylos ist er noch ziemlich häufig; aber in der nächsten Zeit wird er

immer mehr zurückgedrängt. Er kommt jetzt hauptsächlich am Schluß des Dramas zur Verwendung und überhaupt da, wo der Dichter lebhaftere Bewegung und größere Erregung zum Ausdruck bringen will. Derselbe scheint zur Flöte rezitiert worden zu sein (καταλογή). Ebenso war der Vortrag der *Trimeter*, die, symmetrisch gegliedert, zwischen die Chorlieder eingefügt sind. Die andern Trimeter dagegen wurden einfach gesprochen. Der Bau derselben ist anfangs strenger und ernster; später wird er infolge von Auflösungen der langen Silben leichter und beweglicher; er steht immer mit dem Gedankeninhalt der Stelle in innigem Zusammenhang. Der Trimeter eignet sich unter allen Versmaßen am besten für den Dialog, besonders für das lebhafte Wortgefecht, wo sich Rede und Gegenrede wie Schlag auf Schlag folgt. Diese scharfe Gegenüberstellung von Vers gegen Vers nennen die Griechen *Stichomythia*; sie findet sich bei Aschylos noch selten; noch seltener aber, im ganzen nur zweimal, kommt es bei ihm vor, daß ein Vers unter zwei oder mehr Personen geteilt wird (ἀντιλαβή), was später gar nicht ungewöhnlich ist. Dabei wird von Wortspielen ausgedehnter Gebrauch gemacht. Interjektionen, Ausrufe des Schmerzes, der Freude und Verwunderung, stehen für sich allein außerhalb des Trimeters oder vielmehr überhaupt des Versmaßes. Aber auch zu größeren Ganzen gruppiert sich der Trimeter mit Leichtigkeit, und hier sind, abgesehen von den Botenberichten, besonders die ῥήσεις und ἀντιῤῥήσεις zu nennen, die Reden und Gegenreden von größerer Ausdehnung, in denen die auftretenden Personen ihre Grundsätze, Gründe usw. zusammenhängend entwickeln. Dabei beobachten die Dichter immer eine gewisse Symmetrie, die aber nicht bis ins kleinste zu gehen braucht.

8. Unter den Chorpartien ist zunächst die Parodos zu erwähnen, die in der Regel in einen anapästischen und melischen Teil zerfällt. Die *Anapäste*, die entweder dem melischen Teil vorausgehen oder in denselben eingeschaltet sind, sind in Systeme gegliedert und wurden vom Koryphäos, einzelnen Choreuten oder vom Schauspieler rezitativ zur Flöte vorgetragen. Dasselbe gilt von den anapästischen Systemen, die den Schluß der Tragödie bilden, das Auftreten neuer Personen ankündigen oder die Einleitung zu andern Gesängen geben. Von diesen Marschanapästen sind die *Klaganapäste* zu sondern, die als μέλη gesungen wurden. Die *melischen Partien* schließen sich in metrischer Hinsicht ganz an die dorische Chorlyrik an, mit der sie die Fülle der Rhythmen und die Einteilung gemeinsam haben. Doch fehlt manchmal die Epodos vollständig oder steht erst nach der letzten Strophe und Antistrophe am Ende des ganzen Liedes. Der Gesang war einstimmig, von Flöte und wohl auch Kithara begleitet; mit der Zeit aber

drängte sich auch hier die Musik, wie im Dithyrambos, in den Vordergrund und gewann die Oberherrschaft über den Inhalt. Die Tonart richtete sich nach dem Charakter des Liedes; es war bald die feierlichernste dorische, bald die herbe ionische, bald die klagende mixolydische, bald die ausgelassene phrygische. Mit Gesang und Tanz waren passende Körperbewegungen, ein entsprechendes Mienen- und Gebärdenspiel, wie es dem lebhaften Temperament des Südländers überhaupt eigen ist, innig verbunden. Die eigentlichen Tanzlieder heißen *Hyporchemata*. Der gemessene tragische Tanz wird *Emmeleia* genannt, der bewegtere, lustige des Satyrspiels *Sikinnis*. Von dieser Vortragsweise der eigentlichen *μέλη* waren die *Klagelieder* (*κομμοί*) ausgeschlossen, für die sich das Rezitativ zur Flöte am besten eignete. Das Versmaß, das in denselben am beliebtesten ist, sind die Dochmien, welche die heftigste Gemütserregung aufs anschaulichste malen.

9. Die Dramen sind in der Regel nach dem Chor oder der Hauptperson *benannt*; auch Doppeltitel finden sich. Mitunter kam es vor, daß der ursprüngliche Titel eines Stückes bei späterer Aufführung oder Überarbeitung geändert wurde. Ihren *Stoff* nahm die Tragödie aus der Sagengeschichte, wie sie besonders im Epos, zum Teil auch in der Lyrik niedergelegt war; dazu kamen noch landschaftliche, hauptsächlich attische Sagen. Besonderer Beliebtheit erfreuten sich die trojanischen, thebanischen und argivischen Sagen, daneben die Argonautenfahrt, Herakles und Theseus. Historische Stoffe, wie sie Phrynichos in seinen *Phönizierinnen* und in seiner *Eroberung Milets* oder Äschylos in seinen *Persern* zur Darstellung brachte, waren fast ganz ausgeschlossen. Überhaupt übte die Zeitgeschichte nur einen geringen Einfluß auf die Tragödie aus, wenn sich auch nicht in Abrede stellen läßt, daß die Dichter, besonders Euripides, da und dort auf Vorgänge ihrer Zeit angespielt, vielleicht auch mit Rücksicht auf solche einmal einen Stoff gewählt haben mögen. Soweit ging keiner, daß er im Gewande der Vergangenheit die Gegenwart geschildert hätte.

10. In der *Behandlung der Mythen* verfuhren die Dichter mit großer Freiheit und Selbständigkeit. Zwar mußten auch sie die Hauptzüge derselben achten, aber die Einzelheiten konnten sie nach Belieben und Bedürfnis umgestalten. Zwang sie dazu häufig schon der verschiedene Charakter des Epos und der Tragödie, so erleichterte es ihnen andererseits die Unbestimmtheit der Sagen, die oft gerade die Einzelheiten ganz unberührt lassen oder doch nur im allgemeinen andeuten. Ja, diese freie Art der Behandlung des Stoffes war geradezu notwendig; denn nicht jede Sage der Heroenzeit eignete sich für die Tragödie, sondern nur rührende und erschütternde Ereignisse. So kam es, daß gewisse Stoffe immer wieder von Dichtern behandelt wurden. Wie

wäre dies möglich gewesen, wenn nicht jeder Dichter den Stoff nach seinem Plan hätte zurechtmachen und seiner Idee anpassen dürfen? Und diese Freiheit nutzten die Dichter so sehr aus, daß sie ein und dieselbe Sage in einem Stück in dieser, in einem andern in anderer Weise darstellten. Natürlich förderte dabei das Streben nach Neuerungen auch manches Seltsame und Unnatürliche zutage, besonders bei Euripides, der am meisten von der Überlieferung abweicht. Dieser Dichter ist auch am wenigsten imstande, den Charakter der Heroenzeit in seinen Tragödien zu wahren, was dem Äschylos und Sophokles gut gelungen ist, trotzdem auch sie bisweilen Gebräuche, Einrichtungen und Anschauungen der späteren Zeit (Anachronismen) zugelassen haben. Bei Euripides wird die Einheitlichkeit und Harmonie der Darstellung öfter gestört.

11. Mit dem Stoff waren auch die *Personen* der Tragödie (*πρόσωπα*) gegeben. Die Helden derselben gehörten den herrschenden Geschlechtern der Heroenzeit an; auch Kinder waren von der Bühne nicht ausgeschlossen, da sie ja in manchen Fällen besonders geeignet waren, die Zuschauer zu rühren und zum Mitleid zu bewegen. Neben den Heroen und Heroinen ließen die Dichter auch Götter auftreten, besonders Äschylos, dessen Charakter diese Rollen sehr zusagten. Später wurde das Auftreten derselben gewöhnlich auf den Prolog oder die Exodos beschränkt, in denen sie auf dem Theologeion erschienen, um fördernd in die Handlung einzugreifen. Zu diesen göttlichen Wesen darf man auch die personifizierten abstrakten Begriffe rechnen, wie die Lyssa (Wut) oder die Apate (Täuschung), durch welche die Dichter Vorgänge im Seelenleben der Menschen äußerlich zu anschaulicher Erklärung bringen wollten. Das gewöhnliche Menschengeschlecht war nur in Nebenrollen vertreten. In der Begleitung und Dienerschaft der fürstlichen Personen befanden sich die Ammen und Erzieher; die Rolle der letztern soll der Tragiker *Neophron*, ein Zeitgenosse des Euripides, eingeführt haben. Spielte das Stück in Asien, so kamen auch Eunuchen vor. Außerdem brauchte man Wächter und Boten. Von freien Männern traten in der Regel nur Herolde, Priester und Seher auf. Erst Euripides neigte sich mehr dem bürgerlichen Elemente zu und stellte in seiner *Elektra* einen freien Bauer dar. Dagegen bestand der Chor in der Regel aus Menschen, am häufigsten aus Greisen oder Jungfrauen; nur Äschylos bildete ihn auch aus Gottheiten und Heroen.

12. Die der Heroenwelt entnommenen *Charaktere* waren, wie diese selbst, einfach und fest in sich geschlossen. Sie zeigten nur wenige, aber klar und scharf hervortretende Züge. Ja, in der ersten Zeit empfängt man den Eindruck, als ob die Dichter diese fertigen Gestalten nur als typische Ideale zur Darstellung abstrakter Begriffe der Sagen-

welt entlehnt hätten, z. B. den Odysseus als Ideal der List. Aber schon Sophokles begann, dieselben mit individuellem Leben zu füllen und zu bestimmten Einzelwesen umzugestalten, und seine Nachfolger gingen auf dem einmal betretenen Weg weiter. Die tragischen Charaktere müssen, wie Aristoteles sagt, von Haus aus edel angelegt, folgerichtig durchgeführt und passend sein. Gegen die letzte Forderung fehlt Euripides öfter, indem er die alten Heroengestalten zu wirklichen Menschen seiner Zeit mit all ihren Neigungen und Leidenschaften herabwürdigt.

13. Auf den Charakteren der auftretenden Personen beruht die *Handlung* des Stückes. Allerdings stand diese ursprünglich und noch bis auf manche Tragödien des Äschylos herab über der Charakteristik, aber bald erkannte man, daß Handlung und Charakteristik im Verhältnis von Grund und Folge zueinander stehen müssen; die Worte und Taten der auftretenden Personen müssen sich mit Notwendigkeit oder doch Wahrscheinlichkeit aus dem Charakter derselben ergeben. So einfach und bestimmt die tragischen Charaktere bei den Griechen sind, so einfach und durchsichtig ist auch die Handlung. Episoden und Abschweifungen, wie sie im Epos vorkommen, kennt die Tragödie so gut wie nicht; überhaupt vermeidet sie alles, was als fremdartig und störend empfunden werden oder die Aufmerksamkeit von der Hauptsache abziehen könnte. Die Handlung soll als einheitliche und ganze klar zutage treten. Nicht ganz so ängstlich beobachten die Griechen die Einheit des Ortes und der Zeit. Übrigens sind manche Motive unseres Dramas bei den Griechen teils noch ganz unbekannt, teils wenig üblich, wie Liebesszenen, vertrauliche Szenen, Belauschen, Beiseitesprechen u. a. m., was ebenfalls zur Einfachheit des alten Dramas beiträgt.

14. Die *Erfindung der Fabel* machte dem griechischen Dichter, wie wir sahen, keine Schwierigkeit; er brauchte nur in die reiche Fülle der Sagen- und Mythengeschichte hineinzugreifen und fand dann sicher einen geeigneten Stoff, der sich mit Leichtigkeit seinen Zwecken anpassen ließ. Dies hatte freilich den Nachteil im Gefolge, daß dabei an eine Spannung und Überraschung der Zuschauer durch die Fabel nicht zu denken war; aber die griechische Tragödie bedurfte und wollte keine solche Überraschung; denn selbst an Stellen, wo sie ihr möglich gewesen wäre, zog sie es vor, die Zuschauer im voraus schon über das Kommende aufzuklären. Anderseits aber verschaffte diese Sitte dem Dichter die Möglichkeit rascher Produktion und gewährte ihm den Vorteil, daß er sich in der Exposition kurz fassen konnte; denn der Stoff war allen Zuhörern bekannt. Daher konnte auch die Exposition manchmal ganz fehlen, wie in den *Hiketiden* und *Persern* des Äschylos; in den andern Fällen fiel sie dem Prologos zu, der über Ort und Zeit,

Hauptpersonen und Thema aufklärte. Der nächste Teil bringt die δέσις, die Schürzung des Knotens. Diese ist in den *Hiketiden* und *Persern* noch sehr primitiv, wie überhaupt die ganze Handlung; später aber wissen die Dichter gerade in diesem Teil durch künstlerische Steigerung die Spannung der Zuschauer aufs höchste wachzurufen. Der sog. innere Konflikt ist bei Äschylos und Sophokles noch kaum vorhanden; höchstens könnte man den *Philoktet* des letztern nennen; um so mehr liebt es Euripides, die Leidenschaften und seelischen Kämpfe zum Gegenstand dramatischer Darstellung zu machen. Ist der Konflikt auf seinem Höhepunkt angelangt, so tritt die *Lösung* (λύσις oder καταστροφή) ein, in deren Darlegung sich die Griechen durchweg sehr kurz fassen. Endigt das Stück unglücklich durch Mord oder Selbstmord, so wird dieser nicht auf der Bühne vor den Augen der Zuschauer vollzogen, sondern durch einen Boten, den Exangelos, gemeldet; die Leiche aber wird, wenn es nötig ist, auf die Bühne gebracht. Ähnlich ist es bei andern grausigen Vorgängen, z.B. wenn Ödipus sich blendet. Den Schluß der Tragödie bildet entweder ein Wechselgesang zwischen Chor und Schauspieler oder ein Lied des Chores allein, das in der Regel kurz ist und mit einer bedeutungsvollen Sentenz endigt.

15. Die Lösung wird durch einen *Umschwung* herbeigeführt, der sich entweder nur aus der Fabel und den Charakteren ergibt (μετάβασις), oder von den Dichtern noch künstlich durch Hinzufügung spannender Momente interessanter und überraschender gemacht wird (περιπέτεια). Die Tragödien, in denen die erstere Art des Umschwungs vorkommt, heißen *einfache* (ἁπλαῖ), die andern *verwickelte* (πεπλεγμέναι); jene gehören mehr der früheren, diese mehr der spätern Zeit an. Bei der Peripetie spielt die ἀναγνώρισις eine große Rolle, d.h. die Erkennung, sowohl im allgemeinen eines Irrtums überhaupt, als ganz besonders solcher Personen, die mit einem verwandt sind oder sonst in irgendeiner Beziehung zu einem stehen. Diese Szenen waren bei den Griechen sehr beliebt, und zwar um so mehr, je rührender und ergreifender sie durch die *tragische Ironie* gestaltet wurden. Diese zeigt den Menschen in seiner ganzen Kurzsichtigkeit und Ohnmacht den höheren Gewalten gegenüber. Er müht sich mit allen Kräften ab, ein drohendes Unglück abzuwenden; er glaubt schon gerettet zu sein und gibt sich der Freude hin, da trifft ihn mitten im Freudenjubel der befürchtete Schlag mit um so größerer Wucht. Oder er ist im Begriff, einem andern Böses zuzufügen; er erhebt schon die Hand, ihn zu töten, da tritt plötzlich ein ungeahntes, unvorhergesehenes Ereignis dazwischen, das ihn an der Ausführung hindert. Man hört also überall aus der tragischen Ironie die Worte heraus: »der Mensch denkt, und Gott lenkt.« In andern Stücken sind es Göttererscheinungen, die bei der

Peripetie mitwirken, aber wohl nur, wenn der Ausgang ein glücklicher ist. Von diesem Mittel hat besonders Euripides Gebrauch gemacht in dem sog. *deus ex machina*, der die Lösung herbeiführen muß.

16. Der *Ausgang des Stückes* ist entweder ein glücklicher, oder unglücklicher. Im erstern Falle wird die Erlösung eines Helden von den Leiden und Schmerzen, in denen er lange geschmachtet, dargestellt. Im andern Fall, d. h. wenn der Held vom Glück ins Unglück stürzt, pflegt es der Dichter so einzurichten, daß sich einem die Überzeugung von der Notwendigkeit dieses Schicksals von selbst aufdrängt. Der Held tut in der Regel einen Fehltritt, wenn auch in der besten Absicht, und verfällt so der *tragischen Schuld*. In einzelnen Fällen allerdings scheint es, als ob nicht eigene Verschuldung des Helden, sondern die dunkeln Schicksalsmächte sein Unglück herbeiführen. Dann ist es gewöhnlich eine Schuld der Ahnen, die, noch ungesühnt, von Geschlecht zu Geschlecht sich forterbt und den Rachegeist (*ἀλάστωρ*) in der Familie nicht eher zur Ruhe kommen läßt, als bis Recht und Unrecht wieder ausgeglichen und der ewigen Gerechtigkeit Genüge geschehen ist, was ja der Gegenstand jeder Tragödie ist. Auch hier ist eine günstige Gelegenheit für die tragische Ironie; denn was der Held auch tun mag, alle seine Anstrengungen werden von jener geheimnisvollen Macht so geleitet, daß sie sein Verderben beschleunigen. Wo auch die Familienschuld fehlt, wie z. B. bei *Philoktetes*, da ist es die höhere, weltregierende Einsicht, die zur Ausführung ihrer das allgemeine Wohl bezweckenden Pläne jenes persönliche Opfer des Einzelnen verlangt. Natürlich sucht der Dichter die Härte des unverdienten Unglücks möglichst zu mildern; aber ist denn in der wirklichen Welt, deren Abbild die Tragödie ist, jedes Leid selbstverschuldet? Nur das wirklich Schlechte darf der Dichter nicht zu Sieg und Glück gelangen lassen.

17. Die *Wirkung der Tragödie* besteht nach Aristoteles darin, daß sie durch Erregung von Furcht und Mitleid die Reinigung derartiger Empfindungen zustande bringt. Wie der griechische Philosoph dies verstanden wissen wollte, hat er nicht erklärt; daher haben seine Worte viele und sehr verschiedene Deutungen erfahren, unter denen die folgende wohl die einfachste und ansprechendste ist. Die Tragödie ist, wie wir oben sahen, die Darstellung eines rührenden und erschütternden Ereignisses. Der Anblick des Helden in seinen Leiden und in seinem Kampf mit den widerstrebenden Mächten ruft in dem Herzen der Zuschauer unwillkürlich die Befürchtung hervor, daß auch sie in ähnliche Lagen kommen können; denn auch sie sind ja Menschen. Sie fühlen Mitleid mit dem leidenden und ringenden Menschenbruder. Zugleich sehen sie aber auch den Mut und die Stärke, die der Mensch den Widerwärtigkeiten und feindlichen Kräften entgegensetzen kann,

sowie die Gerechtigkeit, mit der die höhere Macht überall in der Welt waltet. Dies richtet sie wieder auf und gibt ihnen die Kraft, fest und ruhig allem, was auch kommen möge, entgegenzusehen, und darin liegt eben die sittliche, erhebende Wirkung, welche die Tragödie vor allem auf das Gemüt der Menschen ausübt. Die Griechen nannten sie geradezu die Schule der Männer, und die Dichter waren bestrebt, auch sonst den ganzen reichen Schatz der Moral und Sittenlehre, den die griechische Literatur und das Volksleben barg, darin zu verwerten; daher rühren die vielen Sentenzen und Sprüche, mit denen dieselbe geschmückt ist.

18. Doch wir kehren zu *Äschylos* zurück. Dieser schrieb nach den einen 90 Tragödien, nach den andern 70 Dramen und 5 Satyrspiele, deren Echtheit jedoch zweifelhaft war. Wahrscheinlich sind unter den 70 Dramen die Tragödien allein zu verstehen, während in die Zahl 90 Tragödien und Satyrdramen eingeschlossen sind. In einem noch erhaltenen Verzeichnis werden 73 Titel in alphabetischer Reihenfolge genannt, darunter zwei Stücke Ätnäerinnen, ein echtes und ein unechtes. Nach den einen siegte er 13 Mal, nach andern 28 Mal; vermutlich haben die letzteren auch diejenigen Siege mitgerechnet, die äschyleische Stücke nach dem Tode des Dichters errangen. Auf uns sind nur *sieben* Tragödien gekommen.

19. Das älteste unter den erhaltenen Stücken sind die *Hiketiden* oder Schutzflehenden, die ihren Namen von dem Chor, der aus den Schutz suchenden Danaiden besteht, erhielten.

Diese sind mit ihrem Vater auf der Flucht vor ihren Freiern, den Söhnen des Ägyptos, nach Argos gekommen, wo sie sich hilfesuchend an den Altären niederlassen. Pelasgos, der König von Argos, trifft sie hier, und sie bitten ihn um Beistand gegen ihre Verfolger. Da dieser einerseits die Bittflehenden nicht zurückweisen will, andererseits den Krieg mit Ägyptos befürchtet, so beschließt er, das Volk darüber zu befragen. Unterdessen kommt das feindliche Schiff an, und der Herold der Söhne des Ägyptos will gerade die Danaiden mit Gewalt seinen Herren zuführen, als der König wieder erscheint, um ihnen ihre Aufnahme in die Stadt durch das Volk anzuzeigen. Er befreit sie aus der Gewalt des Herolds, der sich unter Androhung des Krieges entfernt, während sich die Danaiden mit ihren Dienerinnen, die einen Nebenchor (*παραχορήγημα*) bilden, in die Stadt begeben.

Das Stück hat keinen Prolog, sondern beginnt sofort mit der Parodos; die Handlung ist außerordentlich einfach, ohne besondere Verwicklung und Spannung. Die Aufführung erfordert nur zwei Schauspieler, von denen überdies noch der zweite gegen den Chor, der sich stark an der Handlung beteiligt, sehr zurücktritt. Der Schwerpunkt des Stückes liegt auf den Chorgesängen, die von großer Schönheit sind. Wegen der Verherrlichung von Argos erblickten manche in dem Drama eine Anspielung auf das im J. 461 zwischen dieser Stadt und Athen abgeschlossene Bündnis; allein die Hiketiden müssen viel früher gedichtet sein. Andere glaubten, kaum mit mehr Grund, daß das Stück für Argos geschrieben sei.

Die Schutzflehenden sind dem Anscheine nach das erste Stück einer Tetralogie, in der die Geschichte der Danaiden behandelt war. Für das zweite Stück hält man die *Αἰγύπτιοι* oder *Θαλαμοποιοί*, in denen die Hochzeit mit den Söhnen des Ägyptos dargestellt war. Als drittes Stück will man die *Danaiden* anschließen, in denen erzählt wird, wie alle Danaiden ihre Männer nachts töteten außer der Hypermnestra, die deshalb vor Gericht gestellt, aber durch das Eingreifen der Aphrodite gerettet wurde. Sind diese Vermutungen richtig, so kann man die Heiligkeit der Ehe als Grundgedanken der ganzen Trilogie ansehen. Unsicher ist auch die Vermutung, daß die *Amymone* als Satyrspiel dazugehört habe.

20. Die *Perser* behandeln den Sieg der Griechen bei Salamis, also denselben Stoff, den Phrynichos in den *Phönissen* bereits behandelt hatte. Wie dieser Dichter, so hat auch Äschylos die Handlung in die persische Hauptstadt Susa verlegt; aber während jener einen Eunuchen, der die Stühle für den persischen Staatsrat herrichtet, die Niederlage des Xerxes gleich zu Anfang des Stückes melden läßt, tritt bei diesem zuerst der Chor, der aus vornehmen persischen Greisen besteht, auf und spricht bange Befürchtungen um Xerxes und das Heer aus. So ergibt sich eine künstlerische Steigerung der Ereignisse.

Kaum ist der Chor zu Ende, so erscheint Atossa, die Gemahlin des Dareios, die Mutter des Xerxes, die von besorgniserregenden Träumen geängstigt wurde; zwei Frauen, eine Perserin und eine Griechin, so träumte ihr, spannte Xerxes an einen Wagen; aber die Griechin zerbrach das Joch und schleuderte den König herab. Der Chor rät ihr, sich mit Opfer und Gebet an die Götter zu wenden und vor allem den Dareios um Hilfe anzuflehen; dann gibt er ihr auf ihre Fragen Auskunft über Athen, dessen Bewohner keines Mannes Sklaven seien und keinem Menschen untertan. Da naht der Bote mit der Schreckensnachricht von der vernichtenden Niederlage des Xerxes, der sich auf wilder Flucht nach Hause befinde. Tief erschüttert begibt sich die Königin in den Palast, um die Opfer zu holen und so wenigstens das kommende Unglück abzuwenden. Sie spendet dieselben am Grabe des Dareios, während der Chor den verstorbenen König ruft. Sofort steigt Dareios aus der Unterwelt empor, und als er das Geschehene hört, erkennt er darin die Erfüllung alter Prophezeiungen, die des Xerxes Übermut herbeigeführt; auch das Heer, das noch in Griechenland sei, werde bei Platää vernichtet werden. Nachdem er zur Bescheidenheit und Selbstbeherrschung ermahnt und die Atossa aufgefordert, den Xerxes festlich zu empfangen und mit sanften Worten zu trösten, verschwindet er. Atossa macht sich zum Empfang ihres unglücklichen Sohnes bereit, der gleich darauf, sein Mißgeschick bejammernd, auftritt. Ein tief ergreifendes Klagelied zwischen Xerxes und Chor bildet den Schluß des Stückes.

Wie man sieht, verherrlicht der Dichter die glorreiche Ruhmestat der Griechen nicht direkt, was schon das Wesen der Tragödie nicht zuließ, sondern er schildert das Unglück und die Not, die durch dieselbe über die Perser gekommen sind; je größer diese, um so glänzender die Tat der Griechen. Und dabei bleibt er nicht bei der Tatsache als solcher stehen, sondern forscht nach dem tieferliegenden Grunde, den er in der Überhebung (*ὕβρις*) des Perserkönigs erkennt, welche die Strafe der Götter herausforderte. Um den Übermut und die Vermessenheit desselben noch stärker hervortreten zu lassen, stellt er ihm gegen die geschichtliche Wahrheit den Dareios als weisen und besonnenen Herrscher gegenüber, der von den Persern wie ein Gott verehrt wurde. Dem Inhalt entsprechend zeigt die Darstellung in Ausdruck und Gedanken eine gewisse fremdartige Färbung, die persische Sitte veranschaulichen soll. Wie in den Hiketiden, fehlt auch hier der Prolog. Die Handlung ist einfach und verlangt nur zwei Schauspieler; der Chor beteiligt sich stark an derselben. Im Dialog ist dem Tetrameter ein breiter Raum gestattet; der Trimeter ist fast ganz auf die erzählenden Partien beschränkt.

Aufgeführt wurde unser Stück im J. 472 v. Chr. und später auf Verlangen des Hieron ein zweites Mal in Syrakus. Die Tetralogie, mit der Äschylos den ersten Siegespreis errang, bestand aus *Phineus*, *Persä*, *Glaukos Potnieus* und *Prometheus Pyrkaeus*. Die einen vermuten, der *Phineus* habe den Argonautenzug, das Vorspiel der größeren Kämpfe zwischen Asien und Europa, behandelt, und der bekannte Thrakerkönig Phineus, der die Argonauten mit seinem Rat unterstützte, habe darin zugleich in Weissagungen, auf die Dareios in den Persern anspiele, auf die spätern Kämpfe zwischen Griechen und Persern hingewiesen; andere glauben weniger wahrscheinlich, daß im Phineus der Zug der Perser durch Thrakien dargestellt gewesen sei. Der *Glaukos Potnieus* hat seinen Namen von Potniä, einem Städtchen bei Platää; man kann also vermuten, daß die von Dareios in den Persern angedeutete Schlacht bei Platää der Gegenstand dieser Tragödie war. Andere lesen Glaukos Pontios und sind der Meinung, daß neben Platää auch noch der Sieg der Syrakusaner über die Karthager bei Himera darin behandelt gewesen sei; doch scheint der Glaukos Pontios ein Satyrdrama gewesen zu sein. Trotz dieser Zweifel im Einzelnen kann man doch den Grundgedanken der ganzen Trilogie mit ziemlicher Sicherheit erkennen: die Selbstüberhebung (*ὕβρις*) wird von den Göttern bestraft. Das Satyrspiel Prometheus Pyrkaeus hatte vielleicht die Einsetzung der Prometheus-Feste mit dem Fackellauf in Athen zum Gegenstand.

21. Die *Sieben gegen Theben* gehörten zu jener Trilogie, mit der Äschylos im J. 467 v. Chr. gegen Aristias und Polyphradmon den ersten Preis davontrug. Da diese die Geschichte des Ödipus behandelt, kann man sie nach Analogie von Orestie *Ödipodie* nennen. Der Dichter zeigt darin, wie Sünde und Schuld, Unglück und Verderben bringend, in einer Familie von Geschlecht zu Geschlecht sich forterbt, bis endlich durch ihre Sühnung der ewigen Gerechtigkeit Genüge geschieht. Das erste Stück *Laios* wird die Geburt und Aussetzung des Ödipus, das zweite *Ödipus* die Herrschaft und den Sturz des Ödipus, sowie seinen Fluch gegen seine beiden Söhne zum Gegenstand gehabt haben. Das dritte Stück sind die *Sieben gegen Theben*.

Eteokles hat die Bürger versammelt, um sie zu tapferm Kampfe gegen die Feinde aufzufordern, die der vertriebene Polyneikes gegen die Vaterstadt herangeführt. Da erscheint ein Bote mit der Meldung, daß die sieben feindlichen Führer die sieben Tore der Stadt durchs Los untereinander geteilt haben und jetzt mit ihren Scharen denselben nahen. Während er selbst sie weiter beobachte, möge Eteokles auf Verteidigung bedacht sein. Mit einem Gebet um Rettung geht der König ab. Der Chor gibt seiner Trauer und Besorgnis Ausdruck; aber Eteokles, der zurückkommt, verweist ihm dies, da es den Mut der Bürger schwäche. Doch kaum hat sich der König wieder entfernt, so stimmt der Chor, dessen Herz die Angst nicht ruhen läßt, von neuem ein Klagelied an, indem er die Schrecknisse der Eroberung einer Stadt schildert. Unterdessen hat sich der Bote genauere Kenntnis von den feindlichen Führern verschafft, und auch Eteokles hat seine Vorbeeitungen getroffen. Der Bote schildert dem König die sieben Heerführer an den Toren und ihre Wappen auf den Schilden, und dieser stellt ihnen je einen thebanischen Helden gegenüber. Den Kampf mit Polyneikes aber will er selbst aufnehmen, und weder die Bitten des Chores, noch die Erinnerung an den grausigen Fluch seines Vaters können ihn davon abbringen. Während der Kampf mit den Feinden stattfindet, spricht der Chor seine Befürchtung aus, der Vaterfluch möchte an den Söhnen in Erfüllung gehen; und wirklich meldet gleich darauf der Bote, daß die Stadt gerettet sei, die feindlichen Brüder sich aber gegenseitig im Zweikampf getötet hätten. Die Leichen werden auf die Bühne gebracht und die Totenklage vom Chor angestimmt, an der sich auch die Schwestern der Gefallenen, Antigone und Ismene, beteiligen. Da verkündet ein Herold, das Volk habe den Beschluß gefaßt, den Eteokles zu bestatten, den Polyneikes aber als Feind unbestattet zum Fraß für die Hunde und Vögel liegen zu lassen. Ismene und die Hälfte des Chores fügen sich diesem Beschluß, Antigone und die andere Hälfte aber folgen der Leiche des Polyneikes, um sie selbst gegen den Willen des Volkes zu begraben.

Man sieht, daß das Stück auf diese Weise unbefriedigt mit der Androhung eines neuen Konfliktes endigt; daher haben manche Gelehrte, noch unterstützt durch sprachliche und metrische Beobachtungen, mit großer Wahrscheinlichkeit diesen Schluß für unecht erklärt; sie erkannten darin einen Zusatz für eine spätere Aufführung, während das ursprüngliche Drama mit der Totenklage abschloß. Die Alten rühmten der Dichtung nach, sie sei voll des Ares. Besonders schön ist der Gegensatz zwischen dem männlich-kühnen Eteokles und dem weibisch-klagenden Chore. Der Glanzpunkt des ganzen Stückes ist die Stelle, wo den sieben Feinden die sieben Thebaner entgegengestellt werden. Die Anordnung ist hier symmetrisch, je eine Rede des Boten und Eteokles durch einige Verse des Chores unterbrochen. Mit großer Vorliebe hat der Dichter den Amphiaraos behandelt, der nicht gerecht scheinen, sondern gerecht sein will; man erzählt, daß sich beim Vortrag dieser Verse im Theater die Augen aller Zuschauer auf Aristeides gerichtet hätten. In künstlerischer Beziehung kommt in diesem Stück der Dialog zu größerer Geltung, als in den beiden vorher besprochenen; aber die Handlung ist doch noch einfach; zwei Schauspieler genügen, und nur für die Klage am Schlusse war ein weiterer Sänger erforderlich. Der Chor, öfter in zwei Halbchöre geteilt, ist aufs engste mit der Handlung verflochten. Als Satyrspiel war der Trilogie die *Sphinx* beigegeben, die Ödipus durch Lösung ihres Rätsels in den Tod trieb.

22. Der *Prometheus* fällt in die spätere Zeit unseres Dichters. Darauf läßt schon das verwickelte Maschinenwesen schließen; denn die Okeaniden, die den Chor bilden, kommen auf Schwebemaschinen durch die Luft daher gefahren, und ähnlich erscheint Okeanos auf einem Greif. Aus dem Hinweis auf den Ausbruch des Ätna, den die eine Überlieferung in das J. 478, die andere in das J. 475 v. Chr. setzt, folgt nur, daß unsere Tragödie nach dieser Zeit verfaßt wurde. Auf spätere Zeit weist auch der klare Stil und überhaupt die ganze Darstellung, in der man sophokleischen Einfluß wahrhnimmt. Ein Bühnengesang kommt nur in diesem Stück des Äschylos vor. Der Chor hat seine frühere Bedeutung verloren und ist von dem Dialog entschieden in den Hintergrund gedrängt worden. Der Trimeter zeigt vielfache Auflö-

sungen. Die Handlung ist zwar immer noch einfach und ohne Verwicklung, aber sie fesselt durch eine geschickt angelegte künstliche Steigerung. Auch sind aller Wahrscheinlichkeit nach drei Schauspieler zur Aufführung erforderlich, ein Umstand, den allerdings manche auf Rechnung einer spätern Überarbeitung oder Vervollständigung durch *Euphorion*, den Sohn des Äschylos, setzen.

Am Anfang der Tragödie wird Prometheus von den Dienern des Zeus, Kraft und Gewalt (Kratos und Bia), herbeigeführt, um von Hephästos an einen Felsen des Kaukasos angeschmiedet zu werden. Als diese sich wieder entfernt, ruft er den Äther, die Winde, die Flüsse, das Meer, die Erde und die Sonne zu Zeugen des Unrechts an, das ihm von seiten des Zeus widerfahren. Währenddessen naht sich der Chor der Okeaniden und bemitleidet ihn. Prometheus erwidert, daß dem Zeus Vergeltung drohe, von der nur er wisse; er werde aber schweigen, bis er befreit sei und Genugtuung erhalten habe. Der Chor erkundigt sich nach der Ursache seiner Leiden und erfährt, daß die Fürsorge des Prometheus für die Menschen, die Zeus vernichten wollte, daran Schuld sei. In seiner Auseinandersetzung wird er durch die Ankunft des Okeanos unterbrochen; dieser rät ihm, sich der neuen Herrschermacht zu fügen, aber vergeblich; daher entfernt er sich wieder, während der Chor ein Klagelied auf Prometheus anstimmt. Nun schildert Prometheus seine Verdienste um die Menschheit weiter, wie er ihr das Feuer gebracht und die Keime zu edlen Künsten und Wissenschaften in sie gelegt habe; doch das Geheimnis, das er wisse, drohe dem Zeus Verderben und ihm Errettung. Der Chor empfiehlt in dem Liede, das er anstimmt, den ohnmächtigen Menschen demütige Unterwerfung unter die Allmacht des Zeus. Da tritt Io auf, die auf ihrer Irrfahrt auch in diese Wildnis gekommen, und beklagt das Unglück, das Zeus über sie gebracht. Prometheus offenbart ihr ihre ferneren Schicksale; dabei erfährt sie auch, daß einer ihrer Nachkommen denselben einstens befreien werde. Doch Io muß, von der Bremse gestochen, wieder weiter. Während Prometheus im Bewußtsein seines Geheimnisses frevelnde Worte gegen Zeus ausstößt, erscheint Hermes, um von ihm im Auftrage des Zeus die Enthüllung des Geheimnisses zu verlangen. Trotz aller Drohungen verharrt Prometheus bei seiner Weigerung. Da entlädt sich des Zeus Zorn voll und ganz über ihn und schleudert ihn unter Erdbeben, Blitz und Donner hinab in den Tartaros zu den andern Titanen.

Schon diese kurze Inhaltsangabe zeigt, wie gewaltig Äschylos den Charakter des Titanen Prometheus, der den Menschen zu Liebe leidet und auch den schrecklichsten Qualen unbeugsamen Starrsinn entgegensetzt, gezeichnet hat. Ähnlich wie in den *Sieben*, wird die Wirkung durch die Zusammenstellung mit den mädchenhaft ängstlichen Okeaniden noch verstärkt. Großen Eindruck macht auch der Schluß, wo Prometheus samt seinem Felsen unter dem Aufruhr aller Elemente versinkt. Die Episode mit der Io, die ebenfalls ein Opfer des Zeus ist, weist auf das folgende Stück, die Rettung des Prometheus durch Herakles, hin. Dies führte den Titel *Προμηθεὺς λυόμενος*, während das noch erhaltene *Προμηθεὺς δεσμώτης* hieß. Die Szene des zweiten Stückes ist ebenfalls am Kaukasos, aber der Chor besteht jetzt aus den Titanen, mit denen sich Zeus ausgesöhnt hat. Die Milde und Gerechtigkeit desselben scheint auch den Trotz des Prometheus gebrochen zu haben. Für das dritte Stück darf man wohl den *Προμηθεὺς πυρφόρος* halten, der vielleicht die Anerkennung des Titanen als Kultusgott und die Einsetzung der Prometheus-Feste in Attika zum Gegenstand hatte. Weniger wahrscheinlich vermuten andere, daß dies das erste Stück gewesen und daß darin die Entwendung des Feuers behandelt worden sei. Der Stoff der Trilogie war im wesentlichen schon von Hesiod erzählt, aber der Dichter mußte seinem Plane gemäß manches ändern. Der Grundgedanke der Dichtung liegt in dem Nachweis, daß alles sich unter den ewigen Willen der Götter und des Schicksals fügen muß; denn jeder Widerstand gegen diese Mächte von seiten eines Einzelnen ist nutzlos und gefährlich. Das Satyrdrama, das zu der Trilogie gehörte, ist unbekannt.

23. Die einzige aus dem Altertum erhaltene Trilogie ist die *Oresteia*, mit der Äschylos im J. 458 den Sieg davontrug. Das erste Stück derselben führt den Titel *Agamemnon*. Die Handlung beginnt mit dem Zeitpunkt, wo der Wächter, der schon lange auf dem Dache des Atridenpalastes in Argos Wache hält, das Feuerzeichen auf dem Ida erblickt, mit dem Agamemnon seinem Versprechen gemäß seiner Gemahlin Klytämnestra (oder Klytämestra) die Einnahme Trojas anzeigt. Sofort eilt er zur Königin, um ihr dies zu melden. Unterdessen zieht der Chor, der aus argivischen Greisen besteht, in die Orchestra ein und gedenkt der langen Zeit, die der trojanische Krieg schon dauert. Da kommt Klytämnestra aus dem Hause, um den Göttern zu opfern. Der Chor fragt nach dem Grunde, erhält aber keine Antwort. Nun stimmt er ein Lied an, das die Ausfahrt der Griechen nach Troja schildert, besonders das glückverheißende Vorzeichen, wie zwei Adler eine trächtige Häsin ausweiden, und die Opferung der Iphigenie, der Tochter Agamemnons. Auf wiederholtes Befragen erfährt der Chor von Klytämnestra die Zerstörung Trojas. Er knüpft daran Betrachtungen über die göttliche Vergeltung, sowie über die unseligen Folgen, die der Krieg für Griechenland hatte; Haß und Fluch richten sich gegen die Atriden, die in ihrem Ehrgeiz wegen eines Weibes so viel Blut vergossen. Den Zweifeln, die

der Chor immer noch an der Zuverlässigkeit der Feuerzeichen hegt, macht die Meldung des Herolds von Trojas Fall und Agamemnons Ankunft ein Ende. Die Königin geht ab, um sich zum Empfang ihres Gemahls zu rüsten, während sich der Chor nach Menelaos erkundigt. Der Herold teilt ihm mit, daß seine Schiffe seit dem Sturm, der die Griechen bei der Rückkehr zerstreute, nicht mehr gesehen worden seien. Nachdem der Chor in einem Lied das Leid geschildert, das Helena über Troja gebracht, erscheint Agamemnon selbst auf einem Triumphwagen mit Kassandra, vom Chor empfangen, und begrüßt seine Heimat. Klytämnestra bewillkommnet ihn; aber nur ungern schreitet er über die von ihr gelegten Teppiche ins Haus, da er darin eine Selbstüberhebung (*ὕβρις*) erblickt und den Zorn der Götter fürchtet. Seine Gattin bittet er, der Kassandra mit Freundlichkeit zu begegnen. Kaum ist das Königspaar ins Haus getreten, so gibt der Chor seinen bangen Befürchtung vor nahem Unheil Ausdruck. Klytämnestra kommt zurück, um auch Kassandra ins Haus zu führen; doch diese leistet ihrer Einladung keine Folge, und so entfernt sich jene allein wieder. Jetzt kommt der prophetische Geist über Kassandra; sie sieht die vergangene Untat des Atreus, der seinem Bruder Thyestes die eigenen Kinder zum Mahle vorsetzte; sie sieht die eben jetzt von Klytämnestra und Ägisthos vollführte Ermordung des Agamemnon, neben dem auch sie getötet werde; sie sieht die Vergeltung, die Orestes, des Agamemnon Sohn, der jetzt in Phokis bei Strophios weilt, einst an den Mördern nehmen wird; dann stürzt sie trotz der Bitten des Chores in den Palast. Aus diesem hört man zweimal den Hilferuf des Königs; aber ehe der Chor noch zu einem Entschlusse kommt, tritt die Königin wieder auf. Sie rühmt sich ihrer Tat, zu der sie die Opferung ihrer Tochter Iphigenie und die Liebe des Agamemnon zu Chryseis und Kassandra bewogen habe. Der Chor stimmt den Trauergesang an; aber Klytämnestra fühlt nur Freude, da Ägisthos sie gegen die Bürger schütze und Orestes, der in der Ferne sei, keine Rache nehmen könne. Auch Ägisthos, der jetzt auftritt, ist froh, daß er den Frevel des Atreus gegen Thyestes an Agamemnon gerächt hat. Der Chor wirft ihm Feigheit vor und droht ihm mit der Rache des Orestes; ja, es wäre zum Handgemenge zwischen beiden gekommen, wenn es die Königin nicht verhindert hätte, indem sie den Ägisthos unter den Schmähungen des Chores ins Haus führte.

Das zweite Stück sind die *Choephoren*, die ihren Namen von dem Totenspenden darbringenden Chor haben. Agamemnons Sohn Orestes ist mit seinem Freund Pylades nach Argos zurückgekehrt, um seinen Vater an den Mördern zu rächen. Er fleht am Grabe desselben den Hermes um Beistand an und legt daselbst eine Haarlocke nieder.

Als er seine Schwester Elektra mit dem Chor, der aus Troerinnen besteht, herankommen sieht, verbirgt er sich mit seinem Freund. Jene sind von Klytämnestra, die von schweren Träumen geschreckt wurde, mit Totenspenden zum Grabe gesendet worden, um die Unterirdischen zu versöhnen; sie bitten aber im Gegenteil um Rache. Beim Ausgießen der Spende bemerkt Elektra die Haarlocke. Die Ähnlichkeit mit ihrem Haar erweckt in ihr die Vermutung, daß sie von Orestes sein möge. Darin besrärkt sie noch die Fußspur, die der ihren gleich ist. Als aber Orestes selbst vortritt und sie das Kleid, das sie einst selbst gewebt, erblickt, schwindet jeder Zweifel. Sie begrüßt ihren Bruder, und beide flehen zu Zeus um Hilfe. Auch der Chor freut sich, daß der Rächer naht. Orestes erkundigt sich nach dem Grund der Spenden und erfährt, daß Klytämnestra geträumt, sie habe einen Drachen geboren, dem sie die Brust gereicht; aber unter die Milch habe sich Blut gemischt. Er wünscht, der Traum möge in Erfüllung gehen, und beschließt, List bei der Tat zu gebrauchen, da auch die Mörder mit List zu Werke gegangen seien. Während die Geschwister abgehen, schildert der Chor, der allein zurückbleibt, Klytämnestras Tat und spricht seine Hoffnung auf baldige Rache aus. Darauf kommen Orestes und Pylades als Fremde vor den Palast und fragen nach der Herrin oder dem Herrn. Klytämnestra erscheint, und Orestes verkündet ihr den Tod ihres Sohnes, indem er ihr die Urne mit der Asche zeigt. Zuerst beklagt die Mutter den Tod desselben; doch rasch faßt sie sich und führt die Fremden ins Haus, um sich mit ihren Freunden über die Sache zu beraten. Der Chor bittet den Hermes um Hilfe bei dem Rachewerk. Da erscheint Orestes' Amme Tränen vergießend, um Ägisthos zu rufen. Der Chor rät ihr, ihn allein ohne seine Leibwache zu holen; dann wendet er sich von neuem an die Götter. Kaum ist Ägisthos in den Palast getreten, so hört man auch schon seinen Todesschrei. Die Königin eilt herbei, um zu sehen, was es gebe; aber auch sie erwartet dasselbe Schicksal; nach anfänglichem Zaudern tötet sie der eigene Sohn. Darin erblickt der Chor die gerechte Strafe und hofft, daß jetzt wieder eine glückliche Zeit für das Haus der Atriden anbrechen werde. In diesem Augenblick öffnet sich die Türe, und man sieht, wie Orestes gerade des Vaters Badgewand über die Leichen breitet. Über die Berechtigung zur Ermordnung des Ägisthos, des Ehebrechers, ist er nicht im Zweifel; anders ist es dagegen hinsichtlich seiner Mutter. Doch Apollon hat ihm die Tat aufgetragen; daher will er sich auch an ihn mit der Bitte um Sühnung wenden. Der Chor sucht ihn zu trösten; aber schon steigen, nur ihm sichtbar, die Erinyen, die Rachegeister der Mutter, aus der Erde empor, um ihn zu verfolgen. Im Wahnsinn eilt er fort, und mit dem Wunsche des Chors, ein wohlgesinnter Gott möge ihn in seinen Schutz nehmen, endet das Stück.

Daran reihen sich die *Eumeniden* als drittes Stück. Der Anfang derselben versetzt uns auf den Platz vor dem Tempel des Apollon in Delphi, wo gerade die Priesterin Pythia ihr Gebet zu den Orakelgöttern verrichtet. Dann tritt sie in das Innere des Tempels, aber sofort eilt sie wieder angstvoll zurück; denn auf dem Stein in der Mitte des Tempels, dem *ὀμφαλὸς γῆς*, sitzt ein blutbefleckter Mann mit Wolle umwundenem Ölzweig, und rings um denselben auf Stühlen schlafen die Erinyen, die den Chor bilden. Jetzt wird das Innere des Tempels sichtbar. Apollon tritt zu Orestes - dies ist der Mann auf dem Steine -, verspricht ihm seinen Schutz und sendet ihn unter dem Geleit des Hermes nach Athen, wo ein Gericht über ihn stattfinden und seine Schuld von ihm genommen werden soll. Kaum hat Orestes mit Hermes den Tempel verlassen, da steigt der Schatten der Klytämnestra mit den von Orestes geschlagenen Wunden am Halse aus der Unterwelt empor und weckt die Erinyen aus ihrem Schlaf. Diese beschuldigen den Apollon, daß er ihnen ihr Opfer entrissen; aber auf seine Aufforderung und Drohung hin verlassen sie den Tempel, um dem entflohenen Orestes nachzujagen. Damit wird der Schauplatz der Handlung von Delphi in den Tempel der Athene Polias auf der Akropolis in Athen verlegt. Hier treffen wir den Orestes wieder, welcher, der Weisung Apollons folgend, die Bildsäule der Göttin umfaßt hält. Die Erinyen erscheinen von neuem und bedrohen ihn mit ihrer Rache; doch er ruft Athene zu Hilfe. Die Erinyen glauben nicht, daß Apollon oder Athene den Mörder vor ihrer Rache schützen werde, und schildern in einem Liede die Aufgabe, die ihnen das Schicksal gegeben, nämlich den Frevler auf dieser und in jener Welt rast- und ruhelos zu verfolgen. Da kommt Athene auf ihrem Wagen vom Skamandros an. Beide tragen ihr ihre Sache vor, die Erinyen, daß Orestes seine Mutter ermordet habe und deshalb ihrer Rache verfallen sei, Orestes, daß er den Mord nur auf Geheiß des Apollon begangen habe, der ihn auch von demselben gesühnt habe. Unter diesen Umständen trifft Athene die Entscheidung, die schwierige Sache dem Richterspruch der edelsten Bürger zu überlassen. Während sie weggeht, um diese auszuwählen, weist der Chor auf die schlimmen Folgen hin, die eine Freisprechung des Orestes für die Sittlichkeit und Gerechtigkeit der Menschen haben müsse. Athene kommt mit zwölf Richtern zurück, und die Verhandlung beginnt. Die Parteien werden verhört, und Apollon tritt als Anwalt des Orestes auf. Bei der Abstimmung des Gerichtshofes, der unter dem Namen Areopag nach der Bestimmung der Athene auch in Zukunft die Blutgerichtsbarkeit ausüben soll, ergibt sich Stimmengleichheit. Da wirft die Göttin einen freisprechenden Stein dazu, und so ist Orestes gerettet; mit dem Versprechen, Argos solle stets Frieden und Freundschaft mit Athen

halten, geht er ab. Um so erzürnter sind die Erinyen, die dem Lande Attika Fluch und Verderben drohen. Doch Athene stellt ihnen heilige Verehrung von seiten der Athener in Aussicht; dadurch lassen sie sich versöhnen und verwandeln ihren Fluch in einen Segenswunsch. Ein Nebenchor (*παραχορήγημα*) geleitet unter freudigem Gesang die Abziehenden in ihre künftige Wohnstätte.
Den Stoff zu dieser herrlichen Dichtung hat Äschylos aus Homer und den spätern Dichtern geschöpft; manches hat er auch abgeändert oder neu hinzugefügt, besonders in den Eumeniden, z. B. die Freisprechung durch den Areopag und die Versöhnung der Erinyen, die von jetzt an als Eumeniden Kultusgötter Athens sind. Die Trilogie verrät in der kunstvollen Anlage, der sorgfältigen Charakterisierung und dem mannigfaltigen Ausdruck in Sprache und Metrum sophokleischen Einfluß; auch treten darin drei Schauspieler auf. Am erhabensten und großartigsten unter allen griechischen Tragödien ist der *Agamemnon*, sowohl was Handlung, als auch was Sprache anlangt. Mit welcher Meisterschaft hat der Dichter das Bild der Klytämnestra gezeichnet! Tödlichen Haß im Herzen kommt das falsche, untreue Weib ihrem heimkehrenden Gemahl mit erheuchelter Freude und verstellter Freundlichkeit entgegen und lockt ihn so ahnungslos ins schon beschlossene Verderben. Als sie ihren Rachedurst gestillt, rühmt sie sich in ausgelassener, Schauder erregender Freude ihrer ruchlosen Tat, und erst der Gedanke an Vergeltung durch Orestes läßt sie einige Worte der Rechtfertigung beifügen. Ihr Vertrauen beruht auf ihrem Buhlen, der sie gegen alles schützen wird; daher zeigt sie sich auch den Bürgern gegenüber äußerst roh und rücksichtslos. Sehr geschickt wußte der Dichter die Kassandra zu benutzen, die als Seherin die Vorgänge im Innern des Hauses enthüllt, das den Zuschauern verschlossen war; zugleich hebt sie aber auch den Zusammenhang hervor, der zwischen dieser Tat und dem infolge des Verbrechens des Atreus auf dem Hause lastenden Fluche besteht, und stellt die Vergeltung durch Orestes in Aussicht, wodurch auf die folgenden Stücke hingewiesen wird. Vergangenheit, Gegenwart und Zukunft vereinigen sich also in der Person der Kassandra, die der Dichter mit allem ausgestattet hat, was zum Mitleid bewegen kann, mit Unschuld und Tugend, mit Unglück und Sehergabe, so daß sie einen gewissen Gegensatz zu Klytämnestra bildet. Überhaupt machte der Dichter durch scharfe Hervorhebung der Gegensätze die an sich einfache Handlung interessant und spannend. Wie wirkungsvoll tritt die tragische Ironie an Agamemnon hervor! Unversehrt von den Waffen der Feinde, als Triumphator auf Purpurteppichen glaubt er zu Ruh und Frieden in seinen Palast einzuziehen, aber meuchlings morden ihn die Seinen als Bösewicht. Mit Zeit und Ort ist der Dichter

allerdings etwas frei verfahren; er läßt von Argos aus die Feuer in Troja sehen und den Agamemnon sofort nach dem Feuerzeichen auftreten. Allein diese Unwahrscheinlichkeiten werden reichlich durch die straffere Komposition, die dem Äschylos dadurch ermöglicht war, aufgewogen.

Die *Choephoren* sind in der Sprache einfacher und im Ton ruhiger als Agamemnon; nur wo die Katastrophe eintritt und der Muttermord vollbracht wird, wird auch die Darstellung lebhafter. Den Mittelpunkt bildet Orestes, dessen Charakter etwas Unentschiedenes und Schwermütiges zeigt; einerseits ist er dem Befehl und der Drohung Apollons gemäß zur Tat entschlossen, anderseits bebt er naturgemäß vor dem Entsetzlichen eines Muttermordes zurück; ja, als er schon den Arm zum Todesstoß gegen seine Mutter erhoben, wird er noch einmal wankend, und Pylades muß ihn nachdrücklich an Apollons Geheiß erinnern, damit er die Tat vollführt. Die Art und Weise, wie Äschylos die Erkennung zwischen Orestes und Elektra herbeiführt, befriedigt uns nicht ganz; aus Haaren und Fußspuren läßt sich unter diesen Umständen kein sicherer Schluß auf die Person ziehen. Dagegen ist die von Orestes und Pylades zur Ermordung angewendete List um so wirkungsvoller, als dadurch der plötzliche Übergang von Glück in Unglück um so greller wird; die ausgelassene Freude über den Tod des gefürchteten Rächers verwandelt sich in eignes Todesleid; denn die Toten töten die Lebenden, so daß die schon geglaubte Befreiung zum Verderben wird.

In den *Eumeniden* wird der Ausdruck wieder gehobener und die Sprache lebhafter. In dem Stück findet sich ein Ortswechsel, indem die Szene von Delphi nach Athen verlegt wird, und damit ist ein zweites Auftreten des Chores, eine Epiparodos, verbunden. Die Handlung leitet der Dichter so, daß sie allmählich ganz auf die Götter übergeht, da nur auf diese Weise ein Ausgleich der Gegensätze und ein versöhnender Abschluß zu gewinnen war. Die Freveltat des Atreus an Thyestes hatte den Rachegeist (*ἀλάστωρ*) in der Familie geweckt, dem Atreus' Sohn Agamemnon durch die Hand des Ägisthos, des Sohnes des Thyestes, unter Beihilfe der Klytämnestra, die ihrem Gemahl die Ermordung der Iphigenie vorwarf, zum Opfer fiel. Zur Sühne für den Königs- bzw. Gattenmord, sowie für den Ehebruch wurden beide von Orestes, dem Sohne des Agamemnon, getötet, und zwar auf Befehl des Zeus und Apollon. Damit hatte Orestes zwar der Pflicht der Blutrache genügt, aber zu gleicher Zeit das Verbrechen des Muttermordes auf sich geladen; mit derselben Tat hatte er also recht und unrecht gehandelt. Der Muttermord heischte Sühne, und diese nehmen die Erinyen, die Vertreterinnen des alten, starren Naturrechts, die nur auf die Tat, nicht auf die Beweggründe und näheren Umstände schauen. Um so nachdrücklicher betont Apollon, der nur den Willen des Zeus ausführt, den letztern Standpunkt, den man das sittliche Recht nennen mag. Athene lehnt die Entscheidung des Falles, wo Recht gegen Recht steht, ab; auch der Gerichtshof, vor dem Apollon als der Anstifter zur Tat des Orestes Sache etwas spitzfindig führt, zeigt durch seine Abstimmung, bei der die Stimmen für und gegen den Angeklagten gleich sind, daß ebenso viel Gründe für als gegen Orestes sprechen, also eine streng rechtliche Entscheidung des Falles unmöglich sei. Da verhilft Athene durch ihre freisprechende Stimme dem sittlichen Recht zum Siege über das Naturrecht; sie verlangt, daß in Fällen, wie der vorliegende, Gnade walten solle. Aber sie geht noch weiter; indem sie dem Areopag für alle Zeiten die Blutgerichtsbarkeit zuweist, beseitigt sie die frühere Einrichtung der Blutrache und setzt an ihre Stelle einen ordnungsgemäßen Gerichtshof. Damit verlieren die Erinyen ihr Amt der Bestrafung der Mörder; aber auch sie willigen auf Zureden der Göttin darein, aus Fluchgöttern zu Segensgöttern, aus Erinyen zu Eumeniden zu werden und als solche sich von den Athenern verehren zu lassen. So stellt die Orestie den Sieg der sittlichen Mächte über die rohen Naturgewalten dar.

Auch einen *politischen Hintergrund* hat die Orestie, besonders die Eumeniden. Manche finden denselben darin, daß der Dichter für den altehrwürdigen Areopag, dessen Befugnisse Ephialtes und Perikles schmälerten, eingetreten sei. Allein die Minderung der Macht desselben war im J. 458, als die Orestie aufgeführt wurde, bereits vollzogen. Daher wird man mit mehr Recht annehmen, daß Äschylos die Gegner der Neuerungen des Ephialtes mit denselben versöhnen wollte, indem er zeigte, daß gerade die Blutgerichtsbarkeit die ursprüngliche und eigentliche Aufgabe des Areopags gewesen sei; diese hatte aber auch Ephialtes unangetastet gelassen. Zu gleicher Zeit empfiehlt er den Bürgern das kurze Zeit vorher mit Argos abgeschlossene Bündnis, mit dem die Aristokraten wenig einverstanden waren. Dadurch will der Dichter die Eintracht unter den Bürgern wiederherstellen und befestigen, wie er denn auch das Heiligtum der Eumeniden am Fuße des Areopags, zu dem die Athener festliche Prozessionen unternahmen, als Hort des Segens und bürgerlichen Friedens pries.

Das Satyrdrama, das zur Orestie gehörte, war *Proteus*. Darin scheinen die Irrfahrten des Menelaos, auf die ja schon im Agamemnon hingewiesen wurde, behandelt worden zu sein. Schon Homer läßt Proteus dem Menelaos weissagen.

24. Außer Tragödien dichtete Äschylos noch *Elegien* und *Epigramme*; dagegen wies er das Ansuchen der delphischen Priester, die einen

Päan auf Apollon von ihm haben wollten, zurück, da er sich mit Tynnichos nicht messen könne. Offenbar verdankte er dieses Gesuch der Delphier der tiefen *Religiosität* und dem hohen *sittlichen Ernst*, die sich in seinen Dichtungen zeigen. Man kann den Äschylos in dieser Beziehung mit Pindar vergleichen, mit dem er auch hinsichtlich des Stiles vieles gemeinsam hat. Äschylos nannte seine Tragödien *τεμάχη τῶν Ὁμήρου μεγάλων δείπνων*, d. h. Stücke von dem reichen Gastmahl des Homer. Dies konnte er schon mit Rücksicht auf die Stoffe, die größtenteils Homer und den Kyklikern entnommen sind; aus der Geschichte wählte er nur das Thema zu den Persern. Mit Vorliebe behandelte seine großartige, gewaltige Natur das *Großartige* und *Gewaltige* in der Sagenwelt, wie die Kämpfe zwischen den alten Göttern und den neuen oder die fürchterlichen Schicksale der Labdakiden und Atriden. Ja, in seiner *Psychostasia* brachte er, vielleicht das einzige Beispiel im Drama der Griechen, Zeus selbst auf die Bühne, der in Anwesenheit der Thetis und Eos die Todeslose des Achilleus und Memnon abwägt. Und dabei brauchte er nicht zu befürchten, er möchte das Richtige nicht treffen; denn gerade im Erhabenen und Außergewöhnlichen bewährte sich seine gestaltende Kraft am glänzendsten. Die Handlung seiner Stücke und die Charakterisierung der auftretenden Personen sind in der Regel schlicht und einfach, ohne künstliche Verwicklung; das Zarte und Rührende kommt bei ihm selten zur Darstellung, wie z. B. in der Kassandra; aber er versteht es die Affekte zu steigern und auf die Phantasie zu wirken, und so erzielt er immer einen gewaltigen Eindruck. Die Leidenschaften schildert er in ihrer furchtbarsten Gestalt mit einer *Anschaulichkeit* und *Naturwahrheit*, wie kaum ein anderer Tragiker, und wie wirksam ist das Schweigen, das er zum Ausdruck des tiefsten Schmerzes anwendet, wie bei Niobe in dem gleichnamigen Stück und bei Achilleus in *Ἕκτορος λύτρα*! Er hat hierbei die Not in meisterhafter Weise in eine Tugend verwandelt, da er nach den damaligen Einrichtungen keine weitere Person auf der Bühne sprechen lassen konnte. Dazu kommt der tiefe *Gedankeninhalt*, den Äschylos in seine Dichtungen zu legen verstand; die Lösung der großen sittlichen und religiösen Probleme, die ihn beschäftigen, der Hinweis auf das gerechte Walten einer höheren, weltregierenden Macht, der gegenüber der Mensch schwach und ohnmächtig dasteht, nimmt unser ganzes Interesse in Anspruch. Außerdem zeigt sich überall eine *Begeisterung* und ein *poetisches Feuer*, das unwillkürlich mitfortreißt. Wie sehr man sein *Genie* anerkannte, zeigt der Ausspruch, er habe, vom Trank des Dionysos berauscht, gedichtet, und das allerdings nicht ganz zutreffende Urteil des Sophokles, daß er das Rechte treffe, aber ohne es zu wissen. Nach alledem kann man den Äschylos, in dem jene große Zeit Athens, die Zeit der Marathonkämpfer, mit ihrem ganzen Denken, Fühlen und Wollen verkörpert ist, mit den ehrwürdigen Werken der alten Kunst vergleichen, die schlicht und einfach, ja steif in der Ausführung sind, aber die idealen Charaktere um so schärfer und großartiger hervortreten lassen und dadurch eine stärkere Wirkung erzielen.

25. Dem Inhalt entspricht auch die *Form*; sie zeigt dieselbe erhabene *Pracht* und majestätische *Würde*. Alles Gewöhnliche und Alltägliche verschmäht der Dichter; er greift gern zu seltenen und altertümlichen Wörtern und wagt viele Neubildungen in Wortzusammensetzungen und Phrasen, die oft große Kühnheit verraten. Bezeichnende Epitheta, glänzende Bilder und Metaphern beleben und erheben den Ausdruck. Der Satzbau ist einfach, der Hauptsache nach koordinierend; größere Perioden sind selten. Vielfach finden sich Asyndeta und Anakoluthien. Aber auch eine gewisse Einförmigkeit ist nicht ausgeschlossen, und die Wiederholung derselben Wörter und Ausdrücke kurz nacheinander wird nicht ängstlich gemieden. Andererseits fehlt es nicht an Pleonasmen, die sich bisweilen bis zur Schwülstigkeit steigern. Der Grund derselben liegt in dem Streben nach *Anschaulichkeit*, worin unser Dichter dem Homer nahe kommt. Dagegen nimmt man bei ihm noch nichts von dem rhetorischen Gepräge wahr, das sich später in der Tragödie so breit macht. Die Alten nennen den Stil des Äschylos *herb* und *erhaben*, und es läßt sich nicht leugnen, daß derselbe den alten Götter- und Heroengestalten vortrefflich steht, wenn er auch manchmal dunkel und schwer verständlich ist. Übrigens kann man in den erhaltenen Stücken einen Fortschritt in der Sprache bemerken; in den letzten wird dieselbe leichter und beweglicher; auch zeigt sie größere Mannigfaltigkeit, indem nicht mehr alle Personen, Könige und Diener, sich gleichmäßig ausdrücken.

26. Ein ähnlicher Fortschritt zeigt sich auch in der Bildung des *iambischen Trimeters*. Der strenge Bau desselben mit den gewichtigen Spondeen, wie er uns in den früheren Stücken entgegentritt, wird später gemildert und durch Zualssung von Auflösungen flüssiger und leichter; immer ist er dem Inhalt angepaßt. Daß bei Äschylos auch noch der ältere *trochäische Tetrameter* im Dialog vorkommt, haben wir schon oben gesehen. Mit größter Kunst sind die *Chorgesänge* gedichtet, in denen der Dichter vorzüglich seine hohen Ideen und tiefen Gedanken ausgesprochen hat. Sie zeichnen sich durch Majestät und Kraft, Mannigfaltigkeit und Schönheit der Rhythmen aus. Das Lieblingsmetrum des Äschylos sind die synkopierten Trochäen, die feierlichen Ernst und erhabene Würde atmen. Daneben gebraucht er iambische Maße, seltener Logaöden und Daktylen. Tonmalerei findet sich bei Äschylos öfter, und auch den Refrain hat er wirksam verwandt.

27. Die ideale Poesie des Äschylos mit ihrem tiefen Gedankeninhalt und ihrer großartigen Form war bei den Athenern sehr *beliebt*. Daher bestimmte man, daß die Tragödien desselben, gerade wie neue, auch später immer zur Wettbewerbung zugelassen werden sollten. Auch bei Symposien wurden Stücke aus denselben gesungen oder vorgetragen. Der Komiker Aristophanes sagt, daß mit dem Tode des Äschylos die Nacht hereingebrochen sei, und auch sonst spricht er sich, wie auch andere Komiker, sehr anerkennend über denselben aus, besonders in den Fröschen, wo er ihn den besten tragischen Dichter nennt. Später verlor man das Verständnis für diese schweren Dichtungen; man wandte sich von ihm ab dem Euripides zu. Der gelehrte Chamäleon schrieb die Biographie des Dichters. Die Alexandriner beschäftigten sich mit ihm, wenn auch gerade nicht in hervorragender Weise, und ebenso die Byzantiner. Aus den Erklärungen dieser Gelehrten gingen die noch erhaltenen *Scholien* hervor. Die Lektüre war aber fast ganz auf drei Stücke beschränkt, auf *Prometheus*, *die Sieben* und *die Perser*. Auf Antrag des Redners Lykurgos wurde die Bildsäule des Äschylos im Theater aufgestellt. Derselbe ließ auch ein Normalexemplar der Tragödien der drei großen Tragiker, des Äschylos, Sophokles und Euripides, schreiben, um dieselben gegen die Umdichtungen und Verderbnisse, die sich infolge der wiederholten Aufführungen einschlichen, sicher zu stellen. Daraus stammen unsere Handschriften ab.

29. Kapitel

Sophokles

1. Ein jüngerer Zeitgenosse des Äschylos war *Sophokles*, der aus dem Demos Kolonos Hippios in der ägeischen Phyle stammte, den er in seinem Ödipus auf Kolonos aufs schönste verherrlichte. Seine Geburt fällt in das J. 496 v. Chr. Sein Vater war Sophillos, der eine Waffenfabrik besaß. Dieser ließ seinem Sohn eine treffliche Erziehung zuteilwerden, besonders in Musik und Gymnastik. Der Lehrer in der Musik war *Lampros*, und Sophokles brachte es in dieser Kunst soweit, daß er seine Chorlieder selbst komponieren konnte. Für seine gymnastische Geschicklichkeit und körperliche Schönheit spricht die Tatsache, daß er, sechzehn Jahre alt, den Siegesreigen nach der Schlacht bei Salamis anführen durfte. In der Tragödie soll er den Unterricht des Äschylos genossen haben; doch bleibt es zweifelhaft, ob damit mehr gesagt werden soll, als daß er sich nach dem Muster des älteren Tragikers gebildet habe.

Zum ersten Mal trat Sophokles öffentlich als Tragödiendichter im

J. 468 auf. Ob er damals unter andern Stücken auch den *Triptolemos* aufführte, wie man vermutete, läßt sich nicht mit Sicherheit entscheiden. Man erzählt, daß bei dieser Aufführung das ganze Theater sich in zwei Parteien gespalten habe, von denen die eine für Äschylos, die andere für Sophokles eintrat. Da habe der Archon Apsephion dem Kimon und den neun Feldherrn, die mit demselben nach der Überlieferung von der Insel Skyros mit den Gebeinen des Theseus, nach wahrscheinlicher Vermutung von der siegreichen Schlacht am Eurymedon heimkehrten, in außergewöhnlicher Weise das Preisrichteramt zuerkannt; darüber erzürnt, sei Äschylos nach Sizilien ausgewandert. Daß das letztere unrichtig ist, haben wir schon oben gesehen. War unter den von Sophokles aufgeführten Stücken der Triptolemos, so trug ohne Zweifel die Geschichte dieses attischen Heros, des Lieblings der Demeter, der Ackerbau und Gesittung auf Erden verbreitete, nicht wenig zum Siege des Dichters bei.

Aus der nächsten Zeit wird uns über Sophokles nichts berichtet. Im J. 443/442 war er Hellenotamias, d.h. Schatzmeister der Bundesgenossenkasse. Bald darauf führte er die *Antigone* auf, und die vortrefflichen politischen Grundsätze, die er darin aussprach, verschafften ihm, wie man sagte, eine Feldherrnstelle im samischen Krieg (441–439 v. Chr.) zugleich mit Perikles. Dieser erkannte, daß Sophokles nicht zum Feldherrn geboren sei, und verwandte ihn deshalb mehr zu diplomatischen Unterhandlungen. Bei dieser Gelegenheit lernte er auch den Tragiker *Ion von Chios* kennen. In dieselbe Zeit fällt Sophokles' *Elegie an Herodot*, die er nach eigener Angabe in seinem 55. Lebensjahre, also im J. 441, schrieb. Später war er mit Nikias zusammen noch einmal Stratege. Im J. 411 scheint er Probulos gewesen zu sein und als solcher sich an der Einsetzung der Vierhundert beteiligt zu haben; wenigstens stand nach dem Sturz der Vierhundert ein Probule Sophokles vor Gericht; doch bestreiten manche, daß dies unser Dichter gewesen sei. Außerdem hören wir, daß Sophokles das Priesteramt des Heilgottes Alkon bekleidete. In Zusammenhang mit diesem Amte scheint auch die Errichtung von Altären zu stehen, die der Dichter zu Ehren des göttlichen Arztes Asklepios wahrscheinlich zur Zeit der großen Pest in Athen veranlaßte. Ein *Päan* von ihm auf diesen Gott, der ihm im Schlafe erschienen sein soll, ist teilweise noch erhalten. Auch dem Herakles baute er ein Heiligtum, und man erzählte sich darüber folgende Geschichte. Von der Akropolis sei ein goldner Kranz gestohlen worden. Da habe Herakles dem Sophokles im Traume den Täter genannt, und dieser habe dem Areopag Anzeige erstattet. Als Belohnung habe er ein Talent erhalten, das er zum Bau des Heiligtums verwandt habe.

Mit seinen Nebenbuhlern in der tragischen Dichtung scheint Sopho-

kles in gutem Einvernehmen gelebt zu haben. Mit Euripides maß er sich, soviel wir hören, zum ersten Mal im J. 438, wo er den ersten Preis davontrug. Wie er selbst den älteren Äschylos beeinflußte, so macht sich auch bei ihm der Einfluß des jüngeren Euripides bemerklich, indem er in seinen *Trachinierinnen* den Prolog, in seinem *Philoktet* den deus ex machina von ihm herübernahm. Mit der ihm nachgerühmten Liebenswürdigkeit und Geselligkeit stimmt die Nachricht, daß er einen Musenverein der Gebildeten gegründet habe; ob dieser mit dem Verein der Bühnenkünstler identisch ist, muß dahingestellt bleiben. Der Liebe huldigte der Dichter in hohem Grade, und damit steht ein Vorfall, der aus seiner eigenen Familie erzählt wird, in Verbindung. Sophokles war mit *Nikostrate* verheiratet, die ihm den *Iophon* gebar. Außerdem soll er von der schönen Sikyonerin *Theoris* einen Sohn *Ariston* gehabt haben, von dem der Enkel des Sophokles, der ebenfalls *Sophokles* hieß, abstammte. Da nun der Großvater den Enkel mehr als seinen Sohn *Iophon* geliebt habe und ihm auch das Vermögen habe zuweisen wollen, so habe Iophon seinen Vater vor den Geschlechtsgenossen (*φράτορες*) wegen Geistesstörung (*παράνοια*) angeklagt und verlangt, daß ihm die Verwaltung seines Vermögens entzogen werde. Aber Sophokles habe den Richtern aus dem Ödipus auf Kolonos, den er gerade dichtete, das Loblied auf Kolonos vorgelesen, worauf sie den Iophon mit seiner Klage abgewiesen hätten. Diese Geschichte wurde, wie man sieht, vielfach ausgeschmückt, wahrscheinlich von der Komödie; denn Sophokles war nicht der Sohn des Ariston, sondern des Iophon, und eine solche Anklage mußte doch wohl vor den Archon gebracht werden. Nichtsdestoweniger scheint derselben ein wahrer Kern zugrundezuliegen, wenn auch Aristophanes den Streit nicht erwähnt.
Sophokles starb im J. 405, 91 Jahre alt. An seinen Tod knüpfen sich manche Sagen. Nach den einen wurde er durch die Freude über einen dramatischen Sieg getötet; nach andern erstickte er beim Vorlesen seiner Antigone; wieder andere lassen ihn an einer unreifen Weinbeere ersticken. Die letztere Nachricht beruht auf dem Mißverständnis eines Epigramms, das den Dichter »die Blüte der Poesie, die Weintraube des Bakchos, pflücken«, läßt, d.h. ihn als tragischen Dichter feierte. Der Komiker Phrynichos, ein jüngerer Zeitgenosse des Sophokles, sagt von ihm, er sei sanft und ruhig verschieden. Man erzählt, daß nach seinem Tode Dionysos dem Anführer des lakedämonischen Heeres vor Athen, der fälschlich Lysander genannt wird, erschienen sei und ihm befohlen habe, das Begräbnis des Sophokles zu gestatten. Der Dichter wurde in seiner Familiengruft am Wege nach Dekeleia beigesetzt, und sein Grab wurde mit einer Sirene als Symbol der Totenklage geschmückt. Nach seinem Tode wurde er von den Athenern als Heros

unter dem Namen Dexion verehrt und nach einem Volksbeschluß jährlich durch Opfer gefeiert.

2. Wie Äschylos, so hat auch Sophokles *Neuerungen* in der Tragödie vorgenommen; aber während jene grundlegend waren, waren diese mehr vervollkommnend und abschließend. Da er eine schwache Stimme hatte, so trat er nicht selbst, wie die Dichter vor ihm, auf der Bühne auf; nur in der *Nausikaa* zeigte er sich als gewandten Ballspieler und im *Thamyris* als tüchtigen Zitherspieler. Die Zahl der Schauspieler erhöhte er von zwei auf drei. Dadurch war eine reichere und spannendere Handlung ermöglicht. Zugleich mußte der Chor noch mehr als bei Äschylos zurücktreten. Seine Haltung ist fast ganz passiv, indem er sich im wesentlichen darauf beschränkt, seine Betrachtungen und Empfindungen über die auf der Bühne dargestellten Vorgänge auszusprechen. Die Zahl der Choreuten vermehrte Sophokles von zwölf auf fünfzehn, wie es scheint, aus technischen Gründen; so bestand nämlich jeder Halbchor bei einer Teilung des Chores aus sechs Choreuten und einem Führer, während der Koryphäos, der Führer des ganzen Chores, selbständiger wurde und gleichsam als vierter Schauspieler den drei auf der Bühne gegenübertrat. Seine Änderungen scheint Sophokles in einer gegen Thespis und Chörilos gerichteten Schrift *περὶ τοῦ χοροῦ* gerechtfertigt zu haben. Schließlich wird ihm die Einführung des Krummstabs für die Greise und der weißen Schuhe für Schauspieler und Chor zugeschrieben.

Es wird berichtet, Sophokles sei der erste gewesen, der Drama gegen Drama aufgeführt habe statt der Tetralogien. Diese Worte haben die verschiedenste Deutung erfahren. Manche beziehen sie auf die Lenäen und meinen, Sophokles habe, um auch Anfängern Gelegenheit zum Auftreten zu geben, die Einrichtung getroffen, daß an jenem Feste nur *ein* Stück gespielt wurde, während an den großen Dionysien Tetralogien zur Aufführung kamen. Andere denken dabei an die Beschaffenheit der sophokleischen Tetralogie, die nicht, wie meistens bei Äschylos, ein zusammenhängendes Ganzes darstellt, sondern aus einzelnen voneinander unabhängigen und in sich völlig abgeschlossenen Stükken besteht. Wieder andere sehen darin eine Änderung des Verfahrens beim Preisgericht, indem von jetzt an nicht mehr die Tetralogie als ganzes, sondern Stück für Stück beurteilt worden sei; den ersten Preis habe der Dichter erhalten, dessen vier Stücke sich des größten Beifalls zu erfreuen hatten, und in derselben Weise habe man den zweiten und dritten Sieger bestimmt. Daran reiht sich die Ansicht, daß jetzt nicht mehr an einem Tage die vier Stücke eines Dichters hintereinander gegeben worden seien, sondern an jedem Tage je ein Stück der drei Wettbewerber. Nach alledem ist soviel klar, daß die Worte, sowie sie vorliegen, für uns unverständlich sind. Es liegt nahe, an eine Verderbnis des Dichternamens oder der Notiz oder auch beider zu denken. Auch auf Phrygnichos paßt die Nachricht nicht, selbst wenn man den Text so ändert, daß dieser Dichter dadurch zum Erfinder der Tetralogie gemacht würde. Daß Sophokles sich um die Dekoration der Bühne Verdienste erwarb, haben wir oben gesehen; auch soll er die phrygische Tonart in die Tragödie eingeführt haben.

3. Die *dichterische Tätigkeit* des Sophokles war fast ausschließlich der Bühne gewidmet; nebenbei dichtete er einen *Päan* auf Asklepios, *Elegien* und *Epigramme*. *Dramen* wurden 130 unter seinem Namen überliefert, darunter 17 unechte. Damit trug er nach der niedersten Angabe 18, nach der höchsten 24 Mal den ersten Preis davon; sonst behauptete er immer wenigstens die zweite Stelle; als dritter wird er nie genannt. Der Dichter unterschied selbst drei Stufen seiner Entwicklung; zuerst bildete er die volle, erhabene Ausdrucksweise des Äschylos nach; auf der zweiten Stufe trugen seine Dichtungen etwas Herbes und Verkünsteltes an sich; erst zuletzt gewann er jene feine Kunst der Charakterisierung und natürliche Schönheit der Darstellung, die man noch jetzt allgemein an ihm bewundert. Indes lassen sich die *sieben* Stücke, die erhalten sind, nicht in dieser Weise einteilen.

4. Das älteste unter den erhaltenen Stücken scheint der *Aias* zu sein. Auflösungen des Trimeters und Versteilung unter verschiedene Personen (*ἀντιλαβή*) sind in demselben noch selten; der Chor besteht einer wahrscheinlichen Berechnung nach noch aus zwölf Choreuten, und die Parodos verrät die Art des Äschylos, indem sich an das anapästische Einzugslied sofort das erste Stasimon anreiht. Später fügte man zu dem Titel Aias noch den Beinamen *μαστιγοφόρος* (der Peitschenschwinger), da Aias im Anfang des Stückes den Widder, den er für Odysseus hält, mit einer Peitsche mißhandelt. Durch diesen Beinamen wollte man dieses Stück von dem Aias *Λοκρός* unterscheiden.

Die Szene ist im griechischen Lager vor dem Zelte des Aias. Hier sehen wir den Odysseus, der sich Gewißheit darüber verschaffen will, ob wirklich Aias es war, der in der verwichenen Nacht die Herden der Griechen tötete, wie man allgemein im Lager vermutet. Athene bestätigt ihm dies, indem sie ihm mitteilt, daß jener, darüber erbittert, daß die Atriden beim Streit um die Waffen des Achilleus dieselben nicht ihm, sondern dem Odysseus zuerkannt hätten, einen Mordanschlag auf die Griechen gemacht habe; sie selbst aber habe ihn mit Wahnsinn geschlagen, so daß er die Herden für die Achäer gehalten und seinen Zorn an jenen ausgelassen habe. Auf ihren Ruf tritt Aias aus dem Zelte und ist, noch von Wahnsinn umfangen, seiner Tat froh, für die er der Athene dankt. Nachdem sie abgetreten, zieht der Chor in banger Sorge, ob denn das Gerücht von der Tat des Aias wahr sei, in die Orchestra ein, und Tekmessa, die Gemahlin des Aias, die jetzt aus dem Zelte kommt, kann dies nicht in Abrede stellen; aber jetzt sei er wieder zur Besinnung zurückgekehrt und sitze klagend und seufzend ob seiner Tat im Zelte. Da hört man den Klageruf des Helden, der nach seinem Sohne und Bruder verlangt. Das Ekkyklema öffnet dem Blicke das Innere des Hauses, und man sieht den Aias in Verzweiflung mitten unter seinen Schlachtopfern. Nur im Tode erkennt er einen Ausweg aus der Schande, die ihn getroffen. Tekmessa bittet ihn, er möge doch mit Rücksicht auf sie, auf ihren Sohn und auf seine Eltern von seinem Vorhaben abstehen; aber ohne zu antworten, läßt er sich seinen Sohn Eurysakes bringen und richtet Abschiedsworte an ihn. Dann geht er mit Frau und Kind in das Zelt, während der Chor ein Klagelied anstimmt. Als er wieder erscheint, erklärt er in einer doppelsinnigen Rede, er habe sich durch Tekmessas Bitten umstimmen lassen und wolle jetzt an das Meer gehen, um sich vom Blute zu reinigen und die Waffe zu vergraben. Der Chor glaubt dies und stimmt ein Jubellied an. Aber - und darin zeigt sich die tragische Ironie - mitten in der Freude erscheckt sie die Ankunft eines Boten, der meldet, daß Teukros, der Bruder des Aias, von seinem Kriegszug zurückgekehrt sei, und daß der Seher Kalchas ihm geboten habe, den Aias an diesem Tage, an dem ihn der Zorn der Athene wegen seiner Selbstüberhebung verfolge, zu hüten; denn wenn er diesen Tag überlebe, so könne er gerettet werden. Sofort macht sich Tekmessa mit dem Chor auf, ihn zu suchen. Jetzt verwandelt sich die Szene in eine waldige Gegend, in der man den Aias allein sieht, der nach einer rührenden Abschiedsrede, in der er der Seinen liebevoll gedenkt, den Feinden aber Verderben wünscht, sich in sein Schwert stürzt. Gleich darauf kommt Tekmessa mit dem Chor; sie erblicken den Toten und erheben ein Klagelied, in das auch Teukros, der leider zu spät erscheint, einstimmt. Als dieser seinen Bruder bestatten will, verwehren es ihm Menelaos und Agamemnon. Den Streit schlichtet Odysseus zu Gunsten des Teukros und Aias, indem er auf die Tüchtigkeit des toten Helden hinweist, den nur Achilleus übertroffen habe. Der Leichenzug setzt sich in Bewegung, und damit schließt das Stück ab.

Der Tod des Aias war in der *Äthiopis* des Arktinos von Milet und in der *kleinen Ilias* des Lesches erzählt. Auch *Äschylos* hatte ihn schon in seinen *Thrakerinnen* (*Θρῇσσαι*) behandelt; aber während dieser sich an Arktinos anschloß, folgte Sophokles dem dem Lesches, der zuerst die Feindschaft der Athene gegen Aias und den Rindermord erwähnte. Nach Arktinos hatte sich Aias in dem Wahnsinne getötet, in den er infolge der ihm bei dem Waffenstreit widerfahrenen Kränkung verfallen war. Bei Äschylos bestand der Chor aus kriegsgefangenen Thrakerinnen, und der Selbstmord fand nicht auf der Bühne statt, sondern wurde von einem Boten gemeldet. Eine Erfindung des Sophokles ist auch die Einführung des Eurysakes, durch den das Mitleid und die Rührung gesteigert wird. Der Hauptunterschied zwischen Sophokles und Äschylos tritt in der Anlage der Tragödie hervor; Sophokles verlegt den Schwerpunkt der Handlung in die Seele des Aias. Dieser wird als der starke Held geschildert, dem die Ehre über alles ging, der aber auch zärtlich an Eltern, Frau und Kind hing. Durch die Gegenüberstellung der liebevollen, ängstlich besorgten Tekmessa tritt der feste Charakter desselben noch schärfer hervor. Er hat sich in zu großem Selbstvertrauen der Selbstüberhebung und Mißachtung der Götter, besonders der Athene, schuldig gemacht; daher lenkt diese einen im Zorn von ihm unternommenen Anschlag so, daß er sein Schwert gegen die Herden statt gegen die Achäer gebraucht und so gerade durch die Tat, durch die er seine, wie er glaubte, von den Griechenführern angetastete Ehre wiederherstellen wollte, dieselbe unauslöschlich befleckte. Als er dies eingesehen, kann er nicht mehr leben. So zeigt uns diese Tragödie recht anschaulich die Ohnmacht auch des stärksten und kühnsten Mannes, der nur auf eigene Kraft baut und von Gottes Hilfe verlassen ist, und warnt nachdrücklich vor Selbstüberhebung und Götterverachtung.

Den letzten Teil, den Streit um die Bestattung, hat man für unecht erklären wollen; aber nach griechischer Anschauung war erst mit der Bestattung das Schicksal des Menschen endgültig entschieden, wie man auch in der Ilias sieht. Außerdem verlangte gewiß jeder Athener, daß die Ehre eines der Stammheroen des Landes wiederhergestellt werde, was am besten durch Anerkennung aus Feindesmund, durch Odysseus geschehen konnte. Aus dem Auftreten dieses Lieblings der Athene konnte man schließen, daß die Göttin selbst dem edlen Helden, der seine Schuld mit dem Tode gesühnt, verziehen habe. Ob *Aias* mit *Teukros* und *Eurysakes* eine Trilogie bildete, läßt sich nicht mehr ermitteln.

5. Das 32. Stück, das Sophokles schrieb, ist die Antigone, die im J. 442 v. Chr. aufgeführt wurde. Infolge der politischen Grundsätze, die er darin entwickelte, soll er eine Feldherrnstelle im samischen Kriege erhalten haben.

Der Schauplatz der Tragödie ist in Theben vor dem Königspalaste. Antigone und Ismene, die Töchter des Ödipus, treten aus dem Hause. Die erstere teilt der letztern mit, daß Kreon, der infolge des Todes der beiden Söhne des Ödipus, des Eteokles und Polyneikes, König geworden war, eben Befehl gegeben habe, daß man den Eteokles, der für die

Stadt gekämpft, ehrenvoll bestatten, dagegen den Polyneikes, der die Waffen gegen sein Vaterland geführt, unbeerdigt zum Fraß für die Vögel liegenlassen solle. Antigone ist entschlossen, trotz des Verbots ihren Bruder Polyneikes zu begraben, und auch die wohlgemeinten Bitten ihrer Schwester Ismene, die sich zu einer solchen Kühnheit nicht aufschwingen kann, vermögen sie von ihrem Entschlusse nicht abzubringen. Mit harten Worten trennt sie sich von ihrer Schwester, um ihr Vorhaben auszuführen. Der Chor, bestehend aus fünfzehn thebanischen Greisen, die Kreon durch einen Herold zu sich entboten hat, zieht in die Orchestra ein und gibt seiner Freude darüber lebhaften Ausdruck, daß die Stadt jetzt wieder von Kriegsnot befreit sei, da die Feinde in der letzten Nacht abgezogen seien. Da naht Kreon; er verkündet seine Regierungsgrundsätze, daß er nämlich das Wohl des Staates über alles schätze und nur mit Rücksicht darauf die Guten belohnen, die Bösen aber bestrafen wolle; dann wiederholt er sein Verbot der Bestattung des Polyneikes mit der Bitte, die Greise möchten ihn dabei unterstützen. Während er noch spricht, kommt einer der Wächter, die er bei der Leiche aufgestellt hat, und meldet, daß Polyneikes auf wunderbare Weise, man wisse nicht von wem, begraben worden sei. Der Chor ist geneigt, in der Bestattung eine göttliche Tat zu erkennen; Kreon weist diese Ansicht entschieden zurück; er vermutet dahinter eine Verschwörung gegen seine Person und spricht daher die heftigsten Drohungen gegen die Wächter aus, wenn sie ihm nicht bald den Täter vorführen. Sobald er und der Bote abgegangen, stellt der Chor Betrachtungen über die Gewalt des Menschengeistes an, die sich im Guten und im Bösen zeige. Da erscheint der Wächter wieder mit der Antigone, die er bei der Bestattung der Leiche betroffen. Auch Kreon kommt, und auf seine Frage gesteht Antigone unumwunden ihre Tat ein, die sie damit rechtfertigt, daß Gottes Gebot über Menschen Gebot gehe. Der König vermutet, daß auch Ismene bei der Tat beteiligt sei, und läßt sie rufen. Aus Liebe zu ihrer Schwester bekennt diese sich als Mitschuldige, und als Antigone ihr dies als unwahr verweist, erinnert sie den Kreon daran, daß jene die Braut seines Sohnes Hämon sei. Aber auch dies rührt den König nicht; er läßt die Mädchen ins Haus führen und bewachen, während der Chor des unglücklichen Schicksals der Labdakiden gedenkt, dem auch Antigone jetzt zum Opfer falle. Unterdessen hat auch Hämon Kunde von der Tat der Antigone erhalten; er eilt herbei, um mit Berufung auf das Urteil der ganzen Stadt, die sich auf seiten der Antigone stelle, bei seinem Vater Fürsprache für seine Braut einzulegen. Doch vergeblich; es kommt zu einem heftigen Wortwechsel zwischen Vater und Sohn, und Hämon entfernt sich mit der Drohung, Antigone werde nicht allein sterben und sein Vater werde ihn nicht wieder sehen. Auch Kreon geht ab, nachdem er bestimmt hat, daß Ismene als Unschuldige freigelassen, Antigone dagegen lebend in ein Felsengrab eingeschlossen werde. Während der Chor die Macht der Liebe verherrlicht, rüstet sich Antigone zu ihrem letzten Gange, den sie unter Klagen antritt, begleitet von einem Trauerlied des Chores, der an Danae, an den Edonerkönig Lykurgos und an Phineus' Gemahlin Kleopatra erinnert, die ein ähnliches Schicksal traf. Jetzt tritt der blinde Seher Teiresias, von seinem Diener geführt, auf und verlangt unter Hinweis auf den Zorn der Götter die Bestattung des Polyneikes und die Befreiung der Antigone. Kreon weigert sich und wirft dem Teiresias vor, er sei von seinen Feinden bestochen. Als aber der Seher unter Androhung gräßlichen Unglücks sich entfernt, ändert der König aus Furcht seinen Sinn. Er befiehlt die Beerdigung des Toten und begibt sich selbst zum Felsengrab, um Antigone zu befreien. Doch es ist zu spät. Ein Bote verkündet den Tod der Antigone und des Hämon, der vor dem Selbstmord das Schwert auf den eigenen Vater zückte. Als Eurydike, die Gemahlin des Kreon, dies hört, erhängt sie sich. Die Kunde davon vernichtet den König, der mit der Leiche seines Sohnes traurig naht, vollständig. Er klagt sich als den Mörder seines Sohnes und seiner Frau an und wünscht sich ebenfalls den Tod. Eine eindringliche Warnung des Chores vor Vermessenheit und Verletzung der göttlichen Gesetze beschließt das Stück.

Der Stoff der Antigone ist der thebanischen Sage entnommen, die in den epischen Gedichten *Thebais* und *Ödipodeia* erzählt war. Auch *Äschylos* hat dieses dankbare Thema in einer Trilogie behandelt, von der noch die *Sieben* erhalten sind. Am Ende dieser wird Kreons Verbot der Bestattung des Polyneikes erwähnt, dem sich Ismene fügt, während sich Antigone widersetzt und weggeht, um ihren Bruder zu beerdigen. Allein wir sahen oben, daß dieser Schluß aller Wahrscheinlichkeit nach aus späterer Zeit stammt, und da auch in den Epen, wie es scheint, dieses Verbots nicht gedacht war, so darf man annehmen, daß Sophokles zwar die Personen von seinen Vorgängern übernahm, die Handlung aber selbst erfand oder doch zuerst künstlerisch gestaltete.

Das Drama behandelt den Konflikt zwischen dem göttlichen Gebot, das die Bestattung des Toten verlangt, und dem Machtgebot des Königs, das den Feind des Vaterlandes unbeerdigt lassen will; beide Gebote, an und für sich berechtigt, geraten hier in unheilvolle Kollision. Das göttliche Gebot vertritt mit fast männlicher Kühnheit und Entschlossenheit Antigone, deren mutiger und fester Charakter durch die Zusammenstellung mit der jungfräulich-schüchternen Ismene gehoben wird. Dieselbe Entschiedenheit und unnachgiebige Starrheit zeigt auch Kreon im Interesse des Staates, und um die Härte seines Charakters noch mehr hervortreten zu lassen, hat der Dichter seinen Sohn Hämon neben ihn gestellt. Mit großer Kunst hat Sophokles gegen die Sage, die den Hämon schon früher durch die Sphinx sterben läßt, ein Liebesverhältnis zwischen diesem und der Antigone erfunden; so gewinnt er einen Gegensatz zu dem Streite und ein Mittel, den Kreon selbst zu treffen. Als nämlich Antigone, auf welcher der alte Familienfluch lastet, infolge der selbstgewählten Tat, die sie bis zuletzt mit aller Schroffheit verteidigt, von Kreon, der sich durch nichts umstimmen läßt, zur Einschließung in das Felsengrab verurteilt wird und, jetzt erst wieder eine wahre Jungfrau, unter Klagen ihren letzten Weg antritt, da teilt ihr Verlobter Hämon ihr Los mit ihr; sein Tod hat aber auch den der Eurydike zur Folge. So ist der König zur Strafe für seinen Eigensinn, den er zu spät einsieht, allein und verlassen, der Verzweiflung nahe; die göttliche Sache hat, wenn auch ihre Vertreterin starb, den Sieg über die weltliche davongetragen.

Man sieht, daß diese Tragödie nach Inhalt und Form mit Recht in alter und neuer Zeit hoch gepriesen wurde. Für eine Dichtung des *Iophon*, des Sohnes des Sophokles, wurde sie vermutlich nur deshalb ausgegeben, weil dieser sie später wieder auf die Bühne brachte, vielleicht mit einigen Umarbeitungen. Auch *Euripides* behandelte denselben Stoff, jedoch mit der Abänderung, daß bei ihm Hämon die Antigone heiratet und einen Sohn Mäon erzeugt. Der römische Tragiker *Accius* hat das sophokleische Stück ins Lateinische übertragen; auch ins Deutsche ist Antigone vielfach übersetzt, und die Chöre sind von *Mendelssohn* komponiert.

6. Nach der Antigone wurde *Elektra* gedichtet, deren Stoff aus der argivischen Sage genommen ist.

Der Schauplatz ist vor dem Königspalast in Mykene. Hier tritt Orestes mit seinem Freunde Pylades und dem alten Pädagogen auf, der mit demselben nach der Ermordung des Agamemnon durch Klytämnestra (oder Klytämestra) und Ägisthos auf den Rat der Elektra zu Strophios, dem König von Krisa in Phokis, entflohen war und ihn dort erzogen hatte. Jetzt, nachdem er erwachsen war, kehrte er auf die Aufforderung seiner Schwester Elektra hin wieder in die Heimat zurück, um nach der Weisung des Apollon mit List Rache an den Mördern seines Vaters zu nehmen. Daher schickt er den Pädagogen, als Fremden verkleidet, ins Haus, damit er den Herrschern im Auftrage ihres Freundes Phanoteus die Nachricht vom Tode des Orestes überbringe, der beim Wettrennen zu Pytho verunglückt sei; er selbst will mit Pylades zum Grabe seines Vaters gehen, um dessen Hilfe bei seinem Vorhaben durch Spenden und Weihen einer Locke zu erflehen. Beim Abgehen hört er noch den Klageruf der Elektra, die gleich darauf die Bühne betritt und zu den Göttern um Rache betet. Ihre Gespielinnen, der Chor mykenischer Jungfrauen, sammeln sich um sie, um ihr Trost und Mut einzusprechen. Während sie ihnen das Treiben der Klytämnestra und des Ägisthos und die geringe Hoffnung, die sie auf die Wiederkehr des Orestes hat, schildert, naht ihre Schwester Chrysothemis mit Todesopfern. Diese fordert sie auf, sich den Herrschern zu fügen, da diese beschlossen hätten, sie sonst in ein unterirdisches Gewölbe einzuschließen. Aber Elektra kann sich nicht dazu verstehen. Auf ihre Frage teilt ihr Chrysothemis mit, daß Klytämnestra in der letzten Nacht geträumt habe, aus dem Szepter des Agamemnon sei ein Zweig entsprossen, der ganz Mykene überschattet habe; daher sende sie sie jetzt mit Opfern zum Grabe. Elektra bittet sie, diese Opfer nicht darzubringen, sondern am Grabe den Vater um Rache anzuflehen; Chrysothemis verspricht dies und entfernt sich. Der Chor gibt, durch das Traumbild ermutigt, seiner Hoffnung auf baldige Bestrafung der Frevler Ausdruck. Jetzt tritt Klytämnestra auf; sie macht zunächst der Elektra wegen ihres Betragens gegen sie Vorwürfe, die diese scharf zurückgibt; hierauf betet sie zu Apollon um Abwendung etwaigen Unglücks. Da überbringt der Pädagog die verabredete Meldung. Im ersten Augenblick empfindet Klytämnestra Schmerz; doch bald siegt die Freude, daß sie und Ägisthos nun von jeder Furcht befreit seien. Sie geht mit dem Pädagogen ins Haus. Während Elektra und der Chor ein Klaglied über den Tod des Orestes anstimmen, kehrt Chrysothemis mit der frohen Nachricht von der Ankunft desselben zurück; auf dem Grabe sei nämlich eine frische Spende dargebracht und eine Locke niedergelegt, die nur von Orestes sein könne. Aber ihre Freude wird durch die Mitteilung der Todesnachricht in Trauer verwandelt. Elektra macht ihr den Vorschlag, gemeinsam an Stelle des toten Orestes das Rachewerk zu vollführen; Chrysothemis kann sich nicht dazu entschließen, und so will Elektra allein handeln. Der Chor beklagt die Entzweiung der Schwestern und wünscht der mutigen Elektra Glück. Jetzt kommen Orestes und Pylades mit der Totenurne. Elektra bricht in die heftigsten Klagen aus. Dadurch gerührt, gibt sich ihr Orestes zu erkennen, indem er ihr den Siegelring des Agamemnon zeigt. So groß, wie eben noch die Trauer, ist jetzt die Freude der Elektra. Auch der Pädagog kehrt aus dem Haus zurück und wird von Elektra erkannt. Er erinnert daran, daß jetzt die richtige Zeit zum Handeln sei, und alle begeben sich in den Palast, von den Wünschen des Chores begleitet. Gleich darauf kommt Elektra wieder auf die Bühne, um zu wachen, daß Ägisthos nicht unvermerkt nahe. Da ertönt der Todesruf der Mutter, auf den hin Elektra die gräßliche Aufforderung an Orestes richtet: »stoße noch einmal, wenn du kannst.« Orestes und Pylades kommen wieder aus dem Hause; auch Ägisthos erscheint jetzt. Er hat vom Tode des Orestes gehört und befiehlt, seine Leiche herbeizubringen; doch als er die Decke, mit der dieselbe verhüllt ist, erhebt, erkennt er die Klytämnestra und ahnt, daß auch seine Todesstunde geschlagen hat. Orestes will, daß er an derselben Stelle sterbe, wo er den Agamemnon tötete; mit der Abführung des Ägisthos schließt das Stück.

Der Stoff der Elektra ist derselbe, wie der der *Choephoren* des *Äschylos*; doch hat der Dichter seinem Zwecke entsprechend manche Änderungen vorgenommen. Er machte die mutige, charakterfeste Elektra zur Hauptperson und läßt ihren starren Charakter durch die Zusammenstellung mit der schwachen, unterwürfigen Chrysothemis, deren Namen er aus der *Ilias* genommen, noch schärfer hervortreten. Das Verhältnis der beiden zueinander erinnert in dieser Beziehung an Antigone und Ismene. Elektra hat die Ermordung ihres Vaters miterlebt; sie sieht täglich das frevelhafte Treiben der Mörder und erfährt von ihnen, da sie sich ihnen nicht fügen kann, die schwersten Mißhandlungen. Infolgedessen hegt sie nur den einen Gedanken, ihren Vater zu rächen und sich von ihren Unterdrückern zu befreien. Dazu treibt sie den Orestes, den sie selbst als spätern Rächer vor Ägisthos und Klytämnestra gerettet hatte, unaufhörlich an. Diesem hat der Dichter außer Pylades noch den Pädagogen als Führer und Berater beigegeben. Mit List, wie das Orakel ihn geheißen, schreitet er zum Rache- und Befreiungswerk. Weder er, noch Elektra denken an das Schreckliche des Muttermordes, den sie begehen. Sie erblicken in Klytämnestra nur des Vaters Mörderin, ihre eigene Bedrückerin, und so kann Elektra die entsetzlichen Worte aussprechen: »stoße noch einmal, wenn du kannst.« Der Dichter sucht die Gedanken des Zuschauers auch noch dadurch von dem Muttermorde abzulenken, daß er die Ermordung des Ägisthos auf die der Klytämnestra folgen läßt und so die Spannung auf das Kommende erhält. Da also Orestes sozusagen nur das Werkzeug der ewigen Gerechtigkeit zur Bestrafung des Bösen ist, so ist er von Schuld frei; die Erinyen können ihm nichts anhaben.

Immerhin müssen wir zugeben, daß für unser Gefühl der Charakter der Elektra zu hart und unweiblich, der Muttermord zu leicht genommen ist. Das Herbe der sophokleischen Dichtung tritt in diesem Stücke besonders hervor. Auch ist das Auftreten des Chores nicht recht motiviert, die Chorgesänge sind meist unbedeutend und kurz, und da und dort zeigt sich fast ein rhetorischer Charakter der Darstellung. Dagegen werden wir dem Dichter gerne den Anachronismus verzeihen, daß Orestes beim pythischen Wettrennen umgekommen sei. Von außerordentlicher Schönheit ist die Erkennungsszene, welche die Peripetie bewirkt, der unerwartete Übergang von Leid in Freud. Wir können uns die gewaltige Wirkung vorstellen, welche dieselbe machen mußte, als bei einer späteren Aufführung der Schauspieler *Polos*, dem kurz zuvor der einzige Sohn gestorben war, den eigenen Schmerz darin zum Ausdruck brachte. Besonders beliebt war die Elektra in der römischen und byzantinischen Zeit. *Euripides* dichtete ebenfalls eine *Elektra*.

7. Ungewiß ist die Abfassungszeit des *Ödipus*, den man später Tyrannos nannte, um ihn vom Ödipus auf Kolonos zu unterscheiden. In der Schilderung der Pest, die sich am Anfang des Stückes findet, wollte man vielfach eine Anspielung auf die große Pest in Athen erblicken. Dieser Schluß ist zwar im Hinblick auf die Beschreibung der Pest im ersten Buch der Ilias nicht zwingend, aber trotzdem scheint soviel sicher zu stehen, daß der Ödipus in den Jahren 432–424 entstand.

Der Schauplatz der Tragödie ist der Ort vor dem Königspalast in Theben. Hier treffen wir eine Abordnung aus allen Alterklassen und Ständen der Bürgerschaft; mit Ölzweigen in den Händen haben sie sich auf den Stufen der Altäre niedergelassen, um den König Ödipus, der die Stadt früher schon von der Sphinx befreite, um Hilfe gegen die Pest anzurufen. Um das Wohl des Landes besorgt, hat dieser bereits seinen Schwager Kreon zum Orakel gesandt; derselbe kommt jetzt zurück mit der Meldung, der delphische Gott befehle, den Mörder des früheren Königs Laios aus dem Lande zu weisen. Ödipus ist bereit, sofort die Nachforschung nach diesem zu beginnen, und ruft die thebanischen Greise durch Boten zu sich. Diese ziehen mit einem Liede, in dem sie die Schrecknisse der Pest schildern und sich an die Götter um Erlösung von derselben wenden, in die Orchestra ein. Ödipus befragt sie nach dem Mörder des Laios, den er verflucht; sie können ihn aber nur an den blinden Seher Teiresias, an den der König auch schon geschickt hat, weisen. Anfangs weigert sich dieser, Auskunft über den Mörder zu geben. Als Ödipus ihn aber im Zorne beschuldigt, im Bunde mit dem Mörder zu stehen, da bezeichnet er, ebenfalls erzürnt, ihn selbst als denselben. Der König erkennt in diesem fürchterlichen Ausspruch eine Verschwörung des Teiresias und Kreon gegen ihn. Unter Wiederholung seiner schrecklichen Enthüllung geht der Seher ab, während der Chor um baldige Entdeckung des Mörders fleht; denn er wagt weder den erprobten König der Schuld zu zeihen, noch den stets wahrhaftigen Seher der Lüge zu beschuldigen. Unterdessen hat Kreon von dem Verdachte, den Ödipus gegen ihn ausgesprochen, gehört, und kommt, um sich zu rechtfertigen. Der heftige Streit, der sich zwischen den Schwägern erhebt, ruft Iokaste herbei. Sie sucht ihren Gemahl bezüglich der Sehersprüche zu beruhigen, indem sie darauf hinweist, daß auch das dem Laios gegebene Orakel sich nicht erfüllt habe; denn er sei von Räubern an einem Kreuzwege erschlagen, der Sohn aber sofort nach seiner Geburt mit zusammengeschnürten Füßen auf dem Kithäron ausgesetzt worden. Aber damit erreicht sie das Gegenteil von dem, was sie will; der Mord am Kreuzweg erinnert den König an die eigene Tat, und auch die nähern Umstände, die er von Iokaste darüber hört, stimmen damit überein; nur eine Hoffnung hegt er noch; man sagte, Laios sei von mehreren erschlagen worden; ist dies richtig, so kann er der Mörder nicht sein. Um sich darüber Gewißheit zu verschaffen, läßt er einen Hirten, den einzigen Augenzeugen jener Tat, der noch am Leben ist, zu sich rufen. Iokaste aber meint, selbst wenn Ödipus den Laios getötet habe, sei doch das Orakel nicht erfüllt, da dieser nicht durch seinen Sohn gestorben sei. Während der Chor seine Mißbilligung der gottlosen Ansichten der Iokaste ausspricht, kommt diese wieder mit Opfergaben aus dem Palaste, um den Apollon um Erlösung des Ödipus von seinen Zweifeln anzuflehen. Da naht ein Bote aus Korinth mit der Meldung, Polybos sei gestorben und Ödipus zum König erwählt. Iokaste sieht darin eine Bestätigung ihrer Ansichten über die Orakel und teilt die Sache sofort dem Ödipus mit. Doch dieser weigert sich, nach Korinth zurückzukehren, da er sich vor der ihm geweissagten Vermählung mit seiner Mutter Merope fürchtet. Daraufhin offenbart ihm der Korinthier, daß er nur der angenommene Sohn des Polybos und der Merope sei; er selbst habe ihn mit durchstochenen Knöcheln auf dem Kithäron von einem Hirten des Laios erhalten und nach Korinth gebracht. Es stellt sich heraus, daß dieser Hirte derselbe ist, nach dem schon wegen der Ermordung des Laios am Kreuzwege geschickt wurde. Iokaste, die den schrecklichen Zusammenhang der Dinge erkennt, bittet ihren Gemahl, von der weitern Nachforschung abzustehen; als er sich aber weigert, in der Meinung, sie befürchte, es könnte sich bei der Untersuchung herausstellen, daß er der Sohn niederer Eltern sei, eilt sie voll Verzweiflung in das Haus zurück, während der Chor den Ödipus in Gedanken schon als den Sohn irgendeiner Gottheit feiert. Jetzt wird der Hirte herbeigeführt; anfangs zögert er, auf die Drohungen des Ödipus aber gesteht er, daß derselbe der Sohn des Laios und der Iokaste, der Mörder seines Vaters und der Gatte seiner Mutter sei. Kaum seiner Sinne mächtig stürzt der König in den Palast, und aufs tiefste betroffen stimmt der Chor ein Lied über die Ohnmacht der Menschen an. Ein Diener meldet, daß Iokaste sich erhängt und Ödipus sich geblendet habe. Der bluttriefende König kommt unter Klagen über sein Schicksal selbst auf die Bühne. Von seinen Kindern, die ihm Kreon zuführt, nimmt er rührenden Abschied. Als er seinen Schwager aber bittet, ihn außer Lands zu bringen, verweist ihn dieser auf das Orakel, das er zuerst darüber befragen wolle. Mit der Mahnung, man solle niemand vor seinem Tode glücklich preisen, beschließt der Chor das Stück.

Der Stoff des Ödipus Tyrannos ist außerordentlich tragisch und daher von den griechischen Dichtern mit Vorliebe behandelt. *Äschylos* stellte ihn in der *Ödipodie* dar, und *Euripides* dichtete ebenfalls einen *Ödipus*, ganz abgesehen von den weniger bekannten Tragikern. Aber den Preis trägt das sophokleische Stück davon, das die Alten mit Anspielung auf den Namen »die Königin unter den Tragödien« genannt haben. Es gilt als Muster einer verwickelten Tragödie, und Aristoteles leitet seine Regeln vorzüglich von ihm ab. Das Thema ist die Enthüllung der Frevel, deren sich Ödipus schuldig machte. Zu diesem Zweck war es notwendig, daß ein Hirte das ausgesetzte Kind einem andern übergebe; denn nur so konnte eine sichere und unzweifelhafte Erkennung herbeigeführt werden. Mit welcher Kunst der Plan angelegt und durchgeführt ist, mit welcher Sicherheit die allmähliche Erkennung Schritt für Schritt und damit die Peripetie herbeigeführt wird, wie wirksam überall im Stücke die tragische Ironie zur Anwendung kommt, ersieht man schon aus der Inhaltsübersicht. Auch das ist echt sophokleisch, daß der Chor unmittelbar vor der schrecklichen Katastrophe noch einmal in freudiger Hoffnung auf einen glücklichen Ausgang ein Jubellied anstimmt. Der Fall des Königs wirkt um so erschütternder, da ihn der Dichter als einen durchaus vortrefflichen Regenten gezeichnet hat, der nur auf das Wohl seiner Untertanen bedacht ist; was man an ihm tadeln wollte, seine leidenschaftliche Erregung und seinen Argwohn, das ist nur ein Ausfluß jener guten Eigenschaften. Aber über ihm schwebt ein verhängnisvolles Schicksal, das alle seine Schritte so lenkt, daß er ihm schließlich zum Opfer fallen muß. Ödipus ist für uns das Bild der menschlichen Schwachheit und Ohnmacht den höheren Mächten und dunklen Schicksalgewalten gegenüber. Bei den großen Vorzügen dieser Tragödie muß man sich mit Recht darüber wundern, daß der Dichter damit nicht den ersten Preis errang, sondern von einem gewissen *Philokles* besiegt wurde. Möglich, daß dies daher kam, daß jener eine äschyleische Tetralogie zur Wiederaufführung brachte. Wenn man aber darauf hinweist, wie unwahrscheinlich es sei, daß Ödipus sich erst nach einer so langen Regierung nach Laios und den näheren Umständen seines Todes erkundige, so vergißt man, daß man es mit einem Dichter zu tun hat, der jene Umstände der Exposition wegen darlegen muß. Ebenso schaltet Homer die Teichoskopie ein, die allerdings auch Anstoß erregt hat.

8. Über die Abfassungszeit der *Trachinierinnen* gehen die Ansichten weit auseinander; die einen erkennen in denselben eine Jugendarbeit, die andern setzen sie in die letzte Periode des Dichters. Für die Abfassung in späterer Zeit spricht besonders der Anfang des Stückes, der nach Form und Inhalt an die euripideischen Prologe erinnert.

Der Schauplatz unserer Tragödie ist in Trachis in Thessalien vor dem Palast des Königs Keyx, des Freundes des Herakles, wo sich Deianeira, die Gemahlin des Herakles, gerade aufhält. Diese tritt mit einer Dienerin auf und erzählt die Umstände, unter denen sie den Herakles geheiratet; aber diese Ehe brachte ihr nur Kummer und Sorge, da ihr Gemahl fast immer auf Abenteuern abwesend war; auch jetzt ist er seit der Ermordung des Iphitos schon fünfzehn Monate verschwunden. Auf den Rat ihrer Dienerin entschließt sie sich dazu, ihren Sohn Hyllos auf Kunde von seinem Vater auszusenden. Von diesem erfährt sie, daß Herakles zur Sühne für die Ermordung des Iphitos einer Lyderin habe Sklavendienste tun müssen; jetzt aber sei er wieder frei und ziehe gegen Öchalia und Euböa, der Stadt des Königs Eurytos, zu Felde. Diese Nachricht erinnert sie an ein Orakel, das ihr Gemahl ihr mitgeteilt, daß er nämlich in diesem Kampfe entweder seines Lebens Ziel finden, oder im Falle des Sieges ein ungestörtes Glück genießen werde. Sobald Hyllos dies gehört, macht er sich auf den Weg zu seinem Vater. Der Chor, der aus trachinischen Jungfrauen besteht, tröstet die betrübte Deianeira über die lange Abwesenheit des Herakles; denn noch nie habe Zeus seine Söhne vergessen. Deianeira dankt den Jungfrauen für ihre Teilnahme, und da gerade jetzt ein Bote die Kunde von der siegreichen Heimkehr des Helden überbringt, so fordert sie dieselben auf, ein Freudelied anzustimmen. Da naht der Herold Lichas mit Kriegsgefangenen, darunter Iole, die Tochter des Eurytos. Er meldet, daß Herakles Öchalia erobert habe und bald nach Hause zurückkehren werde; nur wolle er zuvor auf Euböa dem Zeus noch die Opfer für den Sieg darbringen. Deianeira freut sich über das Glück ihres Gemahls, bedauert aber auch das Los der unglücklichen Kriegsgefangenen, besonders der reizenden Iole, nach deren Stand und Namen sie sich bei Lichas und ihr selbst vergeblich erkundigt. Als der Herold die Kriegsgefangenen in das Haus führt, teilt der Bote der Deianeira mit, was ihr jener aus Zartgefühl verschwiegen, daß nämlich Herakles aus Liebe zur Iole Öchalia erobert habe. Lichas muß dies auf wiederholtes Befragen eingestehen. Nun begibt sich Deianeira mit dem Herold in das Haus, um ihrem Gemahl ein Geschenk zu senden; der Chor verherrlicht unterdessen die Macht der Liebe, der Götter und Menschen unterliegen. Als Deianeira zurückkehrt, erzählt sie, daß sie mit dem Mittel, das ihr der von Herakles getötete Kentaur Nessos einst sterbend als Liebeszauber reichte, ein Festkleid bestrichen habe, um sich so die Liebe ihres Gemahls zu erhalten. Sie übergibt dasselbe dem Lichas, damit er es dem Herakles überbringe. Während aber der Chor den göttlichen Helden preist und ihm frohe Heimkehr wünscht, erscheint sie voll Furcht wieder, denn die Wolle, mit der sie den Liebeszauber auf das Kleid gestrichen, war von dem Gifte verzehrt worden; wenn aber Herakles durch ihre Schuld umkomme, so sei auch sie zum Tode entschlossen. In diesem Augenblick meldet Hyllos, daß Herakles, sobald er das übersandte Festkleid angelegt, von den fürchterlichsten Schmerzen ergriffen worden sei; dem Tode nahe, habe er seine Gemahlin verflucht und seine Überführung in seine Heimat angeordnet. Deianeira entfernt sich, ohne ein Wort zu sagen. Der Chor erkennt in dem fürchterlichen Schicksal des Herakles die Erfüllung des Orakels und stimmt ein Trauerlied an, als er von der Amme den Tod der Deianeira vernimmt. Da wird Herakles, in Schlummer gesunken, von seinen Freunden langsam herbeigetragen; er erwacht, und von den heftigsten Schmerzen gepeinigt, verlangt er nach seiner Gemahlin, um sie zu bestrafen. Hyllos teilt ihm ihren Tod und das verhängnisvolle Mißverständnis mit. Daraus erkennt er, daß auch sein Tod bevorstehe; denn Zeus habe ihm geweissagt, daß er durch einen Toten sterben werde; so gehe auch das Orakel in Erfüllung, da ja der Tod das Ende aller Mühen sei. Er verlangt von seinem Sohne, daß er ihm einen Scheiterhaufen auf dem Öta errichte. Hyllos verspricht dies; nur wage er denselben nicht selbst anzuzünden. Außerdem wünscht Herakles, daß sein Sohn Iole heirate. Dieser weigert sich anfangs, weil jene an dem Tod seiner Mutter schuld sei; als sein Vater aber mit dem Fluche droht, versteht er sich auch dazu. Mit dem Zug nach dem Öta schließt das Stück.

Der Stoff der Trachinierinnen ist dem Sagenkreis des Herakles entnommen; sie behandeln das Ende dieses Heros. Der Dichter hat dasselbe schon im voraus durch ein doppelsinniges Orakel angedeutet, und so steht das Schicksal im Hintergrund der ganzen Handlung. Die edle, ihren Gatten innig liebende Deianeira leiht in ihrer Eifersucht, ohne es zu wollen oder zu ahnen, ihren Arm zur Verwirklichung desselben; aber kaum hat sie die Folgen ihrer Handlungsweise vernommen, so gibt sie sich selbst den Tod. Dabei bringt Sophokles die Gegensätze und die tragische Ironie zu schönem Ausdruck; die Sorge über die lange Abwesenheit des Herakles macht plötzlich der Freude über dessen Heimkehr Platz, aber auch diese weicht unvermutet dem Schmerze der Eifersucht; das Mittel, das der Gattin den Gatten erhalten soll, raubt ihr denselben für immer; der Tag, den sie für den Beginn eines ungetrübten Glückes gehalten, wird ihr und ihres Gemahls Todestag. Der Tod ist die wahre Erlösung von allen Übeln, das ist die Lehre, die wir aus dem Drama gewinnen. Der Chor nimmt in demselben eine ziemlich unbedeutende Stellung ein; seine Gesänge sind in keiner Weise hervorragend. Mit großer Freiheit behandelt der Dichter die Entfernung im Raume zwischen Trachis und Öchalia. Besonderen Anstoß hat der Schluß der Tragödie erregt, in dem Herakles von Hyllos die Verheiratung mit Iole verlangt. Manche haben diesen geradezu für unecht erklärt; aber der Dichter kann diesen Zug der Sage aus irgendeinem besonderen Grunde angefügt haben, wie er ja auch den Hyllos sich weigern läßt, den Scheiterhaufen anzuzünden, was nach der Sage Pöas, der Vater des Philoktet, nach Sophokles dieser selbst tat. Immerhin gehört dieses Stück zu den schwächsten des Sophokles. Die einen glauben, daß ihm die letzte Feile fehle, andere, daß es in überarbeiteter Gestalt, etwa von *Iophon*, vorliege; ja, einige schreiben es geradezu dem Iophon zu. *Seneca* hat denselben Stoff in seinem Hercules Oetaeus behandelt.

9. In der Mitte zwischen dem troischen Sagenkreis und dem des Herakles steht der *Philoktetes*, der im J. 409 aufgeführt wurde und den ersten Preis gewann.

Der Schauplatz dieses Stückes ist die unbewohnte Insel Lemnos. Hier lebt schon seit zehn Jahren Philoktetes, der Sohn des Pöas, der im Besitze des Bogens und der unfehlbaren Pfeile des Herakles ist. Da er infolge eines Schlangenbisses an einer unheilbaren Wunde litt und bei den schmerzlichen Anfällen, die seine Krankheit herbeiführte, das Lager mit Wehegeschrei erfüllte und die heiligen Handlungen störte, so hatten ihn die Griechen, vor allem die Atriden und Odysseus, auf dem Zug nach Troja hier zurückgelassen, als er am Gestade eingeschlafen war. Jetzt erinnerten sie sich seiner wieder; denn das Orakel verkündete, nur Neoptolemos, der Sohn des Achilleus, im Bunde mit Philoktetes könne Troja erobern. Daher sind Odysseus und Neoptolemos mit einem Gefolge, das den Chor bildet, nach Lemnos gekommen, um den kranken Helden nach Troja zu bringen. Mit Leichtigkeit finden sie die Höhle, die er bewohnt; er selbst ist aber ausgegangen, und so hat Odysseus Gelegenheit, dem Neoptolemos auseinanderzusetzen, daß sie nur durch List ihr Ziel erreichen können. Mit dem Versprechen, daß er ihm den Späher als Schiffsherrn verkleidet zu Hilfe schicken wolle, geht er ab. Während der Chor das einsame Leben und traurige Schicksal des Philoktet beklagt, an dem, wie Neoptolemos sagt, nur das Verhängnis schuld ist, das die vorzeitige Eroberung Trojas verhindern mußte, erscheint dieser selbst. Als er hört, daß die Fremden Griechen sind, schildert er ihnen das Unglück, in das ihn die Atriden und Odysseus gestürzt haben. Neoptolemos erzählt, daß er ebenfalls von diesen beleidigt worden sei; da nämlich Troja nach dem Orakel ohne ihn nicht eingenommen werden könne, so hätten sie ihn aus Skyros geholt; aber sie hätten ihm die Waffen seines Vaters vorenthalten, und so fahre er jetzt wieder nach Hause zurück. Philoktet bittet, auch ihn mitzunehmen, und Neoptolemos sagt ihm dies zu. In diesem

Augenblicke meldet der als Schiffsherr verkleidete Späher, daß die Griechen den Phönix und des Theseus Söhne ausgeschickt hätten, um Neoptolemos zurückzuholen; Odysseus und Diomedes seien dagegen nach Philoktet ausgefahren, da Helenos, der Sohn des Priamos, geweissagt habe, daß Ilios nur durch diesen fallen könne. Daher mahnt Philoktet zur Eile. Er gestattet dem Neoptolemos auf seinen Wunsch, den Bogen des Herakles, den er in der Hand hält, zu nehmen, und geht dann mit ihm in die Höhle, um sich zur Abreise fertig zu machen. Der Chor gedenkt der Qualen, die Philoktetes erlitten; er vergleicht ihn mit Ixion, nur mit dem Unterschiede, daß jener schuldig, er unschuldig leide. Die beiden kehren wieder aus der Höhle zurück. Philoktet bekommt einen fürchterlichen Anfall und sinkt, als dieser vorüber ist, in Schlaf. Der Chor rät dem Neoptolemos, diese Gelegenheit zu benutzen, um mit dem Bogen, den ihm Philoktet gegeben, zu entfliehen; doch dieser weigert sich. Als Philoktet wieder erwacht, wirft Neoptolemos die Maske ab und offenbart ihm die Wahrheit. Unter Klagen verlangt jener seinen Bogen zurück; dieser ist unentschieden, was er tun soll; da erscheint Odysseus. Philoktet erkennt ihn und fordert seinen Bogen noch ungestümer zurück, um ihn zu erschießen; aber vergebens. Als Odysseus ihm droht, ihn gewaltsam wegführen zu lassen, wenn er nicht gutwillig folge, will er sich vom Felsen stürzen; nur durch das Eintreten des Chores, der ihn festhält, wird er daran gehindert. Nun meint Odysseus, man solle ihn zurücklassen; man habe ja seinen Bogen, und dies genüge. Bevor sie abgehen, befiehlt Neoptolemos auf die Bitten des Philoktetes dem Chor zurückzubleiben; aber auch dieser kann denselben nicht zur Nachgiebigkeit bewegen. Nachdem Philoktet sich in seine Höhle zurückgezogen hat, treten wieder Neoptolemos und Odysseus auf, jener mit dem festen Entschluß, dem leidenden Helden seinen Bogen zurückzugeben, dieser in der Absicht, ihn daran zu hindern. Doch alle Bemühungen des Odysseus sind umsonst. Neoptolemos ruft den Philoktet aus der Höhle und händigt ihm sein Geschoß ein; ja, als dieser seine Bitte, mit ihm freiwillig nach Ilios zu fahren, zurückweist, ist er bereit, ihn auf seinem Schiffe nach Hause zu bringen. Da erscheint Herakles und verkündigt dem Philoktetes des Zeus und der Götter Ratschluß, daß er nach Troja gehen müsse, wo er Heilung finden und mit dem Bogen der Stadt den Untergang bringen werde. Willig folgt jetzt Philoktet dem Gebote.

Der Stoff des Philoktetes lag schon im Epos vor; die *Kyprien* erzählten die Aussetzung des Helden auf Lemnos, und die *kleine Ilias* des Lesches berichtete, wie Diomedes denselben nach Troja zurückführte, während Odysseus den jungen Neoptolemos, den Sohn des Achilleus, von Skyros abholte. Das Los des Philoktet, der nach Schicksalsbestimmung zehn Jahre lang unschuldig leiden mußte, damit Ilios nicht zu frühe von den Griechen erobert werde, der aber nach dieser Zeit wieder zu Ruhm und Ehren kam, war ein dankbarer Stoff für die Tragödie, und deshalb wurde er schon von *Äschylos* und *Euripides* vor *Sophokles* behandelt. Bei *Äschylos* wurde Philoktet von Odysseus, den er nicht erkennt, mit List nach Troja gebracht. *Euripides*, dessen Stück im J. 431 aufgeführt wurde, läßt den Odysseus von Diomedes begleitet sein; außerdem läßt er eine Gesandtschaft der Trojaner auftreten, die dem Philoktet die Herrschaft anbieten, wenn er ihnen helfe. Aber beim Redekampf derselben mit Odysseus entscheidet sich der Held für die Griechen und zieht freiwillig mit nach Ilios. Der Chor besteht bei beiden Tragikern aus Lemniern. *Sophokles* dagegen nimmt an, daß Lemnos unbewohnt sei und macht so das Leiden des Philoktetes noch größer und rührender; bei ihm besteht der Chor aus der Schiffsmannschaft. Dem Odysseus gibt er den Neoptolemos bei, der erst kürzlich zum Heere gekommen war und furchtlos mit Philoktet verkehren konnte, da er an der Aussetzung desselben unbeteiligt war; zugleich gewinnt der Dichter dadurch einen scharfen Gegensatz der Charaktere der handelnden Personen.

Unser Stück ist ein Intrigenstück, das es nicht mit äußeren Ereignissen, sondern mit Seelenvorgängen zu tun hat. Philoktet zeigt sich als echter Held und wahrer Mensch. Er leidet unter der Einsamkeit und schweren Krankheit und gibt seinen Gefühlen und Schmerzen offen Ausdruck; er freut sich der Ankunft der Fremden und kommt dem Neoptolemos mit vollem Vertrauen entgegen; er glaubt, daß er ihn in seine teure Heimat und zu den lieben Seinen zurückbringen werde; ja, er nimmt sogar von der Stätte seiner Leiden rührenden Abschied. Aber alle die Leiden, selbst das größte Ungemach konnte seine Charakterstärke und seinen Heldensinn nicht beugen; weder Bitten, noch Drohungen, ja nicht einmal die Aussicht auf Heilung und Ruhm sind imstande, ihn zur Rückkehr zum Heere, das ihn verstoßen, zu bewegen. Diesem starren Charakter steht der edle, offene Neoptolemos gegenüber. Zwar hat er sich durch den listigen Odysseus, welcher der Leiter der ganzen Intrige ist und zum Wohle des Heeres alles versucht, dazu bestimmen lassen, gegen seine Natur zur List zu greifen; aber als er diese schon ausgeführt, verhilft ein heftiger Krankheitsfall des Philoktet, der ihn zum Mitleid stimmt, seiner bessern Natur wieder zum Siege; um seinen Fehler wiedergutzumachen, gibt er trotz der Einsprache des Odysseus den Bogen zurück, und als Philoktet seinen Bitten, mit ihm nach Ilios zu kommen, Weigerung entgegensetzt, ist er bereit, ihn sogar nach Hause zu führen. Da bringt Herakles als deus ex machina den Konflikt zu versöhnendem Abschluß; Philoktet kann jetzt, ohne seiner Heldenehre etwas zu vergeben, nach Troja gehen. Ein solches Eingreifen der Götter in die menschlichen Handlungen war den Griechen nicht so störend wie uns; denn auch sonst erschienen ja Götter im Drama, wie z.B. Athene im Prolog des Ajas, und außerdem war es griechischer Glaube, der besonders in der Poesie zum Ausdruck kam, daß die Götter persönlich für ihre Lieblinge sorgen. An Philoktet nahm aber Herakles deshalb besondern Anteil, weil dieser nach Sophokles seinen Scheiterhaufen angezündet hat und seine unfehlbaren Geschosse führt. Dio Chrysostomos, der noch alle drei Philoktete las, erklärte den unsrigen für den besten.

10. Der *Ödipus* auf *Kolonos* gilt ziemlich allgemein für das letzte Stück unseres Dichters. Nach einer alten Überlieferung wurde er erst vier Jahre nach dem Tode desselben, im J. 401, von seinem Enkel *Sophokles* auf die Bühne gebracht. Wenn man dies auch für eine Wiederaufführung hält, so darf man doch die Entstehung dieser Tragödie nicht an den Anfang des peloponnesischen Krieges oder in die Zeit des Abschlusses des Friedens des Nikias setzen. Der ganze Charakter derselben spricht für Abfassung in der letzten Lebenszeit des Sophokles, und darauf deutet auch die Nachricht von dem oben erwähnten Streit zwischen Sophokles und Iophon, der sich an den Ödipus auf Kolonos knüpft.

Der Schauplatz des Stückes ist die Heimat des Sophokles, der Gau Kolonos. Hier befindet sich der Hain der Eumeniden und der Eingang in die Unterwelt, die sog. eherne Schwelle. Der greise Ödipus, der, aus Theben vertrieben, nur von seiner Tochter Antigone begleitet, umherirrt, ist hierher gekommen und hat im heiligen Hain auf einem Stein Platz genommen. Ein Bewohner der Gegend, der zufällig herzukommt, fordert ihn auf, diesen Ort zu verlassen; doch auf die Bitten des Ödipus teilt er ihm mit, wo er sich befindet, und ist auch bereit, ihn so lange hier weilen zu lassen, bis seine Gaugenossen, die er herbeirufen will, über den Fall entschieden haben. Als dieser sich wieder entfernt hat, offenbart Ödipus seiner Tochter, daß ihm ein Orakel Apollons früher verkündigt habe, er werde an dieser Stätte sein unglückliches Leben beschließen und seinen Beschützern in Zukunft zum Heil und Segen gereichen. Unterdessen nahen die kolonischen Greise, die den Chor bilden; anfangs verbirgt sich Ödipus vor ihnen; aber bald gibt er sich den Suchenden zu erkennen. Voll Entsetzen heißen sie ihn ihr Land verlassen; aber Antigones kindliche Bitte und Ödipus' warnende Worte stimmen sie um; sie schicken sogar auf den Wunsch des Greises einen Boten zu Theseus, dem König des Landes, um ihn herbeizurufen. Da kommt eilig Ismene, von einem Diener begleitet, auf einem Rosse dahergesprengt; sie meldet ihrem Vater, daß Polyneikes, der von dem jüngeren Bruder Eteokles der Herrschaft beraubt und aus der Stadt vertrieben worden sei, ein Heer zum Kampfe gegen die Vaterstadt gesammelt habe; das Orakel habe dem den Sieg zugesagt, der den Ödipus für sich gewinne; daher werde Kreon im Auftrage Thebens zu ihm kommen, nicht etwa um ihn zurückzurufen, sondern um ihn auf die Grenze des Landes zu locken und dort festzuhalten, da sie nur so den Sieg im Kampfe erringen könnten. Ödipus weigert sich, denen, die ihn vertrieben haben, Hilfe zu leisten, und baut auf den Schutz Athens. Der Chor rät ihm, den Göttern, zu deren Heiligtum er gekommen sei, Spenden darzubringen; auf die Frage nach seinem Schicksal antwortet Ödipus nur zögernd, daß er unbewußt seinen Vater getötet und seine Mutter geheiratet habe. In diesem Augenblick erscheint Theseus. Ödipus bittet ihn um Aufnahme und Schutz; den Dank dafür werde sein Leichnam abstatten, der ihnen nach einem Götterspruch Sieg über ihre Feinde bringen werde. Theseus sagt ihm seinen Beistand zu und entfernt sich wieder, während der Chor in einem herrlichen Liede die Schönheit des Gaues Kolonos preist. Hierauf kommt Kreon mit seinen Begleitern. Da er mit täuschenden Worten den Ödipus nicht zum Mitgehen bewegen kann, greift er zu Gewalt; er läßt die beiden Mädchen Antigone und Ismene von seinen Begleitern hinwegschleppen und bemächtigt sich auch des Ödipus. Aber auf das Hilfegeschrei des Chores eilt Theseus mit seinen Leuten herbei; diese sendet er sofort den Räubern der Mädchen nach; er selbst behält den Kreon als Geisel, der sich zu rechtfertigen sucht und dabei auch auf die Gewalttaten des Ödipus hinweist. Dieser antwortet ihm, daß er alles, was man ihm vorwerfe, unbewußt getan habe und deshalb nicht dafür verantwortlich gemacht werden könne. Hierauf befiehlt Theseus dem Kreon, ihm zu zeigen, wohin sie die Mädchen geführt hätten, und dieser gehorcht unter Drohungen. Während der Chor, der sich in Gedanken in das Schlachtgetümmel versetzt glaubt, den Seinen noch Glück wünscht, kehren diese schon als Sieger mit den Mädchen zurück. Theseus teilt dem Ödipus mit, daß ein Fremdling am Altar des Poseidon ihn um eine Unterredung bitte. Ödipus, der in demselben seinen Sohn Polyneikes erkennt, will ihn zurückweisen; doch auf Verwenden des Theseus entschließt er sich, ihn anzuhören. Nun geht Theseus ab, um den Polyneikes zu holen, und der Chor stimmt ein Lied über die Mühsale des menschlichen Lebens an, aus denen einen nur der Tod erlöse. Als Polyneikes angekommen, trägt er seinem Vater seine Bitte um Hilfe vor; aber harte Worte muß er hören; beladen mit dem Fluche des Greises, der seinen beiden Söhnen gegenseitigen Tod in der Schlacht wünscht, entfernt er sich traurig, nachdem er seine Schwester Antigone noch zuvor um Bestattung, wenn er gefallen sei, angefleht hatte. Jetzt hört man wiederholt donnern; Ödipus erkennt darin die Stimme des Gottes, der ihn in die Unterwelt ruft. Mit Theseus und seinen Töchtern begibt er sich in den Hain, indem er trotz seiner Blindheit jetzt selbst die Führung übernimmt. Gleich darauf kommt ein Bote und erzählt, daß Ödipus bei der ehernen Schwelle, die in die Unterwelt führt, sich von seinen Töchtern verabschiedet habe, die er dem Schutze des Theseus anbefohlen habe; darauf habe ihn die Stimme eines Gottes gerufen; die Mädchen seien zurückgegangen; nur Theseus sei zugegen gewesen, als er der Erde entrückt wurde. Der Chor sucht Ismene und Antigone, die um ihren Vater klagen, zu trösten. Als Theseus zurückkehrt, bitten sie ihn, er möge sie nach Theben senden. Dieser verspricht es, und mit der Mahnung des Chores, von Klagen abzulassen, schließt das Stück.

Der Stoff dieser Tragödie ist der Geschichte des Ödipus entnommen. Von diesem erzählte die attische Sage, daß er im Gau Kolonos ein Grab gefunden, zum Schutzheros des Landes geworden und sich bei einem Einfall der Thebaner den Athenern hilfreich erwiesen habe. Aus diesen wenigen Zügen schuf Sophokles durch freie Zudichtung und Gestaltung unsere herrliche Tragödie. Man wollte dieselbe als Mittelstück mit *Ödipus Tyrannos* und *Antigone* zu einer Trilogie verbinden; mit Unrecht; Abfassungszeit, Charakterzeichnung und Anlage sprechen in gleicher Weise dagegen. Wohl aber enthält der Ödipus auf Kolonos manche Beziehungen auf jene früher gedichteten Stücke, die demselben thebanischen Sagenkreis angehören. Die Bitte um Bestattung, die der mit dem Fluche des Vaters beladene Polyneikes beim Weggang an seine Schwester Antigone richtet, bildet den Inhalt der Antigone. Ja, der Ödipus auf Kolonos stellt sich überhaupt als Fortsetzung und Abschluß des Ödipus Tyrannos dar. Der Gegenstand desselben ist das Ende jenes trefflichen Königs, der unbewußt nach Schicksals Fügung die gräßlichsten Verbrechen auf sich lud und dann, nachdem er dies entdeckt, sich selbst zur Sühne derselben blendete und aus dem Vaterland verbannte; er enthält die Erlösung dieses unglücklichen Dulders von allem irdischen Ungemach, eine Erlösung, die nach Gottes Ratschluß zugleich eine Verklärung desselben zu einem Heros wurde. So lagert über der ganzen Tragödie eine gewisse feierliche Ruhe und ein weihevoller Frieden. Die Handlung besteht nur in der Beseitigung der Hindernisse, die sich der endlichen Erlösung und Verklärung des Helden entgegenstellen. Ödipus zeigt auch jetzt noch, wo er im Rechte ist, einen festen, entschiedenen Charakter; den heuchlerischen Kreon weist er scharf zurück, und gegen seine undankbaren, selbstsüchtigen Söhne spricht er sogar den Fluch aus. Dieser Zug mag uns vielleicht weniger gefallen, aber er ist bezeichnend für den alten Helden und charakteristisch für die Dichtung des Sophokles, der das Herbe liebt. Dagegen ist die Fürsorge und Liebe, die der greise Vater seinen treuen Töchtern gegenüber an den Tag legt, geradezu rührend. Im ganzen ist Ödipus ruhiger geworden; er hat sich in sein Schicksal und den Willen der Götter fügen gelernt, das Unglück hat ihn geläutert, und deshalb erbarmt sich die Gottheit seiner und erhöht den Gefallenen auch wieder. So ist es der Gedanke von der göttlichen Liebe und Gnade in fast christlicher Weise, den der Dichter als seine religiöse Überzeugung in dieser Tragödie niedergelegt hat. Von besonderer Wirkung ist es, daß der Fluchbeladene gerade im Heiligtum der Fluchgötter, der Eumeniden, von dem Fluche befreit wird, und tief ergreifend ist die Art und Weise, wie Ödipus von der Erde verschwindet und zu göttlicher Verklärung gelangt. Der Chor beteiligt sich lebhafter an der Handlung als sonst bei Sophokles, und zur Aufführung des Stückes sind vier Schauspieler nötig, von denen allerdings nur drei gleichzeitig sprechen. Der Tragödie wurde in alter und neuer Zeit großes Lob gespendet, besonders von seiten der Athener, deren Land und Einrichtungen darin aufs schönste verherrlicht sind.

11. Der Dichter hat seine *Stoffe*, wie man sieht, durchweg der Sagengeschichte entnommen; dabei mußte er natürlich im Interesse seiner Kunst manche Änderungen und Zudichtungen vornehmen, aber im ganzen hielt er sich treu an die Überlieferung und hütete sich vor allen willkürlichen Neuerungen. Bei der Auswahl der Stoffe griff er nicht zum Göttlichen und Übermenschlichen, wie sein Vorgänger Äschylos, sondern zog das *Menschliche* und uns Naheliegende vor. Er macht nicht ein äußeres Schicksal, wie jener, zur Triebkraft des Dramas, sondern die Menschen selbst. Zwar glaubt auch er an ein von den Göttern den Menschen bestimmtes Schicksal, aber dieses hebt den freien Willen derselben nicht auf, sondern geht gerade durch dessen Betätigung in Erfüllung; durch ihre eigenen Handlungen rennen die Menschen in ihr Schicksal, selbst wenn die Gottheit durch Orakel, Träume oder andere Offenbarungen sie zuvor gewarnt hat; denn sie verstehen diese Mahnungen nicht richtig. Und gerade darauf beruht die *tragische Ironie*, die bei unserm Dichter eine so gewaltige Rolle spielt.

Sophokles leitet also das Schicksal des Menschen aus seinen eigenen Handlungen ab, und diese ergeben sich wieder folgerichtig aus seinem *Charakter*; der Charakter ist demnach die Triebfeder der sophokleischen Tragödie, und gerade in der Charakterisierung liegt die Hauptstärke des Dichters. Er versteht es, wie kaum ein anderer, oft mit ein paar Strichen lebenstreue Gestalten zu zeichnen und sie bis ins einzelne genau und entsprechend auszuführen; nirgends bei Sophokles wird einem ein Zweifel darüber aufsteigen, ob ein so gearteter Mensch so sprechen oder handeln könne. Dabei ist die Zahl der verschiedenen Charaktere, die er schuf, sehr groß, besonders auch der Frauencharaktere, und er weiß dieselben durch richtige Gruppierung und künstlerische Gegenüberstellung noch zu heben und schärfer hervortreten zu lassen. Seine Personen sind edle, ideale Gestalten; er schildert, wie er selbst sagt, die Menschen, wie sie sein sollen. Seine Poesie ist dem Boden tiefer *Religiosität* und ernster *Sittlichkeit* entwachsen, und daher wirkt sie läuternd und veredelnd.

Die *Handlung* ist nicht mehr so einfach wie bei Äschylos, sondern reicher und verwickelter. Da er jene großen äschyleischen Ganzen, die aus drei Tragödien bestanden, löste, so mußte die Anlage knapper und die Durchführung straffer werden. Der *Chor* wurde, wie wir schon oben sahen, beschränkt und alles, was nicht streng zur Handlung, notwendig zur Darstellung der Idee gehörte, wurde beiseitegelassen. Dagegen wurden die für den Plan notwendigen Momente sorgfältig gesammelt, Kontraste, und was sonst noch die Handlung steigern und die Spannung der Zuschauer erhöhen konnte, gewissenhaft verwendet, kurz alles, was bewußte Kunst und kluge Berechnung bieten konnten, angewandt, um die Peripetie und Katastrophe wirksam und ergreifend zu gestalten; ja, auch ein schrecklicher Anblick, wie die bluttriefenden Augen des Ödipus oder der eiternde Fuß des Philoktet, bleibt den Zuschauern nicht erspart, wenn dadurch der Eindruck und die Rührung verstärkt werden können. Aber überall weiß der Dichter das richtige Maß einzuhalten. Wenn wir Größe und Erhabenheit als die charakteristischen Merkmale der äschyleischen Tragödie angegeben haben, so zeichnet sich Sophokles durch *Anmut* und *Schönheit* aus, doch so, daß auch ein *herber Zug* darin gemischt ist.

12. Was wir vom Inhalt sagten, gilt auch von der *Form* der sophokleischen Dramen; auch hier hält unser Dichter die richtige Mitte zwischen dem erhabenen Pathos des Äschylos und der gewöhnlichen Ausdrucksweise des Euripides. Der Wortschatz ist der Hauptsache nach dem guten Attizismus entnommen; darein mischt er aber auch homerische und ionische Wörter, Ausdrücke, die er dem Äschylos entliehen, und solche, die er selbst gebildet hat. Im Gebrauche der Wörter findet sich bei ihm manches Eigentümliche. Seine Epitheta sind durchweg bezeichnend und malend. In den Metaphern, die er mit Vorliebe aus der Natur wählt, ist er oft sehr kühn. Seine Wortstellung verrät große Freiheit, und seine Syntax bietet vieles Auffallende und von dem Gewöhnlichen Abweichende. Der Ausdruck zeigt bald Fülle, bald Knappheit, je nachdem das eine oder das andere der Situation angemessen

ist. Die Satzbildung ist mannigfaltig, und wenn auch da oder dort eine Härte vorkommt, so sind doch Anakoluthe selten. Ein besonderer Vorzug der sophokleischen Sprache ist die *Individualisierung*, d.h. die Anpassung derselben an die einzelnen Persönlichkeiten. So spricht z.B. der Bote anders als der König, und Sophokles versteht sich außerordentlich gut darauf, oft durch eine Wendung oder einen Vers die verschiedenen Charaktere zu kennzeichnen. Überhaupt ist die Sprache unseres Dichters sehr mannigfaltig, immer dem augenblicklichen Bedürfnisse angemessen; aber überall zeichnet sie sich durch *Klarheit* und *Anschaulichkeit* aus, und nicht mit Unrecht hat man den Dichter in dieser Beziehung mit Homer zusammengestellt.

Im *Versbau* ist Sophokles freier als Äschylos. Im *Trimeter* läßt er mehr Auflösungen zu und vermehrt so die Zahl der möglichen Bildungen desselben; dadurch wird derselbe vielgestaltiger und geeigneter, allen Situationen zu entsprechen. Besondere Kraft und Lebendigkeit zeigt er in den *Stichomythien*, die eine Stärke unseres Dichters sind; öfter ist er auch unter mehrere Personen geteilt; einige Mal läßt Sophokles sogar den Apostroph am Schlusse desselben zu. Wenn so der Trimeter mannigfaltiger wurde, wurde andererseits die große Fülle der *lyrischen Maße*, die wir bei Äschylos getroffen, bei Sophokles beschränkter; aber immerhin hat er noch im Vergleich mit Euripides einen Reichtum an Rhythmen. Sein Lieblingsmaß sind die *Logaöden*. Die schöne Harmonie zwischen Inhalt und Form machen diese Lieder zum schönsten, was die griechische Lyrik hervorgebracht hat, wenn sie auch an Großartigkeit und Erhabenheit den äschyleischen nachstehen.

13. Der Tragiker *Ion von Chios*, der in seiner Heimat mit Sophokles zusammengetroffen, schildert ihn als heitern und geschickten *Gesellschafter*; aber in *Politik* habe er weder theoretisch, noch praktisch über das Durchschnittsmaß hinausgeragt. Um so größer war die Verehrung, die er als *Dichter* genoß. Man nannte ihn den *tragischen Homer*, und wegen seiner Lieblichkeit erhielt er den Beinamen *Biene*. Seine Stücke wurden auch nach seinem Tode noch auf der Bühne aufgeführt. *Lykurg* ließ sie in das Normalexemplar eintragen, und auf den Antrag desselben Redners wurde auch das Standbild des Sophokles, wie das des Äschylos, im Theater aufgestellt. Seine Dichtungen wurden zu allen Zeiten fleißig studiert; nur die Rhetoren zogen ihm aus praktischen Gründen den Euripides vor. Der Grammatiker *Didymos* veranstaltete eine Ausgabe mit Erklärungen, und auf diese gehen, wenn auch mittelbar, die laurentianischen *Scholien* zurück. In späterer Zeit wurden besonders Elektra, Aias und Ödipus Tyrannos gelesen.

30. Kapitel

Euripides

1. Der dritte große Tragiker Athens ist *Euripides*, der nach der gewöhnlichen Überlieferung im J. 480 v. Chr. auf der Insel Salamis geboren wurde und daher den Beinamen *Salaminios* erhielt. Um nämlich die drei großen Tragiker zeitlich miteinander in Berührung zu bringen, erzählte man, daß Äschylos als Mann in der Schlacht bei Salamis mitgekämpft, Sophokles als Jüngling den Siegesreigen angeführt habe und Euripides an demselben Tage geboren worden sei. Nach andern fällt seine Geburt in das J. 485 v. Chr. Der Vater desselben hieß Mnesarchides (oder Mnesarchos), die Mutter Kleito. Von dem Vater weiß die Überlieferung zu berichten, daß er ein Böoter gewesen sei; da er aber seine Schulden nicht habe bezahlen können, so sei ihm nach böotischer Sitte ein Tragkorb aufgesetzt, d. h. er sei des Bürgerrechtes beraubt worden, und daraufhin sei er nach Attika ausgewandert; hier habe er ein Krämergeschäft, seine Frau Kleito aber einen Gemüsehandel betrieben. Doch scheinen dies Verleumdungen der Komödie gewesen zu sein, die sich ja mit Vorliebe mit Euripides beschäftigte; denn wir hören im Gegensatz dazu, daß die Eltern unseres Dichters zu den vornehmen Familien gehörten. Sein Vater war Bürger in der attischen Gemeinde Phlya, und er selbst versah in der Jugend das Amt eines Mundschenken beim Apollonfeste, wozu man nur Söhne vornehmer Eltern nahm; auch beim Feste des Apollon Zosterios, der seinen Namen von dem attischen Vorgebirge Zoster hat, trug er das heilige Feuer. Immerhin ist es möglich, daß seine Eltern in ihren Vermögensverhältnissen zurückgekommen waren und deshalb einen Kaufhandel trieben.

Dem Vater des Euripides wurde bei der Geburt seines Sohnes geweissagt, daß dieser einst in Wettkämpfen siegen werde. Daher ließ er ihn mit Rücksicht auf seinen kräftigen Körperbau zum Athleten ausbilden, und Euripides soll auch mehrere Siege in gymnischen Spielen errungen haben. Doch dieser Beruf sagte ihm nicht zu, und auch die Malerei, der er sich dann widmete, vermochte ihn nicht zu fesseln. Erst in der Beschäftigung mit der tragischen Dichtkunst fand er seine Lebensaufgabe. Daneben trieb er eifrig philosophische Studien und hatte eine große Bibliothek. Er las die Werke des dunklen Herakleitos, hörte den Anaxagoras, Prodikos und Protagoras, der sein Werk über die Götter im Hause des Euripides vorlas, und verkehrte freundschaftlich mit Sokrates, der nur in das Theater ging, wenn Stücke des Euripides aufgeführt wurden. Die neuen Lehren und Ansichten brachte Euripides in seinen Dramen zur Darstellung und trug so wesentlich zur

Verbreitung derselben bei. Daher nannte man ihn den Philosophen der Bühne und betrachtete ihn neben Sokrates als Hauptvertreter der Aufklärung, die das Ziel der neuen Philosophie war. Der Komiker Aristophanes verfolgt beide als die Verderber der guten alten Sitte und Zucht. An der Staatsverwaltung nahm Euripides keinen aktiven Anteil; aber in seinen Stücken behandelte er öfter politische Fragen, und besonders nachdrücklich trat er für den Ruhm und die Ehre seines Vaterlandes in seinen Dramen ein.

Euripides wird im Gegensatz zu dem heitern und geselligen Sophokles als ein ernster und finsterer Mann geschildert, der sich am liebsten in seinem Studierzimmer aufhielt. Besonders warf man ihm Weiberhaß vor, und zum Beweise dafür konnte man sich auf eine große Zahl harter Urteile berufen, die er in seinen Tragödien über dieselben aussprach. Den Grund für den Weiberhaß des Dichters suchte man in den häuslichen Verhältnissen desselben. Man erzählte, daß Euripides zweimal verheiratet gewesen sei, das erste Mal mit Melito; als diese ihm aber treulos geworden, habe er Chörile oder Chörine, die Tochter des Mnesilochos, geheiratet; doch auch mit dieser sei es ihm nicht besser ergangen; denn der Musiker Kephisophon, der im Hause des Euripides lebte und ihn bei der Dichtung seiner Tragödien unterstützte, habe ein Verhältnis mit derselben unterhalten. Ja, sogar der Bigamie beschuldigte man den Dichter. Inwieweit diese Gerüchte auf Wahrheit beruhen oder ihre Entstehung dem Spott der Komödie verdanken, läßt sich nicht mehr sicher entscheiden. Von der Tochter des Mnesilochos – mag dieselbe nun wirklich Chörile oder Chörine geheißen haben, oder mag Melito, wie andere glauben, ihr eigentlicher Name, Chörile aber ihr Spottname gewesen sein, so daß Euripides im letztern Fall nur einmal verheiratet gewesen wäre – hatte Euripides drei Söhne, Mnesarchides, der Kaufmann, Mnesilochos, der Schauspieler war, und Euripides, der Stücke seines Vaters aufführte. Auch kann man aus dem Komiker Aristophanes schließen, daß Euripides bis zu seinem Tode mit seiner Frau, seinen Kindern und dem Kephisophon zusammenlebte.

Euripides starb nicht in Athen. Im J. 408 folgte er einer Einladung des Königs Archelaos von Makedonien nach Pella, wo sich auch der Tragiker Agathon befand. Unterwegs scheint er sich eine Zeitlang in Magnesia aufgehalten zu haben, das ihm große Ehren erwies. Seinem königlichen Gönner zu Liebe schrieb er die Tragödie *Archelaos*, in der er den gleichnamigen Ahnherrn und Gründer der makedonischen Dynastie feierte. Bald darauf starb er in Arethusa bei Amphipolis, wohin er mit dem König gereist war, im J. 407/6. Die näheren Umstände seines Todes werden verschieden angegeben. Nach den einen wurde er von wütenden Weibern, nach den andern von Hunden zerrissen, die auf Anstiften seiner Feinde und Nebenbuhler auf ihn gehetzt wurden, entweder als er nachts vom König nach Hause zurückkehrte, oder als er auf ein nächtliches Liebesabenteuer ausging. Hier in Arethusa wurde er auch bestattet. Als die Kunde von seinem Tod nach Athen kam, verlangten die Athener von Archelaos die Asche des Verstorbenen; sie wurde ihnen aber verweigert, und so mußten sie sich damit begnügen, ihrem berühmten Dichter ein Kenotaphion zu errichten. Beide Gräber, das wirkliche in Arethusa und das Scheingrab in Athen, sollen vom Blitz getroffen worden sein. Außerdem erzählt man, daß Sophokles, der den Euripides um kurze Zeit überlebte, aus Trauer über den Tod seines Kollegen bei dem darauffolgenden Proagon vor den Dionysien samt seinen Schauspielern und dem Chore in schwarzen Kleidern aufgetreten sei. Der Tyrann Dionysios von Syrakus aber erwarb die Leier, Schreibtafel und den Griffel des bewunderten Dichters um teueres Geld.

2. Euripides widmete sich, von ein paar *Epigrammen* und einem *Epinikion* auf den Wagensieg des Alkibiades zu Olympia abgesehen, vollständig der *Tragödie*. Zum ersten Mal trat er im J. 455 im Alter von 25–26 Jahren mit den *Peliaden* auf, in denen er die Geschichte der Verjüngung des Pelias durch Medeia behandelte. Denselben Stoff hatte *Sophokles* in seinen *Rhizotomoi* (Wurzelgräberinnen) dargestellt. Erst 14 Jahre später, im J. 441, gewann Euripides den ersten Preis. Die Alten erzählen, daß er sich besonders gern in einer am Meere gelegenen Höhle auf Salamis aufgehalten und gedichtet habe. Man kannte von ihm 92 Dramen, also 23 Tetralogien, vorausgesetzt, daß alle zu Tetralogien gehörten. Den ersten Preis soll er im ganzen nur fünf Mal gewonnen haben; sonst war er der zweite und häufig der dritte. Zur Zeit der Grammatiker waren unter dem Namen des Euripides noch 78 Stücke, darunter 8 Satyrspiele, vorhanden, jedoch wurden die drei Tragödien *Tennes*, *Rhadamanthys* und *Peirithoos* für unecht gehalten, und auch von den Satyrdramen wurde eines angezweifelt. Auf uns sind 19 Stücke gekommen, darunter ein Satyrdrama *Kyklops* und die angezweifelte Tragödie *Rhesos*; außerdem haben wir Fragmente von 59 Dramen.

3. Das älteste unter den erhaltenen Stücken des Euripides ist *Alkestis*, das im J. 438 zugleich mit den *Kreterinnen*, dem *Alkmäon* in Psophis und dem *Telephos* aufgeführt und mit dem zweiten Preise ausgezeichnet wurde. Nach der Didaskalie war es das 16. Stück des Dichters, also das 4. der 4. Tetralogie, das demnach die Stelle eines Satyrdramas einnahm. Den Stoff hatte *Phrynichos* schon vorher behandelt, aber die Einführung des Herakles scheint eine Neuerung des Euripi-

des zu sein. Mit dieser Person, die bisher nur in Satyrspielen gebraucht wurde, kam ein heiteres Element in die Handlung. Das Stück steht in der Mitte zwischen Tragödie und Komödie, und da es einen glücklichen Ausgang hat, ist es wohl geeignet, den Schluß einer Tetralogie zu bilden.

Der Schauplatz des Stückes ist in Pherä in Thessalien vor dem Palast des Königs Admetos. Im Prolog tritt Apollon auf, der Freund des Admetos, auf dessen Bitte die Mören gestatteten, daß Admetos nach Ablauf seiner Zeit noch am Leben bleiben dürfe, wenn sich jemand fände, der freiwillig für ihn stürbe. Dazu konnte sich aber nur seine jugendliche Gemahlin Alkestis entschließen, und schon naht der Tod, um diese abzuholen. Aus dem Gespräche desselben mit Apollon erfahren wir, daß Herakles dieselbe retten wird. Jetzt erscheint der Chor, der aus einheimischen Greisen besteht, um die sterbende Königin zu beklagen. Außerordentlich rührend ist der Abschied, den die beiden Gatten voneinander nehmen, sowie der Jammer des jungen Eumelos um seine verstorbene Mutter. Als man die Tote bestatten will, kommt Herakles, der zu den Bistoniern ziehen soll, um die Rosse des Diomedes zu holen. Trotz seiner Trauer nimmt ihn Admetos freundlich auf; ja, er verheimlicht seinem Gastfreund aus Rücksicht sogar den wahren Grund seiner Trauer, indem er ihm nicht sagt, was für eine Frau er begräbt. Sobald Herakles in die Gastzimmer getreten, erscheint Pheres, der Vater des Admetos, mit einem Totenschmuck für die Verstorbene. Der Sohn macht ihm Vorwürfe, daß er trotz seines hohen Alters nicht für ihn gestorben sei; aber der Vater verteidigt sich nachdrücklich. Der engherzige Egoismus der Eltern des Admetos, der dabei zutagetritt, steht in scharfem Gegensatz zu der liebevollen Opferwilligkeit, mit der Alkestis für ihren Mann in den Tod ging, und läßt dieselbe in noch schönerm Lichte erscheinen. Der König und der Chor ziehen mit der Toten ab, um sie zu bestatten. Da tritt der Diener auf, der den Herakles unterdessen in den Gastzimmern bewirtet hat; er ist über die ausgelassene Heiterkeit desselben im Hause des Todes empört. Herakles selbst trägt seine Ansichten über den Genuß des Lebens vor. Sobald er aber vom Diener erfährt, daß die Verstorbene Alkestis, die Gemahlin des Admetos, sei, ist er sofort bereit, dieselbe dem Tode wieder abzuringen, um dadurch seine übelangebrachte Ausgelassenheit zu sühnen und seinen Gastfreund für die Freundlichkeit zu belohnen, mit der er ihn auch unter diesen Umständen aufgenommen habe. Unter Klagen kehrt Admetos mit dem Chor vom Begräbnis zurück. Etwas später kommt Herakles mit einer verhüllten Frauengestalt wieder. Er erklärt, er habe dieselbe bei einem Wettkampf in der Nachbarschaft gewonnen, und bittet den Admetos, ihm dieselbe bis zu seiner

Rückkehr aufzubewahren. Nach anfänglichem Weigern geht der König darauf ein. Da schlägt Herakles die Verhüllung zurück, und Admetos erkennt seine Gemahlin. Mit der Ankündigung eines allgemeinen Freudenfestes schließt das Stück, dessen Handlung, wie man sieht, sehr einfach ist und den dritten Schauspieler nur wenig beschäftigt.

4. Das nächste genau bestimmbare Stück des Euripides ist *Medeia*, das im J. 431 als erstes Stück zugleich mit *Philoktet*, *Diktys* und dem Satyrspiel *Theristä* aufgeführt wurde, aber nur den dritten Preis erhielt. Der Stoff, welcher der Argonautensage angehört, liegt zum Teil schon in den *Korinthiaka des Eumelos* und in der *Eroberung Öchalias* vor. In dem letzteren Epos wird erzählt, daß Medeia bei ihrem Aufenthalt in Korinth den damaligen König Kreon mit Gift getötet habe und dann aus Furcht vor den Freunden und Verwandten desselben nach Athen geflohen sei; ihre Söhne, die noch zu jung waren, um sie mitzunehmen, habe sie auf den Altar der Hera gesetzt; aber die Verwandten des Kreon hätten diese getötet und dann ausgesprengt, Medeia habe es selbst getan. In Korinth wurde jedes Jahr ein Fest zur Sühne für die Ermordung der Söhne der Medeia gefeiert. Auch die Tragödie hatte sich der Geschichte der Medeia bereits bemächtigt; *Sophokles* behandelte dieselbe in den *Kolcherinnen* (*Κολχίδες*), den *Skythen* und den *Wurzelgräberinnen* (*ῥιζοτόμοι*), und *Euripides* selbst in seinem ersten Stück, den *Peliaden*. Ja, wenn man der Überlieferung glauben dürfte, wäre sogar schon das eigentliche Thema der euripideischen Medeia, die furchtbare Rache der verstoßenen, eifersüchtigen Gemahlin an dem treulosen Iason, von dem Tragiker *Neophron* bearbeitet gewesen, der auch die tragisch so wirksame Neuerung eingeführt hätte, daß die Mutter selbst ihre Kinder ermordet. Doch aus den drei noch erhaltenen Fragmenten der Medeia des Neophron ergibt sich eher das Gegenteil; denn dieser sucht das bei Euripides unmotivierte Auftreten des Ägeus in Korinth damit zu begründen, daß sich der athenische Herrscher bei Medeia die Auslegung eines dunklen Orakelspruchs holen will, und nimmt auch an der Prophezeiung über den Tod des Iason eine Verbesserung vor. Außerdem wußte das Gerücht, daß Euripides von den Korinthiern bestochen worden sei, damit er den Kindermord von ihnen auf Medeia übertrage. Andere haben vermutet, die erste Bearbeitung der Medeia sei später irrtümlich dem Neophron zugeschrieben worden; allein beide Ansichten beruhen auf der zweifelhaften Annahme, als ob unser Stück die Umarbeitung einer älteren Fassung sei. Doch wie dem auch sein mag, Euripides' Medeia gilt mit Recht für ein Meisterwerk der tragischen Kunst; es war ein Lieblingsstück der Griechen, *Ennius* und *Seneca* bearbeiteten es für die römische Bühne, und von da an macht es die Wanderung durch die ganze Welt.

Die Tragödie spielt in Korinth. Im Prolog, der gleich in die Handlung des Stückes einführt, treten die Amme der Medeia und der Pädagog, der Erzieher ihrer Kinder, auf. Wir erfahren, daß Medeia über die Treulosigkeit des Iason, der sie verstoßen hat, um Glauke, die Tochter des Königs Kreon von Korinth, zu heiraten, in Verzweiflung ist. Die Amme und der Pädagog befürchten das Schlimmste, zumal da Medeia hinter der Bühne Klagen und Verwünschungen gegen ihre Kinder, Iason, Glauke und sich selbst ausstößt und außerdem sich das Gerücht verbreitet hat, daß Kreon sie aus dem Lande vertreiben wolle. Auf das Geschrei derselben eilen die Nachbarinnen, aus denen der Chor besteht, herbei, um sie zu trösten. Diesen gegenüber stellt Medeia in einer uns etwas befremdenden Weise ihre unglückliche Lage als Folge der unwürdigen Stellung dar, welche die Frauen in Griechenland einnehmen, und weiß sie dadurch vollständig für sich zu gewinnen; sie versprechen ihr, sie nicht zu verraten, wenn sie an ihrem Gatten Rache nehme. Auch den Kreon, der jetzt auftritt, um ihr ihre Verbannung aus Korinth anzukündigen, weiß sie zu bestimmen, daß er ihr noch einen Tag Frist gewährt; an diesem will sie, wie sie dem Chor erklärt, das Rachewerk vollführen. Nachdem der Chor seiner Überzeugung Ausdruck gegeben, daß Medeias Tat den Frauen den Männern gegenüber Genugtuung verschaffen werde, erscheint Iason selbst, und nun kommt es zu einer scharfen Auseinandersetzung zwischen den beiden Gatten. Iason sucht seinen Schritt bei Medeia zu entschuldigen und bietet ihr eine Unterstützung an, und als diese ihm in den leidenschaftlichsten Worten seine Undankbarkeit und Treulosigkeit vorwirft, weist er in sophistischer, bei einem Helden der Vorzeit auffallender Weise darauf hin, daß er ihr gar keinen Dank schuldig sei; denn was sie ihm getan, habe sie nur, von Kypris getrieben, getan; dagegen verdanke sie den Ruf der Weisheit, den sie in ganz Griechenland genieße, ihm; denn er habe sie aus dem Barbarenland hierher gebracht. So trennen sich Iason und Medeia ohne Versöhnung, und passend betont der Chor in seinem Liede die Allgewalt der Liebe und das große Unglück, in das Medeia, die jetzt heimatlos sei, durch dieselbe gekommen. Die Unterredung mit Iason hat Medeia in ihrem Entschlusse, sich zu rächen, bekräftigt; nur muß sie zuerst eine Zufluchtsstätte haben, in die sie sich nach der Tat zurückziehen kann. Diesem Zweck entspricht die wenig motivierte Einführung des athenischen Herrschers Ägeus, der zufällig auf einer Reise nach Trözen nach Korinth kommt. Medeia klagt ihm ihre Not, und er verspricht ihr Aufnahme. Nachdem dies geschehen, legt Medeia, die ganz von dem Gefühl der Eifersucht und Rache erfüllt ist, in einer tief ergreifenden Szene ihren Racheplan dar, bei dem sie auch trotz der Abmahnungen des Chores verharrt. Sofort macht sie sich an die Ausführung. Sie läßt den Iason rufen und weiß ihn durch erheuchelte Reue zu dem Versprechen zu bewegen, er wolle dahin wirken, daß die Kinder im Lande bleiben dürfen. Auch gestattet er, daß dieselben seiner königlichen Braut, um sich bei ihr einzuschmeicheln, Geschenke bringen. Während der Chor noch über das bevorstehende Unheil klagt, kehrt der Pädagog wieder mit den Kindern zurück, die begnadigt worden sind. Nun folgt der Glanzpunkt des ganzen Stückes, der fürchterliche Kampf zwischen Mutterliebe und Rachsucht, den Medeia jetzt unmittelbar vor der Ermordung ihrer Kinder zu bestehen hat; die Rachsucht trägt den Sieg davon, da Medeia nur so ihren untreuen Gemahl tödlich treffen kann. Etwas störend sind für uns die frostigen Betrachtungen, die der Chor nach dieser rührenden Szene über das Unglück anstellt, das man an den Kindern erleben kann. Gleich darauf erscheint ein Bote Iasons und fordert Medeia zur Flucht auf, da Glauke und Kreon infolge des vergifteten Gewandes, das sie geschickt, gestorben seien. Sofort eilt sie zum Kindermord in das Haus, und während der Chor den Helios um Errettung der Medeia anfleht, vernimmt man schon den Todesruf der Kleinen. Da naht Iason, der das Schreckliche vernommen, um seine Kinder vor der Rache, welche die königlichen Verwandten für das Verbrechen der Mutter an ihnen nehmen könnten, zu retten. Aber voll Entsetzen erfährt er die Ermordung derselben durch ihre eigene Mutter. Gerade will er diese zur Verantwortung ziehen, da zeigt sie sich hoch oben in der Luft samt den Leichen der Söhne in einem Drachenwagen, den ihr Helios gegeben hat. Mit der Prophezeiung, daß die Korinthier für ihre Kinder ein Totenfest einsetzen werden, und mit der Verkündigung eines schrecklichen Todes für Iason fährt sie nach Athen, indem sie ihren treulosen Gemahl einsam und vernichtet zurückläßt. Diese wunderbare Art der Entfernung paßt ganz zu dem sonstigen übernatürlichen Wesen der zauberkundigen Frau; daher blieb der Drachenwagen bei den Spätern auch regelmäßig in Verbindung mit Medeia.

5. Eine gewisse Ähnlichkeit mit der Medeia zeigt der *Hippolytos*, der im J. 428 aufgeführt wurde und den ersten Preis gewann; denn auch in diesem Stück kommt die weibliche Leidenschaft zur Darstellung. Der Stoff ist der attisch-trözenischen Sage entnommen. Er wurde auch von *Sophokles* in der *Phädra* bearbeitet; doch bleibt es bei Unsicherheit der Abfassungszeit derselben zweifelhaft, ob vor oder nach dem euripideischen Stück. Von *Euripides* wurde er *zweimal* behandelt. Der *erste* Hippolytos spielte in Athen; in demselben gestand Phädra, die Gemahlin des Theseus, der mit Peirithoos in den Hades gegangen und seitdem für tot gilt, von heftiger Leidenschaft getrieben, ihrem Stiefsohn

Hippolytos ihre Liebe; aber dieser verhüllt vor Entsetzen über das Gehörte sein Haupt, und daher erhielt später die Tragödie den Beinamen *καλυπτόμενος* (der sich verhüllende). Zurückgewiesen und verschmäht, klagt Phädra ihn bei dem unverhofft heimkehrenden Theseus an. Trotz seiner Verteidigung spricht dieser gegen ihn den Fluch aus, infolgedessen er umkommt; angesichts seines Leichnams tötet sich auch Phädra, nachdem sie zuvor ihre Schuld bekannt. Dieser Bearbeitung folgte der römische Tragiker *Seneca*; allein den Athenern gefiel die Tragödie wegen des für eine Frau unpassenden Benehmens der Phädra nicht, und so entschloß sich *Euripides* zu einer *Neubehandlung*, in der er das Unpassende und Tadelnswerte der ersten Bearbeitung zu beseitigen suchte. Diese liegt in dem erhaltenen Hippolytos vor, in dem er den Schauplatz nach Trözen verlegt, den Hippolytos aber als Hauptperson beibehält im Gegensatz zu *Sophokles*, der die Rolle der Phädra in den Vordergrund rückt. Der *zweite Hippolytos* wurde von den Alten zu den besten Werken des Dichters gerechnet. In neuerer Zeit hat *Racine* den Stoff in einer Tragödie bearbeitet, die *Schiller* ins Deutsche übersetzte.

Im Prolog tritt Aphrodite auf und macht uns mit dem Gang der Handlung bekannt. Sie zeigt eine bei einer Göttin uns befremdende Rachsucht; denn da Hippolytos, der Sohn des Theseus, nur der Artemis, nicht auch ihr seine Verehrung bezeigt, so hat sie in Phädra, seiner Stiefmutter, eine Liebe zu ihm entflammt, die beide vernichten wird. Sobald sie abgetreten, erscheint Hippolytos inmitten seines Jagdgefolges; in der Hand trägt er einen Blumenkranz, den er seiner Schutzgöttin Artemis weiht; davon erhielt dieses Stück auch den Namen *στεφανηφόρος* oder *στεφανίας*. Als ihn ein älterer Diener auch an die Verehrung der Aphrodite erinnert, weist er dies übermütig von der Hand, und damit begründet der Dichter, wenn auch nicht in genügender Weise, seine Schuld. Darauf zieht der Chor der Jungfrauen in die Orchestra ein und stellt eine Betrachtung über den Grund der trüben Stimmung an, in der sich ihre Herrin Phädra befindet. Auch die Amme derselben tritt auf, und Phädra selbst läßt sich in ihrem Bette liebeskrank und leidend vor das Haus bringen. In einem vom Dichter mit großer Meisterschaft angelegten Gespräche weiß ihr die Amme das Geständnis ihrer Liebe zu Hippolytos zu entlocken. Damit ist eine entscheidende Wendung in dem heftigen Kampfe eingetreten, der bisher nur im Innern der Phädra zwischen unlauterer Liebe und keuscher Scham getobt hat; die Liebe ist im Vorteil, und wenn die Königin auch im ersten Augenblick die Verletzung der Scham mit ihrem Leben büßen will, so tritt doch infolge der tröstenden und berückenden Worte der Amme dies Gefühl immer mehr in den Hintergrund; die Hoffnung auf Gewährung ihrer Liebe wird immer stärker. Nachdem der Chor die Macht des Eros verherrlicht, sucht die Amme den Hippolytos für ihre Herrin zu gewinnen. Auch hierin müssen wir die Kunst des Dichters bewundern, der nicht die Phädra selbst mit ihrem Stiefsohn zusammenkommen läßt. Mit Entrüstung weist Hippolytos das Ansinnen von sich, und so kommt der Gegensatz zwischen dem keuschen Jüngling und der liebeskranken Frau zum schärfsten Ausdruck. Sofort verwandelt sich die heftige Liebe in tödlichen Haß. Sie schickt die Amme, die das Unheil angerichtet, unter Verwünschungen fort und beschließt, durch den Tod der Schande zu entgehen, aber auch *einen andern* zu vernichten. Der Chor wünscht sich weit fort, um den Selbstmord der Königin nicht mitansehen zu müssen; es herrscht die größte Aufregung, als man dieselbe erhängt findet; da kommt Theseus von einer Festgesandtschaft zurück. Ein Brief in der Hand der Toten beschuldigt den Hippolytos der Verführung, und sofort wendet sich Theseus, ohne einen Zweifel an der Wahrheit dieser Beschuldigung zu hegen, an Poseidon, der ihm die Gewährung dreier Wünsche zugesagt, mit der Bitte, seinen Sohn noch an diesem Tage zu vernichten. Dem Hippolytos, der aus Zartgefühl das Vergehen seiner Stiefmutter nicht verraten will, gelingt es nicht, seinen Vater von seiner Unschuld zu überzeugen; er muß in die Verbannung. Während der Chor um ihn klagt, meldet ein Bote schon seinen Tod; der Jüngling, der von Liebe nichts wissen wollte, wurde ein Opfer der Liebe. Als er am Meeresufer hinfuhr, scheuten seine Rosse vor dem von Poseidon geschickten Meerestier und schleiften ihn zu Tod. Jetzt erscheint Artemis und offenbart die Unschuld des Hippolytos. Der Vater empfindet Reue und versöhnt sich mit dem Sohn, der sterbend auf die Bühne gebracht wird; er ordnet zu seinem Andenken einen Kult des Hippolytos an. Artemis aber droht, sie wolle der Aphrodite, der sie nur an diesem Tage nicht habe entgegentreten dürfen, ebenfalls ihren liebsten Mann nehmen. Damit schließt das Stück, dessen tieferes Motiv der Kampf zwischen Artemis und Aphrodite ist, in deren Händen die Menschen nur ein Spielball sind, ein Gedanke, der uns nicht zusagt.

6. Auf den Hippolytos folgen unter den chronologisch bestimmten Stücken des Euripides zunächst die *Troades*, die im J. 415 als drittes Stück zugleich mit *Alexandros*, *Palamedes* und dem Satyrdrama *Sisyphos* aufgeführt und mit dem zweiten Preis bedacht wurden. Der Stoff der Trilogie ist dem troischen Sagenkreis entnommen, wie er im Epos vorliegt. Die Troades, die allein vollständig erhalten sind, stellen den Fall Trojas dar. Die Tragödie gehört aber zu den schwächsten des Dichters; denn es ist nur eine lose Aneinanderreihung einzelner, wenn auch tief ergreifender Bilder aus der Zeit der Eroberung ohne innere Einheit.

Im Prolog beschließen Athene und Poseidon, die Griechen auf der Heimfahrt von Troja ihrer Sünden wegen zu vernichten. Dann treten Hekabe und der Chor auf und beklagen den Fall Trojas und ihr Unglück. Der Herold Talthybios erscheint und verkündet, daß bei der Verlosung der Gefangenen Kassandra dem Agamemnon, Polyxena dem Achilleus als Totenopfer, Andromache dem Neoptolemos und Hekabe dem Odysseus zugefallen sei. Die Kassandra befielt er sofort herbeizubringen. Nachdem diese in prophetischer Begeisterung den Tod des Agamemnon und die Irrfahrten des Odysseus geweissagt, wird sie von Talthybios zu dem König Agamemnon geführt. Von neuem bricht der Chor in Wehklagen aus. Da eilt Andromache mit Astyanax herbei, außer sich vor Schmerz, daß man sie in die Knechtschaft führen will. Sie meldet, daß Polyxena am Grabe des Achilleus getötet worden sei, und wünscht, dasselbe Schicksal zu erleiden. Doch Hekabe sucht sie durch den Hinweis auf ihren Sohn, der ihrer bedürfe, zu trösten. Nun kehrt Talthybios zurück, um den jungen Astyanax zu holen; denn die Griechen haben beschlossen, ihn von der Mauer zu schleudern. Die Mutter ist in Verzweiflung, und Hekabe und der Chor erheben neue Klage. Jetzt kommt Menelaos, der die Helena auf das Schiff bringen will, um sie in Griechenland zur Strafe für ihr Vergehen zu töten. In einer glänzenden Rede sucht sich diese zu verteidigen; aber Hekabe widerlegt sie und setzt bei Menelaos durch, daß sie auf einem andern Schiff untergebracht wird, damit sie ihn nicht von neuem mit Liebe bestricke. Da tritt Talthybios wieder auf und meldet, daß Andromache abgefahren sei; sie lasse die Hekabe bitten, den zerschmetterten Leichnam ihres Sohnes zu bestatten. Sobald dies geschehen, sieht man Troja in Flammen aufgehen. Unter allgemeiner Klage über den Untergang ihres Vaterlandes besteigen die Frauen die Schiffe der Sieger. Damit schließt das Stück, in dem die lyrischen Partien größere Bedeutung und Ausdehnung haben, als in andern euripideischen Stücken, und im Dialog neben dem Trimeter auch der trochäische Tetrameter zur Anwendung kommt.

7. Drei Jahre nach dem Troades, im J. 412, wurde *Helena* zugleich mit *Andromeda* aufgeführt. Der Dichter schließt sich darin an die von *Stesichoros* in seiner *Palinodia* gegebene Darstellung an, die auch *Herodot* als ägyptische Priestersage erwähnt, daß nämlich nur ein göttliches Trugbild der Helena nach Troja gekommen sei; sie selbst sei bei dem König Proteus in Ägypten geblieben. Auf dieser Voraussetzung beruht das von Euripides frei und selbständig erfundene Intrigenstück, das große Ähnlichkeit mit der *taurischen Iphigenie* hat. Helena wird im Gegensatz zu der gewöhnlichen Sage als ein Muster der Treue und Sittlichkeit gefeiert; der trojanische Krieg aber wurde von Zeus nur

deshalb herbeigeführt, um die Erde etwas von Menschen zu entlasten, wie schon die *Kyprien* dichteten.
Dies sagt Helena selbst im Prolog, in dem sie ihre Geschichte erzählt und sich über ihr Schicksal beklagt, das mit dem Tode des Proteus immer unangenehmer werde, da Theoklymenos, der Sohn desselben, der neue König von Ägypten, sie zur Frau begehre. Um sich vor ihm zu schützen, floh sie zum Grabe des Proteus. Hier trifft sie den Teukros, der gekommen ist, um die weise Theonoe, die Schwester des Königs, über die Fahrt nach Kypros, das ihm als zweites Vaterland vom Orakel versprochen wurde, zu befragen. Da der König des Landes jeden Griechen, den er ergreift, töten läßt, segelt Teukros sofort unverrichteterdinge wieder weiter, nachdem er der Helena mitgeteilt, daß Troja erobert, Menelaos aber noch nicht heimgekehrt sei, sondern für tot gelte. Helena samt dem Chor, der aus ihr ergebenen Griechinnen besteht, bricht in laute Klagen aus. Sie will sich in ihrer Verzweiflung töten; aber der Chor rät ihr, sich an Theonoe zu wenden, um Gewißheit über das Schicksal des Menelaos zu erlangen, dessen Tod noch nicht feststehe. Nachdem beide weggegangen, tritt Menelaos auf, der in langer prologartiger Rede erzählt, daß er auf seiner Irrfahrt hierher gekommen sei. Er ist, wie ein Bettler, in Lumpen gekleidet. Als er in den Palast treten will, hält ihn eine Alte zurück; von dieser erfährt er, daß Helena im Hause sei. Während er noch in Verlegenheit ist, wie er sich dies erklären solle, da er ja selbst Helena mit sich auf dem Schiffe führe, kommt diese mit dem Chor zurück (Epiparodos). Sie hat von Theonore gehört, daß ihr Mann noch lebe und hierher kommen werde. Jetzt, wo die Gatten einander wieder sehen, findet die Erkennung schnell statt; auch der letzte Zweifel, den Menelaos noch hegt, wird durch einen Boten beseitigt, der meldet, daß Helena vom Schiffe gen Himmel aufgeflogen sei, indem sie ihnen erklärte, sie sei nur ein Trugbild gewesen. Nun handelt es sich um die Entführung der Helena. Der Bote kehrt zu dem Schiffe zurück, um die Gefährten auf den möglicherweise bevorstehenden Kampf vorzubereiten. Die beiden Gatten beraten sich. Theonoe, die edelste Gestalt des Stückes, ist bereit, ihnen beizustehen. Darauf entwirft Helena den Plan zur Flucht. Als nach einem kurzen Chorlied über die Leiden des trojanischen Krieges Theoklymenos von der Jagd heimkehrt, teilt ihm Helena mit, daß sie jetzt in die Hochzeit willige; denn sie habe von einem Griechen, der während seiner Abwesenheit in das Land gekommen sei, gehört, daß ihr früherer Gemahl gestorben sei; zuvor wolle sie aber seinen Leichnam, den Schiffer gebracht hätten, nach griechischer Sitte auf dem Meere bestatten; dazu solle er ihr ein Schiff, und was sonst nötig sei, zur Verfügung stellen. Der König ist damit einverstanden. Das fol-

gende Chorlied, die Trauer der Demeter um die geraubte Persephone, steht in keinem Zusammenhang mit der Handlung, sondern füllt nur eine Pause aus. Nach demselben verabschiedet sich Helena vom Chore und besteigt mit Menelaos das Schiff. Theoklymenos, der den Betrug nicht ahnt, befiehlt seinen Dienern Folgsamkeit, und der Chor wünscht den Scheidenden Glück zur Reise. Kurz darauf kehrt ein Bote, der sich durch Schwimmen gerettet, zurück und meldet dem König die Flucht der Helena. In seinem Zorn wendet sich dieser gegen seine Schwester, die er wegen des Verrats zu töten droht. Doch die Dioskuren erscheinen und versöhnen ihn. Das etwas breit angelegte und wortreiche Stück schließt mit denselben Versen, wie *Alkestis*, *Medeia*, *Andromache* und die *Bakchen*, nämlich daß vieles unverhofft geschehe. Auch in der Helena gebraucht der Dichter den trochäischen Tetrameter neben dem regelmäßigen Trimeter.

8. Auf die Helena folgt der *Orestes*, der im J. 408 zur Aufführung kam. Auch inhaltlich stehen diese beiden Tragödien in Beziehung zueinander; denn im Orestes wird die Rückkehr des Menelaos und der Helena nach Griechenland als eben erfolgt dargestellt. Die Handlung des Orestes knüpft an die Ermordung der Klytämnestra (oder Klytämestra) durch ihren eigenen Sohn an; alles andere ist freie Erfindung des Dichters.

Das Stück spielt in Argos, am 6. Tage, nachdem Orestes seinen Vater an der Mutter gerächt. Infolge des Muttermordes ist derselbe wahnsinnig geworden; aber jetzt liegt er im Schlafe, von seiner Schwester Elektra bewacht, die uns im Prolog mit der Geschichte des Atridenhauses bekannt macht. Wir erfahren, daß das Volk von Argos gegen die Geschwister, die ihre Mutter ermordet, Stellung genommen hat; gerade an diesem Tage soll in öffentlicher Versammlung das Urteil über sie gesprochen werden, und dabei erhoffen sie von Menelaos, der eben mit seiner Gemahlin von Troja heimgekehrt ist, Hilfe. Helena naht mit Totenspenden für Klytämnestra. Aus Furcht vor dem Argivern, die ihr wegen des trojanischen Krieges zürnen, bittet sie die Elektra, dieselben ans Grab zu tragen; doch auch diese scheut sich. Auf ihren Rat läßt Helena die Opfer durch ihre Tochter Hermione besorgen. Jetzt erscheint der Chor, der aus Freundinnen der Elektra besteht, um sich an ihrer Klage zu beteiligen. Orestes erwacht und erfährt von seiner Schwester, daß Menelaos heimgekehrt ist; aber sofort erfaßt ihn der Wahnsinn wieder. Während der Chor für ihn betet, kommt Menelaos. Orestes fleht ihn um Hilfe gegen das Volk in Argos an; aber da tritt auch Tyndareos, der Vater der Klytämnestra, auf. Er klagt den Orestes an, und dieser verteidigt sich; Menelaos aber hat nicht den Mut, für ihn einzutreten. In diesem Augenblick meldet Pylades, der Freund des

Orestes, daß sich das Volk zur Gerichtssitzung versammelt habe; er fordert den Orestes auf, mit ihm dorthin zu gehen, damit sie selbst ihre Verteidigung führen könnten. Sobald sie weggegangen sind, stellt der Chor eine Betrachtung über das Unglück im Hause der Atriden, besonders über den Muttermord des Orestes an. Elektra, die wieder auftritt, erkundigt sich beim Chor nach ihrem Bruder und hört, daß er mit Pylades in die Volksversammlung gegangen sei. Jetzt erscheint ein Bote mit der Meldung, daß die Geschwister vom Volk wegen Muttermords zum Tode verurteilt worden seien; nur die Vergünstigung hätten sie erhalten, daß sie sich selbst töten dürften, vorausgesetzt, daß sie es noch an diesem Tage täten. Darüber bricht Elektra in Klage aus. Orestes und Pylades kommen zurück. Den jammernden Geschwistern gibt Pylades den Rat, die Helena zu töten, um den Menelaos dafür zu strafen, daß er ihnen aus Feigheit nicht geholfen habe. Weiter schlägt Elektra vor, man solle auch die Hermione, die zum Grabe der Klytämnestra gegangen sei, festnehmen, um sich so gegen die Rache von seiten des Menelaos sicherzustellen. Darauf gehen Orestes und Pylades zur Ermordung der Helena in das Haus, und auch die Festnahme der zurückkehrenden Hermione gelingt. Ein phrygischer Sklave, der aus dem Hause entronnen, stimmt ein rührendes Trauerlied an; aber Orestes bringt ihn zur Ruhe. Unterdessen hat Menelaos die Ermordung der Helena erfahren und eilt mit den Seinen herbei, um die Schuldigen zu bestrafen; als er aber Hermione in ihrer Hand sieht und von Orestes die Drohung vernimmt, er werde sie töten, ist er unschlüssig. Da erscheint Apollon und versöhnt die Gegner. Er verkündet, daß Helena im Himmel bei Zeus mit ihren Brüdern lebe; Orestes solle ein Jahr auf parrhasischem Boden in Arkadien wohnen, dann sich in Athen vom Muttermorde reinigen lassen und Hermione heiraten; Pylades dagegen solle die Elektra heimführen; Argos solle der Herrschersitz des Orestes, Sparta der des Menelaos sein. Mit dem Wunsche, die Siegesgöttin möge ihn durchs Leben geleiten und stets bekränzen, schließt der Chor dieses Stück, wie auch die *Phönissen* und die *taurische Iphigenie.*

Der Orestes fand bei den Alten nicht geringe Anerkennung; dies rührt einmal von einzelnen gelungenen Szenen her, zu denen besonders die Eingangsszene und das Trauerlied des Phrygiers gehören, dann aber auch von der patriotischen, gegen die Spartaner gerichteten Tendenz, die dem Ganzen zugrundeliegt. Die auftretenden Personen sind, wie schon die Alten bemerkten, alle schlecht außer Pylades; ja, die Art, wie Euripides in diesem Stück die alten Heroen darstellt, wirkt fast komisch, ein Eindruck, den der glückliche Ausgang durch eine Doppelhochzeit noch verstärkt. Der trochäische Tetrameter findet umfangreiche Verwendung.

9. Damit sind die Stücke des Euripides aufgezählt, deren Zeit genau bekannt ist; zwei andere, die *aulische Iphigenie* und die *Bakchen*, sind erst nach dem Tode des Dichters von dem *jüngeren Euripides* zugleich mit dem *Alkmäon* in Athen aufgeführt worden. Die *aulische Iphigenie* hat Euripides, wie es scheint, nicht vollständig beendet; das vorliegende Stück zeigt unverkennbare Spuren einer spätern Überarbeitung, in die außerdem noch zahlreiche Interpolationen eingedrungen sind. So liegt gleich der Prolog in doppelter Fassung vor, in einer dialogischen in Anapästen und in einer monologischen in Jamben nach der gewöhnlichen Art des Euripides. Der Inhalt ist der gleiche. Agamemnon hat sich auf einen Ausspruch des Sehers Kalchas hin dazu entschlossen, seine Tochter Iphigenie unter dem Vorwande, er wolle sie mit Achilleus verheiraten, aus Mykenä herbeizurufen, um sie dann der Artemis zu opfern und so den Zorn der Göttin zu besänftigen, damit sie die Windstille beendige und der Flotte der Griechen die Abfahrt aus dem Hafen von Aulis nach Troja gestatte. Allein sein Entschluß reut ihn, und deshalb will er einen Diener mit einem Brief an Klytämnestra nach Mykenä senden, damit diese die Iphigenie zurückhalte. Als dieselben abgegangen, tritt der Chor auf, der aus chalkidischen Jungfrauen besteht, die gekommen sind, um sich das Lager der Griechen zu betrachten. Auch diese Parodos ist, wie ihr Umfang und Inhalt zeigt, überarbeitet. Unterdessen nimmt Menelaos dem Diener den Brief ab, und es kommt zu einem lebhaften Wortwechsel zwischen Menelaos und Agamemnon. Der Schmerz des letzteren um seine Tochter rührt den Menelaos so, daß er selbst seinen Bruder bittet, von der Tötung derselben abzustehen; doch die Rücksicht auf das Heer macht dies unmöglich. Nach einem kurzen Liede, in dem der Chor im Hinblick auf Helena um glückliche Liebe und Ehe fleht, erscheinen Klytämnestra und Iphigenie mit dem kleinen Orestes. Agamemnon möchte seine Gattin zu sofortiger Heimkehr bewegen, doch umsonst; sie will selbst dem Bräutigam die Braut zuführen, zum großen Leidwesen des Agamemnon. Der Chor denkt sich schon in den troischen Krieg versetzt, den er lebhaft schildert. Da kommt Achilleus zum Zelte des Agamemnon, um diesem mitzuteilen, daß seine Myrmidonen nach der Abfahrt drängen. Klytämnestra begrüßt ihn als ihren Schwiegersohn; doch er ist erstaunt, da er von der ganzen Sache nichts weiß. Erst der Diener enthüllt ihnen die Wahrheit. Voll Entsetzen fleht die Königin den Achilleus um Hilfe an, und dieser verspricht ihr auch seinen Beistand. Der Chor stellt in seinem Liede die Hochzeit der Thetis mit Peleus dem Opfertod der Iphigenie gegenüber. Hierauf will Agamemnon seine Tochter holen, angeblich zur Vermählung; doch Klytämnestra und Iphigenie, die den wirklichen Sachverhalt kennen, bitten ihn

um Schonung; auch Orestes schließt sich ihnen an. Agamemnon ist aufs tiefste ergriffen, aber er kann nicht mehr zurück; denn auf dem Opfertod der Iphigenie beruht das Glück des Zuges. Während er trauernd die Klagenden verläßt, kehrt Achilleus zurück. Er meldet, daß er nicht imstande gewesen sei, in der Versammlung die Griechen umzustimmen; er sei aber jetzt entschlossen, die Jungfrau mit seinem Arm gegen alle zu schützen. Doch Iphigenie weist dies zurück; sie sieht ein, daß ihr Tod notwendig ist, und ist freiwillig dazu bereit. Auch Achilleus und Klytämnestra geben nach, die letztere allerdings ungern, und so wird die Jungfrau nach warmen Abschiedsworten zum Altare geführt. Gleich darauf erscheint ein Bote und verkündet, daß Artemis die Iphigenie, als sie gerade am Altar getötet werden sollte, in die Lüfte entrückt und an ihre Stelle eine Hindin zum Opfer gelegt habe. Der etwas matte Schluß scheint nicht von Euripides selbst herzurühren, der vielmehr, wenn man den Worten eines alten Schriftstellers glauben darf, die Artemis selbst als deus ex machina einführte. Daß aber unsere Bearbeitung aus früher Zeit stammt, geht schon daraus hervor, daß *Ennius* dieselbe bereits kennt. In ihrer ursprünglichen Fassung gehörte die aulische Iphigenie infolge der künstlerischen Anlage und spannenden Durchführung der Handlung und der lebendigen Charakterisierung der auftretenden Personen unstreitig zu den besten Stücken des Euripides. Von der Iphigenie sagt *Schiller*, daß diese Mischung von Schwäche und Stärke, von Zaghaftigkeit und Heroismus ein wahres und reizendes Gemälde der Natur sei. Auch in diesem Stück ist der trochäische Tetrameter neben dem iambischen Trimeter gebraucht.

10. Die Vorzüge, die wir eben an der aulischen Iphigenie kennenlernten, zeigen sich in noch höherem Grade bei den gleichzeitig aufgeführten *Bakchen*, dem einzigen Stück des Euripides, das seinen Stoff aus der Dionysos-Sage genommen hat. In der Bearbeitung dieses Stoffes waren demselben schon *Äschylos* und *Xenokles* vorausgegangen, jener mit seinem *Pentheus*, dieser mit einer ebenfalls *Bakchä* betitelten Tragödie. *Euripides* hat zum Mittelpunkt seiner Dichtung den seine Macht und Majestät offenbarenden Gott selbst gemacht, dessen Wesen er meisterhaft zu schildern versteht.

Gleich im Prolog tritt dieser mit einem Gefolge lydischer Frauen, die den Chor bilden, auf. Wir hören von ihm, daß er einen Siegeszug durch die Welt gemacht habe und jetzt in seine Vaterstadt Theben gekommen sei, um auch die Seinigen, die immer noch zweifelten, vor allem den König Pentheus, zur Anerkennung seiner Gottesnatur zu zwingen. Er fordert den Chor auf, vor dem Königspalast das Bakchoslied anzustimmen; er selbst wolle unterdessen auf den Kithäron zu den

Bakchantinnen gehen. Auf den Gesang hin erscheinen Teiresias und Kadmos in bakchischem Aufzuge, um das Fest mitzufeiern. Aber Pentheus, der jetzt naht, wirft ihnen Torheit und Leichtgläubigkeit vor, und trotz der Warnungen des Teiresias und Kadmos gibt er den Befehl, denjenigen, der sich für den Gott ausgebe, zu greifen und vor ihn zu führen. Während der Chor noch über die Gottlosigkeit des Königs entsetzt ist, bringt schon ein Diener den Gott herbei, der ihm freiwillig folgt. Pentheus verhört ihn und läßt ihn in das Gefängnis werfen. Infolgedessen wendet sich der Chor um Hilfe an Dionysos, dessen Lieblingsaufenthalt, Pierien und Makedonien, er preist, vielleicht mit Rücksicht auf den makedonischen König Archelaos, an dessen Hof die Bakchen wohl zuerst aufgeführt wurden. Da befreit sich der Gott unter einem Erdbeben aus dem Gefängnis und zeigt sich dem erstaunten Chor und dem verwunderten König. In diesem Augenblick kommt ein Bote zu Pentheus mit der Meldung, daß auf dem Kithäron drei Frauenchöre, geführt von Autonoe, Agaue, der Mutter des Königs, und Ino, das Bakchosfest begehen, dessen Feier anschaulich mit lebhaften Farben geschildert wird. Zuerst will der König ein Heer gegen die Frauen aufbieten; schließlich läßt er sich aber von dem Gott, der ihm die Frauen ohne Waffen herzuführen verspricht, überreden, mit ihm in Frauenkleidung auf den Kithäron zu gehen, um daselbst das Treiben der Bakchen zu sehen. Der Chor singt von der Rache des Gottes, die den Frevler durch die Hand der Mänaden treffen wird. Und wirklich naht auch schon der Bote mit der Unglückskunde; in einem Bericht, der zu den schönsten Stellen der Tragödie gehört, teilt er uns mit, daß die Frauen in ihrer Raserei den Pentheus zerrissen haben; seine eigene Mutter Agaue hat den Kopf des Sohnes, den sie für einen Löwenkopf hielt, auf ihren Thyrsosstab gesteckt und kehrt so unter Lobpreisungen des Gottes in die Stadt zurück. Gleich darauf erscheint sie und ruft nach Pentheus und ihrem Vater Kadmos, um ihnen das Siegeszeichen zu zeigen. Doch zu ihrem Schrecken erkennt sie das Haupt ihres Sohnes, und sofort ist ihr klar, daß dies die Strafe des Gottes dafür ist, weil sie ihn nicht anerkannte. Nun erscheint Dionysos selbst und verkündigt, daß Agaue ihr Heimatland verlassen solle; auch Kadmos mit Harmonia müsse aus Theben wegziehen und in der Fremde ein neues Reich gründen, bis sie schließlich in Schlangen verwandelt und dann in das Reich der Seligen versetzt würden. Das Stück schließt mit denselben Versen, wie die *Helena* und die dort angeführten anderen Tragödien.

Man kann nicht leugnen, daß der Schluß des Stückes etwas unpassend ist und nicht recht befriedigt, was wohl daher rühren mag, daß ihn der jüngere Euripides vor der Aufführung umgearbeitet hat. Besonders interessant ist die Dichtung durch den Einblick, den sie uns in den religiösen Zustand des Dichters am Ende seines Lebens tun läßt; von den Zweifeln, mit denen er früher in religiösen Dingen immer bei der Hand war, ist er zurückgekommen und hat sich wieder dem positiven Glauben zugewandt, den er als festen Halt den Wechselfällen des Lebens gegenüber empfiehlt. Auch in diesem Stück findet der trochäische Tetrameter Verwendung. Die Bakchä wurden von *Accius* lateinisch bearbeitet. Auch am parthischen Hof trug der Schauspieler *Iason aus Tralles* nach der Schlacht bei Karrhä, als das Haupt des Crassus überbracht wurde, die betreffende Stelle aus den Bakchen unter lautem Jubel vor.

11. Von den übrigen Tragödien des Euripides ist unbekannt, wann sie zur Aufführung gelangten. Zwar haben die Gelehrten ihre Zeit genau festzusetzen gesucht, teils aus metrischen Gründen, unter denen die Beobachtung besonders wichtig ist, daß Euripides etwa seit 416 neben dem Trimeter im Dialog auch den trochäischen Tetrameter zuläßt, teils aus den Stoffen, politischen Anspielungen und Parodien bei Aristophanes und den Komikern. Allein die Resultate dieser Untersuchungen sind unsicher, und so empfiehlt es sich, die andern Tragödien in alphabetischer Reihenfolge aufzuzählen.

Die *Andromache* wurde, wenn man der Überlieferung glauben darf, nicht von Euripides, sondern von einem gewissen *Demokrates* auf die Bühne gebracht; daraus folgt, daß sie nicht in Athen, sondern an irgendeinem andern Orte Griechenlands aufgeführt wurde. Die Abfassungszeit derselben wird von dem Scholiasten in den Anfang des peloponnesischen Kriegs verlegt; die Neuern schwanken zwischen dieser Zeit und dem J. 412. Trochäische Tetrameter finden sich in dem Stücke nicht. Die politischen Anspielungen richten sich gegen das delphische Orakel und besonders gegen die Spartaner, die wegen ihrer Treulosigkeit und Ränkesucht hart mitgenommen werden. Die Alten wiesen die Andromache den Tragödien zweiten Ranges zu; mit Recht. Es ist weder die Einheit der Zeit, noch die Einheit der Handlung gewahrt; das Stück zerfällt in zwei lose aneinandergefügte Teile, in deren zweitem die Heldin Andromache bis auf den Epilog verschwindet. Außerdem vermißt man die dramatische Wahrscheinlichkeit, und auch die Charaktere befriedigen nicht.

Im Prolog tritt Andromache, die Gemahlin des Hektor, auf, die jetzt als Gefangene in Phthia bei Achilleus' Sohn Neoptolemos weilt, dem sie einen Sohn Molossos geboren hat. Neoptolemos hat Hermione, die Tochter des Königs Menelaos von Sparta, geheiratet, aber die Ehe war kinderlos; daher ist Hermione eifersüchtig auf Andromache. Als ihr Gemahl nach Delphi gereist war, um den Apollon, den er früher beleidigt, zu versöhnen, beschließt sie, mit ihrem Vater Menelaos, der aus Sparta gekommen war, ihre Nebenbuhlerin samt deren Sohn zu töten. Daher bringt Andromache ihren Sohn in einem Nachbarhause in Sicherheit und flüchtet selbst zu dem Altar der Thetis. Eine Dienerin meldet ihr, daß Menelaos ihren Sohn suche; in ihrem Schmerz schickt sie dieselbe um Hilfe an Peleus und beklagt dann in Distichen ihr Leid. Nun erscheint der Chor, der aus einheimischen Frauen besteht, und drückt ihr seine Teilnahme aus. Gleich darauf naht auch Hermione, und es kommt zu einem heftigen Wortwechsel zwischen den Frauen; Hermione will den Tod der Andromache und fordert sie auf, die heilige Stätte zu verlassen; doch vergeblich. Während der Chor den Streit der drei Göttinnen um die Schönheit als Ursache des trojanischen Krieges besingt, tritt Menelaos mit Molossos auf, dessen Zufluchtsstätte er aufgefunden hat. Er droht, wenn Andromache nicht den Altar verlasse, so werde er ihren Sohn töten; dagegen werde ihr Tod dem Kinde das Leben retten. Doch dies ist eine Täuschung; denn kaum hat sie sich von dem schützenden Orte entfernt, so wird sie gefesselt, und der treulose Menelaos erklärt ihr offen, er werden den Molossos ganz der Rache der Hermione überlassen. Der Chor schildert das Unglück, das eine Doppelliebe des Mannes über eine Familie und eine Doppelherrschaft über den Staat bringt. Da kommen Andromache und Molossos, zum Tode bereit; aber in dieser äußersten Not erscheint Peleus als Retter; Menelaos kehrt unter Drohungen nach Sparta zurück. Nachdem der Chor die Heldentaten des Peleus gefeiert, tritt Hermione, von ihrer Amme begleitet, wieder auf. Sie ist über das Fehlschlagen ihres Planes betrübt und sieht unter banger Furcht der Rückkehr des Neoptolemos entgegen. Daher ist ihr die Ankunft des Orestes, ihres früheren Bräutigams, der gerade zum Orakel nach Dodona reisen will, erwünscht; sofort beschließen beide die Flucht, und Orestes droht, den Neoptolemos, der ihn früher beleidigt habe, zu ermorden. Der Chor stellt eine Betrachtung über die unseligen Folgen des trojanischen Krieges an. Unterdessen hat Peleus von der Flucht der Hermione gehört; der Chor teilt ihm auch den Anschlag des Orestes auf das Leben des Neoptolemos mit. Da meldet ein Bote die grausige Tat; der Leichnam des Erschlagenen wird unter Klagen auf die Bühne gebracht; aber Thetis, die als deus ex machina erscheint, spendet Trost. Sie verkündet, daß Andromache ins molossische Land auswandern solle, zu dessen Herrschaft ihr Sohn berufen sei; dort werde sie die Gemahlin des Helenos werden; Peleus aber werde, nachdem er den toten Neoptolemos nach Delphi gebracht und dort bestattet habe, als Gott mit ihr und Achilleus im Palaste des Nereus wohnen. Die Schlußverse sind dieselben wie in den *Bakchen* und der *Helena*. Unter den Römern hat *Ennius* die Tragödie nachgebildet.

12. Die *Elektra* ist, nach Andeutungen im Epilogos zu schließen, vor der Helena zur Zeit der sizilischen Expedition gedichtet. Trochäische Tetrameter finden sich in derselben nicht. Der Stoff, nämlich die Ermordung des Ägisthos und der Klytämnestra durch Orestes und Elektra, wurde vorher schon von *Äschylos* in den *Choephoren* und von *Sophokles* in der *Elektra* behandelt; aber die Bearbeitung des *Euripides* unterscheidet sich scharf von diesen; ja, sie tritt sogar in Gegensatz zu ihnen. Euripides hat die erhabenen Heroengestalten zu gewöhnlichen Mitgliedern des bürgerlichen Lebens gemacht und so ein bürgerliches Schauspiel oder Familienstück geschaffen.

Elektra wurde, damit sie keine Rache für ihren erschlagenen Vater nehmen könne, von Klytämnestra und Ägisthos an einen mykenischen Bauer verheiratet, der zwar aus vornehmem Geschlechte, aber arm war. Dieser hat mit ihr Mitleid und betrachtet sie nicht als seine Gattin, sondern ehrt in ihr die Tochter seines früheren Königs. Während Elektra am frühen Morgen am Brunnen Wasser holt, treten Orestes und Pylades auf, die auf Befehl des Apollon gekommen sind, um die Mörder des Agamemnon zu bestrafen. Orestes war schon am Grabe seines Vaters, um daselbst eine Locke niederzulegen und eine Grabspende darzubringen. Als die beiden Elektra sehen, verbergen sie sich, um sie zu belauschen. Die Königstochter beklagt ihr Los und das schreckliche Schicksal ihres Vaters. Da naht der Chor mykenischer Frauen, um sie zur Feier des Herafestes abzuholen; doch sie hat in ihrem Unglück keine Lust dazu. In diesem Augenblick tritt Orestes mit Pylades hervor; die Freunde geben sich als Boten des Orestes aus und werden von Elektra und ihrem Mann Auturgos freundlich aufgenommen. Nachdem der Chor die Helden des troischen Krieges, besonders den Achilleus, geschildert und der Klytämnestra Vergeltung in Aussicht gestellt hat, weil sie den Oberbefehlshaber derselben getötet, kommt ein alter Diener vom Grabe des Agamemnon mit der Nachricht, Orestes scheine zurückgekehrt zu sein; er schließe dies aus einer Locke auf dem Grabe und aus den Fußspuren. Doch beide Anzeichen läßt Euripides die Elektra als trügerisch zurückweisen; auch eine Erkennung aus den Kleidern muß sie als unmöglich bezeichnen. Nach dieser Kritik seiner Vorgänger führt er selbst die Erkennung des Orestes durch eine Narbe herbei, die der Königssohn infolge eines Sturzes über dem Auge hat, augenscheinlich im Anschluß an die Erkennung des Odysseus in der Odyssee. Nun beraten die beiden Geschwister den Mordplan. Während der Chor den Diebstahl des goldenen Widders des Atreus durch Thyestes besingt, hört man Klagerufe, und gleich darauf erscheint ein Bote mit der Nachricht, daß Orestes mit Hilfe des Pylades den Ägisthos bei einem Opfer, das er den Nymphen darbrachte, getötet habe. Der Chor und Elektra stimmen einen Siegesgesang an. Der Leichnam wird auf den Rat der letzteren von Orestes und Pylades im Hause verborgen; denn schon naht Klytämnestra, die von ihrer Tochter unter dem Vorwande herbeigerufen worden war, sie habe ein Kind geboren; die Mutter möge die üblichen Opfer darbringen. Auch Klytämnestra hat Euripides anders dargestellt, als die übrigen Tragiker; sie zeigt sich freundlich gegen ihre Tochter und bedauert ihre Tat. Sobald sie in das Haus getreten, hört man Weherufe; aber kaum ist die Mutter tot, so ergreift Reue die Geschwister. Ihre Klagen stillen die Dioskuren, die als dei ex machina erscheinen; sie verkünden, allerdings unter einem versteckten Tadel gegen Apollon, der die Tat befohlen, daß dieselbe mit Recht geschehen sei; denn das Schicksal und Zeus habe sie gewollt; Elektra solle die Gemahlin des Pylades werden; Orestes aber müsse, von den Erinyen verfolgt, so lange umherirren, bis er in Athen vom Morde freigesprochen werde; den Ägisthos würden die Bürger von Argos begraben, die Klytämnestra aber Menelaos und Helena, die eben aus Ägypten nach Hause zurückgekehrt seien. Die Dioskuren entfernen sich nach dem sizilischen Meere, um die Schiffe zu schützen.

In dem Schluß ist der Tadel gegen Apollon störend; denn wenn demselben auch nur die Polemik gegen das spartanisch gesinnte delphische Orakel zugrundeliegt, so hinterläßt er in uns doch den unangenehmen Eindruck, als ob die Götter hinsichtlich der Weltregierung und Gerechtigkeit untereinander selbst nicht einig wären. An die Elektra knüpft sich die Nachricht, daß sie Athen vom Untergang gerettet habe. Als sich nämlich Lysander nach der Übergabe der Stadt mit den Bundesgenossen darüber beraten habe, was man mit derselben anfangen wolle, und manche für völlige Vernichtung derselben gewesen seien, habe bei dem darauffolgenden Gelage ein Phoker die Parodos aus der Elektra vorgetragen und alle so gerührt, daß es ihnen als Verbrechen erschienen wäre, eine Stadt, die solche Männer hervorgebracht habe, dem Erdboden gleichzumachen.

13. Die *Hekabe* ist nach den Wolken des Aristophanes und vor der Reinigung von Delos, wahrscheinlich im J. 425, aufgeführt. Sie zerfällt, wie die Andromache, in zwei Teile, die Opferung der Polyxena und die Rache an Polymestor, die nur lose durch die Hauptperson Hekabe miteinander verbunden sind. Trotzdem war die Wirkung des Stückes eine große, teils infolge tiefergreifender Szenen, teils wegen packender Charaktere, unter denen besonders Hekabe selbst zu nennen ist, teils auch infolge überraschender Anwendung von Bühnenmitteln.

So erscheint gleich am Anfang des Stückes der Geist des Polydoros, des Sohnes des Priamos und der Hekabe, im griechischen Lager im Chersones gegenüber von Troas, wo seine Mutter als Kriegsgefangene weilt. Er teilt mit, daß ihn seine Eltern mit vielen Schätzen zu ihrem thrakischen Gastfreund, dem König Polymestor, in Sicherheit gebracht hätten; als aber Troja fiel, habe ihn dieser des Geldes wegen ermordet und seinen Leichnam ins Meer geworfen; hier werde ihn seine Mutter finden und doppeltes Leid haben; denn der Geist des Achilleus sei den Griechen erschienen und habe auch die Opferung der Polyxena an seinem Grabe verlangt. Nun tritt Hekabe, vom Chor troischer Frauen begleitet, auf; böse Träume bezüglich des Polydoros und der Polyxena haben sie gequält. Der Chor meldet ihr, was ihrer Tochter Polyxena bevorsteht. Während Hekabe und Polyxena ihr Schicksal beklagen, naht Odysseus, um die Jungfrau zu holen, die ihm auch, kühn entschlossen, zum Tode folgt. Der Chor erwägt traurig, welches Schicksal ihm bestimmt sein möge. Hierauf meldet Talthybios, daß Polyxena getötet sei, und daß Hekabe sie bestatten möge. Unter lauten Klagen entschließt sich diese dazu und sendet eine alte Dienerin an das Meer, damit sie Wasser zur Totenwaschung hole. Kaum hat der Chor darauf hingewiesen, daß Paris an allem Unglück schuld sei, so kehrt die Dienerin mit dem Haupte des Polydoros, das sie dort in den Wellen gefunden, wieder vom Meere zurück. Die jammernde Hekabe, der die nächtlichen Träume wieder einfallen, ahnt das Geschehene, und da sich in diesem Augenblick gerade Agamemnon naht, um die Säumende an die Bestattung der Polyxena zu erinnern, so bittet sie ihn um die Erlaubnis, an Polymestor Rache nehmen zu dürfen; mit seiner Einwilligung ruft sie ihn durch eine Botschaft zu sich in das Lager. Nachdem der Chor den Fall Trojas beklagt, tritt Polymestor auf. Durch eine List trennt ihn Hekabe von seinem Gefolge und führt ihn allein mit seinen Kindern in ihr Zelt, wo sie mit Hilfe der andern Troerinnen ihn blendet und seine Kinder tötet. Auf sein Klagegeschrei erscheint Agamemnon; Polymestor und Hekabe tragen ihm ihre Sache vor, und er entscheidet zugunsten der Hekabe. Um sich zu rächen, verkündet Polymestor dieser, was er von einem thrakischen Seher gehört hat, nämlich daß sie selbst aus dem Schiffe in das Meer stürzen und dann, in einen Hund verwandelt, ein Zeichen für die Schiffer sein werde, während Kassandra und Agamemnon durch Klytämnestras Hand fallen werden. Es läßt sich nicht leugnen, daß dieser Schluß etwas Unnatürliches und Gesuchtes hat; denn Polymestor eignet sich gewiß wenig für die Rolle eines deus ex machina, der die Zukunft vorhersagt. Die Hekabe wurde von *Ennius* lateinisch bearbeitet.

14. Der *Herakles*, später der *rasende* (*μαινόμενος*) zubenannt, dessen Abfassungszeit man infolge der politischen Anspielungen um 424 an-

setzt, hat mit der Hekabe große Ähnlichkeit; denn auch diese Tragödie besteht aus zwei innerlich nicht miteinander verbundenen Teilen, der Bedrohung der Familie des Herakles durch Lykos und der Raserei des Herakles; sie fand aber ebenfalls durch rührende Szenen und wirkungsvolle Situationen großen Beifall. Welche Tragik liegt schon in der Tatsache, daß die eben von Herakles geretteten Kinder nun gerade von ihrem Retter im Wahnsinn getötet werden!

Im Prolog tritt Amphitryon auf und erzählt, daß Herakles seine Gemahlin Megara, die Tochter des Königs Kreon, und seine Kinder samt ihm in Theben gelassen habe und im Auftrage des Eurystheus in die Unterwelt gegangen sei, um den Kerberos zu holen; unterdessen habe Lykos den Kreon getötet und sich der Herrschaft bemächtigt; auch die Angehörigen des Herakles wolle er töten, und deshalb hätten sie sich an den Altar des Zeus geflüchtet. Der Chor, aus thebanischen Greisen bestehend, spricht den Gefährdeten seine Teilnahme aus. Da naht Lykos und droht, er werde um den Altar herum Holz aufschichten und es anzünden lassen, wenn sie denselben nicht freiwillig verlassen. Sie erklären sich zum Tode bereit; nur bitten sie, aus ihrem Hause schöne Gewänder holen zu dürfen, um sich zum Tode zu schmücken, was ihnen Lykos gestattet. Während sie dieses tun, preist der Chor die Taten des Herakles. Als die Unglücklichen, zum Tode geschmückt, wieder aus dem Hause treten, kehrt unverhofft zu ihrer großen Freude Herakles heim. Er erfährt das Geschehene und geht mit den Seinen in das Haus. Während der Chor sich über das Alter beklagt und wünscht, er möge nie der Musik und des Gesanges entbehren, kommt Lykos, um Amphitryon, Megara und ihre Kinder zum Tode abzuholen; auf den Rat des Amphitryon begibt er sich in das Haus, wo er durch Herakles seinen Tod findet. Aber kaum hat der Chor den Siegesgesang angestimmt, da naht Iris mit der Lyssa (Raserei) zum Entsetzen der Zuschauer. Die Klagen des Chores unterbricht der Bote mit einer ergreifenden Schilderung des Wutausbruches, der auf Veranlassung der Hera über Herakles kam; er tötete seine Frau und Kinder in der Meinung, seine Feinde vor sich zu haben. Nach dem Anfall versank er in Schlaf, und so wird er unter den Klagen des Amphitryon und des Chores vermittels des Ekkyklema auf die Bühne gebracht. Als er erwacht und sieht, was er angerichtet, will er sich in der Verzweiflung selbst den Tod geben. Aber Theseus, den der Dichter in seinem Patriotismus jetzt auftreten läßt, weiß ihn von diesem Gedanken abzubringen und zu überreden, mit ihm nach Athen zu gehen, wo er ihn von der Blutschuld reinigen will. Mit der Bitte des Herakles an seinen Vater, er möge die Toten begraben, schließt das Stück, das *Seneca* lateinisch bearbeitet hat. In demselben kommt der trochäische Tetrameter nur zu geringer Verwendung.

15. Die *Herakliden* fallen, wie man aus metrischen Gründen und politischen Anspielungen schließt, in den Anfang des peloponnesischen Krieges und wurden zugleich mit *Kresphontes* und *Temenos* aufgeführt. Den Stoff hatte vor Euripides schon *Äschylos* in seinen *Herakliden* bearbeitet. Das Stück des *Euripides* hat man mit Recht als politisches Tendenzstück bezeichnet; die Handlung ist äußerst einfach, ohne Spannung und interessante Verwicklungen; nur die Szene, in der die heldenmütige Makaria, die Tochter des Herakles, den kühnen Entschluß faßt, für die Ihrigen freiwillig in den Opfertod zu gehen, erhebt sich zu höherem Pathos; aber die Verherrlichung Athens auf Kosten von Argos und Sparta tritt überall klar hervor.
Der Schauplatz der Tragödie ist Marathon, wohin Iolaos, der Gefährte des Herakles, mit Alkmene, der Mutter, und den Töchtern desselben vor Eurystheus, dem König von Argos, geflohen ist, während die Söhne, nämlich Hyllos und seine Brüder, sich in Griechenland nach einer andern Zufluchtsstätte umsehen, falls Athen ihnen seinen Schutz verweigern sollte. Die Flüchtlinge haben sich bittflehend am Altare des Zeus niedergelassen aus Furcht, Eurystheus, der sie bis jetzt überall verfolgte, könnte sie auch hier ergreifen wollen. Und ihre Furcht ist nicht unbegründet; denn bereits naht sich der argivische Herold Kopreus, um die Herakliden mit Gewalt hinwegzuführen. Auf die Hilferufe des Iolaos erscheint der Chor, aus Greisen bestehend, und nimmt sich der Bedrängten an. Gleich darauf kommt der König Demophon, vom Lärm herbeigelockt, und sichert den Bittflehenden seinen Schutz zu. Kopreus entfernt sich, indem er mit Krieg droht. Auch der athenische König geht ab, um ein Heer zur Abwehr zu rüsten; nur Iolaos bleibt mit den Herakliden zurück, um den Zeus um Glück für die hilfreiche Stadt anzuflehen. Nachdem der Chor die Bereitwilligkeit Athens, den Unglücklichen zu helfen, gepriesen hat, erscheint der König Demophon wieder; wir erfahren von ihm, daß die Feinde mit einem großen Heer in das Land gefallen sind, und daß alles zur Schlacht fertig ist; um aber den Sieg zu gewinnen, sei es notwendig, daß eine Jungfrau sich freiwillig der Persephone opfere; so laute der Ausspruch der Seher. Sofort erklärt sich Makaria hierzu bereit und geht, von den Lobsprüchen des Chores begleitet, ab. An dieser Stelle des Dramas ist eine Lücke; denn es fehlt der Bericht über den Opfertod der Makaria und ebenso die Klage der Alkmene und des Chores um dieselbe. Nun tritt der Diener des Hyllos mit der Nachricht auf, daß sein Herr mit einem großen Heere zurückgekehrt sei und sich mit den Athenern vereinigt habe. Auch der greise Iolaos wird von wunderbarer Kampfeslust erfaßt und eilt gerüstet in die Schlacht. Kaum hat der Chor im Vertrauen auf Athenes und der Götter Hilfe seine Hoff-

nung auf einen glücklichen Ausgang ausgesprochen, so kommt auch schon der Diener mit der Siegesnachricht zurück; Iolaos, den Hebe für diesen Tag verjüngte, hat den Eurystheus, der den Zweikampf mit Hyllos nicht annahm, gefangengenommen. Während der Chor das Siegeslied anstimmt, wird Eurystheus gefesselt herbeigeführt; die Athener wollen ihn schonen, aber Alkmene dringt auf seinen Tod. Zum Danke dafür verkündet er den Athenern, daß er ihnen einem Orakelspruch gemäß nach dem Tode ein mächtiger Helfer gegen die Herakliden sein werde, falls diese undankbar mit einem Heer gegen Attika zögen.

16. Große Ähnlichkeit mit den Herakliden zeigen die *Hiketiden* (Schutzflehenden), die nach der Schlacht bei Delion und dem Abschluß des Bündnisses mit Argos im J. 421 oder 420 aufgeführt wurden. Diese Tragödie schließt sich an die *Eleusinier* des *Äschylos* an, welche die Bestattung der Sieben vor Theben behandelten. Doch scheint der Kampf zwischen den Athenern und Thebanern eine auf Kosten der Einheit der Zeit von Euripides eingeführte Neuerung zu sein; denn nach der gewöhnlichen Sage bewirkt Theseus die Auslieferung der Leichen der Gefallenen auf friedlichem Wege. Mit Recht wurden die Hiketiden schon von den Alten als ein gegen die feindseligen Thebaner gerichtetes Loblied auf Athen bezeichnet; und gewiß fand dieses Stück mit seinen wirkungsvollen Szenen, seinen rührenden Chorliedern, seiner reichen Szenerie und seinen volkstümlichen Reflexionen großen Beifall.

Dasselbe spielt in Eleusis im Heiligtum der Demeter, wohin Äthra, die Mutter des Theseus, gekommen ist, um zu opfern. Hier trifft sie den Adrastos, der beim Zuge der Sieben gegen Theben den Oberbefehl geführt hatte, und die Mütter der fünf Anführer, die tot vor Theben geblieben sind, nebst zehn Dienerinnen; aus diesen 15 Frauen besteht der Chor. Da die Thebaner sich weigerten, die Leichname der Gefallenen zur Bestattung auszuliefern, so sind dieselben gekommen, um den Theseus, den König von Athen, um Hilfe anzuflehen, und aus Mitleid mit ihnen hat Äthra nach demselben geschickt. Während der Chor sein Hilfegesuch erneuert, erscheint Theseus. Anfangs ist er unschlüssig; zuletzt sagt er ihnen seine Hilfe zu. Er will zunächst einen Boten um Auslieferung der Toten an den König Kreon von Theben senden; verweigert dieser dieselbe, so ist er zum Kriege entschlossen. Doch bevor der Bote abgeht, naht ein Herold Kreons. Er fragt nach dem König des Landes, und dies veranlaßt zwischen ihm und Theseus eine längere Auseinandersetzung über Volksherrschaft und Königtum, offenbar ein Zugeständnis, das der Dichter seiner Zeit machte. Die übermütige Forderung des Kreon, Theseus solle noch vor Sonnenuntergang die Schutzflehenden aus Attika ausweisen, bringt den Krieg sofort zum Ausbruch. Während der Chor noch über den Ausgang desselben schwankt, meldet der Diener des vom Blitze erschlagenen Kapaneus, der sich aus der Gefangenschaft gerettet hat, die Siegesnachricht und gibt eine anschauliche Schilderung der Schlacht. Adrastos erkundigt sich nach den Toten. Er erfährt, daß die Führer zur Bestattung hierher gebracht werden, während die andern bei Eleutherä am Kithäron von Theseus begraben wurden. Jetzt naht unter den Klagen des Chores und des Adrastos Theseus mit den Leichnamen. Es werden zwei Scheiterhaufen errichtet, einer für den vom Blitz erschlagenen Kapaneus und einer für die andern. Schon erhebt der Chor die Totenklage, da eilt Euadne, die Gattin des Kapaneus, herbei und gleich darauf ihr Vater Iphis; trotz der flehenden Bitten des letzteren stürzt sie sich zum Entsetzen der Zuschauer in den brennenden Scheiterhaufen, um auch im Tode mit ihrem Gemahl vereinigt zu sein. Da kommen als Nebenchor die Knaben der Verstorbenen mit den Aschenkrügen ihrer Väter; unter den Wehklagen und Jammerrufen des Chores sprechen sie den Entschluß aus, später mit Gottes Hilfe ihre unglücklichen Väter an den Thebanern zu rächen. Theseus fordert die Argiver auf, immer der Wohltat der Athener eingedenk zu sein. Nun erscheint als deus ex machina Athene; sie verspricht den Knaben das Gelingen ihres Vorhabens und ermahnt den Theseus und Adrastos, ein Schutz- und Trutzbündnis ihrer Staaten für ewige Zeiten abzuschließen.

17. Die Abfassungszeit des *Ion* läßt sich nicht genau bestimmen; jedenfalls ist derselbe nach dem J. 421 entstanden. Der trochäische Tetrameter findet darin umfangreiche Verwendung. Ebensowenig läßt sich entscheiden, inwieweit die außer den Namen vollständig erfundene Handlung von Euripides selbst herrührt, da wir von der *Kreusa* (oder dem Ion) des *Sophokles* nichts Näheres wissen. Unzweifelhaft dagegen ist, daß der Ion zu den schönsten Stücken des Euripides gehört; die Anlage ist kunstreich und wird durch Täuschungen und plötzliche Übergänge noch spannender und interessanter; doch fehlt es auch nicht an Unwahrscheinlichkeiten, wie z. B. daß Kreusa selbst nach Delphi geht oder vor ihrem Gemahl dort ankommt. Die Charakterzeichnung ist gediegen und trefflich, besonders die Ions, des Ideals kindlicher Unschuld und reiner Sittlichkeit. Die Darstellung ist lebhaft und nicht so breit, wie in manchen andern Stücken. Der Zweck ist ein patriotischer; der Dichter will zeigen, daß der Stammvater der Athener und damit aller Ionier, nämlich Ion, ein Autochthone ist, aus dem uralten Herrschergeschlecht der Erechthiden hervorgegangen, frei von jeder Beimischung fremden Blutes, aber kein Sohn des Achäers Xuthos, der nach der Sage in Athen einwanderte und Kreusa heiratete.

Der Schauplatz der Handlung ist vor dem Tempel des Apollon in Delphi. Im Prolog teilt uns Hermes mit, daß Kreusa, die Tochter des Königs Erechtheus von Athen, von Apollon heimlich einen Sohn geboren habe, den sie, in ein Prachtgewand gehüllt, in einer Höhle am Fuße der Akropolis ausgesetzt habe; er habe dieses Kind auf die Bitte seines Bruders Apollon nach Delphi gebracht und auf den Tempelstufen samt den Erkennungszeichen niedergelegt, wo es die Priesterin Pythia gefunden habe; diese habe den Ion - dies ist der Name des Knaben - zum Tempeldiener des Gottes erzogen. Unterdessen habe Kreusa den achäischen Feldherrn Xuthos, der den Athenern im Krieg gegen die euböischen Chalkodontiden geholfen, geheiratet; aber die Ehe sei kinderlos geblieben, und deshalb seien beide jetzt nach Delphi gekommen, wo Apollon den Ion als Sohn des Xuthos ausgeben werde, damit die Ehe des Gottes geheim bleibe und jener zu seiner Mutter zurückkehren könne. Nun tritt Ion selbst auf und verrichtet nach einer herrlichen Begrüßung der Sonne unter Gesang sein gewöhnliches Geschäft, die Reinigung des Tempels. Gleich darauf naht der Chor, der aus Dienerinnen der Kreusa besteht und betrachtet unter Staunen die Gemälde in der Tempelhalle. Vom Eintritt in den Tempel selbst wird er von Ion zurückgehalten, der, vom Chor auf Kreusa hingewiesen, die infolge der Erinnerung an das, was ihr Apollon getan, weinend beiseite steht, ein Gespräch mit ihr beginnt. Als sie von ihm gehört, daß er als ausgesetztes Kind weder Vater noch Mutter kenne, erzählt auch sie ihm, indem sie statt ihrer eine Freundin nennt, wie es ihr mit ihrem Sohne ergangen; sie will, angeblich im Auftrage der Freundin, den Gott nach demselben fragen; doch Ion rät ihr ab, da der Gott nur offenbare, was er wolle. Da tritt Xuthos auf, der beim Orakel des Trophonios gewesen war; dieser hat ihn an Apollon gewiesen mit der Versicherung, er werde von da nicht kinderlos nach Hause zurückkehren. Xuthos geht in den Tempel, während Kreusa sich bittflehend am Altar des Gottes niederläßt und Ion Wasser zum Opfer holt. Nachdem der Chor um ein glückliches Orakel gebetet, kehrt Ion wieder zurück, und gleich darauf tritt auch Xuthos wieder aus dem Tempel und begrüßt ihn als seinen Sohn; denn das Orakel trug ihm auf, den ersten, dem er beim Austritt aus dem Tempel begegne, für seinen Sohn zu halten. Ion ist froh, daß er seinen Vater gefunden hat, und als dieser ihm vorschlägt, er wolle ihn, um seine Frau nicht zu kränken, zunächst als Fremden mit sich nach Athen nehmen, bis sich eine günstige Gelegenheit, ihn anzuerkennen, zeige, ist er damit einverstanden und bedauert nur, daß er seine Mutter nicht auch kennt. Noch ist der Chor in Besorgnis, wie seine Herrin Kreusa diese unerwartete Nachricht aufnehmen werde, da naht diese mit einem alten Diener, dem Erzieher ihres Vaters Erechtheus, um das

Orakel, das der Gott gegeben, zu erfahren. Außer sich vor Schmerz und Zorn, klagt sie den Apollon der Ungerechtigkeit an und beschließt, den Ion, den Sohn eines verbotenen Umgangs ihres Gemahls, mit Hilfe des Pädagogen durch Gift zu töten. Nachdem sich der Chor mit der Bitte an Demeter gewandt, es möge kein Fremder auf dem Thron der Erechthiden über das Land herschen, erscheint ein Diener, welcher der Kreusa mitteilt, daß die Delphier sie steinigen wollen; der Pädagog war nämlich durch ein Wunder Apollons, der seine Tauben gesandt, von denen diejenige, die von dem Weine Ions getrunken, gestorben war, auf der Giftmischerei ertappt worden und hatte seine Herrin Kreusa verraten. Dieser bleibt zu ihrer Rettung nichts übrig, als sich an den Altar des Gottes zu flüchten. Als sie Ion unter Verwünschungen von da hinwegreißen will, kommt Pythia mit den Erkennungszeichen, die sie seinerzeit bei dem Kinde gefunden, und so geht die Erkennung zwischen Mutter und Sohn vor sich. Athene, die als deus ex machina erscheint, bestätigt dieselbe; sie erklärt den beiden, wie Ion gerettet wurde, und befiehlt ihnen, den Xuthos auf seiner Meinung zu lassen, als ob Ion sein Sohn sei. Mit dem Lob des Apollon, der alles zum Guten gewandt, schließt das Stück, das *A. W. Schlegel* deutsch nachgebildet hat.

18. Die *taurische Iphigenie*, die zwischen den Jahren 420–412 geschrieben zu sein scheint, zählt zu den gelungensten Tragödien des Euripides. Neben kunstreicher Anlage und edler Charakterisierung ist sie durch die schönste Wiedererkennung, die in griechischen Dramen vorkommt, ausgezeichnet. Der Stoff, die Verherrlichung treuer Freundschaft, ist vom Dichter im Anschluß an attische Lokalsagen, unter denen besonders der Kult der Artemis zu Brauron zu nennen ist, frei erfunden.

Das Stück versetzt uns an die taurische Küste vor den Tempel der Artemis. Hier tritt Iphigenie, die Tochter Agamemnons, auf, die in Aulis der Artemis hatte geopfert werden sollen, aber von der Göttin in das taurische Land entrückt worden war, wo sie Thoas, der König des Landes, zur Priesterin der Artemis gemacht hatte. Als solche mußte sie alle Griechen, die in das Land kamen, dem Tode weihen; denn es war heiliges Gesetz, daß diese der Artemis geopfert werden. In der letzten Nacht aber wurde sie von schweren Träumen geängstigt, die sie nur auf den Tod ihres Bruders Orestes deuten kann; daher will sie ihm jetzt mit ihren Dienerinnen, hellenischen Frauen, die den Chor bilden, ein Totenopfer darbringen. Sobald sie abgetreten ist, kommt Orestes, der auf den Rat des Orakels das Artemis-Bild aus dem Tempel nach Griechenland bringen will, um so von der Verfolgung der Erinyen vollends befreit zu werden, in Begleitung seines Freundes Pylades; sie beschließen, in einer Höhle am Meere den Einbruch der Nacht zu erwarten und dann das Bild zu stehlen. Unterdessen haben sich die Dienerinnen um Iphigenie versammelt, und das Totenopfer für Orestes wird unter Klagen dargebracht. Da naht sich ein Hirte und erzählt, daß eben zwei Hellenen in das Land gekommen seien; der eine habe, von Wahnsinn ergriffen, die Herden angefallen; aber sie hätten ihn und seinen Begleiter, der sich Pylades nenne, nach tapferer Gegenwehr überwältigt und zum König geführt, der ihre sofortige Opferung angeordnet habe. Iphigenie, deren Herz der Schmerz um den totgeglaubten Bruder verhärtet hat, heißt die Fremden bringen. Dies geschieht, während der Chor voll Neugierde sich die Frage vorlegt, wer dieselben wohl sein mögen, und den Wunsch äußert, es möchte jemand sein, der sie nach Hause führe. Iphigenie läßt den Gefangenen die Fesseln abnehmen und fragt sie nach Geschlecht und Heimat. Als sie hört, daß sie aus Mykenä in Argos sind, erkundigt sie sich unerkannt nach den Ihrigen; zu ihrer Freude vernimmt sie, daß ihre Träume nichtig waren, und daß ihr Bruder noch am Leben ist. Sofort faßt sie den Beschluß, nur den einen der Fremden der Göttin zu opfern, den andern aber mit einem Brief nach Argos zu schicken; die Fremden erklären sich damit einverstanden. Während nun die Jungfrau weggeht, den Brief zu holen, erhebt sich unter den Freunden ein edler Wettstreit darüber, wer von ihnen sterben und wer sich mit dem Brief nach Griechenland retten solle; endlich gibt Pylades dem Verlangen des Orestes zu sterben nach. Jetzt kehrt Iphigenie zurück; sie teilt dem Boten den Inhalt des Briefes mit, damit er, wenn der Brief verloren gehe, mündlich ihre Botschaft ausrichten könne, nämlich daß ihr Bruder Orestes kommen und sie aus dem Barbarenland nach Griechenland heimführen solle. So findet die Erkennung der Geschwister statt. Nachdem die erste Freude des Wiedersehens vorüber ist, erzählt Orestes seiner Schwester sein Schicksal, und beide entwerfen den Plan zur Flucht und zur Entführung des Bildes. Der Chor gibt seiner Sehnsucht nach der Heimat rührenden Ausdruck. Da kommt Thoas, um sich zu erkundigen, ob die Fremden der Göttin schon geopfert sind. Iphigenie sagt ihm, daß die beiden Griechen Muttermörder seien; sie habe dies aus dem Verhör erfahren, das sie mit ihnen angestellt, weil sich das Götterbild von seinem Platz bewegt habe; daher müsse man sie an einer einsamen Stelle mit Meerwasser entsühnen und ebenso das Götterbild, das sie befleckt hätten. Thoas ist damit einverstanden. Gleich darauf aber, nachdem der Chor den Apollon gepriesen, kommt ein Bote eiligen Laufes mit der Meldung, Iphigenie und die Fremden seien mit dem Bild auf einem hellenischen Schiffe entflohen. Thoas will sie sofort verfolgen; aber Athene, die als deus ex machina erscheint, hindert ihn daran; sie verkündet ihm, daß Orestes im Auftrage des Apollon gehandelt habe; dem Orestes trägt sie auf, in Halä in Attika einen Tempel der Artemis zu bauen und darin das Götterbild aufzustellen; dort werde man die Göttin unter dem Namen Tauropolos verehren; Iphigenie aber solle Priesterin der Artemis in Brauron werden, wo sie auch ihr Grab finden werde. Außerdem befiehlt sie dem Thoas, die griechischen Frauen, die Dienerinnen der Iphigenie, in ihre Heimat zu senden. Mit dem Wunsche des Chores, die Siegesgöttin möge ihn durch das Leben geleiten und immer bekränzen, schließt dieses Stück, wie der *Orestes* und die *Phönissen*. Die deutsche Bearbeitung der Iphigenie durch *Goethe* ist allgemein bekannt.

19. Die *Phönizierinnen* (*Φοίνισσαι*) fallen in die letzte Zeit des Euripides nach dem J. 415. Sie wurden als drittes Stück zugleich mit *Önomaos* und *Chrysippos* unter dem sonst nicht bekannten Archon Nausikrates aufgeführt und errangen den zweiten Preis. Der Stoff, der Zug der Sieben gegen Theben, war schon von *Äschylos* in den *Sieben* behandelt worden, aber *Euripides* gestaltete denselben reicher und mannigfaltiger. Gleich im Anfang macht er uns durch eine Art Teichoskopie der Antigone mit den feindlichen Heerführern bekannt; Iokaste und Ödipus sind nach ihm noch am Leben und treten in ergreifenden Szenen auf; er fügt den heldenmütigen Opfertod des Menökeus neu hinzu und läßt den Chor aus Phönizierinnen bestehen, die, von dem König Agenor nach Delphi geschickt, auf ihrer Reise durch Theben kommen, eine Annahme, die zwar unwahrscheinlich ist, aber Gelegenheit zu neuen Chorliedern bietet. Auf diese Weise entstanden eine Reihe glänzender Szenen und tragisch wirkender Situationen, aber als Ganzes betrachtet läßt das Stück die künstlerische Einheit vermissen und ist besonders am Schluß überladen. Daraus erklären sich die verschiedenen Urteile der Gelehrten alter und neuer Zeit, von denen die einen unser Stück über alle Maßen loben, die andern fast ebensosehr tadeln; beide mit Unrecht; denn auch hier liegt die Wahrheit in der Mitte.

Im Prolog macht uns Iokaste mit dem Schicksal des Labdakidenhauses bekannt. Ödipus hat, von seinen Söhnen gekränkt, den Fluch über sie ausgesprochen, daß sie mit gewetztem Stahl das Haus unter sich teilen sollen. Dadurch erschreckt, beschlossen die Söhne, abwechselnd Jahr für Jahr die Herrschaft zu führen; derjenige von ihnen, der nicht an der Regierung sei, solle für das betreffende Jahr freiwillig das Land verlassen. Allein Eteokles, der als der ältere zuerst den Thron bestieg, wollte denselben nach Ablauf des Jahres seinem Bruder Polyneikes nicht abtreten; daher ging dieser nach Argos, heiratete die Tochter des Königs Adrastos und zog mit einem großen Heere vor die Stadt, um sich sein Recht zu erkämpfen. Trotzdem hegt die Mutter, die den

Polyneikes heimlich durch einen Boten zu sich beschied, immer noch die Hoffnung, den verhängnisvollen Bruderzwist gütlich beilegen zu können. Nun tritt der Pädagog mit Antigone auf; da diese das feindliche Heer sehen will, besteigt er mit ihr, weil gerade niemand in der Nähe ist, den Söller des Palastes und zeigt ihr dasselbe; aber das Herankommen des Chores veranlaßt sie, eiligst wieder in den Palast zu gehen. Während der Chor das stammverwandte Theben begrüßt, das jetzt leider der Krieg umtobt, naht ängstlich Polyneikes, der dem Rufe seiner Mutter gefolgt ist. Diese wird vom Chore herbeigerufen, und bald darauf erscheint, von ihr bestellt, auch Eteokles; aber der Versöhnungsversuch, den sie zwischen ihren Söhnen macht, scheitert trotz der Nachgiebigkeit des Polyneikes an der Hartnäckigkeit des Eteokles; im Kampfe gegeneinander, die Waffen in der Hand, wollen die Brüder sich auseinandersetzen, auch wenn das ganze Haus zugrundegeht. Nachdem der Chor Thebens Gründung durch Kadmos besungen, läßt Eteokles den Kreon, seinen Oheim, kommen, um mit ihm den Schlachtplan zu beraten; sie beschließen, jedem feindlichen Führer an jedem Tore einen thebanischen entgegenzustellen; Eteokles selbst will dem Polyneikes entgegentreten. Für den Fall seines Todes ordnet er an, daß Kreons Sohn Hämon Antigone heiraten solle; falle auch Polyneikes, so solle man ihn unbeerdigt liegenlassen und jeden töten, der es unternehme, ihn zu bestatten. Schließlich trägt er dem Kreon auf, noch den Seher Teiresias, nach dem er den Sohn des Kreon Menökeus schickt, auszuforschen, ob er etwa einen rettenden Götterspruch wisse; denn ihm selbst werde jener nichts offenbaren, da er öfter über die Seherkunst gespottet habe. Kaum hat der Chor die Schrecken des Krieges beklagt, an dem die Geburt und Rettung des Ödipus schuld ist, so erscheint Teiresias mit Menökeus; auf die Frage Kreons erklärt er, daß nur des Menökeus freiwilliger Opfertod die Stadt retten könne. Doch dazu kann sich der Vater nicht entschließen; er rät seinem Sohne zu fliehen, und dieser erklärt sich seinem Vater gegenüber, um ihn zu beruhigen, dazu bereit, während er nach dem Weggang desselben den festen Entschluß ausspricht, für die Rettung seiner Vaterstadt sterben zu wollen. Der Chor singt von der rätselgebenden Sphinx, die Ödipus besiegte, zur Freude und zum Leid für seine Stadt. Da naht ein Bote mit der Siegesnachricht; in einem glänzenden Berichte schildert er den Opfertod des Menökeus, der sich auf der Mauer mit seinem Schwerte tötete, und den Verlauf der Schlacht, die sich zu Gunsten der Thebaner wandte, als Zeus mit seinem Blitz den übermütigen Kapaneus zerschmetterte; nur die beiden Brüder rüsten sich noch zum Zweikampf. Kaum hat Iokaste dies vernommen, so eilt sie mit Antigone hinaus, um den Kampf ihrer Söhne zu verhindern; denn sterben sie, so will auch sie nicht länger leben. Während der Chor die unglückliche Mutter bedauert, tritt Kreon, seinen Sohn beklagend, auf; er will Iokaste holen, damit sie den Leichnam seines Sohnes wasche und ausstelle. Aber ein Bote meldet, daß sie sich selbst getötet, als sie ihre beiden Söhne gegenseitig von Bruderhand hingestreckt sah. Die drei Leichen werden, von Antigone begleitet, herbeigebracht; diese stimmt das Trauerlied an, in das auch ihr alter blinder Vater Ödipus seine Klagen mischt. Doch Kreon, der durch den Tod des Eteokles Herrscher geworden, tut der Klage Einhalt; er verkündet im Einklang mit seinen dem Eteokles gegebenen Versprechungen, daß Antigone den Hämon, seinen Sohn, heiraten solle, und daß niemand den Polyneikes, den Feind der Stadt, begraben dürfe; den Ödipus aber weist er als den Urheber allen Übels trotz seiner flehentlichen Bitten aus dem Lande, indem er sich auf einen Ausspruch des Teiresias beruft, daß Theben niemals glücklich sein werde, solange er in demselben wohne. Antigone, die von der Ehe mit Hämon nichts wissen will, ist sofort bereit, ihren Vater zu begleiten, der sich nach Athen wendet, weil ihm Apollon geweissagt hat, daß er in Kolonos den Tod finden werde; nur will sie zuvor in der Nacht noch ihren Bruder bestatten. Dieselben Verse, welche die *taurische Iphigenie* und den *Orestes* beendigen, schließen auch diese Tragödie, die der römische Tragiker *Accius* benutzte und *Schiller* zum Teil übersetzte.

20. Den Tragödien des Euripides ist auch der *Rhesos* beizufügen, gegen dessen Echtheit in alter und neuer Zeit viele Zweifel erhoben wurden. Die einen betrachten das Stück als eine Jugendarbeit des *Sophokles*, wie ja schon alte Kritiker den sophokleischen Kunstcharakter darin zu finden glaubten; andere weisen es der alexandrinischen Zeit zu, trotzdem es schon dem Dikäarchos, einem Schüler des Aristoteles, bekannt war und auch seiner ganzen Anlage nach nicht in diese Zeit paßt; wieder andere wollen darin die Art des *Äschylos* erkennen und lassen es deshalb von einem jüngeren Dichter dieser Schule verfaßt sein. Nun wissen wir aber, daß *Euripides* wirklich einen *Rhesos* dichtete, und so kann überhaupt nur die Frage in Betracht kommen, ob ein späterer unechter Rhesos den ursprünglichen echten verdrängt hat; dies wird aber keineswegs durch den Umstand erwiesen, daß der Prolog des Stückes in drei verschiedenen Formen, einer anapästisch-dialogischen und zwei iambisch-monologischen, vorlag; denn ähnliches sahen wir auch in der *aulischen Iphigenie*. Daher wird man am besten bei der Ansicht namhafter alter Grammatiker stehenbleiben, daß uns im Rhesos ein Jugendstück des *Euripides* erhalten ist, das jedoch nicht, wie Neuere wollen, die vierte Stelle einer Tetralogie, also die Stelle des Satyrspiels, einnahm. Wie man vermutet, soll der Rhe-

sos anläßlich der Gründung von Amphipolis am Strymon um 453 geschrieben sein. Der Stoff ist aus der Doloneia der Ilias genommen; aber das Stück ist weder der Anlage, noch der Charakterisierung, noch der Form nach bedeutend; nur die melischen Partien des Chores, der sich an der Handlung beteiligt, sind besser und kunstvoller.
Der Chor besteht aus den Wachen des trojanischen Lagers, das der Schauplatz der Handlung ist. Durch die Wachtfeuer der Griechen erschreckt, eilt er zu Hektor, der sofort angreifen will in der Meinung, die Feinde beabsichtigen, unter dem Schutze der Nacht zu entfliehen; aber Äneas rät davon ab, und so entschließt sich Hektor dazu, zunächst einen Spion in das feindliche Lager zu senden. Dolon ist um den Preis der Rosse des Achilleus dazu bereit. Während der Chor ihm Glück zu seinem Gange wünscht, kommt ein Bote mit der Meldung, daß Rhesos, der Sohn der Muse Terpsichore, mit seinen Thrakern herannahe; der Chor widmet ihm warme Begrüßungsworte. Rhesos tritt stolz und selbstbewußt auf; er will allein ohne die Trojaner die Griechen verjagen; ja, er ist auch entschlossen, sie nachher gemeinsam mit Hektor in ihrem eigenen Lande anzugreifen und zu vernichten. Sobald er auf den Rat des Hektor mit seinem Heer seine Nachtquartiere bezogen hat, nahen Odysseus und Diomedes, die sich in das feindliche Lager geschlichen haben, um den Hektor im Schlafe zu morden; unterwegs haben sie den Dolon getötet, von dem sie die Losung der Trojaner *Phöbos* erfahren haben. Als sie Hektors Zelt leer finden, wollen sie wieder zu den Ihrigen zurückkehren; aber Athene erscheint und befiehlt ihnen, den eben angekommenen Rhesos zu töten und seine herrlichen Rosse zu entführen; den Paris, der herbeikommt, täuscht die Göttin. Unterdessen haben die beiden Helden den Auftrag der Athene vollführt und sich, da sie die Losung kannten, durch die Wachen ungefährdet in ihr Lager gerettet. Gleichwohl haben diese Argwohn gegen dieselben geschöpft, und ihr Argwohn wird durch den verwundeten Wagenlenker des Rhesos, der jetzt auftritt, gerechtfertigt; er erzählt, daß sein Herr getötet und die Rosse entführt seien. Auch Hektor erscheint und macht den Wachen wegen ihrer Nachlässigkeit Vorwürfe; aber diese beteuern ihre Unschuld. Der Wagenlenker bezeichnet den Hektor als den Mörder und beharrt auf seiner Anklage auch dann noch, als ihm dieser den wahren Täter, den Odysseus, genannt hat; daher läßt Hektor ihn in sein Haus abführen. Da erscheint die Mutter des Rhesos mit dem Leichnam ihres Sohnes hoch oben in der Luft; unter Klagen trägt sie denselben in seine Heimat, um ihn dort zu bestatten. Dagegen gibt Hektor den Befehl, sich zur Schlacht zu rüsten, und der Wunsch des Chores, die Gottheit möge ihnen bald den Sieg verleihen, schließt das Stück.

21. Zum Schlusse ist noch der *Kyklops* zu besprechen, der als einzig erhaltenes Satyrdrama unser Interesse besonders in Anspruch nimmt. Die Abfassungszeit desselben ist unbekannt. Der Stoff, das Abenteuer des Odysseus mit dem Kyklopen Polyphemos, ist dem 9. Buch der Odyssee entnommen und wurde schon vor Euripides von *Aristias*, dem Sohn des Pratinas, bearbeitet. Euripides schließt sich, soweit der Charakter des Dramas gestattet, enge an Homer an; nur den Seilenos und den Satyrnchor hat er neu eingeführt. Der Umfang des Stückes ist kleiner als der von Tragödien, die Anlage einfach, die Charakterisierung flüchtig, die Darstellung scherzhaft und die Moral locker; auch läuft manches mitunter, was das moderne Anstandsgefühl verletzt. Die Grundsätze und Lehren, die Euripides dem Kyklopen in den Mund legt, erinnern ganz an die Athener seiner Zeit.

Das Stück spielt vor der Höhle des Polyphemos in Sizilien. Hier tritt Seilenos auf, der gerade die Höhle und den Stall des abwesenden Kyklopen reinigt. Er erzählt uns, daß er, als er zu Schiff seinen Herrn Dionysos suchte, vom Sturm samt seinen Söhnen, den Satyrn, an diese Küste verschlagen worden sei, wo sie dem Kyklopen Dienste leisten müßten. Da kommen die Satyrn mit den Herden des Polyphemos von der Weide zurück, singend und nach Wein sich sehnend; aber Seilenos gebietet ihnen Stille, da er ein griechisches Schiff am Gestade sieht. Gleich darauf naht Odysseus, den der Sturm ebenfalls hierher getrieben, mit seinen Gefährten und fragt, vom Durste gequält, nach einer Quelle. Der Anblick der Satyrn setzt ihn in Erstaunen. Nachdem er seinen Namen und sein Vaterland genannt, erfährt er von Seilenos, daß er sich im Lande der menschenfressenden Kyklopen befinde; Polyphemos selbst, zu dessen Höhle er gekommen sei, sei gerade auf der Jagd. Auf seine Bitten ist Seilenos bereit, ihm gegen maronischen Wein alle möglichen Lebensmittel aus der Höhle herbeizuschaffen. Während dies geschieht, erkundigt sich der Chor nach dem Schicksal Trojas und der Helena. Gerade will sich Odysseus mit den Lebensmitteln entfernen, da kehrt der Kyklope zurück. Seilenos nimmt, kurz entschlossen, seine Zuflucht zur Lüge; er sagt, die Fremden hätten ihm die Lebensmittel mit Gewalt entrissen. Odysseus stellt dies in Abrede, und auch der Chor tritt auf seine Seite, aber Polyphemos glaubt ihnen nicht. Er fragt die Fremden, woher sie kämen; Odysseus gibt ihm Antwort und bittet um Schonung. Der Kyklope will jedoch die Fremden, mit denen er jetzt in die Höhle geht, verspeisen; Odysseus folgt, indem er zu Athene und Zeus um Rettung fleht. Während der Chor seinem Abscheu über den menschenfressenden Riesen Ausdruck gibt, kehrt Odysseus aus der Höhle zurück und berichtet, daß Polyphemos eben zwei seiner Gefährten gefressen habe; er habe ihm dazu

Wein gereicht und ihn betrunken gemacht. Er fragt den Chor, ob er ihm beistehen wolle, sich und ihn zu retten, und dieser erklärt sich dazu bereit. Wenn der Kyklope in seiner Trunkenheit eingeschlafen ist, wollen sie ihm mit einem glühenden Pfahl das Auge ausstoßen. Der Chor stimmt einen Freudengesang an. Nun kommt der Kyklope aus der Höhle, um sich noch mehr Wein von Odysseus geben zu lassen. Dabei fragt er diesen auch nach seinem Namen und erfährt, daß er *Niemand* heiße. Die Betrunkenheit des Kyklopen wird so stark, daß er sich für Zeus ausgibt und den Seilenos für Ganymedes hält, mit dem er wieder in die Höhle hineinwankt, wo ihn bald der Schlaf umfängt. Jetzt fordert Odysseus den Chor auf, ihm zu helfen. Doch die Satyrn sind zu feige; sie wollen lieber ein kräftiges Zauberlied des Orpheus singen, damit der Pfahl von selbst in das Auge des Unholds dringe. So sieht sich der Held auf seine eigenen Gefährten angewiesen; er bittet den Chor, ein ermutigendes Lied zu singen, während sie die Tat vollführen. Vor Schmerz schreit der Kyklope auf; er will den Täter bestrafen und befiehlt dem Chor, ihn zu demselben zu führen; doch dieser hält ihn zum Besten. Als Polyphemos den wahren Namen des Odysseus hört, fällt ihm ein altes Orakel ein, das ihm die Blendung durch denselben vorhersagte. Seine Versuche, sich an seinem Feinde zu rächen, sind ohnmächtig; das Schiff des Odysseus erreicht glücklich mit dem Satyrnchor die hohe See.

22. Die Übersicht über die erhaltenen Dramen des Euripides zeigt, daß derselbe alle Stoffe dem reichen Gebiet der Mythologie entnommen hat, und zwar hat er in der ersten Zeit mit Vorliebe neue Mythen gewählt, dann sich patriotischen Stoffen zugewandt und schließlich alte Mythen abweichend von seinen Vorgängern und oft in etwas romantischer Weise bearbeitet. Auch selbsterfundene Stoffe, anknüpfend an Lokalsagen, bringt er auf die Bühne. Sehr gern behandelt er Themen, in denen Liebe und Haß, überhaupt Leidenschaften des menschlichen Herzens, besonders des weiblichen Gemütes, zur Darstellung kommen; denn darin ist er unübertroffener Meister. Außerdem gehören alte Leute und reine Jungfrauen zu den Lieblingspersonen des Dichters. Wie die andern Tragiker, so mußte auch er die gewählten Mythen sich für seine Zwecke zurechtmachen, und darin verfuhr er zum Teil mit großer Willkür.

23. Die Abweichung des Euripides von seinen Vorgängern und vom Mythos und die daraus sich ergebende Unbekanntschaft des Publikums mit dem Stoffe benutzt man häufig zur Erklärung der *Prologe*, die Euripides in die Tragödie einführte. Auch die Dramen des Äschylos und Sophokles haben Prologe; man nennt so den Teil der Tragödie vor dem ersten Chorlied, der in Dialogform die Exposition des Stückes

gibt. Bei Euripides haben nur zwei Stücke, die aulische Iphigenie und Rhesos, ähnlich angelegte Prologe; die übrigen werden durch einen längern Monolog eröffnet, in dem wir mit der behandelten Fabel bekanntgemacht werden. Handelt es sich dabei um die Enthüllung einer bis jetzt unaufgeklärten Tatsache oder wird darin schon im voraus der Gang der Handlung und die Zukunft angedeutet, so wird derselbe einem Gott oder Geist in den Mund gelegt, sonst von einer der auftretenden Personen, aber nicht immer von der Hauptperson, gesprochen. Daß diese Art der Exposition weniger kunstvoll ist als die frühere, ist klar; auch ließ es sich nicht vermeiden, daß die Prologe große Ähnlichkeit untereinander zeigten; daher bildeten sie einen Hauptgegenstand des Angriffs vonseiten der Komiker, besonders des Aristophanes. Trotzdem ging Euripides von dieser Sitte nicht ab, und auch spätere Dichter schlossen sich ihm an. Sie erkannten darin ein einfaches und bequemes Mittel, die Zuschauer schnell und ohne Mühe mit der Fabel bekannt zu machen, was bei den verwickelten (*πεπλεγμένοι*) Stücken des Euripides mehr als bei seinen Vorgängern nötig war. Außerdem erhielt unser Dichter dadurch eine willkommene Gelegenheit, seine Ansicht über die Mythen auszusprechen.

24. Bei der *Anlage* der Dramen richtete der Dichter seinen Blick weniger auf das Ganze, als auf das Einzelne; daher vermißt man öfter die Einheit der Handlung, die folgerichtige Durchführung der Charaktere und die Sorgfalt in der Motivierung. Die Hauptstärke des Euripides beruht in der Kunst, das Gemüt zu erregen und zu rühren, was durch packende Situationen und tief-ergreifende Szenen geschieht, und dazu läßt er kein Mittel unversucht. Aristophanes wirft ihm vor, er lasse seine Helden in Lumpen auftreten, um den Zuschauern Tränen zu entlocken; zu demselben Zwecke werden von ihm häufiger, als von seinen Vorgängern, Kinder auf die Bühne gebracht; seine Wiedererkennungen sind von gewaltigster Wirkung; die Leidenschaften und überhaupt alle Vorgänge im menschlichen Herzen weiß er mit einer Wahrheit und Anschaulichkeit zu schildern, wie selten ein Dichter. Da diese häufig verderblicher Natur und die Trägerinnen derselben Frauen sind, so beschuldigte man ihn des Weiberhasses, aber mit Unrecht; denn er hat auch edle und hochherzige Frauencharaktere gezeichnet. Bekanntlich soll Sophokles den Ausspruch getan haben, er stelle die Menschen dar, wie sie sein sollen, Euripides dagegen, wie sie sind. Damit wird Euripides dem Idealismus des Sophokles gegenüber als Vertreter des Realismus hingestellt, der das Alltagsleben und die Wirklichkeit auf die Bühne brachte. Insofern hat man ihn nicht unpassend Vater und Begründer des Dramas unserer Tage genannt; war er ja doch auch der erste, der Stücke mit Heiraten endigen ließ. Allein

trotzdem konnte sich Euripides nicht, wie man hätte erwarten sollen, von den herkömmlichen Stoffen, den überlieferten Mythen trennen, und so zeigt sich ein oft komisch wirkender, immer aber unangenehmer Zwiespalt in dem Wesen seiner Personen. Die alten Heroen, ja sogar die Götter benehmen sich, denken und sprechen gerade wie Athener aus der Zeit des Euripides. Dieser legt ihnen seine politischen und philosophischen Ansichten in den Mund; er macht sie zu Aposteln der Aufklärung, die, wie Sophisten, Zweifel und Bedenken gegen die Volksreligion und alles Bestehende äußern; ja, er läßt sie sogar seine Vorgänger kritisieren. Doch kehrte er, wenn man den Andeutungen in den Bakchen glauben darf, in seinen letzten Jahren wieder zum Volksglauben zurück. Aus dieser Anlage und Beschaffenheit seiner Poesie erklärt es sich auch, daß seine Dramen nicht den beruhigenden und befriedigenden Eindruck im Herzen hinterlassen, wie die des Sophokles; der Dichter hat selbst keine Ruhe und keinen festen Halt, weder in seinem Wesen, noch in seiner Kunst; gute und schlechte Stücke wechseln bunt miteinander. Wenn man daher in Äschylos den Vertreter der Marathonkämpfer, in Sophokles den Repräsentanten des perikleischen Zeitalters erblickt, so darf man den Euripides unbedenklich den Dramatiker des peloponnesischen Krieges nennen; denn diese Zeit spiegelt sich in seiner Poesie völlig wieder.

25. Dem Prolog entspricht gewissermaßen der *deus ex machina*, der nur in vier Stücken des Euripides nicht vorkommt, in den *Herakliden*, den *Phönizierinnen*, der *Medeia* und der *aulischen Iphigenie*, wie sie jetzt vorliegt; wie jener die Exposition des Dramas gibt, so schließt dieser dasselbe ab. Aristoteles läßt denselben zu, wo die Zukunft geoffenbart werden soll, und so haben ihn schon Äschylos und Sophokles, allerdings nur selten, angewandt; es kommt noch dazu, daß zur Zeit dieser Tragiker der Glaube an Götter und Göttererscheinungen im Volke noch allgemein lebendig war. Anders ist es zur Zeit des Euripides; dieser gebraucht den deus ex machina ganz regelmäßig als bequemes Mittel, um den Knoten der tragischen Konflikte nicht zu lösen, sondern zu zerhauen und einen befriedigenden Abschluß herbeizuführen. Auch in Stücken, in denen eine natürliche Lösung gegeben oder doch leicht zu geben war, läßt Euripides seinen deus ex machina erscheinen, dem dann lediglich die Rolle der Bestätigung zufällt. Daraus darf man wohl schließen, daß dieses Bühnenmittel beim Publikum wirksam und beliebt war.

26. Der *sprachliche Ausdruck* paßt vollständig zum Inhalt. Veraltete Wörter und dunkle Redensarten verschmäht Euripides; seine Sprache ist die poetisch veredelte Umgangssprache der Gebildeten seiner Zeit. Kühne Bilder und bestechender Reichtum glänzender Epitheta fehlen

derselben; sie ist einfach und schlicht und wirkt zumeist durch sorgfältige Auswahl bezeichnender Wörter und Wendungen. Der Satzbau ist leicht, fließend und abgerundet, ohne Schwierigkeit für das Verständnis. Die Gleichnisse sind weniger der Natur entnommen, wie bei Äschylos und Sophokles, als vielmehr der Kunst, besonders der Architektur, Bildhauerei und Malerei. Zahlreich sind Sprüche und Lebensregeln eingestreut. Mit besonderer Vorliebe gebraucht Euripides die Redefiguren, wie Antithese und Oxymoron, achtet auf Gleichklänge und Synonyme und berücksichtigt die Symmetrie, Eigenschaften, die am klarsten in den Stichomythien und längeren Reden an den Tag treten. Überhaupt erinnert die Sprache unseres Dichters vielfach an die Rhetorik der Sophisten jener Zeit; Reden und Gegenreden zeigen ganz den Charakter und das Gepräge der damaligen Anklage- und Verteidigungsreden. Daher empfiehlt auch Quintilian den Euripides den Rednern zu eingehendem Studium. Alexander Ätolos vergleicht den leichten, vollen, kräftigen Fluß seiner Rede mit Honig und Sirenengesang. Aber auch hier vermag Euripides nicht das richtige Maß einzuhalten. Bestimmte Redensarten, Wörter und Wendungen kehren bis zum Übermaß wieder; die nachdrückliche Doppelsetzung desselben Wortes (Epizeuxis) kommt in den Chorliedern immer wieder vor und fordert so die Verspottung heraus; die gleichen Verse werden öfter gebraucht, besonders am Schluß der Tragödien; endlich werden auch dieselben Gedanken in verschiedener Form oft unmittelbar nacheinander wiederholt, um sie deutlicher hervortreten zu lassen. So zeigt die Rede oft eine lästige Breite, und daher hat Aristophanes, der übrigens des Euripides Meisterschaft in der Handhabung der Sprache anerkennt und nach seinem eigenen Geständnis vieles von ihm gelernt hat, ihm nicht mit Unrecht eine gewisse Geschwätzigkeit vorgeworfen.

27. Die *Metrik* des Euripides paßt sich der Sprache und dem Inhalt an. Der *Trimeter* hat durch Auflösungen und Freiheit im Bau eine Beschaffenheit erhalten, die zum Ausdruck jeder Stimmung, der ernsten, wie der leidenschaftlichsten, geeignet ist. Daneben verwandte Euripides etwa seit dem J. 416 v. Chr. den *trochäischen Tetrameter* besonders an den Stellen wieder, wo die Gemüter mehr erregt sind. Verteilung der Verse unter mehrere Personen findet sich häufig. Die Bedeutung des *Chores* ist bei Euripides noch mehr geschwunden, als bei Sophokles; er steht gewöhnlich ganz auf seiten der Hauptperson und könnte in den meisten Stücken fehlen, ohne daß man etwas vermissen würde. Die Chorlieder haben oft nur einen losen Zusammenhang mit der Handlung, indem sie ganz allgemein ein mit dem Mythos, wenn auch nur entfernt, in Verbindung stehendes Ereignis besingen oder die Gedanken und Reflexionen des Dichters wiederge-

ben. Sie erinnern lebhaft an die von *Agathon* in die Tragödie eingeführten *Embolima*, lyrischen Einlagen, die lediglich den Zweck haben, die Pausen auszufüllen. Um so mehr treten die *Monodien* und *Arien* als Ausdruck der Gemütsstimmungen hervor; aber oft will es scheinen, als ob das ungestüme, mit vielen Kürzen versetzte Metrum und die leidenschaftlichen Ausrufe nur den Mangel an wahrem Gefühl verdekken müßten. Unter den Metren sind die *Glykoneen* zu nennen, die Euripides etwa vom J. 420 an freier in polyschematistischer Weise behandelte. In der *Musik* schloß er sich den jüngern Dithyrambikern an, und man erzählt, daß *Kephisophon* und *Timokrates* ihn bei der Komposition seiner Lieder, die für sich betrachtet zum Teil recht schön sind, unterstützten.

28. Euripides hatte während seiner Lebzeit viele Gegner, besonders Aristophanes und die Komiker, die ihn mit ihrem Spotte unaufhörlich verfolgten. Aber er war der Liebling des Volkes in und außerhalb Athens. Wir hören, daß viele in Sizilien gefangene Athener ihr Leben dadurch retteten, daß sie Verse des Euripides auswendig wußten und den Syrakusanern vortragen konnten. Nach seinem Tode genoß der Dichter die größte Verehrung. Gerade wie die Standbilder des Äschylos und Sophokles, so wurde auch das seine im Theater auf Antrag des Redners Lykurgos aufgestellt, und ebenderselbe nahm auch die Tragödien des Euripides in das attische Normalexemplar auf. Aristoteles lobt ihn im ganzen, wenn er auch im einzelnen manches an ihm auszusetzen hat; Alexander der Große und der Stoiker Chrysippos zählten ihn zu ihren Lieblingsdichtern. Von den Abderiten erzählt man, daß sie zur Zeit des Lysimachos, als ihnen der Schauspieler Archelaos die Andromeda des Euripides vortrug, infolge der Begeisterung von einem hitzigen Fieber befallen worden seien, in dem sie nur noch Verse aus diesem Drama hergesagt und gesungen hätten. Der Einfluß, den Euripides auf die Folgezeit ausübte, kann mit dem des Homer verglichen werden. Die Tragödie und die Komödie schloß sich an ihn an, und alle andern Zweige der Literatur wurden von ihm beeinflußt; ja, selbst die Kunst nahm aus ihm viele Motive. Er wurde Schulschriftsteller. Die Grammatiker widmeten ihm ihre Tätigkeit, an ihrer Spitze Aristophanes und sein Schüler Kallistratos. Die römischen Tragiker nahmen ihn zum Vorbild, und noch in der byzantinischen Zeit wurden die Hekabe, der Orestes und die Phönizierinnen mit vielem Interesse gelesen.

31. Kapitel

Andere Tragiker

1. Die Kunst der drei großen Tragiker vererbte sich in ihren Familien. *Euphorion*, der Sohn des Äschylos, brachte außer Stücken seines Vaters auch eigene zur Aufführung; er soll viermal gesiegt haben. Von *Philokles*, dem Neffen des Äschylos, kannte man 100 Tragödien, darunter eine Tetralogie *Pandionis*, die wahrscheinlich die Geschichte der Prokne und Philomele behandelte und, wie man aus der Erwähnung derselben in den Vögeln des Aristophanes schließen darf, vor dem J. 414 verfaßt war. Sein Stil war herb. Wenn wir hören, daß er über den König Ödipus des Sophokles siegte, so geschah dies wohl nicht mit einem eigenen Stück, sondern mit einem seines Oheims. Des Philokles Sohn *Morsimos*, Augenarzt und Tragiker, verdankt die Ehre der Erwähnung nur seinem bedeutenderen Sohn *Astydamas*, der im J. 398 zum ersten Mal öffentlich auftrat und nach der Überlieferung 60 Jahre alt wurde. Ist dies richtig, so kann nicht er es sein, der im J. 341 mit *Achilleus*, *Athamas* und *Antigone* und im J. 340 mit *Parthenopäos* und *Lykaon* siegte und das Volk so begeisterte, daß es ihm eine eherne Statue im Theater errichtete, auf die er eine äußerst selbstbewußte Inschrift setzte, in der er wünschte, daß er sich mit den großen Meistern der Tragödie messen könnte, sondern dies muß sein Sohn, der jüngere *Astydamas*, sein, der Schüler des Isokrates, der im J. 372 zum ersten Mal siegte. Auf diesen wird auch die Nachricht zu beziehen sein, daß er 240 Tragödien geschrieben und 15 Siege errungen habe. Seine Stücke verraten euripideischen Einfluß; die Sprache ist rhetorisch, es kommen viele Sprüche vor, und der Versbau ist locker.

2. Ähnlich ist es in der Familie des *Sophokles*. Der älteste Sohn desselben *Iophon* erhielt im J. 428 den zweiten Preis. Man legte ihm 50 Stücke bei, darunter *Bakchen*. Die Komiker verspotteten ihn als frostig; Aristophanes betrachtet ihn nach dem Tode der großen Meister als einzige Stütze der Kunst; nur müsse man zuerst abwarten, was er ohne die Hilfe seines Vaters leisten könne. Auch der Bruder des Iophon, *Ariston*, scheint Tragiker gewesen zu sein. Bedeutender war jedoch Aristons Sohn, der jüngere *Sophokles*, der das letzte Stück seines Großvaters, den *Ödipus auf Kolonos*, zur Aufführung brachte. Auch mit eigenen Stücken trat er auf, wie es scheint, seit dem J. 395. Er soll 40, nach andern 11 Stücke gedichtet und 7, nach andern 12 Preise gewonnen haben. Außer Dramen schrieb er noch *Elegien*.

3. Aus der Familie des Euripides wird nur ein Tragiker genannt, der jüngere *Euripides*, den wir oben als Sohn des großen Euripides aufführten; nach andern war er ein Neffe desselben. Er brachte die *auli-*

sche Iphigenie und die *Bakchen* seines Vaters oder Großvaters auf die Bühne. Als eigene Stücke werden *Orestes*, *Medeia* und *Polyxena* erwähnt.

4. Neben den Familien der drei großen Tragiker ist die des *Karkinos* zu nennen, die den Komikern reichlichen Stoff zu Witz und Spott gab. Der Begründer derselben Karkinos ist athenischer Bürger, der Sohn des Thorikios; die Bezeichnung als Agrigentiner geht auf einen Komikerwitz zurück; denn der Krebs (*καρκίνος*) ist das Wappen Agrigents. In seinen Tragödien scheinen die Chorgesänge und die Orchestrik überwogen zu haben. Seine Söhne *Xenokles*, *Xenotimos*, *Xenarchos* und *Datis* widmeten sich ebenfalls der Bühne, teils als Schauspieler und Tänzer, teils als Dichter. Der bedeutendste derselben ist *Xenokles*, der im J. 415 mit der Tetralogie *Ödipus*, *Lykaon*, *Bakchen* und *Athamas* den Sieg über Euripides davontrug. Er hatte einen dunklen Stil, reich am Allegorien, und verwandte in seinen Stücken viele Maschinen. Der Sohn dieses Xenokles war der jüngere *Karkinos*, der längere Zeit am Hofe des jüngeren Dionysios in Syrakus lebte. Er soll 160 Dramen geschrieben haben, darunter einen *Ödipus*, eine *Medeia* und einen *Orestes*, und trug 11 Siege davon. Aristoteles erwähnt ihn öfter. Seine Stücke verrieten Nachlässigkeit und Künstelei; sein Stil war fließend, reich an Sentenzen, mit philosophischem Anstrich; der Versbau ziemlich frei.

5. Außer den Tragikerfamilien gab es in Athen auch alleinstehende Dichter, unter denen *Agathon* der bedeutendste ist. Er wurde um 448 als Sohn des vornehmen und reichen Tisamenos in Athen geboren und war ein durch feine Bildung und Schönheit ausgezeichneter Mann, der sich gerne den Freuden des Lebens hingab und etwas Weibisches an sich hatte, was ihm manchen Spott der Komödie eintrug. Seinem Wesen entspricht seine Poesie. Im J. 416 an den Lenäen trug er seinen ersten Sieg davon, den sein Freund Platon im *Gastmahl* so schön verherrlicht. Zwei Jahre später, im J. 414, trat er an den großen Dionysien auf. Aus dem J. 411 hören wir von ihm, daß er die Verteidigungsrede des Antiphon, der als Haupt der Vierhundert angeklagt war, lobte. Später ging er mit seinem Freund Pausanias nach Makedonien an den Hof des Königs Archelaos, wo er mit Euripides zusammen war. Hier scheint er um 400 gestorben zu sein.

In seiner Poesie schritt er, soweit man aus den Überlieferungen und Bruchstücken schließen kann, auf der von Euripides betretenen Bahn weiter. Aristoteles, der sonst mit Anerkennung von Agathon spricht, tadelt ein Stück desselben, wahrscheinlich die *Zerstörung von Ilios*, weil es an epischer Stoffülle leide. Ein anderes Stück, *Ἄνθος* (die Blume), falls dieser Titel richtig überliefert ist, ist deshalb bemerkenswert, weil die Handlung desselben völlig erfunden ist. Die Chorlieder löste Agathon ganz von der Handlung los; sie hatten von jetzt an nur den Zweck, die Pausen auszufüllen, und hießen *Embolima*. In der Musik war er Anhänger der jüngeren Dithyrambiker; er führte das chromatische Tongeschlecht in die Tragödie ein, das sich zuerst in seinen *Mysern* findet. Die agathonsche Flötenmusik (*Ἀγαθώνειος αὔλησις*) war sprichwörtlich, und die weichliche und gezierte Art derselben wird von Aristophanes in den Thesmophoriazusen bitter verspottet. Die Sprache zeigt ganz den Kunstcharakter der Rhetorik des Gorgias mit ihren gesuchten Ausdrücken und zahlreichen Wort- und Satzfiguren, unter denen Agathon der Antithese ein weites Feld einräumte. Einem Freunde, der ihm riet, die Antithesen aus seinen Dramen zu entfernen, soll er geantwortet haben, damit würde er den Agathon aus dem Agathon entfernen. Die ganze Richtung entsprach dem damaligen Geschmacke und gewann dem Agathon viele Anhänger.

6. Unter den Zeitgenossen des Agathon ist *Kritias*, der bekannte Führer der Dreißig, zu nennen, den wir schon als Elegiendichter kennengelernt haben, und der auch als Prosaiker bekannt ist. Von ihm werden zwei Tragödien angeführt, der *Peirithoos* und *Sisyphos*, die beide auch dem Euripides zugeschrieben werden. Den *Peirithoos* scheint Euripides in eine seiner Tetraglogien aufgenommen und auf die Bühne gebracht zu haben, während der *Sisyphos* wohl nie aufgeführt wurde. Aus diesem ist ein Bruchstück erhalten, in dem die Götter als Erfindungen der Menschen dargestellt werden. Die Sprache ist wortreich, und die Philosophie nimmt einen breiten Raum ein.

7. Der Tragiker *Chäremon* lebte um 380. Nach dem Urteil des Aristoteles eigneten sich seine Tragödien mehr zur Lektüre, als zur Aufführung; er zeichnete sich durch Sorgfalt im einzelnen, reizende Schilderungen, malerischen Stil und eine große Vorliebe für Blumen aus und war reich an Sentenzen. Außerdem war er ein Freund metrischer Künsteleien. Sein *Kentauros*, offenbar Cheiron, der Lehrer des Achilleus, bestand aus allen möglichen Versmaßen; jedoch war es vermutlich nicht leicht, denselben einer bestimmten Kunstgattung zuzuweisen; denn die einen bezeichnen ihn als Drama, die andern als Rhapsodie, wieder andere als Epos, ebenfalls ein Anzeichen des Verfalls der tragischen Kunst.

8. Auch in andern Städten Griechenlands wurde die Tragödie eifrig gepflegt; aber wer sich darin auszuzeichnen glaubte, eilte nach Athen, um in diesem Glanzpunkt der Kunst und Wissenschaft Siege zu erringen. So trat hier *Aristarchos aus Tegea*, der über 100 Jahre alt geworden sein soll, zum ersten Mal im J. 454 auf. Die Zahl der Tragö-

dien desselben wird auf 70 angegeben; doch soll er nur zweimal gesiegt haben. Den Titeln nach kennen wir einen *Asklepios*, den der Dichter zum Dank für seine Genesung schrieb, einen Achilleus, den *Ennius* lateinisch bearbeitete, und einen *Tantalos*. Außerdem ist die dunkle Notiz überliefert, daß er die Tragödie auf ihren jetzigen Umfang gebracht habe; wir wissen nicht, ob damit die Anzahl der Verse oder der Epeisodia und Chorika gemeint ist, und selbst wenn man dies für gleichgültig hält, so haben doch schon die Dramen des älteren Sophokles, ja sogar der Agamemnon des Äschylos die gewöhnliche Länge. Soll man darin den Einfluß des Aristarchos erblicken?

9. Zwei Jahre nach Aristarchos, also im J. 452, trat *Ion von Chios* zum ersten Mal mit einer Tetralogie in Athen auf. Diesem sind wir schon bei der *Elegie* begegnet, wo wir auch auf die Vielseitigkeit des Mannes hinweisen, der sich mit *Poesie* und *Prosa* beschäftigte, *Tragödien*, *Dithyramben*, *Hymnen*, *Elegien*, *Reiseerinnerungen*, eine *Gründung von Chios* und anderes schrieb. In Athen verkehrte der reiche und gebildete Chier mit Kimon; schon früher lernte er den Äschylos kennen, und gelegentlich des samischen Krieges traf er auch mit Sophokles zusammen. Selbst nach Sparta scheint er gekommen zu sein und dort die Bekanntschaft des Königs Archidamos gemacht zu haben. Von einem zweiten Auftreten desselben in Athen hören wir im J. 428, wo er den dritten Preis erhielt. Außerdem wird berichtet, daß er einmal zu gleicher Zeit mit Tragödie und Dithyrambos gesiegt und zur Feier dieses Ereignisses jeden athenischen Bürger mit einem Krug Chierwein beschenkt habe. Im J. 421 war er bereits tot.

Von ihm kannte man 10 Tetralogien; wir haben noch Titel und Bruchstücke von 10 Tragödien und einem Satyrspiel, der *Omphale*. Auffallend ist der Titel *μέγα δρᾶμα*, wenn er anders unversehrt auf uns gekommen ist. Die Stoffe sind großenteils aus Homer genommen, und in den Mythen finden sich zum Teil starke Abweichungen von der gewöhnlichen Sage, wie wenn er z. B. Antigone und Ismene von dem Sohn des Eteokles im Tempel der Hera verbrannt werden läßt. Seine Stücke zeigen Sorgfalt und Korrektheit, aber es fehlt ihnen an Kraft und Originalität. Die Sprache ist glatt und elegant, mit ionischen und epischen Wörtern und kühnen Figuren geschmückt. Die Alexandriner wiesen ihm und dem *Achäos aus Eretria* die nächste Stelle nach den drei großen Meistern an und nahmen sie in den Kanon der Tragiker auf.

10. *Achäos von Eretria* ist im J. 484 geboren. Im J. 448 trat er zum ersten Mal in Athen auf. Im J. 405, als die Frösche des Aristophanes aufgeführt wurden, war er bereits tot. Er brachte 11 Tetralogien zur Aufführung, gewann aber nur einmal den ersten Preis. Seine Stärke

lag im Satyrspiel, in dem er mit Pratinas und Äschylos wetteiferte. Wir kennen die Titel von 18 Dramen, von denen sieben Satyrspielen angehören. Der Stil des Achäos war zierlich, aber oft dunkel, seine Beschreibungen bis ins Einzelne genau, aber infolgedessen oft umständlich und ermüdend.

11. Derselben Zeit gehört *Neophron aus Sikyon* an; denn die Überlieferung, daß derselbe ein Freund des Kallisthenes gewesen und von Alexander dem Großen hingerichtet worden sei, beruht auf einer Verwechslung mit dem jüngeren Tragiker *Nearchos*. Neophron seoll 120 Dramen geschrieben haben und der erste gewesen sein, der Pädagogen und die Folterung der Sklaven auf die Bühne brachte. Unter seinen Stücken ist *Medeia* wegen ihres Verhältnisses zur euripideischen, worüber wir gesprochen haben, am bekanntesten.

12. Unter den spätern Dichtern ist *Theodektes von Phaselis* in Lykien zu erwähnen. Er war Schüler des Isokrates und verband die Redekunst mit der tragischen Dichtkunst. Seine Rhetorik war sehr berühmt. Als die Königin von Karien Artemisia im J. 352 ihrem Gemahl Mausollos eine glänzende Leichenfeier veranstaltete, befand sich Theodektes unter den Festrednern; auch eine Tragödie Mausollos wird von ihm genannt, die noch mehr als seine Rede gefallen haben soll. Er starb, erst 41 Jahre alt, in Athen und wurde an der Straße nach Eleusis begraben. In dem *Epigramm* auf dem Grabstein rühmte er sich, daß er 13 Tetralogien aufgeführt und damit 8 Mal den Preis errungen habe. Wir haben die Titel und Bruchstücke von 10 Tragödien. In diesen vereinigte er das Pathos des Euripides mit der rhetorischen Formvollendung des Isokrates. Aristoteles, mit dem er befreundet war, führt ihn öfter an.

13. Außer den genannten Dichtern gab es in dieser Zeit noch viele, die sich mit der Tragödie, wenn auch nur als Dilettanten, beschäftigten, wie *Dionysios der Ältere* von Syrakus, der, oft verlacht und verspottet, an den Lenäen des J. 367 mit der *Auslösung Hektors* (*Ἕκτορος λύτρα*) einen Sieg gewann, den er in Syrakus glänzend feierte. Allein trotz der reichen Produktion war die Zeit dieser Dichtgattung vorüber. Daran war weniger der Umstand schuld, daß allmählich neben Athen auch andere Städte, wie Syrakus, Korinth und Pherä, tragische Bühnen errichteten, als vielmehr der Mangel an Dichtern von erfinderischer und schöpferischer Kraft; an die Stelle dieser trat eine durch theoretische Studien und praktische Übung gewonnene Fertigkeit. Der Mythos, der die früheren Dichter so reichlich mit Stoffen versehen hatte, war fast erschöpft; aber anstatt nach neuen Themen zu greifen, suchten die Dichter ihn immer wieder durch kleine Abänderungen im Einzelnen und durch Einführung von Philosophie und Gelehrsamkeit interessant

zu machen. Da die Kraft zur einheitlichen, künstlerischen Gestaltung des Ganzen fehlte, wandte man um so größere Sorgfalt der Ausarbeitung der Einzelheiten zu und suchte nach blendendem Beiwerk und glänzenden Episoden. Die Kunst, Charaktere zu schaffen, war verschwunden, und Naturwahrheit und wahre Empfindung mußten vor der alles beherrschenden Rhetorik weichen. Ja, es kam sogar die Sitte auf, Dramen zur Lektüre zu schreiben, die sog. *ἀναγνωστικά*. Jetzt griff man wieder auf die alten Meister zurück; ihre Stücke durften neben neuen aufgeführt werden, ja sie erhielten bald das Übergewicht über die neuen. Doch das Publikum schenkte der Kunst der Schauspieler mehr Beachtung, als dem Inhalt der Stücke; und so traten die Schauspieler auf Kosten der Dichter immer mehr hervor; schließlich wurden sie statt der Dichter in den Didaskalien genannt. Etwa seit dem J. 400 bildeten sich Schauspielertruppen, welche in Griechenland von Stadt zu Stadt zogen, mit obrigkeitlicher Genehmigung Aufführungen veranstalteten und so zur allgemeinen Verbreitung der Dramen wesentlich beitrugen.

32. Kapitel

Die sizilische und megarische Komödie. Der Mimos

1. Die *Komödie* ist, wie die Tragödie, aus dem Dionysoskult hervorgegangen; sie stellt die heitere Seite desselben dar; aber ihre Entstehung und allmähliche Ausbildung ist ebenfalls vielfach in Dunkel gehüllt. Aristoteles berichtet, daß sie auf die Vorsänger der *Phalloslieder* zurückgehe, die eine große Verbreitung in Griechenland hatten und auch in Athen an den ländlichen Dionysien und an den Lenäen gesungen wurden. Dieselben schließen sich im allgemeinen an die Weinlese an, die den Griechen einen willkommenen Anlaß gab, ihre angeborene Lust zu Scherz und Spott reichlich zu befriedigen, und haben ihren Namen davon, daß sie von einer Anzahl Leute, die einen großen Phallos als Symbol der Zeugungskraft des Gottes umhertrugen, vorgetragen wurden. Auch ein Dichter solcher Lieder aus früher Zeit wird erwähnt, *Antheas von Lindos* auf der Insel Rhodos, der sich selbst einen Verwandten des Kleobulos, eines der sieben Weisen, nannte. Wir hören, daß derselbe in dionysischer Kleidung Tag und Nacht mit vielen Genossen umherzog, denen er seine Lieder, die auch Komödien genannt werden, vorsang. Von diesen Umzügen (*κῶμοι*), die an die athenische Sitte, vom Wagen herab die Begegnenden zu verspotten, erinnern, erhielt die Komödie ihren Namen; allerdings bestand dane-

ben noch eine andere Ableitung von *κώμη* (Dorf), und auf diese gründeten sogar die Dorier den Athenern gegenüber ihre Ansprüche auf Erfindung dieser Dichtgattung, da nur bei ihnen die Dörfer *κῶμαι* hießen, bei den Athenern aber *δῆμοι*. Der andere Name der Komödie *τρυγῳδία*, den die Grammatiker von *τρύξ* (Wein oder Hefe) ableiten und entweder auf den ausgesetzten Preis oder auf das Bestreichen des Gesichtes mit Hefe in Ermangelung von Masken beziehen, kommt von *τρύγη* (Weinlese) her. Die Entwicklung derselben aus den Phallosliedern, die oft von derben Späßen und mitunter nicht gerade anständigen Gebärden und Bewegungen begleitet waren, kann man sich in derselben Weise denken, wie die der Tragödie aus dem Dithyrambos; der Leiter des Chores trat diesem mit der Zeit als erster Schauspieler gegenüber, und so entstand ein Spiel, das allmählich bis auf die Höhe der attischen Komödie vervollkommnet wurde. Die Phalloslieder bestanden daneben noch weiter, wie der Dithyrambos neben der Tragödie.

2. Auf die Erfindung der Komödie machten, wie gesagt, die Dorier Ansprüche, die selbst die Athener als begründet anerkannten. Und in der Tat gab es in verschiedenen dorischen Stücken verschiedene volkstümliche Possenspiele, die Keime der späteren Komödie enthielten. So hatten die Spartaner *Deikelikten*, d. h. komische Schauspieler, wahrscheinlich aus dem Stande der Perioken und Heloten, welche in mimischen Darstellungen mit Gebärden und Worten Obst- und Traubendiebe oder fremde Quacksalber zum Vergnügen der Zuschauer wahrheitsgetreu nachahmten. Ähnlicher Art waren in Unteritalien, besonders in Tarent die *Phlyakes*, die sich außer mit der mimischen Darstellung lächerlicher Charaktere auch noch mit den beim Volke sehr beliebten Parodien und Travestien von Dichtungen befaßten, den sog. *Hilarodien* und *Magodien*, von denen sich die ersteren auf Tragödien, die letzteren auf Komödien bezogen; doch behandelten die Magodien bisweilen auch selbständige komische Stoffe. Auch den witzigen und lebenslustigen Siziliern fehlte es an Mimen und Possenreißern nicht, die bei ihnen den Namen *Autokabdaloi* führten; ja, hier erhielten diese volkstümlichen Belustigungen zuerst literarische Ausbildung, wozu der kunst- und literaturliebende Hof der Tyrannen in Syrakus wesentlich beitrug.

3. Der bedeutendste Dichter der sizilischen Komödie ist *Epicharmos*, der Sohn des Helothales von der Insel Kos. Er war erst drei Monate alt, als sein Vater nach Sizilien auswanderte, wo er sich in Megara ansiedelte. Dies kann aber nicht im J. 494 v. Chr. geschehen sein, wie die Nachricht will, welche den Helothales gleichzeitig mit dem koischen Tyrannen Kadmos auswandern läßt, der sich den Samiern an-

schloß und in Zankle, dem spätern Messana, niederließ, sondern muß in frühere Zeit fallen; dagegen ist es nicht unmöglich, daß Kadmos später in Syrakus, wohin er sich zu Gelon begab, mit Epicharmos zusammentraf. Von der Erziehung unseres Dichters, sowie überhaupt von seinem Aufenthalt in Megara, wird nichts Näheres überliefert. Daß er sich mit Philosophie beschäftigte, sieht man nicht nur aus den Fragmenten seiner Werke, sondern auch daraus, daß die Pythagoreer ihn als einen der Ihrigen in Anspruch nehmen wollten; auch ist es wahrscheinlich, daß er hier schon Komödien schrieb. Noch vor der Zerstörung der Stadt (484) siedelte er nach Syrakus über, wahrscheinlich im J. 486. Hier kam er mit den Tyrannen Gelon und Hieron, sowie mit den Dichtern, die am syrakusanischen Hofe lebten, in Berührung und hatte ein kunstverständigeres Publikum, was gewiß nicht ohne Einfluß auf seine Dichtkunst blieb. Er starb hochbejahrt, in einem Alter von 90, nach andern sogar 97 Jahren, vermutlich nicht lange nach Hieron (467).

Epicharmos galt als Verfasser von 40–42 *Stücken*, von denen jedoch einige für unecht gehalten wurden; nur 35 scheinen allgemein als echt anerkannt worden zu sein, und von fast allen diesen sind die Titel, von den meisten auch Fragmente auf uns gekommen. Sehr zahlreich sind die *Stoffe*, die der Dichter aus der *Mythologie* genommen hat. Hier fand er schon fertige Geschichten vor und hatte außerdem die Tragödie als Vorbild; auch waren Götter und Heroen, menschlich aufgefaßt und dargestellt, besonders geeignet zur komischen Idealisierung, insofern man bei ihnen, ohne die Wahrscheinlichkeit zu beeinträchtigen, die Farben viel stärker auftragen konnte, als bei Menschen; sie gaben wirksame Typen für die Fehler und Torheiten der Menschen ab. So bildete im *Hephästos* oder den Zechbrüdern (*Κωμασταὶ ἢ Ἅφαιστος*) der hinkende, witzige Hephästos den Mittelpunkt, der seine Mutter Hera, weil sie den Herakles verfolgt, auf einem selbst verfertigten Zauberstuhl festhält; in einem andern Stück kommt der ungeschlachte *Kyklope* zur Darstellung; in zwei Stücken tritt der schlaue *Odysseus* auf, sowohl als Überläufer (*αὐτόμολος*), als auch als Schiffbrüchiger (*ναυαγός*); der Lieblingsheld des Epicharmos aber ist der im Essen und Trinken gleich unersättliche *Herakles*, der im *Busiris*, im *Herakles* beim *Pholos* (*ὁ παρὰ Φόλῳ*), im *Herakles auf dem Zug nach dem Gürtel der Hippolyte* (*ὁ ἐπὶ τὸν ζωστῆρα*) und in der *Hochzeit der Hebe* (*Ἅβας γάμος*) die Hauptrolle spielt. In dem letztern Stück bildete das üppige Hochzeitsmahl mit allen möglichen leckeren Speisen und kostbaren Fischen den Mittelpunkt; die Musen traten darin als Fischweiber auf, und nach ihnen erhielt die Komödie bei der Wiederaufführung den Titel *Musen*. Daneben wählte Epicharmos auch Stoffe aus dem *ge-*

wöhnlichen Leben, z. B. Bauer (ἀγρωστῖνος), *Festbesucher* (ϑεαροί), *Megarerin* (Μεγαρίς); hierher gehören auch Stücke wie *Erde* und *Meer* (γᾶ καὶ ϑάλασσα), vermutlich ein Wettstreit zwischen beiden über ihre Vorzüge, oder λόγος καὶ λογίνα, wohl eine Verspottung der sophistischen Rhetorik. In dem Stück *Hoffnung* oder *Reichtum* (ἐλπὶς ἢ πλοῦτος) kam eine gelungene Schilderung des Schmarotzers (Parasiten) vor, der von da an eine ständige Figur der Kömodie blieb, ebenso wie der Trunkenbold und Feinschmecker, die sich ebenfalls schon bei Epicharmos finden. Dagegen scheint er sich in der Poesie von der Politik völlig ferngehalten zu haben, die in der attischen Komödie eine so große Rolle spielt.

Die *Anlage der Komödien* des Epicharmos war jedenfalls sehr einfach. Ein kunstreich ausgedachter Plan oder ein verwickeltes Intrigenspiel fehlte denselben; die Einheit beruhte auf einem leitenden Grundgedanken, um den sich heitere Episoden und komische Situationen reihten. Ihre Stärke lag in der Kunst der Charakterzeichnung. Die Komik war volkstümlich, nicht selten derb; auch Wortspiele fehlten nicht; aber das Ganze würzte der Dichter mit einer Fülle tiefer Gedanken, sinniger Sprüche und trefflicher Lebensregeln, die ihm viel Lob eintrugen; ja, er wurde sogar unter die sieben Weisen gerechnet. Die Darstellung ist natürlich und lebendig, die Sprache das syrakusanische Dorisch und das Versmaß des Dialogs der trochäische Tetrameter und der iambische Trimeter, beide frei gebaut und mit vielen Auflösungen; auch der anapästische Tetrameter findet sich, und zwei Komödien, die Tanzenden (χορεύοντες) und der Sieger (ἐπινίκιος), sollen ganz in diesem Metrum geschrieben gewesen sein. Der Chor, der wohl in keinem Drama fehlte, scheint mehr in den Hintergrund getreten zu sein, als in der attischen Komödie; denn nur wenige Bruchstücke zeigen lyrischen Charakter.

Epicharmos stand in außerordentlichem *Ansehen.* Die Syrakusaner setzte ihm ein ehernes Standbild, für das Theokrit das Epigramm dichtete. Eine Menge Fälschungen gingen unter seinem Namen, so ein philosophisches Gedicht über die *Natur*, das *Ennius* lateinisch in Trochäen bearbeitete und wegen der darin enthaltenen Sentenzen unseres Dichters *Epicharmos* betitelte, dann die Lehrgedichte *Cheiron*, *Politeia*, *Kanon* und die *Gnomen*, die beiden letzten von dem Sikyonier *Axiopistos*, die Politeia von dem Flötenspieler *Chrysogonos*. Auch ein *medizinisches Gedicht*, ein Werk über *Landwirtschaft*, ein *Traumbuch* und ein *Kochbuch* tragen den Namen des berühmten Komikers. Wegen seines Reichtums an Sentenzen stelt ihn Platon mit Homer zusammen; auch auf einer Linie mit Hesiod wird er genannt, und im 4. Jh. war er ein Schulbuch. Die Grammatiker beschäftigten sich mit ihm, und Apollodoros von Athen schrieb einen Kommentar von 10 Büchern zu seinen Werken. Ganz besondern Einfluß mag er auf die spätere Komödie ausgeübt haben.

4. Epicharmos scheint seine Lustspiele nach Art der Tragödie und der attischen Komödie im Wettkampf mit andern aufgeführt zu haben; obwohl man weder über die Zeit, noch über die Art der Aufführung etwas Bestimmtes angeben kann. Von seinen Nebenbuhlern werden zwei erwähnt, *Phormis* (oder Phormos) und *Deinolochos*. Der letztere wird Sohn und Schüler des Epicharmos genannt und bald als Syrakusaner, bald als Agrigentiner bezeichnet. Nach den Grammatikern schrieb er 14 Komödien in dorischem Dialekt, von denen wenige Bruchstücke erhalten sind. Als Titel werden angeführt *Althäa*, *Amazonen*, *Medeia* und *Telephos*. Mythologischen Inhalts waren auch die 7 Stücke, die von *Phormis* erwähnt werden, darunter der *Admetos*, *Alkinoos*, das *trojanische Pferd* (ἵππος), *Kepheus* und *Perseus*; jedoch sind keine Fragmente auf uns gekommen. Die *Atalante* war zwischen ihm und Epicharmos strittig. Wir hören, daß er ein Freund des Tyrannen Gelon und Erzieher seiner Kinder war. Wenn er derselbe Phormis ist, der dem Gelon und dessen Bruder Hieron große Dienste im Krieg leistete und prächtige Weihegeschenke in Olympia aufstellte, so stammt er aus Mänalos in Arkadien und ist in Syrakus eingewandert. Um die Komödie soll er sich durch Einführung der bis auf den Boden reichenden Gewänder und einer Szenerie aus Leder verdient gemacht haben.

5. Dem Vorgang der Komödie folgte in Syrakus eine verwandte und bei den Doriern sehr beliebte Art der Volksbelustigung, nämlich der *Mimos*, die naturgetreue Nachahmung komischer Personen oder lächerlicher Vorgänge aus dem Leben der niederen Stände. Die literarische Ausbildung desselben ist das Verdienst des *Sophron aus Syrakus*, des Sohnes des Agathokles und der Damnasyllis, der um 430 v. Chr. geblüht haben mag. Seine Mimen sind *Charaktermimen*, die man in *männliche* und *weibliche* einteilte; zu jenen gehört der *Thunfischfänger*, *der Bote*, *die Greise*, zu diesen die *Schwägerin*, die *Näherinnen*, die *Zuschauerinnen bei den isthmischen Spielen*. Die Stoffe sind durchweg dem gewöhnlichen Leben entnommen; daher ist auch der einzige mythologische Titel, der überliefert ist, *Prometheus*, verdächtig. Die Personen waren mit außerordentlicher Treue und Naturwahrheit dargestellt; der Witz war volkstümlich, oft derb und ausgelassen; auch fehlte das lehrhafte Element, das durch Sprichwörter und Lebensregeln vertreten wird, nicht. Diese Mimen waren in einfacher Sprache, dorischem Dialekt und in Prosa geschrieben und hatten Dialogform, weshalb sie auch als Dramen bezeichnet werden; manchmal mochte ein erzählender Bericht als Einleitung vorausgeschickt sein. Aristoteles

stellt sie auf dieselbe Stufe mit Platons Dialogen; ja, man wußte zu erzählen, daß Platon, der den Sophron sehr hoch schätzte und seine Mimen nach Athen brachte, denselben geradezu nachgeahmt habe. Natürlich waren diese Dichtungen nicht zur Aufführung im Theater, sondern zur Lektüre oder zum Vorlesen bestimmt; der Vorleser mußte nicht nur die Stimmen der Unterredner gut nachahmen, sondern auch das ganze mit entsprechendem lebhaftem Gebärdenspiel begleiten. Erhalten sind nur wenige Fragmente; allein eine Vorstellung von denselben können die Idyllen Theokrits, der sich an dieselben anschloß, geben, besonders das 15., die sog. *Adoniazusen*, die nach dem Muster der *Zuschauerinnen* bei den *isthmischen Spielen* (*θαμέναι τὰ Ἴσθμια*) gedichtet sind. Die Grammatiker beschäftigten sich mit den Werken des Sophron, und Apollodor von Athen schrieb einen Kommentar dazu.

6. Die Kunst des Sophron vererbte sich auf dessen Sohn *Xenarchos*, der unter dem älteren Dionysios lebte; jedoch hören wir von ihm nichts weiter, als daß er in einem seiner Mimen auf Geheiß des Dionysios die Rheginer als Feiglinge verspottet habe.

7. Die Geburtsstätte der syrakusanischen Komödie ist, wie wir sahen, Megara, von wo Epicharmos nach Syrakus übersiedelte; aber auch die Mutterstadt dieser Kolonie, Megara in Griechenland, erhob Ansprüche auf Erfindung dieser Dichtgattung. Die Einwohner Megaras standen von jeher im Rufe, eine besondere Gabe für Scherz und Spott zu besitzen; der megarische Witz war in ganz Griechenland bekannt, aber er war etwas roher und plumper Art. Einen höheren Aufschwung scheint das megarische Scherzspiel nach Vertreibung des Tyrannen Theagenes um 590 und nach Herstellung der Demokratie genommen zu haben, ohne daß wir jedoch über die Beschaffenheit desselben genauer unterrichtet wären. Die Form war dialogisch zwischen Chorführer und Chor; auch hatte man stehende Figuren, wie den *Mäson*, den man früher fälschlich für einen Dichter hielt. Er bezeichnet den gefräßigen, einfältigen Tölpel, der in verschiedenen Rollen als Koch, Matrose und dergleichen auftrat; später verstand man darunter ausschließlich den Koch, und derbe Späße nannte man nach ihm mäsonische. Diese volkstümlichen Aufführungen hatten lediglich den Zweck, die Lachmuskeln der Zuschauer in Bewegung zu setzen; daher wird man nicht irregehen, wenn man den Inhalt derselben für Stegreifdichtung hält. Überhaupt haben wir keine Nachricht, daß die megarische Komödie literarisch ausgebildet wurde.

33. Kapitel

Die alte attische Komodöie

1. Wenn man den Wert der megarischen Komödie auch nicht hoch anschlagen darf, so war ihr Einfluß doch ein bedeutender, wenn es wahr ist, daß sie der *attischen Komödie*, der schönsten Blüte der griechischen Komödiendichtung, die Anregung zur Ausbildung gab. Dieselbe ging nach der Überlieferung von *Susarion*, dem Sohn des Philinos, aus Tripodiskos in Megara aus, der zwischen 581–562 v. Chr. mit seinem Chor in dem attischen Gau Ikarios, der auch die Geburtsstätte der Tragödie war, auftrat und in den komischen Wettkämpfen, die jetzt eingerichtet wurden, um den Preis, der in einem Krug Wein und einem Korb getrockneter Feigen bestand, stritt. Seine Stücke zeigten ohne Zweifel ganz den Charakter des megarischen Volksdramas; die 5 Trimeter, die auf uns gekommen sind, sind von zweifelhafter Echtheit. Aristoteles erwähnt den Susarion ebensowenig wie den Thespis; er berichtet nur, daß die Komödie anfangs vonseiten des Staates unbeachtet blieb. Sie lebte für sich unter dem Volke weiter und entwickelte sich allmählich zu größerer Vollkommenheit. Soviel wir erkennen können, stellte der Staat erst zur Zeit der Perserkriege den Chor und übernahm damit die Pflege derselben.

2. Der älteste Dichter der attischen Komödie, den die Überlieferung kennt, ist *Chionides aus Athen*, der im J. 488 v. Chr. auftrat. Vermutlich war er damals noch ein junger Mann und stand im Anfang seiner dichterischen Tätigkeit; denn Aristoteles nennt ihn viel jünger, als Epicharmos. Von seinen Stücken werden 3 Titel erwähnt, die *Perser* oder *Assyrier*, die *Heroen* und die als unecht verdächtigten *Bettler* (*πτωχοί*); von den beiden letzten haben wir noch einige Fragmente. Der Titel *Perser* kommt auch unter den Komödien des Epicharmos vor.

3. Etwas jünger ist *Magnes* aus dem Gau Ikarios, der um 460 einen Sieg davontrug. Nach Aristophanes war er beim Volke sehr beliebt, und darauf deutet auch die Nachricht, daß er 11 Siege gewonnen habe; aber als er älter wurde, wandte sich das Volk undankbar von ihm ab. Wir kennen 7 Titel, unter denen die *zitherspielenden Frösche*, die *Vögel* und die *Wespen* besonders interessant sind, weil wir daraus ersehen, daß er phantastische und märchenhafte Stoffe liebte und darin ein Vorgänger des Aristophanes war. Die Bruchstücke seiner Werke sind gering an Zahl.

4. Neben diesen beiden ist *Ekphantides* zu nennen, der den Beinamen *Kapnias* (der Räucherige) erhielt; auch sagte man, daß er sich von seinem Diener *Chörilos* bei seinen Komödien helfen lasse. Von diesen kennen wir nur einen Titel, die *Satyrn*. Bezeichnend für ihn, wie

überhaupt für die Komödie jener Zeit, ist ein Bruchstück, in dem er das megarische Lustspiel weit von der Hand weist; er schäme sich, dasselbe zu dichten.

5. Über die Beschaffenheit der Komödie dieser Dichter fehlt es an Nachrichten; immerhin wird man annehmen dürfen, daß sich dieselbe zwar über das megarische Possenspiel erhoben, aber doch noch auf einer niedern Entwicklungsstufe befunden habe. Der Spott gegen einzelne nach Art der iambischen Gedichte wird noch stark hervorgetreten sein, und das ganze scheint eine lose Aneinanderreihung komischer Szenen ohne festgefügten einheitlichen Plan gewesen zu sein. Der erste, welcher der attischen Komödie eine höhere künstlerische Gestaltung gab, indem er die persönlichen Angriffe beseitigte und Stoffe aus dem Leben oder der Sagengeschichte den Anforderungen der Kunst entsprechend einheitlich durchführte, war nach Aristoteles *Krates aus Athen*, dessen Blüte in das J. 449 v. Chr. gesetzt wird, vielleicht weil er in diesem Jahr seinen ersten Sieg gewann. Die Anregung zu seinen Neuerungen erhielt er von Epicharmos, dem er auch darin folgte, daß er sich in seinen Stücken von der Politik fernhielt; von ihm entlehnte er auch die Figur des Trunkenbolds, die er in seinen *Nachbarn* zuerst auf die attische Bühne brachte. Vermutlich haben sich die gleichzeitigen Dichter sofort die Verbesserungen des Krates in Anlage und Plan der Komödien angeeignet. Die Überlieferung läßt den Krates zuerst Schauspieler des Lustspieldichters Kratinos sein und erst später selbständig als Dichter mit Komödien auftreten; doch scheint dies ein Irrtum zu sein; Krates wird Stücke des Kratinos, mit dem er auf freundschaftlichem Fuße stand, zur Aufführung gebracht haben, was ja auch sonst geschah. Im J. 424, als die *Ritter* des Aristophanes aufgeführt wurden, war er bereits gestorben. Wir haben Fragmente von 8–9 Stücken; darunter *Heroen*, die an *Chionides* erinnern, und *Tiere* (*ϑηρία*), in denen diese selbst redend und handelnd eingeführt werden. Darin wird dem üppigen, lockeren Leben der Gegenwart gegenüber der Vorschlag gemacht, wieder zur einfachen Pflanzenkost der Urzeit zurückzukehren, um dadurch das Glück des goldenen Zeitalters wieder in die Welt zurückzuführen. Aristophanes spricht den Stücken des Krates Einfachheit und Schlichtheit, Witz und Humor zu; der Stil ist lebhaft und gewandt.

6. An Krates schloß sich *Pherekrates* an, der zuerst Schauspieler desselben gewesen sein soll. Seinen ersten Sieg hat er, wie es scheint, im J. 437 gewonnen; seine *Wilden* (*ἄγριοι*) wurden 421 aufgeführt. Auch er hielt sich von der Politik fern und vermied im allgemeinen persönliche Angriffe, wenn er auch in einem Stücke gegen den Weiberhelden Alkibiades loszog. Seine Stärke liegt in der schöpferischen Erfindungs-

kraft, mit der er neue Stoffe in das Lustspiel einführte. In seinen *Wilden* (ἄγριοι) schilderte er den Naturzustand der Menschen im Gegensatz zur Gesittung, in dem *Dulodidaskalos* kam das Sklavenleben zur Darstellung, das Hetärenwesen bildete den Gegenstand der Stücke *der Vergeßliche oder Thalatta* (ἐπιλήσμων ἤ Θάλαττα), *Petale* und *Korianno*, wobei Thalatta, Petale und Korianno Hetärennamen sind. Die Korianno zeigte, soweit man vermuten kann, große Ähnlichkeit mit der mittleren und neueren Komödie; denn in ihr trat der verliebte Alte mit dem verliebten Sohn und die trunksüchtige Alte auf. Die *Schmucksachen* (λῆροι) richteten sich gegen die Frauen, während die *Ameisenmenschen* (μυρμηκάνϑρωποι), welche die Erschaffung der Menschen aus Ameisen behandelten, und der *Pseudo-Herakles* der Sagengeschichte entnommen sind. Die *Heller* (κραπάταλοι) endlich spielen in der Unterwelt, und in diesem Stück trat auch der verstorbene Äschylos auf. Im ganzen werden dem Pherekrates 17-18 Komödien zugeschrieben, von denen aber mehrere als unecht bezeichnet werden, so die *Guten* (ἀγαϑοί), in denen ein Vielfraß auftrat, der *Cheiron*, in dem an der neumodischen Musik scharfe Kritik geübt wird, und die *Metalles*, vielleicht eine Art Berggeister, in denen das Schlaraffenleben geschildert wird. Von vielen Stücken haben wir noch Fragmente. Die Sprache ist schön und anmutig, hat aber manche Eigentümlichkeiten im Ausdruck und in der Form. Von ihm erhielt der pherekrateische Vers seinen Namen.

7. Das Verdienst, die Komödie vollends ausgebildet und so vervollkommnet zu haben, daß sie ebenbürtig neben die Tragödie treten konnte, gebührt dem *Kratinos*, dem Sohn des Kallimedes aus Athen. Da seine Blüte in das Jahr 453 gesetzt wird, so darf man wohl annehmen, daß er in diesem Jahre seinen ersten Sieg gewann. Das nachweislich älteste seiner Stücke, die *Archilochoi*, fällt wahrscheinlich in das J. 447. Nach der Überlieferung ist er 423 gestorben und, da sein Leben auf 97 Jahre angegeben wird, im J. 520 geboren; demnach ist er erst spät als Komödiendichter hervorgetreten. Damit stimmt auch Aristophanes überein, der in dem im J. 421 aufgeführten *Frieden* sagt, Kratinos sei aus Ärger darüber gestorben, daß ihm die Spartaner beim Einfall sein Weinfaß zertrümmert hätten. Doch fassen manche diese Worte als boshaften Witz auf und verweisen darauf, daß nach andern Nachrichten die *Nemesis* des Kratinos nach den *Vögeln* des Aristophanes, also nach 414, und die *Odysses* nach der Herrschaft der Dreißig gedichtet sein sollen.

Dem Kratinos wird die Einführung des *dritten Schauspielers* in die Komödie zugeschrieben; doch ist diese Nachricht zweifelhaft, da Aristoteles ausdrücklich sagt, daß man nicht wisse, wer die Masken, Dialoge und die Mehrzahl von Schauspielern aufgebracht habe. Viel wichtiger ist, daß Kratinos die *Politik* zum Gegenstand der Komödie machte, was ganz im Charakter der perikleischen Demokratie lag. Dadurch wurde er zum Begründer der alten attischen Komödie, deren charakteristische Eigentümlichkeit eben darin liegt, daß sie das gesamte öffentliche Leben behandelt und sich nach Art des Archilochos mit scharfem Spott gegen die leitenden Staatsmänner wendet. Kratinos steht in politischer Hinsicht aufseiten des Kimon und dessen Partei; daher ist es natürlich, daß er in seinen Komödien vor allem gegen Perikles, das Haupt der Gegenpartei, loszieht. Gegen diesen scheint in erster Linie die Komödie *Cheirones* gerichtet gewesen zu sein, in der Solon als Vertreter der guten Zeit gegenüber der Entartung der Gegenwart auftrat und der Chor in der Maske von Kentauren weise Lehren nach Art des Cheiron vortrug. Auch die *Nemesis* scheint ihre Spitze gegen Perikles gekehrt zu haben, dessen Verhältnis zur Aspasia darin wahrscheinlich unter der Maske des Zeus und der Nemesis dargestellt war. Hierher kann man auch die *Überläuferinnen* (*δραπετίδες*) ziehen, die sich gegen den Seher Lampon, dessen Hilfe sich Perikles bei der Gründung von Thurii bediente, wandten. In den *Thrakerinnen* (*Θρᾶτται*) endlich nannte er den Perikles den zwiebelköpfigen Zeus, der das Odeion, eine komische Benennung für Helm, auf dem Kopfe trage. Aber auch andere politische Themata behandelte Kratinos, wie in den schon genannten *Thrakerinnen* die immer weiter sich verbreitende Verehrung der thrakischen Göttin Bendis und den damit in Zusammenhang stehenden Verfall der alten Religiosität. Einen ähnlichen Zweck verfolgt der *Trophonios*. Die *Panoptä* (die Allsehenden) wandten sich gegen die Philosophen, besonders gegen Hippon von Rhegium und dessen Anhänger, die als Chor mit dem Januskopf, der mit vielen Augen vorwärts und rückwärts schaute, auftraten. Auch die *Gesetze* (*νόμοι*) waren ohne Zweifel politischer Natur.

Doch die Politik allein füllte die Poesie des Kratinos nicht aus; er brachte auch andere Stoffe, bei denen es aber sicherlich auch an politischen Anspielungen nicht gefehlt haben wird, auf die Bühne, zum Teil notgedrungen. Die maßlosen Angriffe, welche die Komiker gegen die ersten Männer des Staates unter Nennung ihrer Namen richteten, und die schrankenlose Redefreiheit, deren sie sich dabei bedienten, hatten wiederholt staatliche Verbote zur Folge, welche die Nennung von Namen von Beamten in der Komödie untersagten. Das erste derartige Verbot wurde unter dem Archon Morychides im J. 440/439 erlassen, aber schon drei Jahre später wieder aufgehoben; ein zweites wurde durch Antimachos im J. 428/427 gegeben und durch Syrakosios im J. 417/416 erneuert. In diesem Fall griffen die Dichter zu *mythologi-*

schen, gesellschaftlichen und *literarischen Themen.* So haben wir von Kratinos einen *Busiris*, in dem in ähnlicher Weise, wie in dem gleichnamigen Stück des Epicharmos, der ess- und trinklustige Herakles die Hauptrolle gespielt haben wird; der *Dionysalexandros* bezog sich vielleicht auf Paris; die *Seriphier* behandelten die Geschichte des Perseus, und die *Odysses*, die ohne Chorika und Parabase waren, erinnern an die Odyssee. Wahrscheinlich gehören auch die *Euneiden*, die Nachkommen des Lemniers Euneus, des Sohnes des Iason und der Hypsipyle, hierher, die voll Parodien waren. Den Hang der Athenerinnen zu Rätseln verspotteten die *Kleobulinä*, die von der Rätseldichterin Kleobulina ihren Namen haben. Die *Weichlichen* (*μαλϑακοί*) geißelten die Üppigkeit und den Luxus, während die *Plutoi* ein Gemälde des goldenen Zeitalters entwarfen. Die *Archilochoi*, die nach dem Iambendichter Archilochos genannt sind, schilderten einen Wettkampf von Dichtern, ohne Zweifel von scharf kritischem Standpunkt aus.

Ein besonderes Interesse nimmt die *Flasche* (*πυτίνη*) in Anspruch, die im J. 423 aufgeführt wurde und des Dichters eigene Person zum Gegenstand hatte. Kratinos war nämlich ein Freund lustiger Gesellschaften und sprach der Flasche sehr zu. Deshalb wurde er verspottet, und Aristophanes sagt von ihm in den *Rittern*, daß ihn sein Durst zugrunde gerichtet habe. Die Antwort darauf ist die *Flasche*, mit der Kratinos gleich im folgenden Jahre auftrat und Aristophanes und Ameipsias besiegte. Darin stellt er die Komödie als seine rechtmäßige Frau hin, mit der er schon lange zusammenlebe; aber jetzt will sie sich von ihm scheiden lassen, da er sich eine andere Geliebte, die Trunksucht, gewählt habe und sie darüber vernachlässige. Die Freunde des Dichters, die dies gehört, beraten sich, wie er geheilt werden könne, und einer macht den Vorschlag, er wolle alle Trinkgeschirre desselben zerschlagen. Doch Kratinos weiß seine Sache so zu führen, daß eine allseitige Versöhnung zustande kommt.

Unserm Dichter werden 21 Stücke und 9 Siege beigelegt. Wegen seiner genialen, urwüchsigen Dichterkraft hat man ihn nicht mit Unrecht mit Äschylos verglichen. Aristophanes sagt, daß er wie ein Waldstrom dahinrausche, der alles vor sich niederreiße. Der Dichter ist sich aber auch seiner angeborenen Dichtergabe völlig bewußt; er spottet mit berechtigtem Selbstgefühl über die studierten Pedanten. Auf seine Dichtungen verwandte er viel Zeit, z.B. zwei Jahre auf die *Cheirones*. Die Erfindung ist durchweg gut, nur die Durchführung befriedigt manchmal weniger. Die Sprache ist volkstümlich, voll Kraft und Würde, durch schöne Figuren und Bilder belebt und durch wirksame Neubildungen gewürzt. Das Metrum Cratineum verdankt ihm seinen Namen. Seine Dichtungen waren außerordentlich beliebt; die Athener sangen seine Lieder beim Weine, Alexander der Große las ihn gerne, und die Alexandriner nahmen ihn als den ersten der drei großen Komiker, die Horaz in dem Verse: Eupolis atque Cratinus Aristophanesque poetae zusammen nennt, in den Kanon auf. Natürlich fehlte es ihm auch nicht an gelehrter Bearbeitung durch Grammatiker.

8. Der Richtung des *Kratinos* folgte *Telekleides*, aber mit weniger Kraft und Nachdruck. Er richtete seine Satire ebenfalls gegen Perikles, daneben auch gegen Sokrates und Euripides, während er für Nikias eintrat. Man schrieb ihm 6 nach dem Chor benannte Stücke zu, darunter ein zweifelhaftes. Unter diesen schilderten die *Amphiktyonen* das Leben der Vorzeit, die *Prytanen* das Leben zur Zeit des Themistokles, während die *Hesiodoi* eine Verspottung der Dichtung seiner Zeit enthielten.

9. Auch der einäugige *Hermippos* gehörte zu den Gegnern des Perikles, den er in seinen Stücken mit Spott überschüttete, wie in seinen *Schicksalsgöttinnen* (*μοῖραι*), die in den Anfang des peloponnesischen Krieges fallen, und vermutlich auch in den *Soldaten* (*στρατιῶται*). Um den hochangesehenen Staatsmann noch mehr zu kränken, klagte er die Aspasia, die Geliebte desselben, wegen Gottlosigkeit an. Später wandte er sich gegen Hyperbolos, den er samt seiner Mutter in den *Brotverkäuferinnen* (*ἀρτοπώλιδες*) hart mitnahm. Daneben bearbeitete er auch *mythologische Stoffe*, wie die *Geburt der Athene* (*Ἀϑηνᾶς γοναί*) und die *Kerkopen*. In diesen werden auch die Parodien eine Stelle gehabt haben, von denen aus Proben aus den *Phormophoroi* erhalten sind. Die Alten schrieben ihm 40 Stücke und 4 Siege zu; auf uns sind 9 Titel und eine mäßige Anzahl Bruchstücke gekommen. Der Witz des Dichters ist scharf, aber ohne den idealen Zug des Kratinos, die Sprache ist gewandt. Neben den Komödien soll er auch *Iamben* und *Tetrameter* gedichtet haben.

10. Der zweite große Komiker Athens ist *Eupolis*, der Sohn des Sosibios von Athen. Nach der Überlieferung war er frühreif; denn er soll schon im J. 429, erst 17 Jahre alt, mit einer Komödie aufgetreten sein. Über sein Leben ist uns nichts überliefert; aber über seinen Tod haben wir verschiedene Nachrichten. Am verbreitetsten war die Erzählung, daß er von Alkibiades, den er in der Komödie *Baptä* angegriffen, bei der sizilischen Expedition ertränkt worden sei; aber dieselbe war schon von Eratosthenes, der nachwies, daß Eupolis auch noch später Komödien aufführte, als unwahr widerlegt worden. Nach einer andern Nachricht fand er auf der Insel Ägina seinen Tod. Wahrscheinlich ist die Überlieferung, daß er während des peloponnesischen Krieges im Hellespont, vermutlich in der Schlacht bei Kynossema im J. 411, im Kampfe für das Vaterland fiel; daraufhin sollen die Athener den Dich-

tern Befreiung vom Kriegsdienst gewährt haben. Ist diese Nachricht richtig, so kann das Grab des Eupolis bei Sikyon kaum das unseres Dichters sein.

Die *Komödie* des Eupolis war größtenteils *politisch*; sie beschäftigte sich, wie die des Kratinos, mit dem öffentlichen Leben und den leitenden Staatsmännern. Die Gemeinsamkeit der Aufgabe verband unsern Dichter innig mit seinem großen Altersgenossen Aristophanes. Als Erzeugnis der gemeinschaftlichen Arbeit bezeichneten die Alten die *Ritter* des Aristophanes, deren zweite Parabase sie dem Eupolis zuschrieben; auch der Komödiendichter Kratinos spielt auf die dichterische Verbindung der beiden an, und Eupolis selbst gesteht später, als sich das Verhältnis gelöst hatte, daß er die *Ritter* dem Aristophanes dichten half und ihm dann schenkte, während dieser gegen seinen früheren Genossen den Vorwurf erhob, er habe ihm in seinem *Marikas* die Idee der *Ritter* gestohlen. Unter den hierher gehörigen Stücken des Eupolis sind die *Städte* (*πόλεις*) zu nennen, in denen der Dichter die Politik Athens seinen Bundesgenossen gegenüber einer scharfen Kritik unterzog. Dieselbe Aufgabe hatten hinsichtlich der inneren Politik die *Gemeinden* (*δῆμοι*), in denen er den Solon, Miltiades, Aristeides und Perikles aus der Unterwelt emporsteigen ließ, damit sie im Gespräch mit Nikias und Myronides den traurigen Zustand des damaligen Athens erführen und dann das Glück der früheren Zeit im Staat wieder herstellten. Gegen den Staatsmann Hyperbolos und dessen Mutter zog er in seinem *Marikas* los, und die *Prospaltier*, deren Titel von den Bewohnern des attischen Demos Prospalta hergenommen ist, verspotten die Prozeßsucht der Athener. Auch die *Taxiarchen* und *Heloten* scheinen politischen Inhalts gewesen zu sein.

Außerdem wandte sich Eupolis gegen die *Fehler* und *Laster* seiner Zeit, die er am liebsten an einzelnen hervorragenden Persönlichkeiten geißelte. Die Verschwendungssucht und das Schmarotzerwesen war in den *Schmeichlern* (*κόλαχες*) lächerlich gemacht, die sich gegen den reichen Kallias richteten, dessen Haus der Mittelpunkt für Dichter und Gelehrte, aber auch für Schmeichler und Schmarotzer aller Art war. Darin wurde auch Sokrates verspottet. Dieses Stück wurde im J. 421 aufgeführt. Im folgenden Jahr ließ er durch *Demostratos* den *Autolykos* auf die Bühne bringen, dessen Gegenstand der gleichnamige Geliebte des Kallias war; neun Jahre später brachte er dieses Stück nach einer Umarbeitung noch einmal zur Aufführung. Gegen die Religionslosigkeit und die Ausschweifungen der Jugend traten die *Baptä* auf, mag man diesen Titel nun mit *Färber* übersetzen oder mit *Täufer*, im letztern Fall mit der Anspielung auf die bei der Einweihung in die Mysterien der thrakischen Göttin Kotytto gebräuchliche Zeremonie der Taufe. Die Personen dieser Komödie waren Alkibiades und dessen Genossen. Die *Fahnenflüchtigen* oder *Mannweiber* (ἀστράτευτοι ἢ ἀνδρόγυναι) geißeln die Feigheit der Athener, die sich auf jede Weise ihrer Kriegspflicht entziehen wollten. Die *Ziegen* (αἶγες) scheinen Ähnlichkeit mit den *Wolken* des Aristophanes gehabt zu haben, während die *goldene Zeit* (χυσοῦν γένος) keine Schilderung des goldenen Zeitalters enthielt, sondern vermutlich eine ironische Bezeichnung für die unglückliche Gegenwart war.

Eupolis soll 14, nach andern 17 Komödien geschrieben und 7 Preise errungen haben. Auf uns sind Titel und Fragmente von 15 Stücken gekommen. Man rühmt an diesem Dichter eine großartige Phantasie; außerdem soll der Grundgedanke der Stücke und die Entwicklung der Handlung überall mit außerordentlicher Klarheit und Deutlichkeit hervorgetreten sein. Warme Vaterlandsliebe und großer Freimut zeichneten ihn vor allem aus; ja, man wirft ihm bisweilen übermäßige Schmähsucht vor und tadelt an ihm grobe und gewöhnliche Witze. Trotzdem war man allgemein darüber einig, daß er ein Meister der anmutigen Darstellung und des heitern Scherzes sei, und gerade darin fand man den Unterschied zwischen ihm und dem herben, bittern Kratinos. Seine Sprache ist schön, kräftig und fließend. Das Metrum Eupolideum hat von ihm den Namen. Eupolis war ein Liebling der Griechen und wurde lange Zeit gelesen. Auch die Gelehrten beschäftigten sich mit ihm, und Didymos schrieb einen Kommentar zu seinen Komödien.

11. In demselben Jahre, in dem Eupolis zum ersten Mal auftrat, brachte auch *Phrynichos*, der Sohn des Eunomides, sein erstes Stück zur Aufführung, also im J. 429. Wie lange er für die Bühne tätig war, steht nicht fest; noch im J. 406/405 führte er die *Musen* auf. Er scheint im Gegensatz zu Kratinos und Eupolis die Richtung des Krates und Pherekrates eingeschlagen und sich von der eigentlich politischen Komödie ferngehalten zu haben, wenn er es auch vermutlich an politischen Anspielungen nicht fehlen ließ und sich gelegentlich über das Gesetz des Syrakosios, das die Komödie in ihrer Freiheit einschränkte, beklagte, weil es ihn zwinge, andere Stoffe zu wählen. Der *Mythologie* entnahm er den *Kronos*, wenn hier nicht ein Schreibfehler für *Konnos* vorliegt. Ähnlicher Art ist auch der *Ephialtes*, der böse Geist, der das Alpdrücken verursacht. Andere Stücke waren *literarisch*, wie die *Musen*, in denen ein dichterischer Wettstreit zwischen Sophokles und Euripides dargestellt war, in dem der erstere den Preis davontrug. Der Inhalt war also den *Fröschen* des Aristophanes ähnlich. Ein verwandtes Thema mögen die *tragischen Schauspieler* oder *Freigelassenen* (τραγῳδοὶ ἢ ἀπελεύϑεροι) behandelt haben. Die Komödie *Konnos*, die ihren Namen von dem berühmten Kitharöden, dem Lehrer des Sokrates,

hat, war gegen Musiker und Philosophen gerichtet. Sie scheint nicht vom Dichter selbst auf die Bühne gebracht worden zu sein, sondern von *Ameipsias*, der im J. 424 einen *Konnos* aufführte. Dieser brachte noch ein anderes Stück des Phrynichos, die *Schmausenden* (*κωμασταί*), im J. 414 auf die Bühne, wahrscheinlich ein *Sitten-* und *Charakterstück*, wie die *Mysten*, die *Satyrn*, die *Jäterinnen* (*ποάστριαι*), ein Titel, mit dem schon Magnes vorausging, und der *Sonderling* (*μονότροπος*), der im J. 414 gespielt wurde. Im ganzen schrieb man dem Phrynichos 10 Stücke und 2 Siege zu; die noch vorhandenen Fragmente sind nicht zahlreich. Der Dichter wurde von den gleichzeitigen Komikern hart mitgenommen; man warf ihm nicht nur Erschleichung des Bürgerrechts, offenbar ohne Grund, vor, sondern behauptete auch, daß er für seine Komödie vieles aus andern gestohlen habe; man tadelte seine Stoffe als geringfügig, seine Verse als schlecht und seinen Witz als unfein. Trotzdem muß er nach Form und Inhalt nicht unbedeutend gewesen sein, da Didymos einen Kommentar zu seinen Stücken schrieb.

12. Mit Phrynichos war *Ameipsias* enge befreundet, der die *Schmausenden* desselben und wahrscheinlich auch den *Konnos* auf die Bühne brachte. Sonst ist wenig von ihm bekannt. Man warf ihm vor, daß er frostig und gemein sei. Wir besitzen Titel und Fragmente von 5 Stükken, von denen eines zweifelhaft ist. Unter diesen ist an erster Stelle die *Sappho* zu nennen; andere Titel sind die *Kottabosspieler* (*ἀποκοτταβίζοντες*) und die *Ehebrecher* (*μοιχοί*).

34. Kapitel

Aristophanes. Die Einrichtung der alten Komödie

1. *Aristophanes*, der großte Komödiendichter Athens, war der Sohn des Philippos oder Philippides und gehörte dem Demos Kydathenäon, der Phyle Pandionis an. Sein Vater scheint von auswärts, wahrscheinlich von Ägina, nach Athen eingewandert zu sein und sich das Bürgerrecht daselbst erworben zu haben. Diesen Umstand benutzte Kleon, als er vom Dichter in den Komödien angegriffen worden war, um Klage wegen widerrechtlicher Anmaßung des Bürgerrechts gegen ihn zu erheben. Aber Aristophanes wurde von der Beschuldigung freigesprochen, wie man sich erzählte, infolge einer witzigen Berufung auf Homer Od. 1, 215, wo Telemachos sagt: »meine Mutter sagt, daß ich von ihm abstamme, ich selbst aber weiß es nicht; denn noch niemand hat seine eigene Abstammung erkannt.« Trotzdem scheinen sich an diesen Vorfall all die verschiedenen Angaben über die Heimat unseres

Dichters geknüpft zu haben; so stammt er nach den einen aus Ägina, wo er athenischer Kleruche oder überhaupt Grundbesitzer gewesen sein soll; zum Beweise dafür berief man sich auf die Parabase der *Acharner*, wo er sagt, die Lakedämonier forderten nur deshalb die Abtretung der Insel Ägina, um ihn als einen der Ihrigen ausgeben zu können; allein man darf nicht vergessen, daß *Kallistratos*, der das Stück aufführte, diese Worte sprach, und daß es sich hier überhaupt nur um einen Komiker-Scherz handelt. Nach andern war Aristophanes von Lindos oder Kameiros auf Rhodos oder gar von Naukratis in Ägypten.

Das Geburtsjahr des Aristophanes ist nicht bekannt; ebensowenig sein Todesjahr. Dagegen wissen wir, daß das erste Stück des Dichters, die *Schmausenden* (δαιταλῆς), im J. 427 aufgeführt wurde, das letzte, der *zweite Plutos*, im J. 388. Da nun Aristophanes nach seinem eigenen Geständnis zur Zeit der Abfassung seines ersten Stückes noch jung war, nach dem Jahre 388 aber noch zwei Komödien schrieb, den *Kokalos* und *Äolosikon*, die er seinem Sohn *Araros* überließ, so wird man sein Leben in die Jahre 450–380 setzen können. Über sein Verhältnis zu seinem Alters- und Kunstgenossen *Eupolis* haben wir schon gesprochen. Mit den Lustspieldichtern *Kallistratos* und *Philonides* stand er auf befreundetem Fuße, da er durch sie mehrere seiner Stücke auf die Bühne bringen ließ und sich wohl auch bei der Abfassung von Komödien ihrer Hilfe bedient haben mag. Da er so auf den Gewinn seiner Arbeit verzichtete, sagten ihm seine Gegner spöttisch nach, er sei am *vierten des Monats* geboren, eine sprichwörtliche Redensart, die man mit dem Geburtstag des Herakles, der sich auch nur für andere abmühte, in Zusammenhang bringt. In politischer Hinsicht stand er auf seiten der Aristokraten und trat mit seinem ganzen Einfluß für Beendigung des Krieges mit Sparta ein; zugleich war er ein heftiger Gegner der Demagogen und Sophisten. Was sein Aussehen anlangt, so hören wir, daß er einen Kahlkopf hatte. Als Söhne hinterließ er den schon genannten *Araros* und *Philippos*; außerdem werden noch *Nikostratos* und *Philetäros* genannt; alle diese scheinen sich der Bühne gewidmet zu haben.

2. Aristophanes ist der einzige griechische Komödiendichter, von dem uns Stücke erhalten sind; aus ihm können wir also *die Einrichtung der alten attischen Komödie* kennenlernen. Zeit, Art und Weise und Ort der Aufführung stimmen mit der Tragödie überein; auch die Einteilung ist im großen und ganzen dieselbe; nur tritt der *Chor* in der Komödie mehr hervor und nimmt lebhafteren Anteil an der Handlung, jedoch nicht in so großartigen Gesängen, wie in der Tragödie, sondern in kleineren antistrophischen oder monostrophischen Liedern.

Der längste und wichtigste Vortrag des Chores in der Komödie ist die *Parabase*, eine Art Zwischenspiel, das seinen Namen daher hat, weil der Chor während desselben sich den Zuschauern zukehrt, ohne jedoch das Brettergerüst der Orchestra zu verlassen. Da dasselbe die Handlung unterbricht, so kann es nur an einer Stelle eintreten, wo naturgemäß eine Pause stattfindet, z. B. nach der Exposition oder wenn die Handlung ihren Höhepunkt erreicht hat. Die Parabase hat sieben Teile. Der erste heißt *Kommation*; er besteht aus Trochäen oder Anapästen und bildet, meistens unter Anknüpfung an das Vorhergehende, eine kurze Einleitung. Darauf folgt die *Parabase im engern Sinn*, auch *Anapäste* genannt, weil sie in der Regel aus einer größeren Anzahl anapästischer Tetrameter besteht; doch konnten statt derselben bisweilen auch andere Langverse eintreten, wie in den *Wolken* des Aristophanes der eupolideische Tetrameter. Den Abschluß derselben bildet das *μακρόν* oder *πνῖγος*, eine Anzahl kürzerer anapästischer Verse, die ohne Pause zusammenhängend gesprochen wurden und daher den Namen *Langstück* oder *Erstickung* erhielten. Diese drei Teile, die den gemeinsamen Namen *τὰ ἁπλᾶ* (das Einfache) führen, machen den ersten Hauptteil der ganzen Parabase aus; sie wurden, wahrscheinlich vom Chorführer, vorgetragen und vertraten die persönlichen Angelegenheiten des Dichters dem Publikum gegenüber, indem sie von seiner Dichtung, seinen Verdiensten um den Staat, seinen Nebenbuhlern usw. sprachen. Daran schließt sich der zweite Hauptteil, der *τὰ διπλᾶ* (das Doppelte) oder *συζυγία ἐπιρρηματική* heißt. Dieser zerfällt in die *Ode*, einen Gesang des ersten Halbchors, in das *Epirrhema*, die Ansprache des ersten Halbchorführers, in die *Antode*, den Gegengesang des zweiten Halbchores, und das *Antepirrhema*, die Gegenansprache des zweiten Halbchorführers. Das *Epirrhema* und *Antepirrhema* besteht gewöhnlich aus je 16 trochäischen Tetrametern und ist dem Scherz und Spott gewidmet, während die *Ode* und *Antode* lyrische Gedichte, meist zum Lobe einer Gottheit, nach Art der Hyporcheme sind. Allein nicht jede Parabase hat alle sieben Teile; öfter kommt es vor, daß der eine oder andere fehlt. Manche Stücke haben an einer passenden Stelle noch eine *zweite Parabase*, jedoch regelmäßig ohne den ersten anapästischen Hauptteil, also nur die *συζυγία ἐπιρρηματική*. Mit der Zeit tritt die Parabase und überhaupt der Chor immer mehr zurück, und so wird der Übergang zur *mittleren* und *neueren* Komödie angebahnt, die ohne Chor und Parabase ist. Auch bei Aristophanes fehlt in einigen Stücken die Parabase, wie in der *Lysistrata*, den *Ekklesiazusen* und dem Plutos.

3. Dem Aristophanes legten die Alten 44 Komödien bei; jedoch bezeichneten sie 4 davon, nämlich die *Poesie*, den *Schiffbrüchigen*, die

Inseln und die *Dramen* oder *Niobos*, als unecht und schrieben sie dem Komiker *Archippos* zu, von dem einige Titel und Fragmente erhalten sind. Möglich, daß dieser in demselben Verhältnis zu Aristophanes stand, wie *Kallistratos* und *Philonides*, die Komödien desselben zur Aufführung brachten, der erstere politische, der letztere solche, die sich mit Privatpersonen beschäftigten. Hinsichtlich des ältesten Stükkes unseres Dichters, der *Schmausenden* (*δαιταλῆς*), die ihren Namen von den zur Besorgung der Opfer in den einzelnen Demen gewählten athenischen Bürgern, die an bestimmten Tagen im Tempel des Herakles schmausten, erhielten und an zwei Brüdern den Gegensatz zwischen der guten alten und der neuen sophistischen Erziehung vor Augen stellten, war man im Zweifel, ob es von Kallistratos oder Philonides an den Lenäen des J. 427 aufgeführt wurde; es erhielt den zweiten Preis. Die zweite Komödie, die *Babylonier*, die ihren Namen entweder von dem aus gebrandmarkten Sklaven oder wahrscheinlicher vom Großkönig zurückgekehrten Gesandten bestehenden Chor hatten, wurde an den Dionysien des J. 426 von Kallistratos auf die Bühne gebracht. Dieses Stück behandelte die auswärtige Politik der Athener, besonders ihr Verhalten den Bundesgenossen gegenüber und griff auch den Staatsmann Kleon scharf an. Um sich dafür zu rächen, klagte dieser den Kallistratos an, weil er vor Fremden das Verlosen der Ämter lächerlich gemacht habe; jedoch ohne Erfolg. Daß Aristophanes den *Kokalos*, der den Tod des Minos zum Gegenstand hatte, und den *Äolosikon*, der nach dem homerischen Äolos und dem Meisterkoch Sikon benannt ist und die Ausschweifung und Üppigkeit der Athener verspottete, für seinen Sohn *Araros* dichtete, haben wir schon gesehen. Manche Themata hat der Dichter zweimal bearbeitet, so den *Frieden*, die *Wolken*, den *Plutos*, den *Äolosikon* und die *Thesmophoriazusen*; jedoch sollen die beiden Bearbeitungen des letzten Themas keine Ähnlichkeit miteinander gehabt haben. Von den meisten Komödien des Aristophanes kennen wir nur die Titel und einige Fragmente; nur 11 Stücke sind vollständig auf uns gekommen.

4. Das älteste erhaltene Stück sind die *Acharner* (*Ἀχαρνῆς*), die an den Lenäen des J. 425 von *Kallistratos* aufgeführt und mit dem ersten Preise ausgezeichnet wurden; *Kratinos* erhielt mit den *Χειμαζόμεωοι* den zweiten und *Eupolis* mit den *Neumondstagen* (*νουμηνίαι*) den letzten Preis. Das Stück beginnt mit einer Volksversammlung auf der Pnyx. Der vornehme Athener Amphitheos will Frieden mit den Lakedämoniern abschließen und bittet um Reisegeld zu diesem Zweck; aber der Herold verweist ihn unter Drohung zur Ruhe. Ebenso ergeht es dem biedern athenischen Landmann Dikäopolis, der für Amphitheos eintritt. Nun treten die Gesandten auf, die eben vom Großkönig zurückge-

kehrt sind; in ihrem Gefolge befindet sich das Auge des Großkönigs Pseudartabas. Die welschen, anscheinend persischen Worte, die dieser spricht, deutet der Sprecher der Gesandtschaft der Versammlung so, als ob der Perserkönig die Athener mit Geld unterstützen wolle. Dikäopolis aber, der eine genauere Prüfung mit dem Perser vornimmt, findet, daß dieser genau das Gegenteil davon meine. Daher gibt er dem Amphitheos acht Drachmen, damit er sofort nach Sparta reise und für ihn und seine Familie einen Sonderfrieden mit den Lakedämoniern abschließe. Dann werden die Gesandten, die beim thrakischen König Sitalkes wegen Hilfe gewesen waren, in die Versammlung eingeführt; aber auch sie täuschen das Volk in der gleichen Weise. Nach Beendigung der Versammlung kehrt Amphitheos mit drei Friedensvorschlägen aus Sparta zurück, einen auf 5, einen auf 10 und einen auf 30 Jahre. Den letzten wählt Dikäopolis und begibt sich sofort zur Feier der ländlichen Dionysien auf sein Gut. Auch Amphitheos entfernt sich, da ihn die kriegslustigen Acharner, die Bewohner des Demos Acharnä, die gemerkt hatten, daß er Frieden bringe, verfolgen. Gleich darauf treten diese, von denen die Komödie ihren Namen erhalten, als Chor, ihn suchend, auf. Da sie den Dikäopolis bei der Feier der ländlichen Dionysien treffen, so halten sie ihn für den Vaterlandsverräter und wollen ihn ohne weiteres töten. Doch es gelingt ihm, sich eines Kohlenkorbs, des den kohlenbrennenden Acharnern liebstes Geräts, zu bemächtigen, den er als Geisel benutzt. So erwirkt er die Erlaubnis, daß er sich verteidigen darf; jedoch muß er dabei seinen Kopf auf einen Hackblock legen, damit man ihn sofort, wenn er unterliegt, hinrichten kann. Diese Parodie des euripideischen *Telephos*, der in ähnlicher Weise den kleinen, aus der Wiege gerissenen Orestes dem Agamemnon gegenüber als Geisel benutzt, wird noch dadurch gesteigert, daß Dikäopolis, bevor er zu sprechen beginnt, zu Euripides geht und sich von diesem, der vermittels des Ekkyklema in seinem Studierzimmer sichtbar wird, die Bettlerausrüstung des Telephos leiht, um so mehr Rührung und Mitleid zu wecken. Als er dann den Ursprung des peloponnesischen Krieges auf die Entführung der megarischen Buhlerin Simätha durch berauschte athenische Jünglinge und auf den zur Rache dafür von seiten der Megarer begangenen Raub zweier Dirnen der Aspasia, der Geliebten des Perikles, zurückführt, hat er sofort die Hälfte der Acharner auf seiner Seite; aber die andere Hälfte ruft erbittert den Kriegshelden Lamachos zu Hilfe. Doch auch diese weiß Dikäopolis für sich zu gewinnen, indem er ihnen vorstellt, wie sie als alte Leute immer im Felde als Soldaten dienen müßten, während die Jungen, wie Lamachos, als Feldherrn oder Gesandte ein behaglicheres Leben hätten und Geld verdienten. An dieser Stelle schiebt der Dichter die Parabase ein, in der er sich dem Volk als seinen Freund und als Beschützer der Gerechtigkeit empfiehlt und dann über die redegewandte Jugend, vor der das Alter zurücktreten müsse, Beschwerde führt. Unterdessen hat Dikäopolis vor seinem Hause einen Markt hergerichtet, der allen Griechen geöffnet ist. Gleich darauf erscheint ein Megarer mit Schweinchen; aber bei genauerem Zusehen zeigt es sich, daß er seine hungernden Töchterchen in die Maske dieser Tiere gesteckt hat; trotzdem kauft sie Dikäopolis. Ein Sykophant, der sie wegnehmen will, wird fortgejagt. Dann kommt ein Böoter mit Fischen, Vögeln, Wild und anderen Lebensmitteln; auch diese kauft Dikäopolis und gibt dem Böoter, als er wieder heimgeht, den Sykophanten Nikarchos mit, damit er mit ihm anfange, was er wolle. Da das Kannenfest (die Choen) unmittelbar bevorsteht, schickt Lamachos einen Diener zu Dikäopolis, um von ihm einige Krametsvögel und einen Aal zu kaufen; doch dieser gibt ihm nichts ab. Während der Chor, der jetzt ganz für den Frieden ist, die Klugheit des Dikäopolis rühmt, kündigt ein Herold öffentlich den Beginn der Feier des Kannenfestes an, und Dikäopolis trifft sofort die Vorbereitungen zu einem köstlichen Festschmaus. Einen Bauer, der auch etwas von seinem Frieden haben möchte, weist er schroff ab; dagegen überläßt er einer Braut aus Mitleid einen Teil davon. Nun erscheint ein Herold, der den Lamachos zum Kampf gegen die Böoter aufbietet, die am Kannenfest einen Überfall der Athener beabsichtigen, während ein anderer Herold den Dikäopolis zum Dionysospriester zur Feier des Festes einlädt. Hier überläßt sich dieser der heitersten Freude und Ausgelassenheit des Mahles; Lamachos dagegen wird bald darauf, von den Feinden übel zugerichtet, in sein Haus zurückgetragen.

Damit hat der Dichter seinen Zweck erreicht; er hat gezeigt, daß es dem Manne des Friedens gut, dem Manne des Krieges aber schlecht geht, und hat dadurch in den Zuschauern die Sehnsucht nach Frieden geweckt und vermehrt. Der Stoff ist geistreich erfunden, die Personen scharf und treffend charakterisiert, die Darstellung außerordentlich frisch, lebendig, voll Humor und Witz, allerdings oft auch derb. Diese Vorzüge verdecken die Schwächen des Stückes, die darin bestehen, daß der Dichter die Szenen oft nur lose aneinandergereiht, sich gegen die Wahrscheinlichkeit vergangen und besonders die Einheit des Ortes und der Zeit über Gebühr vernachlässigt hat.

5. Im nächsten Jahre, an den Lenäen des J. 424, führte Aristophanes selbst die *Ritter* (*ἱππῆς*) auf, die ebenfalls den ersten Preis davontrugen, während sich die *Satyrn* des *Kratinos* mit dem zweiten, die *Holzträger* (*ὑλοφόροι*) des *Aristomenes* mit dem dritten Preis begnügen mußten. Diese Komödie ist gegen den Gerber Kleon gerichtet, dessen

Einfluß als Staatsmann damals am größten war, da ihm im vorhergehenden Jahre die Gefangennahme der 292 Spartiaten auf der Insel Sphakteria gelungen war. Damit hängt auch die wenig glaubliche Erzählung zusammen, daß niemand die Rolle des gefürchteten Demagogen zu spielen oder auch nur die Maske desselben zu fertigen gewagt habe, so daß der Dichter selbst ohne Maske habe auftreten müssen. Wenn weiter überliefert wird, daß das Stück auf Staatskosten aufgeführt worden sei, so kann man dies, wenn man keinen Irrtum annehmen will, darauf beziehen, daß vielleicht Mitglieder des hochangesehenen, aber mit Kleon verfeindeten Ritterstandes sich freiwillig als Choreuten gestellt haben. Von dem Chor der Ritter erhielt das Stück seinen Namen. Daß *Eupolis* bei der Abfassung der Komödie den Dichter unterstützt haben soll, ist schon oben bemerkt.

Aristophanes bringt in den Rittern das athenische Volk selbst als einen hitzköpfigen, griesgrämigen, halbtauben Alten auf die Bühne. Dieser hat vor kurzem einen neuen Sklaven, einen paphlagonischen Gerber, gekauft, der sich durch Heuchelei und Verleumdung bei seinem Herrn so sehr einzuschmeicheln verstand, daß dieser ihm die Oberaufsicht über sein ganzes Hauswesen übertrug; nun läßt er seine Mitsklaven seine Macht fühlen. Zwei derselben, in denen der Zuschauer sofort die beiden Feldherrn Demosthenes und Nikias erkennt, beschließen, sich zu befreien. Der ängstlichere Nikias rät zur Flucht; da diese aber unausführbar ist, so macht der kühne Demosthenes den Vorschlag, dem schlafenden Paphlagonier seine Orakel zu stehlen. Das Wagnis gelingt, und zu ihrer Freude ersehen die beiden aus denselben, daß ein Wursthändler dazu bestimmt ist, den Gerber zu stürzen. Und wirklich, wie durch göttliche Fügung, kommt auch schon ein solcher. Anfangs hat er allerdings aus Furcht wenig Lust, den Kampf mit dem Paphlagonier aufzunehmen; ja, als dieser vom Schlafe erwacht, drohend und schimpfend aus dem Hause kommt, will er sogar entfliehen; aber in diesem Augenblick nahen seine Verbündeten, der Chor der Ritter, deren kühner Angriff auf den Paphlagonier-Kleon auch seinen Mut wieder belebt. Es kommt zu einem Wettkampf zwischen dem Wursthändler und dem Paphlagonier, und dabei stellt sich zur Freude der Sklaven und des Chores heraus, daß der erstere dem letzteren an Frechheit und jeder Art von Schlechtigkeit bei weitem überlegen ist. Wütend über seine Niederlage, geht der Paphlagonier in den Rat, um seine Gegner der Verschwörung anzuklagen; aber der Wursthändler, der jetzt kühn geworden ist, folgt ihm auch dahin, von den Glückwünschen des Chores begleitet. Die Pause, die so entsteht, füllt der Dichter durch die Parabase aus, in der er um den Beifall der Zuschauer bittet und die Taten der Ritter und ihrer Rosse preist. Unterdessen kehrt der Wursthändler aus dem Rate als Sieger zurück. Sofort erscheint auch zornerregt der Paphlagonier, der die Sache vor seinen Herrn, das Volk, bringen will. Auch damit ist der Wursthändler einverstanden, und wirklich weiß er durch ein Kissen, das er dem Herrn schenkt, damit er auf dem steinernen Sitz der Pnyx nicht mehr so hart sitze, ferner durch ein Paar Schuhe und ein warmes Unterkleid sich die Gunst des Herrn zu erwerben. Schon will dieser ihn an Stelle des Paphlagoniers zu seinem Hausmeister ernennen, da verlangt der letztere noch einen Kampf mit den beiderseitigen Orakeln. Auch hierin unterliegt der Paphlagonier und ebenso in dem Wettkampf bezüglich der Bewirtung des Herrn; denn der Wursthändler weiß nicht nur seinem Gegner den leckern Hasenbraten zu entwenden und dem Herrn als eines seiner Gerichte vorzusetzen, sondern diesem auch, als seine Vorräte zu Ende sind, die Überzeugung beizubringen, als ob der Paphlagonier das, was er noch in seinem Korbe habe, für sich zurückgelegt habe. Als der Paphlagonier hört, daß sein Gegner ein Wursthändler sei, erkennt er, daß das Orakel sich erfüllt hat, und tritt ihm traurig seinen Kranz, das Zeichen seiner Würde, ab. Darauf geht der Wursthändler, Agorakritos mit Namen, mit dem Herrn ab, um ihn zu verjüngen, während der Chor in einer zweiten Parabase verschiedene Staatsmänner verspottet. Agorakritos erscheint wieder als edler Patriot und der Herr als kräftiger Mann in der Tracht der Marathonkämpfer, zum Frieden entschlossen. Der Paphlagonier aber muß an Stelle des Agorakritos das Geschäft eines Wursthändlers übernehmen.

Wie man sieht, ist die Handlung der *Ritter* viel einfacher, als die der *Acharner*. Trotzdem ist sie weit davon entfernt, eintönig und langweilig zu werden; überall ist sie von heiterm Humor und sprühendem Witze belebt, aber derselbe ist im ganzen leidenschaftlicher und bitterer, als in den *Acharnern* und sonst. Nach dem Urteil eines alten Kunstrichters gehört das Stück zu den schönsten des Dichters. Jedenfalls wird man leicht begreifen, daß sich Kleon über diese Art der Verspottung aufs heftigste erzürnte, und die Überlieferung erscheint nicht unwahrscheinlich, daß er sich durch eine Tracht Prügel an Aristophanes rächte.

6. Das nächste Stück, das Aristophanes, vermutlich durch *Philonides*, auf die Bühne brachte, waren die *Wolken* (*νεφέλαι*), die an den großen Dionysien des J. 423 aufgeführt wurden. Diese fanden nicht in der gleichen Weise, wie die früheren Stücke, den Beifall des Volkes; der Dichter mußte sich mit dem dritten Platze begnügen, während *Kratinos* mit der *Flasche* den ersten und *Ameipsias* mit dem *Konnos* den zweiten Preis erhielt. Der Grund dafür mag in dem Stoffe liegen, für den die große Masse des Publikums kein Verständnis hatte und ver-

mutlich auch die Gebildeten in überwiegender Zahl sich nicht erwärmen konnten; dagegen verdient die Nachricht, daß Alkibiades und sein Anhang das Stück zu Fall brachten, kaum Glauben. Aristophanes selbst hielt diese Komödie für eine seiner besten und beklagte sich im nächsten Jahr in den *Wespen* bitter über die Zuschauer, die dieselbe nicht verstanden hätten. Gleichzeitig entschloß er sich zu einer Umarbeitung, um sie noch einmal auf die Bühne zu bringen. Allein mitten in der Arbeit brach er aus irgendeinem Grunde ab und ließ sie unfertig liegen. Trotzdem fand sie auch in dieser unfertigen Gestalt den Weg in die Öffentlichkeit und erhielt sich bis jetzt, während die erste zur Aufführung gelangte Bearbeitung verlorenging.

Der Anfang des erhaltenen Stückes versetzt uns in das Haus des athenischen Bauern Strepsiades, der eine reiche Städterin, die Tochter des Megakles aus dem Geschlechte der Alkmäoniden, geheiratet hat; aber der Luxus seiner Frau und die Liebhaberei seines Sohnes Pheidippides für edle Rosse haben ihn tief in Schulden gestürzt; ja, diese rauben ihm sogar den Schlaf, dessen sich die andern Hausgenossen rings um ihn her erfreuen. Endlich findet er ein Mittel, durch das er seinen Gläubigern zu entgehen hofft. Sein Sohn soll in die Denkanstalt des Sokrates, die in der Nähe ist, und dort die Kunst erlernen, die einen von der Bezahlung der Schulden befreit. Doch der Sohn hat keine Lust dazu, und so muß sich der Vater selbst in seinen alten Tagen noch zum Studieren entschließen. Als er in der Denkanstalt des Sokrates ankommt, sieht er ihn hoch oben in der Luft, mit Forschungen über den Lauf der Sonne beschäftigt. Auf seine Bitten steigt derselbe herunter und vernimmt sein Begehren. Zunächst macht ihn Sokrates mit den Wolken, den Göttern der Philosophen, bekannt, die in der Gestalt schöner Frauen in langen grauen Gewändern unter ergreifendem Gesang als Chor in die Orchestra einziehen; andere Götter, z.B. Zeus, gebe es nicht. Nachdem die Wolken den Strepsiades ermahnt, recht fleißig zu sein, und ihm für diesen Fall den schönsten Erfolg in Aussicht gestellt haben, verschwindet derselbe mit Sokrates im Innern der Denkanstalt. Damit hat der Chor Gelegenheit zum Vortrag der Parabase, die zunächst die Bitte an das Publikum richtet, sein Stück nicht zum zweiten Mal durchfallen zu lassen, und dann den Staatsmann Kleon und die neue Kalenderverbesserung verspottet; derselben fehlt aber das *μακρόν* oder *πνῖγος*. Unterdessen hat Sokrates den Strepsiades unterrichtet; es stellt sich dabei immer klarer heraus, daß derselbe nicht zum Studium taugt, und daher wird er von Sokrates fortgejagt. Auf seine Bitten raten ihm die Wolken, seinen Sohn an seiner Statt zu schicken. Dies geschieht. Da dieser die beiden Reden, die gerechte und ungerechte oder, wie sie auch heißen, die stärkere und schwächere, lernen will, so ruft Sokrates die beiden aus der Denkanstalt heraus, damit der Schüler sie selbst höre. So kommt es zu einem hitzigen Wortgefecht zwischen der Gerechtigkeit und Ungerechtigkeit, zwischen der guten alten und der entarteten neuen Zeit, in dem die letztere siegt. Darauf geht Pheidippides mit Sokrates in die Denkanstalt, während der Chor in einem zweiten Epirrhema die Zuschauer in launiger Weise um den Sieg bittet. Jetzt kehrt Strepsiades zurück, um seinen Sohn abzuholen; denn der Monat geht zu Ende, und am ersten Tag des nächsten Monats, den die Griechen *ἕ καὶ νέα* (alten und neuen) nennen, drohen ihm seine Gläubiger mit Anklagen. Doch dagegen weiß sein Sohn, der mittlerweile große Fortschritte gemacht hat, Rat; er beweist seinem Vater, daß es einen Tag *der alte und neue* ebensowenig geben könne, als eine Frau, die zugleich alt und jung sei; daher sei auch eine Anklage an demselben unmöglich. Entzückt über diese Weisheit, führt ihn der Vater zum Festmahl. Die Gläubiger, die ihn dabei stören, weist Strepsiades mit sophistischen Gründen ab; dem einen will er nichts geben, weil er noch an die alten Götter glaubt und die neue Grammatik nicht kennt; dem andern beweist er gar, daß das Kapital durch Zinsen ebensowenig anwachsen könne, wie das Meer durch die Flüsse, die sich in dasselbe ergießen. Aber die Strafe trifft ihn sogleich; heulend und um Hilfe rufend erscheint er wieder; denn sein Sohn hat ihn infolge eines Wortwechsels geschlagen. Mit Recht, wie der Sohn beweist; denn wenn der Vater in guter Absicht zum Zwecke der Besserung seine Kinder schlagen dürfe, so müsse dies auch dem Sohn dem kindischen Vater gegenüber erlaubt sein; ja, er beansprucht für sich sogar das Recht, in demselben Falle auch seine Mutter züchtigen zu dürfen. Da sieht der Alte die Verblendung, in der er sich befunden, und den Schaden, den er angerichtet hat, ein; er will die Wolken dafür verantwortlich machen. Doch diese halten ihm entgegen, daß es sein eigener Wunsch gewesen sei, die neue Weisheit zu lernen; sie hätten ihn darin nur unterstützt, um ihn von seinem Irrtum zu heilen. Dies muß er zugeben, aber um so erbitterter ist er jetzt gegen die Lehrer der neuen Weisheit. Er verjagt diese im Verein mit seinen Sklaven und steckt die Denkanstalt in Brand.

Die erste Bearbeitung wird dem Inhalte nach von der zweiten nicht sehr verschieden gewesen sein. Ein alter Gewährsmann, dem vermutlich noch beide Bearbeitungen zur Vergleichung vorlagen, sagt, daß der Inhalt beider im großen und ganzen derselbe gewesen sei; nur im Einzelnen seien manchfache Änderungen und Umarbeitungen vorgenommen worden, am einschneidendsten bezüglich der Parabase, des Wettstreites zwischen der gerechten und ungerechten Rede und des Schlusses. Die Spitze des Stückes richtet sich gegen die neuen Lehren und die Aufklärung, welche die Sophisten verbreiteten; denn darin erblickte Aristophanes als Vertreter der alten Zucht den Grund der Sittenverderbnis und den Anfang zum Untergang des Staates. Sokrates gilt ihm nur als Repräsentant dieser neuen Richtung, nicht als persönlicher Gegner; daher schreibt er ihm auch Lehren zu, die demselben gar nicht angehören, wie z.B. die naturwissenschaftlichen Forschungen und die Lehre von der gerechten und ungerechten Rede. Daß er aber gerade den Sokrates wählte, das findet zunächst in den Anschauungen jener Zeit seine Erklärung, die in Sokrates nicht das Ideal eines Weisen, sondern im großen ganzen nur einen Sophisten erblickte; sodann auch darin, daß derselbe ein Athener und allgemein bekannt war. Dagegen verdient die Nachricht, daß er dies im Auftrage der spätern Ankläger des Sokrates, des Meletos und Anytos, getan habe, welche die Stimmung des Volkes gegen den Philosophen kennenlernen wollten, keinen Glauben, obgleich es sich nicht leugnen läßt, daß auch die Komödie ihren Teil dazu beitrug, die Anklage gegen Sokrates herbeizuführen; rechnet dieser doch selbst in seiner Verteidigungsrede die Komödiendichter unter seine alten und gefährlichen Feinde. Besonders anerkannt wird in unserem Stück trotz des unfertigen Zustandes der Prolog, die Chorlieder und der Wettstreit zwischen der gerechten und ungerechten Rede.

7. Der Zeit nach folgen auf die Wolken des Aristophanes die *Wespen*, die *Philonides* an den Lenäen des J. 422 aufführte; sie erhielten den zweiten Preis. Den ersten Preis errang *Philonides* mit dem *Proagon*, der ebenfalls eine Komödie des Aristophanes war, den dritten *Leukon* mit den *Gesandten* (πρέσβεις). Unser Dichter hatte also für dieses Jahr zwei Stücke geschrieben, und nach der Überlieferung brachte *Philonides* beide auf die Bühne, das eine unter seinem Namen, nämlich den *Proagon*, das andere unter dem Namen des wirklichen Verfassers; denn daß derselbe in dieser Zeit für sich allein auf einmal zwei Chöre vom Archon erhalten hätte, ist kaum wahrscheinlich. Freilich ist auch die Möglichkeit nicht ausgeschlossen, daß in der Notiz aus Versehen *Philonides* an die Stelle des *Aristophanes* geraten ist; dann hat *Aristophanes* selbst den *Proagon*, *Philonides* dagegen die *Wespen* zur Aufführung gebracht.

Der Held des Stückes ist Philokleon, wie der Name schon sagt, ein Freund des Kleon und begeisterter Anhänger der Demokratie. Er ist ein älterer Herr, der schon lange als Heliast gegen die gesetzliche Vergütung von drei Obolen des Richteramtes waltet und noch nie einen Angeklagten freigesprochen hat. Ja, er ist geradezu von einer Richterwut befallen, die ihn jeden Morgen in aller Frühe schon in den Gerichtssaal treibt. Sein Sohn, ein Gegner des Kleon und seiner Politik, daher Bdelykleon genannt, suchte vergebens, ihn auf gütliche Weise von dieser Krankheit zu heilen; es bleibt ihm kein anderes Mittel mehr übrig, als seinen Vater in das Haus einzusperren und von Sklaven bewachen zu lassen. Durch den Schornstein zu entfliehen, gelingt dem Alten ebensowenig, wie unter dem Bauche eines Esels nach Art des Odysseus und seiner Gefährten sich in das Freie zu retten. Als er wieder in das Haus geschleppt wird, fleht er die Richter, seine Amtsgenossen, um Hilfe an, und diese erscheinen auch sofort als Wespen, den Chor bildend. Als sie die bedrängte Lage des Philokleon vernehmen, raten sie ihm, sich an einem Seile aus dem Fenster herabzulassen; aber der Sohn merkt es und läßt trotz des Widerstandes des Chores den Vater von Sklaven festhalten. Schließlich einigt man sich dahin, daß ein Redekampf zwischen Vater und Sohn die Sache entscheiden solle; der Sohn ist bereit, sich von seinem Vater töten zu lassen, wenn er ihm nicht beweise, daß er in seinem Amte als Richter ein Sklave sei. Und wirklich trägt Bdelykleon den Sieg davon; aber der Alte kann das Richten nicht lassen. Daher macht ihm sein Sohn den Vorschlag, er solle im Hause Recht sprechen. Philokleon ist damit zufrieden; man richtet rasch einen Gerichtssaal her, und sogleich erscheinen zwei Hunde mit ihrer Klage. Der Hund aus Kydathenä, der natürlich niemand anders als Kleon ist, verklagt den Hund Labes, womit der athenische Feldherr Laches gemeint ist, daß er sich unrechtmäßig einen sizilischen Käse angeeignet und allein verzehrt habe, eine Verspottung der von Kleon gegen Laches angestrengten Klage wegen Erpressungen in Sizilien. Der Prozeß wird in aller Form durchgeführt. Schon will Philokleon den Angeklagten seiner Gewohnheit gemäß verurteilen, da verwechselt Bdelykleon die Stimmsteine; der Hund Labes wird freigesprochen. Darüber ist der Alte außer sich; aber sein Sohn tröstet ihn mit dem Versprechen, er wolle ihn in lustige Gesellschaft bringen, und so gehen beide in das Haus. An dieser Stelle tritt die Parabase ein, in der sich der Chor zuerst über die Zurücksetzung, die der Dichter im letzten Jahre mit seinen Wolken erfahren mußte, beklagt, dann seine Tapferkeit den Persern gegenüber rühmt, die den Stachel der attischen Wespen fühlen mußten, und endlich das Wespenkostüm als das für sie passendste preist, da sie ja ebenso reizbar wie Wespen seien, ebenso in Schwärmen in den Gerichtssälen zusammensäßen und ebenso einen jeden ohne Ansehen der Person stächen. Nun treten Philokleon und Bdelykleon wieder auf; der letztere kleidet den ersteren nach der Mode, gibt ihm Verhaltungsmaßregeln, wie er sich in der feinen Gesellschaft benehmen solle, und führt ihn dann zum Gelage zu Philoktemon. Nachdem der Chor einige Spottlieder gesungen, kommt der Sklave Xanthias heulend auf die Bühne; er meint, sein Herr sei närrisch geworden; denn in der Gesellschaft habe er alle Gäste beleidigt, weil er ihnen die Wahrheit gesagt habe, unterwegs habe er sich an allen vergriffen, die ihm begegnet seien, und zu Hause prügle er jetzt die Sklaven. Da erscheint Philokleon selbst taumelnd; die von ihm Beleidigten stellen ihn zur Rede, aber er reizt sie durch höhnische Antworten noch mehr, so daß sie sich mit der Drohung, ihn vor Gericht zu ziehen, entfernen. Sein Sohn bringt ihn endlich in das Haus; aber gleich darauf kehrt er zurück und beginnt einen ausgelassenen Tanz, an dem sich auch die Zwergfamilie des Karkinos, die eben kommt, beteiligt.

Die Wespen verspotten die Sucht der Athener, als Geschworene bei den Gerichten tätig zu sein; doch darf man dabei nicht übersehen, daß der letzte Teil, der auf den Unterschied zwischen vornehmen und gewöhnlichen Leuten hinweist und das Gelage und seine Folgen schildert, nicht enge mit dem eigentlichen Thema verbunden ist; der Dichter hat ihn, wie es scheint, mehr als heitere Zugabe für die Zuschauer beigefügt. In der Anlage erinnert die Komödie vielfach an die Wolken, besonders der Redewettkampf des Philokleon und Bdelykleon an den der gerechten und ungerechten Rede. Ein Gegensatz zwischen beiden Stücken besteht aber insofern, als hier ein junger Athener einen alten, dort ein alter einen jungen zur Vernunft bringen will; aber beide machen mit ihren Besserungsversuchen ähnliche schlimme Erfahrungen. Die Erfindung ist gut; besonders die Einführung der Wespen als Chor der Richter ist sehr gelungen. Im übrigen zeigt auch dieses Stück die Vorzüge der aristophanischen Komödie, nämlich Lebendigkeit, Witz und die Kunst zu fesseln und zu unterhalten. *Racine* hat die Wespen in seinem *Plaideurs* benutzt.

8. Der *Friede* (*εἰρήνη*) wurde an den großen Dionysien des J. 421 von Aristophanes selbst aufgeführt; zum Schauspieler hatte er den *Apollodoros*. Der Dichter gewann damit den zweiten Preis, während der erste Preis den *Schmeichlern* des *Eupolis*, der dritte den *Phratores* des *Leukon* zufiel. Nach der Überlieferung gab es noch einen *zweiten Frieden* des Aristophanes; doch wußten schon die alexandrinischen Grammatiker von diesem nichts Näheres, und die wenigen Fragmente, die sich aus dem Frieden des Aristophanes erhalten haben, ohne in unserm Stücke sich zu finden, sind alle zweifelhafter Natur. Das erhaltene Stück war, wie es scheint, das erste; da es aber nur den zweiten Preis erhielt, so hat es der Dichter vermutlich umgearbeitet und später wieder auf die Bühne gebracht. Einige Gelehrte glauben, daß diese zweite Bearbeitung des Friedens auch den Titel *Landleute* (*γεωργοί*) gehabt habe. Nach andern ist die zweite Bearbeitung erhalten, während die erste verlorenging.

Der Friede, dessen Absicht schon aus dem Titel klar ist, zeigt Ähnlichkeit mit den Acharnern, ohne jedoch das dramatische Leben dieses Stückes zu haben. Die Handlung ist äußerst einfach, ohne spannende Verwicklung; aber die Lieder sind von großer Schönheit. Die ganze Dichtung durchweht ein idyllischer Hauch, der sich besonders in den anschaulichen Schilderungen des Landlebens fühlbar macht, die das größte Verlangen nach Ruhe und Frieden verraten.

Sehr gelungen ist die auf die Autorität des Äsopos hin zur Verspottung des auf dem Pegasus in den Himmel reitenden *Bellerophontes* des *Euripides* ersonnene Idee, den Bauer Trygäos auf einem Käfer, den zwei Sklaven zu einem wahren Ungetüm haben heranfüttern müssen, in den Himmel reiten zu lassen, um den Zeus zu fragen, warum er durch den Krieg die griechischen Städte vernichte. Von Hermes, dem Türhüter des Zeus, erfährt er, daß sich dieser mit den Göttern aus Unwillen über den endlosen Krieg der Hellenen in die höchste Höhe des Himmels zurückgezogen habe; nur den Krieg (*πόλεμος*) habe er zur Regierung der Welt zurückgelassen, und dieser habe den Frieden in eine tiefe Grube gesperrt und einen großen Mörser zur Vernichtung der Städte sich verschafft. Der Krieg tritt auf und verlangt von seinem Diener Schlachtlärm (*κυδοιμός*) eine Mörserkeule, um das Vernichtungswerk zu beginnen; aber zum Glücke findet sich keine, da die vorhandenen, Kleon und Brasidas, zugrunde gegangen sind. So bleibt dem Krieg nichts übrig, als in das Haus zu gehen und eine neue zu machen. Diese günstige Gelegenheit benutzt Trygäos, um mit Hilfe des Chores, der aus Landleuten besteht, den Frieden samt seinen zwei Töchtern, der Fruchtspenderin (*ὀπώρα*) und der Festesfreude (*θεωρία*), zu befreien. Hermes, der anfangs dagegen ist, wird durch das Geschenk einer goldenen Schale ebenfalls gewonnen. Mit Freudenjubel begrüßt man die Göttin, die so lange von Griechenland wegen des Krieges fern war, und sobald diese den Zustand des Landes vernommen, ist sie bereit, den Trygäos, dessen Käfer unterdessen zu Zeus entflogen, wieder zur Erde hinabzubringen; Opora folgt ihm als seine Braut; die Theoria aber soll er im Auftrage des Hermes dem Rat überbringen. An dieser Stelle schiebt der Dichter die Parabase ein, die ohne Epirrhema und Antepirrhema ist. In derselben weist er zunächst auf seine Verdienste um die Komödie hin, um deretwillen ihm das Publikum den Sieg gewähren solle, dann verspottet er die Tragiker Karkinos, Morsimos und Melanthios. Unterdessen war die Friedensgöttin mit ihren Töchtern und Trygäos auf der Erde angelangt, und hier spielt der zweite Teil des Stückes. Trygäos gibt die Opora als seine Braut einem Diener, damit er sie in sein Haus führe und den Hochzeitsschmaus bereite, während er die Theoria dem Rate überbringt, der sie voll Freude empfängt. Da der Krieg jetzt zu Ende ist, bringt Trygäos den Göttern das Friedensopfer dar. Hierzu findet sich auch der Seher Hierokles ein; doch da er Fortsetzung des Krieges prophezeit, wird er wieder fortgejagt. Nachdem der Chor in einer zweiten Parabase die Annehmlichkeiten des Landlebens geschildert, naht ein Sichelschmied, der dem Trygäos für den Frieden dankt und dafür von diesem zur Hochzeit eingeladen wird. Dagegen beklagen sich die Helmbuschmacher, Waffenhändler, Trompetenverfertiger, Helmschmiede und Lanzenfabrikanten; Trygäos gibt ihnen den Rat, Friedensgeräte anzufertigen. Der Sohn des Lamachos und der Sohn des Kleonymos kommen als Hochzeitsgäste, und mit dem Hochzeitslied oder Hymenäos schließt das Stück.

9. Aus den sechs nächsten Jahren ist uns keine Komödie des Aristophanes erhalten. An den Dionysien des J. 414 wurden durch *Kallistratos* die *Vögel* (ὄρνιϑες) auf die Bühne gebracht, die den zweiten Preis erhielten; den ersten Preis gewann *Ameipsias* mit den *Schmausenden* des *Phrynichos*, den dritten *Phrynichos* mit dem *Sonderling*.

Die Vögel beginnen mit dem Auftreten zweier athenischer Bürger, des Peithetäros (Ratefreund) und des Euelpides (Hoffegut). Diese haben sich, mit der Lage ihrer Vaterstadt unzufrieden, unter Führung der Krähe und Dohle zu dem Wiedehopf, dem früheren thrakischen König Tereus, der die attische Prinzessin Prokne geheiratet hat, auf den Weg gemacht, um ihn, den Weitgereisten, nach einem angenehmeren Aufenthaltsort zu fragen. Aber keiner der Vorschläge, die ihnen Wiedehopf macht, gefällt ihnen vollständig. Sie erkundigen sich nach dem Leben bei den Vögeln, und da kommt dem Peithetäros plötzlich der Gedanke, daß man die Vögel zu einem mächtigen Reich vereinigen und eine große Stadt derselben in der Luft gründen könnte. Der Wiedehopf ist damit einverstanden und ruft im Verein mit seiner Gemahlin, der Nachtigall, die Vögel zusammen, die sofort als Chor in die Orchestra einziehen. Als sie die beiden Menschen sehen, wittern sie Verrat und wollen zum Angriff auf dieselben vorgehen; aber der Wiedehopf weiß sie zu beruhigen. Peithetäros stellt ihnen seinen Plan so verlockend dar, daß alle dafür begeistert werden und auf sofortige Ausführung dringen. Der Wiedehopf nimmt die beiden Freunde der Vögel mit nach Hause, um sie in ein Federgewand zu kleiden; aber er schickt Frau Nachtigall, und unter ihren Flötentönen beginnt die Parabase, die zuerst die neue Lehre der Vogelreligion entwickelt, dann die Muse des Waldes preist und die Zuschauer auffordert, sich ebenfalls in Vögel verwandeln zu lassen. Jetzt erscheinen Peithetäros und Euelpides in Vogelgewandung wieder und sofort beginnt der Bau der neuen Vogelstadt, die Wolkenkuckucksheim heißen soll, unter den üblichen

Opfern und Zeremonien. Bald stellen sich auch die Leute ein, die aus der Gründung einer neuen Stadt Vorteil zu ziehen hoffen, der Dichter mit Festgedichten, der Orakeldeuter mit glückverheißenden Sprüchen, der Astronom und Geometer Meton mit einem Gründungsplan, der Staatsaufseher im Auftrage Athens und der Volksbeschlußhändler mit neuen Gesetzen; aber alle werden ohne weiteres fortgejagt. Damit hat der Dichter Gelegenheit zu einer zweiten Parabase erhalten, die das Glück und die Macht der Vögel preist, den Vogelhändler Philokrates und alle Feinde der Vögel mit Acht und Bann belegt und zuletzt das Publikum um Verleihung des Sieges bittet. Unterdessen ist der Bau der Stadt beendigt. Da verbreitet sich die Schreckensnachricht, daß irgendeine Gottheit unbemerkt in dieselbe hineingeflogen sei. Es stellt sich heraus, daß dies Iris, die Götterbotin, ist, die von Zeus zu den Menschen gesandt wurde, um ihnen zu befehlen, den Göttern die schuldigen Opfer darzubringen. Peithetäros eröffnet ihr, daß es jetzt mit der Herrschaft der Götter zu Ende sei; die Vögel seien an ihre Stelle getreten. Während sie mit dieser Nachricht zu Zeus zurückkehrt, kommt der Herold, den die Vögel zu den Menschen geschickt haben, um ihnen die neue Lage der Dinge zu melden, zurück, mit der Nachricht, daß die Menschen mit der Herrschaft der Vögel einverstanden seien; ja, viele seien im Begriff, nach dem Vogelland auszuwandern. Daraufhin läßt Peithetäros gleich einige Körbe Federn herbeischaffen, um dieselben als Vögel ausstatten zu können. Zunächst erscheint ein ungeratener Sohn, der gehört hat, daß man nach der Sitte der Vögel seinen Vater töten dürfe; aber durch Hinweis auf das Beispiel des Storchs wird er eines Bessern belehrt, als Hahn ausgestattet und in den Krieg gesandt, damit er kämpfend seinen Unterhalt sich verdiene und nicht nötig habe, seinen Vater umzubringen. Nicht so gut geht es dem Dithyrambendichter Kinesias, der zwar nach seinem Wunsche Flügel erhält, aber gleich wieder fortgejagt wird. Das letztere Los wird auch dem sich nahenden Sykophanten zuteil. Nun kommt Prometheus, der Feind des Zeus, verkleidet zu Peithetäros, um ihm mitzuteilen, daß die Götter in großer Not seien, da kein Opferduft mehr zu ihnen gelangen könne; sie würden bald Gesandte zu den Vögeln senden; diese sollten aber fest auf der Forderung bestehen bleiben, daß man ihnen die Weltherrschaft abtrete; außerdem solle Peithetäros die Basileia (die Herrschaft) von Zeus als Frau verlangen. Kaum hat sich Prometheus heimlich entfernt, so nahen Poseidon, Herakles und der Gott der Barbaren, Triballos. Nach einigem Zögern gehen sie auf die Forderungen der Vögel ein, und Peithetäros begibt sich mit ihnen zu Zeus, um selbst die Basileia abzuholen. Die Rückkehr und die Hochzeitsfeier, an der das ganze Volk der Vögel teilnimmt, schließen das Stück.

Der Stoff der Vögel ist märchenhaft und phantastisch. Der Plan ist so ausgezeichnet erfunden, die Durchführung desselben so kunstgerecht, die Darstellung so frisch und lebendig und der Witz und Humor so frei und keck, daß man dieses Stück als das beste nicht nur des Aristophanes, sondern der ganzen alten Komödie bezeichnete. Auffallend erscheint es, daß dasselbe nur den zweiten Preis davontrug. Aber so einstimmig auch das Urteil über den ästhetischen Wert der Komödie ist, so verschieden sind die Ansichten über die Absicht, die der Dichter bei der Abfassung derselben verfolgte. Die einen sind der Meinung, er habe überhaupt keinen bestimmten Zweck dabei gehabt, sondern seinen poetischen Genius frei schalten und walten lassen; die andern erkennen darin eine reine Tendenzdichtung, sei es nun eine mehr oder weniger durchgeführte Allegorie auf Dekeleia oder den sizilischen Feldzug und Alkibiades, sei es die Empfehlung einer vollständigen Reform auf allen politischen, privaten und religiösen Gebieten. Am sichersten geht man vielleicht, wenn man die Mitte zwischen beiden Extremen hält; der Dichter läßt seiner Phantasie freien Flug, hat aber dabei die Absicht, durch allgemein gehaltene Satire die ausgelassene Neuerungssucht und die unsinnige Unternehmungslust der Athener zu verhöhnen.

10. Im J. 411 wurde die *Lysistrata* durch *Kallistratos* aufgeführt. Dieses Stück gibt der damaligen Stimmung in Athen, dem allgemein gefühlten Friedensbedürfnis, wie es nach dem unglücklichen Ausgang der sizilischen Expedition und der Besetzung von Dekeleia kurz vor dem Auftreten der Vierhundert in der Stadt herrschte, lebhaften Ausdruck. Doch hält sich der Dichter dieses Mal auf dem Gebiet des Niedrigkomischen und Possenhaften. Schon der leitende Gedanke ist für uns anstößig; die Athenerin Lysistrata, die dem Stück den Namen gegeben, weiß mit Hilfe der Spartanerin Lampito den Frauen, die sie aus ganz Griechenland zu einer Versammlung zusammengerufen hat, das eidliche Versprechen abzugewinnen, daß sie sich so lange jedes Umgangs mit den Männern enthalten wollen, bis diese Frieden schließen. Dieser Gedanke ist gut durchgeführt, und besonders darf man die gelungene Charakterisierung loben; auch an komischen Situationen, in denen allerdings das Grobsinnliche und Obszöne stark hervortritt, fehlt es nicht. Zuletzt gewinnen die Frauen den Sieg, und Lysistrata stellt den allgemeinen Frieden und die schöne Eintracht in Griechenland wieder her. Die Komödie ist ohne Parabase; der Chor ist in zwei feindliche Heerlager geteilt, in zwölf Frauen und zwölf Männer, die im Wechselgesang gegeneinander auftreten.

11. In demselben Jahr sind aller Wahrscheinlichkeit nach auch die *Thesmophoriazusen* (die Frauen bei der Feier der Thesmophorien)

aufgeführt; mit welchem Erfolge, wissen wir nicht, da sich keine Didaskalie erhalten hat. Diese Komödie, die sich durch geschickte Anlage des Planes und schöne Chorlieder auszeichnet, ist gegen den weibischweichlichen Agathon und den Weiberfeind Euripides gerichtet, die beide in witzigen Parodien verspottet werden.

Bei Beginn des Stückes treffen wir Euripides mit einem Verwandten, den die Handschriften Mnesilochos nennen, vor der Türe des Agathon; er will diesen bitten, sich heute in Frauenkleidung an der Thesmophorienfeier zu beteiligen, und dahin zu wirken, daß ihn die Frauen nicht, wie sie vorhaben, wegen ihrer Verhöhnung zum Tode verurteilen. Agathon, der vom Chor der Musen umgeben erscheint, weist dieses Ansinnen zurück. Da erbietet sich der Verwandte des Euripides freiwillig zu diesem Liebesdienst, vorausgesetzt, daß dieser ihn nicht im Stiche lassen will, falls er in Not komme. Euripides verspricht dies, und da Agathon bereitwillig das Nötige zur Verfügung stellt, so verkleidet er seinen Verwandten als Frau und schickt ihn in den Thesmophorientempel, den Schauplatz der weiteren Handlung. Die Frauen, die von jetzt ab den Chor bilden, sind schon versammelt und bringen ihre Klagen gegen Euripides vor; aber der verkleidete Verwandte des Dichters nimmt ihn in Schutz, indem er darauf hinweist, daß Euripides die Frauen noch lange nicht so schlecht mache, als sie in Wirklichkeit seien; die meisten und größten Schlechtigkeiten derselben verschweige er ganz. Die Entrüstung, die darüber unter den Frauen entsteht, wird noch vermehrt, als der Weiberfreund Kleisthenes mit der Meldung erscheint, daß Euripides einen seiner Verwandten verkleidet zu den Weibern gesandt habe. Sofort wird eine Untersuchung vorgenommen und der Verräter entdeckt. Während Kleisthenes forteilt, den Prytanen zu rufen, gehen die Frauen dem Bösewicht zu Leibe; doch gelingt es diesem, zu seiner Sicherheit einer derselben ihr Kind aus den Armen zu reißen; aber siehe da, als er seinen Geisel genauer untersucht, ist es ein gefüllter Weinschlauch. Er leert ihn und gibt ihn der Eigentümerin wieder zurück; zu seiner Rettung aber gebraucht er ein Mittel, das er aus des *Euripides Palamedes* kennt; er schreibt seine Not auf Votivtafeln, um sie so zur Kenntnis des Euripides zu bringen. An dieser Stelle ist die Parabase eingeschoben, die ohne Ode, Antode und Antepirrhema ist. In derselben verteidigen sich die Frauen gegen die ihnen von den Männern gemachten Vorwürfe. Mittlerweile ist es dem unglücklichen Gefangenen klar geworden, daß Euripides ihm auf das dem Palamedes entnommene Mittel hin keine Hilfe bringt. Daher versucht er es mit der Rolle der Helena, und wirklich naht gleich darauf Euripides als Menelaos; allein die Entführung wird durch die Ankunft des Prytanen mit einem Schutzmann verhindert. Der Prytane läßt den Frevler binden und von dem Schutzmann bewachen. Jetzt macht Euripides als Perseus den Versuch, seine gefesselte Andromeda zu befreien; doch umsonst. Da greift er zu einer andern List; er verkleidet sich als alte Kupplerin und kommt mit einer schönen Dirne und einem Flötenbläser. Da der Schutzmann gerade schläft, so schließt er mit den Frauen unter der Bedingung Frieden, daß diese ihm die Befreiung seines Verwandten gestatten, wenn er sie nicht weiter beschimpfe. Der Flötenbläser weckt den Schutzmann mit einem Liedchen, und die Dirne entzückt denselben mit ihren Tänzen so sehr, daß er sie nach Hause begleitet. Unterdessen befreit die verkleidete Kupplerin, die er zum Schutze des Gefesselten zurückläßt, diesen und entflieht mit ihm. Der zurückkehrende Schutzmann sieht sich geprellt und wird dazu noch von den Frauen in die Irre geschickt.

Damit schließt das Stück, das unter der Maske, den Euripides für seinen Weiberhaß zu züchtigen, die Fehler und Laster der Weiber aufs schärfste geißelt. Daß die *zweiten Thesmophoriazusen* keine Überarbeitung dieses Stückes, sondern ein anderes Stück, etwa eine Fortsetzung desselben, sind, haben wir oben gesehen.

12. Noch schärfer geht Aristophanes dem Euripides und seiner Poesie in den *Fröschen* (*βάτραχοι*) zu Leibe, die *Philonides* an den Lenäen des J. 405 aufführte.

Da kurz zuvor Euripides und Sophokles gestorben waren, Agathon aber an den Hof des Archelaos nach Makedonien gegangen war, so war die tragische Bühne in Athen verwaist. Daher faßt der Schutzgott derselben, Dionysos, der übrigens in der Komödie nichts weiter als die Personifikation des athenischen Volkes ist, den Entschluß, seinen Lieblingsdichter Euripides wieder aus der Unterwelt zurückzuholen. Mit Keule und Löwenfell, in einem Weiberrock und Weiberschuhen macht er sich, nachdem er zuvor den Herakles nach dem Wege gefragt, mit seinem Diener Xanthias dahin auf; denn er glaubt, man werde ihn freundlicher aufnehmen, wenn man ihn für Herakles halte. Unterwegs treffen beide einen Toten, und Xanthias macht den Vorschlag, man solle diesen das Gepäck tragen lassen; doch werden sie nicht handelseinig, da derselbe zwei Drachmen verlangt, während Dionysos nur anderthalb geben will. Als sie in der Unterwelt ankommen, läßt der Fährmann Charon den Xanthias den Nachen nicht besteigen, da er bei den Arginusen nicht mitgekämpft habe, und so ist dieser gezwungen, um den See herumzugehen. Auch seinem Herrn geht es schlecht; denn obgleich er als Fahrgast zwei Obolen bezahlt, muß er doch zu seinem großen Ärger zum Gequake der Frösche, die den Nebenchor bilden und dem Stück seinen Namen gegeben haben, selbst mitrudern. Als er jenseits des Sees mit Xanthias weiter in die Unterwelt hinein wandert, erschreckt ihn die Empusa; doch bald kommt er zu dem Chor der Geweihten, die in heiligem Liede die Demeter und den Iakchos feiern. Von ihnen erfährt er, wo Pluton wohnt. Auf sein Klopfen erscheint Äakos, der Türhüter des Gottes; kaum hat dieser den Pseudo-Herakles erblickt, so eilt er unter Verwünschungen hinweg, um Leute zu dessen Bestrafung für den Kerberosdiebstahl zu holen. Voll Angst vertauscht Dionysos mit seinem Diener die Kleidung. Da naht eine Dienerin der Persephone, um den Herakles zum Mahle einzuladen. Natürlich verlangt Dionysos jetzt sein Herakleskostüm zurück. Sobald er aber dasselbe wieder angelegt, stürzen zwei Wirtinnen scheltend auf ihn zu, weil er ihnen das letzte Mal die Zeche nicht bezahlt und die Bettmatratzen mitgenommen habe; sie drohen mit gerichtlichen Klagen. Infolge der Furcht seines Herrn muß Xanthias jetzt noch einmal Herakles werden. In diesem Augenblick kehrt Äakos mit Dienern zurück und läßt den Herakles als Hundedieb ergreifen. Dieser beteuert seine Unschuld und stellt zum Beweise dafür seinen Diener zur Folterung. Da gibt sich der Diener für Dionysos aus. Um zu erkennen, wer der Gott sei, läßt Äakos beide prügeln; das Mittel nützt aber nichts, und so führt er sie zu Pluton, damit dieser die Sache entscheide. Damit hat der Dichter Gelegenheit zur Parabase erhalten, die nur aus Ode und Antode, Epirrhema und Antepirrhema besteht. In jenen verspottet er die Demogagen Kleophon und Kleigenes, in diesen ermahnt er die Bürger zur Eintracht und zur Heranziehung von tüchtigen Männern zur Verwaltung des Staates. Unterdessen ist Dionysos als wahrer Gott anerkannt worden; voll Ärger darüber kehrt Xanthias mit Äakos auf die Bühne zurück. Da hört man plötzlich einen Lärm im Hause. Äakos teilt dem Xanthias mit, daß dieser von dem Streit des Euripides und Äschylos herrühre; bisher habe nämlich Äschylos den tragischen Thron eingenommen; auch Sophokles habe ihm denselben ehrerbietig überlassen; jetzt mache ihm aber Euripides, gestützt auf eine Anzahl niedriger und gemeiner Menschen, denselben streitig; daher habe Pluton einen Wettstreit zwischen beiden anberaumt und dem gerade anwesenden Dionysos das Schiedsrichteramt übertragen. In dem Kampfe, der sich zwischen beiden Dichtern entspinnt, bleibt Äschylos Sieger, sowohl was die ethische Grundlage und die letzten Ziele der Tragödie anlangt, als auch was die einzelnen Teile, die Sprache und das Metrum betrifft. Daher ist Dionysos, der gekommen ist, den Euripides zu holen, im Zweifel, was er tun soll. Pluton erlaubt ihm, den Sieger mit sich in die Oberwelt zu nehmen. Nun fragt er beide nach ihrer Ansicht über das, was der Stadt not tue, und da auch hierin Äschylos den Sieg davonträgt, so nimmt er diesen unter den Glückwünschen Plutons und des Chores mit sich in die Oberwelt.

Die Frösche wurden von den Athenern mit großem Beifall aufgenommen. Der Dichter erhielt den ersten Preis, während *Phrynichos* mit den *Musen* den zweiten und *Platon* mit dem *Kleophon* den dritten davontrug. Außerdem wurde Aristophanes öffentlich mit einem Zweig vom heiligen Ölbaum geschmückt, der höchsten Auszeichnung, die einem Dichter zuteil werden konnte. Ja, die Parabase wurde so sehr bewundert, daß das Stück in demselben Jahre, vermutlich an den großen Dionysien, noch einmal aufgeführt wurde. Ob damit eine Überarbeitung verbunden war, muß dahingestellt bleiben, obwohl manche Gelehrte gerade darauf die etwas mangelhafte Ökonomie unseres Stükkes zurückführen. Der erste Teil, der Gang des Dionysos in die Unterwelt, hängt mit dem zweiten, dem Dichterstreit, nur lose zusammen. Daher vermutete man, daß eine zwischen beiden Teilen vermittelnde Szene vom Dichter weggelassen sei, um Raum für anderes zu bekommen. Nicht weniger auffallend ist die passive Haltung des Pluton, die plötzliche Sinnesänderung des Dionysos, der den Äschylos statt des Euripides mitnimmt, sowie die Berufung des letzteren auf eine eidliche Zusicherung von seiten des Dionysos, daß er ihn mitnehmen wolle, von der in unserm Stücke nichts steht. Der Witz und Humor, die patriotischen Ratschläge und Ausfälle gegen gewissenlose Demagogen zeigen echt aristophanischen Charakter. Die literarische Kritik, die der Dichter an Euripides und Äschylos übt, ist rein subjektiv; Aristophanes ist ein begeisterter Anhänger der guten alten Zeit, ohne Verständnis für die Fortschritte und Bestrebungen der Gegenwart; daher ist Äschylos sein Ideal; an Euripides sieht er nur die Fehler und Schattenseiten, während er gegen die nicht zu unterschätzenden Verdienste desselben blind ist. Er ist ihm der Repräsentant der schlechten Dichter, wie Sokrates der der Sophisten.

13. Das nächste erhaltene Stück sind die *Ekklesiazusä* (die Frauen in der Volksversammlung), das man in das J. 392 oder richtiger 389 setzt. Der Dichter wendet sich darin gegen die sozialistischen Ideen, die infolge der Not und Verarmung, die der peloponnesische Krieg über Staat und Privatleute gebracht hatte, damals in vielen Köpfen spukten, nämlich gegen die Frauenemanzipation, die Güter- und Weibergemeinschaft. Daß er dabei bestimmte Philosophen, wie den Platon, der in Vorträgen und in der Schrift über den Staat derartige Ansichten verbreitete, im Auge hatte, ist unwahrscheinlich. Die Lächerlichkeit dieser Ideen und die Unmöglichkeit, dieselben praktisch durchzuführen, zeigt Aristophanes an einer Reihe komischer, aber ziemlich lose aneinandergefügter Szenen, denen es an einem rechten Mittelpunkt und an einer künstlerischen Verwicklung fehlt.

Auf die Anregung der Praxagora haben die athenischen Frauen den

Beschluß gefaßt, die Leitung des Staates an sich zu bringen. Zu diesem Zwecke wollen sie zahlreich in Männerkleidung und mit Bärten in der Volksversammlung erscheinen, um einen dahingehenden Beschluß durchzusetzen. Zuvor versammeln sie sich jedoch um Praxagora, um ihre Rolle einzustudieren. Dabei zeigt es sich, daß nur diese imstande ist, die Sache der Frauen in der Volksversammlung richtig zu vertreten; daher wählt man sie als Sprecherin, und nachdem die nötigen Verhaltungsmaßregeln gegeben sind, begibt sich der ganze Zug auf die Pnyx. Kaum ist dies geschehen, so tritt Blepyros, der Mann der Praxagora, im Weiberrock und in Weiberschuhen aus dem Hause; seine Frau ist ohne sein Vorwissen mit seinen Kleidern verschwunden. Ebendasselbe Leid klagt sein Nachbar. Da erscheint Chremes, der von der Volksversammlung heimkehrt, und von ihm erfährt Blepyros, was dort geschehen ist; eine große Menge blasser, zarter Männer, wie noch nie, sei dorthin gekommen; einer derselben habe den Vorschlag gemacht, die Verwaltung des Staates den Frauen zu übergeben, da derselbe nur so gerettet werden könne, und dieser Vorschlag sei auch trotz des Widerspruchs vieler mit Majorität angenommen worden. Blepyros tröstet sich mit dem alten Sprichwort der Athener: »was wir auch Unsinniges und Törichtes beschließen, alles muß uns zum Glück ausschlagen.« Als beide Greise abgetreten, erscheint der Chor der Frauen wieder. Damit die Männer den Betrug nicht merken, legen sie vorsichtig ihre Verkleidung ab und bleiben als Frauen in der Orchestra. Dem Blepyros, der wieder aus dem Hause tritt, erwidert Praxagora, als er ihr Vorwürfe über ihr frühes Fortgehen macht, sie habe zu einer kranken Freundin gehen müssen. Als ihr ihr Mann den neuesten Beschluß des Volkes mitteilt, erheuchelt sie zuerst Erstaunen; dann verkündet sie aber, von den Frauen als Herrscherin erwählt, begeistert die neue Verfassung, die in Güter- und Weibergemeinschaft besteht. Sie eilt auf den Markt, um das Vermögen der Bürger für den Staat einzuziehen. Gleich darauf erscheint ein Bürger mit seiner Habe, um sie abzuliefern; ein anderer lacht ihn deshalb aus; denn was heute beschlossen werde, werde morgen wieder umgestoßen. Als jetzt aber ein Herold im Namen der Herrscherin zur gemeinsamen Mahlzeit einlädt, da eilt auch dieser, um einen Platz zu erhalten, obwohl er seine Habe nicht ausgeliefert hat. Viele Unannehmlichkeiten hat die Weibergemeinschaft im Gefolge, wie ein Beispiel zeigt. Schließlich wird Blepyros zum Mahle abgeholt, und mit einem Loblied des Chores auf dasselbe endigt das Stück, das ohne Parabase ist und auch sonst den Chor nicht in der früheren Weise behandelt, weder was die Pracht des Auftretens, noch was die Beteiligung an der Handlung betrifft.

14. Im nächsten Jahre (388) nahm Aristophanes mit dem *Plutos*

(Reichtum) von der Bühne Abschied, der gleichzeitig mit den *Lakonern* des *Nikochares*, dem *Admetos* des *Aristomenes*, dem *Adonis* des *Nikophon* und der *Pasiphaë* des *Alkäos* aufgeführt wurde. Er hatte schon früher, im J. 408, einen *Plutos* auf die Bühne gebracht, von dem einige Fragmente vorhanden sind; aber wahrscheinlich war dieser von dem erhaltenen verschieden. Der letztere zeigt große Ähnlichkeit mit den Ekklesiazusen, sowohl hinsichtlich der Form, da auch hier die Parabase fehlt und der Chor sehr eingeschränkt ist, als auch hinsichtlich des Inhalts, der sich ebenfalls um soziale Zustände dreht. In der Anlage steht er trotz mancher Schönheiten im einzelnen unter den *Ekklesiazusen*, da der leitende Gedanke nicht mit der nötigen Klarheit hervortritt; daher hat man den *zweiten Plutos* nicht mit Unrecht als das schwächste Stück des Aristophanes bezeichnet. Es steht, wie die *Ekklesiazusen*, auf der Mitte zwischen der alten und mittleren Komödie. Der Dichter geht von der Willkür und Ungerechtigkeit aus, die sich in der Verteilung von Reichtum und Armut unter den Menschen zeigt. Der attische Bauer Chremylos, der wahrgenommen hat, daß die Guten in der Regel arm, die Schlechten reich sind, wendet sich an das Orakel des Apollon um Auskunft darüber, wie er es mit der Erziehung seines Sohnes halten solle. Er erhält den Ausspruch, er solle den ersten, der ihm beim Verlassen des Tempels begegne, mit sich nach Hause nehmen. Dies ist ein schlechtgekleideter Blinder, der sich zum großen Erstaunen des Chremylos und seines Sklaven Karion für Plutos (Reichtum) ausgibt. Nur mit Mühe kann ihn Chremylos zum Mitgehen bewegen; er verspricht ihm, er wolle ihn von der Blindheit heilen, die Zeus über ihn verhängte, weil er in seiner Jugend die Absicht äußerte, nur zu guten und verständigen Leuten zu gehen; sobald er sehend sei, werde es mit Zeus' Macht vorbei sein; denn nur das Geld regiere die Welt. Sofort muß Karion die Nachbarn herbeirufen, die den Chor bilden und ihre Mitwirkung zur Heilung des Gottes zusagen. Auf die Kunde, daß Chremylos plötzlich reich geworden sei, eilt der arme Blepsidemos herbei, um an dem Glücke desselben Anteil zu nehmen. Als sie gerade im Begriff sind, den blinden Plutos zu seiner Heilung in den Tempel des Asklepios zu bringen, naht blaß und abgemagert die Armut, die sich darüber beklagt, daß man sie verstoßen habe, obgleich alles Gute nur von ihr komme; aber wenn sie auch ihre Vorzüge noch so schön auseinandersetzt, sie findet keinen Glauben. Plutos wird in den Tempel des Asklepios geführt, wo er bald geheilt ist; von einer großen Menge Menschen geleitet, kehrt er in das Haus des Chremylos zurück, das seine Gunst im reichsten Maße erfährt; in derselben Weise will er alle Guten beglücken. Dikäos (der Gerechte) kommt mit seinem Sohne, um dem Gott das alte Mäntelchen, in dem er dreizehn Jahre gefroren hat, zu weihen, aus Dankbarkeit dafür, daß er jetzt reich geworden. Dagegen jammert der Sykophant, dessen unehrlich erworbener Reichtum plötzlich verschwunden ist. Nicht besser geht es der alten Sünderin, die von ihrem bisherigen Geliebten, einem braven Burschen, der jetzt auch reich geworden ist, verlassen wird. Dieser plötzliche Umschwung aller Verhältnisse erregt den heftigsten Zorn der Götter, besonders des Zeus, wie Hermes, der jetzt erscheint, meldet; denn wie Chremylos vorhergesagt hat, ist es mit der Macht derselben aus, da ihnen niemand mehr opfert. Hermes selbst hält es für das rätlichste, für sich zu sorgen und die Stelle eines Dieners im Hause des Chremylos anzunehmen. Ebendahin kommt auch, vom Hunger getrieben, der Priester des Zeus, der seinen Gott aufgibt und zu Plutos übergeht. Unter seiner Führung findet die feierliche Überführung des Gottes in die Schatzkammer Athens im Hinterhaus des Athenetempels auf der Akropolis statt, mit der das Stück schließt.

15. Die *Titel* der Komödien des Aristophanes sind meistenteils vom Chor, seltener von der Hauptperson hergenommen. Die *Stoffe* liefert ihm das gesamte attische Leben, in der ersten Zeit mehr die Politik, in der spätern mehr die sozialen Zustände, die Philosophie und die Dichtkunst; ja, in der letzten Zeit behandelt er selbst mythologische Themen. Der Grund für diesen Wechsel liegt teils in den erwähnten Volksbeschlüssen über Einschränkung der Freiheit der Komödie, teils in den veränderten Zeitverhältnissen nach dem unglücklichen Ausgang des peloponnesischen Krieges. Dabei ist die Verschiedenheit und Mannigfaltigkeit der Stoffe so groß, daß man sich billigerweise über die Erfindungsgabe unseres Dichters wundern muß; nur selten hat er dasselbe Thema zweimal behandelt oder ein ähnliches gewählt.

16. Hinsichtlich der Stoffe ist der Komödiendichter, wie man sieht, in keiner so günstigen Lage, wie der Tragödiendichter; denn während dieser seine Themen aus der reichen Fülle des Mythos schöpfen kann, muß jener sie selbständig erfinden und gestalten. Aber gerade in der *Erfindung* und *Gestaltung* zeigt sich so recht das große Dichtergenie des Aristophanes; seine lebhafte Phantasie weiß auch anscheinend unfruchtbare Stoffe zu prächtigen Gemälden zu entwickeln. Doch ist die *Durchführung des Grundgedankens* in der Komödie nicht so straff, wie in der Tragödie; die Handlung ist hier meist einfach und durchsichtig, oft nichts weiter als eine Reihe lose miteinander verknüpfter Szenen, die denselben Gedanken nach verschiedenen Seiten hin ausführen. Auch macht sich der Dichter nicht gerade viel daraus, wenn einmal die Einheit der Zeit oder des Ortes nicht festgehalten oder die Wahrscheinlichkeit verletzt wird. Hauptsache ist die *Charakterisierung*, und darin ist Aristophanes Meister; mit ein paar Strichen weiß er

lebenskräftige Gestalten vor unsern Augen entstehen zu lassen. Seine Hauptpersonen sind nicht nur Individuen, sondern zugleich typische und symbolische Gestalten, welche die Idee des Dichters deutlich veranschaulichen. Daher läßt er diejenigen Eigenschaften und Eigentümlichkeiten, auf die es besonders ankommt, stark hervortreten und überträgt alles, was zu einem wirksamen Gesamtbilde nötig ist, selbst gegen die geschichtliche Wahrheit auf sie. So entstehen die grotesken und phantastischen Karikaturen, die uns bei ihm als Träger der Fehler und Torheiten jener Zeit entgegentreten. Und er verschmäht kein Mittel, sie dem Spott und Gelächter der Menge preiszugeben. Sein *Witz* ist unerschöpflich, außerordentlich frisch und keck, aber mitunter auch derb und selbst obszön, wie es im Charakter jener Zeit lag. Doch wird er durch den Ernst der *Absicht* gemildert, die sich dahinter verbirgt; der Dichter will seine Landsleute von ihren Fehlern heilen und edler und besser machen, aber in der der Komödie eigentümlichen Weise, nicht dadurch, daß er ihnen Moral predigt, sondern dadurch, daß er sie selbst die Moral aus dem heitern, scherzhaften Spiel ziehen läßt. Dabei steht er auf dem Boden der guten alten Zeit, der Zucht und Sitte der Marathonkämpfer. Was ihm von diesem Standpunkt aus als gefährlich und schädlich vorkommt, das greift er mit der furchtbaren Waffe seiner scharfen Satire an, ohne auf eigene Gefahr Rücksicht zu nehmen. Daß er bei aller Lauterkeit seiner Absicht dabei einseitig verfährt, ist selbstverständlich; denn er hat auch für das Gute und Notwendige der neuen Richtung kein Verständnis, sondern verfolgt es ebenso, wie das Schlechte. Sein *Verhältnis zu den beiden andern großen Komikern seiner Zeit* bestimmten die Alten so, daß sie ihm die Mitte zwischen *Kratinos* und *Eupolis* anwiesen; denn er verbinde die Herbheit und Bitterkeit des erstern mit der Anmut und Feinheit des letztern.

17. In der Handhabung der *Sprache* zeigt Aristophanes eine große Gewandtheit; es gibt keine Situation oder Stimmung, für die er nicht den richtigen sprachlichen Ausdruck zu finden wüßte, im Dialog sowohl, als in den Chorpartien. Dabei ist seine Sprache seinen Stoffen entsprechend reich und vielseitig; Reich und Arm, Hoch und Niedrig, Gelehrt und Ungelehrt bringt er auf die Bühne, ja sogar Lakoner, Böoter und Megarer, die ihre Dialekte sprechen. Daher fehlt es auch an gemeinen, derben, ja selbst obszönen Ausdrücken nicht; aber im ganzen ist die Sprache des Aristophanes gewählt und elegant, leicht und fließend, nicht ohne Anmut, mit wirksamen Figuren und Bildern versetzt und durch scherzhafte Parodien und Lachen erregende Komposita belebt. Sie macht den Eindruck der feineren athenischen Umgangssprache, und in der Tat gilt unser Dichter als der beste Vertreter des reinen Atticismus. Interessant ist die große Ähnlichkeit zwischen

seiner Sprache und der des *Euripides*, den er bitter verfolgte. Der Sprache steht die *Metrik* ebenbürtig zur Seite. Der Trimeter zeigt durch Zulassung von Auflösungen, selbst des Anapästes, die größte Freiheit und Beweglichkeit. Außerdem findet sich im Dialog der iambische katalektische Tetrameter, der den Namen Metrum Aristophaneum vel Hipponacteum führt, der trochäische Tetrameter, besonders bei lebhaftem Wortwechsel, und der katalektische anapästische Tetrameter, das sog. Metrum Aristophaneum. In den Chorgesängen verwendet er meistens Päone, Choriamben und Glykoneen; der choriambische Dimeter heißt Metrum Archilochium oder Aristophaneum. Der ausgelassene komische Tanz wird Kordax genannt. Die symmetrische Bildung findet sich bei Aristophanes nicht nur in Chorliedern, sondern auch im Dialog vielfach.

18. Aristophanes wird sehr bezeichnend der ungezogene Liebling der Chariten genannt. Diese haben, wie es in einem platonischen Epigramm heißt, die Seele des Dichters als ihr unvergängliches Heiligtum gefunden. Er ist nach den Alten der genialste und schwungvollste unter allen Komikern. Aber er ist sich auch seines Wertes und seiner Bedeutung wohl bewußt, wie mehr als eine Stelle seiner Dichtungen zeigt. Trotzdem muß er bald dem leichter verständlichen *Menander* weichen. Erst die Atticisten wandten sich ihm als dem Komiker *κατ' ἐξοχήν* wieder zu, um aus ihm reines und gutes Attisch zu lernen. Die Byzantiner beschränkten ihre Lektüre auf *Plutos*, *Wolken* und *Frösche*. Für die Grammatiker bildete er den Gegenstand eifriger Studien. Aristophanes von Byzanz verantaltete eine Ausgabe desselben, und Aristarch beschäftigte sich mit dem Text und der Erklärung. Auch der unermüdliche Didymos verfaßte einen Kommentar zu den Komödien des Aristophanes, während der Metriker Heliodor die lyrischen Partien metrisch analysierte. Reste der gelehrten Tätigkeit der Alten liegen in den *Scholien* vor.

35. Kapitel

Andere Dichter der alten Komödie

1. Außer den genannten gab es noch viele Dichter der alten Komödie. Der tüchtigste unter denselben scheint der Komiker *Platon aus Athen* gewesen zu sein, dessen Tätigkeit während des peloponnesischen Krieges begann und sich über das J. 390 v. Chr. hinaus erstreckte. Dieser brachte nicht nur eigene, sondern auch fremde Stücke auf die Bühne, wozu ihn wahrscheinlich seine Armut zwang. Man lobt an ihm die feurige Kraft des Angriffes und die Gewandtheit des Ausdrucks; daher

war er auch lange geschätzt und gelesen; ja, er wird geradezu als Haupt der mittleren Komödie bezeichnet. Wie weit der Vorwurf berechtigt ist, daß er mitunter die Motive anderer benutzt habe, läßt sich nicht beurteilen; man darf aber nicht vergessen, daß dergleichen Vorwürfe bei den griechischen Komikern etwas ganz Gewöhnliches waren.

Platon schrieb 28–30 Stücke, von denen aber einige angezweifelt wurden. Mehrere derselben sind *politischer Natur*, so der *Hyperbolos*, mit dem er um 420 den gleichnamigen Demagogen angriff, das auch dem *Kantharos* beigelegte *Bündnis* (*συμμαχία*), das seinen Namen von der Verbindung des Nikias, Alkibiades und Phäax zum Sturze des Hyperbolos erhielt, der *Peisandros*, der dem gleichnamigen Mitglied der Vierhundert zu Leibe ging, der gegen den gleichnamigen Demagogen gerichtete *Kleophon*, der an den Lenäen des J. 405 zugleich mit den *Fröschen* des *Aristophanes* und den *Musen* des *Phrynichos* aufgeführt und mit dem dritten Preis bedacht wurde, die *Gesandten* (*πρέσβεις*), welche die Bestechlichkeit und den Verrat des im J. 395 an den Perserkönig geschickten Epikrates und seiner Genossen zum Gegenstand hatten, und *Griechenland* oder die *Inseln* (*Ἑλλὰς ἢ νῆσοι*). Andere behandelten mehr *soziale Fragen*, wie die *Frauen bei der Heimkehr vom Opfer* (*αἱ ἀφ' ἱερῶν*), die *Feste* (*ἑορταί*), die *Metöken*, die *Siege* (*νῖκαι*), in denen er sich über die Kolossalfigur des Friedens in der gleichnamigen Komödie des *Aristophanes* lustig macht, und das *Kind* (*παιδάριον*). Mit *Literatur* beschäftigten sich vermutlich die angezweifelten *Lakoner oder Dichter*, die auch dem Aristophanes zugeschriebene *Garderobe* (*σκευαί*), die *Sophisten* und der *Dichter*. Sehr groß ist endlich die Zahl der *mythologischen* Titel, wie *Adonis*, *Dädalos*, *Europe*, *Laios*, *Meneleos* und *Xanthria oder Kerkopes*, die den Aufenthalt des Herakles bei Omphale behandelten. Besonders berühmt war der *Phaon*, der von Aphrodite eine Salbe bekommen hatte, die ihm die Liebe aller Frauen verschaffte. Auf uns sind nur Fragmente gekommen.

2. Unbedeutender ist *Kallias*, der Sohn des Lysimachos, aus Athen, der nach seinem Vater, der ein Binsenflechter war, auch *Schönion* genannt wurde. Er wird als Gegner des *Kratinos* bezeichnet, und seine Tätigkeit scheint in die Zeit des Beginns des peloponnesischen Krieges gefallen zu sein. Von ihm werden 6 Titel angeführt, darunter *Frösche* (*βάτραχοι*) und *Kyklopen*, von denen die letztern auch dem *Diokles* zugeschrieben werden. Besonders erwähnenswert ist seine *Buchstabentragödie* (*γραμματικὴ τραγῳδία*), eine Parodie auf die Tragödie. Darin traten die 24 Buchstaben des ionischen Alphabets auf; die Chorlieder aber bestanden aus einzelnen Silben, die aus je einem Konsonanten in Verbindung mit den Vokalen gebildet werden, z. B. *βα*, *βε*, *βη*, *βι*,

βου, βυ, βω, γα, γε, γη usw. Wenn wir hören, daß *Euripides* die Chorgesänge der *Medeia* oder gar diese ganze Tragödie der *Buchstabentragödie des Kallias* entnommen habe, so ist dies eine Umkehrung des wirklichen Verhältnisses; *Kallias* wird in seinem Stücke die *Medeia* des *Euripides* verspottet haben. Ja, sogar *Sophokles* soll im *Ödipus Tyrannos* den *Kallias* nachgeahmt haben, indem er sich den Apostroph am Ende des Trimeters gestattete. Übrigens haben neuere Gelehrte, wohl mit Unrecht, die *Buchstabentragödie* dem *Strattis* zugeschrieben.
3. Etwas jünger als Kallias ist der *Athener Strattis*, desen Tätigkeit nach den in den vorhandenen Fragmenten seiner Komödien erhaltenen Spuren in die J. 407–376 v. Chr. fällt. Man schreibt ihm 16 Stücke zu, zu denen noch 3 zweifelhafte kommen, darunter die *Guten* (*ἀγαθοί*), die auch dem *Pherekrates* beigelegt werden, und, was vielleicht nur ein Doppeltitel derselben Komödie ist, das *Verschwinden des Geldes* (*ἀργυρίου ἀφανισμός*). *Politische* Komödien scheint er nicht geschrieben zu haben. *Sozialer* Natur waren wohl die *Sommerfrischler* (*ψυχασταί*). Mit Vorliebe parodierte er euripideische Stücke, wie *Medeia* und *Phönissen*; auch sonst übt er literarische Kritik, z. B. an dem tragischen Schauspieler *Kallippides* und an dem Dichter *Kinesias* in den gleichnamigen Komödien, ebenso an *Agathon* in den *Makedoniern* oder *Pausanias*. Auch mythologische Stoffe fehlen nicht; so dichtete er eine *Atalante* oder *Atalantos*, einen *Troilos* und einen *Philoktetes*.
4. Zu derselben Zeit lebte *Theopompos aus Athen*, der Sohn des Theodektes oder Theodoros, nach andern des Tisamenos. Er schrieb 17–24 Komödien; Fragmente von 20 sind noch vorhanden. Sein *Friede* (*εἰρήνη*), der an *Aristophanes* erinnert, war *politischen* Inhalts; ebenso vielleicht der *Meder* (*Μῆδος*). Andere Stücke behandelten *soziale* Fragen, so die *Feier des Aphroditefestes* (*'Αφροδίσια*), die *Kriegerinnen* (*στρατιώτιδες*), die Ähnlichkeit mit den *Ekklesiazusen* des *Aristophanes* gehabt haben mögen, und der *Lebemann* (*ἡδυχάρης*), in dem eine Anspielung auf den Phädon des Platon enthalten war. Auch Personen seiner Zeit brachte er auf die Bühne, wie den berüchtigten Gaukler Pantaleon. Die mythologischen Stoffe sind sehr zahlreich, z. B. *Admetos*, *Althäa*, *Theseus*, *Odysseus*, *Penelope* und *Phineus*.

36. Kapitel

Die mittlere Komödie

1. Die im 35. Kapitel genannten Dichter bilden bereits den Übergang zur *mittleren Komödie*; ja, selbst von Aristophanes und andern Vertretern der alten Komödie weisen manche Stücke schon auf diese spätere Entwicklungsstufe hin. Und dies ist nicht auffallend, wenn man bedenkt, daß sich die Änderungen in Literatur und Kunst nicht unvermittelt und plötzlich vollziehen, sondern das Ergebnis einer stetigen Entwicklung und Weiterbildung sind. Die mittlere Komödie selbst ist sozusagen nur eine Übergangsform von der alten zur neuen. Sie umfaßt einen Zeitraum von etwa 80 Jahren, vom Ende des peloponnesischen Krieges bis zum Tode Alexanders des Großen (404–324 v. Chr.), und ebenso, wie die alte Komödie das Leben ihrer Zeit treu widerspiegelt, ist auch die mittlere ein wahrheitsgetreues Abbild der Zeit, in der sie blühte.

Mit dem Ende des peloponnesischen Krieges war die Macht Athens gebrochen, und wenn sich dieselbe in der nächsten Zeit auch wieder hob, so war doch der alte Glanz und die frühere Stellung für immer dahin. Trotzdem darf man nicht glauben, daß die Freude und Teilnahme der Athener an der Politik infolgedessen nachgelassen hätte, oder daß ihre Vorliebe für das öffentliche Leben dadurch erkaltet wäre; dies ließen schon die Redner, deren Blüte gerade in diese Zeit fällt, nicht zu. Aber gerade deshalb, weil die öffentlichen Angelegenheiten von den Rednern in den Volksversammlungen und Gerichtshöfen zur Genüge behandelt wurden, wollten sie dieselben nicht mehr in den Komödien in einer andern Behandlungsweise hören. Infolge dieser veränderten Geschmacksrichtung des Publikums verschwinden jetzt die *politischen Tragödien* von der Bühne, und wenn da und dort noch Angriffe auf Staatsmänner und Staatsangelegenheiten gemacht werden, so geschieht dies nur in versteckten Anspielungen und in harmloser Form; auch beziehen sich die meisten derselben nur auf das Privatleben, nicht auf die Politik der betreffenden Persönlichkeiten.

Statt der politischen Themata tritt in der mittleren Komödie die *Parodie* stark hervor, die schon in der alten Komödie gepflegt worden war. Dieselbe erstreckt sich nicht nur auf Tragödien, in erster Linie auf die des Euripides, sondern auch auf Epen. Daneben nehmen die *mythologischen Stoffe* einen sehr breiten Raum ein. Auch *Persönlichkeiten* der früheren Zeit sowie der Gegenwart bringt die mittlere Komödie auf die Bühne, besonders wenn sie ein literarisches Interesse haben, wie Archilochos, Sappho, Äsop, Platon, die Kyniker und Neupythagoreer, oder wenn sie sich zur Schilderung sozialer Zustände eignen, wie

Hetären und Parasiten. Ja, alle Stände und Berufsarten, alle Altersklassen und Geschlechter wurden in derselben nach ihren Charaktereigentümlichkeiten, Fehlern und Schwächen, zur Darstellung gebracht; natürlich verzichtete man dabei auch auf so dankbare Stoffe, wie es Geizige, Verleumder, Mißvergnügte und andere der Art sind, nicht. Schließlich wurde auch das *Familienleben*, besonders Liebesabenteuer und Entführungen, in den Kreis der mittleren Komödie gezogen. Man sieht also, wie sich die Zahl der Stoffe der Komödie immer mehr nach der Seite des bürgerlichen und privaten Lebens hin erweitert; die mittlere Komödie arbeitete dadurch den Charakter- und Intrigenstükken der neuen vor, ohne jedoch, wie diese, ganz im bürgerlichen Lustspiel aufzugehen; dazu war das politische und soziale Leben noch zu kräftig.

Schon rein äußerlich unterscheidet sich die mittlere Komödie von der alten, insofern sie den *Chor* weiter zurückgedrängt und auf das kleinste Maß beschränkt hat. Er hat jetzt nur noch die Aufgabe, die Pausen der Handlung auszufüllen, insoweit dies nicht schon die Musik tat; höchstens wechselte der Chorführer ab und zu einige Worte mit den handelnden Personen. Diese Änderung führt man gewöhnlich auf die Verarmung des athenischen Staates und der Bürgerschaft infolge des peloponnesischen Krieges zurück, und in der Tat hören wir, daß seit 406 zwei Bürger die Last der Choregie gemeinsam trugen. Allein der tiefere Grund für diese Erscheinung lag doch in der Natur der damaligen Komödie selbst. Schon bei der Betrachtung der alten Komödie haben wir gesehen, daß der Chor in demselben Grade zurücktrat, in dem die Entwicklung von der politischen zur bürgerlichen Komödie fortschritt. Dieselbe Wahrnehmung haben wir auch in der Tragödie gemacht. Das bürgerliche Drama weiß eben keinen Gebrauch von dem Chore zu machen, und daher läßt auch die neue Komödie denselben ganz fallen. Dieser Verminderung auf der einen Seite steht eine Erweiterung auf der andern gegenüber. Während bisher nur drei Dichter bei den öffentlichen Aufführungen miteinander um den Preis stritten, steigt jetzt die Zahl derselben auf fünf. Uns tritt diese neue Einrichtung zum ersten Mal im J. 388 entgegen, als der *zweite Plutos* des *Aristophanes* aufgeführt wurde.

Über *Plan und Anlage* der mittleren Komödie kann man nicht genau urteilen, da kein Stück aus dieser Zeit erhalten ist. Vermutlich hielt dieselbe auch in dieser Beziehung die Mitte zwischen der lockeren Aneinanderreihung der Szenen in der alten und der kunstvollen Anlage der neuen Komödie, doch so, daß sie der alten näherstand als der neuen. Der Inhalt war noch keine wahrheitsgetreue Darstellung des wirklichen Lebens, wie in der neuen Komödie, sondern immer noch mehr oder weniger eine Karikatur desselben, bei der das Groteske und Phantastische noch nicht völlig verschwunden war; aber die regelrechte Ausbildung der typischen Charaktere, die in der neuen Komödie vorkommen, hat bereits begonnen, so die des knickerigen Vaters, des leichtsinnigen Sohnes, des listigen Sklaven, der eleganten Buhlerin, des habsüchtigen Kupplers, des unbarmherzigen Wucherers, des unersättlichen Parasiten, des prahlerischen und diebischen Kochs und selbst des großsprecherischen Soldaten. Dazu kam für die mittlere Komödie noch die Rolle des betrügerischen Fischhändlers, der in jener Zeit bei der großen Liebhaberei der Athener für Fische eine hochwichtige Persönlichkeit war, während ihn die neue Komödie vollständig fallen ließ. Sprüche und Sentenzen finden sich in der mittleren Komödie häufiger als in der alten.

Dieselbe Änderung, wie der Inhalt, zeigt auch der *sprachliche Ausdruck* und die *Metrik*, nämlich im Vergleich mit der alten Komödie eine Annäherung an das wirkliche Leben. Die Sprache trägt in viel höherem Grade den Stempel der Umgangssprache der damaligen Zeit; nur in Parodien wird der Verspottung wegen ein höherer Ton angeschlagen. Satire und Witz sind sehr gemildert und maßvoll. Derbe und obszöne Ausdrücke duldet die feinere Bildung, die jetzt überall eingedrungen ist, ebensowenig, wie scharfe persönliche Angriffe. Dagegen tritt die Rhetorik, die dieser ganzen Zeit ihr charakteristisches Gepräge aufgedrückt hat, auch überall in der Komödie hervor; besonders ist man bestrebt, das Einfache und Gewöhnliche durch glänzenden Redeschmuck zu heben und Schilderungen, die neben Monologen die Glanzpunkte dieser Dramen bilden, bis ins Einzelnste genau und sorgfältig auszuführen. Überhaupt ist eine gewisse Fülle und Breite des Ausdrucks ein wesentliches Merkmal der Komödie dieser Zeit. Das gewöhnliche Metrum ist der leicht dahinfließende, bewegliche Trimeter; nur in Parodien zeigt er den Ernst und die Würde der Tragödie. Daneben findet sich der trochäische Tetrameter und anapästische Dimeter, besonders in Beschreibungen. Melische Formen kommen nur in Parodien vor.

Die mittlere Komödie zählt eine große Zahl *Dichter* und eine noch viel größere Zahl von *Dichtungen*. Die Alten nennen 57 Dichter und 617 Komödien; ja, ein alter Schriftsteller sagt, daß er über 800 Komödien aus dieser Zeit gelesen habe, während die alte Komödie alles in allem nur 365 Stücke aufweist. Daß bei einer so raschen, massenhaften Produktion die Sorgfalt in der Ausführung notlitt, ist selbstverständlich. Sehr bezeichnend ist es auch, daß sich aus dieser großen Zahl von Stücken nicht ein einziges erhalten hat; es rührt dies offenbar von ihrer Mittelstellung zwischen der alten und neuen Komödie her; sie hatten weder das historische Interesse und den poetischen Wert jener, noch den allgemein menschlichen Charakter dieser, und daher konnten sie die Leser nicht dauernd fesseln. Wir kennen Namen und Bruchstücke von 39 Dichtern; aus dieser Zahl treten aber nur *vier* deutlicher hervor; *zwei* davon, *Antiphanes* und *Alexis*, nahmen die Alexandriner in den Kanon auf.

2. *Antiphanes'* Vater hieß Stephanos, nach andern Demophanes, was jedoch weniger wahrscheinlich ist. Über seine Heimat läßt sich mit Sicherheit nur sagen, daß er kein geborener Athener war. Nach den einen stammt er aus Kios in Bithynien, wo er auch gestorben sein soll, nach andern aus Smyrna oder Rhodos oder Larissa in Thessalien. Auch die Nachricht, daß er ein Sklavenkind gewesen sei, verdient kaum Beachtung. Die Athener verliehen ihm nach der allerdings nicht über jeden Zweifel erhabenen Überlieferung auf Antrag des Demosthenes das Bürgerrecht und ehrten ihn auch sonst hoch; nach seinem Tode holten sie seine Gebeine von Kios nach Athen. Die Geburt des Antiphanes fällt in das J. 408 v. Chr., und da er 74 Jahre alt wurde, so starb er im J. 334. Damit stimmt allerdings die Stelle seiner *Parekdidomene* nicht überein, die von dem *König* Seleukos spricht; denn dieser nahm den Königstitel erst im J. 306 an. Ob man aber aufgrund dieser Stelle die Angabe seines Lebensalters für falsch halten und 104 Jahre statt 74 schreiben darf, so daß er erst im J. 304 gestorben wäre, erscheint zweifelhaft, da dieselbe auch ein Zusatz aus späterer Zeit sein kann.

Nach der Überlieferung schrieb Antiphanes 206, nach andern sogar 280 oder 365 Stücke, erlangte aber nur 13 Mal den ersten Preis. Einige von diesen Komödien brachte sein Sohn *Stephanos*, der ebenfalls Komiker war, auf die Bühne. Aber selbst wenn unter seinen Stücken manche in doppelter Bearbeitung vorhanden waren, ist die Zahl derselben doch noch so groß, daß sie kaum alle für die attische Bühne geschrieben sein konnten; viele werden für andere Städte bestimmt gewesen sein. Ja, es scheint sogar, als ob er ähnlich, wie sein Zeitgenosse, der Tragiker *Chäremon*, auch Stücke zum Lesen geschrieben habe.

Der Inhalt der Stücke des Antiphanes ersteeckt sich über den ganzen Kreis der Stoffe, die wir oben als der mittleren Komödie eigentümlich kennenlernten; jedoch muß man sich hüten, alle Eigennamen, die als Titel von Komödien vorkommen, auf historische Persönlichkeiten zu beziehen; viele sind wohl willkürlich vom Dichter erfunden. Daher läßt sich auch nicht entscheiden, ob der *Timon* den bekannten Menschenfeind dieses Namens zum Gegenstand hatte. Bemerkenswert ist die Komödie *Poesie* (*ποίησις*), in der Antiphanes über die Dichtkunst handelte. In einem Bruchstück beklagt er sich über die Schwierigkeiten, mit denen der komische Dichter, der seine Stoffe selbständig erfinden müsse, zu kämpfen habe, während der Tragiker die allgemein bekannten Mythen benutzen könne. Von den Stücken des Antiphanes kennen wir noch gegen 150 dem Titel nach; auch ist eine stattliche Anzahl von Fragmenten erhalten. Der Stil ist leicht und elegant, nicht ohne eine gewisse Breite; die Verse glatt und fließend; auch nehmen Sentenzen und Sprüche noch keinen zu großen Raum ein. Bei dem Publikum war Antiphanes sehr beliebt. Demetrios von Phaleron schrieb über ihn. Dagegen scheinen die Römer keines seiner Lustspiele nachgebildet zu haben.

3. Etwas jünger ist *Alexis* aus Thurii in Unteritalien. Von hier siedelten seine Eltern, vielleicht infolge der Eroberung der Stadt durch die Lukaner im J. 390, nach Athen über und erhielten wahrscheinlich im Demos Oion das Bürgerrecht. Nach der Überlieferung wurde er 105–106 Jahre alt. Ist dieses richtig und sind die Verse des *Untergeschobenen* (*ὑποβολιμαῖος*), in denen er nach der allgemeinen Annahme den König Ptolemäos Philadelphos und dessen Schwester Arsinoe erwähnt, wirklich von ihm, so kann man seine Lebenszeit in die J. 385–279 v. Chr. setzen; ja, man muß diese noch etwas weiter herabrücken, wenn man in denselben mit manchen Gelehrten eine Anspielung auf die eheliche Verbindung zwischen den beiden, die in die Jahre 276–271 fällt, sieht. Allerdings ist es auch möglich, daß diese Verse erst von späterer Hand hinzugefügt wurden, und daß Alexis etwas früher lebte. Er war der Oheim des Menander, des gefeierten Dichters der neuen Komödie, und soll sieggekrönt auf der Bühne gestorben sein.

Man kannte 245 Stücke von ihm. Diese zeigen dieselbe Mannigfaltigkeit und denselben Reichtum der Erfindung wie die Komödien des *Antiphanes*; nur scheint in ihnen das *politische* Element stärker hervorgetreten zu sein, wenn auch der Spott durchweg harmlos und unschuldig ist. Da er ein Feind jeder Übertreibung und stark aufgetragener Karikatur, ein Freund des rechten Maßes und guten Geschmackes ist, so nähern sich seine Stücke mehr denen der neueren Komödie; ja, eine nicht unbedeutende Zahl läßt sich geradezu dazu rechnen. Eine besondere Vorliebe verrät der Dichter für Frauenrollen, sowie für die Schilderung der Genüsse des Lebens, denen er selbst sehr zugetan war. Die Einführung der *Parasiten* galt für seine Erfindung; wahrscheinlich nahm er diese Rolle aus der Komödie des *Epicharmos*. Uns sind noch Titel und Fragmente von etwa 135 Stücken enthalten. Man ersieht daraus, daß sein Witz gut, seine Sprache edel und gewählt, wenn auch etwas ungleich, und seine Sentenzen und Sprüche fein und treffend sind. Seine Komödien waren sehr geschätzt und fanden auch den Beifall der Römer, die manche davon für ihre Bühne bearbeiteten.

4. Diesen beiden Dichtern steht *Anaxandrides*, der Sohn des Anaxandros aus Kameiros auf Rhodos, an Bedeutung ziemlich nahe. Nach einer andern, weniger glaublichen Nachricht war er aus Kolophon. Er wird als ein schöner, großer Mann mit langem Haar geschildert, der ein purpurnes, mit goldenen Franzen besetzes Gewand trug. Komödien, mit denen er durchgefallen war, soll er nicht überarbeitet, sondern als Makulatur verkauft haben. Sein erster Sieg in Athen, von dem wir Kenntnis haben, fällt in das J. 383/82, sein letzter in das J. 350/49; außerdem hören wir von seinem Siege, den er im J. 376 in Athen davongetragen habe, ohne jedoch entscheiden zu können, ob er diesen mit einer Komödie oder einem Dithyrambos errang; denn er war auch als *Dithyrambendichter* tätig. Im J. 348 nahm er an den dramatischen Aufführungen teil, die Philipp von Makedonien nach der Eroberung Olynths veranstaltete.
Die Zahl der Komödien des Anaxandrides wird auf 65 angegeben, und zehnmal soll er den ersten Preis gewonnen haben; wir kennen noch 36 Stücke. Nach der Überlieferung war er der erste, der Liebesabenteuer und Verführungsgeschichten auf die Bühne brachte; nach einer andern Mitteilung jedoch war ihm darin schon *Aristophanes* im *Kokalos* vorangegangen. Daß die Stücke des Anaxandrides nach Inhalt und Form bedeutend waren, zeigt die anerkennende Erwähnung, die ihm Aristoteles wiederholt zuteil werden läßt. Dieselben waren auch mit einer Reihe schöner Sentenzen gewürzt. Unter den Fragmenten ist die ironische Schilderung zu nennen, die er in dem *Protesilaos* von den großartigen Vorbereitungen zu der Hochzeitsfeier des athenischen Feldherrn Iphikrates mit der Tochter des Thrakerkönigs Kotys gibt. Ein Bruchstück der *Städte* (*πόλεις*) weist auf die Verschiedenheit der Sitten und Gebräuche bei verschiedenen Völkern hin. Ob die *Captivi des Plautus* nach einem Stücke des Anaxandrides gedichtet sind, wie man vermutet hat, muß dahingestellt bleiben.
5. Die bisher genannten Dichter der mittleren Komödie sind Nicht-Athener; aus Athen dagegen stammt *Eubulos*, der Sohn des Euphranor aus dem Demos Kettoi. Dieser scheint im J. 367 zum ersten Mal aufgetreten zu sein, war aber auch noch Zeitgenosse des Demosthenes und Hypereides. Man hatte von ihm 104 Stücke; Titel und Fragmente von 54 sind auf uns gekommen. Die meisten behandeln mythologische Stoffe; andere sind parodisch, und gerade in der Parodie, besonders in der des Euripides, nimmt Eubulos eine hervorragende Stelle ein. Bemerkenswert ist sein Lustspiel *Dionysios*, in dem er den älteren Tyrannen dieses Namens verspottet, und die wiederholten Angriffe, die er auf die Böoter macht. Stil und Versmaß sind gleich lobenswert; außerdem ist in seinen Stücken eine Fülle praktischer Lebensweisheit niedergelegt.

37. Kapitel

Die parodische Dichtung

1. Die *Parodie* hat den Zweck, Lachen zu erregen. Dies erreicht sie dadurch, daß sie Inhalt und Form in scharfen Gegensatz zueinander setzt, indem sie entweder das Erhabene und Ideale in niedrige und gewöhnliche Form kleidet, oder das Alltägliche und Gemeine in hohem, feierlichem Stile vorträgt. Sie findet sich schon frühzeitig in der griechischen Literatur, in der *epischen* Poesie im *Margites*, in der *iambischen* Poesie besonders bei *Hipponax*, ferner bei *Xenophanes* und endlich stark vertreten in der *Komödie.* Die *Batrachomyomachia* und vewandte Gedichte, die ebenfalls dieser Art von Poesie angehören, stammen vermutlich erst aus alexandrinischer Zeit. In allen diesen Fällen stand die Parodie im Dienste anderer Zwecke, sei es nun der persönlichen Satire oder der literarischen Kritik oder der Moral und Sittlichkeit. Als Selbstzweck tritt sie erst zu der Zeit auf, wo infolge der sophistischen Aufklärung und Freigeisterei der frivolen Spottlust nichts mehr heilig war, weder die Religon der Väter und die überlieferten Sagen, noch die altehrwürdigen Denkmäler der Literatur. Das Volk hörte solche Parodien sehr gern; daher traten die Verfasser derselben ähnlich wie die Rhapsoden bei festlichen Anlässen öffentlich auf, in Athen wahrscheinlich an den Panathenäen, und trugen ihre Gedichte vor. Diese schlossen sich regelmäßig an die homerischen Epen an, und daher kam es, daß die Parodien, obgleich sie selbst keinen höheren Wert hatten, nicht wenig zur Zurückdrängung des Epos beitrugen, indem sie dem Publikum den Geschmack daran und das Verständnis dafür verdarben.

2. Der erste, der diese Art von Parodien dichtete, war *Hegemon von Thasos*, jener Insel, auf welcher der Überlieferung nach die homerischen Gedichte besonders zu Hause waren. Er führte den Beinamen φακῆ (Linse). Von seiner Heimat begab er sich nach Athen, wo er die Gunst des Alkibiades zu gewinnen wußte, der ihn auch gegen eine Anklage einfach dadurch geschützt haben soll, daß er dieselbe mit seinem naßen Finger auslöschte. Wie sehr er beim Volke beliebt war, geht aus folgender Anekdote hervor. Im J. 413, als er gerade im Theater unter der größten Heiterkeit der Athener seine *Gigantomachie* mit großem Geschick und ganz nach Art eines Schauspielers vortrug, verbreitete sich plötzlich unter den Zuhörern die Nachricht von dem Unglück in Sizilien; trotzdem entfernte sich keiner, bis die Vorlesung beendet war. Außer der Gigantomachie wird noch eine Parodie *Gastmahl* (δεῖπνον) und eine Komödie *Philinna* von ihm erwähnt. Hegemon muß aber auch ein Improvisator gewesen sein; denn wir hören,

daß er jedesmal, wenn ihm nicht gleich ein passender Versschluß einfiel, den Flickvers benutzte: *καὶ τὸ Πέρδικος σκέλος* (und der Schenkel des Perdix).

3. Dem Beispiel des Hegemon folgte zur Zeit des Königs Philippos von Makedonien *Euböos von Paros*, der Heimat der iambischen Poesie. Von ihm waren 4 Bücher *Parodien* vorhanden. Er soll selbst die Athener verspottet haben.

4. Der Zeit Alexanders des Großen gehört *Matron* oder *Matreas von Pitane* an. Von ihm haben wir die Beschreibung eines *attischen Gastmahls*, an dem er selbst teilgenommen hat. Seine Parodien erinnern an die *Centones*, d. h. an diejenigen Gedichte, die vollständig aus fremden Versstücken zusammengesetzt sind. Als der Erfinder solcher Centones aus homerischen Versen galt *Demetrios von Phaleron*.

5. Die *Gastmähler* (Deipna) spielen überhaupt in dieser Dichtgattung eine große Rolle; denn gerade in diesen launigen und ironischen Schilderungen ließ sich die Parodie sehr wirksam verwenden. Das älteste derartige Gedicht geht unter dem Namen des *Philoxenos*, der aber kaum der berühmte Dithyrambiker von Kythera, sondern wahrscheinlich dessen Namensvetter aus Leukas ist, der um 395 v. Chr. gelebt haben mag. Es war in Hexametern abgefaßt, und noch jetzt liegen ansehnliche Bruchstücke desselben vor, die guten Humor und eine bald gewöhnliche, bald gezierte Sprache zeigen. Es wurde mit großem Beifall aufgenommen und erhielt sich lange in der Gunst des Publikums; selbst abgesagte Feinde der Lektüre und des Studiums lasen nach dem Zeugnis des Aristoteles dasselbe.

6. Den größten Ruhm auf diesem Gebiete erlangte *Archestratos von Gela*, ein Schüler des Terpsion, der nicht lange vor Aristoteles lebte. Sein in Hexametern abgefaßtes Gedicht, von dem zahlreiche Bruchstücke vorhanden sind, führte den Titel *Hedypatheia* (Wohlleben), wird aber auch unter den Titeln Gastronomia, Deipnologia und Opsopöia zitiert. *Ennius* übertrug dasselbe unter dem Titel *Heduphagetica* ins Lateinische. Es war den Freunden des Dichters Moschos und Kleandros gewidmet und in die Form einer gastronomischen Reise um die Welt gekleidet. Dabei setzt Archestratos ganz nach Art der Verfasser von Reisebeschreibungen genau auseinander, durch welche leckere Speisen und gute Getränke die einzelnen Orte ausgezeichnet sind. So gibt er eine Übersicht über die gesamte damalige Kochkunst und über alle Genüsse, die dieselbe dem Gaumen und Magen bereitete. Infolgedessen war er der erklärte Liebling aller Feinschmecker und Lebemenschen, und es kann nicht Wunder nehmen, wenn er als Vorläufer des Epikur, ja sogar als eigentliche Heimat der epikureischen Philosophie bezeichnet wird, obgleich sein Geschmack einfach und maßvoll ist und

von der unnatürlichen Künstelei der Sizilier und Italer nichts wissen will. Ja, er gilt geradezu als das goldene Buch des guten Geschmacks (χρυσᾶ ἔπη). Die Sprache zeigt den Charakter der Umgangssprache, ist mit vielen Parodien aus Homer und den Gnomikern versetzt und ergötzt außerdem durch manche komische Wortbildungen.

V. Abschnitt
Die Prosa

38. Kapitel
Anfänge der Geschichtschreibung. Logographen

1. Die Poesie stand schon in hoher Blüte, als die *Prosa* in die Literatur eintrat. Die Gründe für diese Erscheinung liegen teils im Wesen dieser beiden Arten der literarischen Darstellung selbst, teils in äußern Umständen. Die Poesie beschäftigt vornehmlich die Phantasie, die Prosa den Verstand des Menschen; nun betätigt sich jene aber früher beim Menschen als dieser, und gerade bei den Griechen dauerte die Freude an den Phantasiegebilden der Poesie sehr lange. Außerdem schmeichelt sich der Wohllaut des poetischen Wortes und der Rhythmus der poetischen Form von selbst in das Ohr ein und bleibt leicht im Gedächtnis des Menschen haften, während die prosaische Darstellung der Hilfe der Schrift und des lesenden Publikums kaum entbehren kann, zweier Faktoren, die sich in Griechenland verhältnismäßig erst spät finden.

2. Allerdings läßt es sich nicht leugnen, daß die *Schrift* schon frühzeitig von den Phöniciern aus Asien nach Griechenland gebracht wurde; allein der Gebrauch, den man hier anfangs von derselben machte, war ein sehr beschränkter. Es waren Privataufzeichnungen wichtiger Dinge, Inschriften und Aufschriften, ferner Listen und Verzeichnisse (ἀναγραφαί), wie die der spartanischen Könige und Geronten, der athenischen Archonten, der Priesterinnen der argivischen Hera, der Sieger in den öffentlichen Spielen, besonders in Olympia, die für Chronologie und Geschichte außerordentlich wertvoll sind. Dazu kommen öffentliche Urkunden und Verträge einzelner Staaten miteinander, wie z. B. der Gottesfrieden (ἐκεχειρία), den der spartanische Gesetzgeber *Lykurgos* mit *Iphitos* von Elis am Anfang der Olympiaden vereinbarte; ferner Gesetze, unter denen die des *Zaleukos* aus dem epizephyrischen Lokri

in Unteritalien um 662 v. Chr. die ältesten sind; aber das Vorwort zu denselben, das erhalten ist, ist eine Fälschung aus späterer Zeit. Etwas später, um 650 v. Chr., schrieb *Charondas* in Katana auf Sizilien seine Gesetze, und im J. 621 v. Chr. der Athener *Drakon*, dem bald darauf, im J. 594 v. Chr., *Solon* folgte. Die Gesetze des letzteren hießen *ἄξονες* oder *κύρβεις*, weil sie auf viereckigen Holztafeln eingegraben waren; sie waren *βουστροφηδόν* geschrieben, d. h. so, daß die erste Zeile von rechts nach links, die zweite von links nach rechts, die dritte wieder von rechts nach links usw. ging. Erhalten sind noch die Gesetzestafeln von *Herakleia* und das erst neuerdings aufgefundene Recht von *Gortyn* auf Kreta.

3. Ein Haupthindernis für die allgemeine Verbreitung und den häufigeren Gebrauch der Schrift lag in dem *Material*, das man in der ältesten Zeit zum Schreiben benutzte. Dieses bestand, abgesehen von Holz, Stein und Metall, in gegerbten Schaf- und Ziegenfellen (*διφθέραι*), deren Beschaffung sehr kostspielig war, und dieser Umstand machte sich immer fühlbarer, je mehr sich infolge der zunehmenden Bildung das Bedürfnis zum Schreiben regte. Diesem Übelstand half Ägypten ab, das von dem König Psammetich (663–610) dem Handel erschlossen wurde; denn hier wuchs in großer Menge die Papyrusstaude (*βύβλος*), die ein billigeres und bequemeres Schreibmaterial abgab. Griechenland, das für die Wissenschaften reif war, bemächtigte sich sofort desselben, und nun begann die Prosa in raschem Wachstum sich aufs schönste zu entwickeln. Bemerkenswert ist es, daß auch jetzt wieder das geistig geweckte, strebsame Ionien der Boden ist, dem die neue Literaturgattung entsprießt. Daher bedient sich die Prosa auch anfangs des ionischen Dialekts, an dessen Stelle später der attische tritt; andere Dialekte, wie der dorische, kommen nur ausnahmsweise zur Verwendung.

4. Als die ältesten Prosaschriftsteller werden Kadmos von Milet und Pherekydes von der Insel Syros genannt, von denen jener an der Spitze der Geschichtschreibung, dieser der Philosophie steht. Von diesen beiden Disziplinen kam die *Geschichtschreibung* zuerst zur vollen Entwicklung. Den Kadmos und seine Nachfolger faßt man jetzt allgemein unter dem Namen *Logographen* zusammen, obwohl derselbe nicht ganz zutreffend ist, da die Griechen darunter entweder überhaupt Prosaschriftsteller, oder speziell solche verstanden, welche für andere Gerichtsreden schrieben. Die Logographen zeigten nach Inhalt und Form eine große Ähnlichkeit untereinander. Sie verfolgten alle den Zweck, die Sagen und Geschichten, die sich bei Griechen oder Barbaren entweder mündlich fortgepflanzt hatten, oder in öffentlichen oder privaten Aufzeichnungen niedergelegt waren, zu sammeln und zu veröffent-

lichen. Ihre Stoffe waren daher teils Genealogien vornehmer Familien, teils Gründungsgeschichten von Städten, Kolonien oder Tempeln, auch Schilderungen von Gebräuchen und Einrichtungen einzelner Völkerschaften und Reisebeschreibungen. Dabei verfuhren sie in der Weise, daß sie ihren Stoff immer nach Städten und Völkern gesondert darstellten, ohne ihn unter einem einheitlichen Gesichtspunkt zu einem größeren Ganzen zu gruppieren. Ihr Ausdruck war korrekt und verständlich, dem Gegenstande angemessen, aber ohne künstlerische Durchbildung. Trotzdem fehlte es ihnen nicht an einer gewissen Anmut, infolge deren sie sich ziemlich lange in Gunst erhielten. Man teilt sie in zwei Gruppen, in die *älteren und jüngeren Logographen.*

5. *Kadmos von Milet*, der, wie gesagt, an der Spitze der älteren Logographen steht, lebte um 550 v. Chr. Man erwähnt von ihm eine *Gründung Milets und ganz Ioniens* in 4 Büchern. Aus dieser soll ein jüngerer Zeitgenosse desselben, *Bion aus Prokonnesos*, einen kürzeren Auszug in 2 Büchern gefertigt haben. Zur Zeit des Augustus war unter Kadmos' Namen eine *Geschichte* in Umlauf, die für unecht galt. Auch finden sich Verwechslungen zwischen ihm und dem *Phönizier Kadmos*, der die Buchstaben nach Griechenland brachte. Deshalb darf man aber die Existenz des Kadmos nicht anzweifeln, wie es öfter geschieht.

6. Jünger als Kadmos ist *Akusilaos*, der Sohn des Kabas aus Kerkas bei Aulis in Böotien. Er heißt gewöhnlich Argiver, sei es daß sein Heimatland auch Argos hieß, oder daß sein Vater, bzw. er nach Argos im Peloponnes auswanderte. Man erzählte, sein Vater habe bei dem Bau seines Hauses in der Erde eherne Tafeln gefunden, und aus diesen habe der Sohn seine Kenntnis der Vorzeit geschöpft. Sein Werk, *γενεαλογίαι* und *ἱστορίαι* genannt, umfaßte in wenigstens 3 Büchern die ganze Geschichte von der Entwicklung des Chaos an bis über den trojanischen Krieg hinaus. Die Art der Darstellung erkennt man am besten daraus, daß man sagte, Akusilaos habe die hesiodischen Gedichte in Prosa aufgelöst, obgleich es auch nicht an Ergänzungen und Berichtigungen derselben gefehlt haben soll. Das Werk unseres Geschichtschreibers war noch zur Zeit des Hadrian vorhanden, in der *Sabinos* einen Kommentar zu demselben verfaßte, vorausgesetzt daß dasselbe keine Fälschung war, wofür es manche hielten. Keinesfalls liegt ein Grund vor, an der Existenz des Akusilaos zu zweifeln.

7. Um dieselbe Zeit oder etwas später lebte *Eugeon* oder *Eugäon* von Samos, der *samische Annalen* (*ὧροι Σαμιακοί*) verfaßte, und *Dionysios von Milet*, der eine *persische Geschichte* (*Περσικά*) in 5 Büchern schrieb. Hierher gehört auch *Charon von Lampsakos*, der Sohn des Pythokles, der um 480 v. Chr. lebte und *Annalen von Lampsakos* in 4 Büchern und die *Perserkriege* in 2 Büchern schrieb. Außerdem soll er noch viele

Werke, wie *äthiopische Geschichten*, *libysche Geschichten* usw. verfaßt haben.

8. Der bedeutendste unter den älteren Logographen ist *Hekatäos*, der Sohn des Hegesander aus Milet. Er stammte aus einer reichen, vornehmen Familie und erwarb sich auf großen Reisen Welt- und Menschenkenntnis. Auch in der Politik seines Landes tat er sich hervor. In der Versammlung, die Aristagoras vor dem ionischen Aufstand veranstaltete, riet er im Hinblick auf die große Macht und die reichen Hilfsmittel der Perser, die er aus eigener Anschauung kannte, von dem Unternehmen ab. Als man aber auf seine Warnung nicht hörte, drang er darauf, daß man den Krieg wenigstens zur See führe und alle zu Gebot stehenden Mittel, selbst die Schätze im Heiligtum der Branchiden, die ja doch in die Hände der Feinde fallen würden, auf denselben verwende. Doch auch dieses Mal blieb sein guter Rat unbeachtet, und ebenso erging es ihm das dritte Mal, als er seinen Landsleuten, die bei ihrer Unternehmung Unglück hatten, vorschlug, sich auf die Insel Leros zurückzuziehen und von hier aus den Krieg fortzusetzen. Im J. 494 v. Chr. wurde er als Gesandter der Ionier zu dem persischen Statthalter Artaphernes geschickt und wußte bei diesem durchzusetzen, daß er den Ioniern gegen eine bestimmte Abgabe ihre Selbständigkeit zurückgab.

Hekatäos schrieb 4 Bücher *γενεαλογίαι*, in denen er die älteste, sagenhafte Geschichte der Griechen behandelte. Wenn dieses Werk wirklich von ihm ist, woran man vielfach zweifelt, so zeigt es, daß er die alten Sagen nicht mehr gläubig hinnahm, sondern sich bereits mit rationalistischer Deutung und den Ideen der Aufklärung an dieselben machte. Dies geht schon aus der Vorrede hervor, wo er sagt, daß er so schreibe, wie es ihm wahr zu sein scheine; denn unter den hellenischen Erzählungen gebe es nach seiner Ansicht viele lächerliche. Aber auch auf die Gegenwart wandte Hekatäos seinen Blick. Die Ergebnisse seiner Reisen und seiner geographischen Erkundigungen legte er in seiner *γῆς περίοδος* oder *περιήγησις* nieder. Diese behandelte in 2 Büchern Europa und Asien, besonders auch Ägypten und Libyen, zunächst vom geographischen Standpunkt aus, doch so, daß dabei auch die Geschichte berücksichtigt wurde. Zur Erläuterung war eine Landkarte beigegeben, welche die anaximandrische in vielen Stücken vervollständigte und verbesserte. Der zweite Teil des Werkes, der Asien behandelte, wurde in der Form, wie er den Alexandrinern vorlag, angezweifelt. Die Fragmente zeigen eine große Ähnlichkeit mit Herodot, und daraus wollten einige Gelehrte den Schluß ziehen, daß Herodot den Hekatäos, den er einige Mal erwähnt, in seiner Geschichte ausgiebig benutzt habe. Dabei vergessen sie, daß diese Übereinstimmung an gewissen Stellen auch daher kommen kann, daß beiden auf ihren Reisen bei ihren Erkundigungen an Ort und Stelle dieselben Mitteilungen gemacht worden sind, ganz abgesehen davon, daß diese Fragmente Fälschungen aus Herodot sein können. Der Stil des Hekatäos war rein und verständlich, fast frei von poetischen Ausdrücken und an manchen Stellen nicht ohne Anmut. Plötzliche Übergänge von der indirekten in die direkte Rede sollen darin nicht selten gewesen sein. Auch später wurde Hekatäos als Geschichtschreiber noch geschätzt.

9. Unter den *jüngeren Logographen* ist zunächst der *Lyder Xanthos* zu nennen, der ein Sohn des Kandaules aus Sardes gewesen sein soll. Er lebte unter der Regierung Artaxerxes I. (465–425) und schrieb 4 Bücher *lydischer Geschichten* (*Λυδιακά*). Darin begnügte er sich nicht damit, den Inhalt der Staatschronik kurz mitzuteilen, sondern er nahm auch andere Geschichten und Erzählungen, wie sie im Volk umliefen, mit auf. Das Ende bildete vermutlich die Eroberung von Sardes durch Kyros; wenigstens scheint daher die irrtümliche Angabe der Überlieferung zu rühren, daß Xanthos zur Zeit der Eroberung von Sardes gelebt habe. Der Geschichtschreiber *Ephoros* behauptet, daß *Herodot* das Werk des Lyders benutzt habe; allein eine Vergleichung der Fragmente mit der Darstellung bei Herodot widerspricht dieser schon an sich unwahrscheinlichen Angabe. Dagegen ist es unzweifelhaft, daß Spätere den Xanthos vielfach ausschrieben, so besonders *Nikolaos von Damaskos* zur Zeit des Augustus. Ein gewisser *Menippos* veranstaltete einen Auszug aus demselben. Außerdem war, wie es scheint, in späterer Zeit eine Fälschung unter dem Namen des Xanthos in Umlauf, die man dem *Dionysios Skytobrachion von Mytilene* zuschrieb.

10. Um dieselbe Zeit, nach andern zur Zeit der Perserkriege, lebte *Hippys aus Rhegium* in Unteritalien. Er war der erste, der eine *Geschichte Italiens* (*κτίσις Ἰταλίας*) und eine *Geschichte Siziliens* (*Σικελικά*) in 5 Büchern schrieb; von der letztern fertigte später ein gewisser *Myes* einen Auszug. Außerdem werden ihm 3 Bücher *Argolischer Geschichten*, jedenfalls irrtümlich, zugeschrieben. Uns sind nur wenige Fragmente erhalten.

11. Bekannter ist der Historiker *Pherekydes* von der Insel *Leros*, den man mit dem Philosophen Pherekydes von Syros nicht verwechseln darf. Er wird auch oft Athener genannt, da er den größten Teil seines Lebens in dieser Stadt zubrachte. Seine Blüte setzte man in d. J. 454/453 und schrieb ihm ein Alter von 85 Jahren zu. Sein Werk wird *γενεαλογίαι*, *ἱστορίαι*, *θεογονία*, *θεολογία* und *αὐτόχθονες* genannt und bestand aus 10 Büchern. Das 1. Buch behandelte die Theogonie und den Gigantenkampf, das 2. sprach von Prometheus, das 3. von Herakles, das 4. enthielt die argivischen und kretischen Sagen, das 6.–8. die

äolischen und den Argonautenzug, das 9. und 10. die arkadischen, lakonischen und attischen Sagen. Öfters berichtete er die Sagen nicht einfach so, wie er sie vorfand, sondern übte Kritik an denselben; ja, er scheute sich nicht, selbst Namen und Genealogien zu erfinden. Trotzdem galt er für den ersten Genealogiker und wurde von den Spätern vielfach benutzt. Auf uns sind nur Fragmente gekommen.

12. Der berühmteste unter den jüngern Logographen ist *Hellanikos aus Mytilene* auf Lesbos. Sein Vater wird bald Andromenes, bald Aristomenes, bald Skamon genannt. Er machte große Reisen und hielt sich, wie erzählt wird, zugleich mit Herodot eine Zeitlang bei Amyntas von Makedonien auf. Die Schlacht bei den Arginusen im J. 406 erlebte er noch; im ganzen soll er, wie Pherekydes von Leros, 85 Jahre alt geworden sein. Er starb in Perperene gegenüber von Lesbos.

Als Schriftsteller war Hellanikos äußerst fruchtbar; er beschäftigte sich mit *Genealogie*, *Geschichte*, *Chronologie* und *Geographie.* Seine *Deukalioneia* behandelte in 2 Büchern Thessalien, seine *Asopis* Böotien, seine *Atthis* in 4 Büchern Attika und seine *Phoronis* in 2 Büchern Argolis; außerdem verfaßte er *Arkadika*, *Äolika* oder *Lesbika* und eine *Atlantis* oder *Atlantias* in 2 Büchern; über den Inhalt der letzteren läßt sich nichts Sicheres sagen. Die Nachrichten, daß er auch über Lydien, Kypern, das Skythenland, Ägypten und Phönikien geschrieben habe, verdienen keinen Glauben; auch die Echtheit der *Sitten der Barbaren* (*νόμιμα βαρβαρικά*) und der *Reise zum Orakel des Ammon* (*ἡ εἰς Ἄμμωνος ἀνάβασις*) wurde mit Recht angezweifelt. Die *Ägyptiaka* werden für einen Teil der *Sitten der Barbaren* gehalten und einem jüngern *Hellanikos Ägyptios* von Neueren zugewiesen. Die 2 Bücher *Troika* und die 2 Bücher *Persika* hatten, wie es scheint, den trojanischen Krieg und die Perserkriege zum Mittelpunkt. Schließlich ist noch das *Verzeichnis der Sieger am Karneenfeste* (*καρνεονῖκαι*), sowie der in Prosa und Poesie abgefaßte *Katalog der Herapriesterinnen* in *Argos* in 3 Büchern (*ἱέρειαι*) zu erwähnen; allerdings wurde von einigen Gelehrten auch die Echtheit dieser in Zweifel gezogen, aber wohl mit Unrecht.

In diesen Schriften behandelte Hellanikos nicht nur die Mythen und Sagen der früheren Zeit, sondern ging auch auf Geographie, Koloniegründungen und Geschichte ein. So erzählte er z.B. in der *Atthis* die athenische Geschichte bis auf die Zeiten des peloponnesischen Krieges herab, jedoch nicht zur Zufriedenheit des *Thukydides*, welcher der Darstellung des Logographen allzugroße Kürze und Ungenauigkeit vorwirft. Wie Pherekydes von Leros, so übte auch er Kritik an den Sagen, ergänzte auf eigene Faust Lücken der Überlieferung und suchte Beziehungen und Zusammenhang unter Personen und Begebenheiten herzustellen. Da seine Werke eine der wichtigsten Fundgruben für die

Vergangenheit waren, so wurde er viel genannt, oft in lobender, oft in tadelnder Weise. Wir besitzen nur eine größere Zahl von Fragmenten, die nach Inhalt und Form ganz den Charakter der Logographie zeigen.
13. Hier verdient auch der Sohn des Hellanikos, *Skamon*, kurze Erwähnung, der *lesbische Geschichten* verfaßte und der erste war, der über *Erfindungen* (*περὶ εὑρημάτων*) schrieb.
14. Ein Schüler des Hellanikos soll *Damastes*, der Sohn des Dioxippos aus Sige in der Landschaft Troas gewesen sein. Er schrieb 2 Bücher über *die Eltern und Vorfahren der nach Troja gefahrenen Griechen*, einen *Völker- und Städtekatalog*, der auch den Titel *Periplus* führt, eine Schrift über *Dichter und Sophisten* und manches andere. Von Spätern wurde er öfters benutzt, darunter von *Eratosthenes*; jedoch fällte man über seine Zuverlässigkeit kein günstiges Urteil. Auf uns sind nur wenige Bruchstücke gekommen.
15. Den Übergang von den Logographen zu den eigentlichen Historikern möge *Antiochos*, der Sohn des Xenophanes von Syrakus, bilden. Dieser war ein jüngerer Zeitgenosse des Herodotos. Man erwähnt von ihm eine *sizilische Geschichte*, die in 9 Büchern die ganze Zeit von dem alten Sikanerkönig Kokalos bis herab zum Frieden von Gela im J. 424 umfaßte. Unter andern benutzte sie *Thukydides* im Anfang des 6. Buches; später brachten aber die Werke des *Philistos* und *Timäos* dieselbe in Vergessenheit. Außerdem schrieb er eine *Gründungsgeschichte Italiens* (*Ἰταλίας οἰκισμός*), deren Anfang folgendermaßen lautet: »Antiochos, der Sohn des Xenophanes, schrieb die vorliegende Geschichte Italiens nach der alten Überlieferung möglichst zuverlässig und getreu. Dieses Land, welches jetzt Italien heißt, bewohnten vor Alters die Önotrer.« Auch diese Schrift wird öfter angeführt, wie denn auch Antiochos als Geschichtschreiber eine gewisse Achtung genossen zu haben scheint. Sein Dialekt war, wie der der Logographen, ionisch. Wir haben noch eine Anzahl Bruchstücke.

39. Kapitel

Herodotos

1. Die Bedeutung der Logographen für die Geschichtschreibung läßt sich kurz dahin zusammenfassen, daß sie mit prosaischer Darstellung geschichtlicher Stoffe den Anfang machten und das geschichtliche Material mit großem Fleiß von überall her zusammentrugen und der allgemeinen Benutzung zugänglich machten. Aber noch fehlte es ihnen an kritischer Sichtung des Stoffes, an künstlerischer Gruppierung desselben unter einem einheitlichen Gesichtspunkt, sowie an einer ge-

wählteren Form der Darstellung. Diesen Anforderungen genügte, wenigstens bis zu einem gewissen Grade, erst *Herodotos*, und deshalb wird dieser mit Recht *Vater der Geschichte* genannt.

Herodot, der Sohn des Lyxes und der Dryo oder Rhoio, wurde in Halikarnass, der Hauptstadt Kariens, zwischen 490–480 v. Chr., nach der wahrscheinlichen Angabe der Pamphila, einer Geschichtschreiberin zur Zeit Neros, im J. 484 v. Chr. geboren. Er stammte aus reicher und vornehmer Familie. Sein Oheim oder Vetter *Panyassis* war epischer Dichter und verfaßte unter anderm ein Gedicht *Herakleia*. Ohne Zweifel übte er auf die Erziehung Herodots großen Einfluß aus. Mit diesem beteiligte sich Herodot auch an dem Befreiungskampfe seiner Vaterstadt von der Herrschaft der Perser. Allein Lygdamis, der damalige Statthalter Kariens, der Enkel der Artemisia, die sich bei Salamis durch Wort und Tat ausgezeichnet hatte, behielt in diesem Kampfe die Oberhand. Panyassis fiel in seine Hände und wurde getötet, während Herodot nach Samos entkam. Von hier kehrte er später nach Halikarnass zurück und vertrieb im Bunde mit andern Parteigenossen den Lygdamis, jedenfalls vor 454, da in diesem Jahre Halikarnass schon dem attischen Seebund beigetreten war. Wie lange Herodot sich in seiner Heimat aufhielt, wissen wir nicht. Anfeindungen von seiten seiner Mitbürger sollen ihn veranlaßt haben, seiner Vaterstadt für immer den Rücken zu kehren. Wir finden ihn bald darauf in Athen, wo er unter andern mit Perikles und Sophokles Freundschaft schloß. Als im J. 444 von Athen aus die Kolonie Thurii gegründet wurde, siedelte auch Herodot dahin über; hier soll er seine Geschichte beendigt haben. Ob er von da wieder nach Athen zurückkehrte, läßt sich nicht entscheiden. Ebenso unbekannt ist das Jahr seines Todes. Im J. 428 v. Chr. war er noch am Leben; aber den schlimmen Ausgang der sizilischen Expedition im J. 413 erlebte er nicht mehr. Vermutlich ist er zu Thurii gestorben, wo er auf dem Marktplatz begraben wurde, nach andern in Pella in Makedonien, wo er sich mit Hellanikos aufgehalten haben soll.

2. Herodot machte große *Reisen* und besuchte fast alle Teile der damals bekannten Welt. Er durchwanderte Asien bis hinauf nach Arderikka und Agbatana und Ägypten bis nach Elephantine; er besuchte wahrscheinlich Arabien und sicher die phönicische Küste; Kleinasien diesseits des Halys, besonders die ionische Küste, dann Griechenland, Makedonien, Thrakien, Italien und Sizilien sind ihm bekannt; auch an der Küste des Schwarzen Meeres, sowie in Kyrene in Afrika war er. Wann er alle diese Reisen machte, ist nicht genau zu ermitteln; wahrscheinlich ging er von Samos aus nach Asien; nach Ägypten kam er sicher nicht vor dem J. 455, vor der Schlacht bei Papremis, vielleicht

erst zwischen 445–432; Italien und Sizilien lernte er offenbar von Thurii aus kennen. Überall, wohin er kam, stellte er Nachforschungen nach Geschichte und Denkmälern an und zog Erkundigungen über alle Verhältnisse ein, um dieselben später in seiner Geschichte zu verwerten.

3. Die *Geschichte* des Herodot, von ihm *ιστορίης ἀπόδεξις* genannt, hat einen Stoff aus der jüngsten Vergangenheit, nämlich die Freiheitskämpfe der Hellenen gegen die Perser, zum Gegenstande; jedoch weiß der Verfasser daran eine Art Universalgeschichte zu knüpfen. Indem er nämlich nach den ersten Anfängen der Streitigkeiten zwischen Asien und Europa forschte, kam er bis in die ältesten Zeiten zurück. Krösos war nach ihm der erste, der Angriffe auf die Griechen an der kleinasiatischen Küste machte. Bei der Erwähnung dieses Namens ergreift er sofort die Gelegenheit, um von den früheren Königen Lydiens zu sprechen. Ebenso wird an dieser Stelle das Wichtigste aus der früheren athenischen und spartanischen Geschichte eingeflochten, nämlich Solon und Peisistratos einerseits, Lykurg und Spartas Kriege mit den Nachbarstaaten anderseits; denn an diese Staaten wandte sich Krösos um Hilfe, als er von Kyros bedrängt wurde. Krösos' Sturz durch Kyros bildet den Übergang zum persischen Reich, dessen Entstehung und Ausbreitung über ganz Asien erzählt wird. So oft die Perser eine Völkerschaft ihrem Reiche einverleibten, berichtet Herodot, was er über die Geschichte dieser Völkerschaft in Erfahrung bringen konnte. So werden wir mit der medischen Geschichte bekannt gemacht, mit Dejokes, Phraortes und Kyaxares, von denen der letzte Niniveh eroberte und damit das assyrische Reich stürzte. Die Schicksale des Astyages bilden den Schluß des 1. Buches.

Das 2. Buch berichtet den Zug des Kambyses, des Sohnes und Nachfolgers des Kyros, gegen Ägypten und gibt eine eingehende Schilderung dieses Wunderlandes. Der Ausgang des Zuges, der Tod des Kambyses, die Herrschaft des Pseudo-Smerdis und die Wahl des Dareios zum König wird im 3. Buch erzählt. An die Einteilung des Reiches in Satrapien und die Regelung der Einkünfte knüpfen sich Berichte über Arabien, Indien und Äthiopien; ferner wird gelegentlich des Zuges gegen Samos die Geschichte des Polykrates mitgeteilt. Mit der Unterwerfung des empörten Babylon durch die List des Zopyros endigt dieses Buch. Das 4. Buch enthält den Zug des Dareios gegen die Skythen, deren Land und Volk genau geschildert wird. Daran reihen sich Erzählungen über Kyrene, Karthago und Barke, gegen die Dareios ebenfalls einen Zug geplant hatte. Das 5. Buch berichtet über die Unterwerfung Thrakiens und Makedoniens durch die Perser. Dieser Abschnitt reicht bis Kap. 22, und damit endigt der *erste Hauptteil* des herodoteischen Geschichtswerkes, dessen wesentlicher Inhalt die Geschichte der asiatischen Staaten vor den Perserkriegen ausmacht.

Der *zweite Hauptteil* beginnt mit V 23, nämlich die Geschichte der Perserkriege, die nur durch wenige Exkurse unterbrochen ist, wie im 5. Buch durch die Erzählung der Geschichte der Peisistratiden und im 6. durch den Bericht über die spartanischen Könige, die Alkmäoniden und den Miltiades. Im 5. Buch wird der ionische Aufstand, im 6. der Zug des Mardonios und der des Datis und Artaphernes, im 7.-9. der Zug des Xerxes erzählt, und zwar im 7. die Kämpfe bei den Thermopylen, im 8. die Gefechte bei Artemision und die Seeschlacht bei Salamis, im 9. die Schlachten bei Plataä und Mykale. Mit der Eroberung von Sestos im J. 478 v. Chr. schließt das ganze Werk ab.

4. Man sieht aus dieser Übersicht, wie oft Herodot den Faden der Erzählung verläßt, um ihn manchmal erst nach langer Unterbrechung wieder aufzunehmen. Diese Beschaffenheit des Werkes legt von selbst die Frage nahe, wie dasselbe entstanden ist. Die einen, an erster Stelle *A. Kirchhoff*, sind der Ansicht, daß der Geschichtschreiber seiner Arbeit von vornherein den einheitlichen Plan zugrunde legte und sie in derselben Reihenfolge ausführte, wie sie jetzt vorliegt; jedoch mit längerer Unterbrechung zwischen den einzelnen Teilen; so sei B. I-III 119 in den J. 445-443 in Athen geschrieben, B. III 120-V 76 in den J. 443-432 in Thurii und B. V 77-IX in den J. 431-428 in Athen. Dagegen glauben andere Gelehrte, Herodot habe zunächst einzelne in sich geschlossene Partien und Abschnitte für sich ausgearbeitet, so zuerst die drei letzten Bücher, und diese später überarbeitet und zu dem einheitlichen Werke, das jetzt vorliegt, zusammengefügt. Eine sichere Entscheidung dieser Frage wird kaum möglich sein; doch scheint die Wahrscheinlichkeit mehr für die letztere Ansicht zu sprechen; jedenfalls steht diese im Einklang mit der Überlieferung, die den Herodot seine Geschichte auf Samos beginnen, in Thurii abschließen und Abschnitte daraus in Athen und andern Orten vorlesen läßt.

Die Überarbeitung des Werkes, die Herodot vornahm, war keine abschließende. B. I 184 sagt er, er wolle in seiner assyrischen Geschichte (*ἐν τοῖσι Ἀσσυρίοισι λόγοισι*) über die andern Könige Babylons sprechen, und auch I 106 verweist er auf diese, ohne daß sich jedoch ein solcher Abschnitt in dem jetzt vorliegenden Werke fände. Mit Bezug auf Aristoteles, der histor. anim. VIII 18 angeblich aus Herodot eine Stelle anführt, die in der assyrischen Geschichte gestanden sein könnte, vermutete man, daß Herodot diese als besondere Schrift herausgegeben, aber damals, als er das erste Buch schrieb, die Absicht gehabt habe, dieselbe seinem großen Werke, etwa nach III 150, einzuverleiben. Allein diese Vermutung ist schon deshalb sehr unsicher, weil der

Name Herodot an jener Stelle des Aristoteles nicht feststeht. Eher dürfte sich die Annahme empfehlen, daß Herodot durch den Tod an der Abfassung und Einfügung der assyrischen Geschichte verhindert worden sei. Dasselbe Resultat liefert B. VII 213, wo Herodot verspricht, im Folgenden (ἐν τοῖσι ὄμισθεν λόγοισι) den Grund mitzuteilen, warum Athenades den Verräter Ephialtes tötete, ohne dieses Versprechen einzulösen. Da dieses Ereignis aller Wahrscheinlichkeit nach in die Zeit nach der Eroberung von Sestos fällt, so hat man daraus nicht ohne Grund den Schluß gezogen, daß unser Geschichtschreiber sein Werk weiterzuführen beabsichtigte. Denn wenn es sich auch nicht leugnen läßt, daß mit der Eroberung von Sestos, mit welcher der Defensivkrieg beendigt war, abgeschlossen werden konnte, so hätte man doch eher einen Abschluß mit der Schlacht am Eurymedon oder bei Salamis auf Kypern und außerdem der Einleitung entsprechend einen besonderen Schluß erwartet. Doch dem sei, wie ihm wolle, feststeht jedenfalls, daß es dem Herodot nicht vergönnt war, die letzte Hand an seine Geschichte zu legen.

5. Trotzdem vermißt man die *Einheit* und den inneren Zusammenhang in dem herodoteischen Geschichtswerk nicht; es ist dies die Folge des Stoffes, den der Verfasser zur Darstellung wählte, der Art und Weise, wie er denselben auffaßte und bis in die älteste Zeit zurück verfolgte, des patriotischen Gefühles, das uns überall entgegentritt, und der religiösen Ansicht, welche die ganze Darstellung durchdringt. Zwar kann man nicht sagen, daß Herodot ein Anhänger des Polytheismus gewesen sei, aber eine tiefreligiöse Natur war er doch; ja, man hat ihn schon geradezu einen Theologen genannt. Nach seiner Überzeugung waltet die Gottheit (θεός) gerecht und streng im Leben des einzelnen sowohl, als ganzer Völker. Von ihr sind jedem Menschen und jedem Volke bestimmte Grenzen seiner Macht und seines Glückes gesetzt, innerhalb deren der Mensch und das Volk sich halten sollen. Bestrebt, das Gleichgewicht zwischen Göttlichem und Menschlichem einerseits, zwischen den einzelnen Völkern und Menschen anderseits aufrecht zu erhalten, wacht die Gottheit eifersüchtig darüber, daß jene Grenzen von keinem verletzt werden, und diese besondere Form göttlicher Strafgerechtigkeit dem frevelhaften Verkennen menschlicher Glückesbeschränktheit gegenüber bezeichnet der Geschichtschreiber mit dem Worte φθόνος (Ungunst oder Nichtgönnen). Macht sich jemand einer Überschreitung (ὕβρις) schuldig; so ergreift ihn Verblendung (ἄτη), die ihn in schmähliches Verderben führt. Allein die Strafe trifft nicht immer den Schuldigen persönlich; oft muß der Sohn oder Enkel für die Schuld des Vaters oder Großvaters büßen. Wie die Gottheit aber auf der einen Seite den Schuldigen bestraft, so schützt sie auf

der andern Seite den Gerechten gegen die Übergriffe der Großen und Starken; denn sie kann schnell Mächtige stürzen und Schwache zu Macht und Ansehen bringen. Ihren Willen zeigt die Gottheit den Menschen zwar in Träumen, Zeichen und Orakeln an, aber diese verstehen dieselben oft nicht oder lassen sich durch dieselben nicht warnen; denn seinem Verhängnis kann nichts entrinnen.

6. Diese religiöse Auffassung der Geschichte blieb natürlich nicht ohne Einfluß auf die wahrheitsgetreue Darstellung derselben; aber auch sonst finden sich in dem Werke Irrtümer und Versehen, die teils von Herodot selbst herrühren, teils auf Rechnung seiner *Quellen* zu setzen sind. Diese sind der Augenschein (*ὄφις*), die persönliche Erkundigung (*ἱστορίη*) und die Kritik (*γνώμη*). Die letztere übt Herodot nur in bescheidenem Maße und noch nicht in der Weise, wie man es heute von einem Geschichtsforscher verlangt. Außerdem muß man wohl unterscheiden zwischen dem, was er über Griechenland, und dem, was er über fremde Länder berichtet; denn was die letzteren anlangt, so war er, da er selbst keine fremde Sprache kannte, bei seinen Erkundigungen auf seinen Reisen lediglich auf Fremdenführer und Dolmetscher angewiesen, die ihn infolge eigener Unkenntnis oder vorsätzlich täuschen konnten. Indes wurden manche Mitteilungen des Herodot, die man früher bezweifelte, durch die neueren Forschungen glänzend bestätigt. Daß Herodot auch die Werke der früheren und gleichzeitigen Logographen benutzte, ist unwahrscheinlich; über die fast wörtliche Übereinstimmung mancher Stellen mit Fragmenten des Hekatäos wurde schon bei diesem gesprochen.

7. Herodot hat überall den festen Willen, die *Wahrheit* zu sagen; dies ist die Überzeugung, die sich einem unwillkürlich beim Lesen des Werkes aufdrängt. Die Verhältnisse in Griechenland sieht er nicht in einem verklärten Lichte, wie es wohl mancher andere nach solch glänzenden Freiheitskämpfen getan hätte, sondern er schildert sie ganz so, wie sie waren, selbst wo diese Schilderung weniger günstig für die Griechen ausfällt. Für Athen, das für die Freiheit die größten Opfer brachte, zeigt er, wie natürlich, eine gewisse Vorliebe; aber übertrieben sind die Anschuldigungen, die man daraufhin in alter und neuer Zeit gegen ihn erhob, wie z. B. *Plutarch* in der Schrift *über die Bosheit des Herodot* (*περὶ τῆς Ἡροδότου κακοηθείας*), als ob diese Vorliebe ihn gegen andere, besonders gegen Theben und Korinth, blind gemacht hätte. Er betrachtet es als seine Aufgabe, alles so wiederzugeben, wie er es selbst gehört hat. Daraus erklärt es sich, daß er manchmal dieselbe Sache nach verschiedenen Berichten erzählt, ohne selbst eine Entscheidung zu treffen. Bei der Mitteilung wunderbarer Ereignisse spricht er zuweilen geradezu aus, daß er erzähle, was er gehört habe,

aber selbst nicht daran glaube; ja, er verwahrt sich ausdrücklich dagegen, als ob er alles, was er sage, auch glauben müsse. Vor willkürlicher Änderung selbst einer unglaublichen Überlieferung scheut er zurück, und deshalb darf man nie glauben, daß er absichtlich gegen besseres Wissen und Gewissen etwas Falsches berichtet oder eine Sache anders dargestellt habe, als er sie hörte oder sah. Dagegen lassen sich die *Reden*, die Herodot bei wichtigen Gelegenheiten in die Erzählung einfügt, um uns über die Beweggründe der handelnden Personen oder über allgemeine Gesichtspunkte aufzuklären, nicht geltend machen; denn diese sind in der Sitte und Anschauung der an öffentliches Leben gewöhnten Griechen begründet.

8. Herodot bediente sich, wie die Logographen, der *ionischen Mundart*; er brauchte diese aber nicht erst auf Samos, wie man gewöhnlich annimmt, zu lernen, sondern kannte sie schon von Halikarnass her, wie die Inschriften zeigen. Er ist ein Vertreter der *λέξις εἰρομένη*, welche künstlichen Periodenbau verschmäht und die Sätze einfach aneinander reiht. Die Breite und Ruhe der Erzählung hat er mit Homer gemein. An Unregelmäßigkeiten im Satzbau fehlt es nicht. Die Sprache ist einfach, natürlich und anmutig und macht in ihrer Zwanglosigkeit mehr den Eindruck des mündlichen, als des schriftlichen Vortrags, und darin liegt für uns ein ganz besonderer Reiz, zumal in Verbindung mit dem fesselnden Inhalt.

9. Die Geschichte des Herodot, die sich nicht nur durch Schönheit der Darstellung und Mannigfaltigkeit des Inhalts auszeichnet, sondern auch die glänzendste Partie der alten Geschichte behandelt, fand in alter und neuer Zeit große *Anerkennung*. Einzelne Abschnitte daraus soll der Verfasser bei Gelegenheit der griechischen Festversammlungen öffentlich vorgelesen haben, so in Olympia, Korinth, Theben und Athen; doch nur die letzte Vorlesung steht außer Zweifel, obwohl auch hier die näheren Umstände sagenhaft ausgeschmückt sind. Welchen Abschnitt Herodot in Athen vorlas, weiß man nicht, wahrscheinlich einen aus den drei letzten Büchern; derselbe soll den Athenern so sehr gefallen haben, daß sie ihm auf Antrag des Anytos im J. 446 oder 445 v. Chr. eine Belohnung von 10 Talenten (etwa 47000 Mark) zuerkannten. Später wurde das Geschichtswerk in 9 Bücher eingeteilt, die man die neun Musen nannte und öfter mit Homer zusammenstellte. Die Historiker berücksichtigten es bald anerkennend, bald widerlegend, besonders *Ktesias* und *Thukydides*. *Theopompos* fertigte einen Auszug daraus in 2 Büchern. Mit Unrecht wird *eine Homerbiographie* (*βίος Ὁμήρου*) dem Herodot zugeschrieben.

40. Kapitel

Thukydides

1. Die kunstvolle Geschichtschreibung, die mit Herodot einen so glänzenden Anfang genommen hatte, wurde schon durch *Thukydides*, einen jüngeren Zeitgenossen desselben, zur höchsten Stufe der Vollendung erhoben. Dieser war der Sohn des Oloros (oder Orolos), eines Nachkommens des gleichnamigen thrakischen Königs, dessen Tochter Hegesipyle der berühmte Marathonsieger Miltiades geheiratet hatte. So war Thukydides mit Kimon, dem Sohne des Miltiades und der Hegesipyle, nahe verwandt. Dieser Abstammung verdankte er die großen Besitzungen, die er in Thrakien hatte, besonders die Goldbergwerke in Skapte-Hyle am Pangäosgebirge. Zugleich war er athenischer Bürger, da sein Vater das Bürgerrecht im Demos Halimus besaß.

Das Geburtsjahr des Thukydides ist nicht bekannt. Er selbst sagt, daß er bei Ausbruch des peloponnesischen Krieges bereits in einem Alter gestanden sei, das ihm die genaue Beobachtung und Verfolgung des Verlaufs desselben ermöglicht habe. Nimmt man also an, daß er 30–40 Jahre alt gewesen ist, so wurde er im J. 462–472 v. Chr. geboren, und in das letztere Jahr setzt *Pamphila*, eine Schriftstellerin zur Zeit des Nero, auch wirklich seine Geburt. Über seine Jugend wissen wir wenig. Bekannt ist die Anekdote, daß er mit seinem Vater zugehört habe, als Herodot einen Teil seines Geschichtswerkes in Athen öffentlich vorlas. Die Erzählung des Geschichtschreibers habe den jungen Thukydides so ergriffen, daß er in Tränen ausgebrochen sei. Als Herodot dies bemerkt habe, sei er auf Oloros zugegangen und habe ihm zu seinem Sohne, der vom edelsten Streben beseelt sei, Glück gewünscht. Unter den Lehrern des Thukydides werden die Sophisten Protagoras und Prodikos genannt, der erstere aus Abdera, der letztere von der Insel Keos. Ohne Zweifel hat er auch den Redekünstler Gorgias aus Leontinoi in Athen öfter gehört. Der berühmte attische Redner Antiphon war wahrscheinlich sein Freund, und auch mit dem Philosophen Anaxagoras von Klazomenä soll er in Athen Verkehr gepflogen haben, dessen Einwirkung man sein freies Urteil in religiösen Dingen zuschrieb. Außerdem hören wir von ihm selbst, daß er von der Pest ergriffen worden sei.

Am politischen Leben hat sich Thukydides, wie es scheint, stark beteiligt; jedoch kennen wir nur eine Episode daraus, die er uns selbst mitteilt. Es war im achten Jahre des peloponnesischen Krieges (424), als der spartanische Heerführer Brasidas Amphipolis bedrohte. Da erhielt Thukydides, der als Befehlshaber von sieben Schiffen bei der Insel Thasos stand, von den Athenern den Befehl, jene Stadt zu schützen. Allein bevor er noch ankam, hatte sich Brasidas bereits der Stadt bemächtigt, und so mußte sich der athenische Feldherr mit der Besetzung von Eion begnügen. Infolgedessen wurde er von den Athenern des Verrats angeklagt und aus der Stadt verbannt; mit welchem Recht, wissen wir nicht. Während der Verbannung hielt sich Thukydides meist in Skapte-Hyle auf. Von hier aus beobachtete er den Verlauf des Krieges und zog genaue Erkundigungen über die einzelnen Unternehmungen ein; auch scheint er die wichtigsten Kriegsschauplätze selbst besucht zu haben und jedenfalls in Unteritalien und Sizilien gewesen zu sein.

Die Verbannung des Thukydides dauerte 20 Jahre. Erst im J. 404 wurde er auf den Antrag des Önobios, wenn man der Überlieferung Glauben schenken darf, in sein Vaterland zurückgerufen. Wie lange er hier lebte, ist unbekannt; nur das scheint festzustehen, daß er den makedonischen König Archelaos, der im J. 399 starb, überlebte, dagegen den Ausbruch des Ätna, der in das J. 396 fällt, nicht mehr erlebte. Aus dem unvollendeten Zustande seines Geschichtswerkes schloß man, daß er in Athen oder in Skapte-Hyle ermordet worden sei. Er wurde in Athen in der Familiengruft Kimons beigesetzt; jedoch hielten manche sein Grab für ein Kenotaphion, ein Scheingrab, das den Leichnam nicht birgt wie man es Verunglückten, deren Leichnam man nicht erhalten konnte, zu errichten pflegte.

2. Thukydides wählte zum Gegenstand der Darstellung eine Begebenheit seiner Zeit; er schrieb die *Geschichte des peloponnesischen Krieges*, die von den ersten Worten den Titel *ξυγγραφή* erhalten hat. Dieselbe wurde später in 8 Bücher eingeteilt, und diese Einteilung liegt jetzt noch vor; daneben gab es auch Einteilungen in 9 und 13 Bücher. Das 1. Buch gibt außer der Einleitung zunächst eine kurze Übersicht über die ältere Geschichte; dann erzählt es den Streit zwischen Kerkyra und Korinth wegen der Stadt Epidamnos, den Abfall der Stadt Potidäa von Athen, die Pentekontaëtie oder die Geschichte der fünfzig Jahre zwischen den Perserkriegen und dem Beginn des peloponnesischen Krieges und schließlich die Unterhandlungen zwischen den Athenern und Lakedämoniern unmittelbar vor Ausbruch des Krieges; es bildet also die Einleitung zu dem peloponnesischen Kriege oder die Vorgeschichte desselben, während die übrigen Bücher den Krieg selbst darstellen. Sie zerfallen in zwei Teile, von denen der erste den archidamischen Krieg bis zum Frieden des Nikias enthält und mit V 24 abschließt, die zweite die Zeit des sog. faulen Friedens, die sizilische Expedition und den dekeleischen Krieg bis zum Jahr 411 behandelt und V 25 u. 26 mit einer neuen Einleitung beginnt. Gewöhnlich nimmt man an, daß Thukydides den Krieg mit dem Frieden des Nikias für

abgeschlossen gehalten und deshalb zuerst nur diesen Teil desselben erzählt habe; als er aber gesehen habe, daß der Frieden keinen Bestand habe, und daß der Krieg weitergehe, habe er beschlossen, auch den zweiten Teil desselben beizufügen; zugleich habe er eine Überarbeitung des ersten schon niedergeschriebenen Teiles in diesem Sinne vorgenommen, jedoch nicht so gründlich, daß nicht noch Spuren seiner früheren Auffassung von *πόλεμος* als archidamischer Krieg vorhanden wären.

Allein es war dem Geschichtschreiber nicht vergönnt, das weitere Ziel, das er sich gesteckt, auch wirklich zu erreichen. Dies zeigt sowohl das plötzliche Abbrechen mit dem Jahre 411, als auch die Beschaffenheit des 8. Buches. Aus der sprachlichen Form, sowie aus der ganzen Art der Bearbeitung desselben – es fehlen z. B. alle Reden – geht klar hervor, daß demselben nicht die gleiche Sorgfalt zuteil geworden ist wie den übrigen Büchern. Offenbar ist es auch nur diese Wahrnehmung, welche die Alten zu der Vermutung bestimmte, das 8. Buch sei von der Tochter des Thukydides oder von dessen Fortsetzern, Xenophon oder Theopompos, verfaßt worden. Mit mehr Recht nehmen die Neuern an, daß wir es hier überhaupt nur mit einem Konzept zu tun haben, an dessen Ausarbeitung der Verfasser durch den Tod gehindert worden sei. Unter diesen Umständen kann es auch nicht auffallen, wenn man da oder dort zu bemerken glaubt, daß dem ganzen Werke die letzte Feile fehle, die bei der Länge der Zeit, die auf dasselbe verwendet wurde, gewiß notwendig gewesen wäre.

3. Thukydides sagt, daß er gleich bei Beginn des Krieges die Größe und Bedeutung desselben vorausgesehen und deshalb sofort mit Aufzeichnungen über denselben begonnen habe. Diese Aufzeichnungen beruhten teils auf eigner Wahrnehmung, besonders im ersten Teil des Krieges, teils auf Erkundigungen bei andern, besonders während der Zeit seiner Verbannung, wo er sich in Skapte-Hyle aufhielt. Was er auf diese Weise erfuhr, nahm er nicht ohne weiteres in seine Geschichte auf, wie es Herodot vor ihm getan hatte, sondern er prüfte und sichtete es vorher; seine Geschichte enthält nur dasjenige, was sich bei der sorgfältigsten kritischen Untersuchung als wahr oder doch am wahrscheinlichsten herausstellte. Gelegentlich nimmt er auch auf frühere Geschichtschreiber Bezug, wie auf Hellanikos in der sog. Pentekontaëtie, auf Antiochos von Syrakus in der Einleitung zur sizilischen Expedition im Anfang des 6. Buches; auch gegen Herodot gerichtete polemische Bemerkungen glaubte man wahrzunehmen, dessen Namen übrigens nirgends bei Thukydides genannt wird.

4. In der *Auffassung* der Geschichte weicht Thukydides wesentlich von Herodot ab. Zwar stimmt er mit ihm darin überein, daß auch er

sich in seinem Urteil durch seine politische Parteistellung nicht beeinflussen läßt, sondern Freund und Feind in gleicher Weise gerecht zu werden sucht. Daher stand er bei den Alten in dem Ruf voller *Unparteilichkeit*, und diesen können ihm auch die Angriffe der Neuern nicht nehmen, wenn sie ihm auch da und dort Versehen und Unrichtigkeiten nachgewiesen haben. Aber den *religiösen Standpunkt* desselben teilt er nicht. Er glaubt weder an Orakel und Wunder, noch faßt er die Geschichte als Betätigung der göttlichen Vergeltungsgewalt auf; im Gegenteil, sie ist ihm das Ergebnis aus den mit freiem Willen und eigener Wahl unternommenen Taten der Menschen. Daher sucht er den Schlüssel zum Verständnis der Begebenheiten in den Charakteren der handelnden Persönlichkeiten und in der allgemeinen Lage der Dinge und forscht überall eifrig nach den geheimen Beweggründen, die bei den Ereignissen bestimmend mitwirkten. Nach ihm hat die Geschichte nicht den Zweck zu unterhalten, sondern zu belehren; deshalb bezeichnet er sein Werk als *κτῆμα ἐς ἀεί*, als ein Werk, das immer von Wert ist, wenn man nach dem Geschehenen und Vergangenen das Kommende beurteilen will, weil sich immer aus Ähnlichem Ähnliches zu entwickeln pflegt.

5. In der *Anordnung* des Stoffes verfuhr Thukydides chronologisch, d. h. er erzählte die Begebenheiten Jahr für Jahr. Das Jahr teilte er in die gute Jahreszeit (*θέρος*) und in die schlechte (*χειμών*); die erstere eignete sich zu kriegerischen Unternehmungen, die letztere nicht. Daneben kommen andere Zeitbestimmungen nur selten vor, wie z. B. *τοῦ σίτου ἀκμάζοντος* (zur Zeit wo das Getreide reif ist) und *ὀλίγον πρὸ τρυγήτου* (kurz vor der Weinlese). Alles, was nicht streng zu seinem Thema, zur Darstellung des Krieges gehört, schließt er von der Aufnahme aus; daher sind *Episoden* und *Abschweifungen*, die dem Geschichtswerke Herodots den Reiz mannigfaltiger Abwechslung verleihen, bei ihm nur selten, wie z. B. VI 54–59 die Episode über die Peisistratiden. Dagegen hat er in die Erzählung, wie schon Herodot, direkte *Reden* und einmal sogar ein *Zwiegespräch* eingeschaltet. Diese waren, wie schon gesagt, in der Sitte und Einrichtung des öffentlichen Lebens jener Zeit wohl begründet; daher ist es auffallend, daß *Kratippos*, ein Fortsetzer des Thukydides, behauptet, Thukydides habe im 8. Buche die Reden weggelassen, weil er ihre Unzuträglichkeit eingesehen habe. Natürlich darf man von diesen Reden nicht erwarten, daß sie wirklich gehaltenen Wort für Wort entsprechen. Thukydides erklärt selbst, er habe sich zwar möglichst genau an den Gedankengang der wirklichen Reden gehalten, im übrigen aber dieselben so gestaltet, wie er es in jedem Falle für das passendste und zweckdienlichste gehalten habe. Solche Reden finden sich besonders an den Stellen, wo es

gilt, die politischen Grundsätze widerstreitender Parteien oder Staaten darzulegen; dann überhaupt überall, wo die Gründe und die Tragweite wichtiger Beschlüsse oder Handlungen klar entwickelt werden sollen. Wie man sieht, treten diese Reden ganz an die Stelle der politischen und militärischen Auseinandersetzungen, die unsere heutigen Historiker an geeigneten Stellen in ihre Werke einfügen.

6. Die *Sprache* des Geschichtschreibers ist der altattische Dialekt. Dies zeigt sich zunächst in der Formenlehre. In lexikalischer Hinsicht finden sich bei Thukydides viele Wörter und Redensarten, die später nicht mehr vorkommen oder für poetisch gelten. Die Wörter haben bei ihm noch ihre volle, ursprüngliche Bedeutung und sind noch nicht durch häufigen Gebrauch abgeschwächt oder gemildert, und dieser Umstand trägt in erster Linie dazu bei, dem Stile des Thukydides Kürze und Bestimmtheit als eigentümliches Merkmal zu verleihen. In Konstruktion, Wortstellung und Satzfügung trifft man die größte Freiheit. Mit Vorliebe gebraucht er das Neutrum der Adjektiva und selbst der Participia statt der Substantiva abstrakta; Subjekts- und Moduswechsel ist bei ihm häufig; Inkonzinnität in der Verbindung der Satzglieder ist Regel; Participia sind gehäuft, und auch an Anakoluthen fehlt es nicht. Alles dies zusammengenommen macht die Sprache des Thukydides dunkel und schwerverständlich, weniger in den erzählenden Partien, als in den Reden, worüber sich schon Cicero beklagt. Der Schriftsteller meidet eben überall das Glatte und Ebene und wählt das Unregelmäßige und Rauhe; aber seine Darstellung ist durchweg edel, würdevoll und kräftig; sie ist das vollständige Abbild des Charakters des großen Historikers.

7. Ein Geschichtschreiber, der so gewissenhaft bei der Sammlung und kritischen Sichtung des Materials verfährt, der eine solche Objektivität und ein so eingehendes Verständnis aller Dinge bei der Ausarbeitung zeigt, der die Kunst kurzer und treffender Charakterisierung, wie kaum ein zweiter, versteht, der die größte Gedankenfülle und Gedankentiefe mit der Anschaulichkeit der Darstellung zu verbinden weiß, der endlich eine so charakteristische, sein ganzes Wesen gleichsam verkörpernde Sprache sich geschaffen hat, ein solcher Geschichtschreiber findet natürlich Lob und Anerkennung, und so wird auch Thukydides als der *größte Historiker der Griechen* gepriesen. Allerdings fehlte es auch an solchen nicht, die das oder jenes an ihm auszusetzen hatten, besonders hinsichtlich der Sprache. *Xenophon*, *Theopompos* und *Kratippos* setzten die Geschichte des Thukydides fort; Philistos und der römische Geschichtschreiber Sallust nahmen sich ihn zum Vorbild. Auch Tacitus hat, besonders hinsichtlich der Sprache, viele Berührungspunkte mit ihm. Seit Hadrians Zeit wurde er beim rhetorischen Unterricht gera-

dezu als Schulbuch gebraucht. Auch schrieb man Erklärungen zu ihm, aus denen die noch erhaltenen *Scholien* herstammen. Der englische Geschichtschreiber Macaulay sagt vom 7. Buch, dem Rückzug der Athener von Syrakus, es gäbe überhaupt keine Darstellung in Prosa, nicht einmal die Kranzrede des Demosthenes, die er so hoch stelle, als diese Partie; sie sei das vollkommenste, was menschliche Kunst in der Rede erreichen könne.

41. Kapitel
Xenophon

1. Den beiden großen Geschichtschreibern zählten die Griechen *Xenophon von Athen* als dritten bei, obwohl dieser nicht ausschließlich Geschichtschreiber war, sondern auch unter die Philosophen gerechnet wird. Er war der Sohn des Gryllos aus dem Demos Erchia; seine Mutter hieß Diodora. Wann er geboren wurde, ist unbekannt. Da erzählt wird, daß er von Sokrates in der Schlacht bei Delion im J. 424 v. Chr. gerettet wurde, so setzt man seine Geburt gewöhnlich in das J. 444. Allein dieser Annahme stehen verschiedene Schwierigkeiten im Wege, zunächst die Überlieferung, nach der Xenophon im J. 421, wenn er überhaupt schon geboren war, noch ein Knabe war, sodann die ganze Art und Weise, wie er sich in der Anabasis selbst schildert. Daher wird man besser daran tun, jene Erzählung von der Rettung Xenophons durch Sokrates, von der weder Xenophon selbst, noch Platon, der doch das Verhalten des Sokrates bei Delion genau schildert, etwas weiß, ins Reich der Fabeln zu verweisen und anzunehmen, daß unser Schriftsteller etwa im J. 429 v. Chr. geboren wurde.
Xenophon gehörte einer reichen attischen Ritterfamilie an. Von seiner Jugend wissen wir nichts Genaues. Eine Anekdote weiß zu berichten, daß er als Knabe in böotische Gefangenschaft geraten sei und während derselben in Theben den Sophisten Prodikos gehört und mit Proxenos Freundschaft geschlossen habe. Auch wie er mit Sokrates bekannt wurde, wissen die Alten genau anzugeben. Der Meister begegnete dem Jüngling in einem engen Gäßchen, hielt ihm den Stock entgegen und fragte ihn, wo man die und jene Lebensbedürfnisse kaufe. Xenophon sagte es ihm. Darauf fragte er ihn, wo man gut und tüchtig werde, und als Xenophon mit der Antwort zögerte, rief er ihm zu: »komm und lerne es!« Sicher ist, daß Xenophon zu den treuesten Schülern des Sokrates zählte und bis zur Zeit, wo er an dem Zuge des Kyros gegen seinen Bruder Artaxerxes teilnahm, mit demselben verkehrte. Als er von seinem Freunde Proxenos zur Teilnahme an jenem

Zuge aufgefordert wurde, fragte er zunächst seinen Lehrer Sokrates um Rat. Da diesem die Sache wegen der damaligen politischen Lage in Griechenland bedenklich vorkam, so schickte er ihn zum Orakel nach Delphi. Hier fragte Xenophon nicht, was ihm aufgetragen war, nämlich ob er den Zug mitmachen solle oder nicht, sondern nur welchen Göttern er opfern müsse, um vom Zug glücklich zurückzukehren. Darüber tadelte ihn Sokrates, ließ ihn aber doch seinem Wunsche entsprechend ziehen.

So machte Xenophon im Gefolge des Kyros, mit dem er durch Proxenos bekannt wurde, als Freiwilliger, ohne ein militärisches Amt zu bekleiden, den Zug im J. 401 mit. Erst nach der Schlacht bei Kunaxa, in der Kyros fiel, und nach der Ermordung der Feldherrn durch Tissaphernes, welche die Griechen in große Gefahr brachte, trat er hervor und führte dieselben durch sein Feldherrntalent und sein besonnenes Auftreten glücklich durch alle Gefahren nach Trapezunt am Schwarzen Meere und von da nach Byzanz. Dann half er mit seinem Heere dem Thrakerkönig Seuthes sein väterliches Reich wieder zurückerobern. Als der spartanische Feldherr Thimbron, der den Krieg gegen Persien erneuert hatte, die Reste der Zehntausend, etwa 6000 Mann, durch Boten auffordern ließ, in seine Dienste zu treten, führte Xenophon dieselben nach Pergamos, wo er sie ihm übergab. Er selbst hatte vor, nach Athen zurückzukehren, wurde aber daran durch die Nachricht von der Hinrichtung des Sokrates im J. 399 verhindert, sowie durch die Verbannung, die in Wahrheit wegen der Teilnahme am Zuge des Kyros, dem Vorgeben nach vielleicht wegen Fahnenflucht gegen ihn ausgesprochen wurde. So blieb er in spartanischen Diensten. Später zog er mit Agesilaos, mit dem er enge befreundet war, nach Griechenland und nahm an der Schlacht bei Koroneia im J. 394 gegen seine eigene Vaterstadt teil, wenn vielleicht auch nicht mit den Waffen in der Hand.

Für diese Anhänglichkeit erwiesen sich ihm die Spartaner dankbar; sie schenkten ihm nach Beendigung des Krieges ein Landgut bei Skillus in Elis in der Nähe von Olympia. Hier lebte Xenophon mit seiner Gemahlin Philesia in ländlicher Zurückgezogenheit seinen Vergnügungen und seinen Studien. Von der Beute, die er in Asien gemacht hatte, erbaute er der Artemis einen Tempel nach dem Muster des berühmten ephesischen und hielt ihr zu Ehren jährlich ein glänzendes Fest und Jagden ab. Seine beiden Söhne Gryllos und Diodoros ließ er in Sparta erziehen. Aber die Schlacht bei Leuktra (371) raubte ihm seinen geliebten Wohnsitz; er wurde von den Eleern vertrieben und mußte nach Korinth übersiedeln. Indes bahnte diese Schlacht eine Besserung in den Beziehungen zwischen Athen und Sparta an, die schließlich zu einem Bündnis der beiden Mächte führte. Infolgedessen wurde die Verbannung des Xenophon, angeblich auf den Antrag des Eubulos hin, aufgehoben; doch scheint er selbst nicht mehr nach Athen zurückgekehrt zu sein, sondern nur seine Söhne dahin gesandt zu haben, damit sie in die Reiterei einträten. In der Schlacht bei Mantineia (362) starb Gryllos den Heldentod, von Dichtern und Rednern, wie kaum ein zweiter, gefeiert. Man erzählt, daß der Vater, der die Todesnachricht gerade beim Opfern erhielt, zuerst den Kranz abgesetzt habe; als er aber gehört habe, daß sein Sohn als Held gestorben sei, habe er ihn wieder aufgesetzt mit den Worten: »ich wußte, daß ich einen Sterblichen gezeugt.« Xenophon starb in Korinth; jedoch ist sein Todesjahr ebenso unbekannt wie sein Geburtsjahr. Nach der Überlieferung war es das Jahr 360. Dagegen spricht aber der Umstand, daß er in seiner griechischen Geschichte die Ermordung des Tyrannen Alexander von Pherä erwähnt, die 359 stattfand; ja, wenn die Schrift über die Einkünfte (*πόροι*) echt ist, überlebte er noch das Jahr 355. Er soll 90 Jahre alt geworden sein.

2. Xenophon hat nach der Überlieferung etwa *40 Bücher* geschrieben. Diese sind, wie es scheint, alle auf uns gekommen; wenigstens wird keines genannt, das wir nicht hätten; denn die Angabe, daß er auch über Theognis geschrieben habe, beruht augenscheinlich auf Irrtum. Diese Schriften erstrecken sich über verschiedene Gebiete, über Geschichte, Philosophie, Staatswissenschaft und Kriegswissenschaft. Jedoch sind manche davon offenbar unecht.

3. Diejenige Schrift Xenophons, auf die sich sein Ruhm als Feldherr sowohl wie als Geschichtschreiber zumeist gründet, ist die *Anabasis* (*ἡ Κύρου ἀνάβασις*). Freilich paßt dieser Titel nur für den kleinsten Teil des Werkes, nämlich für den Zug des Kyros und der in seinem Heere dienenden 10000 griechischen Söldner bis Kunaxa, wo die Entscheidungsschlacht zwischen Kyros und seinem Bruder Artaxerxes geliefert wurde, die mit dem Tode des Kyros endete; der Rest des Buches behandelt den für alle Zeiten berühmten Rückzug der auf ihrem Flügel siegreichen Griechen durch Persien nach Trapezunt und Byzanz bis zu ihrem Eintritt in das lakedämonische Heer, das unter Thimbron in Kleinasien gegen die Perser kämpfte. Diese Ereignisse fallen in das Jahr 401 und 400; wann Xenophon aber die Schilderung derselben abfaßte, läßt sich nicht genau bestimmen. Jedenfalls hat er sich während des Zuges Aufzeichnungen gemacht, die Ausarbeitung derselben aber fällt in eine spätere Zeit, sicherlich nicht vor die Zeit seines Aufenthalts in Skillus, ja, wenn die Beschreibung dieses Ortes in V 3 von Xenophon selbst herrührt, wahrscheinlich erst in die Zeit nach seiner Übersiedlung von Skillus nach Korinth.

Man vermutet, daß unser Geschichtschreiber erst durch die Veröffentlichung anderer Schriften über den Zug der Zehntausend zur Abfassung seines Werkes veranlaßt worden sei, in erster Reihe durch das Buch des *Sophänetos aus Stymphalos* in Arkadien, der den Zug des Kyros als Offizier ebenfalls mitgemacht hatte. Wir haben von dieser Schrift keine genauere Kenntnis; da aber wahrscheinlich Diodor mittelbar, nämlich durch die Benutzung des Ephoros, aus derselben schöpfte und in dessen Bericht Xenophons Name kaum vorkommt, so darf man wohl schließen, daß Sophänetos absichtlich aus irgendeinem Grunde der Verdienste des Atheners nicht gedacht und dadurch die Herausgabe der xenophontischen Anabasis angeregt habe. Dabei unterließ es Xenophon, nach der Sitte der früheren Schriftsteller in der Einleitung seinen Namen zu nennen; in der Darstellung selbst spricht er von sich in der dritten Person, worin ihm später Cäsar folgte; ja, in seiner griechischen Geschichte III 1 gibt er geradezu einen gewissen *Themistogenes aus Syrakus* als Verfasser der Anabasis an. Hält man diese Angabe für richtig und glaubt, daß auch ein sonst nicht bekannter Themistogenes den Zug des Kyros beschrieben habe, so ergibt sich daraus, daß Xenophon damals, als er jene Stelle schrieb, noch nicht die Absicht hatte, selbst eine Anabasis zu verfassen. Richtiger wird es aber sein, mit dem ganzen Altertum zu glauben, daß Themistogenes aus Syrakus nur ein angenommener Name für Xenophon selbst sei, sei es daß der Verfasser unter dem Pseudonym mehr Glauben zu finden hoffte, wie ein alter Schriftsteller meint, oder daß er sonst irgendeinen Grund dazu hatte.

Für Xenophon spricht der ganze Charakter der Schrift, der Inhalt sowohl als die Form. Selbsterlebtes wird darin in einfacher, natürlicher Sprache erzählt, und mit Spannung und Interesse verfolgt man die mannigfaltigen Schicksale der kühnen Heldenschar; dazwischen sind treffende Schilderungen von Land und Leuten eingestreut, die in buntem Wechsel mit der Erzählung den Reiz des Ganzen erhöhen. Beim Lesen hinterläßt das Buch den Eindruck vollständiger Wahrheitsliebe und Wahrhaftigkeit des Verfassers, und in der Tat kommen selbst in geographischen Dingen nur selten Verstöße vor. Der Leserkreis der *attischen Odyssee*, wie man die Anabasis auch nennt, war immer ein sehr großer, besonders in militärischen Kreisen, in denen man die fachmännischen Kenntnisse des Xenophon sehr hoch schätzte. *Arrian* ahmt ihn in seiner *Ἀλεξάνδρου ἀνάβασις* nach. Später teilte man das Werk in 7 Bücher; aber die Inhaltsangaben zu Anfang der Bücher und der Schluß stammen nicht von Xenophon, sondern sind spätere Zutaten.

4. Die Erfahrungen, die Xenophon auf seinen Zügen in Asien gemacht

hatte, und die Betrachtungen, die sich daran knüpften, legte er in seiner *Kyropädie* (*ἡ Κύρου παιδεία*) nieder, deren Abfassungszeit unbestimmt ist, wahrscheinlich aber in die Zeit zwischen Anabasis und Hellenika fällt. Der Titel paßt, wie bei der Anabasis, nur für den ersten Teil der Schrift; denn diese stellt nicht nur die Erziehung, sondern das ganze Leben des Kyros dar. Mit Kyros ist der berühmte Gründer der persischen Monarchie gemeint, dessen zum Teil sagenumsponnenes Leben Herodot und Ktesias erzählten, und der bei den Griechen als Vertreter des Königtums galt, so schrieb z. B. Antisthenes, ein anderer Schüler des Sokrates, einen Dialog *Κῦρος ἢ περὶ βασιλείας* (Kyros oder über das Königtum); da aber auch dessen Abfassungszeit uns unbekannt ist, so können wir nicht sagen, ob vor oder nach Xenophon.
Die Person dieses Kyros benutzte Xenophon, um an ihr zu zeigen, wie er als König das große Perserreich ordnen und verwalten würde. Man hat die Kyropädie öfter einen historischen Tendenzroman genannt, allein zu einem solchen fehlt es ihr, abgesehen von andern Eigenschaften, an einer Entwicklung; daher wird man vielleicht besser daran tun, sie eine idealisierte Biographie zu nennen. Die Geschichte gibt den allgemeinen Hintergrund ab; aber wo sie dem Verfasser nicht paßt, weicht er von ihr ab und setzt eigene Erfindungen an ihre Stelle; so läßt er z. B. Ägypten schon zur Zeit des Kyros zu Persien gehören und den Kyros selbst in seinem Palaste, umgeben von den Seinen, eines sanften Todes sterben. Seinen Helden stattet er mit allen Eigenschaften aus, die seiner Meinung nach ein König haben muß, diese Eigenschaften selbst aber entlehnt er den Personen, mit denen er in nähern Verkehr getreten war, besonders dem Sokrates, Agesilaos und jüngern Kyros; seine sittlichen und religiösen Grundsätze verraten den Schüler des Sokrates ebenso wie seine Ansichten über Erziehung, Taktik und Kriegswesen den Bewunderer des spartanischen Staates zeigen. Kyros ist also das xenophontische Ideal eines wahren Königs; allein es ist nicht wahrscheinlich, daß er damit ein Gegenstück zur ersten Ausgabe der platonischen Politeia habe liefern wollen.
Auf die sprachliche Ausarbeitung hat der Verfasser große Mühe verwandt; er bewährt sich darin als ein Meister der leichten und anmutigen Darstellung. Auch an lebhaften Schilderungen und rührenden Episoden fehlt es nicht; eine solche ist z. B. die Liebesgeschichte des Abradatas und der Pantheia. Trotzdem leidet das Werk als Ganzes an einer gewissen Weitschweifigkeit und Einförmigkeit und verrät Mangel an schöpferischem Talent und Erfindungsgabe. Wie die Anabasis, so wurde auch die Kyropädie viel gelesen, besonders von Militärs; sie war, wie man erzählt, das Lieblingsbuch des Scipio Africanus. Ja, in der byzantinischen Zeit schloß sich eine ganze Reihe *philosophischer*

Romane an dieselbe an. Man teilte das Werk in 8 Bücher; aber der Schluß ist nicht von Xenophon; nach dem Inhalt ist er nicht vor 364 v. Chr. geschrieben.

5. Eine Partie aus der Geschichte Griechenlands behandeln die *Hellenika*, die in 7 Bücher eingeteilt sind; in alter Zeit gab es auch eine Einteilung in 9 Bücher. Dieselben beginnen ohne Einleitung mit den Worten: *hierauf aber* (*μετὰ δὲ ταῦτα*) und führen die Erzählung des peloponnesischen Krieges von da, wo sie Thukydides im J. 411 abgebrochen hat, bis zur Eroberung Athens weiter. An diesen ersten Teil, der B. I und II bis Kap. 3, 10 umfaßt, reiht sich ein zweiter, der die folgenden Ereignisse bis zum antalkidischen Frieden im J. 387 berichtet. Mit B. V 4 fängt ein dritter Teil an, der bis zur Schlacht bei Mantineia reicht. Die Schlußworte: *mein Bericht soll damit ein Ende haben; das Folgende wird vielleicht ein anderer darstellen* zeigen, daß Xenophon nicht weiter als bis 362 gehen wollte.

Diese drei Teile sind nicht unmittelbar nacheinander in einem Flusse abgefaßt, sondern zu verschiedenen Zeiten während eines langen Zeitraumes. Im dritten Teil wird die Ermordung des Tyrannen Alexander von Pherä, die in das J. 359 fällt, erwähnt, ein Beweis dafür, daß der Verfasser noch nach dieser Zeit daran schrieb. Dagegen wird im zweiten Teil von der Amnestie des Thrasybulos und der Aussöhnung der Demokraten mit den Aristokraten gesagt, daß sie *auch jetzt noch* bestehe, woraus sich ergibt, daß dieser Teil viel früher geschrieben sein muß, etwa um 384, wie man gewöhnlich annimmt. Der erste Teil entstand vielleicht noch früher. Auch sonst zeigen sich manche Verschiedenheiten zwischen den einzelnen Teilen. Abgesehen von sprachlichen Unterschieden, die man beobachtet hat, folgt der Verfasser im ersten Teil der chronologischen Anordnung des Thukydides, indem er die Begebenheiten Jahr für Jahr berichtet; im zweiten und dritten Teil dagegen tritt an die Stelle der annalistischen eine mehr gruppenweise, das Zusammengehörige zusammenfassende Darstellungsweise. Ferner zeigt sich im zweiten Teil eine allzugroße Bewunderung und Vorliebe für Sparta, besonders für Agesilaos und dessen Politik, die im ersten Teil weniger hervortritt und im dritten ganz verschwunden ist. Überdies ist die Erzählung im ersten Teil viel trockener, lückenhafter und ungleichmäßiger, als in den zwei andern. So ist gleich am Anfang zwischen der thukydideischen und xenophontischen Erzählung eine Lücke von etwa 40 Tagen und infolgedessen werden Ereignisse, die zum Verständnis des Folgenden notwendig gewesen wären, nicht erwähnt.

Zur Lösung dieser Schwierigkeiten wurden verschiedene Versuche gemacht. Man nahm an, der ursprüngliche Anfang der Hellenika sei in der Absicht verändert worden, um das 1. und 2. Buch, d.h. den ersten Teil desselben, gleichsam als 9. Buch dem thukydideischen Werk anzufügen; außerdem liege dieser Teil der xenophontischen Geschichte nur in einem Auszuge vor. Zum Beweise dafür berief man sich auf Plutarch, der bei der Abfassung der Biographie des Alkibiades und Lysander eine vollständigere Hellenika vor sich gehabt habe. Allein Plutarch benutzte den Ephoros, der nicht nur aus Xenophon, sondern auch aus andern Quellen schöpfte, und überhaupt wäre es sonderbar, wenn jemand einen Auszug aus einem vollständigen Werke in der Weise herstellen würde. Andere machen Mangel an ausreichenden Nachrichten über die Begebenheiten und persönliche Neigungen und Abneigungen des Xenophon für den Zustand des Werkes, besonders in dem ersten Teile, verantwortlich. Es ist vielleicht am richtigsten anzunehmen, daß der erste Teil nur ein erster Versuch oder Entwurf sei, die Geschichte des Thukydides zu Ende zu führen, bei dessen Niederschrift Xenophon die Absicht hatte, ihn später zu vervollständigen und zu überarbeiten, wozu er aus irgendeinem Grunde nicht kam. Auch dem ganzen Werke scheint die letzte Hand zu fehlen; möglich, daß es dem Geschichtschreiber nicht mehr vergönnt war, die drei Teile zu einem Ganzen zusammenzufassen und herauszugeben.

Die Hellenika des Xenophon darf man nicht mit den Geschichtswerken des Herodot oder gar des Thukydides vergleichen; ja, selbst der Anabasis und Kyropädie stehen sie weit nach. Der Verfasser ist eben kein Geschichtschreiber, und darin finden die Mängel des Werkes im großen und ganzen ihre Erklärung. Vor allem fehlt es ihm an der für einen Geschichtschreiber durchaus notwendigen Gabe, jedes Ereignis nach seiner Bedeutung und Wichtigkeit richtig zu beurteilen und ihm danach seinen Platz in der Darstellung anzuweisen. Oft schildert er eine unbedeutende Begebenheit, eine Nebensache ausführlich, während er ein Hauptereignis nur ganz kurz erwähnt oder vollständig wegläßt; infolgedessen wird bisweilen das Verständnis späterer, darauf beruhender Tatsachen erschwert oder unmöglich gemacht. Zu diesem Mangel an historischem Urteil kommt ein gewißer Mangel an Objektivität, eine Voreingenommenheit für Sparta, besonders für Agesilaos, und eine Abneigung gegen Böotien, was sich besonders im zweiten Teil geltend macht, wo alles andere außer Sparta und Agesilaos nur kurz und episodisch behandelt ist. Jedoch geht die Voreingenommenheit nicht so weit, daß sie ihn ungerecht gegen andere macht; er schenkt ihnen nur wenig Beachtung. Die Alten stellten ihn zum Teil an Glaubwürdigkeit dem Thukydides gleich. Auch in sprachlicher Hinsicht sind die Hellenika weniger ausgearbeitet, obwohl es auch hier an Beispielen einer anmutigen, lebhaften und anschaulichen Darstellung von

Selbsterlebtem nicht fehlt. Auch Reden und Diaologe sind in die Erzählung eingeschaltet. Die Hellenika wurden von den alten Historikern geschätzt, und auch für uns sind sie aus Mangel an andern Quellen für jene Zeit sehr wertvoll. *Gemistos Plethon* im 15. Jh. fügte denselben noch 2 Bücher an. Später wurden sie durch Zusätze und Interpolationen, besonders chronologischer Art, bereichert.

6. Mit den Hellenika steht die *Lobrede auf Agesilaos*, die einzige, die uns aus der großen Zahl der Enkomien erhalten ist, die auf diesen berühmten König und Feldherrn nach seinem im J. 361/60 auf der Rückkehr von Ägypten erfolgten Tod geschrieben wurden, in enger Beziehung. Manche Abschnitte im ersten Teil des Agesilaos stimmen wörtlich mit solchen der Hellenika überein; an andern Orten zeigen sich zwischen den entsprechenden Stellen des Agesilaos und der Hellenika sachliche und sprachliche Verschiedenheiten; außerdem ist manches, was die Hellenika berichten, in den Agesilaos nicht aufgenommen, und auch der sprachliche Ausdruck weicht in mancher Hinsicht von dem gewöhnlichen xenophontischen ab. Daher wurde von verschiedener Seite die Echtheit des Agesilaos angezweifelt. Jedoch darf man nicht übersehen, daß Xenophon selbst am leichtesten Stellen aus der Hellenika herübernehmen konnte, und daß die Verschiedenheit der Literaturgattung auch eine Verschiedenheit der Darstellung und der Sprache bedingte. Außerdem spricht die Freundschaft des Xenophon mit Agesilaos und die geringe Übung in der epideiktischen Schreibweise, welche die Schrift verrät, für Xenophon als Verfasser; ein Rhetor wäre anders verfahren und hätte der Geschichte keinen solchen Einfluß auf sich zugestanden; denn sicherlich ist das Lob des Cicero, daß diese Schrift allein alle Bilder und Statuen übertreffe, übertrieben. Das letzte Kapitel ist fremde Zutat.

7. Die genannten Schriften Xenophons rechnet man zur historischen Gattung; außerdem verfaßte er eine Anzahl Bücher, welche die Person des Sokrates zum Gegenstand haben, und die man zur Philosophie zu zählen pflegt. Die umfangreichste dieser Schriften sind die *Erinnerungen an Sokrates* (ἀπομνημονεύματα Σωκράτους), häufig auch Memorabilien genannt. Sie zerfallen in 4 Bücher und wurden durch die Anklageschrift des Sophisten *Polykrates von Athen* gegen Sokrates, die sicher nach 393 erschien, veranlaßt. Xenophon nimmt darin seinen Lehrer nicht nur gegen die von diesem Sophisten erhobenen Anklagen, sondern auch gegen die der öffentlichen Ankläger, Anytos, Meletos und Lykon, in Schutz, als ob er nicht an die Götter des Staates glaube und die Jugend verführe. Die Zurückweisung dieser Beschuldigungen bildet den Inhalt der zwei, bzw. drei ersten Kapitel des 1. Buches. Zur Bekräftigung seiner Verteidigung führt Xenophon den Sokrates selbst

in Gespräche mit seinen Schülern und Mitbürgern vor, damit man sich aus seinen eigenen Worten über die verschiedensten Gegenstände von seiner allseitigen Vortrefflichkeit überzeugen kann. Die Anordnung ist eine ziemlich lose, doch lassen sich im großen und ganzen folgende Teile erkennen: B. I 4–II 1 behandelt das Verhalten gegen die Götter, B. II 2 bis Schluß das Benehmen gegen die Nächsten, B. III die Pflichten gegen den Staat und B. IV 1–7 des Sokrates Umgang mit den Jünglingen und die Art seines Unterrichtes derselben. Das letzte Kapitel entwirft, das Vorhergehende zusammenfassend, ein Gesamtbild des Sokrates als des vortrefflichsten und besten Menschen, den es je gab.

Der Mangel einer festgeschlossenen Disposition, den man in dem Buche wahrnimmt, führte zu zwei einander entgegengesetzten Annahmen, einerseits dasselbe liege uns in verkürztem Zustande vor, anderseits es sei durch Zusätze stoischer Philosophen erweitert; aber weder das eine, noch das andere läßt sich erweisen. Was die mitgeteilten Gespräche selbst betrifft, so sind sie aus dem Gedächtnisse aufgezeichnet; den meisten wohnte Xenophon selbst früher bei, nur wenige kennt er vom Hörensagen; die Mitteilung ist bald ausführlicher, bald kürzer. Der lange Zeitraum, der zwischen der Abhaltung und Abfassung der Gespräche liegt, schließt den Gedanken aus, als ob dieselben Wort für Wort wahr seien; manches wird von Xenophon selbst herrühren; aber im ganzen ist das anziehende Bild, das der Verfasser mit so großer Begeisterung und Wärme von seinem geliebten Lehrer gibt, gewiß naturgetreu. An dem guten Willen dazu fehlte es ohne Zweifel dem Schüler nicht; aber auch sein Können muß man für hinreichend halten, wenn es ihm auch versagt war, den geistigen Gehalt des Sokrates in seiner ganzen Tiefe zu erfassen. Wir lernen den großen Weisen in den Apomnemoneumata so kennen, wie er dem gebildeten Durchschnittsathener seiner Zeit erschien, und gerade das ist für uns von großem Interesse.

8. In engem Zusammenhang mit den Memorabilien steht die *Verteidigungsrede des Sokrates* vor Gericht (*ἀπολογία*). Sie setzt andere Darstellungen dieses Themas, wie die des Platon, Lysias und Theodektes voraus. Da sich Entlehnungen aus dem Schluß-Kapitel der Apomnemoneumata darin finden und die schriftstellerische Art des Xenophon nicht klar hervortritt, so hält man diese Schrift ziemlich allgemein für unecht, wohl mit Recht. Von Xenophon wird darin in der dritten Person gesprochen. Als Abfassungszeit wird das 2. Jh. v. Chr. vermutet.

9. Die Form des erzählten Dialogs weist die Schrift über die *Verwaltung des Hauswesens* (*οἰκονομικός*, sc. *διάλογος*, oder persönlich *ὁ οἰκο-*

νομικός [der tüchtige Hauswirt]) auf. Xenophon berichtet darin eine Unterredung, die Sokrates mit Kritobulos über das Hauswesen hatte, und bei welcher der erstere dem letztern zu dessen Belehrung ein Gespräch mitteilte, das er selbst früher mit einem gewissen Ischomachos, der allgemein als tüchtiger Hauswirt bekannt war, führte. Dabei spielte der Ackerbau eine Hauptrolle. Man hat vermutet, daß unter dem sonst unbekannten Ischomachos Xenophon selbst verstanden sei, und sicherlich gehört der Inhalt der Schrift, wenn er auch im allgemeinen an sokratische Gedanken anknüpfte, doch der Hauptsache nach Xenophon selbst an. Läßt er doch den Sokrates sogar über den Tod des jüngern Kyros sprechen, so daß das Gespräch in die J. 401–399 fallen müßte, also von dem Verfasser gar nicht gehört werden konnte, und doch beginnt er: *ich hörte aber einst auch folgendes Gespräch von ihm über die Hauswirtschaft* (*ἤκουσα δέ ποτε αὐτοῦ καὶ περὶ οἰκονομίας τοιάδε διαλεγομένου*). Diesen unvermittelten, scheinbar an Vorausgehendes anknüpfenden Anfang darf man nicht aus einer Verstümmelung erklären, die den Zweck gehabt hätte, den Ökonomikos unmittelbar mit den Memorabilien zu verbinden, für deren 5. Buch er im Altertum galt, sondern man muß ihn auf die bewußte Absicht des Verfassers zurückführen, der ja auch das Symposion ähnlich beginnt; ebenso hat der Sokratiker *Äschines* angeblich kopflose (*ἀκέφαλοι*) Dialoge geschrieben. Die Schrift ist recht interessant und anziehend; besonders berührt uns das schöne Verhältnis, wie es darin zwischen Mann und Frau geschildert wird, sehr angenehm. Auch dem Cicero gefiel der Ökonomikos sehr gut; er übersetzte ihn in das Lateinische, angeblich in 3 Büchern oder Teilen.

10. Die kunstvollste unter den sokratischen Schriften des Xenophon ist das *Symposion* (Gastmahl). Dasselbe wurde von dem reichen Kallias zu Ehren seines Geliebten, des Autolykos, gegeben, der an den Panathenäen im J. 421 einen Sieg im Pankration errungen hatte. Unter andern war auch Sokrates als Gast dazu eingeladen, und so hatte Xenophon die schönste Gelegenheit, uns seinen Lehrer als heitern Tischgenossen vorzuführen. Bald nach Beginn des Mahles kommt ungerufen der Spaßmacher Philippos, der mit seinen Witzen die Gäste zu unterhalten sucht. Mehr Anklang als dieser findet ein Syrakusaner, der etwas später mit zwei in der Tanzkunst und Musik unterrichteten Mädchen und einem schönen Knaben erscheint. Die Unterhaltung wird lebhafter, und auf den Vorschlag des Sokrates soll jeder Anwesende angeben, auf welchen seiner Vorzüge er sich am meisten einbilde, unter Beifügung der Begründung. Der Syrakusaner erhält den Auftrag, sich mit seinen Leuten zu einem mimetischen Tanz vorzubereiten. Den Schwerpunkt des Ganzen bildet die Rede des Sokrates, in

der er die Fähigkeit, Liebe zu erwecken, als seine Hauptkunst preist und sich über das Wesen und die Natur der Liebe verbreitet. Unterdessen hat der Syrakusaner seine Vorbereitungen beendet, und in der gelungenen Darstellung des Bakchos und der Ariadne findet das Gastmahl seinen Abschluß.

Das Symposion beruht auf freier Erfindung des Xenophon. Dies geht schon daraus hervor, daß er im J. 421, in das er das Gespräch verlegt, noch zu jung war, um selbst daran teilzunehmen. Natürlich knüpft er dabei überall an die Wirklichkeit an und gewährt uns so einen Einblick in die Art und Weise, wie solche Gelage verliefen, und wie sich Sokrates dabei zu benehmen pflegte. Die dramatische Einkleidung, sowie die Charakterisierung der beteiligten Personen ist gelungen; die Sprache ist schön und anmutig. Freilich, wenn man das xenophontische Gastmahl mit dem platonischen, das denselben Gegenstand behandelt, vergleicht, zeigt sich derselbe Unterschied wie zwischen den Verfassern; der praktisch-verständige Xenophon haftet an der Oberfläche, der geniale Platon dringt in die Tiefe, in das Wesen der Dinge ein. Von großer Bedeutung wäre es für die richtige Beurteilung des xenophontischen Gastmahls, wenn sie entscheiden ließe, welches von beiden das frühere ist; doch dies schien unmöglich zu sein. Ist Xenophon der erste, so gebührt ihm der Ruhm, diese Literaturgattung, die später so beliebt wurde, erfunden zu haben, und Platon hat erst dann von einem höheren Gesichtspunkt aus dieselbe Frage behandelt, wobei man nicht notwendig an eine Feindschaft zwischen den beiden Schülern des Sokrates zu denken braucht. Ist dagegen Platon der frühere, so begreift man nicht, was den Xenophon zur Abfassung und Veröffentlichung seines Gastmahls nach dem platonischen bestimmen konnte. Daß das xenophontische Gastmahl unecht sei, wie einige vermuteten, ist unwahrscheinlich. Der Anfang ist, wie wir schon beim Ökonomikos sagten, unvermittelt: *aber mir scheint* (*ἀλλ' ἐμοὶ δοκεῖ*).

11. Eine andere Gruppe von Schriften des Xenophon beschäftigt sich mit dem *Staatswesen*. Unter diesen ist an erster Stelle der *Staat der Lakedämonier* (*Λακεδαιμονίων πολιτεία*) zu nennen, in dem der Verfasser als Hauptgründe der Größe Spartas die Erziehungsweise, den Gehorsam gegen die Gesetze und die militärischen Einrichtungen, die dort herrschen, bezeichnet; allein am Ende seiner Auseinandersetzungen, die im wesentlichen in einer Verherrlichung der lykurgischen Gesetze gipfeln, muß er eingestehen, daß dieselben jetzt nicht mehr in voller Kraft bestehen, und daß das Auftreten der spartanischen Harmosten ein Abfall von der guten alten Sitte sei. Diese letzte Notiz muß zur Zeit des Beginns der athenischen Seeherrschaft (378) geschrieben sein; das Vorhergehende fällt vielleicht in eine etwas frühere Zeit, jedenfalls

aber nach 394, etwa 387–385. Daß Xenophon der Verfasser ist, bezeugen Form und Inhalt in gleicher Weise; der Zweifel des *Demetrios von Magnesia* beruht offen auf einer Verwechslung mit dem *Staate der Athener.* Der Anfang der Schrift ist ebenfalls unvermittelt: *aber ich überlegte einst* (ἀλλ' ἐγὼ ἐννοήσας); das letzte Kapitel, das von den Pflichten und Rechten der Könige handelt, scheint ein späteres Anhängsel zu sein, und auch die Reihenfolge der Kapitel erlitt vermutlich eine Störung, da Kap. 10, 1–3 nach Kap. 4 folgen sollte. Mit Unrecht wollte man die Schrift für einen Auszug aus einem umfangreicheren Werke ausgeben; denn das Zitat des *Polybios*, auf das man sich dabei stützt, scheint ungenau zu sein. Dasselbe Thema hat unter andern auch *Thimbron* behandelt.

12. Infolge der Ähnlichkeit mit dem Staate der Lakedämonier wurde auch der *Staat der Athener* (Ἀθηναίων πολιτεία) dem Xenophon zugeschrieben; allein dieser ist viel älter und jedenfalls vor 413, wahrscheinlich im J. 424 abgefaßt, also das älteste Denkmal attischer Prosa, das wir besitzen. Schon die Abfassungszeit schließt jeden Gedanken an die Autorschaft des Xenophon aus, ebenso der Ton und der Stil, der nichts von xenophontischer Anmut und Leichtigkeit verrät. Der Verfasser ist ein praktischer Politiker, welcher der Partei der Aristokraten angehört, sich aber einen von Parteileidenschaft ungetrübten Blick bewahrt hat. Insofern zeigt er eine gewisse Ähnlichkeit mit Thukydides. Er gibt seiner Unzufriedenheit mit der demokratischen Verfassung Athens offen Ausdruck; dies hindert ihn aber nicht, die folgerichtige Ausbildung und Durchführung derselben, in der gerade ihre Stärke liegt, klar darzutun und mit Beispielen zu belegen. Daher darf man die Schrift vielleicht als ein Sendschreiben eines athenischen Aristokraten an einen auswärtigen auffassen, der sich eine falsche Vorstellung von der Macht Athens gemacht hat, etwa um diesen von einem Abfallsversuch abzuhalten, den er in der Voraussetzung, die Demokratie sei schwach und leicht zu stürzen, geplant hatte, oder als den Bericht eines athenischen Konsuls (Proxenos) an den aristokratischen spartanischen Staat. Wer der Verfasser der Schrift ist, läßt sich nicht ermitteln; man hat gleich erfolglos auf *Kritias*, *Alkibiades* und *Phrynichos* geraten. Übrigens ist dieselbe in einem ziemlich schlechten Zustand auf uns gekommen; sie beginnt mit *δέ* (aber), gleichsam als Fortführung der Schrift über den *Staat der Lakedämonier;* der Schluß scheint zu fehlen und ebenso die Anordnung der Abschnitte gestört zu sein.

13. Mit den Finanzen des Staates beschäftigt sich die Schrift *πόροι ἢ περὶ προσόδων* (Mittel und Wege oder über die Einkünfte), die nicht etwa Sparsamkeit oder eine bessere Finanzverwaltung von seiten der Athener verlangt, sondern Verbesserung der Lage der Metöken, Hebung

von Handel und Verkehr und ausgiebigere Ausnutzung der laurischen Silberbergwerke; dann würden ihnen Mittel genug zufließen, ohne daß sie nötig hätten, die Bundesgenossen zu bedrücken. Die Schrift wendet sich an alle Athener, scheint aber nur geringe Beachtung gefunden zu haben, da die Vorschläge nicht gerade sehr praktisch sind. Ihre Abfassung setzt man gewöhnlich in das J. 356/355; andere gehen allerdings bis in das J. 346 v. Chr. herab. In diesem Fall müßte man die Schrift für unecht erklären und irgendeinem Anhänger der Friedenspolitik des Eubulos zuweisen, wofür die in der Schrift zutage tretende Friedensliebe, die Anwesenheit des Verfassers in Athen und der weniger klare und durchsichtige Stil sprechen würden. Trotzdem wird man kaum zweifeln, daß Xenophon sie verfaßte, wenn man die Art und Weise, wie über die Verteidigung der Silberbergwerke gesprochen wird, und die Religiosität, die sich darin zeigt, in Betracht zieht.

14. Der *Hieron* gibt ein Gespräch wieder, das dieser Tyrann von Syrakus mit dem lyrischen Dichter Simonides von Keos führte. Den Gegenstand desselben bildet das Los des Tyrannen, das Hieron als unglücklicher als das des Privatmannes hinstellt, während Simonides zeigt, wie sich derselbe um die Wohlfahrt seiner Untertanen verdient machen kann. Jedoch ist, von den beteiligten Personen ganz abgesehen, die Anlage des Gesprächs von den sokratischen Dialogen des Xenophon wesentlich verschieden, und auch die Sprache zeigt Abweichungen; außerdem liegt der Gegenstand dem Xenophon fern, dessen Ideal nicht die Tyrannis, sondern die Königsherrschaft ist, wie er in der Kyropädie zeigt. Daher wird man diese Schrift mit Recht dem Xenophon absprechen dürfen, zumal da sich in Xenophons Leben keine Gelegenheit für dieselbe finden läßt, wie schon daraus hervorgeht, daß die einen auf Iasons Erhebung zum Tyrannen von Thessalien im J. 378 hinweisen, die andern an die Thronbesteigung des jüngern Dionysios von Syrakus im J. 367 denken, während wieder andere den Aufzug der Gesandten des ältern Dionysios bei den olympischen Spielen im J. 384 als den Anlaß zu dieser Schrift betrachten. Auch fehlt es nicht an solchen, welche die Entstehung unserer Schrift auf den Rücktritt des jüngern Dionysios im J. 343 zurückführen, womit die Abfassung unserer Schrift durch Xenophon ausgeschlossen ist.

15. Zum Schluß sind noch die *militärwissenschaftlichen Schriften* des Xenophon zu erwähnen. Dazu gehört der *Reiteroberst* (*ἱππαρχικός*), der eine Unterweisung in all den Pflichten enthält, die einem Reiteroberst im Krieg und im Frieden bei öffentlichen Festen und Aufzügen obliegen. Dabei wird das Religiöse stark betont; die Götter wissen alles und zeigen es ihren Lieblingen in Opfern, Vogelflug, Weissagestimmen und Träumen zum voraus an. Die Schrift scheint kurz vor der

Schlacht bei Mantineia verfaßt zu sein; wenn man aber weiter vermutet, daß sie an den athenischen Reiteroberst Kephisodoros, unter dessen Befehl die beiden Söhne des Xenophon ins Feld rückten, gerichtet sei, so lassen sich dafür keine bestimmten Beweise beibringen. Der Verfasser scheint die Verbesserung der athenischen Reiterei beabsichtigt zu haben.

16. Nach dem Hipparchikos ist die Schrift *über den Reiterdienst* (*περὶ ἱππικῆς*) abgefaßt; denn am Schluße dieser wird jener erwähnt. Xenophon gibt damit eine Ergänzung des Hipparchikos; er wendet sich darin an den gemeinen Reiter, dem er Anweisungen für den Ankauf und die Behandlung des Pferdes, sowie Ratschläge über seine eigene Ausrüstung erteilt. Dasselbe Thema hatte schon vor Xenophon der Athener *Simon* behandelt, der in der Schrift erwähnt wird.

17. Mit dem Kriegsdienst steht die Jagd im Zusammenhang; denn diese ist nach Ansicht der Griechen die beste Vorbereitung für jenen. Diesen Gedanken spricht Xenophon in seinem *Jäger* (*κυνηγετικός*) aus. Die mit großer Sachkenntnis verfaßte Schrift beginnt mit der Aufzählung der aus Sage und Mythologie bekannten Jäger; darauf folgt die Behandlung der Jagdgeräte und der Jagd auf verschiedene Tiere; den Schluß bildet das Lob des edlen Waidwerks, wobei sich der Verfasser besonders gegen die Sophisten wendet. Man wollte diese Schrift aus sprachlichen und sachlichen Gründen, die besonders in der Mythologie und im Tadel gegen die Sophisten liegen, dem Xenophon absprechen; aber mit Unrecht, da der neue Gegenstand auch eine neue Art der Darstellung verlangte und dadurch die sprachlichen Abweichungen wohl gerechtfertigt werden. Dagegen ist es möglich, daß Anfang und Schluß nicht von Xenophon selbst herrühren.

Die 7 *Briefe*, die Xenophons Namen tragen, sind unecht.

18. Man sieht, wie vielseitig die schriftstellerische Tätigkeit des Xenophon war. Trotzdem tritt uns aus allen Schriften ein einheitlicher Charakter entgegen, das getreue Abbild der Persönlichkeit des Verfassers. Xenophon ist weder ein Historiker, noch ein Philosoph; zu dem erstern fehlt es ihm an Objektivität und historischem Urteil, zu dem letztern an Tiefe des Geistes und Originalität; er bleibt überall auf der Oberfläche und verrät nur zu deutlich den Dilettanten mit beschränktem Gesichtskreis; allein Begeisterung für alles Edle und Schöne kann man ihm nicht absprechen. Die Begabung des Xenophon wendet sich mehr dem praktischen Leben zu; er ist ein tüchtiger Soldat, ein vortrefflicher Reiter, ein erfahrener Jäger und ein guter Hauswirt, und damit steht auch die didaktische Richtung seiner Schriftstellerei im Zusammenhang. In allen Verhältnissen des menschlichen Lebens weiß er sich zurecht zu finden; er zeigt Umsicht und Besonnenheit, Geistes-

gegenwart und Tatkraft. Damit verbindet er Liebe zu den Seinen, Anhänglichkeit an seine Freunde, wie Sokrates, Agesilaos und Kyros, Sanftmut und Freundlichkeit gegen alle; auch an Sinn für die Natur fehlt es ihm nicht. Sein liebenswürdiges Wesen wirkt um so gewinnender, da sich demselben ein Zug von Ritterlichkeit beigesellt. Dabei bilden Sittlichkeit und Frömmigkeit die Grundlagen seines Wesens; sie sind die Richtschnur seines Lebens. In politischer Beziehung will er von der athenischen Demokratie wenig wissen; sein Ideal ist Sparta, insoweit es auf der Grundlage der lykurgischen Gesetzgebung verwaltet wird. Wenn man ihm aber geradezu Mangel an Vaterlandsliebe vorwirft, so geht dies zu weit; man darf nicht vergessen, daß seine Vaterstadt ihn infolge der Verbannung von sich gestoßen und ihn dadurch in eine feindliche Stellung gedrängt hat; auch die Hinrichtung des Sokrates blieb nicht ohne Wirkung auf ihn. Aber als Hellene fühlte er sich jederzeit und gibt diesem Gefühl auch wiederholt den Barbaren gegenüber Ausdruck. Faßt man alles dies zusammen, so wird man den Xenophon, wie dies schon öfter geschehen ist, als das Muster echt griechischer Bildung (*καλοκἀγαθία*) bezeichnen können, zumal da er mit den inneren Vorzügen auch äußere Schönheit verband.

19. Hinsichtlich der *Sprache* kann man den Xenophon nicht zu den eigentlichen Attikern rechnen; keine seiner Schriften ist in Athen entstanden und zeigt reinen attischen Dialekt, vielmehr finden sich darin viele unattische Formen und Ausdrücke. Diesen Umstand hat man schon im Altertum durch den Hinweis auf den langen Aufenthalt des Xenophon in der Fremde erklärt. Außerdem finden sich bei ihm viele Wendungen und Wörter, die er Dichtern, hauptsächlich dem Homer entlehnt hat. Da aber damit noch nicht alle sprachlichen Eigentümlichkeiten erschöpft sind, so wollte man seine Sprache als vulgärattisch bezeichnen; kaum mit Recht. In der Satzverbindung zeigt sich eine große Einfachheit und in der Erzählung eine gewisse Breite; daher rechnete man ihn unter die Nachahmer Herodots, meinte aber, er habe sein Original nicht erreicht. Übrigens ist Xenophons Sprache nicht immer gleichmäßig; auch auf den Schmuck der Rede hält er nicht so sehr wie die übrigen Attiker, die Wiederholung derselben Wörter und Wendungen wird nicht ängstlich gemieden; Figuren sind, abgesehen vom Agesilaos, selten; statt Metaphern werden mit Vorliebe Gleichnisse verwandt. Aber überall ist die Darstellung anmutig und klar, frisch und lebendig, mit Humor gewürzt. Daher gilt Xenophon mit Recht als das Muster der einfachen und natürlichen Rede. Man nannte ihn die *attische Muse* und die *attische Biene* und sagte, daß auf seinen Lippen die Überredung throne.

20. Xenophon hatte zu jeder Zeit zahlreiche *Leser* und *Bewunderer;*

Dion Chrysostomos erzählt, daß die Lektüre der Anabasis ihn bisweilen zu Tränen gerührt habe, und der Schüler des Kynikers Diogenes, Onesikritos, schrieb eine Alexandropädie nach dem Muster der Kyropädie. Rhetoren und Grammatiker beschäftigten sich eingehend mit den Werken Xenophons. Die späteren Zusätze in seinen Werken wollte man einem *jüngern Xenophon*, einem Sohne des Gryllos, zuschreiben; doch ein solcher scheint nicht existiert zu haben. Ebenso unsicher ist die Vermutung, daß dieselben von *Diodoros*, dem Sohne des Xenophon, der die Werke seines Vaters herausgegeben habe, herrühren.

42. Kapitel

Ktesias. Philistos. Stesimbrotos

1. Neben den drei großen Geschichtschreibern gab es noch eine ganze Reihe anderer, die jenen an künstlerischer Bedeutung mehr oder weniger nachstehen. Mit Herodot, dem Vater der Geschichte, stellt man gewöhnlich den knidischen Arzt *Ktesias*, den Sohn des Ktesiarchos oder Ktesiochos, aus der Familie der Asklepiaden zusammen. Dieser war von 415 an 17 Jahre lang Arzt am persischen Hof in Susa. Die Schlacht bei Kunaxa (401) machte er im Gefolge des Artaxerxes Mnemon mit und heilte die Wunde, die dieser durch seinen Bruder Kyros erhalten hatte. Auch zu diplomatischen Sendungen wurde er vom Perserkönig verwandt und kam so im J. 398 nach Sparta. Von hier kehrte er nicht mehr nach Susa zurück, wahrscheinlich deshalb, weil der Perserkönig auf Betreiben des Pharnabazos mit den Lakedämoniern brach und den Athener Konon an die Spitze seiner Flotte stellte. Ktesias ging zunächst in seine Heimat, dann siedelte er sich in Sparta an. Von seinen spätern Schicksalen wissen wir nichts.

Unter den Werken des Ktesias ist zunächst eine *persische Geschichte* (*τὰ Περσικά*) zu nennen. Diese behandelt in 23 Büchern die Zeit von Ninos und Semiramis bis 398 v. Chr., und zwar umfaßten die ersten 3 Bücher Assyrien, die folgenden 3 Medien, die nächsten 7 Persien bis auf Xerxes und die letzten 10 die Zeit des Ktesias. Kürzer ist die *indische Geschichte* (*τὰ Ἰνδικά*); in *einem* Buche stellt der Verfasser zusammen, was er über die Völkerschaften, die Tier- und die Pflanzenwelt Indiens erfahren hatte. Schließlich wird ein geographisches Werk, *Periplus* oder *Periodos*, von ihm genannt.

In der persischen Geschichte setzt sich *Ktesias* in bewußten Gegensatz zu *Herodot*, den er einen Fabelerzähler, ja geradezu einen Lügner nennt, und so erhebt sich von selbst die Frage nach seiner Glaubwürdigkeit. Ohne Zweifel hatte er bei Abfassung seiner Geschichte vieles vor Herodot voraus; er kannte infolge seines langen Aufenthalts in Persien Land und Leute besser, er verstand die persische Sprache und blieb so vor Mißverständnissen bewahrt, er durfte die Archive (*διφθέραι βασιλικαί*) benutzen und konnte leichter mündliche Erkundigungen einziehen; dazu kam, daß ihm das Werk Herodots bereits fertig vorlag. Man kann also nicht in Abrede stellen, daß er nicht nur Besseres liefern konnte, sondern auch mußte, vorausgesetzt daß es ihm an Fähigkeit und gutem Willen nicht fehlte. Doch gerade über seine Ehrlichkeit und Zuverlässigkeit sprechen sich die Alten nicht günstig aus, und wir müssen ihnen, soweit uns ein Urteil gestattet ist, beipflichten. So sagt Ktesias, daß er an der Gesandtschaft der Perser an die Griechen nach der Schlacht bei Kunaxa beteiligt gewesen sei, eine offenbare Unwahrheit, wie man aus Xenophon ersieht, hervorgegangen aus dem auch sonst bei ihm sichtbaren Streben, sich hervorzudrängen und zu einer wichtigen Persönlichkeit zu machen. Ähnlich, wie seine persönliche Eitelkeit, mag auch seine Eifersucht auf Herodot und seine Vorliebe für Klearchos und Lakedämon gewirkt haben. Wenn man also auch zugeben muß, daß wir kein endgültiges Urteil über die Glaubwürdigkeit des Ktesias fällen können, so wird man sich doch, wie die Sache jetzt liegt, für Herodot entscheiden, auf dessen Seite in manchen strittigen Fällen auch die Inschriften stehen. Noch unzuverlässiger scheinen die *Indika* gewesen zu sein.

Ktesias bediente sich ebenfalls des ionischen Dialekts, jedoch in etwas gemildeter Form. Auch in der Darstellung ahmte er den Vater der Geschichte nach, und zwar nicht ohne Geschick, obgleich er ihn nicht vollständig erreichte; nur den orientalischen Lokalton wußte er besser zu treffen als dieser. Aus der *persischen Geschichte* fertigte die Schriftstellerin *Pamphila* zur Zeit des Nero einen *Auszug* in 3 Büchern. Auf uns sind nur Bruchstücke seiner Werke gekommen, sowie eine etwas trockene Inhaltsangabe der *Persika* und *Indika*, die von dem Patriarchen Photios von Konstantinopel herrührt.

2. An den zweiten großen Historiker, an Thukydides, schließt sich *Philistos*, der Sohn des Archonides oder Archomenides aus Syrakus, an. Als seine Vaterstadt von den Athenern belagert wurde, war er schon so alt, daß er mit Verständnis den Begebenheiten folgen konnte. Im J. 406 unterstützte er den älteren Dionysios, der sich in Syrakus zum Tyrannen aufwarf, und blieb auch in der Folgezeit sein treuer Anhänger. Trotzdem wurde er 386 mit Leptines, dem Bruder des Tyrannen, verbannt, weil er ohne Einwilligung des Dionysios die Tochter des Leptines geheiratet hatte. Er begab sich, wie es scheint, zunächst nach Thurii, dann nach Adria, womit wahrscheinlich die an der Pomündung gelegene Stadt dieses Namens gemeint ist, hielt sich aber

auch in Epeiros auf. Diese unfreiwillige Muße benutzte er zur Abfassung seiner Geschichte. Nach dem Tode des älteren Dionysios (367) wurde er von dem jüngeren Dionysios zurückgerufen und gewann großen Einfluß auf die Regierung; er war an der Vertreibung des Dion und Platon Schuld. Im J. 357 wurde er aber von dem heimkehrenden Dion in der Seeschlacht besiegt; infolgedessen soll er sich selbst getötet haben; nach andern wurde er gefangengenommen und von dem aufgebrachten Volk, das ihn als seinen erbittertsten Gegner ansah, unter Martern getötet.

Philistos schrieb eine *sizilische Geschichte* (*τὰ Σικελκά*), die in zwei Teile (*συντάξεις*) zerfiel. Der erste umfaßte 7 Bücher und reichte von der ältesten Zeit bis zur Eroberung Agrigents durch die Karthager im J. 406; der zweite Teil behandelte in 4 Büchern die Regierung des ältern Dionysios von 406–367; 2 weitere Bücher stellten die fünf ersten Regierungsjahre des jüngern Dionysios dar. Die Fortsetzung, an der Philistos durch den Tod gehindert wurde, gab sein Landsmann *Athanis*, der in *einem* Buch die fernere Regierung des jüngern Dionysios bis zu dessen Vertreibung im J. 356 und in 13 weiteren Büchern die Zeit des Dion und Timoleon bis zum J. 337 v. Chr. berichtete.

Wie sich Philistos zu seinem Vorgänger Antiochos von Syrakus verhielt, wissen wir nicht; dagegen erfahren wir, daß er sich enge an Thukydides angeschlossen, ja die sizilische Expedition geradezu aus demselben entlehnt habe. Er wird daher von Cicero *pusillus Thucydides* genannt. Die Alten schätzten ihn hoch, wenn er auch sein Vorbild weder in der sprachlichen Darstellung, noch in der Anordnung des Stoffes, noch in der Wahrheitsliebe erreichte. Gewalttaten des ältern Dionysios verschwieg er absichtlich; aber die Überlieferung geht vielleicht zu weit, wenn sie ihm geradezu Unwahrheiten vorwirft. Die Reden, die er nach dem Vorbild des Thukydides in die Darstellung einfügte, entsprachen nicht immer der Stellung der Personen, denen sie in den Mund gelegt waren. Die Sprache wird als schwerfällig und einförmig bezeichnet; daneben wird ihr aber Erhabenheit und Klarheit beigelegt; ja, in Schlachtenschilderungen soll er den Thukydides übertroffen haben. Wir haben nur wenige Fragmente; aus einem derselben ersehen wir, daß Philistos nach Olympiaden rechnete, unseres Wissens der älteste Historiker, der dies tut.

3. Schließlich ist noch der Sophist *Stesimbrotos von Thasos*, ein Zeitgenosse des Perikles, zu erwähnen. Dieser hielt sich in Athen auf, wo er sich eingehend mit der Erklärung des Homer beschäftigte. Unter seine Schüler zählte auch der berühmte Dichter Antimachos, der seine Homerausgabe, wie es scheint, auf die Anregung seines Lehrers hin unternahm. Er schrieb über die *Mysterien* (*περὶ τῶν τελετῶν*). Wichtiger ist

aber die Schrift über *Themistokles*, *Thukydides* und *Perikles* (*περὶ Θεμιστοκλέους καὶ Θουκυδίδου καὶ Περικλέους*), von der wir noch einige Fragmente haben. In dieser greift er die großen Staatsmänner Athens, welche die Bundesgenossen zu Untertanen gemacht haben, aufs heftigste an, indem er alles Nachteilige, was sich die Athener und Bundesgenossen über sie erzählten, zusammenstellte. Trotz dieses einseitigen, parteiischen Standpunktes scheint das Werk nicht ohne Wert gewesen zu sein; auch Thukydides hat es einige Mal berücksichtigt. In neuerer Zeit wollte man dasselbe dem Stesimbrotos absprechen und irgendeinem spätern Anekdotensammler zuweisen, aber gewiß mit Unrecht.

43. Kapitel

Die rhetorische Geschichtschreibung

1. Die Rhetorik, die sich am Ende des 5. Jh. auszubilden begann, breitete sich immer weiter aus; in der Mitte des 4. Jh. erreichte sie ihre höchste Blüte, und jetzt konnte sich auch die Geschichtschreibung ihrem Einfluß nicht entziehen. Während früher das öffentliche Leben, die praktische Tätigkeit als Staatsmann im Krieg und im Frieden, als die beste Vorbereitung für die Geschichtschreibung gegolten hatte, trat jetzt die Ausbildung in den Rhetorenschulen an die Stelle der Wirklichkeit, und die Folgen, welche dies für die Geschichtschreibung hatte, zeigten sich sofort an Inhalt und Form. Der wahre historische Stil, welcher der neuen Richtung nicht gefiel, verschwand; ihn ersetzte eine nach den Regeln der Rhetorik gehandhabte Sprache, bei der es nur darauf ankam, die beabsichtigte Wirkung beim Hörer oder Leser hervorzubringen. Demselben persönlichen Zwecke wurde auch der Inhalt dienstbar gemacht; es handelte sich nicht mehr darum, mit allen Mitteln die Wahrheit zu erforschen und den Zusammenhang zwischen Ursache und Wirkung aufzufinden, sondern die Begebenheiten so auszuwählen, zu gruppieren und darzustellen, daß ein künstlerisch abgerundetes, wirkungsvolles Ganze entstand, mochte es der Wirklichkeit auch nicht völlig entsprechen; besonders stark trat dabei der Zug nach Gesamtdarstellungen der griechischen Geschichte hervor. Der Hauptvertreter der Rhetorik war *Isokrates*, der auch die zwei bedeutendsten Geschichtschreiber dieser Richtung, *Ephoros* und *Theopompos*, die seine Schüler waren, zur Abfassung ihrer Werke antrieb.

2. *Ephoros* ist der Sohn des Demophilos aus Kyme in Äolien. Nach der Überlieferung wurde er im J. 408 v. Chr. geboren. Da sein Vater reich war, so sandte er ihn zu seiner Ausbildung nach Athen zu Isokrates. Doch soll der Sohn langsamen Geistes gewesen sein; daher habe Iso-

krates von ihm gesagt, er bedürfe des Sporns. Aber trotz des Sporns soll eine einmalige Durchnahme des Unterrichtspensums mit ihm nicht den gewünschten Erfolg gehabt haben; deshalb habe ihn sein Vater den Kursus wiederholen lassen, und der Lehrer habe ihn infolgedessen Diphoros statt Ephoros genannt. Das zweite Mal, so wird erzählt, sei es ihm öfter gelungen, sich den Kranz zu erwerben, den Isokrates monatlich den besten seiner Schüler zuzuteilen pflegte. Trotzdem habe er sich zum öffentlichen Redner nicht geeignet, und deshalb habe Isokrates ihm zur Geschichte geraten. Die weitere Mitteilung, daß er sich geweigert habe, Alexander auf seinem Zug nach Asien zu begleiten, klingt unwahrscheinlich. Über Zeit und Art seines Todes ist nichts bekannt.

Ephoros war der erste, der eine Art Universalgeschichte schrieb, eine Gesamtdarstellung der griechischen Geschichte, in die er auch die auswärtigen Völker, soweit sie von derselben berührt wurden, einflocht. Das Werk trägt den Titel *ἱστορίαι.* Es beginnt mit der dorischen Wanderung und geht herab bis auf die Belagerung Perinths durch den König Philipp im J. 340 v. Chr. Die mythische Zeit schloß der Verfasser absichtlich aus; dagegen räumte er der Geographie ziemlich viel Platz ein, jedoch abgesondert von der Geschichte; auch wich er in der Behandlung derselben von seinen Vorgängern ab, indem er nicht eine trockene Aufzählung von Namen gab, sondern diese durch Mitteilung von Städtegründungen und Erwähnung von Merkwürdigkeiten in der Natur und Menschenwelt zu beleben suchte, wie er denn überhaupt die Kulturgeschichte, Verfassungen, Sitten und Gebräuche stark betonte. Den Stoff teilte er so ein, daß jedes Buch für sich ein Ganzes bildete und mit einem besondern Vorwort versehen war. Das ganze Werk hatte 30 Bücher, von denen das letzte von *Demophilos,* dem Sohne des Ephoros, hinzugefügt war, offenbar ein Beweis, daß der Vater durch den Tod an der Vollendung gehindert worden war.

Bei der *Sammlung des Materials* für diese umfangreiche Geschichte war Ephoros meist auf frühere Geschichtschreiber angewiesen. Man rühmt in dieser Beziehung seinen Fleiß und seine Gewissenhaftigkeit; jedoch scheint er sich bisweilen zu genau an seine Quellen gehalten zu haben, wie z. B. an Herodot, und daher schrieb Lysimachos eine Schrift über die *Plagiate des Ephoros* (*περὶ τῆς Ἐφόρου κλοπῆς*). Lobenswert ist es, daß er, wo möglich, auf zeitgenössische Quellen zurückging und so auch Verse von Dichtern, wie Tyrtäos und Alkman, anführte; ja, selbst Inschriften zog er zur Benutzung bei. In der Kritik hatte er gute Grundsätze, indem er allen Einzelheiten, die der betreffende Schriftsteller nicht wissen konnte, mißtraute. Er wollte die Wahrheit sagen und trat deshalb wiederholt den Erdichtungen des Hellanikos entgegen; auch wird seine Glaubwürdigkeit und Genauigkeit gerühmt.

Allein auch bei Ephoros steht das Wollen nicht im Einklang mit dem Vollbringen, und daran trägt der *Mangel an richtiger Einsicht und historischem Sinn* die Schuld. Ephoros ist weder eine philosophisch beanlagte Natur, noch besitzt er einen staatsmännischen Blick, der durch Beteiligung am öffentlichen Leben geschärft wäre. Daher kann er das mit großem Fleiß gesammelte Material nicht in der richtigen Weise bearbeiten. Er weiß nicht immer Haupt- und Nebensachen voneinander zu unterscheiden, findet oft die wahren Ursachen der Begebenheiten nicht auf, zieht wiederholt unrichtige Schlußfolgerungen aus denselben, überträgt die Anschauungen seiner Zeit auf frühere Jahrhunderte und haftet zu sehr am Einzelnen, anstatt sich zum Allgemeinen zu erheben. Die Mythen will er zwar ausschließen, nimmt aber trotzdem solche auf und erklärt sie rationalistisch. Die Komiker benutzt er wie andere Quellen, ohne den Unterschied gewahr zu werden. Vom Landkrieg versteht er so wenig, daß man seine Schilderung von Landschlachten lächerlich fand, während man ihm Kenntnis des Seewesens zuschrieb. Schließlich ist er außerordentlich für seine Vaterstadt eingenommen, so daß er am Ende der Abschnitte, die Kyme nicht erwähnten, die Worte beifügte: *während dieser Zeit bleiben die Kymäer ruhig*.

An der Geschichte des Ephoros lobt man die Milde des Urteils; dagegen wird die *Sprache* als nachlässig und kraftlos bezeichnet. Der Ausdruck ist oft schwerfällig und gesucht; es liegt dem Verfasser mehr an der schönen Abrundung der Perioden, als am Gedankeninhalt. Besonders zeigt sich das rhetorische Element in den Reden, die in die Geschichte eingelegt sind, ganz regelmäßig vor Beginn der Schlachten als Ansprachen der Feldherrn an ihre Soldaten. Dasselbe Resultat gewinnt man auch aus den erhaltenen Fragmenten. Bei den Alten war Ephoros sehr *berühmt;* seine Geschichte diente geradezu als Handbuch. *Diyllos* schrieb ein Buch zur Ergänzung derselben und 26 Bücher zur Fortsetzung bis zum Tode Philipps IV., des Sohnes des Kassandros, im J. 296; dieses Werk führte später *Psaon von Platää* in 30 Büchern weiter. Von den spätern Geschichtschreibern wurde Ephoros ausgiebig benutzt, besonders von Diodoros und Pompeius Trogus. Auch Auszüge fertigte man aus demselben, wie die Schrift *περὶ ἀγαθῶν καὶ κακῶν* (über Gutes und Schlechtes) in 24 Büchern und *παραδόξων τῶν ἑκασταχοῦ* (Merkwürdigkeiten der einzelnen Orte) in 15 Büchern.

Außer der Geschichte wird von Ephoros eine Schrift rhetorischen Inhalts *περὶ λέξεως* (über den Ausdruck) und eine andere *περὶ εὑρημάτων* (über Erfindungen) in 2 Büchern genannt. Gegen die letztere schrieb der Philosoph *Straton*, ein Schüler des Aristoteles, eine Widerlegung.

3. Etwas jünger als Ephoros ist *Theopompos*, der Sohn des Damasi-

stratos aus Chios. Die Alten setzten seine Geburt in dasselbe Jahr wie die des Ephoros (408); aber in Wirklichkeit fällt dieselbe erst in das J. 380. Noch in jungen Jahren mußte er mit seinem Vater, dem man lakonische Gesinnung vorwarf, seine Heimat verlassen. Seine Ausbildung erhielt er ebenfalls in Athen bei Isokrates, zu dessen besten Schülern er gehörte; sein Lehrer soll von ihm gesagt haben, er bedürfe des Zügels. Wie Ephoros, so wurde auch er von Isokrates auf das Gebiet der Geschichte hingewiesen; bevor er sich jedoch an diese Aufgabe machte, unternahm er große Reisen. Er rühmt von sich, daß es kaum einen Ort oder eine nennenswerte Stadt in Griechenland gebe, in der er nicht gewesen sei und Prunkreden (*ἐπιδείξεις*) gehalten habe, um sich Ruhm zu erwerben. Auch an der Leichenfeier, die Artemisia, die Königin von Karien, im J. 351 zu Ehren ihres verstorbenen Gemahls Mausollos veranstaltete, beteiligte er sich und trug mit seiner Lobrede den Sieg über seine Mitbewerber Theodektes von Phaselis, Naukrates von Erythrä und Isokrates von Apollonia davon. Erst nach dem Tode seines Vaters durfte er im J. 335, als er schon 45 Jahre alt war, auf Vermittlung Alexanders von Makedonien in seine Heimat zurückkehren, wo er sich an die Spitze der makedonischen Partei stellte. Sein Gegner, zugleich das Haupt der Gegenpartei, war Theokritos von Chios; dieser vertrieb nach dem Tode Alexanders den Theopompos, der nun heimatlos, überall ausgewiesen, umherirrte, bis er schließlich, wahrscheinlich erst nach 306, bei Ptolemäos von Ägypten Aufnahme fand; doch wollte auch dieser anfangs den unruhigen Mann töten und gab erst auf das Zureden seiner Freunde diese Absicht auf. Die ferneren Schicksale des Theopompos sind uns nicht bekannt.

Theopompos, einer der angesehensten Rhetoren, schrieb viele *epideiktische Reden* in der Art des Isokrates; jedoch ist von denselben nichts auf uns gekommen. Außerdem richtete er an Alexander nach dessen Rückkehr aus Indien die *Briefe aus Chios* (*Χιακαὶ ἐπιστολαί*), die Beschwerden über Theokrit und die Gegenpartei enthielten. Von diesen sind nur geringe Bruchstücke erhalten. Auch von seinem Hauptwerke, einer *Geschichte*, haben wir nur Bruchstücke. Diese bestand im ganzen aus 72 Büchern, nämlich aus einem *Auszug aus Herodot* in 2 Büchern, dessen Echtheit bezweifelt wird, aus einer *hellenischen Geschichte* in 12 Büchern, die an Thukydides anknüpfte und die Begebenheiten von der Schlacht bei Kynossema (411) bis zur Schlacht bei Knidos (394) erzählte, und aus den *Philippika* in 58 Büchern, welche die Regierung Philipps von Makedonien von seiner Thronbesteigung im J. 360 bis zu seinem Tode im J. 336 behandelten; von den letzteren waren zur Zeit des Patriarchen Photios von Konstantinopel noch 53 Bücher vorhanden; 5 waren verloren, nämlich 6, 7, 9, 20 und 30.

Das wichtigste unter Theopompos' Werken ist die *Geschichte des Philipp*, vorzugsweise *ἱστορίαι* genannt. Am Anfang spricht er den Gedanken aus, daß Europa niemals einen solchen Mann hervorgebracht habe, wie Philipp, der Sohn des Amyntas, gewesen sei; dann geht er zur Schilderung der Taten desselben über. Allein er beschränkt sich nicht darauf, sondern erweitert sein Werk durch Digressionen und Einlagen aller Art. Er fügt geographische, naturgeschichtliche und kulturgeschichtliche Erörterungen ein; ja, er scheut sich nicht, Abhandlungen über Gerechtigkeit, Frömmigkeit und andere Tugenden einzuschalten; auch Mythen, wie den vom Seilenos, und Anekdoten, wie die vom Kampf einer Wasserschlange mit einer Triere, verschmäht er nicht, wo es gilt, die Darstellung zu heben und auszuschmücken. Wie umfangreich diese Zugaben waren, kann man daraus ersehen, daß Philipp III. von Makedonien (221–179) in 16 Büchern alles, was sich auf Philipp selbst bezog, mit Ausschluß der Digressionen, zusammenfassen konnte.

Unter den Geschichtschreibern steht Theopompos dem *Herodot und Thukydides am nächsten*. Man lobt an ihm die verständige Wahl des Stoffes, die klare und durchsichtige Anordnung, sowie die Sorgfalt und den Fleiß, der in der Sammlung des Materials sowohl als in der Ausarbeitung zutage tritt. Mit Thukydides hat er die eifrige Erforschung der Ursachen, der innersten Gefühle und Gedanken der Handelnden gemein und ist redlich bemüht, die Wahrheit zu sagen. Dabei schont er auch Hohe und Mächtige nicht; er zerreißt ohne Scheu die Maske, hinter der sich die Schlechtigkeit als Tugend ausgeben möchte. Allein im Lob und im Tadel scheint er nach der Sitte der Rhetoren die Farben zu stark aufgetragen zu haben. Die Alten sagen, daß er lieber getadelt, als gelobt habe; ja, er wird geradezu *maledicentissimus scriptor* genannt. Man macht ihm den Vorwurf, daß das Lob, das er am Anfang seiner Geschichte dem Philipp erteile, mit der Darstellung selbst in grellem Widerspruch stehe, da diese den Philipp als ganz schlecht erweise. Auch die Digressionen sind großenteils unnötig und unpassend, wie z. B. wenn er in 3 Büchern die Geschichte Siziliens von der Thronbesteigung des ältern Dionysios bis zur Vertreibung des jüngern erzählt oder ausführlich über die aus Delphi geraubten Schätze handelt. In militärischen Dingen waren seine Kenntnisse nicht besser als die des Ephoros. Unnatürlich ist es auch, wenn er mitten in den Schlachten lange Reden zum besten gibt, auf die schon ein alter Schriftsteller den Vers des Euripides anwendete: *οὐδεὶς σιδήρου ταῦτα μωραίνει πέλας* (keiner spricht im Kampf so töricht).

Die *Sprache* des Theopompos ist im wesentlichen dieselbe wie die des Isokrates; sie ist im ganzen rein, wenn auch bisweilen Unattisches

mit unterläuft, deutlich und fließend; außerdem zeigt sie Erhabenheit, Würde und Schmuck; ja, ihre Kraft und Schärfe erinnert bisweilen an Demosthenes, besonders an solchen Stellen, wo das Gefühl des Schriftstellers in Mitleidenschaft gezogen wird. Wie sein Lehrer, so vermied auch Theopompos den Hiatus, rundete die Perioden schön symmetrisch ab und strebte nach Gleichartigkeit der Figuren. Die Schönheit der sprachlichen Darstellung verleitete manche alten Kunstrichter dazu, den Theopompos selbst über Thukydides zu stellen; allein andere wiesen ihm seinen Platz richtiger unter den Klassikern zweiten Ranges an. Immerhin gehörte er zu den bedeutendsten griechischen Historikern und erfreute sich eines großen *Ansehens*. Er wurde von den Spätern viel gelesen und benutzt, besonders von Pompeius Trogus, dessen historiae Philippicae, die uns noch in einem Auszug des Justinus vorliegen, im wesentlichen auf den Philippika des Theopompos beruhen. Überhaupt galt die Geschichte des Theopompos als eine Art Encyklopädie des Wissenswerten, die allgemein beigezogen wurde.
4. Den Namen des Theopompos trägt auch eine Schrift mit dem Titel *Trikaranos*, welche die heftigsten Schmähungen gegen Athen, Sparta und Theben erhebt, als ob diese an allem Unglück, das über Griechenland hereinbrach, Schuld wären. Diese Schrift ist unserm Geschichtschreiber von seinem Gegner *Anaximenes*, dem Sohn des Aristokles aus Lampsakos, in der Absicht untergeschoben, um ihn in Griechenland verhaßt zu machen. Anaximenes war ein Schüler des Zoilos von Amphipolis, der wegen seiner bösartigen Homerkritik den Beinamen Homeromastix erhielt, und des Kynikers Diogenes. Später wurde er der Lehrer Alexanders des Großen, den er auch auf seinen Zügen begleitete. Nach seinem Tod errichteten ihm seine Mitbürger ein Standbild in Olympia. Als Schriftsteller wollte er sich auf allen Gebieten auszeichnen und leistete deshalb in keinem etwas Besonderes. Nach dem Muster seines Lehrers Zoilos schrieb er über *Homer*, als dessen Geburtsort er Chios bezeichnete. Er verfaßte eine *Lobrede auf Helena*, und auch die *Rhetorik an Alexander* (*τέχνη ῥητορικὴ πρὸς Ἀλέξανδρον*) hat man ihm nicht ohne Grund beigelegt. Ferner dichtete er ein *Epos auf Alexander* und veröffentlichte *geschichtliche Werke*. Seine *griechische Geschichte* (Hellenika) behandelte in 12 Büchern die ganze Zeit von der Geburt der Götter und Erschaffung der Menschen bis zur Schlacht bei Mantineia im J. 362; es war eine Art Universalgeschichte, da sie auch die Nichtgriechen mit einschloß. Eine Fortsetzung derselben war *die Geschichte Philipps* (Philippika) in 8 Büchern. *Von den gewaltsamen Todesfällen von Königen* (*βασιλέων μεταλλαγαί*) läßt sich nicht feststellen, ob sie ein eigenes Werk oder ein Auszug aus den andern Werken waren.

5. Neben diesen bedeutenderen Vertretern der rhetorischen Geschichtschreibung gab es noch viele weniger bekannte. *Kephisodoros von Theben*, ein Schüler des Isokrates, verfaßte außer einer Streitschrift zur Verteidigung seines Lehrers gegen Aristoteles eine *Geschichte des heiligen Krieges* (*τὰ περὶ τοῦ ἱεροῦ πολέμου*). *Asklepiades aus Tragilos* in Thrakien, ebenfalls ein Schüler des Isokrates, schrieb in 6 Büchern über die *von den Tragikern benutzten Mythen* (*τραγῳδούμενα*); gegen ihn scheint *Philochoros* eine Schrift veröffentlicht zu haben. Von *Deinon von Kolophon*, dem Vater des Kleitarchos, des Geschichtschreibers Alexanders des Großen, hatte man eine *persische Geschichte* (*περσικά*) von der Gründung des assyrischen Reiches bis zur Eroberung Ägyptens durch Artaxerxes Ochos im J. 340. *Kallisthenes aus Olynth*, der Schüler und Schwestersohn des Aristoteles, der den Alexander auf seinen Zügen begleitete, von demselben aber im J. 326 getötet worden sein soll, weil er ihn durch eine freimütige Äußerung gereizt habe, schrieb in etwas schwülstigem Stile und mit Vorliebe für das Märchenhafte und Wunderbare eine *griechische Geschichte* (Hellenika), die in 10 Büchern die Zeit vom Frieden des Antalkidas (387) bis zur Einnahme und Plünderung Delphis durch Philomelos im J. 357 umfaßte. Daran reihte sich eine *Geschichte des heiligen Krieges* (*περὶ τοῦ ἱεροῦ πολέμου*), welche die J. 357–346 behandelte. Außerdem begann er eine *Geschichte Alexanders des Großen*, wahrscheinlich unter dem Titel *Persika*, ohne daß wir wissen, wie weit er dieselbe führte; die Zerstörung der Stadt der Branchiden in Baktriana im J. 329 war noch erwähnt. Dagegen sind die *Makedonika* und *Thrakika* unecht, und ebenso ein *Alexanderroman* (*Ἀλεξάνδρου πράξεις*), den man dem Kallisthenes später wegen seiner Schmeichelei gegen Alexander zuschrieb; derselbe wurde im 4. Jh. n. Chr. von *Julius Valerius* ins Lateinische übersetzt.

6. Zum Schluß müssen wir noch einen Blick auf die *gelehrte Altertumsforschung* werfen, die in der demosthenischen Zeit neben der künstlerischen Geschichtschreibung aufkam. Man kann diese Tätigkeit mit der der früheren Logographen vergleichen, nur daß sie der vorgeschrittenen Bildung der Zeit entsprechend wissenschaftlicher war. Dieselbe wandte sich mit Vorliebe der Landschaft Attika zu; daher wurde ein solches Werk *Atthis* (*Ἀτϑίς*, sc. *συγγραφή*) und die Verfasser *Atthidenschreiber* genannt. Die Aufgabe, die sich diese Gelehrten stellten, bestand darin, staatliche und religiöse Einrichtungen, Sitten und Gebräuche bis in die älteste Zeit zurück zu verfolgen und zu untersuchen, welcher historische Kern sich in den überlieferten Mythen birgt; daß dabei die rationalistische Erklärung eine wichtige Rolle spielte, ist klar. Die Ergebnisse ihrer Forschung legten sie in ihren einfach, ja einför-

mig geschriebenen, chronologisch geordneten Schriften nieder, die zwar beim großen Publikum wenig Anklang fanden, dafür aber von den Historikern, Altertumsforschern und Grammatikern um so eifriger benutzt wurden.

Der älteste unter den Atthidenschreibern war *Kleidemos* oder *Kleitodemos*, dessen *Atthis* mit den ältesten Zeiten begann und noch die im J. 378 eingeführten Symmorien erwähnte. Mit welchem Jahr dieselbe abschloß, ist unbekannt; ebenso aus wie viel Büchern sie bestand; das 12. Buch wird noch zitiert. Außerdem schrieb Kleidemos eine *Protogoneia*, *Nostoi* und einen *Exegetikos*, Schriften, die wohl einen ähnlichen Inhalt hatten.

Ein anderer Atthidenschreiber ist *Androtion*, der Sohn des Andron von Athen, ein Schüler des Isokrates, Rhetor und Staatsmann. Wahrscheinlich ist er derselbe, gegen den Demosthenes im J. 355 seine 22. Rede verfaßte. Später wurde er verbannt und lebte in Megara, wo er eine *Atthis* schrieb, die wenigstens bis zum J. 346 reichte; ein 12. Buch derselben wird noch zitiert.

Weniger bekannt ist *Phanodemos*, der außer einer *Atthis oder 'Αττικὴ ἀρχαιολογία* noch *Ikiaka*, d. h. die Geschichte der bei Euböa gelegenen Insel Ikos, verfaßte. Der bedeutendste unter den Atthidenschreibern, *Philochoros von Athen*, gehört der alexandrinischen Zeit an.

44. Kapitel

Die sieben Weisen. Äsopos

1. *Sprichwörter* und *Lebensregeln* sind Eigentum des ganzen Volkes; sie verbreiten sich und leben unter demselben fort, ohne daß man weiß, von wem sie herrühren. So waren auch bei den Griechen mit der Zeit eine Menge kurzer, bündiger Sprüche für die verschiedenen Verhältnisse des praktischen Lebens in Umlauf. Um Urheber für dieselben zu haben, wählte man später eine Anzahl bedeutender Männer des 7. und 6. Jh. aus, die, im politischen und praktischen Leben bewährt, entweder wirklich solche Aussprüche getan hatten, oder doch wenigstens hätten tun können. Schließlich setzte man die Zahl derselben auf sieben fest, die sog. *sieben Weisen*, eine Zahl, die schon bei Platon vorliegt. Bei Feststellung derselben scheint die Zahl der Sprüche den Ausschlag gegeben zu haben, die im Tempel von Delphi angebracht waren und nach allgemeiner Ansicht der Griechen auf die sieben Weisen zurückgingen. Doch scheinen es ursprünglich nur fünf solcher gewesen zu sein, das delphische E, und daher hielten manche nur fünf für die eigentlichen Weisen und glaubten, daß sich später zwei weitere unverdientermaßen in ihren Kreis eingedrängt hätten.

Zu den sieben Weisen werden gewöhnlich folgende gerechnet: *Solon von Athen*, *Kleobulos von Lindos* auf Rhodos, *Thales von Milet* und *Pittakos von Mytilene;* außerdem *Bias von Priene* in Karien, der den König Krösos von Lydien vom Seekrieg gegen die griechischen Inseln abgebracht und den von den Persern bedrängten Ioniern den Rat gegeben haben soll, nach Sardinien auszuwandern; ferner *Cheilon von Sparta*, der sich durch politische Weisheit auszeichnete und in der 56. Olympiade (556–553 v. Chr.) Ephore gewesen sein soll, und endlich *Myson* aus dem Orte Chen in Lakonien oder am Öta. Jedoch herrscht über die Namen derselben bei den griechischen Schriftstellern keine Übereinstimmung; besonders wird *Myson* häufig durch den Tyrannen *Periander von Korinth* (628–584 v. Chr.) ersetzt.
Noch größer ist die Verschiedenheit hinsichtlich der *Sprüche*, die den einzelnen zugeschrieben werden. So wird z. B. der berühmte Spruch: *erkenne dich selbst* (*γνῶθι σεαυτόν*) dem Thales, Bias und Cheilon zugeschrieben, und außerdem hören wir, daß er ein Ausspruch des Apollon selbst sei. Es scheint, daß man eben bei der Zuweisung eines Spruches an den einen oder andern Weisen nur im allgemeinen auf dessen Charakter und Stellung Rücksicht nahm; auch wurde die Zahl der Sprüche im Laufe der Zeit immer vermehrt, so daß sie schließlich eine Art Katechismus des praktischen Lebens bildeten. Der erste, der dieselben sammelte, war *Demetrios von Phaleron* (345–283 v. Chr.). Die Griechen benutzten sie als Schulbuch, und noch heute sind sie als Überreste praktischer Lebensweisheit aus alter Zeit wertvoll. Später schob man einzelnen der sieben Weisen, wie dem Cheilon, Pittakos und Periander, auch *Elegien*, *Skolien* und Rätsel unter.
Sobald sich der Kreis der Sieben gebildet hatte, war es ein naturgemäßes Streben, daß man dieselben auch in *Beziehung zueinander* bringen wollte; die Männer, die in der gleichen Richtung auf ihre Mitbürger wirkten, sollten auch äußerlich in Verkehr miteinander stehen. Daher ließ man sie, um Ort und Zeit unbekümmert, miteinander befreundet sein und sich nach der Sitte jener Zeit um eine Tafel versammeln, wo sie beim Gelage ihre Weisheit austauschten. Der erste, der dieses tat, war der Peripatetiker *Theophrastos*, der um 312 v. Chr. lebte. Die Schilderung eines solchen *Gastmahls*, das in Korinth bei Periander stattfand, ist unter dem Namen des Plutarchos erhalten.
2. Mit den sieben Weisen wird in der Regel *Äsopos* in Verbindung gebracht; denn man glaubte nicht bloß, daß er zu derselben Zeit gelebt habe, sondern wußte auch zu erzählen, daß er auf einem niedrigen Schemel an dem Mahle derselben bei Periander teilgenommen habe. Über sein Vaterland war man in Zweifel; man nannte Thrakien, Sardes, ja sogar Ägypten oder Äthiopien; am wahrscheinlichsten ist es,

daß er aus Kotyeus in Phrygien stammte. Wie Herodot erzählt, war er zugleich mit der schönen Rhodopis Sklave des Iadmon von Samos, und es liegt kein Grund vor, diese Nachricht anzuzweifeln, ebensowenig wie die weitere, daß er von seinem Herrn freigelassen worden sei. Er soll Reisen durch Griechenland gemacht haben, und die Sage berichtet, daß er auch zu Krösos in Sardes, wo er mit Solon zusammentraf, gekommen sei und im Auftrage des Königs Weihegeschenke nach Delphi gebracht habe. Tatsache ist, daß er von den Delphiern getötet wurde, die ihn, von ihm gereizt, wie man erzählt, des Tempelraubs anklagten. Später strafte sie der Gott für diesen Frevel durch Mißwachs und Seuchen; daher ließen sie öffentlich bekannt machen, daß sie bereit wären, den Verwandten oder Angehörigen des Getöteten Sühnegeld zu zahlen. Dieses nahm nach wiederholter Bekanntmachung Iadmon, der Enkel desjenigen, bei dem Äsop Sklave gewesen war, in Empfang.

Äsop war ein *λογοποιός*, d.h. er dichtete Tierfabeln in Prosa. Da er darin eine große Berühmtheit erlangte, so erging es ihm, wie den sieben Weisen; er wurde zum Vertreter der Gattung, und alle Fabeln wurden ihm zugeschrieben und äsopische genannt. Mit Unrecht wollte man aber aufgrund davon dem Äsop die wirkliche Existenz absprechen und ihn zu einem bloßen Symbol der Fabeldichtung machen. Äsop selbst hat nichts geschrieben; seine Fabeln lebten mündlich unter dem Volke fort und wurden durch fremde Dichtungen vermehrt. Von Sokrates hören wir, daß er im Gefängnisse äsopische Fabeln, die er auswendig wußte, in Verse brachte; es scheint also damals noch keine Sammlung gegeben zu haben. Der erste, der äsopische Fabeln sammelte, war *Demetrios von Phaleron*, dessen Buch den Titel: *λόγων Αἰσωπείων συναγωγαί* führte. Die erhaltenen Sammlungen sind teils prosaische Bearbeitungen des *Babrios*, der im 2. Jh. v. Chr. Fabeln in Choliamben dichtete, teils Erzeugnisse der spätern Rhetorenschulen, in denen die ersten Übungen in der Erzählung äsopischer Fabeln bestanden.

Die Athener setzten dem Äsopos eine Statue, die der berühmte Lysippos, der zur Zeit Alexanders des Großen lebte, anfertigte. Die spätere Zeit dachte sich den Fabeldichter gern höckerig und häßlich. Neben den äsopischen Fabeln sprach man noch von *libyschen*, *sybaritischen*, *karischen* und *cyprischen*. Damit sind aber nicht, wie man glaubte, besondere Arten von Fabeln gemeint, sondern es sind nur verschiedene Bezeichnungen für ein und dieselbe Sache, hergenommen von den Städten, wo die Fabeln in besonderer Blüte standen.

45. Kapitel

Die vorsokratischen Philosophen

1. An der Spitze der *Philosophie* steht nach der Überlieferung der schon erwähnte *Pherekydes*, der Sohn des Babys aus Syros oder Syra, einer der Kykladen; weniger wahrscheinlich ist die Vermutung neuerer Gelehrten, daß er aus Syrien stamme. Über seine Lebenszeit lauten die Nachrichten nicht übereinstimmend; während ihn die einen zu einem Zeitgenossen der sieben Weisen machen, drücken ihn die andern bis in die Zeit des Pythagoras herab, für dessen Lehrer sie ihn ausgeben. In dem Kriege, der im 7. Jh. v. Chr. zwischen Ephesos und Magnesia entbrannte, soll er den Ephesiern zum Siege verholfen haben, wofür sie ihn seiner eigenen Weisung nach in dem Gebiete von Magnesia bestattet hätten. Nach andern stürzte er sich in Delphi von einem Felsen; wieder andere lassen ihn an der Läusekrankheit (*φϑειρίασις*) sterben.
Seine Schrift war in ionischem Dialekt abgefaßt und handelte über die Natur und die Götter; sie führte den Titel *ἑπτάμυχος* (siebenfältig). Der Anfang derselben soll gelautet haben: »Zeus, Chronos und Chthonia waren immer; Chthonia aber bekam den Namen Erde, seitdem ihr Zeus Ehre verliehen.« Die Schrift ging frühzeitig verloren; aber soviel kann man aus den Mitteilungen über dieselbe auch jetzt noch erkennen, daß Pherekydes mehr orphischer Theologe als Philosoph war, wenn auch die Nachricht, daß er eine Theogonia oder Theologia geschrieben habe, auf einer Verwechslung mit Pherekydes von Leros beruht. Die Lehre von der Seelenwanderung (*μετεμψύχωσις*) wird auf unsern Pherekydes zurückgeführt.
2. Einen bedeutenden Schritt vorwärts taten die *ionischen Naturphilosophen* oder *Physiker*, die in freier Forschung ohne Rücksicht auf die Mythen die Frage nach dem Grund der Dinge zu beantworten suchten. Der erste derselben, ist *Thales*, der Sohn des Examyes aus Milet, einer der sieben Weisen. Seine Zeit bestimmt sich nach der Sonnenfinsternis, die er unter der Regierung des Alyattes von Lydien vorhersagte; diese fand nach den Berechnungen der Neuern 625 oder 610 oder 603 oder 597 oder am 28. Mai 585 statt; das letztere Datum scheint die größte Wahrscheinlichkeit zu haben. Die Kenntnis der Astronomie verdankte Thales vermutlich den Chaldäern; außerdem zeichnete er sich durch mathematische und naturwissenschaftliche Kenntnisse aus; er soll zuerst den Satz, daß die Winkel an der Grundlinie des gleichschenkligen Dreiecks gleich sind, ausgesprochen und den Grund der Anschwellungen des Nil in dem Wehen der Passatwinde gefunden haben. Trotzdem bleibt es zweifelhaft, ob er auf seinen Reisen nach

Ägypten gekommen ist, wie manche alte Schriftsteller berichten, die ihn auch von den Priestern jenes Landes unterrichtet werden lassen. Thales nahm am öffentlichen Leben seines Vaterlandes regen Anteil und war bei seinen Mitbürgern hoch angesehen. Er belehrte sie, daß sie sich auf ihren Schiffahrten mit viel größerer Sicherheit nach dem kleinen Bären richten könnten, als nach dem großen, der den Pol nicht so genau anzeige, eine Kenntnis, die er von den Phöniciern hatte, von denen das Geschlecht der Teliden, dem er angehörte, abstammen soll. Als seine Landsleute von Kyros bedroht waren, riet er ihnen, Teos zur Bundesstadt zu machen und sich um diesen gemeinsamen Mittelpunkt nach Art der attischen Demen zu sammeln.

In der Philosophie nahm Thales das *Wasser* als Grund aller Dinge an; aus diesem ist nach ihm alles entstanden, und in dieses löst sich alles auf. Was ihn zu dieser Annahme bewog, ist ungewiß; vielleicht die Wahrnehmung, daß alles zu seiner Entstehung und Erhaltung Feuchtigkeit bedarf und beim Vergehen wieder zu Feuchtigkeit wird, oder die Sage, daß Okeanos und Thetys die Erzeuger der Götter gewesen seien, oder endlich der Anblick des Meeres, der Flüsse, Bäche und Quellen, die zur Erhaltung des Wachstums und Lebens nötig sind. Diesen Urstoff dachte er sich lebendig und zeugungskräftig, gleichsam mit göttlicher Kraft erfüllt, weshalb er sagt, daß alles voll von Göttern sei. Dagegen scheint sich unser Philosoph die Frage, wie die einzelnen Dinge aus dem Wasser entstanden sind, noch nicht vorgelegt zu haben. Thales hat nichts Schriftliches hinterlassen.

3. Ein Landsmann und angeblich Schüler und Nachfolger des Thales war der Sohn des Praxiades, *Anaximandros*, welcher der Überlieferung nach im J. 547 v. Chr. 64 Jahre alt war. Er gehörte offenbar einer vornehmen Familie an, da er eine milesische Kolonie nach Apollonia im Pontos führte. Wie Thales, so war auch er durch mathematische und naturwissenschaftliche Kenntnisse ausgezeichnet. Er fertigt die erste Erdtafel aus Erz an und führte, wie es scheint, die Sonnenuhr, die aus Babylon stammt, in Griechenland ein; daher wird er auch geradezu als Erfinder derselben gepriesen. Mit ihrer Hilfe suchte er die Ekliptik der Sonne, d.h. die Entfernung derselben vom Äquator, zu bestimmen.

Anstatt des Wassers nahm Anaximandros in seiner in ionischem Dialekt und poetischer Sprache geschriebenen Schrift *περὶ φύσιος* (über die Natur), die später verloren ging, das *Unendliche* (*ἄπειρον*) als Urstoff und Prinzip aller Dinge an und nannte den Urstoff zuerst *ἀρχή* (Prinzip). Das Unendliche faßt er körperlich und versteht darunter die Materie, aus der die Einzeldinge hervorgehen; wie er sich aber die Beschaffenheit desselben und die Entstehung der Dinge aus demselben dachte, ist unbekannt; es scheint, daß er die letztere auf dem Wege der Ausscheidung und Mischung zustande kommen ließ. Auch äußerte er sich zuerst über Bewegung, Stellung und Größenverhältnisse der Himmelskörper, die er der altertümlichen Vorstellungsweise gemäß als Götter betrachtet und daher von einer unzählbaren Menge himmlicher Götter gesprochen haben soll.

4. In demselben Verhältnis, in dem die Überlieferung den Anaximander zu Thales stehen läßt, läßt sie auch den *Anaximenes*, den Sohn des Eurystratos von Milet, zu Anaximander stehen. Über das Leben desselben fehlt es an Nachrichten; sein Tod soll um 502 v. Chr. erfolgt sein. In seiner Schrift, die ebenfalls den Titel *über die Natur* (περὶ φύσιος) führt und von der uns ein kurzes Fragment erhalten ist, strebt er eine Vermittlung der Lehren seiner Vorgänger an. Mit Thales nimmt er einen bestimmten Urstoff (ἀρχή) an, die *Luft;* diese erklärt er mit Anaximander für unendlich. »Wie unsere Seele«, sagt er, »die Luft ist, uns zusammenhält, so hält Hauch und Luft die ganze Welt zusammen.« Daraus erkennt man auch, was ihn bestimmte, die Luft als Urstoff aufzustellen; es war die Wahrnehmung, daß kein Wesen ohne Luft leben könne, und diese Wahrnehmung übertrug er auf den gesamten Weltkörper, den er nach alter Anschauung ebenfalls für belebt hielt. Der Urstoff, die Luft, ist nach ihm lebendig, zeugungskräftig, ja geradezu göttlich. Durch Verdünnung (ἀραίωσις) wird dieselbe zu Feuer, durch Verdichtung (πύκνωσις) zu Wind, Gewölk, Wasser, Erde und Stein, und aus diesen einfachen Körpern bilden sich die zusammengesetzten. Die Erde, sowie die übrigen Himmelskörper sind nach ihm breit und flach, wie eine Tischplatte, schweben auf der Luft und bewegen sich seitwärts um die Erde herum.

5. An Anaximenes schließt sich *Diogenes von Apollonia* auf Kreta enge an. Seine Lebenszeit ergibt sich daraus, daß in seiner jetzt verlorenen Schrift *über die Natur* (περὶ φύσιος) ein Meteorstein erwähnt wurde, der im J. 405 bei Ägospotamoi fiel. Diogenes befestigte einerseits durch genaue methodische Ausführungen die Lehre des Anaximenes, anderseits vervollkommnete er dieselbe dadurch, daß er auch die geistigen Eigenschaften des Menschen und das Seelenleben aus der Luft als dem Urstoff zu erklären suchte.

6. Die ionischen Naturphilosophen nahmen ein Naturelement, sei es nun das Wasser, die unendliche Materie oder die Luft, als Grundelement aller Dinge an. Einen Schritt weiter gingen die *Pythagoreer*, die nicht in einer irgendwie beschaffenen Materie an und für sich, sondern in den formalen Verhältnissen und Ausdehnungen derselben den Urgrund alles Seienden erblickten und deshalb die *Zahl* zu ihrem Prinzip machten. Diese haftet einerseits am Stoffe, insofern es kein

Messen und Zählen ohne Stoff gibt, anderseits erhebt sie sich aber auch über den Stoff; sie steht also in der Mitte zwischen der unmittelbaren sinnlichen Anschauung und dem reinen Gedanken.

An der Spitze dieser philosophischen Schule steht *Pythagoras*, der Sohn des Mnesarchos aus Samos, dessen Person sehr früh Gegenstand der mannigfaltigsten Fabeln und Sagen wurde. Seine Lebenszeit fällt in das 6. Jh. v. Chr. Als seine Lehrer werden Pherekydes von Syros, Thales und Anaximander genannt; außerdem soll er zu seiner Ausbildung große Reisen in fremde Länder gemacht haben und mit den ägyptischen Priestern, den indischen Brahmanen, ja sogar mit den keltischen Druiden verkehrt sein. Um 530 siedelte er von Samos nach Kroton in Unteritalien über, vielleicht weil er mit der Tyrannis, die Polykrates in seiner Heimat eingerichtet hatte, unzufrieden war. Hier entfaltete er eine rege Tätigkeit, und der Erfolg seiner Wirksamkeit war so groß, daß sich fast in allen dorischen Städten Unteritaliens Gesellschaften von Pythagoreern bildeten; so gewaltig war die Macht seiner Persönlichkeit, die durch strenge Sittenreinheit und Lauterkeit des Charakters, umfassendes Wissen und glänzende Redegabe noch gehoben wurde.

Der *Zweck dieser Vereinigungen* war sittlich-religiöser und politischer Natur; sie beabsichtigten die sittliche Verjüngung und politische Erneuerung jener durch Üppigkeit und Sittenlosigkeit tief gesunkenen Gemeindewesen, und damit kamen sie dem Zug der damaligen Zeit entgegen. Was wir im einzelnen über den pythagoreischen Bund hören, scheint eine Vermischung von Bestimmungen zu sein, die Pythagoras selbst traf, und solchen, die seine Nachfolger hinzufügten. Wer in den Bund aufgenommen werden wollte, hatte sich einer strengen Prüfung zu unterwerfen, die sich hauptsächlich auf seine sittliche Beschaffenheit bezog. Fiel diese befriedigend aus, so trat er als Novize (*ἀκουστικός*) in den Verein ein, wo er sich zunächst im Schweigen (*ἐχεμυθία*), im Gehorsam und in der Selbstbeherrschung zu üben hatte. Nach bestandener Prüfung wurde er in die Klasse der Lernenden (*μαθηματικοί*) aufgenommen und in die Wissenschaften, besonders in die Mathematik und Musik, eingeführt. Die höchste Klasse bildeten die *φυσικοί*, die sich mit der Erforschung der Natur und Philosophie beschäftigten; die Aufnahme unter diese konnte nur nach vielen Reinigungen und unter Beobachtung bestimmter religiöser Gebräuche stattfinden. Es scheint, als ob man die *φυσικοί* auch Esoteriker (*ἐσωτερικοί*), die andern dagegen Exoteriker (*ἐξωτερικοί*) genannt habe.

Die *Mitglieder* des Bundes waren durch treue Freundschaft aufs engste mit einander verbunden; ja, es wird sogar berichtet, daß sie Gütergemeinschaft gehabt hätten. Sie hatten bestimmte gegenseitige Erkennungszeichen, wie z.B. den Drudenfuß, trugen weiße, nach andern nur leinene Kleider und beobachteten mit großer Strenge eine bis ins Einzelne genau vorgeschriebene Lebensordnung. Den Tag begannen sie mit Gebet und Selbstprüfung; die aufgehende Sonne begrüßten sie mit Gesang und Leierspiel; dann begaben sie sich an die Tagesarbeit, die in wissenschaftlicher Beschäftigung, in gymnastischen Übungen und in anregender Unterhaltung bestand. Dazwischen wurde eine einfache Mahlzeit aus Brot und Honig eingenommen. Der Abend wurde durch Spaziergänge, Gespräche, Bäder und die Hauptmahlzeit ausgefüllt; aber auch hinsichtlich des Essens gab es wieder bestimmte Vorschriften; so war es den Pythagoreern z. B. verboten, Bohnen zu genießen. Selbstprüfung und Gesang beschlossen den Tag in derselben Weise, wie er begonnen hatte.

Unter den Mitgliedern des Bundes befanden sich die edelsten und besten Männer der unteritalischen Städte, darunter auch viele, die vornehmer Herkunft waren und unter ihren Mitbürgern hohes Ansehen und großen Einfluß besaßen; andere freilich waren nur deshalb beigetreten, weil sie mit Hilfe des Bundes leichter ihre auf Ehre und Macht gerichteten Pläne verwirklichen zu können glaubten, und tatsächlich fand die dorische Aristokratie in ihrem Bestreben, die Leitung der Gemeindewesen an sich zu reißen, in dem Bunde die nachhaltigste Unterstützung. Allein das Volk hatte keine Lust, diese Herrschaft auf die Dauer zu ertragen. Der Unwille scheint zuerst in Kroton zum Ausbruch gekommen zu sein, wo nach der Eroberung von Sybaris (510) Streitigkeiten wegen der Verteilung des eroberten Stadtgebietes zwischen Volk und Vornehmen entstanden. Ein gewißer Kylon stellte sich an die Spitze des Volkes und stürmte das Vereinshaus (Synedrion) der Pythagoreer; die meisten Mitglieder des Bundes kamen um, nach einigen Pythagoras selbst; nach andern jedoch gelang es diesem, nach Metapont zu fliehen, wo er einige Jahre später in hohem Alter starb. Ähnlich ging es in den übrigen Städten, wo pythagoreische Gesellschaften waren. Die Unruhen wiederholten sich, die Synedrien wurden verbrannt, die Pythagoreer getötet oder vertrieben und Demokratien hergestellt, bis schließlich ein Vergleich zustande kam, infolgedessen die Vertriebenen in ihre Heimat zurückkehren durften. Bei dieser Gelegenheit begaben sich verschiedene Pythagoreer nach Griechenland; so ging *Lysis* nach Theben, wo er Lehrer des Epaminondas wurde; in dieser Stadt hielt sich auch Philolaos in den letzten Jahrzehnten des 5. Jh. auf. Dagegen stand *Archytas* noch zur Zeit des Sokrates und Platon an der Spitze von Tarent.

Was die *Lehren des Pythagoras* anlangt, so verdient zunächst hervorgehoben zu werden, daß das große Wissen dieses Weisen selbst von seinen Gegnern anerkannt wurde. Man sagte, daß er von der delphischen Priesterin Themistokleia seine Weisheit erhalten habe; seinen Schülern aber galt er als höchste Autorität; der Ausspruch: αὐτὸς ἔφα (der Herr und Meister hat es gesagt) ist sprichwörtlich geworden. Vornehmlich beschäftigte er sich mit Naturwissenschaften, Mathematik und Musik; er erkannte, daß die Musik auf gewissen Zahlenverhältnissen beruhe, und der pythagoreische Lehrsatz führt noch heute seinen Namen. Trotzdem nannte er sich nicht einen Weisen (σοφός), wie die früheren sondern nur einen Jünger der Weisheit, einen Philosophen, und seine Wissenschaft Philosophie, Liebe zur Weisheit. Pythagoras hat nichts Schriftliches hinterlassen; seine Lehre beschränkte sich auf mündliche Mitteilung; auch die *goldnen Verse* (χρυσᾶ ἔπη), eine Anweisung zu einem sittlich-religiösen Leben in 71 Hexametern, zu denen *Jamblichos* einen jetzt verlorenen, *Hierokles* einen noch erhaltenen Kommentar schrieb, sind unecht. Der schon erwähnte *Philolaos* war der erste, der die pythagoreische Philosophie schriftlich darstellte; von ihm haben wir noch eine Anzahl zum Teil unechter Fragmente in dorischem Dialekt. Auch von *Archytas* sind einige Bruchstücke mathematischen und physikalischen Inhalts erhalten.

Die *Pythagoreer* hielten die *Zahl* für das Prinzip aller Dinge. Diese ist ihnen nicht bloß die Form, durch welche die quantitativen Verhältnisse der Dinge bestimmt werden, sondern auch der Stoff, aus dem die Dinge bestehen; eine Scheidung zwischen Form und Stoff wird also auch bei ihnen noch nicht vorgenommen. Der Grund für diese Annahme lag in ihrer Beschäftigung mit Mathematik und Musik. Hierbei machten sie die Wahrnehmung, daß alle Verhältnisse nach Zahlen geregelt und harmonisch geordnet sind; daher kam ihnen die Zahl als das Prinzip der Ordnung und Harmonie überhaupt vor; ohne Ordnung und Harmonie konnten sie sich aber das Weltall ebensowenig, wie das Leben des Einzelnen, denken. Da nun die Zahlen in gerade und ungerade zerfallen, so erkannten sie in den geraden das Unbegrenzte, in den ungeraden das Begrenzte und sahen jenes als das Bessere und Vollkommenere, dieses als das Unvollkommene an. Aber die Anwendung dieser Zahlentheorie auf die Dinge verrät Willkür und selbst Lächerlichkeit; denn sie suchten überall nach einer Ähnlichkeit mit Zahlen und Zahlenverhältnissen und hielten dann diese Zahlenbestimmungen für das Wesen der Dinge selbst. So ist ihnen z. B. 1 der Punkt, 2 die Linie, 3 die Fläche, 4 die körperliche Ausdehnung usw.; oder 1 die Vernunft, 2 die Meinung, 5 die Ehe usw. Übrigens stimmen in dieser Hinsicht nicht alle mit einander überein, wie z. B. die Gerechtigkeit bald mit 4, bald mit 9 bezeichnet wird.

Sehen wir also von diesen Spielereien ab und wenden uns der *Physik* und *Ethik* zu! Die Pythagoreer lehrten zuerst die Kugelgestalt und den

Kreislauf der Erde und der Gestirne; auch das Weltall hielten sie für eine Kugel (σφαῖρα). In der Mitte desselben befindet sich nach ihnen das Zentralfeuer, von dem Licht, Wärme und Leben überallhin ausströmt. Um dieses bewegen sich 10 Himmelskörper, in der größten Entfernung der Fixsternhimmel, dann die fünf Planeten, hierauf Sonne, Mond und Erde und als zehnter die Gegenerde, welche die Pythagoreer ersannen, um die Zehnzahl vollzumachen. Die Bewegungen sind so genau geregelt und so schön geordnet, daß sich daraus, wie aus den Saiten eines gut gestimmten Instrumentes, die Harmonie der Sphären, die Sphärenmusik ergibt.

Mit diesen Lehren suchen die spätern Pythagoreer die Lehre von der *Seelenwanderung* (μετεμψύχωσις), ursprünglich wohl gar kein Bestandteil der pythagoreischen Philosophie, sondern nur der pythagoreischen Mysterien, herübergenommen von den Lehren der alten Orphiker, in engeren Zusammenhang zu bringen. Sie lassen vom Zentralfeuer aus die Weltseele sich in das ganze Weltall verbreiten und betrachten die Einzelseelen als Ausfluß der Weltseele, also als göttlich und unvergänglich. Diese sind zur Strafe von der Gottheit in die Körper, wie in Kerker, gesperrt und dürfen sich nicht eigenmächtig daraus befreien. Nach dem Tode führen sie, wenn sie sich dessen würdig gemacht haben, ein körperloses Dasein in der höhern Welt; andernfalls kommen sie teils in den Tartarus zur Bestrafung, teils müssen sie neue Wanderungen durch Menschen- und Tierleiber antreten. Pythagoras selbst erzählte, daß er schon einmal zur Zeit des trojanischen Krieges als der Panthoide *Euphorbos* gelebt habe. Im übrigen verlangten die Pythagoreer, daß der Mensch sich als Eigentum Gottes betrachte, Gott in allem folge und nach Gottähnlichkeit strebe, wie überhaupt ihre ganze Ethik mehr praktischen Wert als philosophische Bedeutung hat.

7. Die Pythagoreer hielten, wie gesagt, durch die Annahme der Zahl als Prinzip aller Dinge die Mitte zwischen sinnlicher Anschauung und dem reinen Gedanken. Auf derselben Bahn schritten die *Eleaten*, die ihren Namen von der unteritalischen Stadt Elea, der Geburtsstätte dieser Philosophie, hatten, weiter. Sie sahen von allen endlichen Bestimmungen der Dinge, von Stoff und Form vollständig ab und machten das *reine abstrakte Sein* zum Urgrund des Alls; ihr Prinzip lautet: *nur das Sein ist; das Nichtsein, das Werden ist nicht.* Die Ausbildung dieser Lehre durch *Xenophanes* und *Parmenides* haben wir oben kennen gelernt; es bleibt uns daher nur noch übrig zu sehen, wie *Zenon* und *Melissos* dieselbe gegen die Angriffe, die sie erfuhr, verteidigten, dadurch vervollkommneten, zugleich aber auch ihrer Auflösung entgegenführten.

Zenon, der Sohn des Teleutagoras aus Elea, blühte um die Mitte des

5. Jh. Er war Schüler und Freund des Parmenides. Auch nach Athen machte er, wie es scheint, eine Reise und wurde daselbst von Perikles gehört. Außerdem erzählt man, daß er bei seinen Unternehmungen gegen einen Tyrannen, der bald Diomedon, bald Demylos, bald Nearchos genannt wird, ergriffen worden sei. Wie es ihm dabei erging, steht nicht fest. Nach den einen hat er die Freunde des Tyrannen als Schuldige angegeben und dann die Umstehenden zur Ermordung desselben aufgefordert, was diese auch taten; nach andern biß er sich die Zunge ab, um nichts verraten zu müssen, spie sie dem Tyrannen ins Gesicht und wurde dann unter Martern getötet. Seine Schrift (*γράμματα* oder *σύγγραμμα*) zerfiel in mehrere Teile (*λόγοι*) und jeder von diesen wieder in besondere Abschnitte. Fragmente haben sich keine erhalten.

In dieser Schrift suchte Zenon die Lehre des Parmenides vom reinen Sein, welche die Einzeldinge und die Erscheinungswelt vollständig leugnete, dadurch zu rechtfertigen und zu verteidigen, daß er erklärte, es gebe weder eine Vielheit, noch eine Bewegung. Von den scharfsinnigen Beweisen, die er für seine Behauptung aufstellte, ist derjenige von dem schnellfüßigen Achilleus und der Schildkröte der bekannteste. Er sagte, Achilleus könne die Schildkröte unmöglich einholen, falls sie einen kleinen Vorsprung habe; denn zuerst müsse er an den Ort kommen, von dem die Schildkröte zu laufen anfing; unterdessen laufe dieselbe aber weiter, und so müsse er dann wieder dieses Stück durchlaufen und so weiter bis ins Unendliche; denn der Raum ist ja unendlich teilbar. Obwohl uns diese Beweise nicht als stichhaltig erscheinen, so war doch ihre Bedeutung nicht nur für die damalige, sondern auch für die folgende Zeit eine sehr große; ja, ihretwegen nennt Aristoteles den Zenon den *Erfinder der Dialektik*.

8. Zeitgenosse und, wie es heißt, Mitschüler des Zenon war *Melissos*, der Sohn des Ithagenes von Samos. Aus seinem Leben wird uns berichtet, daß er als Befehlshaber der samischen Flotte im J. 442 die Athener besiegt habe. Seine Schrift, von der noch Fragmente vorhanden sind, führte den Titel *über die Natur* (*περὶ τοῦ ὄντος* oder *τῆς φύσιος*). Wie Zenon, so machte auch er es sich zur Aufgabe, die Lehre des Parmenides zu verteidigen, jedoch mit dem Unterschied, daß er dies direkt tat, während jener es auf indirektem Wege durch Widerlegung der Annahmen, als ob es eine Vielheit oder eine Bewegung gebe, zu erreichen suchte. Von Parmenides weicht er nur in dem einem Punkte ab, daß er das Seiende auch für unbegrenzt hält.

9. Die Eleaten hatten sich mit ihrer Lehre vom reinen Sein, die alles Dasein, die ganze Erscheinungswelt leugnete, in schärfsten Gegensatz zu der gewöhnlichen Ansicht gestellt, ohne daß sie imstande gewesen

wären, von ihrem Prinzip aus die Natur und die Welt zu erklären. Gerade den entgegengesetzten Standpunkt nahm *Herakleitos*, der Sohn des Blyson (oder Herakion) von Ephesos, ein, dessen Blüte die Alten um 500 ansetzen. Er gehörte einem vornehmen Geschlechte an, das seinen Ursprung auf den Kodriden Androklos, den Gründer von Ephesos, zurückführte; aber die Ehrenrechte, die er damit ererbte, nämlich einen Pupurmantel und einen Zepter tragen und den Vorsitz bei Wettkämpfen und den Festen der eleusinischen Demeter führen zu dürfen, überließ er seinem jüngeren Bruder. Über sein Leben wissen wir nichts Sicheres. Anfangs scheint er sich mit den öffentlichen Angelegenheiten seiner Vaterstadt beschäftigt zu haben; wenigstens hören wir, daß er den Tyrannen Melankomas zur Abdankung gezwungen habe. Einer Einladung des Königs Dareios von Persien, an seinen Hof zu kommen, soll er keine Folge geleistet haben. Nach der Verbannung seines Freundes Hermodoros, der nach Rom ging und den Decemvirn in der Abfassung ihrer Gesetze behilflich war, scheint er sich verstimmt von der Politik zurückgezogen und als Aristokrat dem Volke, das, wie er meinte, den besten Mann aus Ephesos vertrieben hatte, gezürnt zu haben. Überhaupt wird er als finster bezeichnet, und es heißt, daß er eine Art Menschenfeind gewesen sei; er wird auch geradezu *der weinende Philosoph* genannt. Im 60. Jahre soll er an Wassersucht gestorben und auf dem Markt in Ephesos begraben worden sein.
Herakleitos schrieb eine Schrift über *die Natur* (*περὶ φύσιος*), die er aus Menschenhaß im Tempel der Artemis niedergelegt haben soll. Wenn man der Überlieferung glauben darf, zerfiel dieselbe in 3 Abschnitte (*λόγοι*), von denen der 1. über das All (*λόγος περὶ τοῦ παντός*), der 2. über *Politik* (*λόγος πολιτικός*) und der 3. über *Theologie* (*λόγος θεολογικός*) handelte. Später scheinen die 3 Abschnitte mit Musennamen bezeichnet worden zu sein, entweder mit den helikonischen *Melete*, *Mneme* und *Aöde* oder mit den delphischen *Nete*, *Mese* und *Hypate*. Der Dialekt war der ionische, die Sprache war aber der Form und des Inhalts wegen schwer verständlich. Sokrates sagte, was er davon verstanden habe, sei vortrefflich, und von dem, was er nicht verstanden habe, glaube er, daß es ebenso sei, aber die Schrift erfordere einen delischen, d.h. tüchtigen Schwimmer. Wegen der Dunkelheit seiner Sprache bekam Herakleitos den Beinamen der *Dunkle* (*σκοτεινός*). Bruchstücke der Schrift sind auf uns gekommen. In einem derselben sagt er, offenbar im Hinblick auf Mythologie und Götterdarstellung, Homer verdiene, von den Festen der Hellenen vertrieben und mit Ruten geschlagen zu werden, und ebenso Archilochos. In einem andern meint er, daß Vielwissen keinen Verstand erzeuge; denn sonst hätte es bei Hesiod und Pythagoras, bei Xenophanes und Hekatäos solchen erzeugt. Man

sieht daraus, daß unser Philosoph nicht gerade bescheiden war; denn sich schrieb er jedenfalls Verstand zu. Die Briefe, die wir unter seinem Namen besitzen, sind gefälscht.

Herakleitos nahm das *Werden* als Prinzip aller Dinge an, wodurch seine Lehre in scharfen Gegensatz zu der Lehre der Eleaten von dem reinen Sein trat. Dazu bewog ihn ohne Zweifel die Wahrnehmung der immerwährenden Veränderungen in der Natur und Menschenwelt, des unaufhörlichen Wechsels von Entstehen und Vergehen. Nach ihm ist alles in ewigem Fluß, in ständiger Bewegung, immer absterbend und sich immer wieder erneuernd. In denselben Strom, sagt er, steigen wir hinab und steigen auch nicht hinab; denn man kann nicht zweimal in denselben Strom steigen, da er sich immer wieder zerstreut und sammelt, zugleich zu- und abfließt. Eine Ruhe, ein Beharren in einem Zustande gibt es also nicht, sondern alles ist in stetem Fluß (*πάντα ῥεῖ*). Die Folge davon ist, daß sich fortwährend Gegensätze bilden, die immer wieder harmonische Verbindungen mit einander eingehen. So ist alles Werden Ergebnis kämpfender Gegensätze oder, wie Herakleitos sagt, der Streit ist der Vater der Dinge. Als Symbol und Prinzip dieser Bewegung bezeichnet er das Feuer, nicht das gewöhnliche irdische, sondern das ewige lebendige Urfeuer, das sich nach Maßen entzündet und nach Maßen verlöscht. Aus diesem bildet sich durch allmähliches Erlöschen Wasser und dann Erde, aus der Erde durch Wiederentzünden Wasser und dann Feuer; das erstere nennt unser Philosoph den Weg nach unten, das andere den Weg nach oben. Daraus ergibt sich, daß sich die Welt in bestimmten Zeiträumen immer wieder in das ewige Urfeuer auflöst und aus demselben von neuem bildet. Mit diesem Urfeuer fällt aber die Gottheit oder das Weltgesetz zusammen. Da sich demnach das Göttliche stets in die Einzeldinge ergießt und unaufhörlich in die wechselnden Formen des Endlichen übergeht, so muß man den Herakleitos den Pantheisten beizählen. Auch die menschliche Seele ist ein Teil dieses göttlichen Urfeuers, und sie ist um so vollkommener, je reiner dieses Feuer ist; die trockenste Seele ist nach Herakleitos die weiseste und beste. Nach dem Tode kehrt dieselbe, wenn sie sich dessen würdig gezeigt hat, in das reinere Leben zurück; andernfalls kommt sie in den Hades. Das oberste Gesetz für das praktische Leben ist, sich in die Weltordnung zu fügen und dem Ganzen als nützliches Glied zu dienen; nur daraus entspringt die Zufriedenheit, die das Glück des menschlichen Lebens ausmacht.

10. Die Lehre des Herakleitos und der Eleaten, das Prinzip des Werdens und des Seins, sind augenscheinliche Gegensätze, beide gleich ungenügend, das All zu erklären, da man weder das Sein, noch das

Werden leugnen kann. Dies erkannten die *folgenden Philosophen*, und daher suchten sie einen Ausgleich beider Prinzipien herbeizuführen; zugleich widmeten sie einer Frage, die man bisher noch nicht gestellt hatte, ihre volle Aufmerksamkeit, nämlich worin der Grund des fortwährenden Werdeprozesses liege, woher es komme, daß alles werde. Wie sich *Empedokles von Agrigent* dies erklärte, haben wir oben gesehen. Hier bleibt nur noch die Betrachtung der *Atomisten*, des *Leukippos* und *Demokritos*, übrig.

11. Über *Leukippos* wird uns nichts Sicheres überliefert. Als seine Heimat wird Elea, Abdera und (Melos oder) Miletos angegeben. Seine Lebenszeit wird dadurch bestimmt, daß er Lehrer des Demokritos war. Er soll Schüler des Zenon gewesen sein; doch werden auch Parmenides, Melissos und selbst Pythagoras als seine Lehrer genannt. Daß er seine Lehre in einem Buch niederlegte, ist zwar nicht sicher, aber doch wahrscheinlich; jedoch läßt sich dieselbe von der seines berühmteren Schülers Demokritos nicht mehr unterscheiden.

12. *Demokritos*, der Sohn des Hegesistratos, Damasippos oder Athenokritos, war aus Abdera. Da er 40 Jahre jünger als Anaxagoras war, so ist er um 460 geboren. Er gehörte einer reichen Familie an, und man erzählte, er habe das väterliche Vermögen mit seinen Brüdern in der Weise geteilt, daß er das bare Geld nahm, während er seinen Brüdern das übrige Vermögen überließ. Zu seiner Ausbildung machte er große Reisen, vor allem nach Ägypten und Asien; auch in Athen hielt er sich eine Zeit lang auf. Als er wieder in seine Vaterstadt zurückgekehrt war, widmete er sich ganz seinen Studien. Darüber soll er die Verwaltung seines Vermögens vernachlässigt haben und deshalb von seinen Mitbürgern zur Verantwortung gezogen worden sein; allein durch Vorlesung eines Abschnittes aus seinen Werken habe er die Strafe von sich abgewendet. Ja, er erwarb sich die höchste Verehrung von seiten seiner Mitbürger; sie zeichneten ihn mit dem Beinamen *σοφία* (Weisheit) aus und sollen ihm sogar die Herrschaft angeboten haben, die er aber ausschlug. Eine der vielen Sagen, die sich an seinen Namen knüpfen, berichtet, daß er sich selbst geblendet habe, um nicht durch die Außenwelt im Nachdenken über die Natur gestört zu werden.

Demokrit war, was Scharfsinn und umfassendes Wissen anlangt, der bedeutendste Vorgänger des Aristoteles. Seine wissenschaftliche Tätigkeit war außerordentlich vielseitig; er schrieb über *Mathematik* und *Naturwissenschaft*, über *Ethik* und *Ästhetik*, über *grammatische und technische Gegenstände*. Seine Schriften, die in ionischem Dialekt abgefaßt waren und sich durch poetische Sprache und klare Darstellung auszeichneten, wurden von *Thrasyllos*, dem Hofmathematiker des Ti-

berius, in Tetralogien, d.h. in Gruppen zu je vier, eingeteilt; solcher Tetralogien waren es 15, jedoch scheint die Echtheit mancher dieser Schriften mit Grund angezweifelt zu werden. Am bemerkenswertesten ist die Schrift *über die Natur* (*περὶ φύσιος*) und *die große und kleine Weltordnung* (Diakosmos). Auf uns sind nur Bruchstücke gekommen. Außer den wissenschaftlichen Kenntnissen schrieb man dem Demokrit die Kunde der Mantik und Magie zu; selbst mit dem berühmten Arzt Hippokrates brachte man ihn in Zusammenhang. Sein Alter wird auf 90–100 Jahre und darüber angegeben. Den Untergang der achäischen Stadt Helike, die im J. 373 infolge eines Erdbebens in das Meer sank, erlebte er noch. Im Gegensatz zu Herakleitos wird er der *lachende Philosoph* genannt.
Die Atomisten haben ihren Namen von den *Atomen*, den Grundbestandteilen aller Dinge. Diese sind ihrem Wesen nach unveränderlich und unteilbar, ihrer Zahl nach unendlich, ihrer äußeren Gestalt, Größe und Schwere nach aber sehr verschieden von einander. Die Atome trennt der leere Raum (*τὸ κενόν*) von einander; dieser ist also ebenso real, wie die Atome selbst, oder, wie Demokrit sich ausdrückt, das Sein ist um nichts realer, als das Nichts. Indem die Atome im leeren Raum schweben, stoßen sie infolge ihrer verschiedenen Schwere und Gestalt aufeinander, und so entsteht eine Wirbelbewegung unter ihnen, infolge deren sie stets Verbindungen mit einander eingehen, eingegangene aber wieder auflösen. So erklärt sich das Entstehen und Vergehen der Einzeldinge, deren Verschiedenheit von der Verschiedenheit der Atome herrührt. Der letzte Grund der Bewegung und des Werdens liegt nach Demokrit in der Notwendigkeit (*ἀνάγκη*), die er auch Zufall (*τύχη*) genannt haben soll. Auch die Seele besteht aus Atomen, die fein, glatt und rund gleich denen des Feuers sind; ihre Bewegungen durchdringen den ganzen Körper und bringen so die Lebenserscheinungen hervor. Das System des Demokrit ist also durchaus materialistisch, insofern es kein anderes Sein als das körperliche kennt. Seine Sittenlehre ist eine Glückseligkeitslehre; Freud und Leid geben den Maßstab des Nützlichen und Schädlichen ab; der Mensch muß danach streben, das letztere von sich fernzuhalten, das erstere sich aber in möglichst reichlichem Maße zu verschaffen; je mehr er das kann, desto glücklicher ist er. Die Grundbedingung dazu ist die Gemütsruhe (*εὐθυμία*), zu der man nur durch Selbstbeherrschung und Unterdrückung der Leidenschaften gelangen kann.
13. Die Naturnotwendigkeit des Demokritos erwies sich zur Erklärung des Werdens ebenso unzureichend, wie die mythischen Mächte des Empedokles, Liebe und Haß. Am allerwenigsten konnte man daraus, wie Aristoteles bemerkt, die Zweckmäßigkeit, die überall in der

Natur herrscht, begreifen. Diesen Fehler, der nicht bloß von den Atomisten, sondern von allen bisherigen Philosophen gemacht wurde, vermied *Anaxagoras* dadurch, daß er den *zweckmäßig handelnden Geist* (*νοῦς*), der, von der Materie gesondert und über derselben stehend, weltbildend wirkt, in die Philosophie einführte. Damit stellte er dem materiellen Prinzip des Demokritos ein *ideelles* gegenüber, das sehr folgereich für die weitere Entwicklung der Philosophie wurde und zur Trennung der Physik von der Metaphysik führte. Daher erscheint er dem Aristoteles im Vergleich mit seinen Vorgängern, die nur Eitles gesprochen, als der einzig Nüchterne.

Anaxagoras, der Sohn des Hegesibulos (oder Eubulos), stammte aus einem reichen und vornehmen Geschlechte in Klazomenä, wo er um 500 geboren wurde. Wie Demokrit, soll auch er aus Liebe zur Wissenschaft sein Vermögen vernachlässigt und schließlich unter seine Angehörigen verteilt haben. Mit Staatsgeschäften gab er sich nicht ab; er betrachtete den Himmel als sein Vaterland und die Untersuchung der Gestirne als seine Aufgabe. Nach der Überlieferung kam er zur Zeit der Perserkriege als zwanzigjähriger junger Mann nach Athen, wo er zuerst mit Themistokles, dann mit Perikles innig befreundet war und mit Männern, wie Thukydides, Euripides und wohl auch Sokrates, verkehrte. Man erzählt, daß er hier wissenschaftliche Vorträge über die Natur und die Naturerscheinungen gehalten habe. Athen wurde von jetzt an Mittelpunkt der Philosophie. Um die Zeit des Beginns des peloponnesischen Krieges wurde er angeklagt, weil er nicht an die Götter des Staates glaube und den Sonnengott Helios für eine durchglühte Steinmasse halte. Mit den denkwürdigen Worten, nicht er habe Athen, sondern Athen habe ihn verloren, ging er nach Lampsakos, wo er bald darauf im Alter von 72 Jahren starb. Die Einwohner setzten ihm ein Denkmal und verehrten ihn als Heros; jedes Jahr an seinem Todestage wurde ihm zu Ehren ein Fest gefeiert.

Anaxagoras schrieb, abgesehen von einer zweifelhaften Schrift über *perspektivische Bühnenmalerei*, ein Buch *über die Natur* (*περὶ φύσιος*) in ionischem Dialekt, von dem noch Fragmente vorhanden sind. Er ging von denselben Voraussetzungen, wie Empedokles und die Atomisten, aus; auch nach ihm gibt es, streng genommen, kein Werden und Vergehen, sondern nur ein Gemischt- und Zersetztwerden. Was aber gemischt und zersetzt wird, das sind nicht die vier Elemente des Empedokles, auch nicht die der Qualität nach gleichartigen, der Quantität nach aber verschiedenen Atome, sondern Stoffe, die ihrer Beschaffenheit nach denen der Einzeldinge völlig gleich sind, z. B. Erde, Stein, Knochen, Fleisch, und daher von Anaxagoras *Samen* (*σπέρματα*), von Spätern *Homöomerien* (Gleichteilige) genannt werden; sie sind unend-

lich zahlreich, unendlich klein und vollständig durcheinander gemischt, natürlich ewig und unveränderlich. Neben und über diesen Urbestandteilen steht nach Anaxagoras der *Geist* (*νοῦς*), das Feinste und Reinste, das mit nichts anderem gemischt ist; er ist mit Denkkraft ausgestattet, handelt bewußt zweckmäßig, ist allmächtig und allwissend. Der Geist, selbst bewegungslos, setzt die unendliche Masse der Urbestandteile in eine unaufhörliche wirbelnde Bewegung. Dabei vereinigt sich das Gleichartige zu Gebilden, ohne jedoch das Fremdartige völlig auszuschließen; vielmehr ist in allem etwas von allem, und daher kann sich auch aus allem alles entwickeln. In den organischen Körpern, den Pflanzen, Tieren und Menschen, tritt zu dem materiellen Stoff noch ein Teil des Geistes, allerdings in vielfachen Abstufungen der Größe und Stärke, als Seele, die den Einzelkörper in derselben Weise belebt, wie der Geist im großen das Universum.
Wie man sieht, fällt dem *Geist* fast nur die Aufgabe zu, die Materie in Bewegung zu setzen und zu ordnen. Der Philosoph hat ihn nur da zu Hilfe genommen, wo er ohne ihn nicht auskommen konnte; alles andere erklärt er auf mechanischem Wege. Daher hat Aristoteles Recht, wenn er ihn mit einem *deus ex machina* vergleicht. Anaxagoras hat eben die Philosophie des Geistes erst begonnen, noch nicht systematisch durchgeführt und vollendet. Auch auf die Naturerklärung hat er sie nicht übertragen. Den Himmel hält er für eine feste, steinartige Masse, die der schnelle Umschwung am Herabfallen hindere; ebenso erklärt er die Sonne für eine durchglühte Steinmasse, die den Peloponnes an Größe übertreffe. Der Mond hat nach ihm Berge und Täler, wie die Erde, und ist ebenfalls bewohnt. In den Meteorsteinen sieht er glühende Massen, die vom Himmel oder von der Sonne herabfallen. Ähnlich sind die andern Erklärungen, die er von Himmelskörpern oder Naturerscheinungen gibt. Nur das ist zum Schluß noch beizufügen, daß er die Überschwemmungen des Nils vom Schmelzen des Schnees auf den äthiopischen Gebirgen herrühren läßt.

46. Kapitel

Die Sophisten

1. Mit Anaxagoras schließt die erste Periode der griechischen Philosophie, die man die *realistische* nennen kann, ab; denn dieser zog zur Erklärung des Alls außer der Materie den Geist bei und stellte diesen über die Materie. Dieser Gedanke wurde von den Nachfolgern sofort aufgegriffen und weiter entwickelt, allerdings zunächst in der Weise, daß an die Stelle des *Weltgeistes*, den Anaxagoras meinte, der *Men-*

schengeist, ein Ausfluß aus jenem, gesetzt wurde. So wurde dieser zur Herrschaft über die Dinge berufen und übte anfangs, gerade als ob er sich in seine Rolle noch nicht recht finden könnte, eine etwas tolle Willkürherrschaft aus. An die Stelle der früheren Objektivität trat jetzt die *Subjektivität;* man betrachtete die Dinge nicht mehr als das gegebene Feste und Sichere, von dem das Denken und die Erkenntnis ausgehen müsse, sondern jeder einzelne hielt sich für berechtigt, die Dinge für das auszugeben, als was sie ihm gerade erschienen; eine objektive Wirklichkeit, eine allgemein gültige Wahrheit gab es nicht. Auch hierin war von der Philosophie vorgearbeitet worden; die Eleaten hatten ja die Erscheinungswelt völlig geleugnet, Herakleitos hatte ewigen Wechsel und stete Veränderung der Dinge gelehrt, und wiederholt waren die menschlichen Sinne der Täuschung und Unzuverläßigkeit beschuldigt worden.

2. Diejenigen, die diesen *Subjektivismus* zu ihrem Prinzipe machten, waren die *Sophisten*, keine eigentlichen Philosophen, sondern Lehrer der Weisheit und Wissenschaften. Sie wandten sich mit den Waffen ihres Geistes gegen alles Bestehende, gegen Religion und Glauben, gegen staatliche Einrichtungen und Gesetze, gegen Sitten und Herkommen, um sie zu untergraben und zu Fall zu bringen. Man kann ihre Wirksamkeit wohl am besten mit der Aufklärung am Ende des vorigen Jahrhunderts vergleichen, und gerade wie damals, war auch zur Zeit der Sophisten der Boden für diese auflösenden, alles zersetzenden Lehren wohl vorbereitet. Der Glaube an die alten Götter war unter der Einwirkung der Philosophie ins Wanken geraten; die frühere Zucht und Ordnung war aus dem privaten und politischen Leben verschwunden; die guten Eigenschaften waren durch schlechte verdrängt worden, und besonders das moralische Gefühl und sittliche Bewußtsein hatte einen heftigen Stoß erlitten; die Selbstsucht und das persönliche Interesse hatte die Oberhand. Man sieht die innigen Wechselbeziehungen, die zwischen den Sophisten und ihrer Zeit bestanden; wie diese auf ihre Zeit einwirkten, so wurden sie auch wieder von ihrer Zeit beeinflußt.

3. Übrigens würde man den Sophisten Unrecht tun, wenn man ihre Tätigkeit nur als eine schädliche und entsittlichende hinstellen wollte, ohne auf die *kulturgeschichtliche* Bedeutung, die dieselben hatten, hinzuweisen. Die Sophisten waren es, die zuerst das Recht der *freien Forschung* und *persönlichen Überzeugung*, also das Recht der Subjektivität, aussprachen und ausübten; nur das erkannten sie als wahr an, was sich ihrem Denken als wahr erwies. Auch um die *Wissenschaften* haben sie sich große Verdienste erworben, indem sie dieselben teils weiter entwickelten, teils unter den Leuten verbreiteten und so die

allgemeine Bildung hoben und förderten. Vor allem war es *Grammatik* und *Sprache*, und hier wieder die *Prosa*, deren Ausbildung sie ihre größte Aufmerksamkeit widmeten, allerdings zunächst im eigenen Interesse, um durch ihre Rede auf die Menge zu wirken, aber nichtsdestoweniger wurden sie dadurch die eigentlichen Schöpfer der Prosa und die Urheber der Beredsamkeit. Daher kam es, daß bedeutende Männer, wie z.B. Sokrates, Vorträge von Sophisten besuchten und andere dazu aufforderten.

4. Die *Kenntnisse* der Sophisten waren außerordentlich vielseitig; sie erstreckten sich über alle Zweige des damaligen Wissens; aber sie dienten fast ausschließlich den Anforderungen und Bedürfnissen des wirklichen Lebens, die jetzt anderer Art waren, als früher. Früher reichte gewöhnlich vornehme Abstammung oder Reichtum in Verbindung mit einem gewissen Maße natürlicher Anlagen hin, um dem Besitzer Macht und Einfluß zu verleihen; jetzt brauchte man dazu eine tüchtige geistige Ausbildung und besondere technische Kenntnisse, besonders Redegewalt. Daher strömten alle, welche eine höhere Stellung im Staate einnehmen wollten, zu den Sophisten, um sich bei diesen die dazu nötigen Fähigkeiten zu erwerben. Der eine Sophist war Meister in diesem, der andere in jenem Fache; darin aber stimmten alle überein, daß sie ein besonderes Gewicht auf die *Rede* legten; denn diese war damals allmächtig. Diese starke Betonung der Form hatte ein Zurücktreten des Inhaltes zur Folge, und wenn man weiter hört, daß die Sophisten dasselbe Thema immer wieder von einer andern Seite behandelten, daß sie über jede Sache in gleich überzeugender Weise *für* und *wider* sprechen konnten, daß sie erklärten, auch ohne sachliche Kenntnis über einen Gegenstand überzeugend sprechen zu können, daß sie endlich über die unbedeutendsten Dinge die glänzendsten Reden hielten, so wird man es begreifen, wenn ihnen Scheinweisheit, Lug und Trug vorgeworfen wurde. Dazu kam noch die mit der Verbreitung der Wissenschaften notwendig verbundene Verflachung derselben, ferner die schlimmen Folgen, die der Unterricht der Sophisten bei manchem Schüler gehabt haben mag, endlich die Forderung von Honorar für den Unterricht, was in den Augen der damaligen Griechen äußerst anstößig war, ganz abgesehen davon, daß es gewiß mancher mehr auf das Geld als auf die Ausbildung seiner Schüler abgesehen hatte, um der Bezeichnung Sophist, die früher für ehrenvoll galt, die schlimme Nebenbedeutung zu geben, die ihr heute noch anhaftet.

5. Die bedeutendsten Sophisten sind *Protagoras* und *Gorgias;* da der letztere seine Hauptstärke in der Rhetorik hat, so werden wir ihn dort behandeln. *Protagoras*, der Sohn des Artemon oder Mäandrios aus

Abdera, wurde um 480 v. Chr. geboren. Unglaublich ist die Nachricht, daß er ein Schüler des Demokritos gewesen sei. Seit seinem 30. Jahre reiste er nach Art der Sophisten in den großen Städten Griechenlands, Unteritaliens und Siziliens umher, hielt Vorträge (ἐπιδείξεις) und erteilte gegen Honorar, dessen Höhe, vielleicht infolge einer Verwechslung, auf 100 Minen (etwa 7900 M.) angegeben wird, Unterricht. Nach andern überließ er es seinen Schülern, wenn der Unterricht zu Ende war, den Preis des Gelehrten selbst zu bestimmen, vielleicht jedoch nur in dem Fall, wenn dem Schüler das ausbedungene Honorar zu hoch vorkam. Wiederholt und längere Zeit hielt er sich in Athen auf, wo er im Hause des reichen Kallias einkehrte; auch mit Perikles und Euripides war er befreundet, und wenn es wahr ist, daß er für die neugegründete Kolonie Thurii in Unteritalien Gesetze schrieb, so darf man auch darin einen Beweis der Freundschaft des Perikles erblicken. Später mußte er aus Athen fliehen, da er der Gottlosigkeit angeklagt wurde, nach den einen von Euathlos, nach andern von Pythodoros; denn er begann eine seiner Schriften mit den Worten: *Von den Göttern kann ich nicht wissen, ob sie sind, oder ob sie nicht sind; denn vieles hindert mich daran, dies zu wissen, sowohl die Unklarheit der Sache, als die Kürze des menschlichen Lebens.* Er wollte sich nun nach Sizilien begeben; allein bei der Überfahrt soll er im Alter von 70 Jahren ertrunken sein, ein Beweis dafür, daß sich die Götter nicht spotten lassen. Seine Schriften wurden in Athen auf dem Markte verbrannt.

Protagoras verfaßte viele *Schriften* in ionischem Dialekt; auf uns sind aber nur wenige Bruchstücke gekommen. Auf den *Unterricht* bezog sich wohl das Buch über die *Wissenschaften* (περὶ τῶν μαθημάτων); *ethischen Inhalts* waren die Schriften über die Tugenden (περὶ ἀρετῶν), über den *Ehrgeiz* (περὶ φιλοτιμίας), über die *unrechten Handlungen der Menschen* (περὶ τῶν οὐκ ὀρθῶς τοῖς ἀνθρώποις πρασσομένων προστακτικός); die Abhandlung über die *Unterwelt* (περὶ τῶν ἐν Ἄιδου) war vermutlich gegen Homers Nekyia gerichtet. Das Hauptwerk des Protagoras aber war eine Schrift, die bald den Titel *Wahrheit* (ἀλήθεια), bald *Widerlegung* (ἀντιλογίαι oder ἀντιλογικά), bald *Kataballontes*, bald *große Schrift* (μέγας λόγος) führt und in 2 Bücher zerfiel. Sie handelte über die Götter und die Natur, über den Staat und über Künste und war so eingerichtet, daß sie einen Satz aufstellte, bewies und widerlegte, dann einen zweiten, dritten usw. Platon soll dieselbe in seinem Staate benutzt haben.

In seiner *Lehre* ging Protagoras von der Annahme des *Herakleitos* aus, daß alles sich in einem beständigen Fluße befinde. Daraus leitete er den Satz ab, daß *der Mensch das Maß aller Dinge sei, der seienden, daß sie seien, und der nichtseienden, daß sie nicht seien.* Diesen Satz bezog er auf den Einzelmenschen und gestand so diesem die Entscheidung über das Seiende und Nichtseiende zu. Nach ihm sind für den einzelnen alle Dinge so, wie sie ihm gerade in dem ununterbrochenen Flusse erscheinen; das Urteil über Wahrheit und Unwahrheit ist daher rein subjektiv. Da nun aber bei dem ständigen Wechsel aller Dinge dieselbe Sache nicht allen Menschen in derselben Weise, ja nicht einmal ebendemselben Menschen immer in der gleichen Weise erscheint, so wird der eine über dieselbe diese, der andere jene, ja ebenderselbe zu verschiedenen Zeiten verschiedene Ansichten haben; eine objektive Wahrheit gibt es nicht. Daraus ergibt sich als Grundsatz für das praktische Leben und Handeln, daß jeder in jedem einzelnen Fall unter den vielen möglichen Auffassungen gerade die auswähle, die ihm am vorteilhaftesten ist, und auch die andern dazu zu überreden und zu bestimmen suche.

Man sieht, welche wichtige Rolle nach dieser Lehre der Kunst zu überreden, der *Beredsamkeit* zufällt. Daher wandte Protagoras auch der sprachlichen Ausbildung seiner Schüler sein Hauptaugenmerk zu. Er unterschied zuerst das *Geschlecht der Substantive* und die Aussageformen, nämlich *Optativ* (εὐχωλή), *Frage* (ἐρώτησις), *Aussage* (ἀπόκρισις) und *Imperativ* (ἐντολή), und stellte bestimmte Regeln über die *Sprachrichtigkeit* (ὀρθοέπεια) auf, in denen er seine Schüler unterwies. Dann übte er sie im *Disputieren*, indem er ihnen Themen vorlegte, über die sie *für* und *wider* sprechen mußten. Damit hängt der Vorwurf zusammen, den man ihm machte, daß er seine Schüler lehre, der schlechteren Sache zum Sieg über die bessere zu verhelfen, d.h. Unrecht an die Stelle des Rechts zu setzen (*τὸν ἥττω λόγον κρείττω ποιεῖν*). Außerdem werden auf ihn die *Gemeinplätze* (*κοινοὶ τό*) zurückgeführt, d.h. die rhetorische Behandlung lobens- und tadelnswerter Handlungen und Gegenstände allgemeiner Natur, die man an passenden Stellen in die Reden einschob. Wegen seiner Tüchtigkeit als Redner erhielt er den Beinamen *λόγος* (Rede); dagegen scheint der Beiname *σοφία* (Weisheit) auf einer Verwechslung mit Demokritos zu beruhen. Wenn er ferner *Tugendlehrer* genannt wird, so muß man sich erinnern, daß unter Tugend vorzugsweise die Tüchtigkeit im praktischen und politischen Leben verstanden wird. Das Leben des Protagoras scheint in sittlicher und moralischer Hinsicht untadelig gewesen zu sein.

6. Neben Protagoras und Gorgias sind *Prodikos* und *Hippias* zu nennen. Der *erstere* stammt von der Insel Keos. Er ist etwas jünger als Protagoras und etwas älter als Sokrates, aber trotzdem kein Schüler des Protagoras oder Gorgias, wie die Überlieferung sagt. Er kam öfter als Gesandter nach Athen, wo er auch gegen Bezahlung öffentliche Vor-

träge hielt und Unterricht erteilte; selbst Sokrates hörte ihn und empfahl seinen Unterricht andern. Dieser war, wie der des Protagoras, *grammatisch-sprachlicher* Natur und besonders waren es die *Synonyma*, mit deren Unterscheidung er sich eingehend befaßte; damit steht auch die Forderung in Zusammenhang, man solle über eine Sache keine lange und keine kurze Rede halten, sondern nur soviele Worte machen, als notwendig sei; nach beiden Seiten hin hat er auf die Weiterbildung der Prosa großen Einfluß ausgeübt. Seine Themata wählte er mit Vorliebe aus dem Gebiet der *Ethik* und *Moral;* es waren hauptsächlich Anleitungen zu einem richtigen, guten Leben, in denen sich nicht nur ein großer sittlicher Ernst, sondern auch eine reiche Lebenserfahrung kundgab. Ein Beispiel ist der *Herakles am Scheidewege*, der in einer *Jahreszeiten* (ὧραι) betitelten Schrift enthalten war. Von seiner Berühmtheit legt das Sprichwort: *weiser als Prodikos* Zeugnis ab. Wenn man ihn aber geradezu als Vorgänger des Sokrates bezeichnet hat, so geht dies doch wohl zu weit.

7. Ein Zeitgenosse des Prodikos war *Hippias aus Elis*, den seine Mitbürger ebenfalls als Gesandten verwandten. Auch er hielt in verschiedenen Städten Siziliens und Griechenlands für Geld Vorträge und erteilte Unterricht. Aber sein Unterricht war von dem des Protagoras und Prodikos insofern verschieden, als er den Hauptnachdruck auf den Inhalt legte. Hippias verfügte über ein außerordentlich umfangreiches Wissen; er sprach über *Astronomie*, *Geometrie*, *Arithmetik*, *Musik*, *Geschichte* und *Archäologie;* dabei kam ihm sein vortreffliches Gedächtnis sehr zustatten. Außerdem besaß er *technische Fertigkeiten;* so soll er z.B. in Olympia in Kleidungsstücken aufgetreten sein, die er alle selbst verfertigt hatte. Dies schmeichelte seiner Eitelkeit sehr, wie er denn überhaupt als der eitelste unter den eitlen Sophisten dargestellt wird. Unter seinen Schriften, von denen wir nur wenige Bruchstücke haben, befand sich ein Werk in attischem Dialekt, das den Titel *συναγωγή* getragen zu haben scheint, ein Sammelwerk ganz verschiedenen Inhalts aus poetischen und prosaischen Schriftstellern. In dialogischer Form war sein *Τρωικὸς διάλογος* abgefaßt, in welchem Nestor dem jungen Neoptolemos Lehren gibt, wie er sein Leben führen soll. Auch ein *Verzeichnis der olympischen Sieger* wird von ihm erwähnt, sowie ein *Epigramm*.

47. Kapitel

Sokrates und die Sokratiker

1. Die Sophisten sprachen zuerst das Recht der Subjektivität aus; allein sie faßten den Begriff Subjektivität nicht richtig, indem sie darunter das Einzelwesen verstanden. Denn nicht das Einzelwesen für sich nach seinem persönlichen Dafürhalten und Belieben kann über Wahrheit und Unwahrheit bestimmen, sondern nur als Teil des großen Ganzen in Übereinstimmung mit der Allgemeinheit. Das Denken des Einzelnen kann nur dann Anspruch auf allgemeine Gültigkeit erheben, wenn es mit dem Denken der Gesamtheit übereinstimmt. In diesem Falle trifft aber die Subjektivität mit der Objektivität zusammen; das Einzelwesen repräsentiert das Ganze, die Allgemeinheit. Diese allgemeine, objektive Subjektivität nun an die Stelle der Einzelsubjektivität gesetzt zu haben, ist das große Verdienst des *Sokrates*, der damit die *Philosophie des objektiven Gedankens* begründet hat.

Sokrates, der Sohn des Bildhauers Sophroniskos und der Hebamme *Phänarete*, war im J. 469 v. Chr. im Demos Alopeke in Attika geboren. Er erlernte die Kunst seines Vaters und soll die drei bekleideten Chariten angefertigt haben, die auf der Akropolis in Athen standen. Dieser Beruf befriedigte ihn aber nicht, vielmehr trieb ihn ein innerer Drang zur Philosophie. Ob er dabei den Unterricht von Lehrern benutzte und welcher, läßt sich nicht mit Sicherheit bestimmen. In der Musik soll ihn Damon unterwiesen haben; außerdem werden als seine Lehrer Anaxagoras, Archelaos, Protagoras, Prodikos, Hippias, Parmenides, Zenon, ja selbst Aspasia und Diotima genannt. Besondere Kenntnisse soll er in der Geometrie besessen haben. Reisen in andere Städte machte er nicht; er verließ Athen nur, um im peloponnesischen Kriege bei Potidäa, Delion und Amphipolis mit den Waffen seinem Vaterland zu dienen, und ein anderes Mal, um die isthmischen Spiele zu besuchen. Im Felde zeigte er sich tapfer und unerschrocken; bei Potidäa rettete er dem Alkibiades das Leben. Ebenso mutig war er dem Volk und den Dreißig gegenüber. Im J. 406, als die Anklage gegen die Feldherrn, die bei den Arginusen die Toten nicht aufgefischt hatten, vor dem Volke zur Verhandlung kam, widersprach er als Vorsitzender des Rates allein der Verurteilung, und auch den Dreißig bot er Trotz, die ihm mit vier andern auftrugen, den Leon aus Salamis gefangen zu nehmen; denn während die vier dem Befehle aus Furcht nachkamen, ging er ruhig nach Hause. Von dem politischen Leben seiner Vaterstadt hielt er sich fern und widmete seine ganze Zeit der Erziehung und Bildung seiner Mitbürger, besonders der Jugend, die mit großer Verehrung an ihm hing. Von seinem häuslichen Leben erfahren wir, daß er mit Xanthippe verheiratet war und drei Kinder hatte. Doch scheint seine Ehe keine besonders glückliche gewesen zu sein, selbst wenn man in Anschlag bringt, daß die Bösartigkeit der Xanthippe, die sprichwörtlich geworden ist, mit der Zeit stark übertrieben wurde; keinesfalls ist Sokrates vollständig frei von Schuld, da er über seiner öffentlichen Lehrtätigkeit sein Hauswesen allzu sehr vernachlässigte.

Die Art, wie Sokrates aus dem Leben schied, ist allgemein bekannt. Er wurde von dem Dichter *Meletos*, dem Volksführer Anytos und dem Redner *Lykon* angeklagt, daß er nicht an dieselben Götter, wie der Staat, glaube, sondern neue Gottheiten einführe und die Jugend verderbe. Fragt man, wie dies bei einem so frommen, gerechten und tugendhaften Manne möglich war, so darf man nicht übersehen, daß ihm schon die Art und Weise, wie er überall mit einem jeden Gespräche anknüpfte und ihn der Unkenntnis überführte, viele Feinde machte. Außerdem merkten die Athener, durch das äußere Auftreten des Sokrates getäuscht, den großen Unterschied nicht, der zwischen ihm und den Sophisten bestand; stellte ihn doch sogar Aristophanes in den *Wolken* als Vertreter der Sophistik dar. Die Sophisten aber machte man für das Unglück und die Sittenverschlechterung im Staate verantwortlich, und man dachte dabei um so eher an Sokrates, als Alkibiades und Kritias, die daran einen großen Anteil hatten, Schüler desselben gewesen waren und Sokrates selbst bei jeder Gelegenheit sich gegen die athenische Demokratie für die spartanischen oligarchischen Einrichtungen aussprach, die seit der Zeit der Dreißig in Athen aufs höchste verhaßt waren. Auch die Gottesleugnung war ein Vorwurf, den man den Sophisten machte, und die Ankläger hatten dafür bei Sokrates den Anhalt, daß er öfter von seinem *Dämonion* sprach. Er verstand darunter eine Art Ahnung, eine innere Stimme, die ihn oft, wie er sagte, von der Ausführung einer Sache abhielt, nie aber zu etwas antrieb. Wie weit dies aber von der Einführung neuer Götter verschieden war, sieht jeder.

Obgleich die Anklagepunkte nur schlecht oder gar nicht begründet waren, wurde Sokrates doch zum Tode verurteilt, teils aus den angeführten Gründen, teils wegen der Art seines Auftretens vor Gericht. Anstatt sich mit Bitten an die Richter zu wenden, wie die Angeklagten sonst zu tun pflegten, vertrat er mit großem Freimut und edlem Selbstbewußtsein seine gerechte Sache. Trotzdem wurde er nur mit 3–6 Stimmen Majorität schuldig gesprochen. Als er aber bei Festsetzung der Strafe für sich Speisung im Prytaneion beantragte und schließlich, nur um der Form zu genügen, sich zur Zahlung von 30 Minen (etwa 2400 M.) verstand, mußten die Richter darin eine Verspottung erkennen, und daraus erklärt es sich, daß ihn 80 Stimmen mehr zum Tode verurteilten, als ihn schuldig gesprochen hatten. Bis zur Vollstreckung des Urteils vergingen noch 30 Tage, die er im Gefängnis in Gesprächen mit seinen Schülern und Freunden, besonders über die Unsterblichkeit der Seele, hinbrachte. Zur Flucht aus dem Gefängnisse konnte er sich, trotzdem ihm die Möglichkeit dazu geboten war, nicht entschließen, da er dieselbe für gesetzwidrig hielt. So trank er im J. 399, 70 Jahre alt, den Schierlingsbecher, ein Märtyrer seiner Überzeugung. Man erzählt, die Athener hätten bald darauf über die Hinrichtung ihres weisesten und besten Mitbürgers Reue empfunden und seine Ankläger ebenfalls mit dem Tode bestraft; allein diese Erzählung scheint keinen Glauben zu verdienen.

Sokrates hat nichts Schriftliches hinterlassen; was wir über seine *Lehre* wissen, erfahren wir von seinen Schülern, an erster Stelle von Xenophon und Platon. Jedoch ist der Sokrates, den diese beiden schildern, nicht derselbe. Daher erhebt sich die Frage, wessen Schilderung der historischen Wahrheit näher kommt, die des Xenophon oder die des Platon, eine Frage, deren Beantwortung mehr zugunsten des erstern ausfallen wird. Denn Xenophon hatte nicht nur den guten Willen, ein naturgetreues Bild seines Lehrers zu entwerfen, sondern ohne Zweifel auch die Fähigkeit dazu, wenn er auch den geistigen Gehalt desselben nicht in seiner ganzen Tiefe erfaßte. Dagegen idealisiert der philosophisch beanlagte Platon den Sokrates und legt ihm vieles in den Mund, an das jener gewiß noch nicht dachte.

Sokrates setzte an die Stelle des subjektiven Ichs der Sophisten, des Meinens und Beliebens des Einzelnen, das *objektive Ich*, *das vernünftige Denken*, das bei allen vernünftigen Menschen dasselbe ist. So hatte er einen festen Grund für seine Philosophie. Diese beschäftigte sich nicht mit der Naturforschung, wie früher, ja Sokrates ging nicht einmal spazieren, weil man von Bäumen und Gegenden nichts lernen könne; ihr Gegenstand war einzig und allein der *Mensch*. Sokrates hat, wie Cicero sagt, die Philosophie zuerst vom Himmel herabgeholt, ihr ihren Sitz in den Städten angewiesen, sie in die Häuser eingeführt und gezwungen, über Leben und Sitten, Gutes und Böses Untersuchungen anzustellen. Das eigentliche Gebiet der sokratischen Philosophie ist also die *Ethik*. Dieselbe geht von der Selbstprüfung und Selbsterkenntnis aus, und Sokrates glaubt, das delphische Orakel habe ihn nur deshalb für den weisesten erklärt, weil er wisse, daß er nichts wisse, während die andern, die ebensowenig wüßten, wie er, sich trotzdem einbildeten, etwas zu wissen. Daher beabsichtigt er bei seinen philosophischen Gesprächen in den andern immer zuerst die Überzeugung zu wecken, daß sie das, was sie zu wissen glauben, in Wirklichkeit nicht wissen. Dies ist die *sokratische Ironie* (*εἰρωνεία*). Ist dadurch der Boden für die Belehrung geebnet, so wendet er die *Mäeutike*, die Hebammenkunst, an, d.h. er sucht durch angemessene Fragen das wahre Wissen aus den andern herauszulocken. Dazu bedient er sich in der Regel der *Induktion*, die aus gegebenen Beispielen das Allgemeine und Wesentliche heraussucht und so allgemein gültige *Begriffe* und *Definitionen* bildet, wie z.B. den Begriff Tapferkeit aus mehreren konkreten Beispielen von Tapferkeit. Auf diesen Begriffen und Definitionen beruht das Wissen und somit die *Tugend;* denn dem Sokrates ist Tugend Wissen. Daher ist die Tugend auch nur eine und lehrbar; wer die Tugend gelernt hat, muß sie auch üben; denn niemand tut freiwillig etwas Böses; ja, nach der Meinung des Sokrates ist derjenige, der wissentlich Böses tut, besser, als wer unwissend Gutes tut; denn der letztere besitzt keine Tugend, während der erstere sich nur vorübergehend gegen dieselbe vergehen würde, wenn es überhaupt denkbar wäre, daß einer, der das Gute weiß, es nicht täte, sondern das Böse vorzöge. Aristoteles rühmt als besondere Verdienste des Sokrates, daß er die Methode der Induktion und die begriffsmäßigen Definitionen aufbrachte, die beide die Grundlage der Wissenschaft bilden.

2. Nach dem Tode des Sokrates erwiesen sich manche Schüler dem Lehrer gegenüber dadurch dankbar, daß sie die Unterhaltungen und Gespräche, die sie von demselben noch in der Erinnerung hatten, aufzeichneten. Auf diese Weise entstanden die *sokratischen Gespräche* (*λόγοι Σωκρατικοί*), deren es in der alexandrinischen Zeit viele gab. Der erste, der solche schrieb, war nach Aristoteles *Alexamenos von Teos*, über den wir nichts Näheres wissen. Dann wird der athenische Schuster *Simon* genannt, in dessen Werkstätte Sokrates öfter gekommen sein soll; den Namen desselben trugen 33 Dialoge, die man *Schusterdialoge* (*σκυτικοὶ διάλογοι*) betitelte. Ferner hatte man 17 Dialoge des Atheners *Kriton*, 9 des Atheners *Glaukon*, 23 des Thebaners *Simmias* und 3 des Thebaners *Kebes*. Alle diese Schriften, deren Inhalt Gegenstände der Moralphilosophie bildeten, sind verloren; nur unter dem Namen des *Kebes* hat sich eine kleine Schrift, *Gemälde* (*πίναξ*) betitelt, erhalten; sie schildert den Weg zur Tugend und den Weg zum Laster, stammt aber aus späterer Zeit. Ja, der Stoiker *Panätios*, der Freund des Lälius und jüngern Scipio, erklärt alle erwähnten Dialoge für unecht, und auch hinsichtlich der Dialoge des *Phädon von Elis*, der als Stifter der elischen Philosophenschule gilt, ist er im Zweifel. Nur zwei, *Simon* und *Zopyros*, der erstere nach dem Schuster *Simon* genannt, der letztere nach dem Physiognomiker *Zopyros*, der den Sokrates nach seiner Gesichtsbildung für beschränkt und wollüstig erklärte, galten für echt.

3. Als echt werden auch die Dialoge des *Platon*, *Xenophon*, *Antisthe-*

nes und *Äschines* anerkannt. Von *Xenophon* haben wir schon gesprochen. *Äschines* war der Sohn des Wurstlers Charinos, nach andern richtiger des Lysanias aus Athen; zum Unterschied von seinen Namensvettern nennt man ihn gewöhnlich den *Sokratiker*. Er war in äußerst dürftigen Verhältnissen, die ihn zwangen, Schulden zu machen und noch Schlimmeres zu tun. Nach dem Tode des Sokrates hielt er sich längere Zeit bei dem ältern Dionysios von Syrakus auf, mit dem ihn sein Mitschüler Aristippos bekannt machte; man erzählt, daß er demselben einige seiner Dialoge überreicht habe und dafür von ihm reichlich beschenkt worden sei. Später finden wir ihn wieder in Athen, wo er als Logographos um Geld für andere Reden schrieb und vielleicht auch Unterricht erteilte.

Von den unter dem Namen des Äschines umlaufenden *Dialogen* galten 7 für echt. Man rühmte an ihnen nicht nur die Schönheit und Natürlichkeit der Sprache, die Kunst und Lebendigkeit der dramatischen Gestaltung, sondern vor allem auch die Treue, mit der er die Person des Sokrates zur Darstellung brachte. Daher stellte man dieselben mit den Dialogen des Platon zusammen, und Menedemos von Eretria sagte, sie seien von Sokrates selbst verfaßt und von Xanthippe dem Äschines übergeben worden. Manche legten ihm auch die sog. *kopflosen Dialoge* (ἀκέφαλοι) bei, die ihren Namen vermutlich davon erhielten, daß sie keine Einleitung hatten. Sehr unwahrscheinlich ist aber die Vermutung neuerer Gelehrten, daß die unechten platonischen Dialoge *Axiochos*, *Eryxias* und *über die Tugend* von Äschines seien; sie verraten keine der Eigenschaften, die an diesem gelobt werden. Wir haben nur wenige Bruchstücke von ihm.

4. Neben diesen Männern, die bei Abfassung ihrer Schriften nur den Zweck verfolgten, ein anschauliches Bild von der Persönlichkeit und Wirksamkeit des Sokrates zu entwerfen, gab es auch solche, die es sich angelegen sein ließen, die Philosophie ihres Lehrers weiter zu entwikkeln. Allein sie sind, abgesehen von Platon, nicht imstande, dieselbe voll und ganz zu erfassen, sondern wählten sich immer nur *eine* Seite derselben zur Weiterbildung aus. Daher nennt man sie die *unvollkommenen* oder *einseitigen Sokratiker*.

Unter diesen ist zunächst *Antisthenes* aus Athen zu nennen, dessen Mutter eine thrakische Sklavin war. Dieser war zuerst Schüler des Gorgias, schloß sich aber dann an Sokrates an, bei dem er bis zu dessen Tode treu ausharrte; ja, er soll sogar die Ankläger desselben vor Gericht zur Rechenschaft gezogen haben. Seine Verhältnisse waren dürftig, und dieser Umstand scheint nicht ohne Einfluß auf seine Philosophie geblieben zu sein. Wie Sokrates, so erklärte auch er, daß das Glück des Lebens auf der *Tugend*, die auch nach ihm einheitlich, ein

Wissen und lehrbar ist, beruhe. Allein er ging über seinen Meister hinaus, insofern er in Abrede stellte, daß man außer der Tugend noch etwas anderes, seien es nun äußere oder geistige Güter, zum glücklichen Leben bedürfe. Die Folge war Vernachlässigung aller geistigen Bildung und Anempfehlung möglichst großer Bedürfnislosigkeit. Diese Lehren trug Antisthenes in dem Gymnasium Kynosarges vor, das für solche Athener bestimmt war, die nicht das volle Bürgerrecht besaßen. Von diesem Versammlungsort erhielten seine Schüler den Namen *Kyniker*, in dem man bald eine Anspielung auf ihre Lebensweise erkannte; außerdem erwählten dieselben den Herakles, dessen Standbild sich in der Nähe des Gymnasiums befand, zu ihrem Schutzpatron, da auch dieser frei von Bedürfnissen nach der Tugend strebte und immer im Kampf mit dem Schlechten lag.

Antisthenes hat im Widerspruch mit seiner Lehre, welche die Wissenschaft verschmähte, viele *Schriften* geschrieben. Dieselben zerfielen in 10 Abteilungen und waren teils philosophischen, teils rhetorischen Inhalts; zu den letzteren gehören auch die *Dialoge;* andere beschäftigten sich mit *Homer*, den er allegorisch erklärte, und mit dem Elegiker *Theognis*. Sie werden nach Inhalt und Form sehr gelobt; doch sollen sie etwas zu schmähsüchtig gewesen sein. Auf uns sind nur wenige Bruchstücke gekommen; dagegen haben wir unter dem Namen des Antisthenes noch zwei *Reden* von zweifelhafter Echtheit, die den Streit behandeln, der sich zwischen Aias und Odysseus um die Waffen des Achilleus entspann. Antisthenes soll im Alter von 70 Jahren gestorben sein.

5. Die Lehren des Meisters von der Wertlosigkeit der Wissenschaft und von der Bedürfnislosigkeit übertrieb der Schüler *Diogenes aus Sinope* so sehr, daß er selbst den Anstand und die gute Sitte verletzte. Er war der Sohn des Bankiers Hikesias; da er aber mit seinem Vater, wie man erzählte, auf Falschmünzerei ertappt wurde, so mußte er aus seiner Heimat fliehen und hielt sich dann bald in Athen, bald in Korinth auf. Als Antisthenes alle seine Schüler fortschickte, war er der einzige, der sich nicht einmal mit dem Stocke vertreiben ließ. Auf einer Reise soll er Seeräubern in die Hände gefallen und von ihnen an den Korinthier Xeniades verkauft worden sein, der ihn als Lehrer seiner Söhne benutzt habe. Bekannt ist seine Unterredung mit Alexander dem Großen, den er um nichts bat, als ihm aus der Sonne zu gehen, worauf dieser voll Verwunderung ausgerufen haben soll: *»Wahrlich, wäre ich nicht Alexander, so möchte ich Diogenes sein.«* Überhaupt war Diogenes wegen seiner treffenden und witzigen Antworten berühmt. Sprichwörtlich ist das Faß geworden, in dem er sich aufgehalten haben soll, und auch das ist nicht unbekannt, daß Platon denselben

wegen seiner Lebensweise einen *toll gewordenen Sokrates* nannte. Schriften hat er nicht hinterlassen; die *Diatribä*, und was sonst noch unter seinem Namen erwähnt wird, waren nicht *von* ihm, sondern *über* ihn und bezweckten nur die Verbreitung seiner Lehre. Er starb in hohem Alter in Athen, angeblich an demselben Tage, wie Alexander der Große.

6. Der Schüler des Diogenes war *Krates von Theben*, über den wir früher gesprochen haben. Unter seinem Namen ist eine Sammlung von *Briefen* erhalten, die alle Anekdoten über ihn und Diogenes enthält, natürlich aus späterer Zeit. Im 3. Jh. v. Chr. begann die Verschmelzung des Kynismus mit dem Stoizismus.

7. Im Gegensatz zu Antisthenes und den Kynikern steht *Aristippos*, der von seiner Heimat Kyrene nach Athen reiste, um den Sokrates zu hören. Zur Zeit, als dieser hingerichtet wurde, soll er sich auf Ägina aufgehalten haben. Vielleicht noch zu Lebzeiten des Sokrates, sicher aber nach dem Tode desselben erteilte er Unterricht, für den er sich nach Art der Sophisten bezahlen ließ; auch zog er, wie diese, von Stadt zu Stadt. Längere Zeit hielt er sich in Syrakus bei dem ältern und jüngern Dionysios, wie es scheint, auf; hier traf er mit Äschines und Platon zusammen. Später kehrte er nach Kyrene zurück, wo er auch gestorben zu sein scheint.

Nach Aristippos ist die *Lust* (ἡδονή) das höchste Gut und der Endzweck aller menschlichen Bestrebungen; um sich aber dieselbe zu verschaffen und zu erhalten, braucht man vor allem Einsicht, da nur diese den Menschen völlig frei macht und ihm die Herrschaft über sich und die Außenwelt ermöglicht, ohne die es keine wahre, dauernde Lust gibt. Aristippos suchte, wie Horaz sagt, die Dinge sich, nicht sich den Dingen unterzuordnen. Daher empfahl er auch geistige Ausbildung aufs angelegentlichste. Von ihm wird eine Schrift *Diatribä* in dialogischer Form genannt, die Platon benutzt haben soll; auch kennen wir noch die Titel von 25, teils in dorischem Dialekt abgefaßten *Dialogen*, wozu noch 5 *Briefe* in demselben Dialekte kommen. Jedoch rührt vielleicht keines dieser Werke von Aristippos selbst her, da schon Sosikrates von Rhodos im 1. Jh. n. Chr. in Abrede stellte, daß dieser etwas Schriftliches hinterlassen habe.

Die Schüler des Aristippos werden gewöhnlich nach der Heimat des Lehrers *Kyrenaiker*, seltener nach ihrer Lehre *Hedoniker* genannt. Sie sind die Vorgänger Epikurs.

8. Eine dritte Richtung vertritt *Eukleides von Megara*, von dessen Lehre wir nur wenig wissen. Er war ein so eifriger Zuhörer des Sokrates, daß er, als die Athener den Megarern aus irgendeinem Grunde das Betreten ihrer Stadt bei Todesstrafe verboten, nachts in Frauenklei-

dung zu demselben gekommen sein soll. Außerdem hören wir, daß sich bei ihm nach der Hinrichtung des Sokrates Platon und andere Schüler desselben aus Furcht längere Zeit aufgehalten haben.
Eukleides ist der Stifter der *megarischen Schule*, deren eigentümliches Wesen in der *Verschmelzung der sokratischen und eleatischen Lehre* besteht. Das *Gute* setzt er dem Sein gleich, legt ihm dieselben Eigenschaften bei, welche die Eleaten dem Sein beilegen, und erkennt ihm allein Existenz zu; es wird nach ihm mit den verschiedensten Namen bezeichnet, wie Gott, Vernunft, Einsicht, und ist für den Menschen das einzig Begehrenswerte. Dagegen ist das dem Guten Entgegengesetzte dem eleatischen Nichtsein gleich, existiert also nur scheinbar. Da diese Lehre ebensowenig, wie die eleatische, einer systematischen Entwicklung fähig war, so wandte sie sich ebenso, wie jene, der *Dialektik* zu, um durch scharfsinnige Schlüsse und Beweise die Gegner zu widerlegen; besonders beliebt war dabei die deductio ad absurdum. Wegen dieses streitsüchtigen Charakters nannte man die Megariker auch *Eristiker.* Eukleides schrieb *6 Dialoge*, die ebenso, wie seine andern Schriften, verloren gingen.
9. Der bedeutendste Nachfolger des Eukleides ist *Stilpon von Megara*, dessen Blütezeit gegen das Ende des 4. Jh. v. Chr. ist. Sein Lehrer war Thrasymachos von Korinth. Seine Vorträge standen in solchem Rufe, daß Zuhörer aus ganz Griechenland nach Megara strömten. Er lenkte die Lehre des Eukleides in neue Bahnen, indem er sie mit dem Kynismus verband und so der nächste Vorläufer des Stoizismus wurde. Er schrieb 9, nach andern *20 Dialoge*. Im Gegensatz zu ihm blieben andere Megariker der Lehre des Stifters treu, und diese bilden den Übergang zur spätern Skepsis.

48. Kapitel

Platon und seine Schüler

1. Der einzige unter den Schülern des Sokrates, der des Meisters Lehre in ihrem vollen Umfange und ihrer ganzen Tiefe erfaßte und folgerichtig weiter entwickelte, war *Platon*, der Sohn des Ariston und der Periktione. Er war im J. 428/427 v. Chr. in Athen im Demos Kollytos, nach andern auf der Insel Ägina, auf der sein Vater bei einer Landverteilung an Kolonisten ein Grundstück erhalten hatte, geboren. Als sein Geburtstag wurde von seinen Schülern der 7. Thargelion (21. Mai) gefeiert. Die Familie des Platon gehörte zu den vornehmsten des Landes; sein Vater führte sein Geschlecht auf Kodros, seine Mutter auf Solon zurück; Charmides war der Bruder und der bekannte

Kritias der Vetter seiner Mutter, und Platon selbst war, wie es scheint, stolz auf diese edle Abstammung. Er hatte noch zwei Brüder, Glaukon und Adeimantos, und eine Schwester Potone, deren Sohn Speusippos, der Schüler und Nachfolger des Platon, war.

Die Erziehung des Platon war sehr sorgfältig. Lesen und Schreiben lehrte ihn der Grammatiker Dionysios; Drakon, ein Schüler Damons, und Metellos von Agrigent unterrichteten ihn in der Musik; auch die Malerei soll er erlernt haben; in der Gymnastik unterwies ihn Ariston von Argos, der ihm auch den Namen Platon gegeben haben soll, angeblich wegen seines breitschultrigen Körperbaus, während er früher nach seinem Großvater Aristokles geheißen habe. In der Gymnastik soll Platon solche Fortschritte gemacht haben, daß er bei den isthmischen Spielen auftrat und den Preis im Ringen gewann. Auch mit der Poesie befaßte er sich in seiner Jugend eingehend; er soll *Dithyramben*, *Epen* und *Tragödien* geschrieben, aber später, als er mit Sokrates bekannt wurde, wieder verbrannt haben. Dagegen besitzen wir noch *Epigramme* unter seinem Namen, über die wir früher gesprochen haben.

Mit dem 18. Jahre wurde der junge Athener in der Regel unter die Zahl der Bürger aufgenommen und hatte dann seiner Militärpflicht zu genügen. Dies muß man auch von Platon annehmen, zumal in jenen kriegerischen Zeiten, wo der Staat die Hilfe aller seiner Bürger mehr als sonst brauchte. Mit Rücksicht auf die Familie des Platon darf man vermuten, daß er in die Schar der Ritter eintrat und zu Pferd diente. Wenn aber erzählt wird, daß er in den Schlachten bei Tanagra, Korinth und Delion mitgekämpft habe, so ist das nicht richtig, vorausgesetzt daß darunter die Schlachten im J. 426, 425 und 424 gemeint sind. In das politische Leben wurde Platon von Charmides und Kritias eingeführt; allein er fand an demselben keinen Geschmack. Die Demokratie war ihm von Haus aus zuwider, und auch von der Aristokratie fühlte er sich nach der Zeit der Dreißig abgestoßen.

In seinem 20. Jahre wurde Platon mit Sokrates bekannt, nachdem er zuvor schon von Kratylos, einem Anhänger des Herakleitos, in die Philosophie eingeführt worden war. Die Sage weiß zu berichten, daß Sokrates in der Nacht, bevor Platon zu ihm kam, geträumt habe, ein junger Schwan fliege in seinen Schoß und erhebe sich dann, nachdem ihm die Flügel gewachsen, singend zum Himmel. Und in der Tat war der Verkehr mit Sokrates, der sehr innig und bis zu dem Tode desselben dauerte, für Platon außerordentlich fördernd; denn er weckte die in ihm schlummernden Anlagen, entwickelte sie und wies ihn auf das Gebiet hin, auf dem er sich unsterblichen Ruhm erwerben sollte. Anderseits blieb derselbe aber auch für Sokrates nicht ohne Folgen; denn wem hat dieser seine richtige Würdigung zu verdanken, außer seinem

großen Schüler, der ihm in seinen Schriften ein bleibendes Denkmal gesetzt hat? Nur in Platon tritt uns die Persönlichkeit des Sokrates in ihrem ganzen Gewichte und in ihrer vollen Bedeutung entgegen.
Nach dem Tode des Meisters ging Platon nach Megara, wo er sich längere Zeit bei Eukleides aufhielt, um den sich auch andere Schüler des Sokrates sammelten. Hier lernte er die eleatische Lehre kennen. Dann begab er sich nach Kyrene zu dem Mathematiker Theodoros, den er schon in Athen kennen gelernt hatte. Von Kyrene aus besuchte er höchstwahrscheinlich Ägypten. Aber er dehnte seine Reisen auch auf die Länder westlich von Griechenland aus. In Tarent traf er mit Archytas, in Lokroi mit Timäos zusammen, zwei Pythagoreern, die ihn in ihre Lehre einweihten; in Unteritalien soll er sich auch die Werke des Pythagoreers Phirolaos um hohen Preis erworben haben. Auch in Syrakus am Hofe des ältern Dionysios, mit dem ihn Dion, der Schwager des Tyrannen, bekannt machte, war er einige Zeit; allein es scheint, daß seine Freimütigkeit denselben beleidigte; wenigstens hören wir, daß er ihn entweder selbst als Sklaven verkaufte, oder dies durch den spartanischen Gesandten Pollis auf dem Sklavenmarkt in Ägina tun ließ; aber Freunde - es werden Archytas und Annikeris von Kyrene genannt - kauften ihn wieder los und schickten ihn nach Athen zurück.
Platons Rückkehr nach Athen erfolgte um 387 oder 386 v. Chr., und nun dachte er daran, eine eigene Schule zu gründen. Er wählte dazu die Akademie, ein dem Heros Akademos geweihtes Gymnasium, das mit Parkanlagen umgeben war und etwa eine Viertelstunde vor dem Stadttore Dipylon lag; daneben kaufte er sich einen Garten, in dem ein Altar der Musen stand, angeblich mit derselben Geldsumme, die er dem Annikeris als Lösegeld hatte zurückerstatten wollen, die aber dieser nicht angenommen hatte. Davon wurde die Schule des Platon Akademie genannt. Zu derselben strömten von überallher Schüler zusammen, darunter sogar eine Frau Axiothea aus Arkadien in Männerkleidern. Der Unterricht war unentgeltlich und bestand in Vorträgen und Gesprächen nach Art der sokratischen, in denen Definitionen und Unterscheidungen, sog. Diäresen, aufgestellt wurden. Wahrscheinlich war die Aufnahme an gewisse Bedingungen geknüpft; jedoch scheint es nur Sage zu sein, daß über dem Hörsaal die Aufschrift gestanden habe: *Kein der Geometrie Unkundiger soll hier eintreten* (μηδεὶς ἀγεωμέτρητος εἰσίτω); auch wies Platon Geschenke, die man ihm machte, nicht zurück. Neben dem Unterricht verwandte Platon seine Zeit auf die Abfassung von Dialogen, die seine Vorträge und Gespräche unterstützen sollten.
Dieses Leben wurde durch eine zweite Reise nach Syrakus unterbrochen, die Platon nach dem Tode des ältern Dionysios im J. 367 auf die

Einladung Dions hin unternahm, um den Nachfolger desselben, den jüngern Dionysios, für seine philosophischen Grundsätze zu gewinnen. Allein seine Hoffnungen schlugen fehl; Dionysios verbannte aus Eifersucht den Dion, und Platon mußte wieder nach Athen zurückkehren. Trotzdem ließ er sich durch wiederholte Einladungen des jüngern Dionysios bestimmen, noch ein drittes Mal im J. 361 nach Syrakus zu reisen, wahrscheinlich in der Absicht, eine Versöhnung zwischen Dion und dem Tyrannen herbeizuführen. Aber dieser Versuch ging so unglücklich aus, daß Platon nur dem kühnen Eingreifen seines Freundes Archytas von Tarent die Erhaltung seines Lebens zu verdanken hatte. Den Rest seiner Tage brachte Platon in Athen zu, geehrt auch bei auswärtigen Herrschern und Staaten, die ihn sogar um die Abfassung von Gesetzen baten, jedoch nicht ohne persönliche Unannehmlichkeiten, deren Grund in Zerwürfnissen lag, die inmitten seiner eigenen Anhänger, besonders auf Anstiften des Aristoteles, wie die Überlieferung sagt, ausbrachen. Er starb im J. 347/346, 80 Jahre alt, und wurde in der Akademie bestattet. Sein Erbe war sein noch kleiner Sohn Adeimantos, sein Nachfolger auf dem Lehrstuhl sein Neffe Speusippos.

2. Die *Philosophie* des Platon beruht auf den Lehren seiner Vorgänger; die pythagoreische Physik, das elastische Sein, das herakleitische Werden nimmt er, soweit es geht, in sein System herüber; am fruchtbarsten erweist sich ihm aber die sokratische Art der Begriffsbildung. Dies deutet er selbst an, wenn er sagt, er danke seinem Geschick aus vier Gründen, erstens weil er als Mensch, zweitens weil er als Hellene, drittens weil er als Athener und viertens weil er zur Zeit des Sokrates geboren worden sei. Die mathematischen Wissenschaften scheidet er von der Philosophie aus; denn da sie von Voraussetzungen ausgehen, von denen sie keine Rechenschaft geben, so rechnet er sie nicht zur reinen Wissenschaft, obgleich er sie für ein nützliches Bildungsmittel für das philosophische Denken, ja für eine notwendige Vorstufe der Philosophie erklärt; er weist ihnen ihren Platz in der Mitte zwischen der richtigen Meinung und der wahren Wissenschaft an. Die Philosophie des Platon teilt man am besten in Dialektik, Physik und Ethik ein. Die *Dialektik*, die alle Voraussetzungen aufhebt, ist die reine, wahre Wissenschaft. Ihre Aufgabe ist es, die Begriffe zu finden, die zusammengehörigen mit einander zu verbinden und die verschiedenen von einander zu sondern. Die Begriffe sind das Allgemeine im Einzelnen, das Gemeinsame im Mannigfaltigen, das Eine im Vielen, das Bleibende und Unveränderliche im Wechselnden und Veränderlichen; sie sind von der Erscheinungswelt abgesondert, vom Denken unabhängig und existieren für sich als unkörperliche, unräumliche, einfache Wesenheiten; sie sind endlich die an sich gewissen Prinzipien des Wis-

sens, angeborene Regulative unseres Erkennens, welche die aus der Sinneswahrnehmung gewonnenen Begriffe berichtigten und läutern. Platon nennt dieselben *Ideen* und nimmt an, daß sie stufenmäßig von unten nach oben gegliedert sind. Die höchste ist die Idee des Guten, der letzte Grund aller Dinge, und mit dieser scheint Platon die Gottheit identifiziert zu haben. Die Ideen sind demnach das allein Seiende; die Erscheinungs- und Sinnenwelt existiert nur insofern, als sie Anteil an den Ideen hat; die Ideen sind nach Platon die Urbilder, die Einzeldinge nur die Abbilder derselben; die Materie ist das Nichtseiende. Trotzdem läßt er die Erscheinungswelt durch die Verbindung oder Mischung der Ideen mit diesem Nichtseienden entstehen. Daraus sieht man, daß es auch dem Platon nicht gelungen ist, den Dualismus zu überwinden, und darin liegt der schwache Punkt seiner Dialektik; das Verhältnis der Ideenwelt zur Erscheinungswelt ist nicht folgerichtig durchgeführt.

Damit kommen wir zur *Physik*, deren Gegenstand die Erforschung der Erscheinungswelt bildet. Platon faßt die Welt teleologisch auf; sie ist ihm das Abbild der Idee des Guten und daher, wie diese, nur eine. Sie hat die vollkommenste Gestalt, die Kugelgestalt, und die gleichmäßigste Bewegung, die Kreisbewegung. Sie ist in zwei Kreise eingeteilt, in den des Fixstern- und den des Planetenhimmels, der letztere aber zerfällt wieder in die sieben Kreise der Planetenbahnen, die harmonisch nach Art der musikalischen Oktave geordnet sind. Im Mittelpunkt der Welt befindet sich die Erde, die unbeweglich ist, zu äußerst der Fixsternkreis. Die Himmelskörper hält Platon für lebendige Wesen, welche die vollkommsten und unsterblich sind. Das Ganze hält zusammen, bewegt und regiert die Weltseele, die in der Mitte zwischen den Ideen und der Materie steht und als das Frühere die Gestaltung und Ordnung der Materie vorgenommen hat. Dieser Weltseele ist die Einzelseele ihrer Natur und Bestimmung nach gleich. Sie ist an sich göttlich, der wahren Erkenntnis teilhaftig, selbständig und frei, aber sie ist mit dem Körper, der Materie ist, aufs engste verbunden und von ihm beeinflußt. Daraus erklären sich die zwei entgegengesetzten Eigenschaften derselben, die Vernunft und die Sinnlichkeit, zwischen die als Bindeglied der Mut (*ϑυμός*) tritt. Aber auch in diesem Zustande ist ihr eine Ahnung ihrer wahren Heimat und ihres ursprünglichen Wesens geblieben; dies zeigt sich in der Wiedererinnerung (*ἀνάμνησις*) an das früher Gewußte, auf dem alles Lernen beruht, das also nur Wiedererinnerung ist, in der Begeisterung für alles Schöne und in dem Streben, über den Körper zu herrschen. Gelingt ihr dies und erhält sie sich rein, so kehrt sie nach dem Absterben des Körpers wieder in ihre ursprüngliche Heimat zurück, von wo sie nach Umlauf einer bestimmten Zeit wieder in einen Körper übergeht; im andern Fall muß sie zu ihrer Reinigung und Läuterung eine Wanderung in andere Körper antreten.

In der *Ethik* erhebt sich zunächst die Frage nach dem höchsten Gut. Platon erkennt dasselbe darin, daß die Seele, so viel als möglich, zu ihrer ursprünglichen Reinheit, zur Tugend zurückkehrt; Mittel und Weg dazu ist ihm die Philosophie. Die Tugend hält er, wie Sokrates, für Wissen, für lehrbar und einheitlich. Dieselbe zerfällt in vier Einzeltugenden, in die Tugend der Vernunft, die Weisheit, in die Tugend der Sinnlichkeit, die Selbstbeherrschung, in die Tugend des Mutes, die Tapferkeit, und in die Tugend, die um diese drei das Band der Einheit schlingt, die Gerechtigkeit. Auf der letztern beruht das Staatsleben. Der Grundgedanke des platonischen Staates ist die vollständige Hingabe des Einzelnen an das Ganze, an die Gesamtheit. Daher werden alle Sonderinteressen und Privatbestrebungen beseitigt; Eigentum und Familie, Erziehung und Unterricht, Stand und Beruf, Kunst und Wissenschaft werden vom Staat aus bestimmt und geregelt. Die Ordnung des Staates ist rein aristokratisch. An der Spitze desselben steht ein König, der ein vollkommener Philosoph sein soll; denn nur diese können den Staat glücklich machen. Die Untertanen zerfallen in drei Stände, in den Stand der Herrscher, welche die Vernunft, in den Stand der Krieger, die den Mut, und in den Stand der Arbeiter, welche die Sinnlichkeit vertreten. Den erstern kommt die Gesetzgebung, den andern die Verteidigung, den letzten die Unterhaltung der Gesamtheit zu. Mit dem untersten Stand beschäftigt sich Platon nur wenig; dagegen wünscht er, daß die Krieger sorgfältig erzogen werden. Die besten und tüchtigsten derselben sollen im 30. Jahre ausgewählt und mit der Verwaltung von Ämtern betraut werden. Haben sie sich dabei bewährt, so sollen sie im 50. Jahre unter die Zahl der Regierenden aufgenommen werden, jedoch die Lenkung des Staates nur übernehmen, wenn die Reihe an sie kommt, in der übrigen Zeit aber sich mit der Philosophie beschäftigen. Auf diese Weise, glaubte er, werde der Staat ein Abbild der Idee des Guten werden.

3. Seine Philosophie legte Platon in den *Dialogen* nieder, von denen 42 erhalten sind; dazu kommen eine Sammlung von *Definitionen* (*ὅροι*) und *13 Briefe*. Außerdem kannte das Altertum unter Platons Namen 5 jetzt verlorene *Dialoge* (*Μίδων ἢ ἱπποτρόφος*, *Φαίακες*, *Χελιδών*, *Ἑβδόμη* und *Ἐπιμενίδης*), eine Sammlung *Unterscheidungen* (*διαιρέσεις*) und eine Anzahl *Schriften*, die in syrischer, arabischer oder lateinischer Übersetzung vorliegen. Von den erhaltenen Dialogen galten 7 allgemein für unecht: *Ἐρυξίας ἢ Ἐρασίστρατος*, *Ἀλκυών*, *Σίσυφος*, *Ἀξίοχος*, *Δημόδοκος*, *περὶ δικαίου* und *περὶ ἀρετῆς*, die beiden letzten *λόγοι ἀκέφαλοι*,

ebenso der *Eryxias*. Der *Alkyon* soll von einem gewissen *Leon* verfaßt sein. Die 35 übrig bleibenden Dialoge und die Briefe wurden von dem alexandrinischen Grammatiker *Aristophanes von Byzanz* in *Trilogien* eingeteilt, d.h. es wurden je drei Dialoge zu einem Ganzen vereinigt. Jedoch wurde diese Anordnung nicht durchgeführt; die 1. Trilogie umfaßte: Staat, Timäos und Kritias, die 2.: Sophistes, Politikos und Kratylos, die 3.: Gesetze, Minos und Epinomis, die 4.: Theätetos, Euthyphron und Apologie, die 5.: Kriton, Phädon und die Briefe; die übrigen Dialoge blieben ungeordnet.

Wichtiger ist die Anordnung des *Thrasyllos*, des Hofmathematikers des Kaisers Tiberius, der *Tetralogien* bildete, die 1. aus Euthyphron, Apologie, Kriton und Phädon, die 2. aus Kratylos, Theätetos, Sophistes und Politikos, die 3. aus Parmenides, Philebos, Symposion und Phädros, die 4. aus dem ersten und zweiten Alkibiades, Hipparchos und Anterastä, die 5. aus Theages, Charmides, Laches und Lysis, die 6. aus Euthydemos, Protagoras, Gorgias und Menon, die 7. aus dem großen und kleinen Hippias, Ion und Menexenos, die 8. aus Kleitophon, Staat, Timäos und Kritias und die 9. aus Minos, Gesetze, Epinomis und Briefe. Diese Einteilung, für die im großen und ganzen die Ähnlichkeit des Inhalts maßgebend war, fand allgemein Eingang, wie die Handschriften heute noch zeigen. Auch fand sie in den Schriften des Platon selbst einigen Rückhalt; denn der Theätet, Sophistes und Politikos, sowie der Staat, Timäos und Kritias sind ganz deutlich zu größern trilogischen Ganzen verbunden; ebenso möchte man Apologie, Kriton und Phädon zusammennehmen.

Daneben gab es im Altertum noch eine dritte Einteilung, die auf der Art der Beschaffenheit der Dialoge beruhte. Danach unterschied man 2 Klassen, die *ὑφηγητικοί* oder *γνωστικοί* und die *ζητητικοί* oder *πειραστικοί*. Die letztern hatten es mit der Erforschung und Feststellung eines philosophischen Themas, z.B. einer Definition, zu tun und konnten entweder zur *Übung* (*γυμναστικοί*) oder zur *Schaustellung* (*ἀγωνιστικοί*) angestellt werden. Die erstern dagegen hatten die Aufgabe, die philosophische Lehre und Erkenntnis zu übermitteln; sie waren teils theoretische (*θεωρηματικοί*), teils praktische (*πρακτικοί*). Zu jenen rechnete man diejenigen, die sich mit Physik und Logik beschäftigten, zu diesen die, deren Gegenstände der Ethik oder Politik entnommen waren.

Mit diesen aus dem Altertum überlieferten Einteilungen der platonischen Dialoge konnten sich die Neuern nicht zufrieden geben; sie mußten danach trachten, dieselben durch eine *chronologische Anordnung* zu ersetzen, da nur so der einzelne Dialog richtig gewürdigt und in seiner wahren Bedeutung für das ganze System erkannt werden kann. Wäre nun die Abfassungszeit der einzelnen Dialoge bekannt, so wäre dies leicht. So aber wissen wir nur, daß Apologie, Kriton und Phädon nach dem Todesjahr des Sokrates 399, Menon nach 395, Symposion nach 385, die Gesetze und Timäos nach dem Staat, Sophistes und Politikos nach dem Theätetes, also nach 392, und Euthydemos nach dem Phädros abgefaßt sind; ja, nicht einmal das steht fest, ob Platon noch zu Lebzeiten des Sokrates oder erst nach dessen Tod seine schriftstellerische Tätigkeit begonnen hat. Daher sah man sich nach andern Kriterien um. Man nahm an, Platon habe sein ganzes System fertig im Kopfe gehabt und in seinen Schriften, vom Leichtern zum Schwereren fortschreitend, in der Weise zur Darstellung gebracht, daß jeweils der Anfang der folgenden sich unmittelbar an den Schluß der vorhergehenden anreihte, eine vollständige Verkennung des Charakters der platonischen Philosophie, die kein fertiges Ganze, sondern wesentlich Entwicklungsgeschichte ist. Andere haben, an das Leben des Philosophen anknüpfend, die Dialoge in sokratische, dialektische oder megarische und systematische oder konstruktive geschieden. Wieder andere gingen von der Stellung aus, die Sokrates in den Dialogen einnimmt, und unterschieden den gegen die Sophisten kämpfenden, den die wahre Weisheit lehrenden und den seine Lehre verteidigenden und für dieselbe sterbenden Sokrates. Allen diesen Versuchen gegenüber ist zu bemerken, daß nur die Anordnung auf einem sicheren Grunde beruht, die sich aus einer genauen Erforschung des Inhalts und der sprachlichen Form ergibt; eine solche wurde in neuerer Zeit mit Erfolg begonnen, ist aber noch nicht durchgeführt.

4. Ebensowenig ist die Frage nach der *Echtheit der einzelnen Dialoge* bis jetzt sicher entschieden. Die Ansichten der Gelehrten gehen in dieser Beziehung weit auseinander; nur 8 blieben von dem Verdachte der Unechtheit verschont.

Der *Phädon* ist nach Phädon von Elis, dem Schüler des Sokrates, benannt, der dem Echekrates von Phlius die *letzten Stunden des Meisters und dessen Gespräche über die Unsterblichkeit und das Wesen der Seele* mitteilt. Die Abfassung fällt in die Zeit nach der ersten sizilischen Reise des Platon. Das Gespräch gehört zu den vortrefflichsten und wurde viel gelesen. Der Komiker *Theopompos* hat in seinem *Ἡδυχαρής* darauf angespielt und *Kleombrotos* von Ambrakia soll sich nach dem Lesen desselben dem Tode geweiht haben.

Das *Symposion* (Gastmahl) gab der tragische Dichter Agathon anläßlich seines ersten Sieges (416) seinen Freunden, unter denen auch Sokrates war. Der Verlauf desselben wird von Apollodoros, einem Anhänger des Sokrates, der ihn selbst wieder von Aristodemos gehört hat, berichtet. Zur Unterhaltung soll jeder der Anwesenden eine *Lob-*

rede auf Eros halten. So hat Platon Gelegenheit, die verschiedenen Auffassungen des Eros zum Ausdruck zu bringen; zugleich zeigt er aber auch seine unvergleichliche Kunst, eine jede Rede nach Form und Inhalt dem Charakter des Sprechenden anzupassen. Zuletzt kommt Sokrates an die Reihe, aber anstatt einer Rede erzählt er ein Gespräch, das er angeblich mit seiner Freundin Diotima von Mantineia über diesen Gegenstand gehabt hat. Nach seiner Darlegung ist der Eros der philosophische Trieb, das Streben nach dem Guten und Schönen, nach Glückseligkeit und Unsterblichkeit. Kaum ist er damit zu Ende, so erscheint Alkibiades in trunkenem Zustande und hält eine launige Lobrede auf Sokrates, aus der hervorgeht, daß der eben von Sokrates geschilderte Eros in ihm selbst am schönsten verwirklicht ist. Da stört das Eindringen berauschter Fremden den Fortgang des Gelages; die Gäste entfernen sich oder werden vom Schlafe übermannt, nur Sokrates führt die Unterredung mit Agathon und Aristophanes weiter, indem er sie zu dem Geständnis zwingt, wer ein Tragödiendichter sei, müsse notwendig auch ein Komödiendichter sein. Schließlich schlafen auch diese beiden ein, und Sokrates, auch im Trinken unbesiegt, entfernt sich, nachdem es allmählich Tag geworden ist. Das Gespräch, das wohl das kunstreichste und schönste des Platon ist, ist nach 385 abgefaßt. Über sein Verhältnis zu dem Symposion des Xenophon haben wir früher gesprochen.

Der *Theätetos* hat seinen Namen von Theätetos von Sunion, dem Schüler des Mathematikers Theodoros von Kyrene. Das Gespräch fand auf Veranlassung des Theodoros zwischen Sokrates und Theätetos, der in einem korinthischen Gefecht verwundet worden war, statt und wird von Eukleides in Megara dem Terpison in direkter Rede erzählt. Es handelt sich um Festsetzung des Begriffes *Wissenschaft* (*ἐπιστήμη*), die als verschieden von der Sinneswahrnehmung (*αἴσθησις*), von der Vorstellung (*δόξα*) und selbst von der richtigen Vorstellung, von der man sich Rechenschaft geben kann (*δόξα ἀληθὴς μετὰ λόγου*), erwiesen wird. Das Resultat ist also im Wesentlichen negativ. Vielleicht ist der Dialog eine spätere Überarbeitung aus der Zeit, wo Platon den Sophistes und Politikos an denselben anfügte; wenigstens schließt das Gespräch damit, daß Sokrates erklärt, er müsse jetzt wegen der Anklage, die Meletos gegen ihn erhoben habe, vor Gericht erscheinen, wünsche aber am nächsten Tage das Gespräch mit Theodoros fortzusetzen. Die Abfassung fällt frühestens nach 392; nach andern nach 374, 368 oder 357.

Der *Phädros* ist nach dem gleichnamigen Schüler des Sokrates benannt. Das Gespräch findet auch nur zwischen diesen beiden unter der Platane am Ilissos statt. Den Ausgangspunkt bildet eine Rede des Lysias auf Eros, die Phädros dem Sokrates mitteilt. Zum Beweise, daß er Besseres leisten könne, hält Sokrates ebenfalls vom *rhetorischen* Standpunkt aus eine Rede über dasselbe Thema. Dieser fügt er aber noch eine zweite vom philosophischen Standpunkt aus bei, in der er den Eros als das Streben nach dem Schönen, nach den Ideen darstellt. Den Schluß bildet eine vernichtende Kritik der sophistischen Rhetorik. Der Dialog tut die *Vorzüge der Philosophie vor der rhetorischen Bildung* dar und zeigt, daß die letztere nur im Verein mit der erstern zu einer wahren Kunst erhoben werde. Der Phädros wurde anfangs wenig beachtet, später aber allgemein bewundert. Die Alten erklärten ihn für die Erstlingsarbeit des Platon, offenbar im Hinblick auf die jugendlich-poetische Sprache und eine gewisse Überschwenglichkeit im Ausdruck. Die Abfassung mag zwischen 396–392 fallen.

Der *Gorgias* hat seinen Namen von dem gefeierten Rhetor Gorgias von Leontinoi in Sizilien. Das Gespräch findet im Hause des Kallikles in Athen, bei dem der Redner eingekehrt ist, statt und zeigt eine gewisse Ähnlichkeit mit dem *Phädros*. Noch schärfer, als dort, verurteilt Sokrates die von Gorgias vertretene *rhetorische Scheinbildung*, die auch im Staatsleben nur Unglück stifte, und stellt ihr als wahre Bildung die Philosophie gegenüber, deren Folgen Glück und Wohlfahrt seien. Mit einer Schilderung des Lebens nach dem Tode, in dem die Bösen bestraft, die Guten belohnt werden, schließt das Gespräch ab. Der Dialog wurde einerseits sehr gelobt, anderseits sehr geschmäht, in erster Linie vonseiten der Rhetoren. Aristeides, der im 2. Jh. n. Chr. lebte, schrieb eine Widerlegung desselben. Die Abfassung wird etwa in das J. 393 gesetzt.

Der *Protagoras* ist nach dem berühmten Sophisten von Abdera benannt. Das Gespräch wird von Sokrates einem Unbekannten erzählt. Eines Morgens, so sagt er, sei Hippokrates, der Sohn des Apollodoros, zu ihm gekommen, mit der Nachricht, Protagoras sei in Athen; er möge ihn zu demselben bringen, damit er bei ihm die Tugend erlerne. Da sich herausgestellt habe, daß Hippokrates gar nicht wußte, was Tugend sei, seien sie zu Protagoras, der sich bei Kallias aufhielt, gegangen und hätten ihn selbst danach gefragt. Hier traten sie auch Hippias, Prodikos und andere, deren Treiben Sokrates ironisch mit Anspielungen an die Nekyia Homers schildert, zumal da Protagoras selbst eine Schrift über die Unterwelt geschrieben hat. In das Gespräch über die *Tugend*, das sich darauf zwischen Protagoras und Sokrates entspinnt, flicht der erstere einen Mythos über die Erschaffung der Menschen durch Prometheus und Epimetheus ein, sowie eine Besprechung des Lobliedes des Dichters Simonides von Keos auf Skopas von Thessalien. Als Resultat stellt sich heraus, daß die Tugend ein Wissen sei, und daher nur eine und lehrbar; jedoch ist die Untersuchung nicht abgeschlossen, sondern es wird noch eine zweite über die Art dieses Wissens für nötig erachtet, worin manche einen Hinweis auf den *Menon* erblicken. Damit ist die Tugendlehre des Protagoras und die Sophistik überhaupt widerlegt. Der Dialog gehört, was Szenerie, dramatische Gestaltung, Charakterisierung der Auftretenden und Sprache anlangt, zu dem Kunstvollsten, was Platon geschaffen hat. Die Abfassung setzt man in das J. 392.

Die *Politeia* (der Staat) hat ihren Namen von dem Inhalt erhalten. Das Gespräch fand am Feste der Bendis im Hause des Kephalos, des Vaters des Lysias, statt und wird von Sokrates erzählt. An demselben beteiligten sich außer Kephalos und Sokrates Polemarchos, des Kephalos Sohn, Glaukon und Adeimantos, die Brüder des Platon, und andere. Wegen des großen Umfangs des Gesprächs teilte man dasselbe später in 10 Bücher; übrigens scheint es ursprünglich wesentlich kleiner gewesen zu sein; wenigstens hören wir, daß anfangs nur etwa 2 Bücher erschienen. Den Inhalt haben wir bei der Übersicht über die Philosophie Platons kennen gelernt. Das 1. B. bildet die Einleitung und behandelt den Begriff *Gerechtigkeit;* die B. 2–7 umfassen *die Gründung und Einrichtung des Staates;* das 8. und 9. besprechen die verschiedenen *Staatsformen*, außer Königtum die Timokratie, Oligarchie, Demokratie und Tyrannis; den Schluß bildet das 10. B.; die Poesie wird aus dem Idealstaat verbannt und auf das Glück im jenseitigen Leben als Belohnung der Gerechtigkeit hingewiesen. Zu diesem Zwecke läßt Platon den Armenier Er, der zehn Tage tot auf dem Schlachtfelde lag, dann aber wieder ins Leben zurückkehrte, erzählen, was er in der Unterwelt gehört und gesehen hat. Natürlich existiert ein solcher Staat, wie Platon selbst anerkennt, nirgends; nichtsdestoweniger verlangt der Philosoph, daß man sein Ideal möglichst verwirklichen solle. Die Schrift war sehr berühmt und wurde vielfach gelesen, benutzt und nachgebildet. Die Abfassung kann man in die Jahre 380–370, vielleicht 380–360 setzen.

Der *Timäos* ist nach dem berühmten Pythagoreer gleichen Namens benannt, der die Ansichten über *Entstehung und Einrichtung der Welt* vorträgt, die wir bei der Übersicht über die Philosophie des Platon kennen gelernt haben. Der Dialog knüpft unmittelbar an den Staat an, indem Sokrates am Tage, nachdem er seine Ansichten über den Staat vorgetragen hatte, seine Zuhörer bittet, ihm zum Danke dafür auch ihrerseits etwas vorzutragen. Kritias macht zunächst im Anschluß an Solon, wie er sagt, Mitteilungen von einem Urathen, das vor der deukalionischen Flut bestand und mit den Bewohnern der Insel Atlantis im westlichen Ozean um die Freiheit rang; dann löst ihn Timäos ab. Nach der Überlieferung benutzte Platon bei Abfassung des Dialogs eine

Schrift des Timäos; jedoch ist die unter dem Namen desselben erhaltene über Seele, Welt und Natur (*περὶ ψυχᾶς κόσμω καὶ φύσιος*) unecht und nur ein Auszug aus dem platonischen Dialog. Der Timäos des Platon wurde viel bewundert, gelesen und erklärt, besonders bei den Neuplatonikern.

5. Diesen 8 Dialogen, deren Echtheit bis jetzt von niemand angezweifelt wurde, stehen 19 gegenüber, deren Abfassung durch Platon in Abrede gestellt wurde, ohne daß diese Ansicht allgemein durchgedrungen wäre. Hier ist zunächst die *Apologie* zu nennen, die *Verteidigungsrede des Sokrates vor Gericht*. Dieselbe zerfällt in 3 Teile, im 1. beweist Sokrates seine Unschuld, im 2. beantragt er für sich Speisung im Prytaneion, bzw. eine Geldstrafe von 30 Minen (etwa 2400 M.), im 3. richtet er Worte des Dankes an die Richter, die ihn freigesprochen, Worte der Ermahnung an diejenigen, die ihn verurteilt haben. Die Schrift scheint mit der Rede des Lysias für Sokrates und der des Sophisten Polykrates gegen denselben in Beziehung zu stehen; die letztere wurde im J. 395 geschrieben.

Auf die Apologie nimmt der *Kriton* Bezug, der den *Sokrates im Gefängnis* vorführt. Kriton meldet demselben, daß die Ankunft des delischen Schiffes und damit seine Hinrichtung unmittelbar bevorstehe, und rät ihm deshalb zur Flucht; Sokrates weigert sich aber, da ein Bürger unter allen Umständen den Gesetzen gehorchen müsse. Besonders schön ist die Personifikation der Gesetze, die redend eingeführt werden. Keinen Glauben verdient dagegen die Nachricht, nicht Kriton, sondern Äschines habe in Wirklichkeit dem Sokrates zur Flucht geraten.

Der *Euthyphron* spielt in der Nähe der Säulenhalle des Archon Basileus, zu dem Sokrates gehen will, um sich gegen die wider ihn erhobene Anklage zu verteidigen. Unterwegs trifft er mit dem Athener Euthyphron zusammen, der ebenfalls den Archon Basileus aufsuchen will, um seinen Vater wegen der fahrlässigen Tötung eines Sklaven anzuklagen, da er dies für eine Pflicht der Frömmigkeit hält. Es entspinnt sich zwischen beiden ein Gespräch über *Frömmigkeit*, das zwar zu keinem positiven Resultat führt, den Euthyphron aber doch von seinem Vorhaben abbringt. Schön ist der Gegensatz, der darin liegt, daß gerade der wegen Gottlosigkeit Angeklagte die andern über die wahre Frömmigkeit aufklärt.

Ähnlicher Art ist der *Laches*, der an die Schaustellung eines Fechtmeisters anknüpft, zu der Lysimachos, der Sohn des Aristeides, und Melesias, der Sohn des Thukydides, die beiden Feldherrn Nikias und Laches eingeladen haben, um von ihnen zu hören, ob sie ihre Söhne Aristeides und Thukydides in dieser Kunst unterrichten lassen sollen.

In das Gespräch, das sich darauf über die *Tapferkeit* entspinnt, wird auch Sokrates von Laches hineingezogen; auch hier kommt man zu keinem bestimmten Resultat, jedoch verspricht Sokrates auf Anregung des Laches, er wolle für die beiden Söhne sorgen.
Ohne bestimmtes Resultat sind auch die Dialoge *Charmides* und *Lysis*, die man gewöhnlich mit *Laches* zusammenstellt; in diesen wird aber das Gespräch von Sokrates irgendeinem Unbekannten erzählt. Der Schauplatz des *Charmides* ist die Palästra des Taureas, die Zeit die Heimkehr des Sokrates aus dem Feldzuge gegen Potidäa im J. 422, die Personen Sokrates, Kritias und Charmides, das Thema der Begriff der *Besonnenheit* (σωφροσύνη). Platon wollte darin seinem Vetter Kritias und seinem Oheim Charmides, der am Schluße unter die Schüler des Sokrates aufgenommen wird, ein Denkmal setzen. Auch der *Lysis* spielt in einer Palästra; er handelt, von der Liebe des Hippothales zu dem schönen Lysis ausgehend, über *Liebe und Freundschaft* (φιλία). An dem Gespräche beteiligt sich auch der junge Menexenos; dasselbe wird aber dadurch unterbrochen, daß die beiden Jünglinge von ihren Pädagogen abgerufen werden. Man erzählt, Platon habe den Lysis noch zu Lebzeiten des Sokrates verfaßt, und dieser habe nach dem Lesen desselben seine Verwunderung über das, was Platon ihn sagen lasse, geäußert. Damit soll wohl nichts anderes gesagt werden, als daß der platonische Sokrates nicht überall zu dem historischen paßt.
Der *Ion* ist nach dem gleichnamigen Rhapsoden von Ephesos benannt, der sich rühmte, am besten über die homerischen Gedichte sprechen zu können. Sokrates läßt sich mit ihm in eine Erörterung über *Wesen und Bedeutung der Rhapsodik* ein, bei der sich herausstellt, daß ihm das tiefere Verständnis der von ihm vorgetragenen Dichtung abgeht. Überhaupt spricht Sokrates der Rhapsodik die wissenschaftliche Erkenntnis ab und erkennt ihr, wie der Poesie, nur die göttliche Begeisterung zu, durch die sie andere fortzureißen vermag. Die Bedeutung des Dialogs ist literarhistorisch; wir lernen aus ihm die Rhapsodik zur Zeit nach dem peloponnesischen Kriege kennen.
Eine gewisse Ähnlichkeit mit dem Ion zeigt der *kleine Hippias*, der diesen Titel mit Bezug auf den Umfang zum Unterschied vom *großen* erhielt. Sokrates wirft im Anschluß an einen Vortrag des Sophisten Hippias über Homer die Frage auf, *ob Achilleus oder Odysseus der bessere sei*. Er selbst tritt für den letztern ein, da er mit Wissen täusche, sucht also den Satz zu beweisen, daß der absichtlich Fehlende besser sei, als der unabsichtlich Fehlende. Hippias widerspricht zwar, kann aber den Sokrates nicht widerlegen; ja, dieser traut am Schlusse selbst dem von ihm gefundenen Resultate nicht und bedauert, daß ihn ein Gelehrter, wie Hippias, nicht eines Besseren belehren könne. Damit

ist die Nichtigkeit der Sophistik dargetan, jedoch nur dadurch, daß Sokrates selbst die Rolle eines Sophisten spielt und von der Annahme ausgeht, daß die Nachahmung einer Handlung, das absichtliche Fehlen, mit der Handlung selbst, dem unabsichtlichen Fehlen, gleichbedeutend sei. Der Dialog gehört zu den schwächsten des Platon.
Gegen denselben Vertreter der Sophistik ist auch der *große Hippias* gerichtet, der mit köstlicher Ironie die Einbildung und Anmaßung der Sophisten geißelt. Sokrates wirft die Frage nach dem *Wesen des Schönen* auf; Hippias begreift anfangs gar nicht, um was es sich handelt, und als ihm dies klar geworden, weiß er keine befriedigende Erklärung zu geben. Auch Sokrates gibt keine Definition desselben, sondern schließt spöttisch mit den Worten, jetzt wisse er, was das Sprichwort: *das Schöne ist schwer* bedeute.
Der *Euthydemos* wendet sich gegen die *jüngeren Sophisten*, die der eristischen Richtung angehören, nämlich gegen Euthydemos und Dionysodoros, zwei Brüder, die zuerst als Fechtlehrer, dann als Lehrer der Beredsamkeit und schließlich als Tugendlehrer aufgetreten sind. Sokrates erzählt seinem Freunde Kriton, wie er dieselben veranlaßte, an dem jungen Kleinias eine Probe ihrer Kunst abzulegen. Gegen ihre Trugschlüsse schützt zuerst Sokrates den Kleinias, dann, als die beiden von neuem in derselben Weise beginnen, Ktesippos, der Liebhaber des Kleinias; schließlich, als es zum Streit zwischen den Eristikern und Ktesippos zu kommen droht, übernimmt Sokrates das Gespräch wieder, das er mit einer ironischen Belobung der beiden Sophisten beschließt. Der Dialog zeigt die Unehrlichkeit dieser Eristiker und damit die Wertlosigkeit ihres Unterrichts für die Jugend. Die Abfassungszeit desselben liegt zwischen der des *Phädros* und *Theätetos*. Der *Menon* hat seinen Namen von dem Thessalier Menon, der an Sokrates die Frage stellt, ob die Tugend dem Menschen angeboren sei oder durch Belehrung oder Übung erworben werde. Dieser antwortet, ehe man diese Frage entscheiden könne, müsse man zuerst wissen, was *die Tugend sei*. Da dies weder bei ihm, noch bei Menon der Fall ist, so erklärt sich Sokrates bereit, eine Untersuchung darüber zu beginnen. Dies erscheint dem Menon zwecklos, da man nicht suchen könne, was man nicht kenne, ja, selbst wenn man es zufällig finde, nicht wissen könne, ob es das Gesuchte sei. Sokrates widerlegt ihn durch Hinweis auf die Beschaffenheit der Seele, die aus jener Welt die Kenntnis aller Dinge mitbringe, sodaß alles Lernen nur eine Wiedererinnerung (*ἀνάμνησις*) sei. Nach der nun angestellten Untersuchung scheint es, als ob die Tugend einem weder durch Lehre, noch durch Übung, sondern nur als göttliche Gabe (*θεία μοίρα*) zuteil werde; jedoch wird eine weitere Untersuchung für notwendig erachtet. An dem Gespräche

beteiligt sich auch Anytos, der Staatsmann und Ankläger des Sokrates, der sich aber bald verstimmt abwendet. Der Dialog ist nach 395 geschrieben.

Der *Kratylos*, nach dem herakleitischen Philosophen gleichen Namens, dem Lehrer des Platon, benannt, erörtert die Frage, *ob die Sprache als Naturprodukt* (φύσει) *oder auf dem Wege der Übereinkunft* (συνθήκϑ, νόμῳ oder ϑέσει) *entstanden sei.* Die Unterredner sind außer Sokrates Hermogenes und Kratylos; diese beiden vertreten den letztern, Sokrates den erstern Standpunkt, jedoch so, daß er schließlich dem Kratylos zugesteht, daß auch die Übereinkunft auf die Bildung der Sprache einen gewissen Einfluß ausgeübt habe. Was die weitere Frage über die Richtigkeit der den Dingen beigelegten Benennungen anlangt, so wird als Resultat festgestellt, daß aus der Sprache an und für sich die richtige Erkenntnis der Dinge nicht folge. Für uns ist der Dialog als erster Versuch einer Sprachphilosophie von besonderem Interesse, wenn wir auch über die darin aufgestellten Etymologien lächeln müssen.

Der *Philebos* untersucht die Frage nach dem *höchsten Gute.* Philebos selbst, mit dem Sokrates dieses Thema angeblich schon vorher, ohne eine Einigung zu erreichen, behandelt hat, nimmt nur geringen Anteil an dem Gespräch; für ihn tritt Protarchos als Verteidiger des Satzes ein, daß die Lust (ήδονή) das höchste Gut sei. Bei der Untersuchung zeigt sich aber, daß dasselbe weder in der Lust, noch in der Einsicht (φρόνησις) liegt, sondern in einer Vereinigung beider in der Art, daß die Einsicht die Herrschaft über die Lust führt; die reinste und wahrste Lust fällt mit der reinsten und wahrsten Erkenntnis, also mit der Ideenlehre, zusammen. Der Dialog gehört zu den schwierigern und ist nicht frei von Unklarheiten und Widersprüchen.

Der *Parmenides* ist nach dem berühmten eleatischen Philosophen benannt, der einst mit Zenon von Elea zu den Panathenäen nach Athen gekommen sein und hier eine Unterredung mit Sokrates gehabt haben soll. Das Gespräch wird von Antiphon, einem Halbbruder des Platon, der es von Pythodoros hörte, dem Klazomenier Kephalos erzählt, der gerade in dieser Absicht mit einigen Landsleuten zu ihm nach Athen gereist war. Im 1. Teile macht Parmenides auf die Schwierigkeiten aufmerksam, welche die Annahme der *Ideen* als selbständiger, von den Dingen getrennter Wesenheiten im Gefolge hat, während er im 2. Teil als Probe der eleatischen Dialektik eine scharfsinnige Erörterung über das Eine und Viele anstellt. Der Zusammenhang zwischen beiden Teilen ist nur lose; die gegen die Ideenlehre erhobenen Einwendungen werden nicht beseitigt. Im Altertum war der Dialog hochgeschätzt; jetzt neigt man der Ansicht zu, daß er später von einem Platoniker zur

Verteidigung der von Aristoteles und andern angegriffenen Ideenlehre geschrieben sei, zumal da Platon nach dem Zeugnisse des Aristoteles keine Untersuchung über die Art und Weise, wie die Dinge an den Ideen teilhaben, anstellte. Andere glauben, daß Platon auf den *Parmenides* noch einen andern Dialog, der die Lösung enthalte, folgen lassen wollte.

Eigenartig ist der *Menexenos*, der nach einem Freunde des Sokrates benannt ist. Von diesem erfährt der Philosoph, daß der Rat einen *Lobredner der Gefallenen* habe erwählen wollen, diese Sache jedoch auf den nächsten Tag verschoben habe. Als Sokrates bemerkt, dies sei doch gewiß für einen Redner keine schwierige Aufgabe, macht ihn Menexenos darauf aufmerksam, daß derselbe dieses Mal kaum Zeit zur Vorbereitung haben werde. Um zu zeigen, daß die Aufgabe auch in diesem Falle nicht schwierig sei, hält Sokrates sofort eine solche Rede, die er von Aspasia, der Geliebten des Perikles, gehört haben will. Sie ist ganz nach Art der epideiktischen Reden angelegt, weist aber als Werk der Aspasia starke Anachronismen auf, welche die Annahme einer Abfassung des Dialogs nach dem korinthischen Krieg nötig machen.

Der *Sophistes* und *Politikos* knüpfen unmittelbar an den *Theätetos* an. Der hier getroffenen Verabredung gemäß kommen am folgenden Tage Theodoros und Theätetos mit Sokrates zusammen, bringen aber noch einen Fremden, einen Anhänger der eleatischen Philosophie, mit. Dieser erörtert auf Veranlassung des Sokrates nach der Methode der Unterscheidung (*διαίρεσις*), welche die Gattung in ihre Arten zerlegt, den *Begriff des Sophisten* in einer Unterredung mit Theätetos; Sokrates spielt dabei den stummen Zuhörer. Dieselbe Rolle übernimmt er auch in dem sich anschließenden Gespräch zwischen dem Eleaten und dem jüngern Sokrates, einem Freunde des Theätetos. In diesem wird nach derselben Methode der *Begriff des Staatsmannes* aufgestellt, und daher heißt es *Politikos*. In einem 4. Dialog sollte der *Begriff des Philosophen* entwickelt werden; aber der *Philosophos* wurde von Platon nie geschrieben. Die Abfassung der beiden Dialoge wird um 364 angesetzt.

In demselben Verhältnis steht der *Kritias* zu der *Politeia* und dem *Timäos;* er bildet das 3. Stück. Kritias, nach dem der Dialog benannt ist, entwirft hier die Schilderung der schon im *Timäos* erwähnten *Urathener*, um zu zeigen, daß diese dem in der *Politeia* von Sokrates gezeichneten Bürgerideal entsprachen. Jedoch ist der Dialog Bruchstück geblieben, und ein weiterer Dialog *Hermokrates*, der das 4. Stück bilden sollte, wurde gar nicht in Angriff genommen.

Das letzte Werk des Platon sind die *Gesetze* (*νόμοι*), die der *Opuntier*

Philippos, ein Schüler desselbem, herausgab. Der Schauplatz des Gespräches, das 12 Bücher umfaßt, ist nach Kreta verlegt und findet auf dem Wege von Knosos zur Zeusgrotte zwischen dem Kreter Kleinias, dem Spartaner Megillos und einem ungenannten Athener statt; die Person des Sokrates fehlt ganz, was sonst in keiner Schrift des Platon der Fall ist. Veranlassung zu dieser Untersuchung über die Gesetze gibt die angebliche Gründung einer Kolonie durch die Kreter. Im Verhältnis zu dem Staate halten sich die Gesetze mehr an die Wirklichkeit, vermutlich infolge der Erfahrungen, die Platon unterdessen auf dem politischen Gebiete gemacht hatte. Der ganze Charakter des Werkes zeigt, daß dasselbe unvollendet geblieben ist; so ist z. B. im 5. Buche, ebenso teilweise im 8., 11. und 12. die Dialogform aufgegeben, ja im 5. und 12. Buch finden sich unpassende und störende Abschnitte; jedoch wird man dafür kaum den Herausgeber verantwortlich machen dürfen, als ob dieser zwei Vorlagen ungeschickt mit einander verschmolzen habe; auch die sonst bei Platon beobachtete Regelmäßigkeit in der Anlage des Dialogs vermißt man. Unter den politischen Anspielungen will man besonders solche auf den jüngeren Dionysios entdeckt haben. *Cicero* nahm in seinen *leges* die *Gesetze* zum Vorbild, wie in seiner *respublica* die *Politeia.*

6. Nach Abzug der 8 unbezweifelten und 19 angezweifelten Dialoge bleiben noch 8 übrig, die allgemein für *unecht* gehalten werden. Von diesen sprachen schon alte Gelehrte dem Platon 4 ab, nämlich *Thrasyllos* die *Anterastä* (Nebenbuhler), die Liebhaber zweier schöner Knaben, denen Sokrates in der Schule des Grammatikers Dionysios beweist, daß die *Philosophie* nicht im Vielwissen bestehe, sondern in der Verbindung von Gerechtigkeit und Besonnenheit, die in den Stand setze, das Hauswesen sowohl, als den Staat vortrefflich zu verwalten. Der Gedanke ist nicht platonisch; außerdem verrät der Dialog Benutzung des Charmides.

Der Neuplatoniker *Proklos* erklärte die Epinomis, einen Anhang zu den Gesetzen, der über die *Erziehung zur Philosophie* handelt, für unecht, und dafür zeugt sowohl die Sprache, als die im Dialog sich findende pythagoreische Zahlentheorie. Manche schrieben die Schrift dem Herausgeber der Gesetze, dem *Philippos von Opus*, zu.

Ohne Angabe eines Gewährsmannes verwarfen die Alten den *zweiten Alkibiades*, der über das *Gebet* spricht und rät, man solle die Götter einfach nach der Sitte der Spartaner um das Gute bitten, und Form und Inhalt bestätigen dieses Urteil. Einige weisen das Gespräch dem *Xenophon* zu; es stammt aber aus späterer Zeit.

Auch den *Hipparchos*, in dem sich Sokrates mit einem ungenannten Athener über *Gewinnsucht* (*φιλοκέρδεια*) unterhält, bezeichneten die

Alten mit Recht als unecht; das Benehmen des Sokrates ist hier ganz anders, als in den platonischen Dialogen. Seinen Namen hat das Gespräch von dem Peisistratiden *Hipparchos*, dessen Verdienste um Homer in einer Episode gewürdigt werden.

Diesen 4 unechten Dialogen fügten die Neuern noch weitere 4 bei, zunächst den *Theages*, der nach dem gleichnamigen Sohn des Atheners Demodokos benannt ist. Dieser will seinen Sohn zur Ausbildung einem Sophisten zuführen, trifft aber unterwegs mit Sokrates zusammen; er beginnt ein Gespräch, an dessen Schluß Vater und Sohn den Sokrates bitten, er möge selbst die *Erziehung* des Theages übernehmen. Dieser erklärt sich dazu bereit, wobei er unter anderm Auffälligen über sein Dämonion in einer Weise spricht, die schon allein die Unechtheit der Schrift dartut, ganz abgesehen davon, daß der Dialog eine Nachahmung des Laches ist.

Der *erste Alkibiades* wird durch Sprache und Darstellungsweise als unplatonisch erwiesen. Sokrates macht den Alkibiades darauf aufmerksam, daß er, bevor er als Staatsmann auftreten könne, sich die für einen Staatsmann erforderlichen Kenntnisse erwerben, also sich darüber klar werden müsse, *was gerecht und nützlich sei.* Der Dialog wurde viel gelesen und häufig erklärt. Man setzt seine Abfassung um 374 an, doch scheint er erst später entstanden zu sein.

Der *Minos* hat seinen Namen von dem berühmten Gesetzgeber von Kreta, der in dem Gespräche, das Sokrates mit einem ungenannten Fremden ohne bestimmtes Resultat über den *Begriff Gesetz* führt, gelobt wird. Der Dialog ist nach Form und Inhalt des Platon unwürdig. Seine Abfassung verlegt man in die Zeit um 339.

Am einleuchtendsten ist die Unechtheit des *Kleitophon*, der eine *Kritik*, ja geradezu eine *Widerlegung der sokratisch-platonischen Tugendlehre* versucht. Am Anfang des Dialogs stellt Sokrates den Kleitophon darüber zur Rede, daß er im Gespräche mit Lysias seine Unterredungen tadle, dagegen die des Thrasymachos lobe. Zu seiner Rechtfertigung führt Kleitophon in zusammenhängender Rede aus, daß Sokrates die Tugend zwar lobe und seine Anhänger dazu anfeuere, über Wesen, Wirksamkeit und Ziele derselben aber nichts Bestimmtes lehre. Die Namen scheinen aus dem 1. B. des *Staates* entnommen zu sein; außerdem will man Benutzung oder doch Kenntnis des *ersten Alkibiades* und der *Anterasten* in dem Dialog wahrnehmen. Die Abfassung fällt jedenfalls nach Platons Tod.

7. Den unechten Dialogen reihen sich die *Briefe* an, die ebenfalls nicht von Platon selbst herrühren, obgleich manche Gelehrte für die Echtheit des 2., 7., 8. und 13. eintreten; jedoch muß man anerkennen, daß dieselben aus älterer Zeit stammen, auf besserer Kenntnis beruhen

und daher einen größeren Wert besitzen, als sonstige Erzeugnisse ähnlicher Art. Der Inhalt derselben bezieht sich teils auf sizilische Verhältnisse, teils auf Leben, Lehre und Charakter des Platon. Der 1. Brief ist von *Dion*.

8. Die Schriften Platons haben, von den *Briefen*, der *Apologie* und etwa noch dem *Menexenos* abgesehen, alle die Form von *Dialogen*. Diese sollen von *Alexamenos von Teos* zuerst für philosophische Erörterungen verwandt worden sein und wurden dann auch von andern Sokratikern benutzt; aber die künstlerische Ausbildung derselben kommt dem Platon zu. Daß er diese Form wählte, hat zunächst darin seinen Grund, daß er seine ganze Philosophie als Philosophie des Sokrates darstellte, der daher auch in allen Dialogen außer den *Gesetzen* vorkommt und die Rolle des Platon selbst vertritt; Sokrates' Methode war aber gerade der Dialog. Außerdem paßte die Gesprächsform vortrefflich zu der ganzen Art der platonischen Philosophie, die viel mehr im Suchen nach der Wahrheit, als in der Darlegung eines fertigen Systems besteht, und endlich mag sich auch Platons eigene künstlerisch angelegte Natur gerade zu dieser Darstellungsform besonders hingezogen gefühlt haben.

Platon war von Haus aus ein Dichter und hat sich vielfach in der Poesie versucht; der Dialog hat aber als Nachahmung einer Handlung eine entschiedene Ähnlichkeit mit der *dramatischen Poesie;* daher stellt ihn Aristoteles auch mit den Mimen des Sophron zusammen, der Lieblingslektüre unseres Philosophen, der er hinsichtlich der Form seiner Dialoge vieles verdanken soll. Mit derselben Freiheit, wie der dramatische Dichter mit dem Mythos, verfährt Platon mit der Gestaltung seines Stoffes, ohne sich von den Schranken des Ortes oder der Zeit hemmen zu lassen; daraus erklären sich die vielen, oft sehr starken Anachronismen. Die Exposition wird mit großer Genauigkeit gegeben; mit Ort, Zeit und Veranlassung des Gesprächs wird man in den meisten Fällen eingehend bekannt gemacht. Besondere Sorgfalt verwendet Platon aber auf die Charakterisierung der auftretenden Personen, die keine wesenlosen Gebilde, sondern Menschen mit Fleisch und Blut sind, individuell gestaltet und bis auf den sprachlichen Ausdruck wahrheitsgetreu gezeichnet. Dazu kommt eine schöne Harmonie in der Anlage und eine fesselnde Lebendigkeit in der Darstellung, mit köstlichem Humor, aber auch bitterer Satire gewürzt; denn Platon hat eine entschiedene Anlage zu einem komischen Dichter und schenkt seinen Widersachern nichts, wenn auch die Erzählungen von Feindschaften, die er mit Xenophon und andern Schülern des Sokrates gehabt haben soll, stark übertrieben sind; ja, er wird geradezu ein neuer *Archilochos* genannt.

Das *dramatische Element* zeigt sich besonders in den Jugend-Dialogen des Platon; mit dem zunehmenden Alter läßt er es immer mehr gegen den Inhalt zurücktreten; ja, in dem *Staate* und den *Gesetzen* wird es geradezu als lästig empfunden. Die dramatische Einkleidung ist nicht immer dieselbe. In manchen Dialogen hören wir die Personen selbst ihre Ansichten vortragen und verteidigen. Man kann diese die *direkten* nennen im Gegensatze zu den *indirekten*, in denen die Gespräche erzählt werden. Beide Formen kommen auch verbunden vor, in der Art, daß ein direktes Gespräch die Einleitung zu einem indirekten bildet. Auch an Übergängen von der indirekten zur direkten Gesprächsform fehlt es nicht. Daß Platon auch größere Dialoggruppen bildete und 3–4 Gespräche zu einem Ganzen verband oder verbinden wollte, haben wir gesehen.

9. Wie die Art der Darstellung, so zeigt auch die *Sprache*, daß die Dialoge in der Mitte zwischen Poesie und Prosa stehen. Platon hat im ganzen den feinen attischen Konversationston; doch verschmäht er volkstümliche Redensarten, Sprichwörter, ja selbst derbe Ausdrücke nicht; daneben finden poetische Wörter und Wendungen Aufnahme. Überall sucht er den Eindruck der wirklichen Rede hervorzubringen und dabei leisten ihm die Anakoluthe gute Dienste. Die Kunst zeigt sich in den Tropen und Figuren, die oft poetische Kühnheit verraten, in der gewählten Wortstellung, in den gesuchten Gleichklängen und Wortspielen, sowie in der rhythmischen Bildung der Sätze und Perioden, die eine schöne Mitte zwischen Wirklichkeit und Rhetorik halten. Dasselbe kann man hinsichtlich des Hiatus wahrnehmen; er vermeidet ihn nicht ängstlich, wie die Redner, ist aber in der Zulassung desselben vorsichtig, um so mehr, je älter er wird. So entwickelt sich jene Sprache, deren natürlicher und einschmeichelnder Beredsamkeit niemand widerstehen kann; ja, man meinte, wie Cicero mitteilt, wenn Zeus griechisch spräche, würde er sich der Sprache Platons bedienen. In dieser künstlerischen Form in Verbindung mit dem idealen Inhalt liegt die Größe und Bedeutung des göttlichen Platon, den Aristoteles geradezu ein Naturwunder nannte.

10. Die Schriften des Platon wurden viel gelesen, *bewundert*, ja teilweise enthusiastisch verehrt; sie wurden in fremde Sprachen übersetzt, so von *Cicero* der *Protagoras* und *Timäos*. Wer zu den Gebildeten gehören wollte, mußte dieselben wenigstens zum Teil kennen. Zu diesem Zwecke scheint der *Neuplatoniker Jamblichos* im 4. Jh. n. Chr. eine Auswahl von 10 Dialogen getroffen zu haben. Natürlich fehlte es auch nicht an Gegnern, die den Stil des Platon tadelten; trotzdem wurde dieser allgemein für mustergültig gehalten und nachgeahmt, besonders das Symposion und der Phädros. Auf den Universi-

täten wurde Platon gelesen und gehört; es wurden viele Kommentare zu ihm verfaßt, von denen diejenigen des *Proklos* und *Olympiodoros* noch erhalten sind. Auch Glossare gab es zu ihm, in denen dunkle Wörter und Wendungen erklärt waren; von diesen haben wir noch das des *Timäos*, der im 3. Jh. n. Chr. lebte. Aus diesen Erklärungen stammen die *Scholien*, die wir besitzen.

11. Die von Platon gegründete Schule bestand unter dem Namen der *ältern Akademie* fort, durch die schon von dem Stifter eingeführten gemeinsamen Festmahle der Mitglieder unter einander zusammengehalten. Das Haupt der Schule, auf das sich der Garten bei der Akademie vererbte, wurde regelmäßig von dem zurücktretenden oder sterbenden Vorgänger ernannt; nur in dem Fall, wenn keine solche Bestimmung getroffen war, wurde es von den Schülern selbst gewählt. Der erste Nachfolger des Platon war *Speusippos*, der Sohn seiner Schwester Potone und des Atheners Eurymedon. Seine zahlreichen Schriften, *Hypomnemata* und *Dialoge* genannt, soll Aristoteles um drei Talente (über 14000 M.) gekauft haben; doch ist damit vielleicht die ganze Bibliothek des Speusippos gemeint. Wegen Kränklichkeit trat er schon nach 8 Jahren die Leitung der Schule an *Xenokrates* ab. Im J. 334 soll er sich selbst getötet haben.

12. Der Nachfolger des Speusippos, *Xenokrates*, der Sohn des Agathenor aus Chalkedon, stand der Schule 25 Jahre lang, von 339–314, vor; in dem zuletztgenannten Jahre starb er, 82 Jahre alt. Er war von Natur langsam und schwerfällig; ersetzte aber durch Fleiß, was ihm an Talent abging. Auch in der Politik wurde er von den Athenern, obwohl er kein Bürger war, verwandt und hatte als Gesandter bei Philipp von Makedonien und später im lamischen Krieg bei Antipater Glück. Das athenische Bürgerrecht soll er ausgeschlagen haben, da er mit den herrschenden Zuständen unzufrieden war; ja man erzählt sogar, daß ihn die Athener einmal verkauft hätten, weil er sein Metökengeld nicht bezahlen konnte; Demetrios von Phaleron habe ihn jedoch wieder ausgelöst. Allgemein wird seine Sittenstrenge und Sittenreinheit gelobt. In seinen zahlreichen Schriften führte er die schon von seinem Vorgänger angebahnte Annäherung des Platonismus und Pythagorismus weiter, die sich im Hervortreten der pythagoreischen Zahlenlehre, in der Hochschätzung der mathematischen Wissenschaften und dem in Verbindung damit stehenden Zurücktreten der Ideenlehre und endlich in der Einführung der Dämonen als Mittelstufe zwischen der reinen Gottheit und den Menschen zeigte. Außerdem war er der erste, der die Philosophie ausdrücklich in Logik oder Dialektik, Physik und Ethik einteilte.

13. Von den übrigen Schülern des Platon haben wir den *Philippos von*

Opus, den Herausgeber der platonischen *Gesetze* und angeblichen Verfasser der *Epinomis*, schon kennen gelernt. Von ihm werden 23 Schriften philosophischen und mathematischen Inhalts erwähnt. Bedeutender ist *Herakleides*, der Sohn des Euthyphron, der einer reichen und vornehmen Familie in Herakleia im Pontos entsprossen war. Außer Platon hörte er auch den Speusippos. Man erzählt, daß ihm der erstere bei seiner letzten Reise nach Sizilien (361) die zeitweilige Leitung der Schule übertragen habe. Später kehrte er in seine Vaterstadt zurück, die er von einem Tyrannen, Klearchos, wie manche meinen, befreit haben soll. Sein Tod fällt nach 330 v. Chr. und ist fabelhaft ausgeschmückt. Nach den einen trug er, als er den Tod herannahen fühlte, einem seiner Getreuen auf, seinen Leichnam zu verbergen und in den Sarg statt seiner eine Schlange zu legen, um den Schein zu erwecken, als ob er ein Gott geworden sei; der Betrug sei aber entdeckt worden. Nach andern soll er zur Zeit einer Hungersnot die Pythia bestochen haben, seinen Mitbürgern Befreiung aus dem Unglück zu versprechen, wenn sie ihn mit einem goldnen Kranze auszeichnen; sofort nach der Bekränzung sei er aber, vom Schlage getroffen, zusammengesunken. Es werden über 50 Werke von ihm erwähnt, die sich auf alle damals bekannten Wissenszweige erstrecken. Wir haben noch Bruchstücke aus einer Schrift über *Staatsverfassungen* (*ἐκ τῶν Ἡρακλείδου περὶ πολιτειῶν*), die jedoch nirgends genannt wird; daher liegt der Verdacht eines Versehens oder einer Fälschung nahe. Außerdem erfahren wir, daß er zuerst die Lehre von der Achsendrehung der Erde aufstellte. Im übrigen gilt er für einen kritiklosen und leichtgläubigen Schriftsteller.

49. Kapitel

Aristoteles

1. Der berühmteste Schüler des Platon war *Aristoteles*, der im J. 384 v. Chr. in dem Städtchen Stageiros oder Stageira auf der Halbinsel Chalkidike geboren wurde. Sein Vater war der Arzt Nikomachos, der später von dem König Amyntas II. von Makedonien zum Leibarzt ernannt wurde. Danach ist es wahrscheinlich, daß Aristoteles einen Teil seiner Jugend in der makedonischen Hauptstadt Pella verbrachte, wo er als Knabe mit dem Sohne des Amyntas, dem spätern Philipp von Makedonien, verkehrt sein mag. Der Beruf des Vaters scheint nicht ohne Einfluß auf die wissenschaftlichen Neigungen des Sohnes gewesen zu sein; jedoch darf man denselben auch nicht überschätzen, da Nikomachos frühzeitig starb. Dem Wunsche des Vaters entsprechend sorgte dessen Freund Proxenos von Atarneus in Mysien für die weitere

Erziehung des Sohnes, wobei es unentschieden ist, ob in Atarneus, wie manche glauben, oder sonst irgendwo.

Im J. 367, im Alter von 17 Jahren, kam Aristoteles nach Athen, wo er in die Schule des Platon eintrat, der damals gerade auf seiner zweiten Reise nach Sizilien abwesend war. Sein Verkehr mit Platon dauerte bis zum J. 347, also bis zum Tode des greisen Meisters, der den Aristoteles sehr hoch schätzte; bekannt ist ja, daß er denselben *den Verstand seiner Schule* (*νοῦν τῆς διατριβῆς*) nannte. Indes befand sich Aristoteles nicht die ganze Zeit über in der Stellung eines eigentlichen Schülers, sondern trat auch, wie es bei den ältern Mitgliedern der Akademie Sitte war, selbständiger hervor. Er hielt Vorträge, besonders über die Rhetorik, in denen er den Isokrates und dessen Schule bekämpfte. Diese scheint sein Schüler *Theodektes* aufgezeichnet und veröffentlicht zu haben; wenigstens wird eine *theodekteische Rhetorik* des Aristoteles bei Spätern erwähnt. In manchen Punkten scheint Aristoteles der Lehre des Platon entgegengetreten zu sein, hauptsächlich in der Ideenlehre, wodurch das innige Verhältnis zwischen Lehrer und Schüler etwas gelöst worden sein mag. Daß aber Feindschaft zwischen denselben ausgebrochen sei, daß Aristoteles noch zu Lebzeiten des Meisters eine Schule eröffnet, daß er in seiner Undankbarkeit sogar Platon aus seiner eigenen verdrängt habe, das sind lauter spätere Übertreibungen, die zu der ehrfurchtsvollen Art, wie Aristoteles über seinen Lehrer spricht, nicht passen und durch die Tatsachen widerlegt werden. Man vergleiche nur die früher erwähnte *Elegie auf Eudemos* und das freundschaftliche Verhältnis, in dem er auch nach Platons Tod noch zu der Akademie stand.

Nach dem Tode Platons im J. 347 folgte Aristoteles in Begleitung des Xenokrates einer Einladung des Tyrannen Hermeias von Atarneus, den er in Athen bei Platon kennen gelernt hatte. Von da begab er sich nach Mytilene, aller Wahrscheinlichkeit nach noch bevor Hermeias, den er durch die Errichtung eines Standbildes in Delphi und durch ein Gedicht auf die Tugend ehrte, vom Perserkönig auf verräterische Weise getötet worden war. Die Nichte und Adoptivtochter desselben Pythias nahm er zur Frau, und diese gebar ihm eine Tochter gleichen Namens, welche seinem Wunsche entsprechend Nikanor, der Sohn des Proxenos von Atarneus, heiratete. Von seiner zweiten Frau Herpyllis aus Stageira hatte er einen Sohn *Nikomachos*, der als Jüngling im Krieg umgekommen sein soll.

In Mytilene erhielt er im J. 342 die Aufforderung Philipps von Makedonien, die Erziehung seines Sohnes zu übernehmen. Über die Art und Weise, wie er sich dieser Aufgabe erledigte, erfährt man nichts Näheres; denn daß er mit Alexander den Homer las, ist selbstverständlich, wenn auch die Nachricht, daß er für ihn eine Ausgabe der Ilias angefertigt habe, nicht sicher ist; nur soviel steht nach dem Erfolge fest, daß die Erziehung ihren Zweck erreichte. Dieselbe dauerte nicht ganz 3 Jahre; denn mit 16 Jahren wurde Alexander von seinem Vater zum Reichsverweser ernannt und nahm an den Kriegszügen Anteil. Während dieser Zeit scheint sich Aristoteles in seiner Vaterstadt Stageira aufgehalten zu haben. Das Verhältnis zwischen Lehrer und Schüler war immer ein freundschaftliches, wenn es auch durch die Hinrichtung des Kallisthenes, des Schwestersohnes des Aristoteles, im J. 326 etwas getrübt wurde. Alexander förderte und unterstützte die Studien des Aristoteles, und dieser verwandte sich bei jenem wiederholt mit Erfolg für Einzelne sowohl, als für ganze Städte; auch die Wiedererbauung seiner im J. 348 von Philipp zerstörten Vaterstadt wußte er durchzusetzen.

Im J. 335 kam Aristoteles das zweite Mal nach Athen und gründete hier im Gymnasium Lykeion in der Nähe des Tempels des Apollon Lykeios eine Schule, die von den schattigen Anlagen (*περίπατοι*) die *peripatetische* genannt wurde, eine Bezeichnung, die andere von der Art und Weise des Unterrichts, bei dem Lehrer und Schüler auf- und abwandelten, herleiten. Die Schule übertraf in kurzer Zeit die Akademie an Ruhm. Der Unterricht setzte sich aus Vorträgen des Lehrers (*ἀκροάσεις*), aus der Lösung gestellter Aufgaben (*προβλήματα* oder *ἀπορίαι*) und aus Disputationsübungen über bestimmte Themata (*θέσεις*) zusammen; jedoch wurde zwischen Vorgeschrittenen und Anfängern unterschieden; für jene wurden vormittags, für diese abends Vorträge gehalten. So verbrachte Aristoteles 12–13 Jahre lehrend und schreibend; nach dem Tode Alexanders des Großen wandte sich aber die wiedererwachte nationale Partei auch gegen ihn als Freund der Makedonier; stand er doch außer mit Alexander auch mit Antipater in freundschaftlichem Verhältnis. Von Eurymedon oder Demophilos soll er auf Grund seines Gedichtes auf Hermeias der Gottlosigkeit angeklagt worden sein. Er verließ Athen und begab sich nach Chalkis auf Euböa, wo er ein Landhaus besaß, angeblich mit den Worten, er wolle den Athenern keine Gelegenheit geben, sich ein zweites Mal an der Philosophie zu versündigen. Hier starb er bald darauf an einem Magenleiden im J. 322, 63 Jahre alt. In seinem Testament bestimmte er seinen Freund *Theophrastos aus Eresos* auf Lesbos zu seinem Nachfolger im Lehramte; dieser erhielt auch die umfassende Bibliothek desselben. Zum Testamentsvollstrecker ernannte er Antipater von Makedonien.

2. Aristoteles entfaltete eine vielseitige *schriftstellerische Tätigkeit*. In einem Verzeichnis seiner Schriften, das Diogenes von Laerte mitteilt,

das aber wahrscheinlich auf Hermippos von Smyrna, den Anhänger und Freund des Kallimachos, zurückgeht und die im 9. Jh. v. Chr. in der alexandrinischen Bibliothek vorhandenen Werke unseres Philosophen enthält, werden 146 Werke in etwa 400 Rollen mit 445270 Zeilen erwähnt. Noch reichhaltiger ist ein zweites Verzeichnis, dessen Abfassung mit dem merkwürdigen Schicksal der aristotelischen Bibliothek in engem Zusammenhang steht. Wie wir schon hörten, übergab Aristoteles seine Bibliothek, die natürlich auch seine eigenen Schriften enthielt, seinem Nachfolger *Theophrastos*. Von diesem erbte sie *Neleus*, der Sohn des Sokratikers Koriskos aus Skepsis, einer Stadt in der Landschaft Troas in Kleinasien, und ließ sie in seine Heimat schaffen. Um dieselbe vor dem König Attalos, der in seiner Hauptstadt Pergamos eine Bibliothek anlegte, zu schützen, vergruben sie die Erben des Neleus in einem Kellergewölbe, wo sie, der Feuchtigkeit und dem Moder ausgesetzt, liegen blieb, bis sie der Büchersammler *Apellikon von Teos* um 100 v. Chr. entdeckte, kaufte und nach Athen schaffte. Von hier brachte sie Sulla bei der Eroberung der Stadt (86) nach Rom, wo auf Anregung des Grammatikers Tyrannion des Ältern der Peripatetiker *Andronikos von Rhodos*, der 11. Nachfolger des Aristoteles, auf Grund derselben eine neue Ausgabe des Aristoteles veranstaltete, welche die früheren berichtigte und, wie es scheint, wesentlich ergänzte; auf diese gehen unsere Handschriften zurück. Zugleich stellte er ein Verzeichnis der aristotelischen Schriften auf, das etwa 1000 Rollen enthielt und in arabischer Übersetzung erhalten ist.

Aristoteles spricht in seinen Werken einige Mal von ἐξωτερικοὶ λόγοι; er bezeichnet mit diesem Schulausdruck nicht sowohl Dialoge oder Schriften, als vielmehr solche Ansichten, die gleichsam außerhalb des in der Schule selbst erteilten Unterrichts liegen. Später verstand man aber darunter *allgemein populäre Schriften* im Gegensatz zu *streng wissenschaftlichen*, die man jetzt *esoterische* nannte. Ja, seit Andronikos übertrug man diese Bezeichnung von den Schriften auch auf die Lehre und sprach nun von einer *exoterischen* und *esoterischen Lehre*, von denen man nur der letzteren die volle, reine Wahrheit zuerkannte. Soweit sich diese Unterscheidungen auf Aristoteles beziehen, ist soviel richtig, daß dieser wirklich *populäre Schriften* verfaßte, in denen er passende Fragen in geeigneter Form für weitere Kreise behandelte; in diesen allein wandte er die *Dialogform* an. Seine andern Werke zeigen die gewöhnliche Form der Darstellung, sowohl die *systematischen* (ἀκροάσεις oder πραγματεῖαι), als auch die *vorbereitenden Schriften* und *Sammelwerke* (ὑπομνήματα). Von diesen Schriften scheint er außer den populären keine veröffentlicht zu haben; dies taten erst seine Nachfolger, welche die hinterlassenen Handschriften, die manchfach überarbeitet und mit Zusätzen versehen sein mochten, ordneten und für die Herausgabe zurechtmachten. Auch unechte Werke haben sich eingeschlichen; dazu darf man jedoch nicht diejenigen rechnen, die Auszüge aus aristotelischen Schriften sind, oder die Aufzeichnungen von Vorlesungen des Meisters durch andere enthalten.

3. Die *Dialoge* und sonstigen *populären Schriften* gehören der früheren Zeit der schriftstellerischen Tätigkeit des Aristoteles an; jetzt sind sie bis auf wenige Bruchstücke verloren. Manche Titel stimmen mit denen platonischer Dialoge völlig überein, so der *Politikos* in 2 Büchern, der *Sophistes*, *Menexenos* und das *Symposion* in je 1 B.; andere handeln über dieselben Gegenstände; so berühren sich die 4 Bücher über die *Gerechtigkeit* (*περὶ δικαιοσύνης*) mit dem *Staate* Platons, der *Gryllos oder über die Beredsamkeit*, der vermutlich nach dem im J. 362 in der Schlacht bei Mantineia gefallenen Sohn des Xenophon benannt ist, mit dem *Gorgias* und *Phädros*, der *Eudemos oder über die Unsterblichkeit der Seele*, der seinen Namen von dem auf dem Feldzug des Dion gegen Dionysios im J. 353 vor Syrakus gefallenen Freund des Aristoteles hat, mit *Phädon* und die Schrift über *das Gebet* (*περὶ εὐχῆς*) mit dem allerdings unechten *zweiten Alkibiades*. Außerdem schrieb Aristoteles 3 Bücher über die *Philosophie* (*περὶ φιλοσοφίας*), in denen er einen Überblick über die Geschichte dieser Wissenschaft gab und das wichtigste aus seiner Lehre beifügte; dann über die *Dichter* (*ερὶ οιητῶν*), ebenfalls 3 B.; ferner einen Dialog *Nerinthos*, der nach einem korinthischen Bauer genannt sein soll, den die Lektüre des platonischen *Gorgias* zum Studium der Philosophie bestimmte; endlich über die *Liebe* (*ἐρωτικός*), über den *Reichtum* (*περὶ πλούτου*), über die *Lust* (*περὶ ἡδονῆς*), über die *Erziehung* (*περὶ παιδείας*) usw.; der Dialog über den *Adel* (*περὶ εὐγενείας*) wird schon im Altertum als unecht bezeichnet. Dagegen war der *Protreptikos*, eine an den König Themison von Kypern gerichtete Mahnung zum Philosophieren, nicht in Dialogform abgefaßt, und ebensowenig die zwei *Sendschreiben an Alexander den Großen*, deren eines über die *Anlage von Kolonien* (*περὶ ἀποικιῶν*) handelt, während das andere *über das Königtum* (*περὶ βασιλείας*) demselben empfiehlt, den Barbaren gegenüber als Herrscher aufzutreten, den Griechen gegenüber aber die Stellung als Führer beizubehalten.

Was die Anlage und Einrichtung der Dialoge betrifft, so dürfen wir annehmen, daß sich Aristoteles darin den Platon zum Muster nahm; doch hören wir von manchen Verschiedenheiten zwischen beiden. Aristoteles scheint regelmäßig die erzählende Form des Gesprächs gewählt und demselben eine Einleitung vorausgeschickt zu haben, in der er persönlich das Thema feststellte und über die Frage orientierte. Bei der Unterredung übernahm er selbst die Hauptrolle; wem er die andern Rollen zuteilte, ob historischen oder erdichteten Personen, ist unsicher. Das dramatische Element trat bedeutend zurück, und auch in der Art des Gespräches führte er die Änderung ein, daß jeder Unterredner in zusammenhängendem Vortrag seine Ansicht entwickelte. Der Inhalt stand zum Teil mit dem späterer Werke im Widerspruch; doch ist dies nicht zu verwundern, da diese Schriften zu den frühesten des Philosophen gehören. Die sprachliche Form wird von den Alten sehr gelobt; man rühmt ihr Deutlichkeit, Kraft und Anmut nach, und Cicero spricht geradezu von dem *goldenen Fluß* der aristotelischen Rede; sie wird als nachahmenswertes Muster den Jüngern empfohlen. Infolgedessen waren diese populären Schriften sehr beliebt; sie wurden sozusagen allein unter den Werken des Philosophen von einem größeren Publikum gelesen, und Cicero ahmte dieselben in seinen Dialogen nach.

4. Ganz anderer Art sind die *wissenschaftlichen Werke;* die Dialogform ist aufgegeben, die Sprache ist Nebensache, der Inhalt Hauptsache; jene kommt nur insoweit in Betracht, als sie diesem zum Ausdruck dient; sie ist vernachlässigt, unschön und oft dunkel, was übrigens zum Teil mit der unfertigen Gestalt dieser Schriften zusammenhängen mag; dagegen erregt die wissenschaftliche Strenge, die darin zum Ausdruck kommt, Verwunderung. Unter diesen sind zunächst die *vorbereitenden Schriften* und *Sammelwerke* zu erwähnen. Aristoteles pflegte nämlich, bevor er sich an die Ausarbeitung einer wissenschaftlichen Frage machte, genaue Studien über dieselbe anzustellen, indem er teils seine Vorgänger kritisierte, teils Auszüge aus einschlägigen Werken machte und Materialiensammlungen anlegte. Aber die Schriften hatten dasselbe Schicksal, wie die populären; sie gingen fast alle verloren. Hierher gehören die Kritiken *des Gorgias, Melissos, Alkmäon, der Pythagoreer, des Archytas und Demokritos;* ferner die Auszüge aus dem Staate und den *Gesetzen des Platon*, sowie aus *Timäos und Archytas;* endlich Sammlungen aus Geschichte und Literatur, wie die *Verzeichnisse der Sieger in den olympischen und pythischen Spielen*, die *Didaskalien*, die *homerischen Fragen ἀπορήματα Ὁμηρικά*; dagegen werden die *historischen Erinnerungen* (*ὑπομνήματα ἱστορικά*) vielleicht mit mehr Recht dem *Theophrast* zugeschrieben; oder aus den verschiedenen Gebieten der Philosophie, wie die Zusammenstellungen von *Themen zu Disputationen* (*θέσεις*) oder von *Unterscheidungen* (*διαιρέσεις*), die *logischen Erinnerungen* (*ὑπομνήματα λογικά*), die *πολιτεῖαι* eine Sammlung von 158 Staatsverfassungen, die *barbarischen Gebräuche* (*νόμιμα βαρβαρικά*), sowie 72 Bücher *verschiedener Untersuchungen* (*σύμμικτα ζητήματα*) und *die Probleme*. Die wertvollsten darunter sind die *Didaskalien*, über die wir beim Drama gesprochen haben, und die

Politeiä, die von den Spätern vielfach benutzt wurden; wir haben davon noch bedeutende Fragmente. Auch von den *Problemen* sind uns 38 Bücher erhalten, die sich meist auf naturwissenschaftliche Gegenstände, daneben auch auf Musik und Poesie beziehen; dazu kommt noch 1 Buch mechanischer Probleme. Die Art derselben ist immer die gleiche; mit *warum* (*διὰ τί*) werden die Fragen gestellt, und darauf werden die Antworten, deren oft mehrere mit *oder* (*ἤ*) an einander gereiht werden, gegeben. Übrigens findet sich in unserer Sammlung neben Aristotelischem auch Fremdes aus Hippokrates, Theophrastos und Spätern. Ebenso führt die noch erhaltene Schrift über *Wundergeschichten* (*περὶ θαυμασίων ἀκουσμάτων*) mit Unrecht den Namen des Aristoteles; sie wurde erst in späterer Zeit unter Benutzung aristotelischer Werke verfaßt. Auch die Abhandlung über *Melissos, Xenophanes und Zenon* muß man dem Aristoteles absprechen; sie wurde schon im Altertum dem *Theophrastos* beigelegt.

5. Damit kommen wir zu den *systematischen Schriften*, die mehr dem spätern Alter des Aristoteles angehören. Bei diesen sind wir günstiger daran, als bei den populären und vorbereitenden; denn wenn auch nicht alle, so sind doch alle wichtigeren Schriften dieser Klasse auf uns gekommen. Was aber schon bei Platon schwierig ist, das erscheint hier geradezu unmöglich, nämlich die Bestimmung der chronologischen Reihenfolge. Der streng wissenschaftliche Charakter, den dieselben an sich tragen, hielt fast alles nicht zur Sache Gehörige, aus dem man auf Abfassungszeit schließen könnte, fern; auch die Verweisungen und Selbstzitate bieten wenig oder keinen Anhalt, da man nicht weiß, ob sie ursprünglich sind oder erst nachträglich hinzugefügt wurden, zumal da sie bisweilen gegenseitig in zwei Schriften vorkommen; ebensowenig zeigen sich deutliche Spuren einer allmählichen Entwicklung, etwa der philosophischen Kunstausdrücke, was schon die späte Abfassungszeit und die Entstehung dieser Schriften aus Lehrvorträgen erklärlich macht. Unter diesen Umständen dürfte es sich am meisten empfehlen, dieselben nach den drei Teilen der Philosophie, nach Dialektik, Physik und Ethik, zu betrachten.

An der Spitze der *Dialektik* stehen die *logischen Schriften*, die schon die Alten unter dem gemeinsamen Titel *Organon* zusammenfaßten, weil sie das Werkzeug zur wissenschaftlichen Forschung bilden. Es sind 6. Die *Kategorien* (*κατηγορίαι*) behandeln die auf empirischem Wege gefundenen zehn Grundbegriffe, welche die allgemeinen Bestimmungen des Seins bilden, nämlich Einzelsubstanz (*οὐσία*), Größe (*τὸ ποσόν*), Beschaffenheit (*τὸ ποιόν*), Verhältnis (*τὸ πρός τι*), Ortsbestimmung (*τὸ ποῦ*), Zeitbestimmung (*τὸ ποτέ*), Lage (*τὸ κεῖσθαι*), Zustand (*τὸ ἔχειν*), Tun (*τὸ ποιεῖν*) und Leiden (*τὸ πάσχειν*), jedoch nur die vier ersteren ausführlicher, da dies bei den andern nicht nötig erscheint; schließlich werden die Begriffe des Gegensatzes, die sog. Postpraedicamente, beigefügt, die *Andronikos* dem Aristoteles abspricht. Wir hören, daß es früher gleichzeitig zwei verschiedene Ausgaben der Kategorien gab.

An die Kategorien schließt sich die Schrift vom *Satze* (*περὶ ἑρμηνείας*) an, die über Nomen (*ὄνομα*), Verbun (*ῥῆμα*), Rede (*λόγος*), Bejahung (*κατάφασις*) und Verneinung (*ἀπόφασις*) spricht. Auch diese sprach *Andronikos* dem Aristoteles ab, aber *Alexander von Aphrodisias* hat sie mit Erfolg verteidigt; nur das letzte Kapitel erregt Bedenken.

Darauf folgen die *ἀναλυτικὰ πρότερα καὶ ὕστερα* in je 2 Büchern. Die Verzeichnisse des Andronikos und Hermippos-Diogenes zählen allerdings 9 Bücher der ersten Analytika, ja andere Nachrichten melden, daß in den alten Bibliotheken 40 Büchern Analytika gefunden worden seien; aber dies wird man sich aus dem Vorhandensein verschiedener Ausgaben und anderer Einteilungen erklären dürfen. Der Name ist der Mathematik entnommen und wurde den Büchern deshalb gegeben, weil in ihnen gezeigt wird, wie die Schlüsse in ihre Bestandteile aufgelöst und nach den Vordersätzen geordnet werden können. *Die ersten Analytika* enthalten die allgemeine Lehre von den Schlüssen, die entweder apodiktische sind, insofern sie unumstößliche Wahrheit ergeben, oder dialektische, insofern sie auf das Bestreitbare und Wahrscheinliche gerichtet sind, oder endlich sophistische, d. h. Trugschlüsse.

Der apodiktische Schluß wird in den *zweiten Analytika* genauer erörtert; jedoch zeigen diese im Vergleich mit den ersten Analytika einen ziemlich unfertigen Zustand, so daß in ihnen ähnlich, wie in der Schrift *περὶ ἑρμηνείας*, nur ein erster Entwurf vorzuliegen scheint.

Die Lehre von den dialektischen Schlüssen bildet den Inhalt der 8 Bücher *Topika*, die ihren Namen von den *τόποι* haben, d. h. den allgemeinen Gesichtspunkten, von denen aus man für jedes vorkommende Problem den Beweis der Wahrscheinlichkeit führen kann. Dieselben gehen zurück auf die Definition (*ὅρος*), die Gattung (*γένος*), das Eigentümliche (*ἴδιον*) und das Zufällige (*συμβεβηκός*). Da sie die Methode des Disputierens lehren, führen sie auch den Titel *μεθοδικά*. Sie waren das Vorbild für die *Topica des Cicero*. Die Ausführung zeigt eine gewisse Breite, die man damit erklärt, daß die Topika aus einem rhetorisch angelegten Lehrkurs hervorgegangen sind.

Zum Beweise dafür verweist man auf die Anspielung auf Vorträge über Rhetorik, die sich am Schluß der *sophistischen Widerlegungen* (*σοφιστικοὶ ἔλεγχοι*) findet; denn diese betrachtet man nicht als gesonderte Schrift, wie sie jetzt vorliegen, sondern als zu den Topika gehörig, gleichsam als das 9. Buch derselben. Den Gegenstand bildet die Widerlegung der sophistischen Schlüsse.

An die Logik schließt sich die *Metaphysik* (τὰ μετὰ τὰ φυσικά) an, die ihren Namen dem rein äußerlichen Umstande verdankt, daß ihr die alten Herausgeber ihren Platz nach der Physik (μετὰ τὰ φυσικά) angewiesen haben. Ihrem Inhalte nach entspricht sie der platonischen Dialektik, behandelt also die Grundfragen der Philosophie. Die Form läßt vieles zu wünschen übrig; man sieht, daß dem Werke nicht nur die letzte Hand, sondern überhaupt Zusammenhang und einheitliche Bearbeitung fehlt. Wir haben 13 Bücher; aber das 1. zerfällt wieder in 2, in ein größeres und ein kleineres. Das kleinere schrieben manche dem Rhodier *Pasikles*, dem Sohne des Boethos, einem Neffen des Eudemos, zu, der es vermutlich nach Vorlesungen des Aristoteles angefertigt hat; *Alexander von Aphrodisias* dagegen, der einen vortrefflichen Kommentar zu der Metaphysik verfaßt hat, erklärt es für aristotelisch, hält es aber für eine Art Einleitung zur Physik; jedenfalls paßt es nicht an die Stelle, die es jetzt einnimmt. Das 1. B. enthält eine gelungene Kritik der Lehre der früheren Philosophen, das 2. bespricht die philosophischen Vorfragen, das 3. behandelt den Satz des Widerspruchs. So ist der Weg zur eigentlichen Untersuchung geebnet, die in B. 5–9 und 11 geführt wird; jedoch vermißt man bei 9 den Zusammenhang mit dem Vorhergehenden und Folgenden, und B. 11 stellt sich als eine selbständige Abhandlung dar, die noch nicht in das Ganze verarbeitet ist. In diesen Büchern wird das Seiende als solches untersucht, und besonders die vier aristotelischen Prinzipien, der Stoff (ὕλη), die Form (εἶδος), die bewegende Ursache (τὸ κινοῦν) und der Zweck (τὸ οὗ ἕνεκα), ferner die Potenzialität oder Möglichkeit (δύναμις), die Aktualität oder Wirklichkeit (ἐνέργεια und ἐντελέχεια), sowie der göttliche Geist erörtert. Das 4. B., das nicht ungeschickt zwischen B. 3 und 5 eingeschoben ist, bildet eine Abhandlung für sich und trägt auch die Überschrift: περὶ τοῦ ποσαχῶς "über die Vieldeutigkeit der in der Philosophie zur Sprache kommenden Ausdrücke. Das Buch 10 besteht aus 2 Teilen, von denen der 1. entweder ein erster skizzenhafter Entwurf oder vielleicht richtiger ein Auszug aus B. 2, 3 und 5 ist, während der 2. Erscheinungen aus der Physik behandelt, die für die Metaphysik wichtig sind. Da es in Verbindung mit dem 1. und 11. Buch eine kürzere Fassung der Metaphysik ist, so hat man vermutet, daß es ein Schüler nach den Vorlesungen des Lehrers herausgegeben habe. Die 2 letzten Bücher endlich, die eine für sich bestehende Kritik der platonischen Ideenlehre und der pythagoreischen Zahlentheorie enthalten, waren vielleicht ursprünglich für die Metaphysik bestimmt, später aber scheinen sie von Aristoteles ausgeschlossen und dann eine Überarbeitung des 1. Buches vorgenommen worden zu sein, in das Abschnitte aus den letzten Büchern wörtlich aufgenommen wurden; wenigstens stimmt B. I 9 mit B. XIII 4

und 5 völlig überein. Die Metaphysik ist für die Kenntnis der aristotelischen Philosophie außerordentlich wertvoll.
6. In der *Physik* sind zunächst die Werke zu erwähnen, die sich mit der Natur und dem Weltall beschäftigen. Hierher gehört die *Physik* (*φυσικὴ ἀκρόασις*), welche in 8 Büchern über die allgemeinen Bedingungen des natürlichen Daseins handeln, also über Stoff, Einzelsubstanz, Bewegung, Potenzialität und Aktualität. Die Bücher 5–8 werden nach ihrem Inhalt auch unter dem Titel *περὶ κνήσεως* zitiert, und die drei ersten Kapitel des 7. Buches liegen in doppelter Fassung vor. Die Abfassung der Schrift fällt vor die der Metaphysik, mit der sie manches gemeinsam hat. *Simplikios* im 6. Jh. n. Chr. schrieb einen Kommentar dazu.
An die Physik schließen sich enge die 4 Bücher *über die Himmelsgewölbe* als Weltganzes (*περὶ οὐρανοῦ*) an; sie handeln über die Einheit und Ewigkeit der Welt, sowie über die Sphärentheorie, über die letztere im Anschluß an den Astronomen Kallippos von Kyzikos. Die Fortsetzung bilden die 2 Bücher über *Entstehen und Vergehen* (*περὶ γενέσεως καὶ φϑορᾶς*), von denen das 2. auch die vier Grundqualitäten der Materie, Trockenheit, Nässe, Wärme und Kälte, bespricht. Darauf folgen die 4 Bücher über *Meteorologie* (*μετεωρολογικά*), die sich durch sorgfältige Ausarbeitung auszeichnen. Sie untersuchen, was sich in der Luft befindet, die Kometen, die Milchstraße, die Winde, aber auch die Erscheinungen des Meeres und die Erdbeben. Das 4. Buch jedoch ist eine selbständige Abhandlung über die gleichartigen Bestandteile der Körper, die unmittelbar aus Elementen hervorgehen.
Hierher gehört auch die Schrift über die *Richtungen und Benennungen der Winde* (*ἀνέμων ϑέσεις καὶ προσηγορίαι*), die ein Auszug aus der verlorenen Abhandlung über die *Kennzeichen der Stürme* (*περὶ σημείων χειμώνων*) ist. Dagegen ist die Schrift über das *Weltall* (*περὶ κόσμου*) unecht; man dachte an den Stoiker *Chrysippos* oder an *Nikolaos von Damaskos* als Verfasser. Vorausgeschickt ist ein *Brief an Alexander*, nicht den Großen, sondern den Sohn des Antonius und der Kleopatra oder den Verwalter Judäas von 46–48 n. Chr. Eine lateinische Bearbeitung ist *Apuleius de mundo*. Ebenso ist die Schrift über *das Wachsen des Nils* (*περὶ τῆς τοῦ Νείλου ἀναβάσεως*), die nur in einer lateinischen Übersetzung aus dem Arabischen bekannt ist, unecht, vielleicht eine Arbeit des *Theophrastos*.
Eine zweite Reihe von Schriften handelt über die lebenden Wesen. Die *Naturgeschichte* (*αἱ περὶ τὰ ζῶα ἱστορίαι*) in 10 Büchern ist beschreibender Art; sie behandelt nach einer allgemeinen Übersicht die Teile, das Entstehen, die Lebensweise und Nahrung der Tiere; doch ist das 10. und wahrscheinlich auch das 9. Buch unecht. Wissenschaftlich werden

zum Teil dieselben Fragen in den Schriften über *die Teile der Tiere* (*περὶ ζῴων μορίίων*, 4 Bücher), über die *Erzeugung der Tiere* (*περὶ ζῴων γενέσεως*, 5 Bücher) und über den *Gang der Tiere* (*περὶ πορείας ζῴων*, 1 Buch) behandelt. Der Gedanke, der sich durch alle diese Schriften hindurchzieht, ist der, daß die Natur nichts umsonst tut, sondern überall die größte Zweckmäßigkeit zeigt. Die Abfassung der *Naturgeschichte* fällt vor die der übrigen aufgezählten Schriften, ja, wie es scheint, sogar vor die der *Physik* und der Schrift *über das Himmelsgewölbe*. Das 1. Buch der Schrift *über die Teile der Tiere* entwickelt die Methode der naturwissenschaftlichen Forschung und damit zugleich den Plan und die Ordnung der übrigen Werke. Das 5. Buch *der Erzeugung der Tiere* scheint ursprünglich nicht zu dem Werke zu gehören; es führt den besonderen Titel *über die Leiden der Tiere* (*περὶ παθημάτων ζῴων*). Die Schrift *über die Erzeugung der Tiere* schließt sich unmittelbar an die Bücher *über die Teile der Tiere an;* trotzdem will sich die unechte Schrift *über die Bewegung* (*περὶ κινήσεως*) nach ihrem Schlußwort zwischen beide hineindrängen. Die *Anatomie* dagegen (*περὶ τῶν ἀνατομῶν*), welche die Alexandriner noch in 7 Büchern und in einem Auszug in 1 Buch hatten, ist jetzt verloren.

Hierher gehören auch die 3 Bücher *über die Seele* (*περὶ ψυχῆς*); denn Aristoteles betrachtet dieselbe nicht nur als Sitz des Denkvermögens, sondern auch der Empfindung, örtlichen Bewegung und Erhaltung. Das 1. Buch enthält eine kritische Übersicht über die Ansichten der früheren Philosophen, während Aristoteles im 2. und 3. Buch seine eigene Seelenlehre vorträgt. Die Schrift liegt in sehr unfertigem Zustande vor; außerdem haben sich deutliche Anzeichen einer doppelten Ausgabe erhalten; B. 2 und 3 sind ungeschickt abgeteilt.

Die Untersuchungen *über die Seele* werden durch die sog. *naturalia parva* vervollständigt. Unter diesem Titel faßt man eine Anzahl kleinerer Abhandlungen aus dem Gebiete der Psychologie und Physiologie zusammen; es sind folgende: *über Sinneswahrnehmung* (*περὶ αἰσθήσεως καὶ αἰσθηρῶν*), *über Gedächtnis und Erinnerung* (*περὶ μνήμης καὶ ἀναμνήσεως*), *über Schlaf und Wachen* (*περὶ ὕπνου καὶ ἐγρηγόρσεως*), *über Träume und Wahrsagen im Schlaf* (*περὶ ἐνυπνίων καὶ τῆς καθ' ὕπνον μαντικῆς*), *über langes und kurzes Leben* (*περὶ μακροβιότητος καὶ βραχυβιότητος*), *über Leben und Tod* (*περὶ ζωῆς καὶ θανάτου*) und über *Atmen* (*περὶ ἀναπνοῆς*). Mit der zuletzt genannten Schrift ist der unechte Aufsatz *περὶ πνεύματος* verwandt. Die zwei ersten Kapitel der Untersuchung *über Leben und Tod* führen in unsern Ausgaben den Titel *über Jugend und Alter* (*περὶ νεότητος καὶ γήρως*), wohl mit Unrecht; diese Schrift scheint entweder nicht geschrieben worden oder früher verloren gegangen zu sein. Eben dasselbe gilt von der Schrift *über Gesundheit*

und Krankheit (περὶ ὑγιείας καὶ νόσου) und *über Ernährung* (περὶ τροφῆς). Dagegen scheinen die Abhandlungen *über das Hörbare* (περὶ τῶν ἀκουστῶ) und *über die Trunkenheit* (περὶ μέθης) unecht zu sein.
Über die *Pflanzen* (περὶ φυτῶν) sind 2 Bücher unter dem Namen des Aristoteles auf uns gekommen, ohne jedoch von ihm herzurühren. Dieselben sind eine Rückübersetzung aus dem Lateinischen, in das sie aus dem Arabischen übertragen wurden. Man schreibt sie dem *Nikolaos aus Damaskos* zu. Unecht ist auch die Schrift *über die Farben* (περὶ χρωμάτων). Dagegen scheint die *Physiognomonik* (φυσιογνωμονικά) ein Auszug aus einem größern Werke zu sein, wobei es zweifelhaft bleibt, ob dies das aristotelische oder ein anderes war. Die Abhandlung *über unteilbare Linien* (περὶ ἀτόμων γραμμῶν) wird auch dem *Theoprastos* beigelegt. Außerdem werden von Aristoteles eine *Optik*, *Astronomie* und andere mathematische und naturwissenschaftliche Werke erwähnt.
7. Der dritte Teil der Philosophie ist die *Ethik*, welche die Grundsätze für das praktische Leben und Handeln gibt. Dies geschieht in drei Schriften, die unter dem Namen des Aristoteles auf uns gekommen sind, in den 10 Büchern der *ἠθικὰ Νικαμάχεια*, in den 7 Büchern der *ἠθικὰ Εὐδήμεια* und in den 2 Büchern der *ἠθικὰ μεγάλα*. Unter diesen hat die *nikomachische Ethik* den größten Anspruch auf Echtheit. Die Benennung erklärt man in verschiedener Weise, entweder damit, daß sie *Nikomachos*, der Sohn des Aristoteles, verfaßte, herausgab oder im Besitz hatte, oder damit, daß sie Aristoteles seinem Vater Nikomachos widmete. Der Zustand, in dem sie jetzt vorliegt, ist kein abgeschlossener und fertiger. Das 8. und 9. Buch schließen sich nur lose an und scheinen auch als besondere Schrift unter dem Titel *über die Freundschaft* (περὶ φιλίας) vorhanden gewesen zu sein; ebenso das 10. unter dem Titel *über die Lust* (περὶ ἡδονῆς), zumal da diese hier etwas anders als im 7. Buch aufgefaßt wird. Die Bücher 5–7 stimmen mit den Büchern 4–6 der *eudemischen Ethik* überein. Dies erklärt man wohl am besten damit, daß der Verfasser derselben, *Eudemos aus Rhodos*, die *nikomachische Ethik* und überhaupt Vorträge seines Lehrers Aristoteles benutzte; daraus läßt sich auch die sonstige Übereinstimmung zwischen beiden Werken verstehen. Möglich wäre es allerdings auch, daß dieser größere Abschnitt aus der *eudemischen Ethik* zur Vervollständigung in die *nikomachische* übertragen oder, als selbständiger Entwurf vorgefunden, in beide gesetzt worden wäre. Dagegen ist es unwahrscheinlich, daß beide Ethiken als verschiedene Bearbeitungen von Aristoteles selbst stammen, und daß die zweite nur deshalb *eudemische* genannt worden sei, weil sie dieser im Besitz gehabt habe. Die *große Ethik*, die den kleinsten Umfang hat, ist ein Auszug aus den beiden

andern, der sich aber enger an die *eudemische*, als an die *nikomachische* anschließt; auch *Theophrastos* scheint benutzt zu sein. Als Verfasser riet man auf *Phanias von Eresos*, den Landsmann und Freund des Theophrastos. Über den Grund der Bezeichnung *große Ethik* ist man nicht einig; die einen denken dabei an die im Vergleich mit den beiden andern Ethiken größere Reichhaltigkeit und Vollständigkeit des Inhalts, andere an die größere Verbreitung dieses Auszugs.

Die kleine Abhandlung *über Tugenden und Laster* (*περὶ ἀρετῶν καὶ κακιῶν*), eine Zusammenstellung kurzer Definitionen, ist nicht von Aristoteles.

Mit der Ethik hängt die *Politik* (*πολιτικά*) in 8 Büchern aufs engste zusammen; auf sie wird schon am Schlusse der *nikomachischen Ethik* hingewiesen. Dieses Werk besitzen wir ebenfalls nicht in vollendeter, zur Veröffentlichung bestimmter Form. Dies zeigt schon die unrichtige Ordnung, in der die Bücher auf einander folgen; an das 3. sollte sich das 7. und 8. anschließen, und das 5. und 6. sollten ihre Stellen wechseln, so daß B. 1–3, 7, 8, 4, 6 und 5 die richtige Reihenfolge wäre. Außerdem scheint dasselbe unvollständig zu sein; so vermißt man z. B. im Vergleich mit dem *platonischen Staat* einen Abschnitt über die Dichtkunst. Das 1. Buch spricht über die Elemente und den Zweck des Staates, das 2. mustert die Ansichten der Vorgänger, der Philosophen sowohl, als der Gesetzgeber, durch, die übrigen handeln über die verschiedenen Staatsverfassungen, sowie über die Ursachen ihres Bestehens und Untergehens. Dabei unterscheidet Aristoteles drei gute Verfassungen, bei denen die Herrscher für das Wohl des Ganzen sorgen, nämlich das Königtum (*βασιλεία*), in dem er die vollkommenste Staatsform erblickt, die Aristokratie und die Politie, unter der er die richtige Mischung zwischen Oligarchie und Demokratie versteht, und drei schlechte, nämlich die Tyrannis, Oligarchie und Demokratie, bei denen sich die Herrschenden nur von der Rücksicht auf ihren Vorteil bestimmen lassen. Trotz des unfertigen Zustandes macht das Werk doch durch die Fülle vortrefflicher Beobachtungen, durch die Kunst der Gruppierung und durch den darin niedergelegten Scharfsinn einen großartigen Eindruck.

Außerdem besitzen wir noch eine *Ökonomik* (*οἰκονομικά*) unter dem Namen des Aristoteles, dieselbe ist aber unecht. Das 1. Buch, eine kurze Darstellung der Hauswirtschaft unter Benutzung von *Xenophons Ökonomikos* und dem 1. Buch von *Aristoteles/Politik*, wurde dem *Theophrastos* beigelegt, entstand aber später, etwa 250–200 v. Chr. Damit steht in keinem Zusammenhang das 2. Buch, welches an Beispielen nachweist, wie sich Staaten und Privatleute aus Geldverlegenheiten halfen; es wurde jedenfalls nicht vor der Diadochenzeit abgefaßt.

Ebenfalls als 2. Buch werden *Gesetze für Mann und Frau* (νόμοι ἀνδρὸς καὶ γαμετῆς) bezeichnet, die nur in lateinischen Übersetzungen erhalten sind und ebensowenig von Aristoteles stammen.

8. Den Schluß möge die Besprechung der *rhetorischen und poetischen Schriften* unseres Philosophen bilden. Über die *theodekteische Rhetorik* haben wir schon gesprochen. Dasselbe Thema hat Aristoteles in 3 Büchern behandelt und kurz vor Demosthenes Tod unter eigenem Namen veröffentlicht. Trotzdem hat er im Vergleiche zu Isokrates den größten griechischen Redner nur wenig berücksichtigt, wahrscheinlich weil die Entstehung des Werkes in frühere Zeit fällt, wo Isokrates an der Spitze der Beredsamkeit stand. Aristoteles weist der Rhetorik ihre Stelle zwischen der strengen Wissenschaft (ἐπιστήμη) und der bloßen Erfahrung (ἐμπειρία) an und definiert sie als die Fertigkeit, an jedem Dinge das, was Glauben erwecken kann, wahrzunehmen. Sie hat es also mit den Überzeugungsmitteln zu tun, nämlich dem rhetorischen Beweis (ἐνθύμημα) und den allgemeinen Gesichtspunkten (τόποι), von denen derselbe hergenommen wird. Dies ist der Inhalt der 2 ersten Bücher; das 3. beschäftigt sich mit der Sprache und Stilistik und scheint ursprünglich eine selbständige Schrift gewesen zu sein, die erst später mit den zwei andern Büchern vereinigt wurde; jedoch liegt kein genügender Grund vor, sie dem Aristoteles abzusprechen. Dagegen ist die *Rhetorik an Alexander*, die aus der Praxis hervorgegangen ist, unecht. Als Verfasser derselben betrachtet man allgemein *Anaximenes von Lampsakos;* auch an *Kallippos von Kyzikos* hat man gedacht. Der vorausgeschickte *Brief an Alexander* ist gefälscht und später beigefügt.

Über die *Dichtkunst* (περὶ ποιητικῆς) erwähnt das Verzeichnis des Hermippos-Diogenes ein Werk in 2 Büchern; auf uns ist aber nur eine kleine Schrift unter diesem Titel gekommen, die außer der allgemeinen Einleitung die Tragödie und das Epos behandelt. Die einen sehen in demselben das 1. Buch des genannten Werkes, andere halten es für einen Auszug aus demselben, wieder andere erkennen darin einen von Aristoteles hinterlassenen unvollendeten Entwurf; ja, selbst die Echtheit desselben hat man angezweifelt, doch ohne Grund. Die Abfassung fällt nach der der *Politik*. Die Wichtigkeit und Bedeutung dieser Schrift für die Dichtkunst überhaupt, sowie insbesondere für die Tragödie ist eine außerordentliche; *Lessing* erklärte sie für ebenso unfehlbar, wie die Elemente Euklids.

Daß sich Aristoteles auch in der Dichtkunst selbst versuchte, haben wir schon gesehen; wir haben seine *Elegie auf Eudemos* und sein *Gedicht auf Hermeias* kennen gelernt. Über die unter seinem Namen überlieferten Epigramme, Peplos genannt, haben wir früher gesprochen. Von *Briefen* unter seinem Namen sind 6 auf uns gekommen, die wohl alle unecht sind; die echten, an Antipater gerichteten sind bis auf wenige Bruchstücke verloren.

9. Vergleicht man die Schriften des Platon mit denen des Aristoteles, so springt sofort der Gegensatz zwischen diesen beiden großen Philosophen in die Augen; jener ist ein poetisch angelegter Idealist, dieser ein nüchterner Realist; der erstere sucht vom Allgemeinen aus das Einzelne zu verstehen, der letztere beginnt mit der sorgfältigen Betrachtung des Einzelnen und schreitet so an der Hand des Gegebenen zu dem Allgemeinen weiter. Mit dem Wesen der Dinge und mit ihren letzten Gründen beschäftigt sich die *Dialektik*, gewöhnlich mit ihrem spätern Namen *Metaphysik* genannt, von Aristoteles selbst aber als erste Philosophie (*πρώτη φιλοσοφία*) im Gegensatz zur Physik, welche die zweite Philosophie heißt, und da der letzte Grund aller Dinge Gott ist, auch als Theologia bezeichnet. Darin wendet er sich gegen die Ideenlehre des Platon; er tadelt an derselben, daß die Ideen als von den Einzeldingen gesonderte Wesenheiten für sich angenommen werden, die das Werden und Sein dieser Einzeldinge nicht erklären. Im Gegensatz dazu spricht er selbst die völlige Untrennbarkeit des Begriffes von dem Einzelding aus und erkennt nur dem letztern Realität zu; dagegen ist auch er der Ansicht, daß im Begriff das Wesen des Dinges enthalten ist. Den Begriff nennt er Form (*εἶδος*), und diese macht mit dem Stoff (*ὕλη*), der bewegenden Ursache (*τὸ κινοῦν*) und dem Zweck (*τὸ οὗ ἕνεκα*) die vier aristotelischen Prinzipien aus, auf denen alles Sein beruht. Wie er das versteht, erklärt er gewöhnlich an dem Beispiel vom Hause; das Bauholz ist der Stoff, der Begriff des Hauses die Form, der Baumeister die bewegende Ursache und das wirkliche Haus der Zweck. Da aber die beiden letztern, die bewegende Ursache und der Zweck, schon in der Form liegen, so lassen sich die vier Prinzipien auf zwei zurückführen, auf Stoff und Form. Den Stoff definiert Aristoteles als das Unbestimmte, Unterschiedslose, was allem Werden als Bleibendes zu Grunde liegt, aber von allem Gewordenen verschieden ist; er besitzt die Möglichkeit zu allem, ist aber in Wirklichkeit nichts. Dasjenige aber, was den Stoff zu einem Wirklichen, einem Diesen (*τόδε τι*) macht, ist die Form, das Wesen und die Seele eines jeden Dinges. Stoff und Form stehen also zu einander im Verhältnis der Potenzialität (*δύναμις*) und Aktualität (*ἐνέργεια* oder *ἐντελέχεια*), des die Möglichkeit zum Werden Enthaltenden und des wirklich Gewordenen; das Werden selbst ist der Übergang vom einen zum andern. Jedoch sind Stoff und Form nur relative Begriffe; was im einen Fall Stoff ist, kann im andern Form sein; so ist z. B. das Bauholz im Vergleich mit dem unbehauenen, für den Gebrauch noch nicht hergerichteten Baum Form, dagegen im Vergleich mit dem fertigen Haus Stoff. Daraus er-

kennt man, daß die Gestaltung des Stoffes zur Form in einer ununterbrochenen Entwicklungsreihe fortschreitet, die mit dem reinen Stoff (*πρώτη ὕλη*) als unterster Stufe beginnt und mit der reinen Form (*πρῶτον εἶδος*) abschließt; die dazwischenliegenden Glieder sind aus Stoff und Form zusammengesetzt (*σύνολα*), und zwar nimmt der Stoff immer ab, die Form immer mehr zu, je weiter sich die Reihe vom Anfang entfernt. Die oberste Stufe, die reine Form, ist der göttliche Geist (*νοῦς*), das absolute Bewegungsprinzip, der absolute Begriff und der absolute Zweck. Er ist nach Aristoteles eins, unbeweglich und unveränderlich, die persönliche Einheit des Denkens und Gedachten, das Denken des Denkens (*νόησις νοήσεως*). Doch hat unser Philosoph weder die Notwendigkeit nachgewiesen, daß dieser göttliche Geist persönlich sein muß, wenn er auch für dessen Vorhandensein den kosmologischen, ontologischen und moralischen Beweis aufstellte, noch hat er klar gemacht, wie derselbe, selbst bewegungslos, der Urgrund aller Bewegung sein kann. Den Dualismus zwischen Geist und Stoff hat er ebensowenig wie Platon überwunden; der Geist steht außer der Welt, und der Stoff wird nie ganz Form.

Die *Physik* betrachtet die stufenmäßige Entwicklung des Stoffes zur Form. Diese Tätigkeit des Stoffes nennt Aristoteles Bewegung; die Möglichkeit der Bewegung heißt Raum und das Maß der Bewegung Zeit. Bewegung, Raum und Zeit sind also die allgemeinen Bedingungen alles natürlichen Daseins, alle drei unendlich, jedoch so, daß das Unendliche derselben nur der Potenzialität, nicht der Aktualität nach ein Ganzes ist, also nicht das All umfassen und enthalten kann, sondern selbst umfaßt wird. Als Resultat der Bewegung ergibt sich das gesamte Weltall, das die vollkommenste Bewegung, die Kreisbewegung, und Kugelgestalt hat und ein in sich geschlossenes Ganze ist. Die Peripherie bildet der Himmel, der aus dem ewigen, selbst bewegenden Äther besteht; die Gestirne desselben sind unvergängliche Wesen göttlicher Art. Schon weniger vollkommen ist das Planetensystem mit Sonne und Mond, das die Mitte zwischen Himmel und Erde einnimmt. Die unterste Stufe der Vollkommenheit aber nimmt die Erde ein, die im Mittelpunkt des Weltalls, also in weitester Entfernung vom ersten Beweger, steht; sie ist der Schauplatz des fortwährenden Entstehens und Vergehens. Die Gebilde auf derselben zeigen hinsichtlich der Vollkommenheit eine ähnliche Stufenfolge, wie diejenigen des Weltalls; denn die Natur, ein lebendiges Wesen, hat zwar nur den Zweck, Menschen, insbesondere männliche Menschen als das Vollkommenste, zu bilden; da sie aber keine nach klarer Einsicht, sondern nur nach unbewußtem Triebe wirkende Künstlerin ist, so mißlingt ihr dies infolge des Widerstands des Stoffes häufig, und so entstehen die andern

Gebilde; diese sind also nach Aristoteles nur ein mißlungener Versuch, den männlichen Menschen hervorzubringen. Am tiefsten stehen die leblosen Naturkörper, Mischungen der Elemente unter sich, von denen das Feuer das Warme und Trockene, die Erde das Kalte und Trockene, die Luft das Warme und Nasse und das Wasser das Kalte und Nasse darstellt; denn Wärme und Kälte, Trockenheit und Nässe bezeichnet Aristoteles als die vier Grundqualitäten des Stoffes. Ihr Zweck ist die Ruhe an einem Orte. Vollkommen sind die organischen Körper, welche als bewegendes Prinzip in sich die Seele haben und ihren Zweckbegriff selbsttätig an der Körperlichkeit als dem Stoffe verwirklichen. Bei den Pflanzen offenbart sich die Seele nur als ernährende und erhaltende Kraft; sie sind an ihren Ort gebunden. Bei den Tieren kommt zur Nahrung und Erhaltung noch die Empfindung; auch haben sie freie Bewegung. Wie nun die höheren Entwicklungsstufen immer die Fähigkeiten der niederen mitenthalten, so hat auch der Mensch als das Höhere die Vermögen der Pflanzen- und Tierseele; aber dazu tritt bei ihm noch das Denken oder die Vernunft (*νοῦς*), die von außen als das Göttliche in den Menschen kommt. Während die Seele mit dem Körper entsteht und vergeht, ist die Vernunft ewig und unsterblich; sie trennt sich beim Tode wieder von dem Körper. So tritt auch hier zwischen Seele und Vernunft derselbe unvermittelte Gegensatz auf, wie in der Metaphysik zwischen Natur und Gott.

Die *Ethik* steht bei Aristoteles in engem Zusammenhang mit der Physik. Die Tugend beruht nach ihm, und hierin weicht er wesentlich von Platon und Sokrates ab, zunächst in einer gewissen Naturanlage zum Guten; diese muß durch ständige Übung zur Gewohnheit herangebildet werden, und dann erst tritt infolge des wiederholten sittlichen Handelns das Wissen oder die Einsicht hinzu, welche die natürliche Tugend zu einer sittlichen macht. Der Zweck der Tugend ist das höchste Gut oder die Glückseligkeit (*εὐδαιμονία*). Diese besteht beim Menschen nicht, wie beim Tiere, in der aus der Befriedigung der Begierden sich ergebenden Lust, sondern in der vernünftigen Betätigung der natürlichen Kräfte und Anlagen während des ganzen Lebens, die allein volle Zufriedenheit und damit wahres Wohlbefinden gewährt. Glückseligkeit ist also das aus dem das ganze Leben hindurch fortgesetzten Wohlhandeln sich ergebende Wohlbefinden oder, wie Aristoteles sagt, eine vollkommene praktische Tätigkeit in einem vollkommenen Leben. Vollkommen ist eine solche Tätigkeit, die weder einen Mangel, noch ein Überflüssiges, weder ein Zuwenig, noch ein Zuviel aufweist; daher ist die vollkommene Tätigkeit oder die Tugend das Innehalten der richtigen Mitte zwischen zwei Extremen, z. B. die Tapferkeit zwischen Furcht und Tollkühnheit, die Mäßigkeit zwischen Genußsucht und Stumpfsinn, die Gerechtigkeit zwischen Unrechtleiden und Unrechttun und die Weisheit zwischen Dummheit und Verschlagenheit; jedoch ist diese richtige Mitte nicht etwas Feststehendes und Unveränderliches, sondern sie wird in jedem einzelnen Falle von dem Handelnden selbst bestimmt. Demnach ist die Tugend nicht bei allen die gleiche; die Tugend des Sklaven z. B. ist verschieden von der Tugend des Freien, die des Weibes von der des Mannes. Die Zahl der Tugenden ist so groß, als die Zahl der menschlichen Handlungen und Lebensbeziehungen. Aristoteles teilt sie ein in ethische und dianoetische, von denen die erstern auf den Neigungen und Affekten, die letztern auf der Vernunft beruhen. Die dianoetischen Tugenden stehen natürlich über den ethischen; daher bildet auch die Weisheit (*ϑεωρία*) die Krone aller Tugenden, und im Leben in ihr, d. h. in der Philosophie, liegt die höchste Glückseligkeit. Doch gibt Aristoteles zu, daß auch die sog. äußern Güter, wie Schönheit, Reichtum, Stellung usw., wenigstens in einem gewissen Grade zur Glückseligkeit unentbehrlich sind.

Was nun die Tugend und Glückseligkeit betrifft, so kann sie nach der Ansicht unseres Philosophen der einzelne nicht für sich, sondern nur als Mitglied des Staates erlangen; denn der Mensch ist von Natur ein *ξῶον πολιτικόν*, d. h. ein Wesen, das seine wahre Bestimmung nur in der Gemeinschaft mit andern gleichartigen Wesen erfüllen kann. Aristoteles gibt, wie Platon, als Aufgabe des Staates an, die Menschen zu guten und das menschliche Leben zu einem möglichst vollkommenen zu machen. Aber in der Wahl der Mittel weicht er von jenem ab; nicht durch Aufhebung der persönlichen Freiheit will er dieses Ziel erreichen, sondern durch Herstellung der wahren persönlichen Freiheit, infolge deren jeder seine natürlichen Fähigkeiten und Kräfte zum Wohle des Ganzen betätigen kann. Die beste Staatsform ist ihm diejenige, in der die Tugend regiert, natürlich in dem oben angegebenen Sinne, durch die Rücksicht auf die Lage und Bedürfnisse des betreffenden Staates bestimmt. Diesen Idealstaat findet er am meisten in dem richtig beschränkten Königtum oder einer solchen Aristokratie verwirklicht.

10. Die Philosophie des Aristoteles gründet sich auf das ausgedehnteste *Wissen*. Platon soll unsern Philosophen den *Leser* genannt haben, und wahrlich, Aristoteles muß viel gelesen haben, um sich eine solche Summe positiver Kenntnisse in den verschiedensten Wissenszweigen zu verschaffen. Mit diesem Vielwissen verband er, was nur selten der Fall ist, einen scharfen, durchdringenden *Verstand*. Er ist der Begründer der *wissenschaftlichen Methode*, die, von der Kritik der Vorgänger ausgehend, vermittels der Induktion von dem Einzelnen zum Allgemeinen fortschreitet und nichts als unwichtig beiseite läßt. Die *wissen-*

schaftliche Terminologie, die schon Platon begonnen hatte, und die *wissenschaftliche Darstellung* rühren von ihm her; ihre charakteristische Eigentümlichkeit besteht in der zwingenden Logik, während sie sich um Schönheit des Ausdrucks nicht kümmert. Dem Aristoteles wird die Kunst der überzeugenden Rede zugesprochen. *Manche Wissenschaften beginnen erst mit ihm.* Von der Logik sagt *Kant*, daß sie seit Aristoteles keinen Schritt vorwärts und keinen Schritt rückwärts getan habe, und auch jetzt ist dieselbe nur in zwei Punkten über ihn hinausgegangen, indem sie nämlich dem kategorischen Schluß noch den hypothetischen und disjunktiven und den drei ersten Schlußfiguren noch die vierte beifügte. Außerdem ist Aristoteles der Begründer der empirischen Psychologie, der Rhetorik, der Poetik, der Grammatik und der Naturwissenschaften; in den letzteren hat er jedoch vielfach die Ärzte, besonders Hippokrates, benutzt. Wenn man jetzt auch zum Teil in diesen Wissenschaften weit über Aristoteles hinaus ist, so bildete dieser doch die Quelle, aus der Jahrhunderte im Morgen- und Abendland ihre Kenntnis und Weisheit schöpften. Das Studium seiner Werke begann mit der Ausgabe des Andronikos, und von da an wetteiferten Peripatetiker und Neuplatoniker in der Erklärung derselben. In allen Sprachen wurden Übersetzungen angefertigt, und die Scholastiker des Mittelalters kannten keine höhere Autorität, als Aristoteles.

50. Kapitel

Anfänge der Beredsamkeit

1. Die Beredsamkeit, deren Wesen darin besteht, andere von irgend einer Sache zu überzeugen, ist bei den Griechen sehr alt. Schon bei *Homer* wird ihr hohes Lob gespendet; man denke nur an Nestor, Odysseus und Menelaos, deren Reden zum Teil wahre Meisterwerke sind, sogar mit individueller Färbung, und noch eine größere Rolle spielt die Beredsamkeit in der *dramatischen Dichtung*. Das *Leben* konnte die überzeugende Kraft des gesprochenen Wortes nicht missen; man gebrauchte es vor *Gericht* sowohl, als in *politischen Dingen*. Gesetzgeber, Tyrannen und Staatsmänner verdanken ihren Einfluß auf ihre Mitbürger ihrer Überredungskunst. Von *Themistokles* hören wir, daß er ein gewaltiger Redner war, und *Perikles* wird mit dem blitzenden und donnernden Zeus verglichen; man sagte, auf seinen Lippen throne die Göttin der Überzeugung, die Peitho, und seine Reden ließen Stacheln in den Herzen der Zuhörer zurück. Diese Redegewalt war eine natürliche; sie beruhte in dem überlegenen Geist dieser bedeutenden Männer. Erst nach dem Tode des Perikles kam man dazu,

die Natur durch Beiziehung der Kunst zu unterstützen, oder auch zu ersetzen, und so trat an die Stelle der natürlichen Beredsamkeit die künstlerische oder die *Rhetorik*. Mit ihrer Einführung entstand neben den zwei früheren Arten der Rede, der *Gerichtsrede* (γένος δικανικόν) und der *politischen Rede*, in der man zu etwas rät oder von etwas abrät (γένος συμβουλευτικόν), noch eine dritte Art, die *Prunkrede* (γένος ἐπιδεικτικόν), welche die Redekünstler gewöhnlich benutzten, um ihre Tüchtigkeit öffentlich zu zeigen.

2. Die künstlerische Ausbildung der Beredsamkeit ging von Sizilien aus. Hier war im J. 466 v. Chr. der Tyrann Thrasybulos von Syrakus nach kurzer Herrschaft von den Bürgern vertrieben und eine Demokratie hergestellt worden. Die Folge davon waren viele Privatprozesse, die Leute, die erklärten, sie seien von dem Machthaber oder seinen Helfershelfern ihres Vermögens beraubt worden, anstrengten, um wieder in den Besitz ihres Eigentums zu gelangen. Diesen Umstand benutzte der *Syrakusaner Korax*, um, soweit wir wissen, als erster Lehrer der Rhetorik aufzutreten. Auch verfaßte er einen *Grundriß der Rhetorik* (τέχνη ῥητορική), in dem er über die Teile der Gerichtsrede sprach und besonders die Einleitung (προοίμιον), durch die man die Richter für sich gewinnen müsse, sowie den Wahrscheinlichkeitsbeweis (τὸ εἰκός) behandelte. Wenn z. B. ein Schwächerer von einem Stärkeren wegen Tätlichkeit angeklagt werde, so solle er darauf aufmerksam machen, wie unwahrscheinlich es sei, daß ein Schwächerer gegen einen Stärkeren vorgehe, und in ähnlicher Weise solle man auch in allen andern Fällen vor Gericht immer darauf hinweisen, daß das, was man sage, ja schon von vornherein die Wahrscheinlichkeit für sich habe. Die Rhetorik definierte er als die *Bewirkerin der Überredung* (πειθοῦς δημιουργός).

3. Als Schüler des Korax wird der *Syrakusaner Teisias* oder *Tisias* genannt, der die Lehren des Meisters weiter bildete und verbreitete. Seine *Schrift über Rhetorik* (τέχνη ῥητορική) scheint große Ähnlichkeit mit der seines Lehrers gehabt zu haben; ja, manche Gelehrte glauben, daß die Aufzeichnung der rhetorischen Vorschriften des Korax nicht von diesem, sondern von Teisias herrühre. Teisias lehrte nicht bloß in Syrakus, sondern nach der Überlieferung auch in Thurii in Unteritalien, wo Lysias sein Schüler gewesen sein soll, und, was wahrscheinlicher ist, in Athen, wo Isokrates ihn gehört haben soll. Ist dem wirklich so, so ist es Teisias, der die sizilische Rhetorik nach Athen verpflanzte.

4. Viel bedeutender war die Wirksamkeit eines andern Siziliers, des *Gorgias aus Leontinoi*, der zu gleicher Zeit Sophist und Rhetor war. Als Sophist schloß er sich in seinen philosophischen Ansichten an die Eleaten an; er lehrte, daß nichts *sei;* wenn aber auch etwas *sei*, so sei es nicht erkennbar oder doch wenigstens nicht lehrbar. Diese Sätze führte

er in seiner Schrift *über das Nichtseiende oder die Natur* (περὶ τοῦ μὴ ὄντος ἢ περὶ φύσεως) weiter aus. Er zog daraus den Schluß, daß alles Bemühen des Menschen dahin gehen müsse, in andern die Vorstellungen zu wecken, die in seinem Interesse liegen, und dazu braucht er die Rhetorik, als deren Lehrer sich Gorgias ausgab. Nach der Überlieferung war er ein Schüler des Teisias; neuere Gelehrte jedoch stellen in Abrede, daß irgendein Zusammenhang zwischen ihm und der syrakusanischen Rhetorenschule stattfand. Die Wahrheit wird wohl in der Mitte liegen; keinesfalls ist es wahrscheinlich, daß Gorgias mit der Lehre des Korax und Teisias unbekannt geblieben sein sollte, wenn er selbst auch andere Bahnen einschlug.
Die ruhmvolle Laufbahn des Gorgias begann mit dem Augenblick, wo er als Gesandter seiner Vaterstadt 427 v. Chr. mit der Bitte um Hilfe nach Athen kam. Die Rede, die er hier hielt, wirkte geradezu bezaubernd auf die Zuhörer, und deshalb beschloß er, als Lehrer der Beredsamkeit in Griechenland zu bleiben. Sein Besuch in den Städten glich einem wahren Triumphzug; alles strömte herbei, um den berühmten Rhetor zu hören, und viele nahmen für hohen Preis Unterricht bei ihm, um auch in die Geheimnisse seiner Redeweise eingeweiht zu werden. Eine Rede des Gorgias galt damals allgemein für das höchste, was Beredsamkeit leisten könne.
Was war es nun, das in den Reden des Gorgias die Zuhörer so sehr begeisterte? Es war nicht der Inhalt, der dem berühmten Rhetor mehr oder weniger Nebensache war, sondern die *sprachliche Form*. Der Dialekt war der durch Ionismen, wie sie Gorgias aus seiner Heimat mitbrachte, etwas gemilderte attische, dessen Verbreitung dadurch sehr gefördert wurde. Die prosaische Ausdrucksweise hob Gorgias durch Wörter und Wortverbindungen, die er den Dichtern entlehnte; darunter befanden sich auch kühne Metaphern. Außerdem machte er reichlichen Gebrauch von den Figuren, so besonders von den Antithesen oder Gegensätzen, sowie von der Symmetrie im Bau der Satzglieder, die teils gleich lang gemacht wurden (ἰσόκωλα), teils gleiche oder ähnliche Konstruktion zeigten (πάρισα). Besondere Vorliebe verrät er für Gleichheit des Ausgangs zweier Sätze (ὁμοιοτέλευτα), ferner für den Gleichklang oder Reim mehrerer Wörter (παρηχήσεις), sowie für die Paronomasie, für die Zusammenstellung ähnlich lautender Wörter mit verschiedener Bedeutung. Dazu kommt noch eine gesuchte Wortstellung und ein künstlerisch berechneter Rhythmus. Alles dies zusammen brachte in den Ohren der Griechen, die so etwas noch nicht gehört hatten, jenen Zauber hervor, den sie an Gorgias Rede loben.
Die Eigentümlichkeiten der gorgianischen Beredsamkeit kann man zum Teil noch an den erhaltenen *Fragmenten* erkennen. Auch 2 Reden

besitzen wir unter seinem Namen, eine *Lobrede auf Helena* (Ἑλένης ἐγκωμιον) und den *Palamedes*, eine von dem gleichnamigen griechischen Helden vor den vor Troja versammelten Fürsten gehaltene Verteidigungsrede gegen die Anklage auf Verrat, die Odysseus gegen ihn erhoben hatte; aber beide sind unecht. Die Stärke des Gorgias lag in der *Prunkrede* (γένος ἐπιδεικτικόν). Berühmt war seine *pythische Rede* (Πυθικός), die er in Delphi von dem Altare herab, auf dem später sein vergoldetes Bild stand, an die pythische Festversammlung gehalten haben soll, dann die *olympische* (Ὀλυμπικός), in der er die Festversammlung in Olympia aufforderte, die Griechen sollten ihre inneren Streitigkeiten ruhen lassen und sich mit vereinten Kräften gegen die Perser wenden, ein Thema, das später oft wiederholt wurde, und endlich die *Leichenrede* (ἐπιτάφιος) auf im Kampf für das Vaterland gefallene Krieger, die später als Vorbild für ähnliche Reden galt. Eine Rhetorik scheint Gorgias nicht geschrieben zu haben, wohl aber eine *Sammlung von Gemeinplätzen* (τόποι) zum Auswendiglernen für seine Schüler. Er starb in hohem Alter. In Olympia wurde ihm von seinem Nachkommen *Eumolpos* ein Standbild errichtet.

5. Der Samen der Beredsamkeit, den Teisias und besonders Gorgias in *Athen* ausstreuten, fiel auf einen gut hergerichteten Boden, der alle Bedingungen zum kräftigen Wachstum derselben enthielt. Die *Redefreiheit* (παῤῥησία) war hier ausgebildet, wie kaum in irgendeinem andern Staate Griechenlands; sie herrschte vor Gericht, im Rate, auf dem Markte, sowie auf den Festplätzen; das ganze Leben war sozusagen ein öffentliches. Auch der Grad der *allgemeinen Bildung* war hier dank der Bemühungen der Sophisten ein höherer, als anderwärts. Wenn der erstere Umstand fähige Köpfe durch die Aussicht auf Macht und Einfluß zur Beredsamkeit antrieb, so spornte der letztere zu tüchtigem Studium und zur Erlangung einer möglichst hohen Meisterschaft in der Rede an; denn nur diese zog die Bewunderung der Zuhörer auf sich. So gelangte die Beredsamkeit bald zu vorher nicht geahnter Blüte. Die gefeierten Redner waren zugleich wieder als Lehrer tätig, daneben aber auch als *Redenschreiber* (λογογράφοι); denn da das Gesetz von einem jeden Athener verlangte, daß er selbst vor Gericht seine Sache führe, viele aber dazu nicht imstande waren, so blieb diesen nichts anderes übrig, als sich von einem Rhetor die Rede schreiben zu lassen, sie dann auswendig zu lernen und vor Gericht herzusagen. Auch bei andern Anlässen mögen solche, die gerne durch eine Rede glänzten, ohne die Fähigeiten zu besitzen oder sich der Mühe unterziehen zu wollen, selbst eine solche auszuarbeiten, die Dienste der Rhetoren in Anspruch genommen haben. Dabei mußten die Logographen darauf Rücksicht nehmen, daß sie die Rede der Stellung und Bildung

desjenigen anpaßten, für den sie bestimmt war. So wurde die Rede ein Gegenstand der Kunst, und da man jetzt auch, was man früher nicht gewagt hatte, die Reden zu veröffentlichen begann, so wurde die Beredsamkeit zu einem Zweig der *Literatur.* Unter der großen Zahl von Rednern, die in der Zeit vom peloponnesischen Kriege bis zum Tode Alexanders des Großen auftraten, wählten die pergamenischen Grammatiker um 125 v. Chr. die vortrefflichsten aus und stellten sie im *Kanon der zehn attischen Redner* zusammen, nämlich *Antiphon*, *Andokides*, *Lysias*, *Isokrates*, *Isäos*, *Äschines*, *Demosthenes*, *Hypereides*, *Lykurgos* und *Deinarchos*. Die erste bestimmte Nachricht von diesem Kanon besitzen wir aus der Zeit des Augustus, wo *Caecilius von Kaleakte über den Charakter der zehn Redner* (*περὶ τοῦ χαρακτῆρος τῶν δέκα ῥητόρων*) schrieb.

51. Kapitel

Antiphon. Andokides. Lysias. Isäos. Isokrates

1. An der Spitze der zehn attischen Redner steht *Antiphon*, der Sohn des Sophilos aus dem attischen Demos Rhamnus. Er war ein überzeugungstreuer Anhänger der Oligarchie und scheint die Seele jener Unternehmung gewesen zu sein, durch welche Peisandros im J. 411 die Demokratie in Athen auflöste und durch die Herrschaft der Vierhundert ersetzte. Als dieser bald darauf vonseiten der Athener der Sturz drohte, ging Antiphon mit Phrynichos und andern als Gesandter nach Sparta, um den Frieden um jeden Preis herbeizuführen und Hilfe gegen das Volk zu erhalten. Doch es war vergebens; die Vierhundert konnten sich nicht halten; viele gingen, wie Theramenes, zur Gegenpartei über; andere entzogen sich durch Flucht der Rache ihrer Mitbürger. Antiphon wurde auf Betreiben seiner eigenen Parteigenossen des Theramenes und Andron, in Anklagezustand versetzt und trotz einer glänzenden Verteidigungsrede wegen Landesverrat hingerichtet. Thukydides, den man später für den Schüler desselben hielt, stellt ihm das Zeugnis aus, daß er keinem seiner Zeitgenossen an Tüchtigkeit nachgestanden sei; er habe großen Verstand besessen, zugleich aber auch die Gabe, seinen Gedanken den richtigen Ausdruck zu geben; vor dem Volke sei er nicht aufgetreten und freiwillig auch nicht vor Gericht; denn er sei der Menge verdächtig gewesen, da er im Rufe großer Redegewandtheit stand; dagegen sei er imstande gewesen, denjenigen, die vor Gericht oder vor dem Volke auftraten, wenn sie ihn um Rat fragten, sehr zu nützen. Wenn er im J. 480, wie man annimmt, geboren ist, so wurde er etwa 70 Jahre alt.

Antiphon war *Rhetor* und *Logographos*. Ob er eine *rhetorische Anweisung* (τέχνη ῥητορική) schrieb, muß dahingestellt bleiben; dagegen verfaßte er eine Sammlung von *Einleitungen und Schlüssen* (προοίμια καὶ ἐπίλογοι). Man hatte 60 *Reden* von ihm, von denen 25 für unecht galten. Nur *eine* hielt er, soviel wir wissen, in eigener Sache, nämlich die *über die Verfassungsänderung* (περὶ μεταστάσεως), mit der er sich gegen den Vorwurf des Landesverrats verteidigte. Auf uns sind außer einer Anzahl Fragmente 15 *Reden* gekommen, lauter δίκαι φονικαί, die sich mit Mord und Totschlag beschäftigen; daraus läßt sich schließen, daß Antiphon als eine Autorität auf dem Gebiete des Kriminalrechts angesehen wurde. Von diesen 15 Reden sondern sich 12 aus, die sich zu je 4 gruppieren, also 3 Tetralogien bilden. Die 1. enthält jeweils die Anklage, die 2. die Verteidigung, die 3. ist die Erwiderung des Anklägers, die 4. des Angeklagten. Die Anlage entspricht also dem wirklichen Verfahren, das in solchen Fällen vor den athenischen Gerichten eingehalten wurde; die Reden selbst aber sind nur Muster zur Nachahmung für die Schüler des Antiphon, wenn auch die Vermutung nicht sicher ist, daß sie als erklärende und verdeutlichende Beispiele der *Techne* angehörten. Von den 3 übrigen Reden ist die *Anklage wegen Giftmords gegen die Stiefmutter* ebenfalls eine Übung, wenn sie überhaupt echt ist; die beiden andern aber waren für den wirklichen Gebrauch bestimmt, nämlich die Reden *über den Mord des Herodes* und *über den Choreuten.*

Die Stärke des Antiphon liegt, was die Anlage der Reden betrifft, in der *Beweisführung*, die in erster Linie auf der Wahrscheinlichkeit beruht; dagegen kommt die *Erzählung des Tatbestandes* (διήγησις) entschieden noch nicht zu ihrer Geltung. Mit Vorliebe werden *Gemeinplätze* (τόποι) und *Sentenzen* verwandt. Die *Sprache* zeigt poetische und seltene Ausdrücke; auch fehlt es nicht an ausschmückenden Epitheta, an Häufung von Synonymen und an Umschreibungen. Die Satzverbindung ist die anreihende (λέξις εἰρομένη), nicht die periodisierende; antithetische Bildungen sich dabei sehr häufig; auch Unregelmäßigkeiten werden gesucht, und die verbindenden Partikeln fehlen bisweilen ganz. Antiphon gilt als Vertreter des *strengen Stils* (αὐστηρὰ ἁρμονία), der würdig und erhaben, aber ohne Leben und Bewegung ist; jedoch kommt derselbe klarer in den Tetralogien zum Ausdruck, als in den andern Reden. Die Reden zeigen noch wenig Rücksichtnahme auf den Charakter der Personen, für die sie geschrieben sind.

2. Ganz anderer Art ist die Beredsamkeit des *Andokides*, des Sohnes des Leogoras aus dem attischen Demos Kydathen. Er gehörte dem berühmten Geschlecht der Herolde an, das den Odysseus oder vielmehr den Hermes als seinen Ahnherrn pries und das Vorrecht hatte,

bei der Feier der eleusinischen Mysterien die Herolde stellen zu dürfen. Seine Geburt fällt etwa in das J. 440 v. Chr. Zuerst tritt er uns im J. 415 zur Zeit des Hermokopidenprozesses entgegen. Bei der Verstümmelung sämtlicher Hermen in der Stadt war nämlich nur die vor dem Hause des Leogoras verschont geblieben; daher wurde dieser, sein Sohn und seine Angehörigen ins Gefängnis geworfen, als ob sie Mitwisser des Frevels wären. Da entschloß sich Andokides auf Zureden seines Vetters Charmides, Anzeige zu erstatten, um seinen Vater, seine Verwandten und die vielen andern Unschuldigen zu retten, und bezeichnete einige Mitglieder der politischen Verbindung (*ἑταιρεία*) des Euphiletos als die Täter. Trotzdem ihm auf Antrag des Menippos Straflosigkeit zugesichert war, wurde er doch bald darauf durch den Beschluß des Isotimides, der gegen alle Religionsfrevler gerichtet war, vom Markt und den Heiligtümern ausgeschlossen. Infolgedessen mußte er Athen verlassen, und dies scheint die Rache gewesen zu sein, welche die Oligarchen an dem Verräter nahmen.

Andokides ging nach Kypern und trieb von hier aus Handelsgeschäfte. Dabei unterstützte er auch die athenische Flotte vor Samos durch Lieferung von Getreide, Holz und Waffen. Im Vertrauen auf diese Verdienste versuchte er im J. 411 nach Athen zurückzukehren. Doch er hatte es unglücklich getroffen; die Vierhundert, die gerade an der Regierung waren, warfen ihn in das Gefängnis, aus dem ihn erst der Sturz derselben befreite. Einen zweiten Versuch zur Heimkehr machte er im J. 409 oder 407; er erhielt dieses Mal die Erlaubnis, seine Sache vor dem Volke führen zu dürfen, und tat es mit der Rede *über seine Rückkehr* (*περὶ τῆς ἑαυτοῦ καθόδου*), aber erfolglos. So durfte er erst gelegentlich der allgemeinen Amnestie im J. 402 heimkehren.

Die erste Zeit konnte er in Frieden leben; aber schon im J. 399 klagte ihn ein gewisser Kephisios der unberechtigten Teilnahme an den Mysterien an. Andokides verteidigte sich mit der Rede *über die Mysterien* (*περὶ τῶν μυστηρίων*) und wurde freigesprochen. Während des böotisch-korinthischen Krieges wurde er sogar im J. 390 als Gesandter von den Athenern nach Sparta geschickt, um den Frieden zu vermitteln; aber die Bedingungen, die er von dort mitbrachte und in der Rede *über den Frieden mit den Lakedämoniern* (*περὶ τῆς πρὸς Λακεδαιμονίους εἰρήνης*) den Athenern zur Annahme empfahl, fanden die Billigung seiner Landsleute nicht, und so mußte er, wenn die Überlieferung richtig ist, wieder in die Verbannung. Sonst hören wir von ihm nur noch, daß er einen kyklischen Chor auf das glänzendste austattete.

Neben den 3 genannten Reden haben wir von Andokides noch eine 4. *gegen Alkibiades* (*κατὰ Ἀλκιβιάδου*); darin gibt sich der Redner Mühe, das Volk zu bestimmen, nicht ihn, sondern den Alkibiades mit dem

Ostrakismos zu belegen. Daher wollte man die Rede dem *Phäax*, der mit Alkibiades die Gefahr des Ostrakismos teilte, zuschreiben; sie ist aber ein rhetorisches Machwerk aus späterer Zeit. Auch die 3. Rede *über den Frieden mit den Lakedämoniern* sprach man in alter und neuer Zeit unserm Redner ab, hauptsächlich wegen der chronologischen Fehler und Schwierigkeiten, welche dieselbe bietet. Die §§ 3–9 finden sich fast unverändert in der *Gesandtschaftsrede des Äschines* §§ 172–175, ohne daß man darüber einig wäre, welches die ursprüngliche Stelle ist. So bleiben dem Andokides mit Sicherheit nur 2 Reden. Andokides nimmt im Vergleich mit den andern Rednern die niedrigste Stelle ein; dies ist auch natürlich, da er kein Rhetor ist und weder Unterricht erteilte, noch für andere Reden schrieb. Er war ein vornehmer gebildeter Athener, und gerade darin liegt das Interesse, das er für uns hat; wir sehen an seinem Beispiel, wie ein solcher spricht, wenn er gezwungen wird, als Redner aufzutreten. Seine *Sprache* ist die gewöhnliche attische, mit Reminiszenzen an die tragische Dichtkunst gewürzt. In der Anlage der Rede unterschied er nicht genau zwischen Wesentlichem und Unwesentlichem, zwischen Erzählung und Beweis; beide Teile behandelt er bunt durcheinander, wie es sich gerade trifft. Dagegen zeichnet er sich in der Erzählung durch Lebendigkeit und Anschaulichkeit aus; er führt sogar den Dialog in die Rede ein. Hand in Hand damit geht eine treffliche Charakterschilderung der vorkommenden Persönlichkeiten. Aber die Darstellung leidet an Breite und Wiederholungen; störend sind auch die vielen, zum Teil langen Parenthesen. Dem Inhalte nach ist besonders die Rede *über die Mysterien* für uns wichtig, da sie uns über viele einschlägige Verhältnisse aufklärt.

3. Viel bedeutender als Redner ist *Lysias*, der Sohn des Kephalos aus Syrakus. Auf die Einladung des Perikles hin siedelte sein Vater nach Athen über, wo er 30 Jahre lang als Metöke mit dem Vorrecht der Isotelie wohnte, d.h. er brauchte kein Metökengeld zu zahlen, konnte selbständig ohne einen Bürger als Beistand (*προστάτης*) vor Gericht seine Sache führen und durfte sich Grundeigentum erwerben. Das Haus des Kephalos im Peiräeus wurde von Platon zum Schauplatz seines Gespräches über den *Staat* gewählt. Wo Lysias geboren ist, ob in Athen oder in Syrakus, wissen wir nicht; ebensowenig, wann er geboren wurde. Da er im Alter von 15 Jahren mit seinen Brüdern *Polemarchos* und *Euthydemos* nach Thurii ging, so ist er frühestens 459/8 geboren, denn Thurii wurde im J. 444 von den Athenern gegründet; da er außerdem älter als Isokrates ist, dessen Geburt in das J. 436 fällt, so muß er vor diesem Jahre geboren sein. Demnach wird man seine Geburt etwa in das J. 445 setzen können; dann geschah seine Auswanderung nach Thurii etwa im J. 430. Sein Vater blieb wahrscheinlich in Athen zurück.

In Thurii, wo Lysias den Unterricht des Rhetors Teisias genossen haben soll, blieben die Brüder bis zu dem unglücklichen Ausgang der sizilischen Expedition im J. 412; dann kehrten sie nach Athen zurück, nachdem die den Athenern ergebene Partei der Gegenpartei die Herrschaft der Stadt hatte abtreten müssen. In Athen hatten die Brüder eine große Waffenfabrik. Ihr Reichtum reizte später die Dreißig, die den Polemarchos festnahmen und hinrichteten, während es dem Lysias gelang, nach Megara zu entkommen. Von hier aus unterstützte er den Thrasybulos bei der Vertreibung der Tyrannen mit allen Mitteln, die ihm zu Gebote standen. Zum Danke dafür beantragte dieser, daß Lysias mit dem attischen Bürgerrecht beschenkt werde; doch ein gewisser Archinos erhob dagegen Einspruch, und so ging der Antrag nicht durch. Von jetzt an ließ sich Lysias als Lehrer der Beredsamkeit und Logographos in Athen nieder. Nur einmal trat er noch in die Öffentlichkeit hervor; als nämlich Eratosthenes, gerade derjenige von den Dreißig, der den Polemarchos festgenommen hatte, im Vertrauen auf die allgemeine Amnestie sich in die Stadt zurückwagte, da zog er ihn als Rächer seines Bruders vor Gericht und schilderte in lebhaften Farben all die Ungerechtigkeiten und Grausamkeiten, die sich die Dreißig den Bürgern und Metöken gegenüber erlaubten. Lysias starb hochbejahrt nach 380.

Unter dem Namen des Lysias hatte das Altertum 425 *Reden*, von denen 233 als echt galten; wir besitzen außer *7 Briefen* und einer Anzahl Fragmente noch 34 *Reden*, von denen mehrere unvollständig, 10 unecht oder doch verdächtig sind. Die Reden 11 und 15 sind kürzere Bearbeitungen derselben Themata, die in den Reden 10 und 14 ausführlicher behandelt sind. Hinsichtlich der Abfassungszeit fallen alle erhaltenen Reden in die Jahre 403–380; nur die 20. Rede ist früher, in der Zeit zwischen den Dreißig und Vierhundert, gehalten. Die meisten Reden sind *Gerichtsreden;* denn im *γένος δικανικόν* lag des Lysias Stärke. Die bedeutendste ist die schon erwähnte Rede *gegen Eratosthenes* (12); die hier gegebene Schilderung von dem Treiben der Dreißig wird durch die Rede *gegen Agoratos* (13), der ein Helfershelfer der Dreißig war, vervollständigt. Interessant sind ferner die 4 *Dokimasie-Reden* (16., 25., 26. und 31.), d. h. diejenigen Reden, die gelegentlich der Prüfung (*δοκιμασία*), die darüber angestellt wurde, ob ein zu einem Amte gewählter Bürger die erforderliche Charakterwürdigkeit besitze, gehalten wurden. Schließlich ist noch die Rede *ὑπὲρ τοῦ σηκοῦ* (17), in der sich jemand gegen den Vorwurf verteidigt, er habe einen auf seinem Grundstück stehenden heiligen Ölbaum (*μορία*) samt der Einfriedigung (*σηκός*) ausgehauen, sowie die 24. für den *Invaliden* (*ὑπὲρ τοῦ ἀδυνάτου*), die voll köstlichen Humors ist, zu erwähnen. Außerdem hören wir, daß Lysias *eine Verteidigung des Sokrates* (*ἀπολογία Σωκράτους*) geschrieben habe; diese war natürlich nicht für gerichtliche Zwecke bestimmt, sondern beabsichtigte nur, die in der Anklageschrift des Sophisten *Polykrates* gegen den Weisen erhobenen Beschuldigungen zu widerlegen. Daraus bildete sich die Anekdote, Lysias habe dem Sokrates eine Verteidigungsrede angeboten, die dieser zurückgewiesen habe.

Das *γένος συμβουλευτικόν* ist in unserer Sammlung nur durch die unvollständige 34. Rede vertreten, die davon handelt, daß man in Athen die von den Vätern ererbte Verfassung nicht stürzen dürfe (*περὶ τοῦ μὴ καταλῦσαι τὴν πάτριον πολιτείαν Ἀθήνησι*). Der Verfasser verlegt dieselbe in das J. 403 unmittelbar nach Vertreibung der Dreißig und tritt warm für die Wiederherstellung der Demokratie ein; jedoch ist die Rede kaum wirklich gehalten. Zahlreicher sind die Überreste des *γένος ἐπιδεικτικόν*. Platon teilt uns im *Phädros* eine *Rede auf die Liebe* (*λόγος ἐρωτικός*) mit, die Lysias seinen Schülern als Muster zum Auswendiglernen diktiert habe, und übt daran strenge Kritik. Von der *olympischen Rede* (*λόγος Ὀλυμπιακός*) ist die 33. ein Bruchstück; Lysias hielt dieselbe im J. 388 vor der Festversammlung in Olympia; er forderte darin die Griechen auf, von den inneren Streitigkeiten abzulassen und unter Spartas Führung nicht etwa gegen die Perser zu ziehen, wie Gorgias gewünscht hatte, sondern gegen den ältern Dionysios von Syrakus, um Sizilien zu befreien; die Wirkung der Rede war so groß, daß die Versammelten sofort über die von Dionysios nach Olympia gesandten Zelte herfielen und dieselben plünderten. Vollständig ist uns unter dem Namen des Lysias *eine Leichenrede* (*ἐπιτάφιος*) erhalten, die 2. in unserer Sammlung. Nach der Überschrift bezieht sie sich auf die im korinthischen Krieg Gefallenen; jedoch ist der historische Hintergrund so unklar und verschwommen, daß die Vermutung gerechtfertigt ist, es sei eine Schulübung, die man fälschlich dem Lysias beilegte.

Lysias war, wie gesagt, *Rhetor* und *Logographos*. Als Lehrer der Beredsamkeit scheint er aber dem *Theodoros von Byzanz* und *Isokrates* nachgestanden zu sein; daher wandte er sich hauptsächlich dem Redenschreiben zu, und darin war er unübertroffen. Lysias verstand es, wie kein anderer, sich in die Seele desjenigen, für den die Rede bestimmt war, zu versetzen und so gleichsam aus seinem Denken, Fühlen und Wollen heraus die Rede abzufassen. Daher ist jede Rede ein Kunstwerk; in ihr tritt die Persönlichkeit, für die sie geschrieben ist, ihrem individuellen Charakter nach mit größter Wahrheit und Naturtreue vor Augen. Mit dieser Kunst der *Charakterschilderung* (*ἠθοποιΐα*) verbindet Lysias *Klarheit*, *Lebendigkeit* und *Anschaulichkeit* in der Darstellung. Diese Vorzüge zeigen sich besonders in der *Darlegung des*

Tatbestandes (διήγησις); diese ist so einfach und natürlich und wirkt so überzeugend, daß damit der Prozeß schon entschieden zu sein scheint. Weniger gelungen ist die *Beweisführung* (πίστεις); denn wenn er auch in der Auffindung von Beweisen großen Scharfsinn verrät, so weiß er sie doch nicht zu einer einheitlichen Gesamtwirkung zu gruppieren; einzeln dagegen entwickelt er dieselben mit großer Klarheit. Der Stellung seiner Klienten entsprechend, die durchschnittlich gewöhnliche Athener sind, bedient er sich des *schlichten Stils* (ἰσχνὸν γένος). Die *Sprache* ist das gewöhnliche reine Attisch, in dem die Wörter in ihrer eigentlichen Bedeutung genommen werden. Poetisches, Archaistisches und Seltenes wird gemieden. Der Ausdruck ist kurz und gedrängt, aber klar; Synonyma werden nur da gehäuft, wo der Redner einen besondern Zweck erreichen will. Auch die Satzbildung ist einfach, mehr anreihend, als periodisierend; antithetische Bildungen sind häufig, bisweilen noch gehoben durch gleiche Ausgänge (ὁμοιοτέλευτα). Von Figuren findet sich Asyndeton und Polysyndeton; daneben die Hypophora, die Vorwegnahme dessen, was der Gegner in seiner Rede vermutlich behandeln will. Der Pathos liegt dem schlichten Stil fern, und wo es sich bei Lysias findet, liegt es in den Tatsachen selbst, nicht in der Art, wie dieselben erzählt werden.

4. Mit Lysias stellt man am besten den *Isäos*, den Sohn des Diagoras aus Chalkis, zusammen. Nach einer wenig glaubwürdigen Notiz war er ein Schüler des Isokrates; richtiger ist die Nachricht, daß er den Lysias nachahmte. Wie dieser, so scheint auch er als Metöke in Athen gelebt zu haben, wo er rhetorischen Unterricht erteilte und für andere Reden schrieb. Unter seinem Namen hatte man ein *rhetorisches Handbuch* (τέχνη) und 64 *Reden*, von denen 14 für unecht galten; sie gehörten alle dem γένος δικανικόν an. Von diesen ist nur diejenige Abteilung auf uns gekommen, in der *die auf Erbschaftsangelegenheiten sich beziehenden Reden* (λόγοι κληρικοί) zusammengestellt waren, jedoch nicht vollständig, sondern von 13 nur 10 und ein Bruchstück. In diesem Zweig des attischen Rechts scheint Isäos ebenso für eine Autorität gegolten zu haben, wie *Antiphon* im Kriminalrecht. Außerdem besitzen wir noch ein größeres Bruchstück einer Rede *über das Bürgerrecht des Euphiletos*, sowie eine Anzahl *Fragmente*. Der Zeit nach liegen die erhaltenen Reden zwischen 390–350 v. Chr.

Isäos hält ebenso streng, wie Lysias, auf *Reinheit*, *Klarheit* und *Sorgfalt* des Ausdrucks; er übertrifft denselben hinsichtlich der geschickten und wirkungsvollen *Gruppierung der Beweisgründe*, dagegen steht er ihm in der *Charakterisierung* (ἠθοποιία) nach. An die Stelle der Natürlichkeit und Einfachheit des Lysias tritt bei Isäos größere *Kunst* und ein gewisses *Pathos* der Rede, besonders rhetorische Fragen und erheucheltes Staunen. In der Anordnung befolgt er kein feststehendes Schema, sondern richtet sich überall nach dem wirklichen Bedürfnis. Die letzten Reden zeigen den Einfluß des Isokrates, insofern sie den *Hiatus* zu meiden suchen. Den Gegensatz zwischen der schlichten Geradheit des Lysias und der schlauberechnenden Kunst des Isäos charakterisierten die Alten folgendermaßen: *der erstere überzeuge, auch wenn er Unrecht habe, der letztere dagegen errege Verdacht, auch wenn er Recht habe.*

5. Viel größer ist der Einfluß, den *Isokrates* auf die Entwicklung der Beredsamkeit ausübte. Dieser war im J. 436 als Sohn des Atheners Theodoros geboren. Sein Vater gehörte dem Demos Erchia an, besaß eine Flötenfabrik und sorgte als reicher Mann dafür, daß sein Sohn eine treffliche Erziehung erhielt. Als seine Lehrer werden Gorgias, Prodikos, Teisias und Theramenes genannt. Auch mit Sokrates verkehrte er, wenn er auch nicht zu dessen eigentlichen Schülern gerechnet werden kann, und dieser hatte eine hohe Meinung von ihm, wenigstens nach dem Lobe zu schließen, das Platon am Schlusse des *Phädros* demselben über Isokrates in den Mund legt. Später trat allerdings eine Erkaltung zwischen den sokratischen Kreisen und unserm Rhetor ein. Zum Staatsmann eignete sich Isokrates nicht, da er eine schwache Stimme hatte und von Natur außerordentlich schüchtern war; wohl aber wandte er sich, wie Lysias und andere, dem *Redenschreiben* zu, um so seinem durch den Krieg geminderten Vermögen wieder aufzuhelfen.

Die Beschäftigung als Logographos sagte dem Isokrates infolge der Unannehmlichkeiten, die sie im Gefolge hatte, wenig zu, und so beschloß er etwa im J. 390, eine *Rhetorenschule* zu eröffnen. Sein Programm legte er in der Rede *gegen die Sophisten* (*κατά τῶν σοφιστῶν*) dar; er wollte seine Schüler nicht nur, wie die Sophisten, zu Rednern machen, sondern ihnen eine vollständige Bildung geben und tüchtige Grundsätze für das Leben einpflanzen. Der Erfolg, den er hatte, war ein ungeheuerer; von allen Seiten strömten Schüler zu ihm zusammen, und fast alle bedeutenden Männer der Folgezeit gingen aus seiner Schule hervor. Der Unterricht war in der Regel auf 3-4 Jahre berechnet, und das Honorar dafür betrug 1000 Drachmen (etwa 800 M.). Die Schüler hatten das *rhetorische Handbuch*, das Isokrates geschrieben, zu studieren und die *praktischen Aufgaben*, die ihnen vorgelegt wurden, zu lösen; der Lehrer unterstützte sie dabei nicht nur durch Rat, sondern gab ihnen auch Proben und Musterbeispiele. Jeden Monat fand eine Art Prüfung in der Form eines Wettkampfes der Schüler unter einander statt, bei dem der Sieger einen Kranz erhielt.

Diese Lehrtätigkeit setzte Isokrates bis zu seinem Tode fort. Als er schon hoch bejahrt war, heiratete er Plathane, die Witwe des Sophisten Hippias, deren Sohn *Aphareus*, einen tragischen Dichter, er adoptierte; außerdem hatte er eine uneheliche Tochter. Diesen hinterließ er sein großes Vermögen, als er im J. 338 im Alter von 98 Jahren starb. Aphareus ehrte ihn mit einer Büste auf einer Säule, sein Schüler *Timotheos*, der Sohn des Konon, mit einer Statue, welche der Künstler *Leochares* angefertigt hatte.

Der große Ruhm des Isokrates gründete sich nicht nur auf seine Schule, sondern noch mehr auf seine *Reden*. Die Alten kannten deren 60, von denen sie 25–28 für echt hielten; auf uns sind 21 gekommen und außerdem 10 *Briefe*, deren Echtheit bezweifelt wird. Unter den Reden sind diejenigen die ältesten, die dem *γένος δικανικόν* angehören; sie fallen in die Zeit, in der Isokrates als Logographos tätig war, also in die J. 402–390. Hierher gehören 7 Reden. Unter diesen wird die Echtheit der Rede *gegen Kallimachos* angezweifelt; ebenso die des *Trapezitikos*, dessen Benennung daher rührt, weil es sich in demselben um ein Depositum bei dem Bankier Pasion handelt, und endlich die der Rede *gegen Euthynus*, die unvollständig ist. Wenn die letztere unecht ist, so muß sie an die Stelle der echten getreten sein; denn Isokrates schrieb eine Rede gegen Euthynus, in der es sich ähnlich, wie im Trapezitikos, um ein Depositum handelte. Da kein Zeuge für die Sache beizubringen war, so nannte man die Rede auch *λόγος ἀμάρτυρος*. Mit derselben trat Isokrates dem Lysias gegenüber, und *Antisthenes* nahm in seiner Schrift *gegen die zeugenlose Rede des Isokrates* (*πρὸς τὸν Ἰσοκράτους ἀμάρτυρον*), die mit dem Dialog *über Gerichtsredenschreiber oder Lysias und Isokrates* (*περὶ δικογράφων ἢ Λυσίας καὶ Ἰσοκράτης*) zusammenzufallen scheint, für Lysias Partei, und ebenso *Speusippos* in der Schrift *πρὸς τὸν ἀμάρτυρον*.

So bleiben 4 echte Gerichtsreden übrig, zunächst der *Aginetikos*, eine Rede in einer Erbschaftsangelegenheit, so genannt, weil sie vor einem äginetischen Gerichtshofe gehalten wurde; ferner die Rede *gegen Lochites* wegen Körperverletzung, die vielleicht nur eine Schulübung ist und nicht wirklich gehalten wurde, und endlich die Rede *über das Gespann* (*περὶ τοῦ ζεύγους*). Auch von der letztern glauben manche Gelehrte, daß sie keine wahre Gerichtsrede sei, sondern nur die Form einer solchen nachahme, um unter dieser den Alkibiades zu loben. Eine solche Nachahmung einer Gerichtsrede liegt sicher in der Rede *über den Vermögenstausch* (*περὶ ἀντιδόσεως*) vor, die 353 geschrieben wurde. In Athen bestand nämlich das Gesetz, daß derjenige, der eine Leistung für den Staat (*λειτουργία*), z. B. die Trierarchie, übernehmen sollte, dieselbe einem Reichern, den er übergangen sah, zuschieben konnte; wies sie dieser zurück, so konnte er ihm Vermögenstausch anbieten. So schob ein gewisser Lysimachos dem Isokrates, der für sehr reich galt, zweimal die Trierarchie zu, und das zweite Mal mußte sie dieser auch wirklich übernehmen. Da er nun die Schuld davon der Gehäßigkeit zuschrieb, der er wegen seiner Lehrtätigkeit ausgesetzt war, so beschloß er, sich in der Rede über den Vermögenstausch vor seinen Mitbürgern zu rechtfertigen und ihnen seine Verdienste um die Jugend klar auseinanderzusetzen.

Von seinen Gerichtsreden wollte Isokrates in späterer Zeit nichts mehr wissen; er schämte sich derselben und verleugnete sie; dagegen war er stolz auf seine *epideiktischen Reden*. Über die Rede *gegen die Sophisten* haben wir schon gesprochen; gegen diese sind auch *das Lob der Helena* (Ἑλένης ἐγκώμιον) und der *Busiris*, ein Lob dieses ägyptischen Königs, gerichtet, der letztere hauptsächlich gegen den Sophisten Polykrates. Ja, Isokrates erweiterte den Inhalt der Lobreden, indem er sie von den Personen der Vergangenheit auch auf Personen der Gegenwart übertrug; hierher gehört das *Lob des Euagoras*, des Königs von Kypern, das um 370 geschrieben sein mag. An den Sohn des Euagoras, an *Nikokles*, der im J. 374 seinem Vater auf dem Throne folgte, richtete er eine Rede voll guter Lehren und Mahnungen. Dagegen ist vielleicht die *Nikokles* betitelte Rede, die dem Fürsten selbst in den Mund gelegt und an die Untertanen gerichtet ist, unecht; jedenfalls gilt dies von der Rede an *Demonikos*, den Sohn eines Freundes des Isokrates, die belehrenden Inhalts und mit Sprüchen angefüllt ist. Eine der bedeutendsten Reden ist der um 380 veröffentlichte *Panegyrikos*, an dem der Verfasser 10, nach andern sogar 15 Jahre lang gearbeitet haben soll; in derselben fordert er, indem er sich den Anschein gibt, als ob er vor den versammelten Griechen in Olympia spreche, die Athener und Spartaner auf, sich in die Hegemonie zu teilen und an der Spitze der geeinigten Griechen den Kampf gegen die Perser zu beginnen. Darauf folgt im J. 373 der *Plataikos*, der vielleicht zum wirklichen Gebrauch für die *Platäer* geschrieben wurde, die von den Thebanern aus ihrer Heimat vertrieben worden waren; dieselben bitten darin die Athener, sie wieder zurückzuführen und zu schützen. Ähnlicher Art ist der von den Alten hochgeschätzte *Archidamos*, den der Verfasser in das J. 365 verlegt; darin fordert Archidamos die Spartaner auf, mutig im Kampfe auszuharren und Messenien um keinen Preis freizugeben. Im *Symmachikos oder in der Rede über den Frieden* (περὶ εἰρήνης), im J. 357 oder 355 abgefaßt, ermahnt Isokrates die Athener, auf die Seeherrschaft zu verzichten, die Bundesgenossen freizulassen und gerecht zu behandeln und sich so dauernden Frieden zu sichern, während er im *Areopagitikos*, der etwa in das J. 354 fällt, als Heilmittel gegen die traurigen Zustände im Innern die Rückkehr zur Verfassung des Solon und Kleisthenes und die Wiedereinsetzung des Areopags in alle seine früheren Befugnisse empfiehlt. Nach dem Abschluß des philokrateischen Friedens (346) richtet er *an Philipp von Makedonien ein Sendschreiben*, in dem er auf seine im *Panegyrikos* gestellten Forderungen zurückkommt, nur daß er jetzt die Rolle, die früher die Athener und Spartaner übernehmen sollten, dem makedonischen König anträgt, nämlich Griechenland zu einigen und den Kampf gegen die Perser zu beginnen. Seine letzte Rede ist der *Panathenaikos*, der in den J. 342–339 geschrieben wurde; in diesem legt er zunächst seine Ansichten über Bildung dar, dann geht er zum Lobe Athens über, fügt aber zum Schluß auch noch ein Lob Spartas bei.

Der Inhalt der Reden ist, wie man sieht, politischer Natur; es sind gleichsam *politische Broschüren*, durch die Isokrates bestimmend auf die Politik seines Vaterlandes einwirken wollte. Allein man kann ihn als *Politiker* nicht hoch stellen; über der Theorie vergißt er völlig die Praxis; er entwickelt seine schönen Grundsätze und seine hochfliegenden Gedanken, worin die Idee des Panhellenismus die Hauptrolle spielt, ohne sich darum zu kümmern, ob und wie dieselben in Wirklichkeit durchgeführt werden können; er nimmt die Menschen nicht, wie sie tatsächlich im Leben sind, sondern rechnet mit idealen Gestalten, etwa von der Art, wie er selbst ist. Trotzdem muß man annehmen, daß seine Ansichten, besonders der Gedanke des Panhellenismus, in Griechenland bei ähnlich angelegten Naturen großen Anklang fanden.

Viel bedeutender ist Isokrates als *Lehrer* der griechischen Jugend, die er, abgesehen von den praktischen Kenntnissen, die er ihnen beibrachte, für alles Edle und Schöne zu begeistern verstand. Am höchsten steht er aber als der eigentliche *Schöpfer der griechischen Kunstprosa;* zeigte er doch der erstaunten Welt zuerst, welcher bisher ungeahnten Ausbildung die Prosa fähig war; ja, erst durch ihn wurde diese zu einer wirklich ebenbürtigen Schwester der Poesie. Dadurch übte er auch auf die folgenden Zeiten den größten Einfluß aus; denn nicht nur in Griechenland nahmen ihn die Schriftsteller zum Vorbild, sondern auch in Rom, an erster Stelle *Cicero*, durch den die Kunst desselben auch den andern Völkern bekannt wurde.

Dem Isokrates schreiben die Alten die *mittlere Stilgattung* (*μέσος χαρακτήρ*) zu, welche die Mitte zwischen dem streng-erhabenen Stil des *Antiphon* und dem schlichten Stil des *Lysias* hält. Wie der letztere, so gebraucht auch Isokrates den reinen attischen Dialekt, aus dem er alles Poetische und Seltene verbannt; trotzdem weiß er durch die Art der Behandlung seine Sprache über das Alltägliche und Gewöhnliche zu erheben. Mit ängstlicher Sorgfalt vermeidet er bei der Wortstellung den *Hiatus*, ohne daß dieselbe dadurch von ihrer Einfachheit und

Natürlichkeit etwas einbüßte. Die Wörter werden in kleinere Glieder (κῶλα) gruppiert, in der Regel von 9–17 Silben, und solcher Kola werden bald weniger, bald mehr zu einem abgerundeten, schönen Ganzen, zu einer *Periode*, vereinigt, wobei das abschließende Glied gewöhnlich etwas länger ist, als die vorausgehenden. Die Figuren, wie Antithese, Parallelismus, Gleichklang, und überhaupt alles, was den Glanz und den Schmuck der Rede zu heben imstande ist, wird mit kluger Berechnung am rechten Ort und zur rechten Zeit angewandt. Der Bau auch der längsten Perioden ist so sorgfältig abgewogen und so durchsichtig gestaltet, daß dem Verständnis daraus keine Schwierigkeit erwächst. Die Anmut und Lieblichkeit derselben wird noch durch einen eigentümlichen, vom poetischen verschiedenen, *prosaischen Rhythmus* erhöht, der die Rede melodisch macht und sich wie Musik in die Ohren einschmeichelt. Allein über dieser Pflege der Form kam der *Inhalt* bisweilen zu kurz; außerdem war diese Sprache, die in gleichmäßiger, vornehmer Ruhe dahinfloß, keiner Lebendigkeit, keiner Begeisterung oder Leidenschaftlichkeit fähig. Aber die Anordnung verdient durchweg Lob; die Übergänge sind so schön vermittelt, daß sie sich unvermerkt ganz von selbst zu ergeben scheinen, und die Digressionen und Abschweifungen, die unserm Geschmack allerdings weniger zusagen, sorgen nach der Ansicht der Alten für Abwechslung.

52. Kapitel

Demosthenes

1. Die Vorzüge seiner Vorgänger, des Antiphon, Lysias und Isokrates, vereinigte *Demosthenes*, der Sohn des Demosthenes aus dem attischen Demos Päania und der Kleobule, deren Geschlecht auf skythischen Ursprung zurückgeht, in sich und wurde so der größte Redner Athens. Im J. 376, als er 7, seine Schwester 5 Jahre alt war, starb der Vater, der eine Waffenfabrik und außerdem durch Pfändung eine Stuhlfabrik besaß. Zu Vormündern über seine Kinder und zu Verwaltern seines Vermögens, das sich auf 15 Talente (über 70 000 M.) belief, ernannte er Aphobos, den Sohn seiner Schwester, Demophon, den Sohn seines Bruders, und seinen Freund Therippides. Über die Erziehung des Sohnes wachte die Mutter mit ängstlicher Sorgfalt; da er schwächlich und kränklich war, so suchte sie ihm alle körperlichen und geistigen Anstrengungen zu ersparen, besonders durfte er an den gymnastischen Übungen seiner Altersgenossen keinen Anteil nehmen. Dafür hatte er manchen Spott vonseiten seiner Kameraden zu erleiden, die ihm entweder wegen seines verzärtelten Wesens, oder wegen seiner schweren

Zunge den Spitznamen *Battalos* gaben. Im J. 366 wurde Demosthenes mündig, und er mußte nun zu seinem großen Leidwesen die Entdekkung machen, daß die Vormünder sein Vermögen, das sich in den zehn Jahren ihrer Verwaltung hätte verdoppeln sollen, aus Leichtsinn oder Schlechtigkeit fast vollständig aufgebraucht hatten; es waren alles in allem nur noch etwa 70 Minen (ungefähr 5600 M.) vorhanden. Sofort beschloß er, dieselben vor Gericht zur Rechenschaft zu ziehen und nahm zu diesem Zwecke Unterricht bei Isäos, dem berühmtesten Rechtslehrer in Erbschaftssachen, den Athen damals besaß. Ja, Spätere schmückten die Sache soweit aus, daß sie erzählten, Demosthenes habe den Isäos auf vier Jahre in sein Haus genommen und ihm für diese Zeit 10000 Drachmen (etwa 8000 M.) bezahlt; dagegen wissen wieder andere zu berichten, daß Isäos von Demosthenes nichts angenommen habe. Im J. 364 hielt er seine 3 Reden *gegen Aphobos* (*κατὰ Ἀφόβου*), und der Erfolg war, daß dieser zur Zahlung von 10 Talenten an Demosthenes verurteilt wurde. Als es aber zur Pfändung kam, belegte Onetor, der Schwager des Aphobos, ein Grundstück mit Beschlag, weil Aphobos ihm die Mitgift seiner von ihm geschiedenen Schwester noch nicht heimbezahlt habe. So mußte sich Demosthenes gegen diesen wenden, und die 2 Reden, die er gegen ihn gehalten, sind ebenfalls noch vorhanden. Um allen diesen Unannehmlichkeiten zu entgehen, scheint er sich schließlich zu einem Vergleiche mit seinen Gegnern bequemt zu haben, bei dem ihm nur weniges von seinem Vermögen zurückerstattet wurde.

2. Um sich wieder ein Vermögen zu erwerben, verwertete Demosthenes seine rhetorischen und juristischen Kenntnisse als *Logographos* und als *Lehrer* der Beredsamkeit, wie es vor ihm schon Lysias getan hatte. Von den Reden, die er für andere in *Privatprozessen* schrieb, ist uns noch eine Anzahl erhalten, die in die J. 359–345 fallen, ja wenn die Rede *gegen Konon* wegen Mißhandlung echt und richtig datiert ist, sogar bis in das J. 343 herabreichen. Diese sind für uns weniger dem Inhalt, als der Form nach interessant; sie tragen zum Teil noch Spuren der Jugendlichkeit an sich und erinnern in mancher Hinsicht an epideiktische Reden; die Sprache, die noch wenig von der Abwechslung, dem Leben und der Bewegung der spätern Zeit verrät, leidet vielfach an Übertreibung und läßt Selbstbeherrschung vermissen; auch Nachahmungen des Isäos kommen vor. Mitunter scheint Demosthenes auch als *Fürsprecher* (*συνήγορος*) persönlich vor Gericht aufgetreten zu sein; wenigstens nimmt man ziemlich allgemein an, daß er im J. 350/49 dem Phormion, für den er eine Rede *gegen Apollodoros*, den Sohn des Bankiers Pasion, schrieb, diesen Dienst geleistet habe. Infolge dieses Prozesses klagte Apollodoros einen gewissen Stephanos wegen fal-

schen Zeugnisses an, und trotzdem ihn Demosthenes in der Rede *für Phormion* nicht gerade vorteilhaft geschildert hatte, verfaßte er jetzt doch die Anklagerede für ihn. Daran nahmen schon die Alten Anstoß, und Neuere wollten die Rede geradezu für unecht erklären. Da aber dies Unterfangen aussichtslos ist, so sah man sich nach einer Erklärung für die auffallende Erscheinung um und wies zu diesem Zwecke darauf hin, daß Apollodoros damals die ersten Angriffe auf die Theorika oder Schauspielgelder unternahm und damit die Politik des Demosthenes unterstützte. Als Preis für diese Unterstützung betrachtete man die Rede *gegen Stephanos*. Doch mag dem sein, wie ihm wolle, zunächst ist festzuhalten, daß sich die Reden *gegen und für Apollodoros* auf zwei verschiedene Prozesse beziehen, sodann daß die Charakteristik, wie sie in der Rede für Phormion von diesem und Apollodoros entworfen ist, natürlich nicht der Wirklichkeit entspricht. Äschines freilich, der erbitterte Gegner des Demosthenes, griff diesen wunden Punkt gierig auf, um seinem Feinde den Vorwurf ins Gesicht zu schleudern, er habe die für Phormion geschriebene Rede dem Widersacher desselben, Apollodoros, zur Einsichtnahme gegeben, ein Vorgehen, das ihn so in Mißkredit gebracht habe, daß er die Tätigkeit als Logographos habe aufgeben und den Sprung auf die politische Rednerbühne habe wagen müssen.

3. Bedeutender als die in Privatsachen für andere abgefaßten Reden sind diejenigen, die Demosthenes in *öffentlichen Angelegenheiten* für Mitbürger geschrieben oder als Fürsprecher (*συνήορος*) selbst in der Volksversammlung vorgetragen hat. Auch hinsichtlich der Form erheben sich diese weit über jene; die Beredsamkeit zeigt eine viel größere Kraft und Energie und steht der in den eigentlichen politischen Reden viel näher. Die erste derartige Rede ist diejenige *über den trierarchischen Kranz* (*περὶ τοῦ στεφάνου τῆς τριηραρχίας*), welche nach der gewöhnlichen Annahme 359 gehalten wurde, nachdem die Athener im J. 361 bei der Insel Peparethos von Alexander von Pherä besiegt worden waren. Der Sprecher, für den die Alten, wie es scheint, ohne Grund den Apollodoros, den Sohn des Bankiers Pasion, gehalten haben, verlangt darin vom Rate den Kranz, der gesetzlich demjenigen Trierarchen zukam, der sein Schiff zuerst ausgerüstet zum Kampfe gestellt hatte. Jedoch wird die Rede von einigen Gelehrten dem Demosthenes abgesprochen und dem *Kephisodotos* aus dem attischen Demos Kerameis, der darin als *συνήγορος* des Sprechers erwähnt wird, beigelegt. Unzweifelhaft echt ist dagegen die Rede *gegen Androtion*, den bekannten Atthidenschreiber, der im J. 355 den Antrag stellte, man solle den abgehenden Rat in der üblichen Weise bekränzen. Deshalb wurde er von Euktemon und Diodoros, seinen persönlichen Feinden, wegen

Gesetzesübertretung (*παρανόμων*) angeklagt, da ja der Rat die gesetzliche Vermehrung der Flotte vernachlässigt habe. Die erste Rede hielt Euktemon, die zweite aber, die sog. Deuterologie, Diodoros, der dazu die Hilfe des Demosthenes in Anspruch nahm. Mit großer Schärfe wird darin hervorgehoben, daß Androtion wegen seiner Lebensweise überhaupt nicht berechtigt sei, öffentliche Anträge zu stellen. Da Androtion, gegen den die Rede gerichtet ist, ein Schüler des Isokrates war, so wendete Demosthenes in der Disposition sowohl, als auch hie und da im sprachlichen Ausdruck die Regeln dieser Schule an. Für denselben Diodoros verfaßte er im J. 352 auch die Rede *gegen Timokrates*, einen Parteigenossen des Androtion, ebenfalls wegen Gesetzesübertretung, da dieser beantragt hatte, daß man den Staatsschuldnern eine längere Frist zur Bezahlung ihrer Schulden gewähren solle. Damit bezweckte er eine Vergünstigung für Androtion, gegen den sich deshalb die Rede auch an erster Stelle wendet. Indes scheint dieselbe nicht in allen Teilen zu Ende geführt zu sein, da Diodoros und Euktemon die Anklage vermutlich fallen ließen, als sie hörten, daß Androtion seine Schulden an den Staat zurückbezahlt habe.

Schon zuvor im J. 354 war Demosthenes persönlich mit der Rede *gegen Leptines*, einen angesehenen Staatsmann, aufgetreten, der die Befreiung (*ἀτέλεια*) von den Leiturgien außer für die Nachkommen des Harmodios und Aristogeiton und für die neun Archonten abgeschafft wissen wollte. Gegen diesen Antrag, der in der Volksversammlung durchgegangen war, erhoben Apsephion, der Sohn des Bathippos, und Ktesippos, der Sohn des Feldherrn Chabrias, Einsprache; jener hatte als Fürsprecher den Redner Phormion, der die erste Rede hielt, dieser den Demosthenes, dem die Deuterologie zufiel. Um sich die Gunst seiner Mitbürger zu sichern, legte dieser seine Rede möglichst einfach und kunstlos nach der Art des Lysias an und zeigte sich besonders in der Anreihung der einzelnen Teile aneinander nachlässig; und in der Tat scheint ihm diese Rede als Empfehlung bei seinen Mitbürgern gedient zu haben, die daraus ebensowohl die tüchtige Gesinnung, als die politische Begabung des Redners kennen lernten. Für einen andern Athener, den die Alten Euthykles nennen, schrieb Demosthenes im J. 352 die Rede *gegen Aristokrates*, der den Antrag eingebracht hatte, man solle das Leben des Charidemos von Oreos auf Euböa, des Schwagers und Feldherrn des thrakischen Königs Kersobleptes, der den Athenern schon viel genützt habe und ihnen jetzt den Besitz von Amphipolis in Aussicht stelle, vonseiten des Staates in Schutz nehmen und denjenigen, der ihn töte, für vogelfrei erklären. Dem gegenüber wies Euthykles in der ihm von Demosthenes verfaßten Rede nach, daß ein solcher Beschluß nicht nur gesetzwidrig wäre; sondern auch den Verlust des Chersones nach sich ziehen würde; denn diesen könnten die Athener nur behaupten, wenn sie die Zwietracht unter den thrakischen Fürsten nähren würden. Zu diesen in öffentlichen Angelegenheiten verfaßten Reden darf man schließlich auch die *gegen Meidias* rechnen, die Demosthenes in eigener Sache schrieb. Als er nämlich im J. 348 Chorege war, wurde er von dem reichen und einflußreichen Athener Meidias, der sein Feind war, mißhandelt und im Theater vor den Zuschauern in der Orchestra beohrfeigt. Dafür wollte er ihn gerichtlich belangen; allein es kam eine Aussöhnung zwischen beiden zustande, und so blieb auch die Rede unvollendet.

4. Diese Reden in öffentlichen Angelegenheiten bahnten dem Demosthenes den Weg zur *politischen Laufbahn*, zu der ihn schon der Staatsmann *Kallistratos* durch seine berühmte Rede *wegen Oropos* im J. 366 begeistert haben soll. Jedoch wurde es ihm nicht leicht, dieses Ziel zu erreichen; er bedurfte dazu seiner ganzen starken Willenskraft und zähen Ausdauer. Man erzählt, daß seine ersten Versuche, vor dem Volke zu sprechen, so unglücklich ausfielen, daß er allgemein ausgelacht worden sei; aber Eunomos von Thria habe ihn getröstet, indem er ihm sagte, seine Art zu sprechen erinnere an Perikles, und der Schauspieler Satyros oder Andronikos habe ihn in der Kunst des Vortrags, worin es ihm am meisten gefehlt habe, unterrichtet. Man mag diese Erzählungen in das Gebiet der Fabeln verweisen; immerhin geht aus denselben, wie auch aus den andern Anekdoten, die uns überliefert sind, soviel hervor, daß es dem Demosthenes Mühe machte, der große Redner zu werden, für den er jetzt gilt. Die Aussprache des R machte ihm Schwierigkeiten; um sich diesen Fehler abzugewöhnen und zugleich die Deutlichkeit seines Organs zu erhöhen, soll er Kieselsteine in den Mund genommen und dann sich bemüht haben, laut und deutlich zu sprechen. Seine Stimme und seine Lunge stärkte er, wie man erzählt, dadurch, daß er beim Gehen oder selbst beim Bergsteigen Stellen aus Dichtern möglichst laut und zusammenhängend deklamierte; ja selbst die Brandung des Meeres habe er zu übertönen versucht. Im Mienen- und Gebärdenspiel habe er sich vor einem Spiegel geübt, und gegen das Zucken seiner Schulter habe er sich eines Dolches bedient, den er über derselben aufhing, damit sie bei jedem Zucken verletzt werde. Außerdem wird berichtet, daß Demosthenes viel und bis spät in die Nacht hinein studiert habe, und noch in späterer Zeit zeigte man das unterirdische Gemach, in dem er sich aufgehalten und einmal sogar die halbe Seite seines Kopfes geschoren habe, um überhaupt nicht ausgehen zu können. Mit Thukydides soll er sich viel beschäftigt haben; ja, man sagt sogar, er habe ihn ganz auswendig gewußt. Ferner soll er die Sitte gehabt haben, die Reden, die er tags-

über gehört hatte, abends für sich noch einmal vorzunehmen, um sich das Gute und Brauchbare daraus aufzuschreiben. Auch auf seine eigenen Reden mußte er viele Mühe und Zeit verwenden, da ihm die Gabe, aus dem Stegreif zu sprechen, vollständig abging. Eine solche Lebensweise mußte natürlich den Athenern, die an derartiges nicht gewöhnt waren, sehr auffallend vorkommen, wie sie ja auch seine Nüchternheit nicht begreifen konnten und ihn daher nur den *Wassertrinker* nannten.

Im J. 354 trat Demosthenes zum ersten Mal, soviel wir wissen, auf eigene Faust hin mit der Rede *über die Steuerverbände* (*περὶ συμμοριῶν*) vor dem Volke auf. Die Lage Athens war damals ziemlich gedrückt. Der Bundesgenossenkrieg, der im J. 355 beendigt worden war, hatte den Verlust aller Bundesgenossen außer Imbros, Lemnos und Skyros und den der thrakischen Besitzungen im Gefolge gehabt. Athen war seiner Mittel und Feldherrn beraubt. An die Stelle des Aristophon war der Staatsmann Eubulos getreten, der seine Politik den damaligen Verhältnissen der Stadt entsprechend einrichtete, auf Hegemonie und äußere Macht verzichtete man; man richtete sein Augenmerk nur auf Ruhe und Frieden, die dem Handel und den Geschäften der Bürger förderlich waren und ihren Wohlstand und Reichtum vermehrten; zugleich wollte man ihre Gunst durch das Gesetz über die Theorika gewinnen, nach welchem jährlich an den Festen ein bedeutender Teil der Staatseinnahmen als Schauspielgelder unter dieselben verteilt wurde. Was die Beziehungen zu den andern griechischen Staaten betrifft, so hatte man mit Sparta, das seit dem Tode des Epaminondas bestrebt war, seinen verlorenen Einfluß im Peloponnes wiederzugewinnen, zwar noch ein Bündnis, allein das Verhältnis war trotzdem ein gespanntes; mit Theben aber, das mit aller Anstrengung seine führende Stellung in Griechenland aufrecht zu erhalten suchte, lebte man wegen der Wegnahme von Oropos im J. 366 in offener Feindschaft und wünschte, es möchte in dem Krieg mit den Phokern, in den es seit dem J. 356 verwickelt war, für seinen Übermut bestraft werden.

Unter diesen Umständen verbreitete sich plötzlich das Gerücht, der persische König Artaxerxes Ochos rüste sich zum Zuge gegen Griechenland. Die Äußerungen der Furcht, die anfangs da und dort in Athen laut wurden, wurden bald von der ausgelassensten Kriegslust übertönt; man wollte an der Spitze der Hellenen, wozu schon Gorgias und Isokrates aufgefordert, einen neuen, glorreichen Perserkrieg beginnen, glänzende Siege, wie die bei Marathon und Salamis, erfechten und so den athenischen Staat wieder zur ersten Macht Griechenlands erheben. Diesem Kriegstaumel und Siegesrausch trat Demosthenes in der Rede *über die Symmorien* entgegen; er warnte ebenso vor übertriebener Furcht, wie vor unüberlegtem Beginnen eines Krieges; man solle ruhig abwarten, was komme, inzwischen aber für alle Fälle sich rüsten, und dazu schlägt er eine Neuregelung der Steuerverbände für die Trierarchien vor, durch welche die athenische Flotte auf die Normalzahl von 300 Schiffen gebracht werden sollte. Auf diese Vorschläge gingen die Athener nicht ein, wohl aber ließen sie sich, was zunächst die Hauptsache war, von ihren überspannten Hoffnungen abbringen. Schon im nächsten Jahre 353 hatte Demosthenes Gelegenheit, seine Grundsätze inbetreff der griechischen Politik vor seinen Mitbürgern darzulegen. Die Spartaner wollten nämlich, die augenblickliche Verlegenheit der Thebaner benutzend, sich Megalopolis unterwerfen und schickten deshalb unter Berufung auf die alte Bundesgenossenschaft Gesandte nach Athen; auch die Megalopolitaner, denen ihre Bundesgenossen, die selbst im Krieg von den Phokern bedrängten Thebaner, nicht beistehen konnten, wandten sich um Schutz an die Athener. Diese waren geteilter Ansicht; da riet ihnen Demosthenes in der Rede *für die Megalopolitaner* (*ὑπερ Μεγαλοπολιτῶν*), sie sollten die Stadt den Spartanern nicht preisgeben, sondern einen billigen Frieden zwischen den Streitenden vermitteln; denn nur dies nütze dem wahren Interesse Athens, da so Sparta schwach erhalten bleibe und Theben durch Entziehung seiner Bundesgenossen, die sich um Athen scharen würden, geschwächt würde. Trotzdem hörten die Bürger nicht auf ihn, sondern überließen Megalopolis den Spartanern. Mit demselben Freimut trat er im J. 351 *für die Freiheit der Rhodier* (*ὑπὲρ τῆς Ῥοδίων ἐλευθερίας*) ein, die, beim Sturz der Demokratie durch die von dem karischen König Mausollos unterstützten Oligarchen aus ihrer Heimat vertrieben, jetzt nach dem Tode des Mausollos die Athener um Hilfe anflehten. Obgleich sie im Bundesgenossenkrieg von den Athenern abgefallen waren, befürwortet Demosthenes doch ihr Hilfegesuch, da Athen das Bollwerk der Demokratie gegen die Oligarchie sein und bleiben müsse. Es scheint, daß die Athener auch in diesem Sinne entschieden haben, ohne jedoch ihren Entschluß zur Ausführung zu bringen.

5. Inzwischen hatte der Kampf begonnen, der die eigentliche Lebensaufgabe des Demosthenes ausmachte und seiner Beredsamkeit erst ihren rechten Inhalt und ihre wahre Größe verlieh, der *Kampf gegen Philippos*, den Sohn des Amyntas, von Makedonien. Dieser war in demselben Jahre, in dem Demosthenes die Trierarchie bekleidete, im J. 359 zur Regierung gekommen. In zwei Jahren wußte er seinen Thron gegen die Ansprüche anderer Bewerber und sein Land gegen die Einfälle der Barbaren sicher zu stellen; dann schritt er an die Ausführung der Aufgabe, die er sich für seine Regierung gestellt hatte,

nämlich Griechenland unter seine Botmäßigkeit zu bringen. Dabei kam ihm die Schwäche der Hauptstaaten, Athens, Spartas und Thebens, sowie die Eifersucht und Feindschaft derselben unter einander sehr zustatten. Anfangs täuschte er die Athener, indem er sich für ihren Freund ausgab; als diese aber in den Bundesgenossenkrieg verwickelt waren, benutzte er diesen Umstand, um sich der Städte Amphipolis, Pydna, Potidäa, Methone, sowie der Goldbergwerke am Pangäon zu bemächtigen, wo er Philippi gründete. Dann riefen ihn die Aleuaden zu Larissa in Thessalien gegen Lykophron, den Tyrannen von Pherä, zu Hilfe, dem der phokische Söldnerführer Onomarchos beistand. Philipp, in zwei Schlachten unterlegen, errang zuletzt doch den Sieg und war gerade im Begriff, nach Mittelgriechenland einzurükken, als im J. 352 eine athenische Flotte an den Thermopylen erschien und ihn daran hinderte; man hatte seine Absicht erkannt.

Wie wenn nichts weiter vorgefallen wäre, wandte sich Philipp, nachdem er seine Macht in Thessalien befestigt hatte, wieder nach Thrakien; insbesondere traf er die Vorbereitungen zur Unterwerfung von Olynthos und der Halbinsel Chalkidike. Da hielt Demosthenes seine *1. philippische Rede* gegen ihn, von der Dionysios von Halikarnassos und ebenso neuere Gelehrte mit Unrecht, wie es scheint, annehmen, daß sie so, wie sie jetzt vorliege, kein einheitliches Ganze bilde, sondern aus 2 Reden zusammengesetzt sei. Darin sucht er die über die erfolglose Kriegführung mit Philipp niedergeschlagenen Athener durch den Hinweis darauf zu ermutigen, daß nur ihre bisherige Nachlässigkeit an allem Unglück Schuld sei; für die Zukunft schlägt er vor, zwei Heere aufzustellen, ein größeres aus Bürgern, das in Athen bleiben solle, um für alle vorkommenden Fälle zur Hand zu sein, und ein kleineres aus Söldnern und Bürgern, das an den Grenzen Makedoniens unausgesetzt dem Philipp auflauern solle. Damit traf Demosthenes der Friedenspolitik des Eubulos und seiner Anhänger scharf entgegen, und diese scheinen es auch durchgesetzt zu haben, daß die so ersprießlichen Vorschläge des Redners nicht zur Ausführung gelangten.

Um diese Zeit schickte der Tyrann Plutarchos von Eretria um Hilfe gegen seine Gegner nach Athen. Sofort zog Phokion mit einem Heere nach Euböa, und Demosthenes nahm selbst Anteil an dem Zuge, trotzdem er gegen denselben gewesen war. Aber plötzlich wurde das Heer der Athener von den Euböern, die Philipp heimlich zum Abfall von Athen bestimmt hatte, bei Tamynä eingeschlossen. Auf die Nachricht davon eilte die ganze Stadt zum Entsatze herbei, und Apollodoros stellte den Antrag, den das Volk auch annahm, man solle die Theorika wieder auf den Krieg verwenden. Es gelang dem Phokion, sich siegreich durchzuschlagen; aber Euböa war verloren. In Athen wurde Apollodoros wegen seines Antrags von Stephanos angeklagt, und Eubulos beantragte für jeden die Todesstrafe, der es wieder wagen sollte, die Abschaffung der Theorika zu verlangen. Man sieht, daß nicht einmal dieser Schlag, mit dem Philipp Athen so empfindlich traf, dem Eubulos und seiner Partei die Augen öffnete.

Noch war die Aufregung über den Verlust Euböas nicht vorüber, da traf schon eine andere Schreckensnachricht in der Stadt ein. Philipp rückte gegen Olynthos vor, angeblich weil diese Stadt die Auslieferung seines Stiefbruders, der sich dorthin geflüchtet hatte, verweigerte. Sofort kamen Gesandte mit der Bitte um Hilfe nach Athen, und Demosthenes trat mit seinen *3 olynthischen Reden*, die wahrscheinlich kurz nacheinander in den J. 349 und 348 gehalten wurden, nachdrücklich für dieselben ein, trotzdem sie sich lange Zeit feindlich gegen Athen benommen und sich von Philipp durch die Überlassung der Städte Anthemus und Potidäa hatten täuschen lassen. Er begrüßte es als ein Glück, daß eine so mächtige Stadt, wie Olynthos, den Athenern ein Bündnis gegen ihren Todfeind Philipp anbiete, und rät, diese Gelegenheit ja nicht unbenutzt vorübergehen zu lassen, da man so den Kriegsschauplatz in Philipps Land verlegen könne. Auch sei Philipp, so führt die 2. Rede aus, nicht unbezwinglich, da er auf die Bundesgenossen nicht sicher zählen könne und seine Hausmacht nur schwach sei. Die 3. Rede warnt vor dem Glauben, als ob durch die kleinen Erfolge, welche die unter Chares und Charidemos mittlerweile abgesandten Söldner errungen hatten, schon alles geschehen sei; gerade jetzt müsse man den Krieg um so energischer in die Hand nehmen und Bürgerheere ins Feld senden; auch an Geld werde es nicht fehlen, wenn man die Theorika ihrem ursprünglichen Zwecke, nämlich der Kriegführung, wieder zuwende; jedoch stelle er keinen Antrag in diesem Sinne, da dies gesetzlich verboten sei. Aber bevor das Bürgerheer unter Chares nach Olynth kam, fiel die Stadt durch den Verrat der Reiterobersten Lasthenes und Euthykrates dem Makedonier in die Hände, der sie samt ihren 32 Bundesstädten vom Erdboden verschwinden ließ.

Dieser unglückliche Ausgang wirkte; sogar Eubulos und seine Anhänger rafften sich zu kriegerischer Tätigkeit auf; man wollte alle Griechen gegen den Nationalfeind vereinigen. Doch Philipp, dem diese allgemeine Erhebung ungelegen gekommen wäre, wußte sie zu verhindertn. Da er für andere Unternehmungen freie Hand haben wollte und den Aufschwung Makedoniens durch die athenische Flotte gehemmt sah, so ließ er den Athenern seine Bereitwilligkeit erklären, mit ihnen Frieden und Freundschaft zu schließen. Diese waren damit einverstanden, da sie unter dem lange dauernden, für sie unglücklichen Kriege und durch die makedonischen Kaperschiffe, die sogar das heilige Schiff aus der Bucht von Marathon wegnahmen, viel zu leiden hatten. Daher beantragte Philokrates aus dem attischen Demos Hagnus die Aufhebung des Gesetzes, das jede Unterhandlung mit Philipp als dem Landesfeind untersagte. Darauf wurde er von einem gewissen Lykinos wegen Gesetzesübertretung angeklagt, aber von Demosthenes verteidigt. Zur Einleitung der Verhandlungen über den Frieden wurde auf den Vorschlag des Philokrates eine Gesandtschaft von zehn Männern, unter denen der Antragsteller, Eubulos, Äschines und Demosthenes waren, an Philipp abgeordnet; als elfter schloß sich Aglaokreon aus Tenedos als Vertreter der athenischen Bundesgenossenschaft an. Von diesen wußte der König den Philokrates und Äschines vollständig für sich zu gewinnen; sie konnten nach ihrer Rückkehr von der Freundlichkeit und dem Entgegenkommen des Philipp nicht genug Rühmens machen. Bald darauf kam die makedonische Gesandtschaft mit dem Friedensentwurf, der lediglich auf der gegenseitigen Bestätigung des jetzigen Besitzstandes beruhte und die Phoker und die Bewohner von Halos in Thessalien nicht mit in den Frieden einschloß. Die Einwendungen der Athener fruchteten nichts, und so bequemte man sich, nur um von dem lästigen Krieg befreit zu sein, zu dem philokrateischen Frieden im J. 346.

Da der Frieden auf der Grundlage des augenblicklichen Besitzstandes abgeschlossen war, so war es für die Athener von großem Interesse, daß der König denselben möglichst schnell, ehe er noch weitere Eroberungen machen konnte, beschwor. Daher setzte Demosthenes beim Rate den Beschluß durch, daß die Gesandtschaft zur Vereidigung des Königs, die aus denselben Mitgliedern, wie die frühere, bestand, auf dem kürzesten Weg zur See sich an den Ort begebe, wo Philipp sei. Doch die von dem König gewonnenen Gesandten kümmerten sich um diesen Beschluß ebensowenig, wie um die Mahnung des Demosthenes; sie schlugen den Landweg ein und warteten in Pella die Ankunft des Königs ab, der unterdessen den Kersobleptes unterwarf und Kardia gewann. Alle Einsprachen, die Demosthenes erhob, nutzten nichts; die Gesandten ließen sich von Philipp festhalten, bis er seine Rüstungen gegen die Phoker beendigt hatte, und begleiteten ihn dann auf seinem Zuge bis zu den Thermopylen. Sofort nach der Heimkehr erstattete Demosthenes im Rate über das verräterische Treiben seiner Mitgesandten Bericht. Dieser war darüber empört; aber in der Volksversammlung wußte Äschines seine Mitbürger zu täuschen, indem er den Philipp als den Freund der Athener hinstellte, der die Phoker retten, die Thebaner aber vernichten wolle und noch andere angenehme Überraschungen, die er jetzt noch nicht nennen dürfe, für die

Athener in Bereitschaft habe. Auf diese Träume folgte ein schreckliches Erwachen. Philipp zwang den phokischen Feldherrn Phaläkos, der die Thermopylen besetzt hielt, zur Kapitulation, verwüstete Phokis auf das schrecklichste, berief den Amphiktyonenbund, aus dem die Phoker, Spartaner und Korinthier ausgestoßen wurden, während die zwei Stimmen der Phoker auf Philipp übergingen, und hielt die Pythien in feierlicher Weise ab.

Die Aufregung, die darüber in Athen herrschte, war groß. Zwar hatte man nach dem Eindringen des Philipp in Phokis den Äschines mit andern Gesandten gleichsam zur Überwachung zu demselben gesandt, aber die Pythien beschickte man nicht. Als eine Gesandtschaft der Amphiktyonen erschien, um die Athener wegen der Aufnahme der flüchtigen Phoker zur Rede zu stellen und die Anerkennung der neuen Ordnung der Amphiktyonie zu verlangen, wäre es beinahe zum Kriege gekommen; doch Demosthenes warnte seine Mitbürger in der im J. 346 gehaltenen Rede *über den Frieden* davor, jetzt, wo sie allein allen gegenüberstanden, in unüberlegter Weise um den *Schatten in Delphi* Krieg anzufangen. Dagegen rächte man sich an den Urhebern des Friedens. Demosthenes klagte im Verein mit dem übelberüchtigten Timarchos den Äschines des Verrats an; daraufhin erhob dieser gegen Timarchos Gegenanklage wegen ehrlosen Lebens und führte auch wirklich im J. 345 die Verurteilung desselben herbei. Im J. 343 wurde Philokrates von Hypereides und Demosthenes wegen Verrats belangt, und als dieser in die Verbannung gegangen war, wandte sich Demosthenes mit der Rede *über den Verrat bei der Gesandtschaft* (*περὶ παραπρεσβείας*) wieder gegen Äschines, der infolge der Unterstützung durch Eubulos und Phokion mit der geringen Majorität von 30 Stimmen der Verurteilung entging. Die Rede ist nicht so erhalten, wie sie vor Gericht gehalten wurde, sei es daß sie vor der Herausgabe geändert wurde, oder daß nur ein Entwurf vorliegt.

Nach Beendigung des phokischen Krieges befestigte Philipp zunächst seine Macht in Thessalien; dann suchte er, auch im Peloponnes festen Fuß zu fassen, wo er Elis, Messenien, Megalopolis und Argos gegen Sparta Schutz versprach. Um den Anschluß dieser Staaten an Makedonien zu verhindern, reiste Demosthenes, dessen Einfluß immer größer wurde, mit andern Gesandten dorthin. Alles lauschte den beredten Worten des gefeierten Redners, den man schon aus seinen veröffentlichten Reden kannte. Als aber die athenischen Gesandten wieder fort waren, wurden sie von der makedonischen Partei verdächtigt, als ob sie im Einverständnis mit Sparta ständen. Es erschienen peloponnesische Gesandte in Athen, um Aufklärung darüber zu verlangen, und makedonische schlossen sich ihnen an, um sich über die Verleumdung ihres Königs durch die Athener zu beschweren. Dies war die Veranlassung zur *2. philippischen Rede*, die im J. 344 gehalten wurde. Demosthenes stellt darin den Philipp als den gemeinsamen Feind aller Hellenen und insbesondere der Athener hin und erklärt den Gesandten, daß die Athener weder die Unterwerfung der peloponnesischen Staaten durch Sparta, noch die Verletzung Spartas dulden würden, da sie es als ihre Aufgabe betrachteten, überall das bestehende Recht zu schützen und Einmischungen Fremder fernzuhalten.

Wie sie dadurch die Peloponnesier beruhigten, so wußten die Athener auch die Anschläge Philipps auf Megara zu vereiteln. Daher entschloß sich dieser dazu, den Python von Byzanz an der Spitze einer glänzenden Gesandtschaft zu den Athenern zu schicken, um sich über ihr Benehmen ihm gegenüber zu beklagen und ihnen, wenn sie es wünschten, eine Durchsicht des Friedensvertrages anzubieten. Demosthenes rechtfertigte das Mißtrauen der Athener gegen Philipp, und Hegesippos erklärte sich für Annahme der Durchsicht des Friedensvertrages. Er ging selbst als Gesandter zu dem König, wurde aber ziemlich ungnädig aufgenommen. Zu gleicher Zeit gelang es den Athenern, die Anschläge Philipps auf Euböa zu kreuzen und mit Kallias von Chalkis, den der makedonische König zurückgewiesen hatte, ein Schutz- und Trutzbündnis zu schließen; ebenso traten die Athener dem König im Westen Griechenlands, in Epirus, Akarnanien und Ätolien, mit Gesandtschaften und Hilfstruppen entgegen und reizten die Thessalier zum Abfall. Philipp strafte zunächst die Thessalier, indem er ihr Land in vier Teile zerriß; dann schrieb er im J. 342 einen Brief an die Athener, in dem er ihnen die kleine Insel Halonnesos, die er den Seeräubern abgenommen hatte, die aber die Athener als Eigentum beanspruchten, als Geschenk anbot, sich wiederholt zur Durchsicht des Friedensvertrages bereit erklärte und sich hinsichtlich anderer Fragen dem Spruch eines Schiedsgerichtes unterwerfen wollte. Dagegen erklärten sich Demosthenes und Hegesippos; von dem letzteren stammt wahrscheinlich die unter dem Namen des erstern erhaltene Rede *über Halonnesos*, in der ausgeführt wird, daß Philipp den Athenern die Insel nicht als Geschenk geben, sondern nur als ihr Eigentum zurückgeben könne. Auf diese Vorgänge bezieht sich *die unechte Rede gegen den Brief des Philippos*, die vieles aus andern Reden enthält; auch der Brief selbst, der darin mitgeteilt wird, ist untergeschoben.

In demselben Jahre (342) schickten die Athener unter dem Befehl des Diopeithes eine Anzahl Kolonisten nach dem Chersones, um diese wichtige Besitzung gegen Philipps Eroberungspläne sicher zu stellen. Es dauerte nicht lange, so rückte Diopeithes gegen Kardia vor, das Athens Oberhoheit nicht anerkannte; aber Philipp unterstützte die

Stadt auf ihr Ansuchen. Um sich hierfür zu rächen, fiel Diopeithes in makedonisches Gebiet ein und verwüstete dasselbe. Damit war der Frieden offen gebrochen. Philipp beschwerte sich darüber in Athen und verlangte die Bestrafung des Feldherrn, was die von ihm gewonnenen Staatsmänner lebhaft befürworteten. Doch Demosthenes zeigt in der im J. 341 gehaltenen Rede *über die Verhältnisse im Chersones* (*περὶ τῶν ἐν Χεῤῥονήσῳ*), daß Philipp es sei, der den Frieden zuerst gebrochen habe, und daß Athen unter den jetzigen Verhältnissen keineswegs die Kriegsmacht entbehren könne, die seine gefährdeten Interessen im Chersones dem König gegenüber wahre; zugleich ermahnt er, die dem Philipp ergebenen Staatsmänner zu bestrafen, die griechischen Staaten zu einem Bunde gegen Makedonien zu vereinigen und für Geld zum Kriege zu sorgen. So blieb Diopeithes im Chersones. Kurze Zeit darauf hielt Demosthenes die *3. philippische Rede*, die letzte und gewaltigste unter den erhaltenen Staatsreden, in der er noch nachdrücklicher zum Krieg gegen Philipp, den Todfeind von Hellas, auffordert. Diese Rede ist in zwei Fassungen, einer längern und kürzern, erhalten, von denen vielleicht die längere allein von Demosthenes zur Veröffentlichung bestimmt war.
Diese Reden zündeten nicht nur in Athen, wo Demosthenes den Eubulos und seine Partei immer weiter zurückdrängte, sondern auch in allen andern Teilen Griechenlands, wo sie in Abschriften verbreitet wurden. So wurde der Boden für die Gesandtschaftsreisen vorbereitet, die Demosthenes und andere Mitglieder seiner Partei in verschiedene griechische Städte unternahmen, um einen hellenischen Bund gegen Philipp unter der Führung Athens zustande zu bringen. Der erste Bundestag wurde im J. 340 in Athen abgehalten, und es fanden sich auf demselben Euböa, das wieder vollständig von den makedonischen Tyrannen befreit war, ferner Megara, Achaja, Korinth, Leukas, Akarnanien, Ambrakia und *Kerkyra* ein. Außerdem hatte man Perinthos und Byzanz gewonnen, wohin Demosthenes selbst gegangen war, ebenso Rhodos und Chios, und selbst den persischen Großkönig hatte man auf die von Philipp drohende Gefahr aufmerksam gemacht. Der so vorbereitete Krieg kam im J. 340 zum förmlichen Ausbruch, als der makedonische König zur Belagerung von Perinth und Byzanz schritt. Athen leistete den beiden Städten unter Führung Phokions kräftige Hilfe, und auch von Persien kam Zuzug. Daher mußte Philipp im J. 339 unverrichteter Dinge abziehen und wandte sich wieder dem Norden zu, wo er vor 340 beschäftigt gewesen war. In Athen, wo Demosthenes unterdessen nicht nur eine Neuordnung des Trierarchenwesens vorgenommen, sondern es auch durchgesetzt hatte, daß die Theorika wieder als Kriegsgelder verwendet wurden, war die Freude über den

glücklichen Erfolg groß. Demosthenes wurde auf den Antrag des Aristonikos an den Dionysien des J. 339 mit einem goldnen Kranze ausgezeichnet; er war von jetzt an der alleinige Leiter des Staates, und auch die Finanzverwaltung ging im J. 338 von Eubulos auf Lykurgos über. Um seinen Einfluß in Griechenland wieder herzustellen, brauchte Philipp einen Krieg, der ihm ermöglichte, ohne Aufsehen mit seinem Heer dorthin zu ziehen. Dies besorgte Äschines. Auf der Amphiktyonenversammlung zu Delphi im J. 339, an der er als Pylagore teilnahm, brachte er gegen die amphissäischen Lokrer, die Athen anklagten, die Beschuldigung vor, daß sie den Hafen und das geweihte Feld von Kirrha für sich ausbeuteten. So entstand ein neuer heiliger Krieg, in dem Philipp wieder zum Oberbefehlshaber gewählt wurde. Ehe man es sich versah, stand er in Mittelgriechenland und hatte die wichtige böotische Stadt Elateia besetzt. Sofort reiste Demosthenes selbst als Gesandter nach Theben, und es gelang ihm trotz der Versprechungen, die der makedonische Gesandte Python den Thebanern machte, ein Bündnis zwischen beiden Staaten zustande zu bringen. Ihre Truppen rückten gegen Philipp vor, und die kleineren Städte, die zuvor schon mit Athen verbündet waren, schlossen sich ihnen an. Als die Verbündeten vollends in der Flußschlacht und Winterschlacht Vorteile über die Makedonier errangen, war der Jubel groß; Demosthenes wurde auf den Antrag seines Vetters Demomeles an den großen Dionysien mit einem goldnen Kranze geehrt. Aber Philipp wußte die Griechen zu täuschen; er marschierte westlich um den Parnass herum nach Amphissa, besiegte die hier stehenden Söldner und eroberte und zerstörte die Stadt. Dann wandte er sich nach Chäroneia, wo es im J. 338 zur entscheidenden Schlacht kam, in der die Griechen dem makedonischen König unterlagen. In die Kadmeia in Theben wurde eine Besatzung gelegt, und die böotischen Städte wurden für frei erklärt; dagegen wurde die Selbständigkeit Athens gewahrt; ja, Philipp bot ihm sogar Freundschaft und Bundesgenossenschaft an. Es durfte seine Besitzungen außer dem Chersones behalten und bekam noch Oropos von dem König geschenkt; auch wurden die Gefangenen frei und gekleidet zurückgesandt. Darauf durchzog Philipp den Peloponnes, wo er alle Staaten für frei erklärte, und berief eine allgemeine Versammlung der Griechen nach Korinth, wo er sich im J. 337 als Oberbefehlshaber der Griechen gegen die Perser ausrufen ließ. Dann kehrte er nach Makedonien zurück, um sich zu dem bevorstehenden Zuge zu rüsten.

So war der gewaltige Kampf zwischen den beiden großen Gegnern zu Gunsten Philipps, zu Ungunsten des Demosthenes entschieden. Was glühender Patriotismus, politischer Scharfsinn in Verbindung mit dem besten Willen, zähe Ausdauer und begeisternde Beredsamkeit vermochten, wurde von Demosthenes geleistet; auch an freudiger Opferwilligkeit, an Mut und Tapferkeit zu Hause und im Felde fehlte es ihm trotz der Anklagen seiner Feinde nicht. Allein in der Ausführung seiner Pläne und Vorschläge war er von einer Bürgerschaft abhängig, die zwar rasch und leicht erregbar war, sich aber aus Bequemlichkeit nur schwer zu kräftigem und nachhaltigem Handeln entschloß. Außerdem arbeiteten ihm große, einflußreiche Parteien entgegen, nämlich die des Eubulos, die den Frieden um jeden Preis wollte, und die des Äschines, die geradezu Philipps Interessen in Athen vertrat. Wie weit war ihm hierin der makedonische König überlegen, der, von niemand abhängig, ganz selbständig verfahren konnte! Sein Plan war kühn und großartig entworfen und wurde mit Klugheit und Beharrlichkeit durchgeführt. Dabei schreckte Philipp vor keinem Mittel zurück, das ihn seinem Ziele näher bringen konnte; Täuschung und Verrat, Drohungen und Versprechungen, Gewalt und Milde, alles war ihm recht. Trotzdem wußte ihm Demosthenes nicht nur lange Zeit Widerstand zu leisten, sondern auch Erfolge zu erringen, die den Makedonier mit Besorgnis und Furcht erfüllten. Wahrlich, wenn man sich diese Tatsachen vergegenwärtigt, ist man geneigt, der Inschrift zuzustimmen, mit der seine Mitbürger sein Standbild schmückten; hätte Demosthenes über eine seiner Einsicht entsprechende Macht verfügt, so wäre der Makedonier nie Herr in Griechenland geworden.

Demosthenes hatte die Politik befolgt, welche die Überlieferung der Vorfahren und die Ehre den Athenern vorschrieb, mochte sie von Erfolg begleitet sein oder nicht. Diese Überzeugung hegten auch seine Mitbürger, und daher ließen sie ihn nach der unglücklichen Schlacht bei Chäroneia, an der er selbst Anteil genommen, nicht fallen, sondern standen auch ferner treu zu ihm. Der Frieden war während seiner Abwesenheit auf einer Gesandtschaftsreise im ägäischen Meere abgeschlossen worden; aber der ehrenvolle Auftrag, die Leichenrede für die Gefallenen zu halten, wurde ihm erteilt. Dann stellte Demosthenes den Antrag auf Ausbesserung der Mauern und verwandte, nachdem er in den hierzu ernannten Ausschuß gewählt war, sogar eigene Gelder zu diesem Zweck. Daher schlug der Athener Ktesiphon im J. 336 kurze Zeit vor dem Tode des Philipp vor, die Stadt solle den Demosthenes wegen seiner Verdienste an den Dionysien im Theater öffentlich mit einem goldnen Kranze schmücken. Dagegen erhob Äschines Einsprache, indem er den Ktesiphon der Gesetzesübertretung anklagte; Demosthenes habe nämlich über die Verwaltung der Theorika und den Mauerbau noch keine Rechenschaft abgelegt, man dürfe aber keinen Beamten vor der Rechenschaftsablage bekränzen; ferner sei die Bekränzung im Theater nicht gestattet, und überhaupt sei Demosthenes einer solchen unwürdig. Der Prozeß kam erst 6 Jahre später, im J. 330, zur Verhandlung. Da er in Wirklichkeit gegen Demosthenes gerichtet war, so trat dieser mit der Rede *über den Kranz* (*περὶ τοῦ στεφάνου*) kräftig für Ktesiphon ein. Er gibt in dieser letzten und mächtigsten Rede, die wir von ihm haben, eine ausführliche Darstellung und glänzende Rechtfertigung seiner ganzen Politik, die so überzeugend auf die Richter wirkte, daß Äschines nicht einmal den 5. Teil der Stimmen erhielt und so seiner bürgerlichen Ehrenrechte verlustig ging. Der Kampf zwischen den beiden großen Rednern war zu Gunsten des Demosthenes entschieden, und Äschines verließ für immer die Stadt. Der Eindruck der Kranzrede wird treffend durch die Anekdote charakterisiert, nach welcher Äschines später seine Rede den Rhodiern vorgelesen, und als diese sich darüber wunderten, wie er mit einem solchen Meisterwerk habe unterliegen können, geantwortet haben soll: *»darüber würdet ihr euch nicht wundern, wenn ihr den Demosthenes gehört hättet.«*

6. Im J. 336 wurde Philipp von Pausanias, einem seiner Leibwächter, getötet. Demosthenes erhielt die Nachricht zuerst; trotzdem ihm erst 7 Tage zuvor seine Tochter gestorben war, legte er doch Festtagskleider an und teilte den Athenern die Kunde voll Freude mit. Den geplanten Aufstand verhinderte aber das rasche Erscheinen Alexanders in Griechenland. Erst als sich das Gerücht von dem Tode Alexanders, der sich gegen die nordischen Völkerschaften gewandt hatte, in Griechenland verbreitete, erhoben sich Theben und Athen, von persischem Gelde unterstützt. Aber auch dieses Mal kam Alexander unerwartet und unterdrückte die Befreiungsversuche. Theben wurde bis auf die Göttertempel und das Haus Pindars zerstört; von Athen aber wurde die Auslieferung des Demosthenes und aller gleichgesinnten Staatsmänner verlangt, damit die Amphiktyonen über dieselben aburteilen sollten. Die Bürgerschaft wies ein solches Ansinnen entrüstet zurück, und Alexander begnügte sich auf die Vermittlung des Demades und Phokion hin damit, daß die Athener ihn als Oberfeldherrn gegen die Perser anerkannten und mit Reitern und Schiffen unterstützten. Demosthenes und seine Mitbürger verhielten sich in der Folgezeit ruhig; ja, sie beteiligten sich nicht einmal an dem Aufstande, den die Spartaner unter dem König Agis II. im Bunde mit den meisten Peloponnesiern im J. 330 gegen Antipatros, den Statthalter Alexanders, machten, und der durch die blutige Schlacht bei Megalopolis unterdrückt wurde. Die Rede *über die Verträge mit Alexander* (*περὶ τῶν πρὸς Ἀλεξανδρον συνθηκῶν*), die aus dieser Zeit unter dem Namen des Demosthenes auf uns gekommen ist und zum Kampf mit den Makedoniern auffordert, ist unecht; manche legen sie dem *Hypereides*, andere dem *Hegesippos* bei; beides ist in hohem Grade zweifelhaft.

Diese Ruhe scheint den eifrigern Mitgliedern der nationalen Partei, an deren Spitze Hypereides stand, mißfallen zu haben; daher wandten sie sich nicht nur von Demosthenes ab, sondern sogar gegen ihn, wie sich bald darauf in der Angelegenheit des Harpalos zeigte. Dieser hatte die Schätze Alexanders in Ekbatana in treuloser Weise verwaltet; als daher der König aus Indien heimkehrte, packte er von den Schätzen, soviel er konnte, zusammen und floh mit 6000 Söldnern nach Griechenland. Demosthenes verbot ihm das Betreten des attischen Bodens; deshalb wandte er sich nach Tänaron, das ein großer Söldnermarkt war. Später gelang es ihm aber doch, nach Athen zu kommen. Hier verhaftete ihn Demosthenes im Auftrage des Antipater; seine Schätze nahm er ihm ab und brachte sie auf der Akropolis in Sicherheit. Aber Harpalos entkam auf irgendeine Weise nach Kreta, wo er ermordet wurde. Als man nun in Athen die auf der Akropolis hinterlegten Schätze mit den protokollarischen Angaben des Harpalos verglich, zeigte sich, daß etwa die Hälfte davon fehlte. Sofort verbreitete sich unter dem Volke das Gerücht, Demosthenes und die andern Staatsmänner hätten sich von Harpalos bestechen lassen und ihm deshalb die Flucht ermöglicht. Auf den Antrag des Demosthenes untersuchte der Areopag die Sache und veröffentlichte dann ein Verzeichnis der Bestochenen, unter denen sich auch Demosthenes mit 25 Talenten (etwa 118000M.) befand. Als es zur gerichtlichen Untersuchung kam, stellte Demosthenes nicht in Abrede, Geld erhalten zu haben, erklärte aber, er habe dasselbe zur Bestreitung der Bedürfnisse der Stadt verwandt; trotzdem wurde er auf die Anklagereden des Stratokles, Hypereides u.a. hin zu einer hohen Geldstrafe, man nennt 50 Talente, verurteilt (324). Da er diese Summe nicht bezahlen konnte, so mußte er, um der Verhaftung zu entgehen, die Stadt verlassen; er begab sich nach Ägina und Trözen. Daß Demosthenes in dieser Angelegenheit nicht ganz ohne Schuld ist, ist anzuerkennen; ebenso sicher ist aber auch, daß man deshalb an seiner Unbestechlichkeit nicht zweifeln darf, da er ja das Geld nicht für sich annahm. Bezeichnend für Demosthenes ist in dieser Beziehung der Ausspruch, der dem Philipp in den Mund gelegt wird, Demosthenes dürfe sich wohl ein freies Wort erlauben, da sein Name allein nicht in seinen Ausgabebüchern stehe. Auch bezeugt Philoxenos, der makedonische Statthalter von Karien, ein persönlicher Feind des Demosthenes, der von einem Sklaven des Harpalos die Liste der Bestochenen erhalten haben will, daß der Name des berühmten athenischen Staatsmannes nicht auf derselben gestanden sei.

7. Indes lebte Demosthenes nicht lange in der Verbannung. Schon im J. 323 starb Alexander, und nun erhob sich Athen, von Hypereides und andern angefeuert, von neuem zum Befreiungskampfe und rief auch

die übrigen Griechen zur Teilnahme an demselben auf. Den Gesandten, die zu diesem Zwecke in den Peloponnes gingen, schloß sich auch Demosthenes, obwohl er noch verbannt war, an. Zum Danke dafür wurde er von der Bürgerschaft ehrenvoll zurückgerufen; eine Triere holte ihn ab, und die ganze Einwohnerschaft erwartete ihn im Peiräeus, um ihn im Triumphe in die Stadt zu geleiten; da sie ihm aber die Geldstrafe nach dem Gesetze nicht erlassen konnten, so verwandelten sie dieselbe in die Auflage, den Altar des Retters Zeus im Peiräeus für das Fest herzurichten und auszuschmücken, was sie ihm zu 50 Talenten anschlugen. Inzwischen war die angestrebte Verbindung der Griechen gegen die Makedonier unter der Führung Athens zustande gekommen; nur Sparta und Böotien hielten sich fern. Zum Bundesfeldherrn wurde Leosthenes gewählt, der anfangs im Kampfe gegen Antipater glücklich war und diesen sogar in der Stadt Lamia einschloß. Leosthenes fiel aber vor der Stadt, Antipater erhielt Verstärkung und so endigte der lamische Krieg mit der Schlacht bei Krannon im J. 322 unglücklich für die Griechen. Antipater schloß mit jedem Staat besonders Frieden. Für Athen vermittelte ihn wieder Phokion und Demades, aber die Bedingungen waren dieses Mal hart; in den Hafen Munychia wurde eine makedonische Besatzung gelegt, die Demokratie wurde abgeschafft, alle Bürger, die unter 20 Minen (etwa 1600 M.) besaßen, wurden in den Stand der Theten versetzt oder zur Auswanderung nach Thrakien gezwungen, wo ihnen Ländereien angewiesen wurden, und endlich sollten alle Makedonien feindlichen Redner, wie Demosthenes und Hypereides, ausgeliefert werden. Demosthenes, vom Volke zum Tode verurteilt, floh nach Ägina in das Heiligtum der Äakiden, von da in den Poseidontempel nach Kalaureia, einer Insel bei Trözen. Leute des Antipater, darunter der Schauspieler Archias, der davon den Beinamen Verbanntenjäger (*φυγαδοϑήρας*) erhielt, verfolgten ihn; ja dieser wollte ihn sogar vom heiligen Altare reißen, wogegen ihn die Bewohner von Kalaureia schützten. In dieser Gefahr tötete sich Demosthenes selbst, entweder dadurch, daß er Gift nahm, das er bei sich trug, oder dadurch, daß er den Atem anhielt. Er wurde 62 Jahre alt. Im J. 280, also 42 Jahre nach seinem Tode, setzten ihm die Athener auf den Antrag seines Neffen Demochares ein Standbild.

8. Unter dem Namen des Demosthenes haben wir *61 Reden*, *56 Proömien* und *6 Briefe*. Auch die Alten besaßen nicht viel mehr, da sie die Zahl der echten Reden auf 65 angeben; ein anderes Verzeichnis enthält allerdings 71 Reden. Die *Briefe* gelten ziemlich allgemein für unecht; doch ist diese Frage nicht endgültig entschieden, besonders hinsichtlich des 2. und 3. Briefes. Von den *Proömien* stimmen manche mit denen erhaltener Reden überein; die ganze Sammlung macht aber den

Eindruck, als ob sie zu Schulzwecken veranstaltet worden wäre; sie kann also auch nicht für echt gelten. Von den *61 Reden* werden 28 als unecht bezeichnet, so daß nur 33 echte übrig bleiben, *14 Privatreden* und *19 öffentliche*. Die echten haben wir, soweit sie von Interesse sind, oben besprochen. Unter den unechten befinden sich 2 epideiktische, eine *Leichenrede* (ἐπιτάφιος) auf die bei Chäroneia Gefallenen und eine *Lobrede auf einen schönen Knaben Epikrates* (λόγος ἐρωτικός) im Stile des Isokrates. Von den übrigen ist außer den schon oben gelegentlich erwähnten noch die *4. philippische* zu nennen, in der Stücke aus andern Reden, wie aus der *2. philippischen*, der Rede *über die Verhältnisse im Chersones* und *über Halonnesos*, vorkommen; die andern Abschnitte werden von einigen Gelehrten zum Teil für echt gehalten; ferner die Rede *περὶ συντάξεως*, die sich gegen die Theorika wendet, und endlich die 2 Reden *gegen Aristogeiton*, einen Gegner des Demosthenes und seiner Partei. Dieser wurde zwischen 328 und 324 von Lykurgos angeklagt und bei dieser Gelegenheit wurden die beiden Reden ihrer Voraussetzung nach als Deuterologien gehalten. Während manche Gelehrte für die Echtheit der 1. eintreten, wird die 2. allgemein verworfen.

9. Demosthenes vereinigte, wie gesagt, die Vorzüge des *Antiphon*, *Lysias* und *Isokrates*, ohne in die Fehler derselben zu verfallen; sein *Stil* stellt sich also als die richtige Mischung aus dem erhabenen, schlichten und mittleren dar. Im Gebrauch von *Wörtern und Redensarten* greift er weiter als seine Vorgänger; vor gewöhnlichen, volkstümlichen Ausdrücken schreckt er nicht zurück; ebensowenig scheut er sich, die Dinge mit ihrem wahren Namen zu nennen; auch Sprichwörter oder Anspielungen auf solche verschmäht er nicht. Er borgt bei der Tragödie und Komödie, bei der letztern besonders in den Gerichtsreden, in denen sich die Gegner nach attischer Sitte in der schärfsten Weise persönlich zu verdächtigen und herabzuziehen pflegten. Auch ungewöhnliche Wörter und Ausdrücke finden sich bei demselben; ja, selbst an eigene Bildungen wagt er sich, wenn ihn der vorhandene Wortvorrat im Stiche läßt. Den *Hiatus* vermeidet er, in den früheren Reden mit der vollen Strenge des *Isokrates*, später etwas weniger peinlich, indem er ihn am Ende der Kola und auch sonst, besonders bei dem Artikel und Wörtchen, wie *καὶ*, *εἰ*, *μή*, zuläßt. In der *Wortstellung* zeigt Demosthenes große Sorgfalt und Berechnung; in der *Periodenbildung* aber verfährt er, was die Gestaltung der einzelnen Kola anlangt, freier als Isokrates. Um die Kraft und Anmut der Rede zu erhöhen, bedient er sich aller *Figuren*, so der Allitteration, des Asyndeton und Polysyndeton, der Anaphora, Apostrophe, Aposiopesis, Antithesis, Paraleipsis oder Praeteritio, der Anadiplosis, d.h. der nachdrücklichen

Wiederholung desselben Wortes, und der Klimax oder Steigerung. Er fügt Beteuerungen und Schwüre in die Rede ein, gebraucht kühne Metaphern, die mit Vorliebe dem Seewesen und der Ringschule entnommen sind, und veranschaulichende Gleichnisse. Besondere Aufmerksamkeit wendet er dem *Rhythmus* der Rede zu; er läßt nie drei oder mehr kurze Silben aufeinander folgen und liebt es, den Schluß der Periode nach der Form – ᴗ – – – oder – ᴗ – – zu gestalten.
Durch diese Mittel erreicht er die *großartige Würde* (μέεϑος), die *Schönheit* (κάλλος), das *Leben und die Kraft* (γοργότης), sowie das *Charakteristische* (ἦϑος), das schon die Alten an seiner Darstellung lobten. Dabei ist er kurz und gedrängt; er vermeidet alle unnötigen Worte und Phrasen. Natürlich verlangt ein solcher Stil außer der natürlichen Begabung unausgesetzte Übung und unermüdlichen Fleiß, und wirklich verwandte Demosthenes nicht nur auf die Vorbereitung zu seinen Reden große Mühe und viel Zeit, sondern unterzog dieselben auch nachher noch der sorgfältigsten *Überarbeitung*, bevor er sie veröffentlichte. Aber bei aller Kunst und Sorgfalt, die er der sprachlichen Seite seiner Reden angedeihen läßt, weiß er denselben *Wahrheit* und *Verständlichkeit* (σαφήνεια) zu wahren. Ja, er sucht sogar den Schein zu erregen, als ob er unvorbereitet spreche; denn so forderte es die Sitte der damaligen Zeit von denen, die vor Gericht auftraten.
Die sprachliche Form ist dem Demosthenes nicht Selbstzweck; sie ist innig und unzertrennlich mit dem *Inhalt* verwachsen. Wie kaum ein anderer, versteht er es, jedem Gedanken den richtigen Ausdruck zu geben, und gerade in dieser Angemessenheit des Ausdrucks besteht eine Hauptkunst desselben. Die Gerichtsreden in Privatangelegenheiten zeigen einen andern Charakter, als die in öffentlichen Angelegenheiten, und diese unterscheiden sich hinsichtlich der Form wieder scharf von den Staatsreden, und wie es im Großen ist, so ist es auch im Einzelnen, aber alle sind ein getreues Abbild des Charakters des Demosthenes; in allen tritt uns derselbe hohe sittliche Ernst entgegen, dasselbe lebhafte Gefühl für Recht und Pflicht, das auch das Einzelne und Kleine vom Gesichtspunkt des Allgemeinen und Ganzen aus betrachtet und dadurch erhebt. Dazu kommt eine große geistige Begabung, die sich im Gerichtssaal ebenso, wie in der Volksversammlung bewährt; dieselbe offenbart sich einmal in der Herbeischaffung alles dessen, was den Zwecken des Redners im vorliegenden Fall förderlich sein kann, sodann in der Anordnung des Stoffes, bei der die schwächsten Punkte von den beweiskräftigen in die Mitte genommen werden, und endlich in dem Ton, den der Redner in jedem Fall anschlägt, bald lobend, bald tadelnd, bald ermutigend, bald einschüchternd, bald drohend, bald schmeichelnd; auch eine schöne Sentenz, die im richtigen

Augenblick gesprochen wird, kann die Wirkung erhöhen. Beides, sowohl seine hohe Sittlichkeit, als auch seine geistige Überlegenheit, stellte Demosthenes in den Dienst seines Vaterlandes, für dessen Ehre und Freiheit er seine ganze Kraft einsetzte. Mit unerschütterlicher Standhaftigkeit verfolgte er sein hohes Ziel, ohne sich durch irgendein Hindernis oder Mißgeschick in seiner Überzeugung irre machen zu lassen. Ja, es berührt geradezu tragisch, wenn man sieht, wie dieser edle Patriot mit seiner ganzen Kraft mutig und unverdrossen gegen das unaufhaltsam näher schreitende Verhängnis ankämpft.
Zur sprachlichen Form und zum Inhalt kommt noch der *Vortrag*, der bei dem Redner eine große Rolle spielt. Wie hoch Demosthenes denselben schätzte, erklärt am besten die Anekdote, daß er auf die Frage, was dem Redner an erster, zweiter und dritter Stelle nötig sei, jedes Mal geantwortet habe: *der Vortrag*. Wie er der erste war, der politische Reden zur Unterstützung seiner Politik veröffentlichte, so war er auch der erste, der die ruhige, unbewegliche Art des Vortrags der früheren Zeit mit einer lebhafteren, mit Gestikulation verbundenen vertauschte. Form, Inhalt und Vortrag in inniger Verbindung mit einander verliehen der Rede des Demosthenes jene überzeugende Kraft, jenes unwiderstehliche Pathos, das die Alten *δεινότης* nannten, und das den Demosthenes zum größten Redner des Altertums machte.
10. Wie Homer *ὁ ποιητής*, so wurde Demosthenes *ὁ ῥήτωρ* genannt, derjenige, der vor allen andern den Titel Redner verdient. Schon zu seinen Lebzeiten wurde er allgemein gehört, gelesen und bewundert; ja, aus ganz Griechenland sollen die Leute zusammengekommen sein, um seinen Worten zu lauschen. Infolgedessen nahmen ihn andere zum Vorbild; in den Rednerschulen wurde er studiert und nachgeahmt, und selbst die Römer, besonders *Cicero*, bildeten sich an ihm. Dem *Quintilian* gilt er geradezu als Verkörperung der Regeln der Beredsamkeit. Auch die Grammatiker beschäftigten sich mit ihm, besonders seit der augusteischen Zeit. Den *Caecilius von Kaleakte* haben wir schon genannt; von *Dionysios von Halikarnassos* besitzen wir noch 2 Schriften über Demosthenes, nämlich den *Brief an Ammäos* und *über die Redegewalt des Demosthenes* (*περὶ δεινότητος Δημοσθένους*), und von *Tiberios* hat sich eine Abhandlung *über die Figuren bei Demosthenes* (*περὶ τῶν παρὰ Δημοσθένει σχημάτων*) erhalten. Außerdem wurden Erklärungsschriften zu demselben geschrieben, aus denen unsere *Scholien* stammen. Die Inhaltsangaben zu den einzelnen Reden, die wir noch haben, gehen größtenteils auf *Libanios* im 4. Jh. n. Chr. zurück. Die öffentlichen Urkunden, die in die *Kranzrede*, in die Rede *über Verrat bei der Gesandtschaft* und in die Reden *gegen Timokrates* und *Meidias* eingelegt sind, scheinen nicht echt, sondern von Grammati-

kern gefälscht zu sein, und zwar kaum vor dem 3. Jh. n. Chr.; dagegen läßt sich hinsichtlich der Urkunden in den Gerichtsreden kein endgültiges Urteil fällen; manche sind echt, andere unecht.

53. Kapitel

Äschines. Lykurgos. Hypereides. Deinarchos

1. Der begabteste und heftigste Gegner des Demosthenes war *Äschines*, der Sohn des Atrometos und der Glaukothea aus dem attischen Demos Kothokidä. Die Satire des Demosthenes machte allerdings aus dem Bürger Atrometos einen Sklaven Tromes. Die Geburt des Äschines fällt in das J. 389. Da die Eltern desselben durch die Dreißig um ihr Vermögen gekommen waren, errichtete der Vater eine Elementarschule, während die Mutter sich als Mysterien-Priesterin nach Verdienst umsah. Äschines hatte zwei Brüder, den Vasenmaler *Philochares* und den Schreiber *Aphobetos.* Er selbst half zuerst seinem Vater in der Schule und tat Dienste in Gymnasien; dann wurde er gleichfalls Schreiber. Die Überlieferung, daß er Schüler des Isokrates und Platon gewesen sei, verdient keinen Glauben. Von dem Schreiberdienst wandte er sich dem Theater zu und wurde von den Schauspielern Theodoros und Aristodemos, von Neoptolemos und Ischandros als Tritagonistes beigezogen. Er spielte wiederholt die Rolle des Kreon in der Antigone des Sophokles; als er aber in der Rolle des Önomaos in dem gleichnamigen Stück des Sophokles auf der Bühne stürzte, war es trotz seines wohlklingenden Organs mit seiner Künstlerlaufbahn aus. Daher kehrte er zu seinem früheren Beruf als Schreiber zurück und hatte das Glück, es samt seinem Bruder bis zur Stellung eines Staatsschreibers (*γραμματεὺς τῷ δήμῳ*) zu bringen. Dabei zog er die Aufmerksamkeit der Staatsmänner Aristophon und Eubulos auf sich, und besonders der letztere nahm sich seiner warm an; seinem Einfluß scheint er auch die Wahl zum Staatsschreiber zu verdanken zu haben. Auch mit der Waffe in der Hand diente Äschines seinem Vaterlande; er machte einen Feldzug in den Peloponnes mit, und auf Euböa zeichnete er sich unter Phokion in der Schlacht bei Tamynä im J. 350 so sehr aus, daß er mit dem Kranze geschmückt und als Siegesbote nach Athen geschickt wurde.

Als *Redner* und *Staatsmann* treffen wir den Äschines zuerst nach dem Falle Olynths, wo er als Gesandter im J. 348 nach Arkadien geht, um eine allgemeine Erhebung der Griechen gegen Philipp zustande zu bringen. Für diesen Beruf war er gut vorbereitet; als Schauspieler hatte er Übung in der Rede und im Vortrag, als Schreiber in der

Gesetzgebung und Verwaltung des Staates, und als Günstling des Eubulos wurde er von der mächtigsten Partei im Staate unterstützt. Welchen hervorragenden Anteil er am Abschluß des philokrateischen Friedens hatte, haben wir früher gesehen. Derselbe bezeichnet aber auch insofern einen Wendepunkt in seinem Leben, als er damals ganz in das Lager Philipps überging. Daher klagte ihn Demosthenes des Verrats an; da dieser aber den schlecht beleumundeten *Timarchos* zum Mitankläger nahm, so wußte Äschines die Anklage dadurch zu vereiteln, daß er den Timarchos wegen ehrlosen Lebens vor Gericht belangte und im J. 345 durchsetzte, daß derselbe seiner bürgerlichen Ehrenrechte für verlustig erklärt wurde. Demosthenes nahm aber die Sache im J. 343 wieder auf; Äschines verteidigte sich mit der Rede *über Verrat bei der Gesandtschaft* (*περὶ παραπρεσβείας*) und wurde mit 30 Stimmen Majorität freigesprochen, weniger weil er die Richter von seiner Unschuld überzeugte, als weil Eubulos und Phokion für ihn eintraten. Bald darauf wurde Äschines vom Volke zu seinem Vertreter vor dem Amphiktyonengericht in Delphi ernannt, wo Euthykrates, einer derjenigen, die Olynth an Philipp verraten haben, im Namen der Delier Klage gegen die Athener wegen ihrer Herrschaftsansprüche erhob. Doch hob der Areopag die Wahl auf und setzte den Hypereides an die Stelle des Äschines. Eine *delische Rede* (*λόγος Δηλιακός*), welche die Alten unter dem Namen des Äschines kannten, und die sich auf diese Angelegenheit bezog, wurde als unecht verworfen.

Im J. 339 war Äschines Pylagore und erregte, wie wir früher gesehen haben, die amphissäischen Händel, die zur Schlacht bei Chäroneia führten; auch beteiligte er sich an den Friedensverhandlungen, die nach der Niederlage mit Philipp angeknüpft wurden. Als Ktesiphon im J. 336 den Antrag auf Bekränzung des Demosthenes stellte, erhob Äschines Einsprache; in der gerichtlichen Verhandlung über die Sache, die im J. 330 stattfand, unterlag er aber mit seiner Rede *gegen Ktesiphon* so sehr, daß er nicht einmal den 5. Teil der Stimmen erhielt. Da hiermit eine Schmälerung der bürgerlichen Ehrenrechte verknüpft war, so verließ er die Stadt. Nach den einen begab er sich nach Ephesos, um hier auf die Rückkehr Alexanders zu warten oder zu ihm zu reisen; die Kunde von dem Tode desselben habe ihn aber bewogen, nach Rhodos zu gehen. Nach den andern wandte er sich gleich nach dieser Insel, wo er eine Rednerschule gegründet haben soll. Von hier siedelte er später nach Samos über, wo ihn die Überlieferung im J. 314, 75 Jahre alt, sterben läßt.

Von Äschines sind die 3 erwähnten Reden erhalten, die 2 ersten vor der Veröffentlichung überarbeitet, die 3. gegen Ktesiphon, wie es scheint, nicht vollständig ausgearbeitet. Unter ihnen gilt die 2. *περὶ παραπρεσβείας* für die beste. Außerdem sind unter seinem Namen *12 Briefe* auf uns gekommen, die jedoch keinen Anspruch auf Echtheit erheben können. Als *Redner* muß man den Äschines mit Andokides zusammenstellen; denn auch er hat keine schulmäßige Ausbildung in der Rhetorik erhalten. Dagegen besitzt er ein großes angeborenes Talent, das durch eine umfangreiche allgemeine Bildung und durch einen feierlichen, würdevollen Vortrag unterstützt wird. Zu Vorbildern zur Nachahmung nimmt er die übrigen Redner, und so finden sich bei ihm manche Anklänge an andere Redner, besonders an *Andokides*, worüber wir bei diesem Redner gesprochen haben. Seine *Sprache* ist nicht so rein und korrekt, wie die des *Demosthenes*, aber durchweg klar und lebendig; auch das Poetische, das er einflicht, macht den Eindruck des Natürlichen und Ungesuchten. Er ist ein Meister der spannenden Erzählung, aber seine Darstellung ist oft zu wortreich und nicht gedrängt genug. Die Alten rühmen mit Recht die Glätte und den Glanz seiner Rede, und man muß anerkennen, daß er in der Kunst, die Sprache zu handhaben, nicht weit unter Demosthenes steht. Um so größer ist der Abstand, wenn man die geistige Kraft der beiden Redner ins Auge faßt; wie viel läßt z. B. nur die Beweisführung bei Äschines zu wünschen übrig! Außerdem fehlt bei ihm vollständig jenes hohe sittliche Gefühl, das allein überzeugend in den Herzen der Zuhörer wirkt. Trotzdem fand er, schon als bedeutendster Gegner des Demosthenes, überall Beachtung und selbst Anerkennung; seine 3 Reden nannte man die *drei Chariten*, und als Zeugen der gelehrten Beschäftigung, die man denselben widmete, besitzen wir noch ziemlich umfangreiche *Scholien*.

2. Unter den Anhängern des Demosthenes ist an erster Stelle *Lykurgos* zu nennen, der Sohn des Lykophron aus dem berühmten Geschlechte der Butaden oder Eteobutaden, in dem die Priesterwürde des Poseidon erblich war. Er ist etwa zwischen 396 und 392 geboren. Wie es die Sitte in den vornehmen Familien mit sich brachte, erhielt er eine sorgfältige Erziehung; als seine Lehrer werden Platon und Isokrates genannt. Später widmete er sich dem Staatsdienst; jedoch wandte er seine Tätigkeit weniger der äußeren Politik zu, obgleich er sich an der Gesandtschaft zur Aufreizung des Peloponnes gegen Philipp beteiligte und Alexander später auch seine Auslieferung verlangte, als vielmehr der Verwaltung, durch die sein Name berühmt wurde. Im J. 338 übernahm er unter dem Titel *ὁ ἐπὶ τῇ διοικήσει* an Stelle des Eubulos die Finanzverwaltung und bekleidete dieses Amt 12 Jahre lang, 4 Jahre unter eigenem Namen und 8 unter dem zweier Freunde. Dabei war er so glücklich, die Jahreseinnahmen seiner Vaterstadt bis auf die Höhe von 1200 Talenten (etwa 5 1/2 Millionen Mark) zu bringen. Diese

reichen Geldmittel verwandte er teils zur Erhöhung der Kriegsbereitschaft seiner Vaterstadt, teils zur Ausschmückung derselben, indem er eine ganze Reihe neuer Gebäude und Anlagen entweder zu Ende führte, oder neue gründete. Er vollendete die Schiffshäuser und das Zeughaus und brachte die athenische Flotte auf 400 Trieren; er erweiterte das lykeische Gymnasium durch Anlagen und die Erbauung einer Palästra, baute das panathenäische Stadion aus und führte den Bau des Dionysostheaters zu Ende, in dem auf seinen Antrag die ehernen Statuen der drei großen Tragiker, des Äschylos, Sophokles und Euripides, aufgestellt wurden.

Auch in anderer Weise förderte Lykurgos das Wohl seiner Vaterstadt; er beantragte eine Reihe nützlicher Gesetze, wovon die Inschriften jetzt noch Zeugnis ablegen. Von diesen sind hier diejenigen zu erwähnen, die auf die Literaturgeschichte Bezug haben, nämlich der Antrag auf Herstellung eines offiziellen Exemplars der Tragiker, auf Erneuerung des Agons der komischen Schauspieler an dem Chytren- oder Topffest, dem dritten Tage der Anthesterien, an dem Töpfe mit gekochten Hülsenfrüchten als Opfer für den unterirdischen Hermes und die Seelen der Verstorbenen ausgestellt wurden, und auf Aufstellung von mindestens drei kyklischen Chören zur Verherrlichung des Poseidonfestes im Peiräeus, für die Preise ausgesetzt wurden. Außerdem suchte er die Stadt von Verrätern und Schlechten überhaupt zu säubern, indem er dieselben mit unerbittlicher Strenge vor Gericht zog; da er außerordentlich einfach lebte, wofür schon die Tatsache spricht, daß er Sommer und Winter denselben Mantel trug und nur bei besonderer Veranlassung Schuhe anzog, und selbst die größte Sittenreinheit zeigte, so war sein Wort, mochte er es der Anklage oder Verteidigung leihen, bei seinen Mitbürgern von der größten Wirkung. Daher war er der Schrecken aller Übeltäter. Als er den Tod herannahen fühlte, erzählte man, habe er sich in das Rathaus tragen lassen, um hier Rechenschaft über sein ganzes öffentliches Wirken abzulegen; niemand habe bei dieser Gelegenheit als Ankläger gegen ihn aufzutreten gewagt außer ein gewisser Menesächmos; er habe aber die Verdächtigungen desselben siegreich zurückgewiesen und sich dann wieder nach Hause tragen lassen.

Wann Lykurgos gestorben ist, läßt sich nicht mit Sicherheit bestimmen; jedenfalls war es nicht lange nach 326. Die Athener ehrten ihren tüchtigsten Finanzmann durch ein öffentliches Begräbnis im Kerameikos. Seine Feinde Menesächmos und Thrasykles aber erhoben nach seinem Tode eine Anklage gegen ihn wegen seiner Verwaltung der Finanzen und übergaben seine Söhne *Habron*, *Lykurgos* und *Lykophron* den Elfmännern. Demosthenes soll sich von der Verbannung aus für dieselben verwandt haben. Die Athener bereuten auch bald darauf ihr Vorgehen gegen dieselben und sprachen sie auf die Verteidigungsrede des Hypereides oder Demokles hin frei. Im J. 307 errichteten sie dem Lykurgos auf den Antrag des Stratokles ein ehernes Standbild auf dem Markte und beschlossen, daß für alle Zeiten jedesmal der Älteste seines Geschlechts die Speisung im Prytaneion erhalten solle.

Unter dem Namen des Lykurgos hatten die Alten *15 Reden*, von denen eine, die *gegen die Köroniden*, auch dem *Philinos* beigelegt wurde. *Zwei* davon hielt er in eigener Angelegenheit, nämlich im J. 334 die *über die Verwaltung* (*περὶ τῆς διοικήσεως*) und im J. 326 *die Rechtfertigung seiner politischen Wirksamkeit* (*ἀπολογισμὸς ὧν πεπολίτευται* oder *ὑπὲρ τῶν εὐθυνῶν*). Eine andere ist *gegen Lysikles*, den Anführer in der Schlacht bei Chäroneia, gerichtet; er belangte denselben wegen Verrats und setzte auch wirklich seine Verurteilung zum Tode durch. Uns ist nur die Rede *gegen Leokrates* erhalten, einen vornehmen Athener, den er im J. 331/330 anklagte, weil er nach dem Unglück bei Chäroneia die Stadt feige verlassen hatte, anstatt im Bunde mit seinen Mitbürgern dieselbe zu verteidigen. Bei der Abstimmung über denselben ergab sich Stimmengleichheit, und so wurde Leokrates freigesprochen.

Lykurg besaß von Natur nur geringe rhetorische Begabung, ersetzte aber diesen Mangel durch Studium und großen Fleiß. Auf die Vorbereitung zu seinen Reden, bei der ihm seine feine Bildung sehr zustatten kam, soll er immer viele Zeit und Mühe verwandt haben, während er es, wo möglich, vermied, aus dem Stegreif zu sprechen. Trotzdem steht er den großen attischen Rednern nach, da es seiner Darstellung an rechtem Ebenmaß und künstlerischer Harmonie fehlt. Sein Stil hat etwas Epideiktisches, was sich sowohl in der Wahl ungewöhnlicher und poetischer Wörter und Ausdrücke, als auch in den zahlreichen Abschweifungen, den vielen der früheren Zeit entnommenen Beispielen und der Anführung ganzer Dichterstellen zu erkennen gibt. Der Hiatus wird auch von ihm gemieden, die Metaphern sind oft kühn und nicht immer angemessen, rhetorische Figuren sind spärlich gebraucht, die Perioden sind schwerfällig, die ganze Art der Darstellung etwas breit und schleppend und die Anlage mangelhaft, was besonders der Beweisführung Eintrag tut. Wenn trotz dieser Mängel die Reden des Lykurgos ergreifend und überzeugend auf die Zuhörer wirkten, so kam dies bloß daher, weil der Redner es verstand, denselben den Stempel seiner mächtigen Persönlichkeit aufzudrücken. Welch glühende Vaterlandsliebe, welch hoher sittlicher Ernst, welch tiefes Gefühl für Recht und Pflicht, welch großer Haß gegen alles Niedrige und Schlechte tritt uns in der Rede *gegen Leokrates* entgegen! Und dabei berührt es uns noch besonders angenehm, daß der Ankläger das Privatleben des Leokrates ganz unberührt läßt, trotzdem es damals Sitte war, durch möglichst große Verunglimpfung desselben die Richter gegen den Angeklagten einzunehmen.

3. Lykurgos wird als Redner von seinem Parteigenossen *Hypereides* bedeutend übertroffen. Dieser war der Sohn des Glaukippos aus dem attischen Demos Kollytos. Sein Geburtsjahr ist unbekannt, kann aber von dem des Demosthenes (383) nicht weit entfernt liegen. Er wird als Schüler des Isokrates und Platon bezeichnet, das letztere, wie es scheint, mit Unrecht. Zuerst ergriff er den Beruf eines *Logographen* und trat auch als *Rechtsbeistand* vor Gericht auf; bald aber wandte er sich der *Politik* zu, in der er sich der Partei des Demosthenes und Lykurgos anschloß. Im Privatleben war er von diesen beiden Männern sehr verschieden; er war ein heiterer Lebemann, der die Genüsse einer guten Tafel liebte und Umgang mit Hetären pflog, was der Komödie reichlichen Stoff zur Verspottung bot. Nichtsdestoweniger trat er mit Mut und Entschlossenheit für die Ehre und Unabhängigkeit seines Vaterlandes ein. Im J. 360 schrieb er seine erste politische Rede *gegen einen gewissen Autokles*, wie man vermutet, für Apollodoros. Bald darauf, zur Zeit des Bundesgenossenkrieges, belangte er den einflußreichen Staatsmann *Aristophon*, der nur mit zwei Stimmen Majorität der Verurteilung entging. Auch sonst unterstützte er den Staat, indem er ihm im J. 350 zum Feldzug nach Euböa zwei ausgerüstete Trieren zur Verfügung stellte und im J. 340 als Trierarch nach Byzanz ging, obgleich er als Chorege von der Leistung entbunden gewesen wäre. Den *Philokrates*, der im J. 346 den bekannten Frieden mit Philipp abschloß, klagte er im J. 344 des Verrats an und setzte seine Verurteilung zum Tode durch; freilich war derselbe zuvor schon in die Verbannung gegangen. Als eine Anerkennung für diese patriotischen Verdienste kann man es betrachten, daß er im J. 343 vom Areopag an Stelle des vom Volk erwählten Äschines dazu ausersehen wurde, die Ansprüche der Athener vor dem Amphiktyonengericht gegen die Klagen der Delier zu vertreten, was er mit seiner *delischen Rede* mit Erfolg tat. In der Folgezeit war er mit den Patrioten für die Erhebung der Griechen gegen Philipp tätig und ging zu diesem Zwecke als Gesandter nach Rhodos. Als die Schlacht bei Chäroneia geschlagen war, stimmte er für den äußersten Widerstand gegen die Makedonier, und ebenso widersetzte er sich später im Bunde mit Demosthenes den Forderungen Alexanders, der seine Auslieferung und die der andern Häupter der nationalen Partei verlangte.

Von jetzt an scheint eine Spaltung zwischen ihm und Demosthenes eingetreten zu sein. Hypereides zählte nämlich unter diejenigen Mitglieder der antimakedonischen Partei, die von Frieden mit dem König nichts wissen wollten; da aber Demosthenes diesen in der nächsten Zeit aufrecht erhielt und nicht einmal an dem Aufstand Spartas unter Agis teilnahm, so waren jene heftigsten Vertreter der Kriegspartei mit ihm unzufrieden und wandten sich von ihm ab. Gelegenheit, ihn zu beseitigen, wie wir früher sahen, der harpalische Prozeß, bei dem auch Hypereides sich unter den Anklägern des Demosthenes befand. Sobald dieser in die Verbannung gegangen war, übernahm Hypereides die Führung der Partei; den lamischen Krieg darf man in erster Linie als sein Werk betrachten, und ihm wurde auch der ehrenvolle Auftrag, die öffentliche Leichenrede auf Leosthenes und die gefallenen Athener zu halten. Nach der Niederlage bei Krannon verlangte Antipatros, daß ihm die Häupter der nationalen Partei, darunter Hypereides, ausgeliefert werden. Vom Volke verurteilt, floh er mit Demosthenes, mit dem er sich wieder ausgesöhnt hatte, nach Ägina. Hier holte ihn der schon erwähnte Schauspieler Archias ein und schleppte ihn aus dem Tempel des Äakos hinweg zu Antipatros, der ihn im J. 322 unter Martern tötete. Nach dem Berichte der einen schnitt er ihm die Zunge aus, nach andern biß sich Hypereides diese selbst ab, um auf der Folter nichts aussagen zu müssen. Über den Ort, wo dies geschah, herrscht Zweifel; es wird Kleonä, Korinth und Makedonien genannt. Die Gebeine des Hypereides wurden von Verwandten in Athen bestattet.

Unter dem Namen des Hypereides gingen *77 Reden*, von denen 52 als echt betrachtet wurden; die Zahl 59, die auch angegeben wird, scheint auf einem Schreibfehler zu beruhen. Wir kennen etwa 64 Reden dem Titel nach. Noch in der Bibliothek des ungarischen Königs Matthias Corvinus in Ofen soll sich ein vollständiges Exemplar der Reden des Hypereides samt Scholien befunden haben; aber seit der Eroberung der Stadt durch die Türken im J. 1526 ist dasselbe verschwunden. So hatte man von unserm Redner nichts als die gelegentlich zitierten Fragmente. Da traf es sich in den J. 1847 und 1856, daß man in Theben in Oberägypten Papyrusrollen auffand, auf welchen 4 Reden des Hypereides mehr oder weniger vollständig erhalten sind, nämlich die Rede *gegen Demosthenes* im harpalischen Prozeß, die Verteidigungsreden für *Lykophron* und *Euxenippos* und die *Leichenrede;* von diesen ist nur die Rede für *Euxenippos* vollständig, der folgende Tatsachen zu Grunde liegen. Als die Athener Oropos, das sie von Philipp nach der Schlacht bei Chäroneia erhielten, unter sich teilten, waren sie über ein Stück Land, das früher dem Heros Amphiaraos geweiht war, im Zweifel. Daher beschlossen sie, das Traumorakel des Amphiaraos selbst darüber zu befragen, und Euxenippos, der damit beauftragt war, brachte einen günstigen Bescheid. Nichtsdestoweniger stellte Polyeuktos den Antrag, das Land dem Heros zu überlassen; als er aber damit durchgefallen war, klagte er den Euxenippos der Fälschung des gemeldeten Traumes an, und bei dieser Gelegenheit hielt Hypereides die Verteidigungsrede für ihn, die eine Deuterologie ist und zwischen 330-324 fällt. Die Rede *für Lykophron* wurde in einem Ehebruchsprozeß gehalten. Die beiden andern Reden, die *gegen Demonsthenes* und die *Leichenrede* auf die im lamischen Krieg Gefallenen, wurden schon erwähnt.

Die *Beredsamkeit* des Hypereides ist von der des *Demosthenes* weit verschieden; sie hat eher eine gewisse Ähnlichkeit mit der des *Lysias*. In der Wahl der *Worte* nimmt Hypereides es nicht so genau; vieles erinnert an volkstümliche Ausdrucksweise; anderes an Dichter; auch vermeidet er es nicht ängstlich, dasselbe Wort öfter zu gebrauchen. Um den *Hiatus* kümmert er sich nicht. Der *Satzbau* ist kunstlos und öfter anakoluthisch. Die rhetorischen *Figuren*, die vorkommen, erscheinen als selbstverständlich und natürlich, und ebenso verrät der *Rhythmus* nichts Gesuchtes. Die ganze Darstellung trägt das Gepräge des Leichten, ja selbst Nachlässigen an sich; man bekommt den Eindruck, als ob der Redner ganz so spreche, wie es ihm gerade in den Mund komme, trotzdem sich unter dieser scheinbar ganz anspruchslosen Hülle oft die größte Kunst und schlaueste Berechnung verbirgt. Hierher gehören auch die vielfachen Anklänge an die Reden anderer. Hypereides versteht die Kunst anschaulicher und lebendiger *Erzählung*, geschickter und wirksamer *Gruppierung*, sowie überzeugender *Beweisführung* so gut, wie einer; außerdem besitzt er eine reichliche Ader natürlichen *Witzes* und anmutigen *Humors*, eine Gabe, die dem Demosthenes ganz abgeht. Dagegen vermißt man bei ihm die sittliche Tiefe und das unwiderstehliche Pathos des letzteren; er bleibt stets auf der Oberfläche, ohne auf den Grund zu dringen. Als sein charakteristisches Merkmal gaben die Alten im Gegensatz zur *δεινότης* des Demosthenes die *liebliche Anmut* (*χάρις*) an. Wie wenig er um die Mittel zur Erreichung seines Zweckes verlegen war, zeigt die - übrigens unverbürgte - Anekdote, daß er vor Gericht der Hetäre Phryne die Kleider von der Brust gerissen habe, um durch den Anblick der Schönheit des Mädchens in den Herzen der Richter die Überzeugung hervorzurufen, die seine Rede nicht habe hervorrufen können. Hypereides war als Redner hoch geschätzt; ja, einige begeisterte Verehrer wollten ihn sogar über Demosthenes stellen. Die rhodischen Redner ahmten ihn mit Vorliebe nach, und der Römer *Messalla Corvinus* übersetzte seine Rede für Phryne ins Lateinische.

4. Der letzte der zehn großen attischen Redner ist *Deinarchos*, der Sohn des Sostratos aus Korinth, der um 360 geboren sein soll. Frühzei-

tig, nach der gewöhnlichen Annahme um 342, kam er nach Athen, wo er den Theophrastos hörte und mit Demetrios von Phaleron freundschaftlich verkehrte. Da er als Fremder sich nicht mit der Politik beschäftigen durfte, so wurde er, wie *Lysias* und *Isäos*, *Logographos*. Seine Dienste wurden besonders nach dem Tod oder der Verbannung der großen Redner vielfach in Anspruch genommen; er erwarb sich dadurch ein großes Vermögen; ja, er gewann sogar Einfluß auf die Politik, insofern er auch in öffentlichen Angelegenheiten Mitgliedern der makedonischen Partei Reden lieferte. Als aber Demetrios von Phaleron, der im Auftrage Kassanders von 317–307 die Regierung Athens führte, von Demetrios Poliorketes vertrieben wurde, wurde auch Deinarchos als Gegner der Demokratie angeklagt. Er floh nach Chalkis auf Euböa, wo er sich 15 Jahre aufhielt. Erst im J. 292 erwirkte ihm sein Lehrer Theophrastos im Verein mit andern Freunden die Erlaubnis zur Rückkehr. In hohem Alter wurde er noch in die unangenehme Notwendigkeit versetzt, seinen früheren Freund Proxenos wegen Unterschlagung seines Vermögens anklagen zu müssen; es war dies der einzige Prozeß, in dem er selbst auftrat. Wann und wie er starb, wissen wir nicht.

Unter dem Namen des Deinarchos war eine große Anzahl *Reden* in Umlauf; ein Verzeichnis nennt 400, ein anderes 160. Dies kommt vermutlich daher, weil man namenlos überlieferte Reden, die man sonst nicht unterbringen konnte, unserm Redner beilegte. Für echt galten 59–64, von denen 3 auf uns gekommen sind, die sich alle auf den harpalischen Prozeß beziehen. Die wichtigste davon ist die gegen Demosthenes, deren Echtheit man mit Unrecht angezweifelt hat. Für wen dieselbe geschrieben wurde, ist unbekannt. Es ist eine Deuterologie, die sich nicht sowohl mit der Schuldfrage befaßte, als vielmehr alles, was zur Verdächtigung des Demosthenes und seiner Politik beigebracht werden konnte, zusammentrug. Die 2. Rede, eine Anklage *gegen Aristogeiton*, der jedoch freigesprochen wurde, ist unvollständig. Die 3. Rede endlich wendet sich *gegen Philokles*, der als Befehlshaber des Peiräeus die Triere des Harpalos hatte in den Hafen einlaufen lassen und dafür mit der Verbannung bestraft wurde; sie scheint ebenfalls eine Deuterologie zu sein. Außerdem wollte man die unter *Demosthenes* Namen erhaltene Rede *gegen Theokrines* dem *Deinarchos* zuweisen, aber mit Unrecht; Chronologie und Sprachgebrauch sind dagegen.

Was die *Beredsamkeit* des Deinarchos anlangt, so nimmt man in derselben bereits manchfache Spuren des Verfalls wahr. Der Redner wußte sich keinen eigentümlichen Stil zu schaffen, sondern ahmte seine Vorgänger, die er sorgfältig studiert hatte, nach, besonders den *Lysias*,

Hypereides und *Demosthenes*. Am meisten scheint er den letztern sich zum Vorbild genommen zu haben; da er ihn aber nicht erreichen konnte, so nannte man ihn den *bäurischen Demosthenes* (*ἄγροικος Δ.*) oder den *Demosthenes aus Gerste* (*κρίθινος Δ.*). An dem *Ausdruck* vermißt man Reinheit, Präzision und Angemessenheit; beliebt sind Participien, Häufung von Synonyma und Umschreibungen. Den Gliedern der *Perioden* fehlt es an Gleichmäßigkeit, und die Perioden selbst sind oft über Gebühr ausgedehnt und durch Zwischensätze unterbrochen. Überhaupt sucht der Verfasser durch Wortfülle und äußere Mittel zu ersetzen, was seiner Rede an innerer Kraft abgeht.

54. Kapitel

Die übrigen Redner

1. Neben diesen zehn großen Rednern gab es natürlich damals in Athen noch viele Redner; mußte ja doch jeder, der sich mit den öffentlichen Angelegenheiten befassen wollte, wenigstens bis zu einem gewissen Grade die Gabe der freien Rede besitzen. Und in der Tat wird uns auch eine stattliche Anzahl Namen mitgeteilt; leider sind aber die meisten derselben eben auch nur Namen, von denen wir sonst kaum etwas hören. Der Grund davon liegt in der Aufstellung des Kanons der Redner; denn sobald dieser einmal angenommen war, wandte man sein Augenmerk nur noch den in denselben aufgenommenen Rednern zu, während man die übrigen vernachlässigte.

Unter diesen ist *Thrasymachos von Chalkedon* zu nennen, der um 457 geboren wurde und um 412 nach Athen kam, wo er rhetorischen Unterricht erteilte. Platon schildert ihn als einen dreisten Sophisten, der nicht errötete und offen erklärte, die ganze Sittlichkeit liege in dem Satz: *Gewalt ist Recht*. Indes sind seine Verdienste um die Ausbildung der Beredsamkeit nicht gering zu achten. Seine Lehren legte er in der *großen Rhetorik* nieder, die auch Proömien, Gemeinplätze und Musterreden, wie es scheint, enthielt. Darin empfiehlt er den Rednern den mittleren Stilcharakter, gibt ihnen Anweisung über Periodenbau, macht auf den prosaischen Rhythmus aufmerksam, für den sich am Anfang und Schluß der Perioden besonders die päonischen Maße eignen, und betont die Kunst des Vortrags (*ὑπόκρισις*); außerdem zeigte er, mit welchen Mitteln man in den Herzen der Zuhörer die Gefühle erregen könne, die man darin erregt wissen wolle. Nach alle dem kann man den Thrasymachos als den nächsten und bedeutendsten Vorgänger des *Lysias* bezeichnen. Nach einer späteren Notiz hat er seinem Leben durch Erhängen ein Ende gemacht. Auf uns sind nur unbedeutende Fragmente seiner Reden gekommen.

2. Dem Stande der Sophisten gehörte auch *Alkidamas*, der Sohn des Diokles aus dem äolischen Eläa, der Schüler des Gorgias, an, der sich eifrig sprachlichen Studien zuwandte und in Athen auch Unterricht in der Beredsamkeit erteilte. Er hatte, wie es scheint, eine gewisse Vorliebe für das Paradoxe; so schrieb er z. B. ein *Lob des Todes*. In seiner *messenischen Rede* (*λόγος Μεσσηνιακός*) trat er dem *Archidamos des Isokrates* entgegen; er forderte darin die Spartaner auf, die Messenier freizugeben, wie es das Recht verlange; denn Gott habe alle Menschen frei erschaffen, und die Natur habe niemand zum Sklaven gemacht. Auch die - übrigens angezweifelte - Rede *über die Sophisten*, die von geschriebenen Reden nichts wissen will, sondern von jedem Redner die Fähigkeit verlangt, daß er frei über jeden Gegenstand sprechen könne, richtet ihre Spitze, wie es scheint, gegen *Isokrates*. Außer dieser Rede, die den Titel *περὶ τῶν τοὺς γραπτοὺς λόγους γραφόντων ἢ περὶ σοφιστῶν* führt, ist noch die Rede: *Odysseus klagt den Palamedes wegen Verrat an* (*Οδυσσεὺς κατὰ Παλαμήδους προδοσίας*) erhalten, deren Echtheit allerdings bezweifelt wird. Dagegen ist die vielgenannte Schrift *Museion* verloren; der Verfasser scheint in derselben den Gedanken ausgeführt zu haben, daß die Dichter Lieblinge der Musen und Götter sind und unter dem Schutze derselben stehen; wenigstens war darin die Strafe erwähnt, welche die Mörder des Hesiodos traf. Infolgedessen hat man vermutet, daß die meisten Anekdoten der älteren Literaturgeschichte auf dieses Werk zurückgehen. Was den *Stil* des Alkidamas betrifft, so wirft ihm Aristoteles Frostigkeit vor; er tadelt den Gebrauch zusammengesetzter und veralteter Wörter, die gesuchten Vergleiche, die unnötigen Beiwörter und Umschreibungen. Die Perioden jedoch sind regelmäßig nach Art des Isokrates gebaut.

3. Anderer Art war der Redner *Hegesippos*, der den Spitznamen *Krobylos* hatte, vermutlich wegen seines eigentümlichen Haarwuchses. Er war etwas älter als Demosthenes, auf dessen Seite er in der Politik stand, und wurde vielfach von den Komödiendichtern wegen seiner Häßlichkeit verspottet. Im J. 343 wurde er zu Philipp gesandt, um mit ihm über die Rückgabe der Insel Halonnesos und über die Durchsicht des philokrateischen Friedensvertrages zu unterhandeln, ohne jedoch etwas auszurichten. Die unter *Demosthenes* Namen erhaltene Rede *über Halonnesos* schreibt man ihm allgemein zu; dagegen wird ihm die etwa in das J. 335 fallende Rede *über den Vertrag mit Alexander*, die ebenfalls unter dem Namen des *Demosthenes* erhalten ist, mit Unrecht beigelegt. Er starb um 324.

4. Derselben Partei gehörte *Polyeuktos* von Sphettos in Attika an. Im J. 343 ging er mit Demosthenes und andern Mitgliedern der patriotischen Partei in den Peloponnes, um einen Bund der Griechen gegen

Philipp zustande zu bringen, und derselben Aufgabe unterzog er sich auch im lamischen Krieg. Als Lykurgos den Antrag des Kephisodotos bekämpfte, daß dem Demades auf dem Marktplatz eine Statue errichtet werden solle, unterstützte er denselben, indem er in seiner witzigen Art fragte, in welcher Weise man Demades denn darstellen wolle, ob vielleicht mit dem Schilde, den er bei Chäroneia weggeworfen habe, oder auf dem Verdecke eines Schiffes, trotzdem er und sein Vater dem Staate nie eines gestellt hätten; so bleibe nur übrig, daß man ihn mit einer Rolle in der Hand darstelle, in der all die Anklagen und Prozesse aufgezeichnet seien, die er eingebracht habe. Alexander verlangte seine Auslieferung, wie die anderer Patrioten.

5. Der makedonischen Partei gehörte *Demades* an, der nach Äschines der bedeutendste Sprecher derselben war. Von niederer Herkunft und ohne höhere Bildung wußte er sich durch Witz und Schlagfertigkeit Einfluß zu erringen. Er lebte zur Zeit des Demosthenes und scheint 2 Jahre nach demselben im J. 320 gestorben zu sein. Nach der Schlacht bei Chäroneia unterhandelte er mit Philipp, von dem er sich, wie er selbst sagte, hatte erkaufen lassen, und ebenso nach der Zerstörung Thebens mit Alexander. Für diese Dienste errichteten ihm die Athener trotz der Einsprache der Patrioten ein Standbild auf dem Markte. Später wurde er als Unterhändler an Antipater geschickt, damit dieser die makedonische Besatzung aus Munychia zurückziehe; Antipater ließ ihn jedoch gefangen nehmen und im J. 319/318 hinrichten, angeblich weil er eine Verschwörung gegen ihn plante. *Reden* hatte man von Demades nicht, was ganz erklärlich ist, da er, wie es scheint, nur aus dem Stegreif sprach. Dagegen existierte in der Kaiserzeit eine *Sammlung von Witzen* unter seinem Namen, *Δημάδεια* genannt, die auch auf uns gekommen ist. Mit Benutzung dieser verfertigte man später 14 Reden, die man mit dem Namen des Demades versah. Eine derselben *ὑπὲρ τῆς δωδεκαετίας*, eine Rechtfertigung der zwölfjährigen politischen Tätigkeit desselben, ist in Bruchstücken erhalten.

6. Die geringe Herkunft, die Sittenlosigkeit und die Gabe des Witzes teilte *Pytheas* mit Demades. Derselbe war ein jüngerer Parteigenosse des Demosthenes, trat aber im harpalischen Prozeß, wie *Hypereides* und andere, gegen denselben auf. Die göttlichen Ehrenbezeugungen, die Alexander von den Athenern verlangte, beantragte er zu verweigern; denn Alexander, den sie zum Gott machen wollten, sei ja jünger, als er. Bald nach dem harpalischen Prozeß wurde er aus unbekanntem Grunde zu einer Geldstrafe verurteilt; daher verließ er Athen und ging zu den Makedoniern, bis ihn später Antipatros wieder zurückführte. Von seinen *Reden* erfahren wir nur, daß sie keck und zerfahren waren. Die Zitate zeigen eine Vorliebe für Antithesen. Über das Ende des Pytheas ist nichts bekannt.

7. Diesen Namen ließen sich leicht noch andere beifügen, wie z. B. der des *Kritias*, des Hauptes der Dreißig, der als tüchtiger Redner geschildert wird. Doch wollen wir uns zum Schluß lieber nach den *Gründen* umsehen, welche den beginnenden Verfall der Beredsamkeit herbeiführten. Die Hauptschuld trägt ohne Zweifel der Verlust der politischen Freiheit und Selbständigkeit; denn mit dieser mußten notwendigerweise die Staatsreden und politischen Prozeßreden in der Volksversammlung verschwinden, die der größte Sporn für die Redner gewesen waren. So blieben nur die verhältnismäßig bedeutenden Gerichtsreden und etwa noch epideiktische Reden übrig. Je mehr aber in diesen der Inhalt zurücktrat, desto mehr trat die *Form* hervor; man suchte durch glänzende Form den Mangel des Inhalts zu verdecken, wie wir dies schon bei *Isokrates*, besonders aber bei *Deinarchos* wahrnahmen. Und dabei wurde nur zu oft das richtige Maß und der gute Geschmack verletzt, und zwar um so mehr, je weniger die Redner zu einer tüchtigen rhetorischen Ausbildung und praktischen Schulung Lust hatten und von dem Publikum, wie früher, überwacht und in die richtigen Schranken verwiesen wurden. Der *Verlust der politischen Freiheit* und der *Mangel der Überwachung der Redner durch das Publikum* sind also die Hauptgründe des Verfalls der Beredsamkeit.

55. Kapitel

Die Fachwissenschaften

1. Gegen Ende der klassischen Periode fanden einzelne Fachwissenschaften literarische Ausbildung. Am frühesten war dies mit der *Medizin* der Fall. Schon bei Homer treffen wir als Vertreter dieser Kunst die berühmten Ärzte *Machaon* und *Podaleirios*, die hoch geschätzt wurden. Die ärztlichen Kenntnisse waren aber auf gewisse Familien oder Zünfte beschränkt, deren Mitglieder sich eidlich zu gewissenhafter Ausübung ihres Berufes und zu strenger Geheimhaltung ihrer Kunst allen Nichtmitgliedern gegenüber verpflichten mußten; in diesen Zünften vererbten sich die medizinischen Kenntnisse weiter. Als Ahnherrn verehrten dieselben den unter die Götter versetzten Arzt *Asklepios*, dessen Tempel die Mittelpunkte der Zünfte abgaben; die Ärzte selbst hießen daher *Asklepiaden*. Die berühmtesten Asklepiadenschulen waren auf Kos und Knidos; aus Kroton in Unteritalien stammte der bekannte Arzt *Demokedes*, der den Fuß des Dareios heilte und dafür reich beschenkt wurde. Die Beobachtungen und Wahrnehmungen, die man an solchen Orten bei der Behandlung der Kranken machte, zeichnete man auf, und so entstanden daselbst mit der Zeit sozusagen prak-

tische Handbücher der Medizin. Eine Anekdote erzählt, daß *Hippokrates* die Aufzeichnungen im Tempel zu Kos abgeschrieben und dann verbrannt habe; auch im Tempel zu Epidauros sollen sich solche Aufzeichnungen befunden haben.

2. Der erste, der über Medizin schrieb, soll *Akron aus Akragas* gewesen sein, dem man eine in dorischem Dialekt abgefaßte Schrift *über gesunde Ernährungsweise* (*περὶ τροφῆς ὑγιεινῶν*) beilegte. Als der eigentliche Begründer dieser Wissenschaft gilt aber *Hippokrates*, der Sohn des Herakleides aus Kos, der im J. 460 v. Chr. geboren wurde. Da sein Vater einer Asklepiadenfamilie zugehörte, führte er selbst den Sohn in seine Wissenschaft ein; außerdem genoß dieser den Unterricht des Arztes Herodikos aus Selymbria an der Propontis; ja, sogar Gorgias Prodikos und Demokritos werden als seine Lehrer genannt, vielleicht infolge von Beziehungen, die später zwischen diesen Männern und ihm bestanden. Zur Zeit der Pest soll Hippokrates in Athen gewesen sein und hier den Rat erteilt haben, man solle die Luft durch viele große Feuer reinigen, ein Rat, den andere dem Akron zuschreiben. Außerdem hielt sich Hippokrates in Abdera, Thasos, Kyzikos und in Makedonien auf, wo er den König Perdikkas II. behandelte; dagegen lehnte er eine Aufforderung,an den persischen Hof zu kommen, ab. Seinen Tod scheint er in Larissa in Thessalien gefunden zu haben, wo man noch später sein Grabmal zeigte; über sein Todesjahr schwanken die Nachrichten zwischen 377–359.

Unter dem Namen des Hippokrates ist eine Sammlung von 72 *Werken* medizinischen Inhalts auf uns gekommen; außerdem mehrere *Briefe* und eine *Altarrede* (*λόγος ἐπιβώμιος*), in der die Thessalier aufgefordert werden, an den Athenern für die Vernichtung ihres Landes Rache zu nehmen; den Namen hat dieselbe davon, daß sie an dem Altar der Athene gehalten wurde, wenigstens nach der Voraussetzung. Selbstverständlich ist dieselbe unecht und ebenso die *Briefe*. Auch in der Sammlung medizinischer Schriften ist vieles enthalten, was nicht von Hippokrates herrührt. Manches wurde den Söhnen desselben, *Thessalos* und *Drakon*, zugeschrieben; anderes, wie die Schrift *über die Natur des Menschen* (*περὶ φύσιος ἀνθρώπου*), mag von *Polybos*, dem Schwiegersohn des Hippokrates, sein; weniges gehört der früheren Zeit an, wie z. B. die *koischen Vorhersagungen* (*Κωακαὶ προγνώσεις*), mehreres der späteren, wie z. B. die *Vorhersagungen* (*προῤῥητικά*) und die Schrift *über die Lebensweise* (*περὶ διαίτης*), als deren Verfasser *Euryphon*, *Phaon*, *Philistion*, *Ariston* oder sonst einer von den Alten genannt wird. Es scheint, daß der Sammler eben alle medizinischen Schriften, die er fand, dem berühmten Hippokrates beilegte. Der Grammatiker *Palladios von Alexandreia* im 7. Jh. n. Chr., der die Schriften des Mediziners kommentierte, erkannte nur 11 als echt an, der Arzt *Galenos* im 2. Jh. n. Chr. höchstens 13, *Erotianos* dagegen, der um 100 n. Chr. unter dem Titel *τῶν παρ' Ἱπποκράτει λέξεων συναγωγή* ein Wörterbuch zu Hippokrates verfaßte, 30. Aber auch die echten Schriften sind durch spätere Änderungen und Zusätze entstellt. Die bekanntesten unter den echten Schriften, soweit wir es bestimmen können, sind die Abhandlung *über Luft, Wasser und Örtlichkeiten* (*περὶ ἀέρων, ὑδάτων, τόπων*), in der die Unterschiede, die sich zwischen den Bewohnern verschiedener Gegenden herausstellen, auf den Einfluß der Luft, des Wassers und der Örtlichkeit zurückgeführt werden, die Schrift *über die Lebensweise der Fieberkranken* (*περὶ διαίτης ὀξέων*), die *Prognostika*, das Buch *über die Kopfwunden* (*περὶ τῶν ἐν κεφαλ ῇτραυμάτων*), das 1. und 3. Buch der *Epidemien*, die dreijährige auf der Insel Thasos angestellte Beobachtungen über den Einfluß der Witterung auf die Gesundheitsverhältnisse enthalten, während die 5 übrigen Bücher unecht sind, und endlich das bekannteste und verbreiteteste Werk, die *Aphorismen*, die in kurzen Sätzen den Kern der ganzen Heilkunde enthalten. Das Werk *über die Wochen* (de hebdomadibus) ist nur in lateinischer Übersetzung vorhanden.

Hippokrates schrieb in *ionischem Dialekt;* sein Stil ist kurz und klar, nicht ohne eine gewisse Nachlässigkeit und Anklänge an Gorgias. Seine Werke waren hoch *geschätzt;* sie wurden inhaltlich und sprachlich gründlich durchforscht. Das schon erwähnte Wörterbuch des Erotianos ist auf uns gekommen, allerdings in alphabetischer, nicht vom Verfasser stammender Anordnung; außerdem besitzen wir Glossare von Galenos und Herodotos Lykios. Einen Kommentar zu den Werken des Hippokrates schrieb der berühmte Arzt Herophilos von Chalkedon in Bithynien um 300 v. Chr., dieser ging jedoch verloren. Erhalten sind dagegen Kommentare des Galenos zu einzelnen Schriften, ferner des Palladios und mehrerer andern.

3. Die *Kriegswissenschaft* fand in *Äneias dem Taktiker* ihren literarischen Vertreter. Derselbe lebte etwa gleichzeitig mit Xenophon. Man hat nicht ohne Grund vermutet, daß er der Arkadier Äneias aus Stymphalos sei, der im J. 367 als Feldherr des arkadischen Bundes den Tyrannen Euphron aus Sikyon vertrieb; andere glauben, daß seine Heimat an der Küste des schwarzen Meeres oder überhaupt in Kleinasien zu suchen sei. Er schrieb ein größeres Werk über *Strategik* (*τὰ περὶ τῶν στρατηγηματικῶν ὑπομνήματα*), in dem die Regeln der Taktik mit Beispielen erörtert waren, die fast wörtlich den Quellen entnommen waren. Die Abfassung desselben fällt etwa zwischen 359–356. Wie wir hören, hat später *Kineas*, der Feldherr des Königs Pyrrhos, einen Auszug daraus gefertigt. Auf uns ist nur ein Abschnitt desselben gekom-

men, der *über die Verteidigung bei der Belagerung* handelt (*τακτικὸν ὑπόμνημα περὶ τοῦ πῶς χρὴ πολιορκουμένους ἀντέχειν*). Der literarische Wert ist gering.

4. Sehr lange bildeten die *Mathematik* und die *Naturwissenschaften* einen Teil der Philosophie. Der erste Lehrer derselben, der literarisch tätig war, soll *Hippokrates aus Chios* um 460 v. Chr. gewesen sein. Er war ein Pythagoreer und scheint zuerst die *Geometrie* in eine wissenschaftliche Form gebracht zu haben; im Leben soll er aber sehr unpraktisch gewesen sein, so daß er um viel Geld betrogen wurde. Von dem Mathematiker *Bion aus Abdera*, einem Schüler des Demokrit, hören wir, daß er attisch und ionisch schrieb. Zur Zeit des Aristoteles gab es schon eine größere Zahl mathematischer Werke.

5. Die *Astronomie* verdankt ihre Ausbildung in erster Linie dem *Eudoxos*, Sohn des Äschines von Knidos; denn der berühmte Astronom *Meton* in Athen, der den Kalender verbesserte und Sonnenfinsternisse vorhersagte, scheint nicht literarisch tätig gewesen zu sein. Das Geburtsjahr des Eudoxos ist unbekannt; gewöhnlich nimmt man das J. 408 v. Chr. als solches an. Als er 23 Jahre alt war, wurde er von dem Arzt Theomedon, der für seinen Unterhalt sorgte, mit nach Athen genommen, wo er den Platon hörte. In der Geometrie soll ihn der Pythagoreer Archytas, in der Medizin der sizilische Arzt Philistion unterrichtet haben. Längere Zeit hielt er sich seiner Ausbildung wegen in Ägypten auf, wohin er sich, von seinen Freunden unterstützt, in Gemeinschaft mit dem Arzte Chrysippos von seiner Heimat aus begab. Da er mit einem Empfehlungsschreiben des spartanischen Königs Agesilaos an den ägyptischen König Nektanabis versehen war, so erhielt er die Erlaubnis, die Priesterschule in Heliopolis zu besuchen; sein Lehrer wird Chonuphis genannt, und später zeigte man in der Nähe der Stadt seine Sternwarte. Die Nachricht, daß er mit Platon in Ägypten gewesen sei, verdient keinen Glauben. Später finden wir ihn als Lehrer in Kyzikos und der Propontis; außerdem war er bei Mausollos in Karien, ferner in Athen, wo er viele Schüler hatte, und auch bei Dionysios in Syrakus. In Knidos wurde er von seinen Mitbürgern hoch geehrt und mit der Abfassung eines Gesetzbuches beauftragt; denselben Dienst sollen auch die Milesier von ihm verlangt haben. Etwa im J. 355 starb er, im Alter von 53 Jahren. Seine Sternwarte in Knidos wurde später ebenso gezeigt, wie die in Heliopolis. Er hinterließ drei Töchter und einen Sohn *Aristagoras*.

Unter den Werken des Eudoxos ist zunächst eine astronomische Schrift mit dem Titel *Spiegel* (*ἔνοπτρον* oder *κάτοπτρον*) zu nennen. Dise wurde von *Aratos* bei der Abfassung des Gedichtes über die Himmelserscheinungen (*φαινόμενα*) benutzt. Ja, die Mitteilung, Eudoxos habe sein

Werk in Versen geschrieben, scheint gerade auf einer Verwechslung mit Aratos zu beruhen, und ebendarauf ist vielleicht auch die weitere Nachricht zurückzuführen, er habe selbst Phänomena geschrieben. Die Echtheit des Werkes *ὀκταετηρίς*, das über den achtjährigen Cyklus zur Regulierung des bürgerlichen Jahres handelte, wurde schon im Altertum angefochten; man schrieb es dem *Dositheos*, einem jüngern Zeitgenossen des Archimedes, oder dem Naxier *Kriton* zu. Allerdings könnte man auch an verschiedene, aber gleichbetitelte Werke denken. Die weitere Schrift *über die Schnelligkeit* (*περὶ τῶν ταχυτήτων*) hatte die Bewegungen der Himmelskörper zum Gegenstand. Unklar bleiben die *Hundsgespräche* (*κυνῶν διάλογοι*), die er nach den einen selbst schrieb, nach den andern aus dem Ägyptischen übersetzte. Auch auf andern Gebieten, wie Geometrie, Mechanik, Musik usw., scheint er sich ausgezeichnet zu haben; wenigstens hören wir, daß Eukleides vieles von ihm entlehnt habe. Die *Geographie* (*γῆς περίοδος*) jedoch stammt nicht von unserm Eudoxos, sondern von einem gleichnamigen Historiker aus Rhodos. Auf uns ist nur eine *Εὐδόξου τέχνη* gekommen, wahrscheinlich das Kollegienheft eines Schülers des großen Astronomen.

Die *Bedeutung* des Eudoxos war im Altertum eine sehr große; von der Astrologie der Chaldäer wollte er nichts wissen; er stellte zur Erklärung der Bewegungen der Himmelskörper die *homozentrische oder konzentrische Sphärentheorie* auf, die der Astronom *Kallippos*, der Zeitgenosse des Aristoteles, verbesserte; er entwarf nach dem Beispiel des *Meton* einen genauen *Kalender* mit sorgfältiger Angabe des Auf- und Untergangs der Gestirne (*παραπήγματα*); er erfand eine eigene Art von *Sonnenuhr*, die er Spinne (*ἀράχνη*) nannte; er vervollkommnete die Lehre von den *Proportionen* und dem *Schnitt* und bestimmte den *Inhalt der Pyramide und des Kegels* nach dem *Prisma und Cylinder.* In der Philosophie wandte er sich von den Ideen des *Platon* ab und setzte die Homöomerien des *Anaxagoras* an deren Stelle; in der Ethik war er ein Anhänger des *Aristippos*, der die Lust (*ἡδονή*) für das höchste Gut erklärte. Welches Ansehen Eudoxos genossen, geht aus den Worten des *Cicero* hervor, daß derselbe nach dem Urteil der Gelehrten der größte Astronom sei.

Anhang

Register

(Die Zahlen bezeichnen die Kapitel und Paragraphen)